LE VIN
2003

Par BERNARD BURTSCHY

vous livre le Secret des Grandes Tables...

Un plaisir à partager

Le plaisir n'a pas de prix ! Heureux ceux qui peuvent se permettre une telle formule. Pour le commun des mortels, le plaisir a un prix, en vin comme en tout. Le vin est, par essence, synonyme de plaisir. Il n'en reste pas moins que parmi la vaste production française, sans même prendre en compte la production mondiale, trouver son plaisir dans une bouteille de vin, revient à chercher une aiguille dans une botte de foin.

En effet, les vins ne manquent pas. Les enseignes racoleuses de milliers de producteurs envahissent le vignoble français et les étagères de nombreux commerces croulent sous les bouteilles. Ce guide a pour objectif de faciliter l'accès au plaisir de la dégustation par une sélection, sans complaisance, des meilleurs vins dans chaque catégorie. Chaque domaine est commenté et chaque vin est noté selon une échelle internationale.

Par principe, ce guide ne comprend que des bouteilles réellement dégustées dans des conditions professionnelles. Il est hors de question de citer des producteurs même célèbres, aux flacons inaccessibles, et qui ne font aucun effort pour qu'ils le soient. D'ailleurs à quoi bon parler d'un plaisir impossible, quand les stars déclinantes font souvent payer, au prix fort, un plaisir bien fugitif, alors qu'il existe tant de bons vins. Place aux jeunes et aux bons vins !

Les 850 producteurs sélectionnés dans cet ouvrage font partie de l'élite de la production française, par la qualité de leurs vins bien sûr, mais aussi, toutes proportions gardées, par des prix raisonnables et un accueil digne de ce nom. Le prix du vin, en tant que critère essentiel, est communiqué ici chaque fois que possible.

« Le vin est ce qu'il y a de plus civilisé au monde », disait Ernest Hemingway en parfait connaisseur. Avec 850 domaines, des milliers de vins dans tous les vignobles et à tous les prix, pourquoi bouder son plaisir ?

Bernard Burtschy

Hélène, Yoann, Alexia, Philippe et Pierrick, viticulteurs des 5 Côtes de Bordeaux.

Les 5 Côtes de Bordeaux
présentent leur élégance,
leur caractère et leur finesse
à tous les amateurs de vins fins.
www.5-cotes-bordeaux.com

Premières Côtes de Blaye, Premières Côtes de Bordeaux, Côtes de Bourg, Côtes de Castillon, Côtes de Francs.

LES 5 CÔTES DE BORDEAUX
BORDEAUX

tout un monde de finesse

SOMMAIRE

MODE D'EMPLOI
Comment lire une page

a) **ILE DE FRANCE**
b) **PARIS**

a)	*Région vinicole*
b)	*Sous-région*
c)	*Cotation du domaine*
d)	*Les caractéristiques du domaine*
e)	*Les caractéristiques du vignoble*
f)	*Appellation principale et production moyenne*
g)	*Les vins du domaine*

CHÂTEAU TINTAMARRE **(*)** *(c)*

2 square Pétrarque
75116 Paris
Tél. : 01 56 26 55 00 Fax : 01 56 26 55 00
E. mail : charles@tintamarre.com
Web : www.tintamarre.com

Le Château Tintamarre a été créé par deux grands amateurs de vin, et il connut son apogée dans les années 80. Après le départ de l'un des propriétaires, la qualité de la production a commencé à péricliter. Le Château a été récemment repris par le docteur Schtrumpfholz, œnologue, qui vient d'un domaine réputé, et met toute son énergie à le relancer. Les vignes sont établies sur les balcons sud et est des résidences Belleville, dans des pots remplis de terre issue des plus grands terroirs de merlot de l'Hexagone. La propriété reçoit les conseils du célèbre Michel Galant, fréquemment de passage dans la région. D'une conception très classique, le vin de balcon 2002 est promis aux plus grandes destinées, en particulier la sélection de la maison, la cuvée de Minuit, vinifiée et élevée en bois neuf.

Responsable : Charles Baudelaire

d)   Vente à la propriété : oui
      Visite : sur rendez-vous
      Dégustation : oui
      Langues : Anglais, Russe
      Accès : Prolongement de la rue Scheffer

e)   Surface du vignoble : 0,69 ha
      Age moyen des vignes : 40 ans
      Surface en rouge : 0,69 ha
      Cépages
      Merlot 100 %

f)   Appellation principale : Côteaux de Belleville
      Production moyenne : 50 000 bouteilles

g)   **Côteaux de Belleville cuvée de Minuit**

2002 : 92 - 94	....	29 €
2001 : 82		
2000 : 80		
1999 : 87		
1998 : 88		
1997 : 87		
1996 : 86	....	98 €
1995 : 90	....	98 €

Coup de cœur GaultMillau

Informations

LA PRÉSENTATION

Les domaines sont classés par région, sous-région puis cotation par ordre décroissant.

LA COTATION DES DOMAINES

(*) correspond à un demi-point

Exceptionnel :	***** ****(*)
Excellent :	**** ***(*)
Très bon :	*** **(*)
Bon :	** *(*)
Médiocre :	*

Seuls sont retenus dans ce guide, les domaines cotés ** et plus.

LA NOTATION DES VINS

Vin extraordinaire :	de 96 à 100
Vin exceptionnel :	de 90 à 95
Vin bon à très bon :	de 80 à 89
Vin moyen :	de 70 à 79
Vin en dessous de la moyenne :	de 60 à 69
Vin inacceptable :	de 50 à 59

Seuls les vins supérieurs à 80 ont ici été retenus.

En pratique, beaucoup de vins rentrent dans la catégorie des 80 à 89.

Chaque point compte, un vin noté 89 est meilleur qu'un vin noté 88.

La fourchette de notes (ex : 88-90) correspond à un vin goûté alors qu'il n'était pas encore en bouteille, il est donc susceptible d'évoluer.

LES PRIX

Tous les prix sont TTC, départ domaine (port non compris).

Le prix des bordeaux 2001 sont des prix « primeurs » aimablement communiqués par la société Millésima, remis en prix TTC (usuellement les prix primeurs sont hors taxes).

LES PICTOGRAMMES

♀	vin blanc
♀	vin rosé
♀	vin rouge ou clairet

LES ABRÉVIATIONS PRINCIPALES

GC	:	grand cru
SGN	:	sélection de grains nobles
VDN	:	vin doux naturel
VDP	:	vin de pays
VV	:	vieilles vignes
VT	:	vendanges tardives

Les chiffres annoncés sur la couverture ont été arrondis, pour des raisons de commodité de lecture.

LA CONSÉCRATION DE L'ANNÉE

D.R.

Dominique LAURENT

Domaine Dominique Laurent (BOURGOGNE)
2 rue Jacques-Duret
21700 Nuits-Saint-Georges
Tél.: 03 80 61 49 94

Au milieu des années 1980 fleurissaient des annonces dans la presse spécialisée, proposant des caisses panachées des plus grands crus du Rhône ou de la Bourgogne. Destinataire de la commande: la pâtisserie Laurent à Vesoul! Quelques années plus tard, la passion fut trop forte. Dominique s'installait à Nuits-Saint-Georges pour monter une petite entreprise de négoce de haute qualité, alors que son père l'obligeait à revenir chaque fin de semaine pour préparer la pâtisserie du dimanche.

Pétri des fabuleux bourgognes des années 1950, Dominique Laurent a acheté, au prix fort, les cuvées de très vieilles vignes pour les élever à sa façon. L'argent sortait, mais ne rentrait guère. Sans un article enthousiaste de Michel Bettane, il mettait la clé sous la porte. Provisoirement tiré d'affaire, il continua de parfaire sa méthode avec des élevages longs sur lies dans des fûts de grande qualité. Il finira d'ailleurs par acheter une tonnellerie et ses propres bois dans la forêt de Tronçais.

Dix ans plus tard, Dominique est au sommet de son art, laissant perplexe le dégustateur face à une bonne quinzaine de cuvées, sans aucun point faible, toutes plus géniales les unes que les autres. Astucieux, l'œil toujours en éveil, provocateur à l'occasion, il choque avec ses 200 % de fûts neufs, (la technique consiste à passer le vin d'un fût neuf à un autre fût neuf). Au-delà de cette méthode, qui n'est appliquée qu'à certains vins bien particuliers, son succès est avant tout dû à une foule de petits détails, que seule la main d'un pâtissier sait vraiment doser.

« Ils ne vieilliront pas », « ils sont trop boisés », pouvait-on entendre dire. Pour les millésimes un peu plus difficiles tels que 1992 ou 1994 et qui sont maintenant à point, ce n'est nullement le cas: ce qui devrait faire taire les détracteurs. Continuant à progresser sur tous les plans, les derniers millésimes sont encore plus géniaux. Dominique Laurent a hissé l'art de l'élevage des vins à son plus haut niveau, en l'anoblissant.

LES RÉVÉLATIONS DU GUIDE

© DLCF

Hervé BIZEUL
Domaine Clos des Fées (LANGUEDOC-ROUSSILLON)
69 rue du Maréchal-Joffre
66600 Vingrau
Tél. : 04 68 29 40 00

Hervé Bizeul a exercé, tour à tour, plusieurs métiers en rapport avec le vin, avant de devenir producteur. A 20 ans il gagne le trophée Ruinart du Meilleur jeune sommelier de France. Journaliste à la dent dure, impitoyable avec les producteurs, il travaille en collaboration avec Jean-Pierre Coffe. Il faudrait aussi citer le conférencier hors pair et l'écrivain fécond... En 1996, il saute le pas et achète quelques arpents de terre à Vingrau, perdus dans un désert de garrigue, avec les falaises bleues comme horizon.

Les vieilles vignes sont là depuis des temps immémoriaux. Il faut les faire revivre avec des moyens rudimentaires, ancestraux, pénibles à travailler, mais il n'y a guère le choix. A la moindre compromission, le journaliste, qui sommeille en Hervé Bizeul, se serait révolté. Premier millésime : 1998 est un grand. Vinifié chez un ami, pressuré chez un autre et élevé dans une cave prêtée, il donne espoir. Le millésime 1999 sera vinifié dans le garage de la maison, lui qui se moquait tant des vins de garage de Saint-Emilion. Le millésime 2000 trouve enfin des locaux à sa convenance.

Le succès est tout de suite au rendez-vous. Suspicieux à la Hervé Bizeul, on pense immédiatement que ce sont ses anciens copains journalistes qui organisent la claque. Faisant taire toutes les critiques, le vin brille dans les dégustations à l'aveugle et séduit de larges publics par sa générosité et sa profondeur. Lucide, Hervé Bizeul ne se démarque pas de son objectif : faire des vins magiques.

LES RÉVÉLATIONS DU GUIDE

D.R.

Jérôme BRESSY
Domaine Gourt-Mautens (VALLÉE du RHÔNE)
84110 Rasteau
Tél.: 04 90 46 19 45

Jérôme Bressy s'est installé à Rasteau, dans la vallée du Rhône, en reprenant l'exploitation familiale à l'âge de 23 ans, avec des idées bien arrêtées sur les rendements et les maturités de raisin, ce qui était téméraire. « Je voulais, et je veux toujours, ne travailler qu'avec des petits rendements. Quatre grappes par pied, cinq au maximum. Ce que je recherche, c'est la qualité. »

En goûtant son premier millésime, le 1996, le vin, d'une couleur profonde, est très extrait, mais ne sèche pas. L'âge des vignes, de 50 à 80 ans, permet bien des fantaisies, d'autant que les arômes sont extraordinaires. Les millésimes 1997 et 1998 gagnent en profondeur, les millésimes suivants en velouté. A force de comparer ses vins et de fréquenter les grands producteurs, son élevage est de plus en plus soigné, ce qui donne des vins d'un équilibre parfait.

Avec les derniers millésimes, les vins ont, au premier abord, une chair et une saveur extraordinaires, ce qui les rend particulièrement gourmands, mais la profondeur et la longueur dénotent un vin d'un très grand calibre, avec l'émotion d'assister à la naissance d'un grand vin du Rhône.

LES RÉVÉLATIONS DU GUIDE

Mireille DARET et Philippe ANDURANT
Cru Barréjats (BORDEAUX)
Clos de Gensac, Mareuil
33210 Pujols-sur-Ciron
Tél. : 05 56 76 69 06

Mireille Daret et Philippe Andurand ont choisi de s'installer sur le plateau de Haut-Barsac, entre Garonne et Ciron, dans l'appellation Barsac-Sauternes, aux côtés des crus prestigieux, dans un endroit étonnant où les modestes masures côtoient les châteaux célèbres, où l'or est en bouteille mais où tous les bâtiments sont délabrés, qu'ils soient renommés ou inconnus.

Les vignes sont sans âge, forcément très vieilles par manque de moyens pour les remplacer. C'est ici que Mireille Daret et Philippe Andurand font revivre cinq hectares de terre, sans quitter leurs métiers respectifs. Jonglant entre les impératifs professionnels et les exigences de la vigne, ils travaillent à la charrue pour faire vivre le sol. Connaissant bien la chimie, ils n'utilisent pourtant que du fumier de ferme, sans aucun engrais minéral. Les vendanges, si importantes pour les liquoreux, sont étalées au maximum. A chaque trie, les raisins botrytisés sont cueillis grain à grain en éliminant ceux qui sont abîmés par la pluie. Les rendements ne sont pas bien grands, 9 hl/ha en 2000, ce qui n'empêche pas de faire un deuxième vin, les Accabailles.

Le jus est extrait sur un pressoir vertical en trois pressées très lentes et les vins sont vinifiés dans des barriques neuves de quatre tonneliers différents. Bien évidemment, ils ne sont jamais chaptalisés. Avec ces soins extrêmes que l'on ne retrouve, à une autre échelle, qu'à Yquem, les vins sont d'une dimension extraordinaire. Les derniers millésimes sont fabuleux et ils se situent au plus haut niveau.

LES RÉVÉLATIONS DU GUIDE

Catherine FOURNIÉ
Château Haut-Monplaisir (SUD-OUEST)
46700 Lacapelle-Cabanac
Tél. : 05 65 24 64 78

Le vignoble familial s'étend sur la troisième terrasse argilo-siliceuse et caillouteuse du Lot, à huit kilomètres de Puy-L'Evêque, à l'ouest de Cahors. Sans expérience particulière, Catherine Fournié s'est lancée dans l'aventure et le premier millésime date de 1998. La rencontre de Pascal Verhaegue, le génial vinificateur du château des Cèdres avec son frère Jean-Marc, a été déterminante. Avant, les vins partaient au négoce, depuis ils partent en bouteilles.

Contre l'avis de son père, elle enherbe, effeuille, ébourgeonne, vendange en vert. Ensuite, elle investit dans un chai de deux cents barriques, contrôle les rendements pied par pied. Pascal Verhaegue a prêté des fûts et il s'est engagé à acheter toute la récolte. Si la méthode est connue pour faire des grands vins, son application n'est pas évidente. Il faut être « gonflée » et déterminée comme Catherine Fournié pour y arriver.

Trois ans plus tard, temps extraordinairement court à ce niveau, les vins ont atteint leur vitesse de croisière avec deux cuvées bien positionnées, la cuvée tradition élevée en cuve, et la cuvée prestige élevée en fûts, avec une rotation des fûts neufs sur trois ans. Tout comme un grand domaine !

LES RÉVÉLATIONS DU GUIDE

Pierre LARMANDIER
Champagne Larmandier-Bernier (CHAMPAGNE)
43 rue du 28-Août
51130 Vertus
Tél.: 03 26 52 13 24

Dans un vignoble aussi technologique que celui de la Champagne, la démarche de Pierre Larmandier étonne. Il utilise les levures naturelles pour faire fermenter ses vins! D'ailleurs, comment fait-il pour en avoir? Les vignes, âgées de 32 ans en moyenne, ce qui est déjà une performance en Champagne, sont labourées, les rendements sont contrôlés, et la biodynamie est utilisée sur une partie du domaine. Bref, il fait figure d'extraterrestre.

Les levures indigènes sont utilisées depuis la vendange 1999, chaque cru étant vinifié séparément et élevé sur lies. Il ne fait pas d'assemblages complexes, il fait des vins de terroir, il ne fait pas du chardonnay, mais du Vertus ou du Cramant. Fort justement, une de ses cuvées s'appelle « Né d'une terre de Vertus ». De la même manière, le rosé ne résulte pas d'un assemblage de blanc et de rouge comme l'autorise la législation, mais d'une véritable saignée. Pour favoriser l'émergence du terroir, les bouteilles mûrissent de trois à huit ans en cave et les dosages sont faibles.

Pierre Larmandier fait partie de cette « génération de vignerons qui sait intégrer dans le quotidien cette part d'utopie, d'attachement à l'éthique artisanale » comme le soulignait Andréa Petrini dans GaultMillau en octobre 2001. Le résultat est dans le verre avec des vins d'une grande pureté qui portent leur terroir au front.

LES RÉVÉLATIONS DU GUIDE

D.R.

Étienne SIPP
Domaine Louis Sipp (ALSACE)
5 Grand'Rue
68150 Ribeauvillé
Tél. : 03 89 73 60 01

La maison Louis Sipp a été fondée à la fin de la Première Guerre mondiale par Louis Sipp et elle a connu une croissance régulière, creusant ses profondes caves en 1933 et installant un nouveau vendangeoir en 1964. Les vins y étaient honnêtement élaborés, ceux du domaine personnel, comme ceux provenant d'achats de négoce (puisque la maison Louis Sipp, à l'instar des Beyer, des Hugel et des Trimbach, cumule ces deux activités).

Etienne Sipp, le fils de Pierre, choisit d'entrer dans l'entreprise familiale après des études assez poussées. Par petites touches, sans jamais choquer et par simple persuasion, il la révolutionne profondément, sans que personne ne s'en rende vraiment compte, ce qui est du grand art. D'entrée, il réduit la vigueur des vignes dès la taille, un point particulièrement sensible en Alsace. Il modernise tout le système de réception des raisins qui restent maintenant entiers et instaure une traçabilité totale pour être au goût du jour.

S'appuyant sur un joli patrimoine de vieilles vignes que son père avait préservées, il revient en 1999 au travail des sols à la charrue, il replante au fur et à mesure en rangs serrés, éliminant consciencieusement le catastrophique porte-greffe SO4. Les vendanges sont manuelles et de plus en plus longues pour ne ramasser qu'à maturité optimale. Dans les derniers millésimes, les résultats suivent. Si la gamme des grands crus avait toujours été impeccable, l'ensemble de la gamme est maintenant de haut niveau. C'est clairement une révolution, mais silencieuse.

LE PALMARES

*****

Domaine Weinbach-Colette
Faller et ses filles . . . . (Alsace)
Domaine Zind-Humbrecht . . . (Alsace)
Château Angélus . . . . (Bordeaux)
Château Ausone . . . . (Bordeaux)
Château Cheval Blanc . . . . . . (Bordeaux)
Château d'Yquem . . . . (Bordeaux)
Château Haut-Brion . . . . (Bordeaux)
Château Lafite Rothschild . . . (Bordeaux)
Château Latour . . . . (Bordeaux)
Château Léoville Las-Cases . . (Bordeaux)
Château Margaux . . . . (Bordeaux)
Château Mouton Rothschild. . (Bordeaux)

Petrus . . . . (Bordeaux)
Bouchard père et fils . . . . (Bourgogne)
Domaine Bernard Dugat-Py . . (Bourgogne)
Domaine
de La Romanée-Conti . . . . . (Bourgogne)
Domaine Denis Mortet . . . . . . (Bourgogne)
Domaine des Lambrays . . . . . (Bourgogne)
Domaine du Clos de Tart . . . . (Bourgogne)
Dominique Laurent . . . . (Bourgogne)
Billecart-Salmon . . . . (Champagne)
Bollinger . . . . (Champagne)
Krug . . . . (Champagne)
Coulée de Serrant . . . . (Vallée de la Loire)

****(*)

Domaine André Kientzler . . . . . (Alsace)
Domaine Ernest Burn . . . . (Alsace)
Domaine Martin Schaetzel . . . (Alsace)
Domaine René Muré
Clos Saint-Landelin . . . . (Alsace)
Léon Beyer . . . . (Alsace)
Trimbach . . . . (Alsace)
Château Canon La Gaffelière . (Bordeaux)
Château Climens . . . . (Bordeaux)
Château Clinet . . . . (Bordeaux)
Château
Clos Haut-Peyraguey . . . . . . (Bordeaux)
Château Cos d'Estournel . . . . . (Bordeaux)
Château Coutet . . . . (Bordeaux)
Château de Fargues . . . . (Bordeaux)
Château de Valandraud . . . . . . (Bordeaux)
Château Ducru-Beaucaillou . . (Bordeaux)
Château Figeac . . . . (Bordeaux)
Château Gilette . . . . (Bordeaux)
Château Grand-Puy-Lacoste . . (Bordeaux)
Château Gruaud Larose . . . . . . (Bordeaux)
Château Guiraud . . . . (Bordeaux)
Château Haut-Bailly . . . . (Bordeaux)
Château L'Eglise-Clinet . . . . . . (Bordeaux)
Château L'Evangile . . . . (Bordeaux)
Château La Conseillante . . . . . (Bordeaux)
Château La Gaffelière . . . . (Bordeaux)
Château
La Mission Haut-Brion . . . . (Bordeaux)
Château La Mondotte . . . . (Bordeaux)
Château Lafaurie-Peyraguey . . (Bordeaux)

Château Lafleur . . . . (Bordeaux)
Château Léoville Barton . . . . . (Bordeaux)
Château Léoville Poyferré . . . . (Bordeaux)
Château Lynch Bages . . . . (Bordeaux)
Château Montrose . . . . (Bordeaux)
Château Palmer . . . . (Bordeaux)
Château Pape Clément . . . . . . (Bordeaux)
Château Pavie . . . . (Bordeaux)
Château Pichon-Longueville . . (Bordeaux)
Château Pichon-Longueville
comtesse de Lalande . . . . . . (Bordeaux)
Château Sigalas Rabaud . . . . . (Bordeaux)
Château Smith Haut-Lafitte . . . (Bordeaux)
Château Sociando-Mallet . . . . . (Bordeaux)
Château Suduiraut . . . . (Bordeaux)
Château Tertre Rotebœuf . . . . . (Bordeaux)
Cru Barréjats . . . . (Bordeaux)
Domaine de Chevalier . . . . (Bordeaux)
Vieux Château Certan . . . . (Bordeaux)
Château de La Tour . . . . (Bourgogne)
Domaine Albert Grivault . . . . (Bourgogne)
Domaine Antonin Guyon . . . . (Bourgogne)
Domaine Comte Armand
Clos des Epeneaux . . . . (Bourgogne)
Domaine
Daniel et Martine Barraud . (Bourgogne)
Domaine de Montille . . . . (Bourgogne)
Domaine Henri Perrot-Minot . . (Bourgogne)
Domaine Henri Rebourseau . . . (Bourgogne)
Domaine
Jacky Confuron-Cotetidot . . (Bourgogne)

Domaine Jacques Prieur . . . . . . (Bourgogne)
Domaine Jean-Marc Boillot . . . (Bourgogne)
Domaine Laroche . . . . (Bourgogne)
Domaine Michel Lafarge . . . . . (Bourgogne)
Domaine Rémi Jobard . . . . (Bourgogne)
Domaine Roulot . . . . (Bourgogne)
Domaine Trapet père et fils . . . (Bourgogne)
Domaine William Fèvre . . . . . . (Bourgogne)
Maison Louis Jadot . . . . (Bourgogne)
Pierre Labet . . . . (Bourgogne)
Egly-Ouriet . . . . (Champagne)
Jacquesson et fils . . . . (Champagne)
Laurent-Perrier . . . . (Champagne)
Salon . . . . (Champagne)

Veuve Clicquot Ponsardin . . . . (Champagne)
Domaine du Clos des Fées
. . . . (Languedoc-Roussillon)
Mas de Daumas-Gassac . . (Languedoc-Roussillon)
Prieuré de Saint-Jean de Bébian
. . . . (Languedoc-Roussillon)
Château de Pibarnon . . . . (Provence)
Domaine de la Sansonnière . . . (Vallée de la Loire)
Domaine Huet-L'Echansonne . (Vallée de la Loire)
Domaine du Vieux Télégraphe (Vallée du Rhône)
Domaine Georges Vernay . . . . (Vallée du Rhône)
M. Chapoutier . . . . (Vallée du Rhône)
Tardieu-Laurent . . . . (Vallée du Rhône)

LE VIN EDITION 2003

Utiliser le CD-Rom

Le CD-Rom **Le Vin 2003** vous propose de consulter sous forme d'application informatique Mac/PC les informations principales des domaines, châteaux et vins de ce guide.

L'outil de gestion de cave GestcavePro™ 2.5, également intégré au CD, vous permet d'utiliser ces informations pour créer et gérer votre cave personnelle, noter vos propres commentaires de dégustation, renouveler vos commandes, éditer et consulter des états chiffrés de la cave en quantité et en valeur, intégrer une iconographie et une cartographie complètes liées aux producteurs, utiliser les outils web directement à partir de l'application...

Installer l'application le_vin_2003

Pour installer l'application, veuillez suivre les explications données dans le fichier aide.pdf qui se trouve sur le CD-Rom dans le dossier PC ou Mac (dossier Mac ou répertoire Pc -> le vin 2003 -> aide.pdf). L'installation s'effectue par une simple copie du dossier Mac ou Pc depuis le CD-Rom vers le disque dur. Les utilisateurs PC devront ensuite désactiver la propriété "Lecture seule" des fichiers, qui s'active automatiquement lors de la copie, avant d'utiliser l'application.

INFORMATIONS :
gestcavepro@winexcellence.com

le_vin_2003 © GaultMillau 2002 - GestcavePro™ 2.5 ©Winexcellence 2002

VALLÉE DU RHÔNE

Joëlle et Bernard MATHÉ

🍽 ⑯

Route Nationale 86
07340 SERRIERES
Tél : 04 75 34 00 07 - Fax : 04 75 34 08 79
mathe@hotel-schaeffer.com
www.hotel-schaeffer.com

Jean-Marc Reynaud

🍽 ⑭

Restaurant - Hôtel
82, Avenue Président Roosevelt
26600 Tain-l'Hermitage
Tél : 04 75 07 22 10 - Fax : 04 75 08 03 53

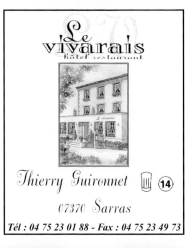

Thierry Guironnet 🍽 ⑭

07370 Sarras

Tél : 04 75 23 01 88 - Fax : 04 75 23 49 73

Restaurant
LE MOULIN A HUILE

(Cave à vins exceptionnelle) 🍽 ⑯

1, Quai Maréchal Foch - 84110 VAISON-LA-ROMAINE
Tél : 04 90 36 20 67 - Fax : 04 90 36 20 20

Le Logis de l'Escalin

🍽 ⑬

HÔTEL - RESTAURANT
26700 La Garde Adhémar
Tél : 04 75 04 41 32 - Fax : 04 75 04 40 05
internet : www.lescalin.com - E.mail : info@lescalin.com

HÔTEL
RESTAURANT
Bellerive

★ ★ ★

🍽 ⑫

RASTEAU - 84110 VAISON-LA-ROMAINE
Tél : 04 90 46 10 20 - Fax : 04 90 46 14 96

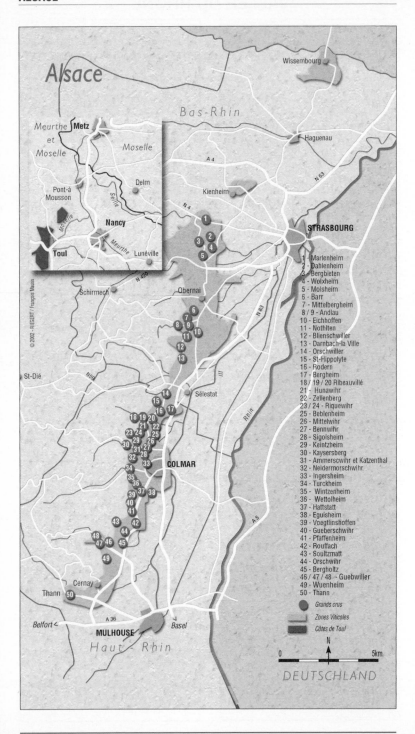

Alsace

Bas-Rhin

Meurthe et Moselle
Metz
Moselle
Delm
Pont-à-Mousson
Nancy
Lunéville
Toul

© 2002 REGERT/François Mauss

Wissembourg

Haguenau

Kienheim

STRASBOURG

Schirmeck
Obernai

St-Dié

Sélestat

COLMAR

Cernay
Thann
Belfort
MULHOUSE
Basel

Haut-Rhin

DEUTSCHLAND

1 - Marlenheim
2 - Dahlenheim
3 - Bergbieten
4 - Wolxheim
5 - Molsheim
6 - Barr
7 - Mittelbergheim
8 / 9 - Andlau
10 - Eichhoffen
11 - Nothlten
12 - Blienschwiller
13 - Darnbach-la Ville
14 - Orschwiller
15 - St-Hippolyte
16 - Rodern
17 - Bergheim
18 / 19 / 20 Ribeauvillé
21 - Hunawihr
22 - Zellenberg
23 / 24 - Riquewihr
25 - Beblenheim
26 - Mittelwihr
27 - Bennwihr
28 - Sigolsheim
29 - Keintzheim
30 - Kaysersberg
31 - Ammerscwihr et Katzenthal
32 - Neidermorschwihr
33 - Ingersheim
34 - Turckheim
35 - Wintzenheim
36 - Wettolheim
37 - Hattstatt
38 - Eguisheim
39 - Voegtlinshoffen
40 - Gueberschwihr
41 - Pfaffenheim
42 - Rouffach
43 - Soultzmatt
44 - Orschwihr
45 - Bergholtz
46 / 47 / 48 - Guebwiller
49 - Wuenheim
50 - Thann

● Grands crus
■ Zones Viticoles
■ Côtes de Toul

N

0   5km

Jouez le gewurztraminer 2000

Pour répondre à une incroyable variabilité géologique, les Alsaciens utilisent une bonne dizaine de cépages. Symbole de l'Alsace, le fier riesling, un des deux ou trois plus grands cépages de vins blancs au monde, est d'une grande régularité, quel que soit le millésime. En effet, le terroir joue un rôle bien plus important que le millésime, ce qui lui permet de se présenter sous de multiples facettes, de la plus humble à la plus grandiose, et suivant des styles très diversifiés. Comprendre le riesling revient à comprendre le vin blanc et même le vin en général. Tout un programme ! Heureusement il n'est pas besoin d'entrer dans toutes ces arcanes : très sympathique, il s'accommode de toutes les situations culinaires.

Le gewurztraminer est un cépage plus fantasque. Issu du vieux traminer que les Alsaciens ont perfectionné à force de sélections, pour en tirer une variété très aromatique, le gewurztraminer est le grand cépage d'initiation au vin. Ses arômes enjôleurs sont irrésistibles et sa magie fait bien des ravages. Dans le millésime 2000, par un mystère que seule la nature est capable de recèler, les gewurztraminers sont magnifiques. Il ne faut pas les rater. Incopiables ! Jamais personne n'a réussi à faire un gewuztraminer correct ailleurs de par le monde, le gewurztraminer est le cépage alsacien par excellence. Il s'impose à l'apéritif. Comme il a plus d'un tour dans son sac, il est le parfait compagnon des situations impossibles. Avec la cuisine contemporaine qui révèle des saveurs très diverses, il fait des miracles.

BAS-RHIN

DOMAINE BERNHARD-REIBEL ★★★★

20 rue de Lorraine
67730 Châtenois
Tél.: 03 88 82 04 21 - Fax: 03 88 82 59 65
E. Mail: bernhard-reibel@wanadoo.fr

Le vignoble du domaine est situé sur les deux communes de Chatenois et de Scherwiller essentiellement en côteaux. Opiniâtre, Cécile Bernhard a monté la réputation de son domaine grâce à toute une gamme de vins secs et concentrés. Le riesling est la grande spécialité du domaine, mais tous les vins sont superbes. Les vins des derniers millésimes ont encore gagné en densité et en concentration. C'est une valeur sûre.

Responsables: Cécile et Pierre Bernhard
Vente à la propriété: oui
Visite: sur rendez-vous
Dégustation: sur rendez-vous
Langues: Allemand, Anglais, Russe
Surface du vignoble: 12 ha
Appellation principale: Alsace ou Vin d'alsace

♀ **Gewürztraminer cuvée Salomé**
2000: 87 . . . . .9,20 €

♀ **Gewürztraminer Hahnenberg**
2000: 89 . . . . .7,20 €

♀ **Gewürztraminer VT**
1999: 90 . . . . .18 €

♀ **Pinot blanc**
2000: 88 . . . . .4,80 €

♀ **Pinot gris Hahnenberg**
2000: 88 . . . . .7 €

♀ **Riesling Meisenberg**
2000: 87 . . . . .7,60 €

♀ **Riesling Rittersberg**
1999: 89 . . . . .7,60 €
1997: 88 . . . . .10 €

♀ **Riesling VT**
1997: 90 . . . . .21,40 €

♀ **Riesling VV**
2000: 88 . . . . .6,40 €

♀ **Riesling Weingarten**
1999: 88 . . . . .7,60 €

♀ **Tokay pinot gris Weingarten**
2000: 88 . . . . .7,60 €

BAS-RHIN

DOMAINE
JEAN-PIERRE BECHTOLD ★★★★

49 rue Principale
67310 Dahlenheim
Tél. : 03 88 50 66 57 - Fax : 03 88 50 67 34
E. Mail : bechtold@wanadoo.fr

Jean-Pierre Bechtold et son fils Jean-Marie rament à contre-courant dans leur région en produisant des vins concentrés sans jouer le sucre résiduel. Ils produisent des vins superbes sur le grand cru Engelberg et leurs gewurztraminers sont toujours très élégants, même en vendanges tardives.

Responsable : Jean-Marie Bechtold
Vente à la propriété : oui
Visite : sur rendez-vous
Dégustation : sur rendez-vous
Langues : Allemand, Anglais
Surface du vignoble : 18,5 ha
Cépages :
  Pinot noir 100 %
  Sylvaner
  Riesling
  Gewurztraminer
  Autres
Appellation principale : Alsace ou Vin d'alsace
Production moyenne : 70 000 bouteilles

♀ **Gewürztraminer GC Engelberg**
2000 : 90 . . . . .12 €
1999 : 88 . . . . .11 €

♀ **Klevner**
1999 : 88 . . . . .5 €

♀ **Pinot gris**
1999 : 89 . . . . .6,50 €

♥ **Pinot noir**
1999 : 87 . . . . .9,50 €

♀ **Riesling GC Engelberg**
1999 : 90 . . . . .11 €

♀ **Riesling Sussenberg**
1999 : 88 . . . . .24 €

♀ **Riesling VT Sussenberg**
1998 : 90 . . . . .24 €

DOMAINE
MARC KREYDENWEISS ★★★★

12 rue Deharbe
67140 Andlau
Tél.: 03 88 08 95 83 - Fax: 03 88 08 41 16

Marc Kreydenweiss est un adepte convaincu de la biodynamie et ses vignobles sont conduits selon ce mode. Disposant de terroirs magnifiques, le Kastelberg et le Wiebelsberg, il en tire depuis plusieurs années des rieslings qui donnent maintenant des bouteilles d'anthologie. Si au milieu des années 90, les vins avaient un peu perdu de leur définition, ils sont revenus à leur meilleur niveau.

Responsable: Marc Kreydenweiss
Vente à la propriété: oui
Visite: sur rendez-vous
Dégustation: sur rendez-vous
Langues: Allemand, Anglais
Surface du vignoble: 12 ha
Surface en blanc: 12 ha
Cépages:
  Riesling 37,50 %
  Pinot blanc 23,50 %
  Pinot gris 22,50 %
  Autres 16,50 %
Appellation principale: Alsace ou Vin d'alsace
Production moyenne: 60 000 bouteilles

🍷 **Pinot gris GC Moenchberg**
2000: 89

🍷 **Pinot gris Rebberg SGN**
2000: 88

🍷 **Riesling Wiebelsberg**
1999: 89
1997: 86

Et aussi...

🍷 **Domaine des Perreires costières de nîmes**
2000: 88

🍷 **Les Grimaudes costières de nîmes**
2000: 88

BAS-RHIN

DOMAINE OSTERTAG ★★★★

87 rue Finskwiller
67680 Epfig
Tél.: 03 88 85 51 34 - Fax: 03 88 85 58 95
E. Mail: domaine.ostertag@wanadoo.fr

André Ostertag a su s'imposer en tirant le meilleur de ses terroirs, en particulier du Muenchberg avec un somptueux riesling qui vieillit admirablement. Le Fronholz et le Heissenberg ont aussi trouvé leurs lettres de noblesse avec des vinifications qui s'adaptent très librement au millésime. Esprit curieux, il a vite compris que le pinot gris ne doit pas être vinifié comme les autres cépages alsaciens, ce qu'il n'est pas d'ailleurs, et que la vinification bourguignonne en fût lui allait comme un gant.

Responsable: famille Ostertag
Vente à la propriété: oui
Visite: sur rendez-vous
Dégustation: sur rendez-vous
Langues: Allemand, Anglais
Surface du vignoble: 12 ha
Age des vignes: 27 ans
Surface en rouge: 0,5 ha
Cépages:
    Pinot noir 100 %
Surface en blanc: 11,5 ha
Cépages:
    Sylvaner
    Riesling
    Pinot gris
    Gewurztraminer
Appellation principale: Alsace ou Vin d'alsace
Production moyenne: 90 000 bouteilles

♀ **Gewürztraminer Fronholz VT**
   2000 : 91 . . . . .27,40 €

♀ **Pinot gris Zellberg**
   2000 : 88 . . . . .21,40 €

♀ **Riesling GC Muenchberg**
   1998 : 90

♀ **Sylvaner VV**
   2001 : 89 . . . . .9,30 €

BAS-RHIN

GUY WACH
DOMAINE DES MARRONNIERS ****

5 rue de la Commanderie
67140 Andlau
Tél. : 03 88 08 93 20 - Fax : 03 88 08 45 59

C'est avec beaucoup de sérieux que Guy Wach s'occupe de son domaine qui comprend de belles parcelles sur les grands crus Kastelberg et Moenchberg à Andlau. Il en tire des rieslings d'anthologie, en particulier du Kastelberg qu'il faudra savoir attendre. Si les gewurztraminers ne manquent pas d'intérêt non plus, l'amateur s'intéressera aussi aux délicieux sylvaners et pinots blancs qui sont d'un prix très doux et que la restauration s'arrache, avec juste raison.

Responsable : Guy Wach
Vente à la propriété : oui
Visite : sur rendez-vous
Dégustation : sur rendez-vous
Langues : Allemand, Anglais
Surface du vignoble : 7 ha
Age des vignes : 35 ans
Surface en rouge : 0,3 ha
Cépages :
    Pinot noir 100 %
Surface en blanc : 6,7 ha
Cépages :
    Silvaner
    Riesling
    Gewurztraminer
    Autres
Appellation principale : Alsace ou Vin d'alsace
Production moyenne : 40 000 bouteilles

  Gewürztraminer VV
    2000 : 88 . . . . .10,50 €

  Riesling Kastelberg GC
    2000 : 91 . . . . .11,50 €

  Riesling Moenchberg GC
    2000 : 89 . . . . .9,75 €

BAS-RHIN

DOMAINE ANDRÉ ET RÉMY GRESSER ***(*)

2 rue de l'Ecole
67140 Andlau
Tél. : 03 88 08 95 88 - Fax : 03 88 08 55 99
E. Mail : remy.gresser@wanadoo.fr

Toujours très passionné, le volubile Rémy Gresser possède des idées bien arrêtées sur les rendements, le vieillissement des vins et la vinification en général. Il les met en pratique dans son domaine pour sortir une impeccable gamme de rieslings, Kastelberg, Moenchberg et Wiebelsberg pouvant atteindre le sublime. Le pinot blanc est aussi toujours très réussi.

Responsable : Rémy Gresser
Vente à la propriété : oui
Visite : oui
Dégustation : oui
Langues : Allemand, Anglais
Surface du vignoble : 10,6 ha
Age des vignes : 40 ans
Surface en rouge : 0,64 ha
Cépages :
    Pinot noir 100 %

Surface en blanc : 9,96 ha
Cépages :
    Riesling
    Gewurztraminer
    Tokay Pinot Gris
    Autres
Appellation principale : Alsace ou Vin d'alsace

Gewürztraminer Kritt
2000 : 88 . . . . .6,50 €

Muscat Brandhof
2000 : 87 . . . . .7 €

Riesling GC Moenchberg
1997 : 88 . . . . .11 €

Riesling GC Wiebelsberg
1998 : 89 . . . . .11 €

Riesling Kastelberg
2000 : 90 . . . . .13 €

Riesling Kastelberg GC VT
1998 : 91 . . . . .23 €

BAS-RHIN

DOMAINE KIRMANN ***(*)

6 rue des Alliés
67680 Epfig
Tél. : 03 88 85 59 07 - Fax : 03 88 85 56 41
E. Mail : contact@kirmann.com
Web : www.kirmann.com

Faisant suite à une lignée de producteurs, Olivier Kirmann conduit en parallèle son restaurant librairie et son vignoble. En contact direct avec les consommateurs, il a baissé les rendements et il mène une vinification traditionnelle respectant les cépages. Le résultat ne s'est pas fait attendre et les vins des derniers millésimes ont une densité peu commune. Le riesling vieilles vignes est magnifique, tout comme le gewurztraminer vendanges tardives, le reste de la gamme étant de qualité.

Responsable : Olivier Kirmann
Vente à la propriété : oui
Visite : oui
Dégustation : oui
Langues : Allemand, Anglais
Surface du vignoble : 7 ha
Age des vignes : 30 ans

Surface en rouge : 1 ha
Cépages :
    Pinot noir 100 %
Surface en blanc : 6 ha
Cépages :
    Gewurztraminer 30 %
    Pinot blanc 20 %
    Riesling 20 %
    Autres 30 %
Appellation principale : Alsace ou Vin d'alsace
Production moyenne : 35 000 bouteilles

Crémant d'alsace
    87 . . . . .6,10 €

Gewürztraminer VT
    1997 : 89 . . . . .14 €

Gewürztraminer VV
    1999 : 88 . . . . .9,10 €

Pinot noir
    2000 : 87 . . . . .6,20 €

Riesling VV
    1999 : 89 . . . . .6,10 €

Tokay pinot gris
    2000 : 88 . . . . .6,10 €

BAS-RHIN

PIERRE ARNOLD ***(*)

16 rue de la Paix
67650 Dambach-la-Ville
Tél.: 03 88 92 41 70 - Fax: 03 88 92 62 95

Suzanne et Pierre Arnold exploitent ce petit domaine de sept hectares à Dambach-la-Ville, dont une petite parcelle d'un demi-hectare sur le grand cru Frankstein. De ce grand cru, ils tirent un riesling assez vite prêt à boire et de moyenne garde ainsi qu'un gewurztraminer toujours bien équilibré.

Responsables: Pierre et Suzanne Arnold
Vente à la propriété: oui
Visite: oui
Dégustation: oui
Moyen d'accès: Route des vins
Langues: Allemand
Surface du vignoble: 7 ha
Age des vignes: 25 ans
Surface en rouge: 0,7 ha
Cépages:
   Pinot noir 100 %

Surface en blanc: 6,3 ha
Cépages:
   Sylvaner
   Riesling
   Gewurztraminer
   Autres
Appellation principale: Alsace ou Vin d'alsace
Production moyenne: 45 000 bouteilles

Gewürztraminer
2000: 88 . . . . .6 €

Gewürztraminer GC Frankstein
1999: 89 . . . . .9,80 €

Riesling
2000: 87

Riesling cuvée des 3 épis d'Or
1996: 88 . . . . .7,80 €

Riesling Dambach la Ville
2000: 88 . . . . .5,65 €

Riesling GC Frankstein
1998: 88 . . . . .7,80 €

Sylvaner
2000: 86 . . . . .3,60 €

RIEFFEL ANDRÉ ***(*)

11 rue Principale
67140 Mittelbergheim
Tél. : 03 88 08 95 48 - Fax : 03 88 08 28 94

Le domaine possède des vignes sur les grands crus Kirchberg de Barr, Wiebelsberg et Zotzenberg qui sont bien mises en valeur. Exemple-type du producteur consciencieux, le domaine présente une gamme très homogène de vins, les rieslings sont superbes, les pinots gris riches et denses et les gewurztraminers d'une belle densité. Même le Klevner se présente avec une belle longueur. Le tout avec des prix sages.

Responsables : André et Lucas Rieffel
Vente à la propriété : oui
Visite : sur rendez-vous
Dégustation : sur rendez-vous
Langues : Allemand, Anglais
Surface du vignoble : 9 ha
Age des vignes : 26 ans

Surface en rouge : 1 ha
Cépages :
    Pinot noir 100 %
Surface en blanc : 8 ha
Cépages :
    Riesling
    Gewurztraminer
    Tokay Pinot Gris
Appellation principale : Alsace ou Vin d'alsace
Production moyenne : 60 000 bouteilles

Gewürztraminer
1999 : 88 . . . . .10 €

Gewürztraminer réserve personnelle
2000 : 88 . . . . .7 €

Pinot blanc VV
2000 : 87 . . . . .6 €

Pinot gris
2000 : 88 . . . . .10 €

Pinot gris VT (50 cl)
1999 : 88 . . . . .12 €

Riesling
2000 : 88 . . . . .11 €

BAS-RHIN

CAVE DE CLEEBOURG ★★★

Route du Vin
67160 Cleebourg
Tél. : 03 88 94 50 33 - Fax : 03 88 94 57 08

A l'extrémité nord de l'Alsace, la cave coopérative continue son chemin en multipliant les cuvées et les sélections. Les pinots et l'auxerrois, les deux spécialités locales, prennent ici une dimension particulière, toute en légèreté, que la petite touche de sucre résiduel arrondit quelque peu. De gros investissements en cave pour régulariser la production et une présentation en bouteille très soignée en font une cave incontournable dans ce petit coin de l'Alsace.

Responsable : Coopérative de Producteurs
Vente à la propriété : oui
Visite : oui
Langues : Allemand, Anglais
Surface du vignoble : 180 ha
Surface en rouge : 15 ha
Cépages :
    Pinot noir 100 %
Surface en blanc : 165 ha
Cépages :
    Gewurztraminer
    Riesling
    Pinot blanc
    Autres
Appellation principale : Alsace ou Vin d'alsace
Production moyenne : 1 200 000 bouteilles

Crémant d'alsace
86

Gewürztraminer
1999 : 88

Muscat
2000 : 86

Pinot blanc auxerrois
2000 : 86

Pinot gris Brandhof
1999 : 88

Pinot noir Fût de chêne
1999 : 85

Riesling
1998 : 88

Tokay pinot gris VT
1996 : 89

DOMAINE GÉRARD NEUMEYER ***

29 rue Ettore-Bugatti
67120 Molsheim
Tél. : 03 88 38 12 45 - Fax : 03 88 38 11 27
E. Mail : domaine.neumeyer@wanadoo.fr

Infatigable animateur de Molsheim, Gérard Neumeyer s'est mis au service, avec son sérieux coutumier, de son grand cru le Bruderthal qu'il pousse dans ses retranchements. Sur ce terroir, les pinots gris et les gewurztraminers prennent une grande élégance qui sied à ceux qui ne les aiment pas trop opulents. Le riesling est d'évolution lente et ne prend tout son caractère qu'au bout de cinq ans de cave.

Responsable : Gérard Neumeyer
Vente à la propriété : oui
Visite : oui
Dégustation : oui
Langues : Allemand, Anglais
Surface du vignoble : 14 ha
Age des vignes : 20 ans
Surface en rouge : 1 ha
Cépages :
    Pinot noir 100 %

Surface en blanc : 13 ha
Cépages :
    Riesling
    Gewurztraminer
    Tokay Pinot Gris
    Autres
Appellation principale : Alsace ou Vin d'alsace
Production moyenne : 85 000 bouteilles

♀ **Gewürztraminer**
    2000 : 88 . . . . .7 €

♀ **Gewürztraminer GC Bruderthal**
    1999 : 88 . . . . .15 €

♀ **Pinot blanc**
    1999 : 86 . . . . .5,20 €

♀ **Riesling GC Bruderthal**
    1999 : 88 . . . . .12 €

♀ **Riesling lieu-dit Finkenberg**
    2000 : 87 . . . . .6 €

♀ **Tokay pinot gris Coteau des Chartreux**
    2000 : 86 . . . . .7 €

♀ **Tokay pinot gris cuvée historique Hospices de Strasbourg**
    2000 : 86 . . . . .12 €

♀ **Tokay pinot gris GC Bruderthal**
    1999 : 89 . . . . .15 €

BAS-RHIN

DOMAINE J. B. SIEBERT ***

8 route de Molsheim
67120 Wolxheim
Tél. : 03 88 38 43 92 - Fax : 03 88 38 82 54

Jean-Bernard Siebert produit un des vins de référence du grand cru Altenberg de Wolxheim. Réputé depuis mille ans, ce grand cru d'une trentaine d'hectares au pied du rocher du Horn est de nature marno-calcaire. Le riesling s'y épanouit bien et le domaine Siebert le réussit toujours. Le riesling 1999 est un beau vin sec et plein qui se bonifiera avec l'âge. Son prix reste très sage. Long et équilibré, le gewurztraminer du même millésime mérite que l'on s'y attarde.

Responsable : J.B. Siebert
Vente à la propriété : oui
Visite : oui
Dégustation : oui
Moyen d'accès : RN4, Saverne - Strasbourg, direction Molsheim.
Langues : Allemand, Anglais
Surface du vignoble : 6,5 ha
Age des vignes : 20 ans

Surface en rouge : 0,65 ha
Cépages :
    Pinot noir 100 %
Surface en blanc : 5,85 ha
Cépages :
    Riesling
    Gewurztraminer
    Tokay Pinot Gris
    Autres
Appellation principale : Alsace ou Vin d'alsace
Production moyenne : 50 000 bouteilles

Gewürztraminer réserve particulière
2000 : 88 . . . . .5,95 €

Pinot blanc
2000 : 86 . . . . .3,96 €

Riesling Wolxheim
1999 : 88 . . . . .4,27 €

DOMAINE PIERRE HERING ***

6 rue Docteur-Sultzer
67140 Barr
Tél.: 03 88 08 90 07 - Fax: 03 88 08 08 54
E. Mail: jdh@infonie.fr

Le domaine possède deux joyaux, le clos du Gaensbronnel, qui est en partie dans le grand cru Kirchberg de Barr et le Clos de la Folie Marco qui appartient à la ville de Barr mais dont il est fermier. Les vins sont rigoureux, un peu austères dans leur jeunesse, mais leur droiture force le respect. Si le gewurztraminer du grand cru est relativement ouvert, le riesling mérite quelques années de cave pour s'exprimer.

Responsables: Pierre et Jean-Daniel Hering
Vente à la propriété: oui
Visite: oui
Dégustation: oui
Langues: Allemand, Anglais
Surface du vignoble: 10 ha
Surface en rouge: 1 ha
Cépages:
  Pinot noir 100 %

Surface en blanc: 9 ha
Cépages:
  Riesling
  Gewurztraminer
  Pinot blanc
  Autres
Appellation principale: Alsace ou Vin d'alsace
Production moyenne: 70 000 bouteilles

Auxerrois
2001: 85 . . . . .6 €

Gewürztraminer GC Kirchberg
2000: 88 . . . . .11 €

Pinot gris GC Kirchberg
1999: 88 . . . . .8,20 €

Riesling
1999: 89 . . . . .8,20 €

Riesling GC Kirchberg cuvée Emile Gustave
2000: 88 . . . . .11 €

Sylvaner Clos de la Folie Marco
2000: 88 . . . . .4,50 €

BAS-RHIN

DOMAINE STOEFFLER ***

1 rue des Lièvres
67140 Barr
Tél. : 03 88 08 52 50 - Fax : 03 88 08 17 09
E. Mail : info@vins-stoeffler.com
Web : www.vins-stoeffler.com

Le domaine est maintenant tenu par
Martine et Vincent Stoeffler qui ont fait
des études d'œnologie et sont passionnés par le vin. La culture devient de plus
en plus biologique, ce qui permet de
mettre en valeur les vignes du Kirchberg
de Barr et du Muhlforst à Hunawihr.
Avec une vinification soignée, les
gewurztraminers, en particulier sur le
Kirchberg, prennent une grande envergure, tout comme le riesling du Schoenenbourg qui s'intitule maintenant du
Kronenbourg, du nom de la parcelle qui
avait été intégrée au grand cru.

Responsables : Vincent et Martine Stoeffler
Vente à la propriété : oui
Visite : sur rendez-vous
Dégustation : sur rendez-vous
Moyen d'accès : Sortie Barr ZA, suivre la
direction Mont ste Odile.
Langues : Allemand, Anglais
Surface du vignoble : 12 ha
Age des vignes : 35 ans

Surface en rouge : 1,5 ha
Cépages :
    Pinot noir 100 %
Surface en blanc : 10,5 ha
Cépages :
    Riesling
    Gewürztraminer
    Sylvaner
    Autres
Appellation principale : Alsace ou Vin d'alsace
Production moyenne : 100 000 bouteilles

♀ **Gewürztraminer SGN (50 cl)**
1997 : 88 . . . . .23,50 €

♀ **Gewürztraminer VT**
1998 : 89 . . . . .19 €

♀ **Pinot gris VT**
2000 : 88 . . . . .15 €

♥ **Pinot noir**
2000 : 86 . . . . .7,50 €

♀ **Riesling GC Kirchberg de Barr**
2000 : 87 . . . . .8,50 €

♀ **Riesling Kronenbourg**
2000 : 87 . . . . .7 €

♀ **Riesling Terroir Muhlforst
de Hunawihr VT**
1998 : 88 . . . . .12 €

BAS-RHIN

DOMAINE ARMAND GILG **(*)

2 rue Rotland
67140 Mittelbergheim
Tél.: 03 88 08 92 76 - Fax: 03 88 08 25 91

Les profondes caves sont situées dans une maison renaissance de 1572, le domaine ayant des vignes sur les grands crus Zotzenberg et Moenchberg. Le Zotzenberg produit, sans le dire puisque le sylvaner est prohibé en grand cru, un joli sylvaner nommé Z qui est très élégant, tout comme le gewurztraminer, même si le sucre résiduel l'arrondit un peu. L'élégance régit le style des vins du domaine qui jouent la légèreté.

Responsable: Jean-Pierre Gilg
Vente à la propriété: oui
Visite: sur rendez-vous
Dégustation: sur rendez-vous
Moyen d'accès: Autoroute Strasbourg - Colmar, sortie n°13.
Langues: Allemand
Surface du vignoble: 22 ha
Age des vignes: 25 ans

Surface en rouge: 3,27 ha
Cépages:
    Pinot noir 100 %
Surface en blanc: 18,73 ha
Cépages:
    Sylvaner
    Riesling
    Gewurztraminer
    Autres
Appellation principale: Alsace ou Vin d'alsace
Production moyenne: 180 000 bouteilles

♀ **Crémant d'alsace**
    1999: 85 . . . . .7,15 €

♀ **Gewürztraminer GC zotzenberg**
    2000: 87 . . . . .9,35 €

♀ **Muscat**
    2001: 87 . . . . .7,15 €

♀ **Pinot gris SGN (50 cl)**
    1999: 88 . . . . .21 €

♀ **Riesling GC moenchberg**
    2000: 87 . . . . .7,15 €

♀ **Sylvaner cuvée Z VV**
    2000: 87 . . . . .5 €

BAS-RHIN

ALSACE GRAND CRU
APPELLATION ALSACE GRAND CRU CONTRÔLÉE.

Riesling
Kirchberg

1999

Alc. 12,75% Vol.   75 l ml

KLIPFEL

MIS EN BOUTEILLES PAR E. KLIPFEL, SES ENFANTS
ET PETITS-ENFANTS SUCCESSEURS A 67140 BARR FRANCE
PRODUCE OF FRANCE

DOMAINE KLIPFEL ** (*)

6 avenue de la Gare
67140 Barr
Tél. : 03 88 58 59 00 - Fax : 03 88 08 53 18
E. Mail : alsacewine@klipfel.com
Web : www.klipfel.com

La famille Klipfel dispose d'un beau domaine de quarante hectares dont une quinzaine sur les grands crus Kirchberg, Kastelberg et Wiebelsberg, entre autres. Ces crus sont vinifiés dans une cave impressionnante par la taille de ses foudres. Les joyaux de la cave sont représentés par le gewurztraminer du Clos Zisser qui est dans le grand cru Kirchberg de Barr. Toujours récoltées en haute maturité, les vendanges tardives et les sélections de grains nobles atteignent des sommets pour donner des vins qui évoluent superbement dans le temps. L'accueil à la cave est très bien organisé.

Responsable : famille Lorentz - Klipfel
Vente à la propriété : oui
Visite : oui
Dégustation : oui
Langues : Allemand, Anglais
Surface du vignoble : 40 ha

Surface en rouge : 3 ha
Cépages :
    Pinot noir 100 %
Surface en blanc : 37 ha
Cépages :
    Riesling
    Gewurztraminer
    Tokay pinot gris
    Autres
Appellation principale : Alsace ou Vin d'alsace

♀ **Gewürztraminer VT**
    1998 : 88 . . . . .10 €

♀ **Riesling**
    1999 : 88 . . . . .8,50 €

♀ **Tokay pinot gris**
    2000 : 86 . . . . .19 €

FRÉDÉRIC MOCHEL **(*)

56 rue Principale
67310 Traenheim
Tél.: 03 88 50 38 67 - Fax: 03 88 50 56 19

Le discret et affable Frédéric Mochel est à la tête d'un joli capital de vignes de neuf hectares, dont plus de la moitié est située dans le grand cru Altenberg de Bergbieten. Il en sort un superbe riesling tout en longueur, la cuvée Henriette, et un muscat d'anthologie, hélas toujours en rupture de stock.

Responsables:
Frédéric et Guillaume Mochel
Vente à la propriété: oui
Visite: sur rendez-vous
Dégustation: sur rendez-vous
Moyen d'accès: Entre Molsheim et Marlenheim, RN422, direction Traenheim.
Langues: Allemand, Anglais
Surface du vignoble: 10 ha
Age des vignes: 35 ans

Surface en rouge: 0,7 ha
Cépages:
    Pinot noir 100 %
Surface en blanc: 9,3 ha
Cépages:
    Riesling
    Gewurztraminer
    Pinot gris
    Autres
Appellation principale: Alsace grand cru Altenberg de Bergbieten
Production moyenne: 70 000 bouteilles

♀ **Gewürztraminer GC Altenberg de Bergbieten**
    2001: 87

♀ **Muscat**
    2001: 85

♀ **Riesling GC Altenberg de Bergbieten**
    2001: 88

HAUT-RHIN

DOMAINE WEINBACH-COLETTE FALLER ET SES FILLES *****

Clos des Capucins
68240 Kaysersberg
Tél. : 03 89 47 13 21 - Fax : 03 89 47 38 18
Web : www.domaineweinbach.com

Magnifique propriété, le Clos des Capucins a trouvé son impulsion avec une femme énergique, Colette Faller, qui se bat indistinctement pour le domaine et pour l'Alsace en général. Ses vins généreux et séducteurs ont beaucoup fait pour l'image de l'Alsace. Depuis six ans, ils sont élaborés par sa fille, Laurence, qui les a affinés et leur a donné de la classe. Elle s'affirme comme une des meilleures vinificatrices de blanc au monde. Avec Colette, toujours aussi présente, et ses deux filles, Laurence à la cave et Catherine à l'organisation, le domaine Weinbach est devenu la meilleure cave et la plus homogène d'Alsace avec des vins très équilibrés.

Responsables : Colette Faller et ses filles
Vente à la propriété : oui
Visite : sur rendez-vous
Dégustation : sur rendez-vous
Langues : Allemand, Anglais
Surface du vignoble : 25 ha
    Riesling
    Gewurztraminer
    Tokay Pinot Gris
    Autres
Appellation principale : Alsace ou Vin d'alsace

Gewürztraminer Altenbourg Laurence
2000 : 92 . . . . .36,50 €

Gewürztraminer cuvée Laurence
2001 : 90
2000 : 90

Gewürztraminer GC Furstentum SGN
1998 : 92

Gewürztraminer GC Furstentum Laurence VT
2000 : 93

Gewürztraminer GC Furstentum VT
2000 : 91

Riesling GC Schlossberg Cuvée Sainte-Catherine l'inédit
2000 : 92 . . . . .36 €

Riesling GC Schlossberg II
2000 : 89 . . . . .17,50 €

Riesling GC Schlossberg VT
2000 : 93

Riesling Sainte-Catherine II
2001 : 90
2000 : 91 . . . . .23 €

Riesling GC Schlossberg cuvée Sainte-Catherine
2000 : 91 . . . . .30 €

Sylvaner
2001 : 88 . . . . .9 €

Tokay pinot gris Altenburg Laurence
2000 : 93 . . . . .32 €

Tokay pinot gris Altenburg VT
2000 : 95

Tokay pinot gris cuvée Laurence
2001 : 91
2000 : 91 . . . . .26,80 €

Tokay pinot gris quintessence de grains nobles
2000 : 97

Tokay pinot gris Sainte-Catherine
2001 : 89 . . . . .36,50 €

HAUT-RHIN

DOMAINE ZIND-HUMBRECHT *****

4 route de Colmar
68230 Turckheim
Tél. : 03 89 27 02 05 - Fax : 03 89 27 22 58

Découvreur de terroirs comme d'autres de talents, Léonard Humbrecht a compris, bien avant tout le monde, l'importance des terroirs. Il a pu tranquillement acquérir les plus grands, pendant que d'autres ne rêvaient que de gros rendements en plaine. Ingénieur agronome, Master of Wine, son fils Olivier a parfait la culture dans les vignes pour donner des expressions encore plus fortes du terroir. Même si certains sont devenus plus secs, les vins sont riches et opulents. Gewurztraminers et pinots gris, en particulier sur le Rangen et dans le clos Windsbuhl, trônent au sommet de leurs catégories.

Responsables : Margaret et Olivier Humbrecht
Vente à la propriété : oui
Visite : sur rendez-vous
Dégustation : sur rendez-vous
Moyen d'accès : RN83, puis RD11, direction Turckheim.
Langues : Allemand, Anglais
Surface du vignoble : 40 ha
Surface en rouge : 1 ha
Cépages :
    Pinot noir 100 %

Surface en blanc : 39 ha
Cépages :
    Riesling
    Gewurztraminer
    Muscat
    Autres
Appellation principale : Alsace ou Vin d'alsace
Production moyenne : 180 000 bouteilles

Gewürztraminer clos Windsbuhl
2001 : 92 . . . . .39,20 €

Gewürztraminer GC Hengst
2000 : 93 . . . . .46,20 €

Gewürztraminer Herrenweg
2000 : 91 . . . . .26,20 €

Pinot gris Clos Jebsal SGN
1999 : 95 . . . . .116,20 €

Pinot gris Clos Windsbuhl
2000 : 90 . . . . .39,20 €

Pinot gris GC Rangen de Thann
2000 : 92 . . . . .58,20 €

Riesling Clos Hauserer
2000 : 89 . . . . .29,20 €

Riesling GC Rangen de Thann
2000 : 91 . . . . .58,20 €

Riesling Heimbourg
2000 : 88 . . . . .31,20 €

HAUT-RHIN

DOMAINE
ANDRÉ KIENTZLER ****(*)

50 route de Bergheim
68150 Ribeauvillé
Tél.: 03 89 73 67 10 - Fax: 03 89 73 35 81

Porté par le magnifique terroir du Geisberg pour le riesling, le roi de la cave, André Kientzler aime les vins purs et équilibrés. Cette même pureté se retrouve dans le gewurztraminer ou le pinot gris qui restent les plus secs possible. Il faut aller dans les vendanges tardives ou les rarissimes sélections de grains nobles pour trouver la richesse en sucre. Cette pureté demande une exigence extrême, que ce soit dans le vignoble comme dans la cave qui est d'une grande homogénéité, car tous les cépages sont traités avec le même souci et avec la même réussite.

Responsable: André Kientzler
Vente à la propriété: oui
Visite: non
Dégustation: sur rendez-vous
Moyen d'accès: Route des vins, propriété isolée.
Surface du vignoble: 11 ha
Age des vignes: 35 ans
Surface en blanc: 11 ha
Cépages:
    Sylvaner
    Gewurztraminer
    Tokay Pinot Gris
    Autres
Appellation principale: Alsace ou Vin d'alsace
Production moyenne: 80 000 bouteilles

♀ **Gewürztraminer VT**
   1998 : 90 . . . . .24,10 €

♀ **Pinot blanc**
   2000 : 88 . . . . .6,10 €

♀ **Riesling GC Geisberg**
   1999 : 92 . . . . .17,55 €

HAUT-RHIN

DOMAINE ERNEST BURN ****(*)

8 rue Basse
68420 Gueberschwihr
Tél. : 03 89 49 20 68 - Fax : 03 89 49 28 56
E. Mail : j.f.burn@wanadoo.fr
Web : www.domaine.burn.fr

Grand bonhomme de la vigne, Ernest Burn a mis en valeur dès 1934 le Clos Saint Imer, la partie la plus pentue du grand cru Goldert, ce qui était une idée de génie. Sans avoir jamais connu de passage à vide, le domaine est maintenant tenu, toujours au plus haut niveau, par deux de ses fils qui ont gardé tout l'héritage, rendements faibles, pas d'engrais ni pesticides et vendanges manuelles, entre autres, pour produire des vins d'une pureté absolue et d'un équilibre parfait. Tous les cépages sont également réussis et ne négligez surtout pas l'entrée de gamme.

Responsable : famille Burn
Vente à la propriété : oui
Visite : sur rendez-vous
Dégustation : sur rendez-vous
Langues : Allemand
Surface du vignoble : 10 ha
Age des vignes : 30 ans
Surface en rouge : 0,5 ha
Cépages :
    Pinot noir 100 %

Surface en blanc : 9,5 ha
Cépages :
    Riesling 15 %
    Gewürztraminer 25 %
    Sylvaner 10 %
    Autres 50 %
Appellation principale : Alsace ou Vin d'alsace
Production moyenne : 50 000 bouteilles

Gewürztraminer GC Goldert clos Saint-Imer La Chapelle
2000 : 90 . . . . .13 €

Gewürztraminer GC Goldert clos Saint-Imer SGN
1994 : 96

Muscat GC Goldert clos Saint-Imer La Chapelle
2000 : 88 . . . . .13 €

Pinot gris GC Goldert clos Saint-Imer La Chapelle
2000 : 88 . . . . .13 €

Riesling GC Goldert clos Saint-Imer
2000 : 89 . . . . .13 €

Tokay pinot gris GC Goldert clos Saint-Imer SGN
1994 : 94

Tokay pinot gris VT
1998 : 92 . . . . .22 €

HAUT-RHIN

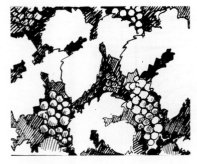

DOMAINE
MARTIN SCHAETZEL ****(*)

3 rue de la 5e-Division-Blindée
68770 Ammerschwihr
Tél.: 03 89 47 11 39 - Fax: 03 89 78 29 77

Prenant la suite de son oncle Martin, Jean Schaetzel partage son temps entre le lycée agricole où il est professeur et son domaine que sa femme Béa gère au quotidien. Par ses tailles courtes et ses maturités tardives, cette petite exploitation est devenue un modèle d'autant que les vins sont toujours élaborés dans les grands foudres de l'oncle. Si le Kaefferkopf a beaucoup apporté à la notoriété grâce à ses deux natures géologiques, l'une granitique, l'autre argilo-calcaire, ce qui est plus rare, ils possèdent aussi de belles parcelles sur le Rangen et le Marckrain. Les vins sont d'une grande régularité.

Responsables: Béa et Jean Schaetzel
Vente à la propriété: oui
Visite: sur rendez-vous
Dégustation: sur rendez-vous
Langues: Allemand, Anglais
Surface du vignoble: 8 ha
Age des vignes: 25 ans
Surface en rouge: 1 ha
Cépages:
    Pinot noir 100 %
Surface en blanc: 7 ha
Cépages:
    Sylvaner
    Riesling
    Gewurztraminer
    Autres
Appellation principale: Alsace ou Vin d'alsace
Production moyenne: 60 000 bouteilles

Gewürtraminer Kaefferkopf
2000: 90 . . . . 10,21 €

**Gewürztraminer
cuvée Catherine Kaefferkopf**
2000: 91 . . . . 12,81 €

Gewürztraminer cuvée Isabelle
2000: 91 . . . . 10,52 €

Gewürztraminer VT Kaefferkopf
1999: 91 . . . . 18,14 €
1998: 91 . . . . 18,14 €

Muscat réserve
2001: 88 . . . . 5,79 €

Pinot blanc réserve
2000: 87 . . . . 5,03 €

Pinot gris Rosenbourg
2000: 87 . . . . 10,98 €

Pinot gris VT
1998: 90 . . . . 17,23 €

Riesling GC Rangen de Thann
2000: 90 . . . . 16,46 €

Riesling GC Schlossberg
2000: 88 . . . . 12,81 €

Riesling Granit Kaefferkopf
2000: 89 . . . . 12,39 €

**Riesling Kaefferkopf
cuvée Saint-Nicolas**
2000: 90 . . . . 13,57 €

Riesling réserve
2000: 86 . . . . 6,40 €

Sylvaner VV
2000: 88 . . . . 5,34 €

Tokay pinot gris GC Marckraim
2000: 89 . . . . 13,11 €

Tokay pinot gris SGN (50cl)
2000: 90
1999: 90 . . . . 21,65 €

ALSACE GRAND CRU
PRODUCT OF FRANCE
APPELLATION ALSACE GRAND CRU CONTRÔLÉE

Vorbourg

Riesling

2000

75 cl   13% vol

Mis en bouteille par René Muré à Rouffach France

**DOMAINE RENÉ MURÉ
CLOS SAINT-LANDELIN ****(*)**

RN83
68250 Rouffach
Tél. : 03 89 78 58 00 - Fax : 03 89 78 58 01
E. Mail : rene@mure.com
Web : www.mure.com

Le Clos Saint-Landelin est un magnifique vignoble planté en terrasses avec
des vignes plantées serrées, à 10 000
pieds pour les dernières plantations
comme dans les meilleurs crus du
monde. Très exigeant, René Muré a fait
remarquablement progresser les vins qui
atteignent des sommets et qui sont de
grande garde, quel que soit le cépage.
Vendanges tardives et sélections de
grains nobles atteignent des sommets, y
compris dans le délicat muscat. Sous la
dénomination René Muré sont regroupés, pour éviter toute confusion, tous les
vins de négoce qu'élabore René Muré,
par ailleurs propriétaire du célèbre Clos
Saint-Landelin. La plupart de ces vins
proviennent de la côte de Rouffach,
future dénomination intermédiaire, qui
regroupe les vins de la région. Les
gewurztraminers sont toujours très réussis, tout comme la gamme des crémants.

Responsable : René Muré
Vente à la propriété : oui
Visite : sur rendez-vous
Dégustation : sur rendez-vous
Moyen d'accès : RN83 sortie Soultzmatt.
Langues : Allemand, Anglais
Surface du vignoble : 29 ha
Age des vignes : 30 ans
Surface en rouge : 3 ha
Cépages :
    Pinot noir 100 %
Surface en blanc : 26 ha
Cépages :
    Riesling
    Gewurztraminer
    Tokay pinot gris
    Autres
Appellation principale : Alsace ou Vin d'alsace
Production moyenne : 280 000 bouteilles

Crémant d'alsace
    1997 : 88 . . . . .14,48 €
        87 . . . . 9,76 €

Crémant d'alsace demi-sec
    86 . . . . .9,76 €

Gewürztraminer
    1998 : 91 . . . . .29,27 €

**Gewürztraminer
clos Saint-Landelin**
    2000 : 89 . . . . .17,60 €

HAUT-RHIN

Q **Gewürztraminer
Côte de Rouffach**
2000 : 88 . . . . .10,95 €

Q **Muscat Côte de Rouffach**
2000 : 87 . . . . .11,41 €

Q **Muscat VT**
1999 : 90 . . . . .33,54 €

Q **Pinot blanc Côte de Rouffach**
2000 : 86 . . . . .8,51 €

Q **Pinot gris clos Saint-Landelin**
1999 : 89 . . . . .21,19 €

Q **Pinot gris Côte de Rouffach**
2000 : 88 . . . . .11,87 €

Q **Pinot gris SGN**
1998 : 91 . . . . .29,27 €

Q **Pinot gris VT**
1998 : 91 . . . . .33,54 €

Q **Pinot noir Côte de Rouffach**
2000 : 86 . . . . .12,48 €

Q **Pinot noir clos Saint-Landelin**
2000 : 89 . . . . .38,50 €

Q **Pinot noir V**
2000 : 87 . . . . .22 €

Q **Riesling**
2000 : 88 . . . . .14,50 €

Q **Riesling clos Saint-Landelin
GC Vorbourg**
1999 : 90 . . . . .27,67 €

Q **Riesling Côte de Rouffach**
2000 : 86 . . . . .10,65 €

Q **Riesling VT GC Vorbourg**
2000 : 88 . . . . .16,50 €

Q **Sylvaner Côte de Rouffach**
2000 : 87 . . . . .6,90 €

Q **Sylvaner cuvée Oscar
Clos Saint-Landelin**
1998 : 88 . . . . .17,68 €

Q **Tokay pinot gris Lutzeltal**
2000 : 88 . . . . .18,45 €

HAUT-RHIN

LÉON BEYER****(*)

2 rue de la 1ʳᵉ-Armée
68420 Eguisheim
Tél. : 03 89 21 62 30 - Fax : 03 89 23 93 63
E. Mail : leonbeyer@wanadoo.fr
Web : www.leonbeyer.fr

Fin connaisseur du vignoble, toujours bon pied, bon œil, Léon Beyer continue son inlassable rôle d'ambassadeur des vins d'Alsace, tout comme Marc Beyer son fils qui écume les restaurants du monde entier pour les initier aux bouteilles des vins d'Alsace. Dans leur besace se trouve une belle gamme de vins secs, à qui la nature argilo-calcaire des terroirs assure un excellent vieillissement. Propriétaires d'une vingtaine d'hectares et négociants pour l'équivalent d'une cinquantaine d'hectares, les vins se nomment selon des noms maisons, même si les raisins proviennent des coteaux les plus réputés de l'Eichberg et du Pfersigberg. Tous les rieslings sont toujours très secs et ils vieillissent avec grâce, même l'impeccable cuvée des écaillers. Toujours d'anthologie, les vendanges tardives et sélections de grains nobles ne sont élaborées que dans les très grands millésimes.

Responsable : Léon Beyer
Vente à la propriété : oui
Visite : sur rendez-vous
Dégustation : sur rendez-vous
Langues : Allemand, Anglais

Surface du vignoble : 20 ha
Age des vignes : 25 ans
Surface en rouge : 3 ha
Cépages :
    Pinot noir 100 %
Surface en blanc : 17 ha
Cépages :
    Riesling
    Gewurztraminer
    Tokay Pinot Gris
    Autres
Appellation principale : Alsace ou Vin d'alsace
Production moyenne : 800 000 bouteilles

Gewürztraminer Comte d'Eguisheim
1998 : 89 . . . . .20,80 €

Gewürztraminer SGN
1998 : 93 . . . . .54 €
1994 : 96 . . . . .44,50 €

Gewürztraminer VT
1998 : 91 . . . . .30 €

Muscat réserve
2000 : 87 . . . . .13,15 €

Riesling les Ecaillers
1998 : 90 . . . . .13,65 €

Tokay pinot gris Comte d'Eguisheim
2000 : 88 . . . . .21 €

Tokay pinot gris VT
1999 : 91 . . . . .26 €

HAUT-RHIN

TRIMBACH ****(*)

15 route de Bergheim
68150 Ribeauvillé
Tél. : 03 89 73 60 30 - Fax : 03 89 73 89 04
E. Mail : contact@maison-trimbach.fr
Web : www.maison-trimbach.fr

Cette petite maison de négoce qui dispose d'une solide propriété comme base arrière, s'est faite la spécialiste et le chantre des vins secs de grande gastronomie que Pierre Heydt-Trimbach vinifie avec une rigueur absolue. La cuvée-phare est le rare riesling Clos Sainte Hune, assurément le meilleur d'Alsace, d'un vieillissement légendaire. La cuvée Frédéric-Emile, issue d'une même parcelle sise à cheval sur deux grands crus, est aussi remarquable. Les cuvées d'entrée de gamme sont toujours particulièrement soignées.

Responsables : Bernard et Hubert Trimbach
Vente à la propriété : oui
Visite : sur rendez-vous
Dégustation : sur rendez-vous
Langues : Allemand, Anglais
Surface du vignoble : 27 ha
Age des vignes : 40 ans
Surface en rouge : 1,5 ha
Cépages :
    Pinot noir 100 %
Surface en blanc : 25,5 ha
Cépages :
    Riesling
    Gewurztraminer
    Pinot gris
    Autres
Appellation principale : Alsace ou Vin d'alsace
Production moyenne : 1 000 000 bouteilles

♀ **Gewürztraminer
Seigneurs de Ribeaupierre**
1998 : 90

♀ **Pinot gris réserve**
2000 : 88

♀ **Riesling Frédéric-Emile VT**
1998 : 91

Riesling
ALSACE GRAND CRU
Appellation Alsace Grand Cru Contrôlée
750 ml
12% Alc. by vol.
1996
Mis en bouteille à la propriété
Les viticulteurs réunis de Ribeauvillé et environs
Ribeauvillé • Haut-Rhin • Product of France
Grand Cru
Schœnenbourg

CAVE VINICOLE
DE RIBEAUVILLÉ ★★★★

2 route de Colmar
68150 Ribeauvillé
Tél. : 03 89 73 61 80 - Fax : 03 89 73 31 21
E. Mail : cave@cave-ribeauville.com
Web : www.cave-ribeauville.com

Remarquablement située sur la route des vins, la cave de Ribeauvillé n'a qu'une quarantaine d'adhérents, ce qui est une grande force, et ils possèdent des terroirs de premier ordre. Très bien équipée grâce à des investissements réguliers orchestrés par un remarquable directeur, Jean-Marie Lang, la cave vient aussi d'embaucher une nouvelle vinificatrice, Evelyne Bléger, qui avait fait des grands vins, il y a quelques années, à la coopérative de Westhalten. Le résultat ne s'est pas fait attendre. Dès le millésime 2000, les vins ont pris une nouvelle dimension.

Responsable : Jean-Marie Lang
Vente à la propriété : oui
Visite : oui
Dégustation : oui
Moyen d'accès : Situé à 3 km de la RN 83.
Langues : Allemand, Anglais
Surface du vignoble : 260 ha
Age des vignes : 20 ans
Surface en rouge : 21 ha
Cépages :
    Pinot noir 100 %
Surface en blanc : 239 ha
Cépages :
    Riesling
    Pinot blanc
    Tokay pinot gris
    Gewurztraminer
Appellation principale : Alsace ou Vin d'alsace
Production moyenne : 2 500 000 bouteilles

🍷 **Alsace sylvaner**
   1999 : 87 . . . . .5,05 €

🍷 **Alsace sylvaner VV**
   2000 : 88 . . . . .5,05 €

🍷 **Alsace clos du Zahnacker**
   2001 : 89

HAUT-RHIN

Crémant d'alsace
86 . . . . .5,95 €

Crémant d'alsace brut de noirs
89 . . . . .6,58 €

Crémant d'alsace l'Offensée
1999 : 87 . . . . .6,58 €

**Gewürztraminer
GC Altenberg de Bergbieten**
2000 : 89 . . . . .11,30 €

Gewürztraminer GC Gloeckelberg
1999 : 87 . . . . .11,30 €

Gewürztraminer GC Osterberg
2000 : 89

Gewürztraminer Haguenau
1997 : 86 . . . . .7,03 €

Muscat cuvée prestige
2000 : 88 . . . . .6,27 €

Muscat cuvée tradition
2000 : 87 . . . . .5,20 €

Muscat prestige
2001 : 88 . . . . .6,42 €

Pinot blanc
2000 : 87 . . . . .5,51 €

Pinot gris cuvée prestige
2000 : 88 . . . . .6,58 €

Pinot gris GC Gloeckelberg
2000 : 89 . . . . .10,84 €

Pinot gris GC Sonnenglanz
2000 : 89 . . . . .10,84 €
1999 : 85 . . . . .10,84 €

Pinot noir
2000 : 85 . . . . .6,56 €

Pinot noir cuvée du terroir
1999 : 86 . . . . .7,19 €

**Riesling GC Kirchberg
de Ribeauvillé**
1998 : 86 . . . . .10,54 €

Riesling GC Osterberg
1998 : 89 . . . . .10,54 €

Riesling GC Rosacker
1999 : 88 . . . . .10,54 €
1998 : 88 . . . . .10,54 €

Riesling GC Schlossberg
1996 : 87 . . . . .10,54 €

Riesling Haguenau
1999 : 87 . . . . .6,88 €
1998 : 85

Riesling Muhlforst
1999 : 87 . . . . .6,88 €

**Gewürztraminer Sigillé
confrérie Saint-Etienne**
1999 : 87 . . . . .7,34 €

Riesling Steinacker
2000 : 88 . . . . .6,88 €
1999 : 86 . . . . .6,88 €

DIRLER - CADÉ ****

13 rue d'Issenheim
68500 Bergholtz
Tél. : 03 89 76 91 00 - Fax : 03 89 76 85 97

Jean-Pierre Dirler s'était construit sa réputation sur tout un ensemble de vins fondamentalement secs qu'il tirait de ses grands crus du secteur de Guebwiller, le Saering et le Kessler. Son fils Jean et son épouse Ludivine ont repris le domaine en gardant la même philosophie. Les rieslings sont toujours en grande forme, en particulier le Kessler, et l'équilibre des gewurztraminers toujours aussi parfait. Même le sylvaner vieilles vignes est excellent.

Responsables : Jean et Ludivine Dirler
Vente à la propriété : oui
Visite : sur rendez-vous
Dégustation : sur rendez-vous
Langues : Allemand, Anglais
Surface du vignoble : 15,41 ha
Cépages rouges :
    Pinot noir 100 %
Cépages blancs :
    Riesling
    Gewurztraminer
    Tokay pinot gris
    Autres
Appellation principale : Alsace ou Vin d'alsace
Production moyenne : 100 000 bouteilles

Gewürztraminer GC Kessler
2000 : 91 . . . . 18,30 €

Gewürztraminer GC Saering
2000 : 90 . . . . 12,90 €

Gewürztraminer GC Saering SGN
2000 : 94 . . . . 12,90 €

Gewürztraminer GC Spiegel
2000 : 92 . . . . 13,40 €

Gwürztraminer GC Kitterlé
2000 : 93 . . . . 15 €

Muscat GC Spiegel
2000 : 90 . . . . 10,60 €

Riesling
2000 : 88 . . . . 7 €

Riesling GC Kessler
2000 : 91 . . . . 14,10 €

Riesling GC Saering
2000 : 89 . . . . 13,10 €

Riesling GC Saering VT (50 cl)
1998 : 92 . . . . 33,50 €

Riesling GC Spiegel
2000 : 89 . . . . 13,10 €

Sylvaner VV
2000 : 88 . . . . 6,10 €

HAUT-RHIN

DOMAINE ALBERT BOXLER ★★★★

78 rue des Trois-Epis
68230 Niedermorschwihr
Tél. : 03 89 27 11 32 - Fax : 03 89 27 70 14
E. Mail : albert.boxler@9online.fr

Perpétuellement inquiet, Jean-Marc Boxler a produit des vins d'anthologie grâce à la maîtrise des rendements et à des terroirs d'exception comme le Brand et le Sommerberg, pas toujours faciles à cultiver, mais qui donnent des vins de grande classe. Les vins sont maintenant élaborés par le fils de la maison, sans que le style des vins longilignes n'en souffre.

Responsables : Jean-Marc et Jean Boxler
Vente à la propriété : oui
Visite : sur rendez-vous
Dégustation : sur rendez-vous
Langues : Allemand, Anglais
Surface du vignoble : 12 ha
Age des vignes : 35 ans

Surface en rouge : 0,5 ha
Cépages :
  Pinot noir 100 %
Surface en blanc : 11,5 ha
Cépages :
  Riesling
  Gewurztraminer
  Sylvaner
  Autres
Appellation principale : Alsace ou Vin d'alsace
Production moyenne : 60 000 bouteilles

♀ Riesling
2000 : 90
1999 : 91

♀ Riesling GC Sommerberg
2000 : 89 . . . . 18 €
1999 : 91
1996 : 90

♀ Tokay GC Brand VT
1999 : 92 . . . . 26 €

HAUT-RHIN

DOMAINE ALBERT MANN ★★★★

13 rue du Château
68920 Wettolsheim
Tél. : 03 89 80 62 00 - Fax : 03 89 80 34 23
E. Mail : vins@mann-albert.com
Web : en cours

Les deux frères Barthelmé ont transfiguré cette vénérable maison. Maurice au vignoble est partisan des approches biologiques et des petits rendements, tandis que son frère Jacky vinifie dans un moderne cuvier en inox dans la cave ultramoderne située à l'entrée du village. Comme la sélection parcellaire est très poussée, les cuvées sont nombreuses. Vinifiés avec soin, les vins sont toujours francs et nets.

Responsables : Maurice & Jacky Barthelmé
Vente à la propriété : oui
Visite : sur rendez-vous
Dégustation : sur rendez-vous
Langues : Allemand, Anglais, Espagnol
Surface du vignoble : 19,5 ha
Age des vignes : 30 ans
Surface en rouge : 2,2 ha
Cépages :
    Pinot noir 100 %
Surface en blanc : 17,3 ha
Cépages :
    Gewurztraminer
    Tokay Pinot Gris
    Riesling
    Autres
Appellation principale : Alsace ou Vin d'alsace
Production moyenne : 130 000 bouteilles

Auxerrois VV
2000 : 86 . . . . .7,50 €

Gewürztraminer Altenbourg
2000 : 90 . . . . .11,50 €

Gewürztraminer Altenbourg VT (50 cl)
2000 : 91 . . . . .16 €

Gewürztraminer Furstentum SGN (37,5 cl)
1998 : 91 . . . . .24,40 €

Gewürztraminer GC Furstentum VV
2000 : 91 . . . . .16 €

Gewürztraminer GC Steingrübler
2000 : 90 . . . . .14 €

Muscat
2000 : 87 . . . . .7,50 €

Pinot noir Grand « M »
2000 : 88 . . . . .21 €

Riesling
2000 : 87 . . . . .6,50 €

Riesling Altenbourg VT
2000 : 90 . . . . .25 €

Riesling cuvée Albert
2000 : 88 . . . . .6,50 €

Riesling GC Furstentum
2000 : 89 . . . . .13,50 €

Riesling GC Schlossberg
2000 : 89 . . . . .12 €

Tokay pinot gris
2000 : 91 . . . . .13,50 €

Tokay pinot gris Altenbourg SGN (37,5 cl)
2000 : 95 . . . . .46 €

Tokay pinot gris Altenbourg VT (50 cl)
2000 : 93 . . . . .16 €

Tokay pinot gris GC Furstentum VT (37,5 cl)
2000 : 94 . . . . .29 €

Tokay pinot gris GC Hengst
2000 : 90 . . . . .13,50 €

HAUT-RHIN

DOMAINE BOTT-GEYL ★★★★

1 rue du Petit-Château
68980 Beblenheim
Tél. : 03 89 47 90 04 - Fax : 03 89 47 97 33
E. Mail : bottgeyl@libertysurf.fr

Elève de Léonard Humbrecht, Christophe Bott a bien assimilé les leçons du grand maître. Les maturités sont parfaites et les vins ont beaucoup de densité. Comme le domaine dispose d'une impressionnante collection de vignes dans les meilleurs terroirs, la liste des crus est impressionnante avec des vins toujours concentrés, un peu rudes dans leur jeunesse, mais qui évoluent très bien.

Responsables :
Jean-Christophe et Edouard Bott
Vente à la propriété : oui
Visite : sur rendez-vous
Dégustation : sur rendez-vous
Langues : Allemand, Anglais
Surface du vignoble : 13 ha
Age des vignes : 25 ans
Surface en rouge : 0,45 ha
Cépages :
　　Pinot noir 100 %

Surface en blanc : 12,55 ha
Cépages :
　　Riesling 25 %
　　Gewurztraminer 25 %
　　Tokay Pinot Gris 20 %
　　Autres 30 %
Appellation principale : Alsace ou Vin d'alsace
Production moyenne : 90 000 bouteilles

Gewürztraminer GC Furstentum
2000 : 92 . . . . .16 €

Gewürztraminer GC Sonnenglanz
2000 : 90 . . . . .16 €

**Gewürztraminer
GC Sonnenglanz VT**
2000 : 89 . . . . .20 €

Pinot gris Beblenheim
2000 : 89 . . . . .8,50 €

Pinot gris GC Sonnenglanz
2000 : 90 . . . . .16 €

Pinot gris GC Sonnenglanz VT
2000 : 92 . . . . .18,50 €

Riesling GC Mandelberg
2000 : 89 . . . . .13,50 €

Riesling Riquewihr
2000 : 88 . . . . .6,85 €

HAUT-RHIN

DOMAINE BRUNO SORG ★★★★

8 rue Monseigneur-Stumpf
68420 Eguisheim
Tél. : 03 89 41 80 85 - Fax : 03 89 41 22 64

François Sorg, le fils de Bruno, produit avec une régularité époustouflante des vins très équilibrés, sans épate. Le grand cru Pfersigberg est toujours à l'honneur soit en riesling, soit en gewurztraminer, ce cépage réussissant aussi très bien sur l'Eichberg. Pour une telle qualité, les prix sont sages.

Responsable : Bruno Sorg
Vente à la propriété : oui
Visite : oui
Dégustation : oui
Langues : Allemand
Surface du vignoble : 10,5 ha
Surface en rouge : 1 ha
Cépages :
   Pinot noir 100 %
Surface en blanc : 9,5 ha
Cépages :
   Pinot blanc
   Riesling
   Gewurztraminer
   Pinot gris + Muscat
Appellation principale : Alsace ou Vin d'alsace
Production moyenne : 75 000 bouteilles

Gewürztraminer GC Eichberg
2000 : 90 . . . . .9,90 €

Gewürztraminer SGN
1997 : 90 . . . . .38,60 €

Gewürztraminer VT
1998 : 90 . . . . .18,30 €

Muscat GC Pfersigberg
2001 : 86 . . . . .10 €

Riesling GC Florimont
1999 : 87 . . . . .8,10 €

Riesling GC Pfersigberg VV
1999 : 89 . . . . .8,70 €

Sylvaner
2000 : 87 . . . . .9,80 €

Tokay GC Florimont
2001 : 88 . . . . .10,70 €

HAUT-RHIN

ALSACE GRAND CRU
APPELLATION ALSACE GRAND CRU CONTRÔLÉE

— Domaine Léon Boesch —

Grand Cru Zinnkoepfle 2000

Gewürztraminer

12,5% vol.   750 ml
                                                          L 0067

GÉRARD ET MATTHIEU BOESCH PROPRIÉTAIRES SOULTZMATT HAUT-RHIN FRANCE
MISE EN BOUTEILLE À LA PROPRIÉTÉ   PRODUCE OF FRANCE

DOMAINE LÉON BOESCH ★★★★

6 rue Saint-Blaise
68250 Weshalten
Tél. : 03 89 47 01 83 - Fax : 03 89 47 64 95

Le sympathique Gérard Boesch, assisté maintenant de son fils, a depuis toujours élaboré des vins très équilibrés qui se caractérisaient par leur franchise. Depuis quelques années, les vins ont pris plus de densité et plus de longueur. Le fleuron de la cave est, depuis toujours, le gewurztraminer du Zinnkoepflé, très équilibré quel que soit son état de maturité. Les vendanges tardives et les sélections de grains nobles dans ce cépage sont toujours somptueuses. Pour le riesling du même terroir, il faut savoir être patient, car il ne se révèle qu'au bout de plusieurs années.

Responsables : Gérard et Matthieu Boesch
Vente à la propriété : oui
Visite : sur rendez-vous
Dégustation : sur rendez-vous
Moyen d'accès : RN83 sortie Soultzmatt.
Langues : Allemand, Anglais
Surface du vignoble : 11 ha
Age des vignes : 35 ans
Surface en rouge : 1,4 ha
Cépages :
    Pinot noir 100 %

Surface en blanc : 9,6 ha
Cépages :
    Riesling
    Gewurztraminer
    Tokay pinot gris
    Autres
Appellation principale : Alsace ou Vin d'alsace
Production moyenne : 80 000 bouteilles

Gewürztraminer GC Zinnkoepflé
2000 : 89 . . . . .13,70 €

Gewürztraminer SGN
2000 : 92 . . . . .46,20 €

Gewürztraminer VT GC Zinnkoepflé
2000 : 89 . . . . .25,70 €

Pinot gris
2000 : 87 . . . . .8,20 €

Pinot gris SGN
1998 : 90

Pinot noir
2000 : 87

Riesling Breitenberg
2000 : 88 . . . . .9,90 €

Riesling GC Zinnkoepflé
2000 : 88 . . . . .13,70 €

Sylvaner
2000 : 85 . . . . .5,60 €

DOMAINE MEYER-FONNÉ ★★★★

24 Grand-Rue
68230 Katzenthal
Tél. : 03 89 27 16 50 - Fax : 03 89 27 34 17

> Elève doué de Léonard Humbrecht, Félix Meyer a repris le domaine de son père François en préservant les magnifiques foudres de bois d'où il sort des miracles. Tous les vins ont une longueur et une classe qui leur font atteindre la dimension supérieure, quel que soit le terroir ou le cépage, et ce depuis plusieurs millésimes. A ne pas rater.

Responsables : François et Félix Meyer
Vente à la propriété : oui
Visite : sur rendez-vous
Dégustation : sur rendez-vous
Moyen d'accès : Se situe à 4 km de Colmar.
Langues : Allemand, Anglais
Surface du vignoble : 10,1 ha
Age des vignes : 25 ans
Surface en rouge : 0,5 ha
Cépages :
    Pinot noir 100 %

Surface en blanc : 9,6 ha
Cépages :
    Riesling 25 %
    Gewurztraminer 18 %
    Pinot gris 18 %
    Pinot blanc 29 %
Appellation principale : Alsace ou Vin d'alsace
Production moyenne : 75 000 bouteilles

Pinot blanc
    2001 : 89 . . . . .5 €

Pinot gris Dorfburg
    2000 : 91 . . . . .10,90 €

Pinot gris réserve particulière
    2001 : 89 . . . . .7,10 €

Riesling GC Wineck-Schlossberg VT
    2000 : 92 . . . . .22 €

Riesling Kaefferkopf
    2000 : 90 . . . . .12,40 €

Riesling Pfoeller
    2000 : 90 . . . . .11,50 €

HAUT-RHIN

DOMAINE MITTNACHT-KLACK ********

8 rue des Tuileries - BP 23
68340 Riquewihr
Tél. : 03 89 47 02 54 - Fax : 03 89 47 89 50
E. Mail : info@mittnacht.fr

Vinificateur discret, Jean Mittnacht aime laisser faire la nature en vinification, ce qui donne des résultats parfois surprenants, mais toujours intéressants. Les grands millésimes contiennent du sucre résiduel, les autres peuvent être complètement secs. Ainsi va la nature. Comme la diversité des vignes sur les meilleurs terroirs de Riquewihr est impressionnante, la liste des vins est conséquente. Il faut tout le talent d'Annie Mittnacht qui accueille ses visiteurs avec beaucoup de sérieux, pour expliciter terroirs, millésimes et niveaux de maturité.

Responsable : Jean Mittnacht
Vente à la propriété : oui
Visite : sur rendez-vous
Dégustation : sur rendez-vous
Langues : Allemand, Anglais
Surface du vignoble : 9,5 ha
Surface en rouge : 0,48 ha
Cépages :
    Pinot noir 100 %

Surface en blanc : 9,02 ha
Cépages :
    Sylvaner
    Riesling
    Gewurztraminer
    Autres
Appellation principale : Alsace ou Vin d'alsace
Production moyenne : 70 000 bouteilles

Gewürztraminer GC Sporen
2000 : 90

Gewürztraminer SGN
2000 : 92

Pinot gris clos Saint-Ulrich
2000 : 88

Riesling
2000 : 87

Riesling clos Saint-Ulrich
1998 : 89

Riesling GC Schoenenbourg
2000 : 91

Riesling Muhlforst
1998 : 88

Riesling GC Rosacker
2000 : 90

Riesling VT
1997 : 89

ALSACE GRAND CRU
1999
SOMMERBERG
APPELLATION ALSACE GRAND CRU CONTRÔLÉE
RIESLING
BLANCK
DOMAINE PAUL BLANCK

12.5% alc./vol.   Mise en Bouteilles au Domaine de Paul Blanck et ses fils,
Vignerons à Kientzheim Haut-Rhin France - Product of France   750 ML

DOMAINE PAUL BLANCK ★★★★

32 Grand-Rue
68240 Kientzheim
Tél.: 03 89 78 23 56 - Fax: 03 89 47 16 45
E. Mail: info@blanck.com
Web: www.blanck.com

Si leurs pères avaient à l'époque déjà défrayé la chronique, en faisant progresser considérablement le vignoble alsacien, le domaine est maintenant tenu par les deux cousins, le rigoureux Frédéric à la cave, assurément un des plus talentueux vinificateurs d'Alsace, et le volubile Philippe au commercial. Le vignoble a été entièrement repris dans une optique biologique, voire biodynamique, et les vins progressent millésime après millésime. Seule la taille du domaine ne permet pas encore de présenter une gamme tout à fait homogène, mais les vins issus du Furstentum sont toujours de grande classe et les rieslings du Schlossberg sont impeccables.

Responsable: Famille Paul Blanck
Vente à la propriété: oui
Visite: oui
Dégustation: oui
Langues: Allemand, Anglais
Surface du vignoble: 35 ha
Age des vignes: 30 ans

Surface en rouge: 2,75 ha
Cépages:
    Pinot noir 100 %
Surface en blanc: 32,25 ha
Cépages:
    Riesling
    Gewurztraminer
    Pinot blanc
    Pinot gris
Appellation principale: Alsace grand cru
Production moyenne: 240 000 bouteilles

♀ **Gewürztraminer GC Furstentum VV**
1996: 91

♀ **Gewürztraminer VV**
2000: 89

♀ **Pinot gris GC Furstentum**
2000: 88

♀ **Pinot gris GC Schlossberg**
2000: 90

♀ **Pinot noir**
1998: 88

♀ **Riesling GC Furstentum VV**
2000: 90

♀ **Riesling GC Schlossberg**
2000: 89

HAUT-RHIN

DOMAINE SCHOFFIT ★★★★

68 Nonnenholzweg
68000 Colmar
Tél.: 03 89 24 41 14 - Fax: 03 89 41 40 52

Historiquement implanté à Colmar, le domaine possède de belles parcelles sur la Hardt, plaine proche de la ville. L'achat en 1986 du Clos Saint Théobald, dans le grand cru du Rangen lui donne une nouvelle dimension, tout comme la construction d'une cave plus spacieuse. Bernard Schoffit aime les vins concentrés et pleins, quel que soit le cépage, ce qui conduit à des vins très riches dans le fameux Rangen, mais même le modeste chasselas cuvée Caroline se retrouve avec des concentrations peu communes.

Responsables: Bernard et Robert Schoffit
Vente à la propriété: oui
Visite: sur rendez-vous
Dégustation: sur rendez-vous
Moyen d'accès: Autoroute de Colmar, sortie n°25.
Langues: Allemand, Anglais
Surface du vignoble: 16 ha
Age des vignes: 40 ans
Surface en rouge: 0,7 ha
Cépages:
Pinot noir 100 %

Surface en blanc: 15,3 ha
Cépages:
Riesling
Gewurztraminer
Pinot gris
Autres
Appellation principale: Alsace ou Vin d'alsace
Production moyenne: 100 000 bouteilles

♀ **Alsace Vin d'alsace Chasselas cuvée Caroline**
2001 : 87 . . . . .8,10 €

♀ **Gewürztraminer clos Saint-Théobald Rangen de Thann**
2000 : 92 . . . . .29,80 €

♀ **Gewürztraminer Harth cuvée Alexandre**
2000 : 90 . . . . .11,50 €

♀ **Pinot gris clos Saint-Théobald GC Rangen de Thann**
2000 : 90 . . . . .26,70 €

♀ **Pinot gris VV cuvée Alexandre,**
2000 : 89 . . . . .11,90 €

♀ **Riesling clos Saint-Théobald GC Rangen de Thann**
2000 : 91

♀ **Riesling Harth cuvée Caroline**
2000 : 88 . . . . .8,90 €

♀ **Tokay pinot gris clos Saint-Théobald GC Rangen de Thann SGN**
1998 : 92 . . . . .58 €

HAUT-RHIN

ALSACE GRAND CRU
APPELLATION ALSACE GRAND CRU CONTRÔLÉE

GRAND CRU
ZINNKOEPFLE
RIESLING 1999
VENDANGE TARDIVE
PRODUCT OF FRANCE
750 ML. ALC.11.5 %BY VOL
MIS EN BOUTEILLE PAR SEPPI LANDMANN
Cave de la Vallis Praenobilis F 68570 Soultzmatt - Tél. 03 89 47 09 33 - Fax. 03 89 47 06 99

DOMAINE SEPPI LANDMANN ★★★★

20 rue de la Vallée
68570 Soultzmatt
Tél. : 03 89 47 09 33 - Fax : 03 89 47 06 99
E. Mail : seppi.landmann@wanadoo.fr
Web : www.seppi-landmann.fr

Force de la nature, Bacchus tonitruant, Seppi Landmann possède un sacré caractère. Prenant tous les risques dans le vignoble pour obtenir les maturités optimales, il extirpe de son fameux terroir, le Zinnkoepflé, force grands crus, vendanges tardives et sélection de grains nobles. Si les gewurztraminers et les pinots gris sont immédiatement accessibles, le riesling mérite au moins cinq ans de vieillissement pour s'épanouir. Le crémant est sûrement le meilleur d'Alsace et les sylvaners sont traités comme un grand cépage. Achetez les vins en primeurs, c'est toujours une bonne affaire.

Responsable : Seppi Landmann
Vente à la propriété : oui
Visite : sur rendez-vous
Dégustation : sur rendez-vous
Moyen d'accès : RN83, route de Colmar - Mulhouse.

Langues : Allemand, Anglais
Surface du vignoble : 8,5 ha
Surface en rouge : 0,5 ha
Cépages :
    Pinot noir 100 %
Surface en blanc : 8 ha
Cépages :
    Muscat
    Gewurztraminer
    Riesling
    Autres
Appellation principale : Alsace ou Vin d'alsace
Production moyenne : 65 000 bouteilles

♈ **Crémant d'alsace brut**
    1994 : 88

♈ **Crémant d'alsace brut de brut**
        87

♈ **Crémant d'alsace Vallée Noble**
        88

♈ **Gewürztraminer SGN**
    1994 : 94

♈ **Gewürztraminer VT**
    1991 : 91

HAUT-RHIN

♀ **Gewürztraminer Vallée Noble**
2000 : 90

♀ **Gewürztraminer GC Zinnkoepfle**
2000 : 91

♀ **Pinot gris**
1999 : 90

♀ **Pinot gris Bollenberg VT**
1997 : 88

♀ **Pinot gris SGN**
2000 : 90
1999 : 91

♥ **Pinot noir Jardins des délices**
1999 : 88

♥ **Pinot noir Vallée Noble**
2000 : 88

♀ **Riesling SGN**
2000 : 92

♀ **Riesling Vallée Noble**
1994 : 88

♀ **Riesling Vallée Noble VT**
2000 : 89

♀ **Riesling VT**
1999 : 89

♀ **Riesling GC Zinnkoepfle**
2000 : 90
1993 : 88

♥ **Pinot noir Sabot de Vénus**
2000 : 87

♀ **Sylvaner cuvée Z**
2000 : 88

♀ **Sylvaner Cuvée Hors la Loi**
2000 : 88

♀ **Sylvaner Hospices de Strasbourg**
2000 : 89

DOMAINE SYLVIE SPIELMANN ****

2 route de Thannenkirch
68750 Bergheim
Tél. : 03 89 73 35 95 - Fax : 03 89 73 27 95
E. Mail : sylvie@sylviespielmann.com
Web : www.sylviespielmann.com

Dès ses débuts à la fin des années 80, Sylvie Spielmann a réussi des vins d'anthologie, en particulier en riesling sur le minuscule grand cru du Kanzlerberg et en gewurztraminer sur l'Altenberg. Récemment, elle s'est lancée dans une ambitieuse politique d'investissements dans la cave qui était un peu étroite. Fatalement, les vins ont un peu souffert dans les millésimes récents, le temps de reprendre de nouveaux repères, mais les millésimes plus vieux n'ont évidemment pas bougé et le tout dernier millésime indique que la reprise en main s'est bien faite.

Responsable : Sylvie Spielmann
Vente à la propriété : oui
Visite : oui
Dégustation : sur rendez-vous
Moyen d'accès : Depuis Bergheim, prendre la direction Thannenkirch.
Langues : Allemand, Anglais
Surface du vignoble : 7,5 ha
Age des vignes : 25 ans
Surface en rouge : 0,4 ha
Cépages :
    Pinot noir 100 %
Surface en blanc : 7,1 ha
Cépages :
    Riesling
    Gewurztraminer
    Tokay pinot gris
    Autres
Appellation principale : Alsace ou Vin d'alsace
Production moyenne : 50 000 bouteilles

♀ **Gewürztraminer Blosenberg**
1999 : 86 . . . . .8,80 €

♀ **Gewürztraminer
GC Altenberg de Bergheim**
2000 : 88 . . . . .13 €
1999 : 86 . . . . .12,70 €

♀ **Gewürztraminer GC Altenberg
de Bergheim SGN**
1997 : 89 . . . . .34,80 €

♀ **Gewürztraminer GC Kanzlerberg**
1999 : 87 . . . . 12,70 €

♀ **Gewürztraminer VT**
1997 : 89 . . . . .21,70 €

♀ **Muscat réserve**
2000 : 85 . . . . .7,60 €

♀ **Pinot blanc réserve**
2000 : 84 . . . . .6,70 €

♀ **Pinot gris Blosenberg**
2000 : 87 . . . . .9 €

♀ **Pinot gris Blosenberg VT**
1997 : 88 . . . . .21 €

♥ **Pinot noir**
2000 : 85 . . . . .12 €

♀ **Pinot noir Blosenberg VV**
1999 : 88 . . . . .12 €

♀ **Riesling GC Engelberg**
1999 : 88 . . . . .8,80 €

♀ **Riesling GC Kanzlerberg**
1999 : 90 . . . . .12,90 €
1998 : 90 . . . . .12,50 €

♀ **Riesling GC Kanzlerberg VT**
1999 : 91 . . . . .21 €

♀ **Riesling VV**
2000 : 87 . . . . .8,60 €

♀ **Sylvaner**
1999 : 85 . . . . .5 €

HAUT-RHIN

GÉRARD SCHUELLER & FILS ****

1 rue des Trois-Châteaux
68420 Husseren-les-Châteaux
Tél. : 03 89 49 31 54 - Fax : 03 89 49 36 63

Grands dégustateurs et bons vivants, Gérard Schueller et son fils Bruno gardent la ligne de conduite intransigeante qu'ils se sont fixée. Les vins sont toujours très denses, parfois un peu bruts de fonderie dans leur jeunesse, mais ils évoluent impeccablement en bouteille. L'ensemble de la gamme est très homogène avec des Eichberg, des Pfersigbergs et des étonnants Blidstoecklé toujours superbes.

Responsables : Gérard et Bruno Schueller
Vente à la propriété : oui
Visite : sur rendez-vous
Dégustation : sur rendez-vous
Langues : Allemand, Anglais, Italien
Surface du vignoble : 6 ha
Surface en rouge : 1 ha
Cépages :
  Pinot noir 100 %

Surface en blanc : 5 ha
Cépages :
  Riesling
  Gewurztraminer
  Pinot gris
  Autres
Appellation principale : Alsace ou Vin d'alsace
Production moyenne : 40 000 bouteilles

ℙ **Gewürztraminer Bildstoecklé**
  2000 : 91 . . . . .12 €

ℙ **Pinot blanc**
  2000 : 89 . . . . .5,40 €

ℙ **Pinot gris**
  2000 : 88 . . . . .7,60 €

ℙ **Pinot gris réserve**
  2000 : 90 . . . . .13 €

ℙ **Riesling Bildstoecklé**
  2000 : 90

ℙ **Riesling VT**
  1998 : 92 . . . . .20 €

HAUT-RHIN

HUGEL ET FILS ****

3 rue de la Première-Armée
68340 Riquewihr
Tél.: 03 89 47 92 15 - Fax: 03 89 49 00 10
E. Mail: info@hugel.com
Web: www.hugel.com

Avec plus de 350 ans d'existence, la maison Hugel a eu une influence décisive sur le vignoble alsacien. Ainsi Jean Hugel, maintenant à la retraite, a imaginé et mis en législation les concepts de vendanges tardives et de sélection de grains nobles. La maison est maintenant tenue par les neveux, Marc à la vinification et Etienne à la commercialisation. Toujours très réussis, les vins de leur propre récolte viennent, sans le dire, des grands crus Schoenenbourg pour le riesling et Sporen pour les gewurztraminers et pinots gris. Vendanges tardives et sélections de grains nobles sont des cas d'école.

Responsable : famille Hugel
Vente à la propriété : oui
Visite : sur rendez-vous
Dégustation : sur rendez-vous
Langues : Allemand, Anglais
Surface du vignoble : 26 ha
Age des vignes : 30 ans

Surface en rouge : 2,1 ha
Cépages :
    Pinot noir 100 %
Surface en blanc : 23,9 ha
Cépages :
    Riesling
    Gewurztraminer
    Pinot gris
Appellation principale : Alsace ou Vin d'alsace
Production moyenne : 1 300 000 bouteilles

Gewürztraminer VT
2000 : 92 . . . . .34,32 €

Pinot blanc
2001 : 88 . . . . .7,80 €

Riesling réserve personnelle jubilée
2000 : 91 . . . . .20,17 €

HAUT-RHIN

MAISON EMILE BEYER ****

7 place du Château
68420 Eguisheim
Tél. : 03 89 41 40 45 - Fax : 03 89 41 64 21
E. Mail : info@emile-beyer.fr
Web : www.emile-beyer.fr

La maison Emile Beyer, qu'il ne faut pas confondre avec Léon Beyer, est issue d'une vieille famille de producteurs d'Eguisheim avec des parcelles attestées sur l'Eichberg depuis le XVIe siècle. Déjà de bonne facture depuis longtemps, les vins ont été dynamisés depuis quelques années. Le riesling Pfersigberg 2000 est superbe et le grains nobles de l'Eichberg d'anthologie. Très difficile à vinifier, le muscat 2000 est aussi une petite merveille. Issu d'un pinot auxerrois botrytisé, le vin est très dense mais très marqué par son boisé. Bref, le domaine est en pleine effervescence, les vins sont denses, souvent avec un peu d'embonpoint. Ils gagneront encore à s'affiner un peu en bouteille.

Responsables : Luc et Christian Beyer
Vente à la propriété : oui
Visite : oui
Dégustation : oui
Langues : Allemand, Anglais
Surface du vignoble : 16 ha
Age des vignes : 35 ans

Surface en rouge : 1,76 ha
Cépages :
    Pinot noir 100 %
Surface en blanc : 14,24 ha
Cépages :
    Gewurztraminer
    Pinot blanc
    Riesling
    Autres
Appellation principale : Alsace ou Vin d'alsace
Production moyenne : 125 000 bouteilles

♀ **Alsace l'Instant rare d'Emile**
    1998 : 89 . . . . .25,50 €

♀ **Muscat Hostellerie**
    2000 : 89 . . . . .7,50 €

♀ **Pinot gris Hohrain**
    2000 : 87 . . . . .10 €

♀ **Riesling GC Eichberg SGN**
    1998 : 91 . . . . .50 €

♀ **Riesling GC Eichberg SGN**
    1998 : 90 . . . . .64 €

♀ **Riesling GC Pfersigberg**
    2000 : 89 . . . . .12 €

PAUL GINGLINGER ****

8 place Charles-de-Gaulle
68420 Eguisheim
Tél.: 03 89 41 44 25 - Fax: 03 89 24 94 88
E. Mail: ginglin@club-internet.fr
Web: www.paul-ginglinger.fr

Le consciencieux Paul Ginglinger est à la tête d'une exploitation traditionnelle dans le meilleur sens du terme. Les vignes sont âgées, elles sont labourées et les vins élevés en grands foudres de chêne sans le moindre levurage. La modernité est présente quand il le faut puisque le pressoir est pneumatique. A l'arrivée, les vins sont d'une grande pureté, sans le moindre sucre résiduel inutile et d'une grande longueur que ce soit en riesling, en gewurztraminer ou en pinot gris.

Responsable: Michel Ginglinger
Vente à la propriété: oui
Visite: oui
Dégustation: sur rendez-vous
Moyen d'accès: RN83, à 5 km de Colmar.
Langues: Allemand, Anglais, Espagnol
Surface du vignoble: 12 ha
Age des vignes: 28 ans

Surface en rouge: 1 ha
Cépages:
    Pinot noir 100 %
Surface en blanc: 11 ha
Cépages:
    Riesling
    Gewurztraminer
    Tokay Pinot Gris
    Autres
Appellation principale: Alsace ou Vin d'alsace
Production moyenne: 80 000 bouteilles

♀ **Gewürztraminer GC Pfersigberg**
2000: 89 . . . . .9,90 €

♀ **Gewürztraminer SGN**
2000: 91

♀ **Muscat cuvée Caroline**
2001: 88 . . . . .6,65 €

♀ **Riesling GC Pfersigberg**
2000: 90 . . . . .9,90 €

♀ **Tokay pinot gris GC Eichberg**
2000: 88 . . . . .9,90 €

HAUT-RHIN

TEMPÉ ★★★★

16 rue du Schlossberg
68340 Zellenberg
Tél. : 03 89 47 85 22 - Fax : 03 89 47 85 22

Ancien de l'Inao, Marc Tempé a eu le temps de parfaire sa formation avant de reprendre un superbe patrimoine de vignes. Tirant le diable par la queue et investissant dans la cave tout ce qu'il gagnait, il s'est peu à peu forgé un outil de travail qui n'est pas encore parfait. Etonnamment, les vins n'ont jamais souffert de cette situation et Marc Tempé sort imperturbablement des vins surprenants de densité et de maturité. A suivre.

Responsable : Marc Tempé
Vente à la propriété : oui
Visite : sur rendez-vous
Dégustation : sur rendez-vous
Moyen d'accès : Route du Vin.
Langues : Allemand, Anglais
Surface du vignoble : 7,98 ha
Surface en rouge : 0,28 ha
Cépages :
    Pinot noir 100 %

Surface en blanc : 7,7 ha
Cépages :
    Sylvaner
    Riesling
    Gewurztraminer
    Autres
Appellation principale : Alsace ou Vin d'alsace

Gewürztraminer VT GC Mambourg
1999 : 91 . . . . .33,50 €

Pinot blanc
1999 : 88 . . . . .11 €

Riesling Burgreben
1999 : 87 . . . . .14 €

Riesling VT GC Mambourg
1998 : 90 . . . . .33,50 €

Sylvaner Zellenberg
1999 : 88 . . . . .8,50 €

CAVE DE PFAFFENHEIM ***(*)

5 rue du Chai, BP. 33
68250 Pfaffenheim
Tél.: 03 89 78 08 08 - Fax: 03 89 49 71 65
E. Mail: cave@pfaffenheim.com
Web: www.pfaffenheim.com

Cave modèle à la fin des années 80 et au début des années 90, la cave s'est ensuite lancée dans une boulimique politique d'expansion qu'elle a eue du mal à digérer malgré les immenses talents de vinificateur de Michel Kueny et les talents d'organisateur du directeur Alex Heinrich. Les choses rentrent dans l'ordre et les vins reprennent leur caractère avec de magnifiques gewurztraminers et de superbes rieslings qu'il faut choisir dans les grands crus ou dans les sélections grandes réserves ou Bacchus dont les prix sont restés sages.

Responsables:
SCA Alex Heinrich et Michel Kueny
Vente à la propriété: oui
Visite: oui
Dégustation: oui
Moyen d'accès: RN83 Colmar - Belfort, sortie Pfaffenheim.
Langues: Allemand, Anglais
Surface du vignoble: 240 ha
Age des vignes: 25 ans
Cépages rouges:
  Pinot noir 100 %

Cépages blancs:
  Gewurztraminer
  Tokay Pinot Gris
  Riesling
  Autres
Appellation principale: Alsace ou Vin d'alsace
Production moyenne: 2 000 000 bouteilles

Crémant d'alsace Hortenberg tokay pinot gris
1997: 88 . . . . .8,84 €

Gewürztraminer Bergweingarten
1999: 89 . . . . .8,08 €

Gewürztraminer GC Steinert
1998: 88 . . . . .9,91 €

Gewürztraminer SGN
1998: 89 . . . . .45,73 €

Gewüztraminer GC Zinnkoepflé
1999: 89 . . . . .9,91 €

Muscat cuvée Diane
2000: 85 . . . . .6,40 €

Resling GC Zinnkoepflé
1998: 87 . . . . .10,52 €

Riesling GC Goldert
1994: 88 . . . . .10,52 €

Tokay pinot gris GC Zinnkoepflé
2000: 88 . . . . .10,52 €

Tokay pinot gris SGN
1999: 88 . . . . .45,73 €

HAUT-RHIN

CAVE VINICOLE DE HUNAWIHR ***(*)

48 route de Ribeauvillé
68150 Hunawihr
Tél. : 03 89 73 61 67 - Fax : 03 89 73 33 95
E. Mail : info@cave-hunawihr.com

Cette cave coopérative discrète gère un joli patrimoine de vignes sur les meilleurs crus locaux et avoisinants. Les vins sont toujours consciencieusement vinifiés, sans sucres résiduels qui traînent, et ils évoluent toujours très bien en bouteille, en particulier l'admirable riesling Rosacker qui reste à un prix doux. Le sérieux paye.

Responsable : président Georges Wespiser
Vente à la propriété : oui
Visite : oui
Dégustation : oui
Langues : Allemand, Anglais
Surface du vignoble : 200 ha

Surface en rouge : 16 ha
Cépages :
    Pinot noir 100 %
Surface en blanc : 184 ha
Cépages :
    Riesling
    Gewurztraminer
    Sylvaner
    Autres
Appellation principale : Alsace ou Vin d'alsace
Production moyenne : 2 000 000 bouteilles

♀ **Gewürztraminer GC Froehn**
    1998 : 88

♀ **Pinot gris GC Rosacker**
    2000 : 88

♀ **Riesling GC Rosacker**
    1998 : 86

♀ **Riesling VT**
    1998 : 89

DOMAINE ANDRÉ SCHERER ***(*)

12 route du Vin, BP4
68420 Husseren-les-Châteaux
Tél. : 03 89 49 30 33 - Fax : 03 89 49 27 48
E. Mail : ascherer@wanadoo.fr
Web : www.a-scherer.com

Très actif avec à la fois le domaine familial et une petite activité de négoce,
Christophe Scherer avait eu du mal à
assumer la succession de son père qui
avait élaboré des vins superbes. Depuis
quelques années, c'est chose faite et les
vins sont d'un excellent niveau, en particulier avec le riesling Pfersigberg et de
jolis gewurztraminers. Vendanges tardives et sélection de grains nobles sont
toujours réussies.

Responsable : Christophe Scherer
Vente à la propriété : oui
Visite : sur rendez-vous
Dégustation : sur rendez-vous
Moyen d'accès : Colmar puis Eguisheim.
Langues : Allemand, Anglais
Surface du vignoble : 7 ha
Age des vignes : 35 ans
Surface en rouge : 0,8 ha
Cépages :
    Pinot noir 100 %

Surface en blanc : 6,2 ha
Cépages :
    Sylvaner
    Gewurztraminer
    Riesling
    Autres
Appellation principale : Alsace ou Vin d'alsace
Production moyenne : 250 000 bouteilles

Gewürztraminer
    2000 : 88 . . . . .13 €

Gewürztraminer VT
    1999 : 89 . . . . .18 €

Pinot blanc Harmonie Printanière
    2001 : 87 . . . . .5,90 €

**Pinot gris vendanges
de la Saint-Martin**
    2000 : 87 . . . . .9 €

Pinot noir
    2000 : 88 . . . . .9,60 €

Riesling GC Pfersigberg
    1999 : 89 . . . . .11,40 €

Riesling Kleinbreit
    1998 : 88 . . . . .9,40 €

HAUT-RHIN

DOMAINE BARMÈS-BUECHER ***(*)

30 rue Sainte-Gertrude
68920 Wettolsheim
Tél. : 03 89 80 62 92 - Fax : 03 89 79 30 80
E. Mail : barmesbuecher@terre-net.fr
Web : www.barmes-buecher.fr

Contrôlant très sévèrement ses rendements, François Barmès produit des vins
concentrés de haute maturité. Son goût
personnel le conduit vers des vins riches
et plantureux avec de confortables sucres
résiduels. Toujours très francs et sans le
moindre faux-goût, les vins sont issus de
terroirs de grande réputation comme le
Hengst et autres Steingrübler.

Responsables : familles Barmès-Buecher
Vente à la propriété : oui
Visite : sur rendez-vous
Dégustation : sur rendez-vous
Langues : Allemand, Anglais
Surface du vignoble : 16 ha
Age des vignes : 35 ans
Surface en rouge : 1 ha
Cépages :
    Pinot noir 100 %
Surface en blanc : 15 ha
Cépages :
    Pinot blanc
    Riesling
    Gewurztraminer
    Autres
Appellation principale : Alsace ou Vin d'alsace
Production moyenne : 90 000 bouteilles

Alsace muscat
2000 : 88

Alsace pinot blanc
2000 : 87

Alsace riesling Herrenweg
2000 : 90

Alsace riesling Leinenthal
1999 : 89 . . . . .16,77 €

Alsace Sylvaner VV
2000 : 88

Gewürztraminer GC Hengst
1999 : 91

Gewürztraminer GC steingrübler
1999 : 88 . . . . .17,53 €

Gewürztraminer Wintzenheim
2000 : 87

Pinot gris Rosenberg bas
1999 : 88 . . . . .12,96 €

PInot gris Rosenberg haut
1999 : 90 . . . . .12,20 €

Pinot gris SGN
2000 : 91

Pinot noir réserve
2000 : 88

Pinot noir VV
1999 : 88 . . . . .19,82 €

Riesling GC Hengst
2000 : 90

Riesling GC Steingrübler
2000 : 88

HAUT-RHIN

DOMAINE ERIC ROMINGER ***(*)

16 rue Saint-Blaise
68250 Westhalten
Tél. : 03 89 47 68 60 - Fax : 03 89 47 68 61

Le dynamique Eric Rominger possède plusieurs cordes à son arc, dont le vin qui est sa grande passion. A côté de certaines cuvées de base assez anodines, il prend des risques incroyables sur son terroir fétiche le Zinnkoepflé d'où il tire des vendanges tardives et des sélections de grains nobles de toute beauté ainsi que des grands crus superbes. La construction d'une nouvelle cave devrait lui permettre de progresser.

Responsable : Eric Rominger
Vente à la propriété : oui
Visite : sur rendez-vous
Dégustation : sur rendez-vous
Moyen d'accès : RN83 sortie Soultzmatt - Westhalten.
Langues : Allemand, Anglais
Surface du vignoble : 8 ha
Age des vignes : 35 ans
Surface en rouge : 0,8 ha
Cépages :
    Pinot noir 100 %
Surface en blanc : 7,2 ha
Cépages :
    Tokay Pinot Gris
    Gewurztraminer
    Riesling
    Autres

Appellation principale : Alsace ou Vin d'alsace
Production moyenne : 40 000 bouteilles

Gewürztraminer
GC Zinnkoepflé SGN
1998 : 91 . . . . .34 €

Gewürztraminer les Sinneles
GC Zinnkoepflé
2000 : 89 . . . . .12,80 €

Muscat
2000 : 86 . . . . .5,55 €

Pinot blanc
2000 : 87 . . . . .5 €

Riesling GC Zinnkoepflé SGN
2000 : 91

Riesling Les Sinneles
GC Zinnkoepflé
2000 : 89 . . . . .12,20 €

Riesling Schwarzberg
2000 : 86 . . . . .6 €

Tokay pinot gris GC Zinnkoepflé
2000 : 90 . . . . .12,50 €

Tokay pinot gris Schwarzberg
2000 : 88 . . . . .7 €

HAUT-RHIN

DOMAINE
JEAN-BAPTISTE ADAM ***(*)

5 rue Aigle
68770 Ammerschwihr
Tél.: 03 89 78 23 21 - Fax: 03 89 47 35 91
E. Mail: adam@jb-adam.com
Web: www.jb-adam.com

Avec une douzaine d'hectares en propriété et des contrats avec une centaine
d'exploitants, Jean-Baptiste Adam continue sa progression régulière. Il a effectué d'importants investissements en
cave, ce qui a nettement régularisé l'entrée de gamme, tout en maintenant des
prix sages. Dans le haut de gamme, le
riesling Kaefferkopf cuvée Jean-Baptiste
est toujours aussi bien fait et il évolue
bien en bouteille.

Responsable: Jean-Baptiste Adam
Vente à la propriété: oui
Visite: oui
Dégustation: oui
Moyen d'accès: RN415.
Langues: Allemand, Anglais
Surface du vignoble: 12 ha
Age des vignes: 30 ans
Surface en rouge: 1,5 ha
Cépages:
   Pinot noir 100 %

Surface en blanc: 10,5 ha
Cépages:
   Riesling 30 %
   Gewurztraminer 25 %
   Tokay pinot gris 25 %
   Auxerrois 15 %
Appellation principale: Alsace ou Vin d'alsace

♀ **Gewürztraminer Kaefferkopf VV**
   2000: 89 . . . . .13 €

♀ **Gewürztraminer SGN**
   1999: 91

♥ **Pinot noir**
   87 . . . . .14,50 €

♀ **Riesling GC Wineck-Schlossberg**
   2000: 86 . . . . .13 €

♀ **Riesling Kaefferkopf VV**
   2000: 88 . . . . .13 €
   1998: 88 . . . . .13 €

♀ **Tokay pinot gris Letzenberg**
   2000: 85 . . . . .13 €
   1998: 86 . . . . .13 €

♀ **Tokay pinot gris VT**
   1999: 88 . . . . .20 €

DOMAINE
JEAN-MARC BERNHARD ***(*)

21 Grand-Rue
68230 Katzenthal
Tél. : 03 89 27 05 34 - Fax : 03 89 27 58 72
E. Mail : jeanmarcbernhard@online.fr

Trois générations se côtoient au domaine avec Jean-Marc bien sûr, le fils Frédéric et le père Germain. Ils possèdent une belle parcelle dans les grands crus Mambourg d'où ils sortent de beaux gewurztraminers de vignes de plus de cinquante ans (ne ratez pas le 2000) ainsi que sur le Wineck-Schlossberg spécialisé dans le riesling souvent en quasi vendange tardive. Le meilleur rapport qualité-prix est donné par un dense riesling vieilles vignes 2001, certes encore très jeune, mais déjà si attrayant.

Responsable : Famille Bernhard
Vente à la propriété : oui
Visite : sur rendez-vous
Dégustation : sur rendez-vous
Moyen d'accès : RN83, Colmar, sortie Kaysersberg, direction Ammerchwihr.
Langues : Allemand, Anglais
Surface du vignoble : 9 ha
Age des vignes : 25 ans

Surface en rouge : 0,8 ha
Cépages :
    Pinot noir 100 %
Surface en blanc : 8,2 ha
Cépages :
    Riesling
    Gewurztraminer
    Tokay Pinot Gris
    Autres
Appellation principale : Alsace ou Vin d'alsace
Production moyenne : 65 000 bouteilles

♀ **Gewürztraminer GC Mambourg**
2000 : 90 . . . . .9 €

♀ **Gewürztraminer VT**
1999 : 88 . . . . .17 €

♀ **Muscat**
2000 : 88 . . . . .6,10 €

♀ **Pinot gris**
2001 : 88 . . . . .5,70 €

♀ **Pinot noir élevé en barrique**
2000 : 86 . . . . .7,60 €

♀ **Riesling GC Wineck-Schlossberg**
1999 : 88 . . . . .10 €

♀ **Riesling VV**
2001 : 88 . . . . .5,40 €

ALSACE GRAND CRU
APPELLATION ALSACE GRAND CRU CONTRÔLÉE

Ziegler-Mauler
Riesling Schlossberg 1999
12,5 % Vol.   LES MURETS   750 ml
J-J Ziegler-Mauler et Fils, Propriétaires-Récoltants à °F°68630 Mittelwihr
MISE EN BOUTEILLE À LA PROPRIÉTÉ - PRODUCE OF FRANCE

DOMAINE
JJ ZIEGLER - MAULER ET FILS ***(*)

2 rue des Merles
68630 Mittelwihr
Tél.: 03 89 47 90 37 - Fax: 03 89 47 98 27

Voilà plusieurs années que ce petit domaine fait parler de lui grâce à d'impeccables rieslings du grand cru Schlossberg, remarquablement vinifiés, toujours en sec, et qui possèdent une longueur peu commune. Encore trop peu connu, le jeune Philippe Ziegler réussit, depuis quelques années, une gamme d'une homogénéité qualitative remarquable. A suivre.

Responsable: Philippe Ziegler
Vente à la propriété: oui
Visite: sur rendez-vous
Dégustation: sur rendez-vous
Moyen d'accès: Route des Vins d'alsace.
Langues: Allemand
Surface du vignoble: 4,5 ha
Age des vignes: 30 ans
Cépages rouges:
    Pinot noir 100 %
Cépages blancs:
    Riesling
    Gewurztraminer
    Tokay Pinot gris
    Autres
Appellation principale: Alsace ou Vin d'alsace
Production moyenne: 35 000 bouteilles

Alsace Vin d'alsace pinot blanc
2001: 87 . . . . .4,25 €

Gewürztraminer cuvée Inès VT
1998: 90 . . . . .29,70 €

Gewürztraminer les Amandiers
2000: 90 . . . . .10 €

Gewürztraminer cuvée Philippe VV
2000: 89 . . . . .9,50 €

Pinot gris cuvée Philippe VV
2000: 87 . . . . .9 €

Riesling Bouxreben
2000: 88 . . . . .5,85 €

Riesling cuvée Philippe VV
1999: 88 . . . . .8 €

Riesling GC Schlossberg
1999: 90 . . . . .8 €

DOMAINE KUENTZ BAS ***(*)

14 route des Vins
68420 Husseren-les-Châteaux
Tél. : 03 89 49 30 24 - Fax : 03 89 49 23 39
E. Mail : info@kuentz-bas.fr
Web : www.kuentz-bas.fr

Cette petite maison de négoce vient de connaître une petite révolution de palais, puisque seul Christian Bas continue à la gérer. Si les vins avaient un peu perdu de leur consistance ces dernières années, les millésimes plus anciens, toujours commercialisés, montrent le grand savoir-faire de la maison Kuentz-Bas, en particulier dans sa gamme Réserve personnelle et ses impeccables vendanges tardives et sélections de grains nobles. La maison repart sur des bases nouvelles avec un nouveau vinificateur. Bon vent !

Responsable : Christian Bas
Vente à la propriété : oui
Visite : sur rendez-vous
Dégustation : sur rendez-vous
Moyen d'accès : Routes des vins.
Langues : Allemand, Anglais
Surface du vignoble : 11 ha
Age des vignes : 25 ans
Surface en rouge : 2 ha
Cépages :
    Pinot noir 100 %

Surface en blanc : 9 ha
Cépages :
    Riesling
    Auxerrois
    Gewurztraminer
    Autres
Appellation principale : Alsace ou Vin d'alsace
Production moyenne : 400 000 bouteilles

Gewürztraminer cuvée Caroline VT
1997 : 89

Gewürztraminer GC Pfersigberg
1999 : 89

Pinot noir collection Prune
1997 : 88

Pinot noir cuvée Pierre
1998 : 88

Riesling Caroline VT
1998 : 89

Riesling grand cru Eichberg
1997 : 88

Tokay pinot gris
1998 : 88

Tokay pinot gris SGN
1989 : 94

HAUT-RHIN

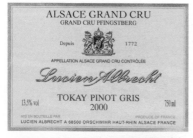

DOMAINE LUCIEN ALBRECHT ***(*)

9 Grand-Rue
68500 Orschwihr
Tél. : 03 89 76 95 18 - Fax : 03 89 76 20 22
E. Mail : lucien.albrecht@wanadoo.fr
Web : www.lucien-albrecht.com

Prenant la suite d'une longue lignée de producteurs, le dynamique Jean Albrecht mène tambour battant son domaine d'une trentaine d'hectares, taille non négligeable en Alsace. Multipliant les cuvées et les sélections, il a réduit les rendements, cueille tardivement ses raisins à la main et les vinifie avec précision, sans sucres résiduels excessifs. Dans une gamme sans fausse note, le fleuron est le riesling Pfingstberg, toujours d'évolution lente, mais tous les autres vins méritent attention. Les vendanges et sélections de grains nobles sont magnifiques.

Responsable : Jean Albrecht
Vente à la propriété : oui
Visite : oui
Dégustation : oui
Moyen d'accès : Orschwihr se situe à 20 km au sud de Colmar, prendre la RN83, sortie Orschwihr.
Langues : Allemand, Anglais
Surface du vignoble : 30 ha
Age des vignes : 25 ans
Surface en rouge : 2 ha
Cépages :
    Pinot noir 100 %
Surface en blanc : 28 ha
Cépages :
    Sylvaner
    Pinot blanc
    Gewurztraminer
    Riesling
Appellation principale : Alsace ou Vin d'alsace

Auxerrois cuvée A de Albrecht
2000 : 88 . . . . .7,60 €

Gewürztraminer A d'Albrecht
2000 : 88 . . . . .22 €

Gewürztraminer Martine Albrecht
1998 : 90 . . . . .22 €

Gewürztraminer réserve
2001 : 88 . . . . .6,90 €

Gewürztraminer SGN
1997 : 90 . . . . .45,30 €

Muscat réserve
2001 : 86 . . . . .6,45 €

Muscat VT
1997 : 89 . . . . .33 €

Pinot gris Hasen
2000 : 87 . . . . .21 €

Pinot gris GC Pfingsterg
2000 : 88 . . . . .12,60 €

Pinot gris Réserve
2001 : 87 . . . . .6,90 €

Pinot gris VT
1997 : 89 . . . . .25,60 €

Riesling
1997 : 90 . . . . .61 €

Riesling clos Himmelreich
2000 : 87 . . . . .21 €

Riesling GC Pfingstberg
2000 : 89 . . . . .12,30 €
1998 : 89 . . . . .12,30 €
1997 : 88 . . . . .12,30 €

Riesling réserve
2001 : 87 . . . . .6,50 €

Riesling SGN
1997 : 91 . . . . .45,30 €

DOMAINE PIERRE FRICK ***(*)

5 rue de Baer
68250 Pfaffenheim
Tél. : 03 89 49 62 99 - Fax : 03 89 49 73 78
E. Mail : pierre.frick@wanadoo.fr

Vétéran toujours jeune de la biodynamie, sûrement l'un des plus vieux
domaines de France dans cette pratique agricole, Pierre Frick continue
son chemin avec des vins sincères
toujours très naturels, jamais chaptalisés ni réacidifiés. Avec une matière
un peu brute, tous les vins respirent
la santé et une belle maturité des raisins récoltés avec le plus grand soin.
Si les grands crus Steinert et Vorbourg sont toujours remarquables,
sylvaners et pinots blancs sont toujours lumineux.

Responsables : Chantal et Jean-Pierre Frick
Vente à la propriété : oui
Visite : oui
Dégustation : oui
Langues : Allemand, Anglais
Surface du vignoble : 12 ha
Age des vignes : 25 ans
Surface en rouge : 2 ha
Cépages :
   Pinot noir 100 %

Surface en blanc : 10 ha
Cépages :
   Sylvaner
   Riesling
   Gewurztraminer
   Autres
Appellation principale : Alsace ou Vin d'alsace
Production moyenne : 90 000 bouteilles

Gewürztraminer
2000 : 89 . . . . .13,30 €

Pinot blanc
2001 : 87 . . . . .6,20 €

Pinot noir Rot Murlé
2000 : 87 . . . . .11,50 €

Riesling Bergweingarten
1999 : 88 . . . . .8,10 €

Rotmurle VT
1998 : 89 . . . . .18,60 €

Steinert VT
1999 : 90 . . . . .18,60 €

HAUT-RHIN

DOMAINE SCHLUMBERGER ***(*)

100 rue Théodore-Deck
68501 Guebwiller Cedex
Tél.: 03 89 74 27 00 - Fax: 03 89 74 85 75
E. Mail: dvschlum@aol.com

Plus grand domaine d'Alsace avec ses 140 hectares de vignes, Schlumberger a vu la refonte complète de ses équipes en raison de départs à la retraite. Ainsi en cave Alain Freyburger a remplacé Jean-Paul Sorg qui était là depuis 1965. Les vins étant vendus avec un certain décalage, aucun changement de style n'est perceptible d'autant que les terroirs du Kitterlé, du Kessler et du Saering sont immuables. Ces grands sont toujours très réussis, mais d'évolution lente, en particulier les rieslings.

Responsable: famille Schlumberger
Vente à la propriété: oui
Visite: sur rendez-vous
Dégustation: sur rendez-vous
Moyen d'accès: Se situe entre Mulhouse et Colmar par la RN83. A Guebwiller prendre la direction Markstein.
Langues: Anglais, Allemand
Surface du vignoble: 140 ha
Age des vignes: 25 ans
Surface en rouge: 5 ha
Cépages:
    Pinot noir 100 %
Surface en blanc: 135 ha
Cépages:
    Riesling
    Gewurztraminer
    Sylvaner
    Autres
Appellation principale: Alsace ou Vin d'alsace
Production moyenne: 1 000 000 bouteilles

Alsace S de Schlumberger
85 . . . . .7,10 €

Gewürztraminer cuvée Anne SGN
1998: 92 . . . . .55,85 €

Gewürztraminer cuvée Christine
1999: 90 . . . . .31 €

Gewürztraminer GC kessler
1999: 89 . . . . .16,80 €

Gewürztraminer GC kitterlé
1999: 90 . . . . .21 €

Gewürztraminer Princes Abbé
2001: 87 . . . . .9,25 €

Muscat
2001: 85 . . . . .9,35 €

Pinot blanc
2001: 84 . . . . .6,75 €

Pinot gris GC Kitterlé
1998: 89 . . . . .19 €
1995: 90 . . . . .16 €

Pinot gris GC spiegel
1999: 87 . . . . .16,30 €

Pinot gris Princes Abbé
2000: 87 . . . . .11,05 €

Pinot gris VT cuvée Laure
2000: 89 . . . . .31 €

Pinot noir le Rosé de Princes Abbé
2001: 84 . . . . .6,75 €

Pinot noir Princes Abbé
2000: 86 . . . . .10,20 €

Riesling GC Saering
1998: 89 . . . . .11,65 €

Riesling Princes Abbés
1999: 88 . . . . .7,65 €

Riesling SGN cuvée Ernest
1999: 89 . . . . .55,85 €

Riesling Vent d'Est
2000: 85 . . . . .7,65 €

Sylvaner
2001: 84 . . . . .6,65 €

DOPFF ET IRION ***(*)

1 cour du Château - BP 3
68340 Riquewihr
Tél. : 03 89 47 92 51 - Fax : 03 89 47 98 90
E. Mail : post@dopff-irion.com
Web : www.dopff-irion.com

Ce gros négociant a été racheté, il y a quelques années, par la cave coopérative de Pfaffenheim qui lui a apporté sa rigueur technique et de nouveaux équipements de pointe. Dans une palette assez homogène, les belles cuvées maison, le riesling Schoenenbourg et les Murailles restent les expressions les plus abouties des vins. En revanche, l'extension du château d'Isenbourg n'a pas encore trouvé toutes ses marques.

Président : Alex Heinrich
Vente à la propriété : oui
Visite : oui
Dégustation : oui
Moyen d'accès : Route des vins.
Langues : Allemand, Anglais
Surface du vignoble : 32 ha
Surface en rouge : 1,92 ha
Cépages :
    Pinot noir 100 %

Surface en blanc : 30,08 ha
Cépages :
    Riesling
    Muscat
    Tokay pinot gris
    Autres
Appellation principale : Alsace ou Vin d'alsace
Production moyenne : 180 000 bouteilles

Gewürztraminer GC Sporen
2000 : 89 . . . . .13,75 €

Gewürztraminer les Sorcières
2001 : 86 . . . . .10,55 €
2000 : 88 . . . . .10,55 €

Pinot noir les Tonnelles
2001 : 87 . . . . .10,55 €

Riesling GC Schoenenbourg
1998 : 89 . . . . .18,30 €

Riesling les Murailles
2000 : 88 . . . . .9,60 €

Riesling VT
1998 : 88 . . . . .28,20 €

Tokay pinot gris GC Sporen
2000 : 89

Tokay pinot gris GC Vorbourg
1999 : 87 . . . . .13,75 €

Tokay pinot gris les Maquisards
2000 : 86 . . . . .9,95 €

ENGEL FERNAND ET FILS ***(*)

1 route du Vin
68590 Rorschwihr
Tél. : 03 89 73 77 27 - Fax : 03 89 73 63 70
E. Mail : f-engel@wanadoo.fr

Cet important domaine possède quarante hectares de vignes réparties sur six villages avec une grande diversité de sols. La moitié de la surface bascule en agriculture biologique, l'autre étant encore en lutte raisonnée. Dans une gamme de vins en nets progrès depuis plusieurs années, il faut noter de somptueux gewurztraminers (Altenberg de Bergheim 2000 d'anthologie) et de riches pinots gris d'une belle densité (clos des Anges 1999 très équilibré).

Responsable : Bernard Engel
Vente à la propriété : oui
Visite : oui
Dégustation : oui
Moyen d'accès : Autoroute Strasbourg - Colmar, sortie n°18, St Hippolyte, direction Rorschwihr.
Langues : Allemand, Anglais
Surface du vignoble : 38,5 ha
Age des vignes : 25 ans
Surface en rouge : 3,5 ha
Cépages :
    Pinot noir 100 %

Surface en blanc : 35 ha
Cépages :
    Gewurztraminer
    Riesling
    Tokay pinot gris
    Autres
Appellation principale : Alsace ou Vin d'alsace
Production moyenne : 380 000 bouteilles

Y **Gewürztraminer
GC Altenberg de Bergheim**
2000 : 93 . . . . .30 €

Y **Gewürztraminer prestige SGN**
2000 : 91 . . . . .35 €

Y **Muscat cuvée Engel**
2001 : 86 . . . . .7 €

Y **Muscat SGN**
2000 : 88 . . . . .35 €

Y **Pinot gris cuvée des Anges**
1999 : 89 . . . . .9,50 €

Y **Pinot gris cuvée Engel**
2000 : 88 . . . . .7 €

Y **Pinot noir cuvée Fernand**
2000 : 87 . . . . .8,50 €

Y **Riesling Silberberg**
1999 : 86 . . . . .7,50 €

ALSACE GRAND CRU
APPELLATION ALSACE GRAND CRU CONTROLEE

Riesling

Grand Cru Schoenenbourg

2000

13% vol.   *Mis en bouteille à la propriété*   750 ml

François Lehmann viticulteur à 68340 Riquewihr - France

PRODUIT DE FRANCE

L 0032

FRANÇOIS LEHMANN ***(*)

12 avenue Jacques-Preiss
68340 Riquewihr
Tél. : 03 89 47 95 16 - Fax : 03 89 47 87 93

François Lehmann ne dispose que d'un tout petit domaine de trois hectares qu'il cultive avec amour comme un jardin. Sa parcelle de riesling dans le Schoenenbourg est anecdotique et les rendements sont minimes. Sa production est faible, mais de haute qualité, avec un riesling Schoenenbourg magnifique et de longue garde. Les autres vins sont toujours bien faits et les prix sympathiques.

Responsable : François Lehmann
Vente à la propriété : oui
Visite : sur rendez-vous
Dégustation : sur rendez-vous
Moyen d'accès : Entre Sélestat et Colmar RN83 sortie Ostheim.
Langues : Allemand, Anglais
Surface du vignoble : 2,8 ha
Age des vignes : 20 ans
Surface en rouge : 0,3 ha
Cépages :
    Pinot noir 100 %

Surface en blanc : 2,5 ha
Cépages :
    Riesling
    Gewurztraminer
    Muscat
    Autres
Appellation principale : Alsace ou Vin d'alsace
Production moyenne : 18 000 bouteilles

Gewürztraminer
2000 : 88 . . . . .6,30 €

Muscat
2001 : 86 . . . . .5,90 €

Pinot gris
2000 : 88 . . . . .5,90 €

Riesling
2000 : 88 . . . . .5,60 €

Riesling GC Schoenenbourg
2000 : 90 . . . . .9 €

HAUT-RHIN

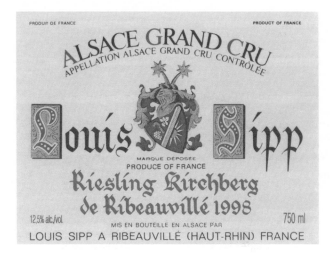

LOUIS SIPP ***(*)

5 Grand-Rue
68150 Ribeauvillé
Tél.: 03 89 73 60 01 - Fax: 03 89 73 31 46
E. Mail: louis@sipp.com
Web: www.sipp.com

> Pendant longtemps, cette discrète maison de négoce élaborait des vins austères et droits qui ne se révélaient qu'au vieillissement. Avec l'arrivée aux commandes d'Etienne Sipp en 1996, les vins se sont affinés et ils ont perdu leur austérité, sans pour autant entamer leurs qualités de coureur de fond. Touchant le bénéfice d'une politique d'investissements (baisse des rendements, nouvelle réception des raisins, nouveau type de pressurage), les derniers millésimes ont fait un grand bon en avant. On reparlera de la maison Louis Sipp !

Responsable : famille Pierre Sipp
Vente à la propriété: oui
Visite: sur rendez-vous
Dégustation: oui
Langues: Allemand, Anglais, Alsacien
Surface du vignoble: 38 ha
Age des vignes: 27 ans
Surface en rouge: 2 ha
Cépages:
 Pinot noir 100 %

Surface en blanc: 36 ha
Cépages:
 Gewurztraminer
 Riesling
 Pinot blanc
 Autres
Appellation principale: Alsace ou Vin d'alsace
Production moyenne: 600 000 bouteilles

⚲ **Alsace Vin d'alsace pinot blanc**
 2001 : 86 . . . . .4,60 €

⚲ **Alsace Vin d'alsace rosé**
 2001 : 88 . . . . .5 €

⚲ **Auxerrois**
 2001 : 87 . . . . .4,70 €

⚲ **Crémant d'alsace**
 1999 : 89 . . . . .7 €

⚲ **Gewürztraminer**
 2001 : 88 . . . . .6,50 €

⚲ **Gewürztraminer GC Osterberg**
 1998 : 88 . . . . .13,10 €
 1996 : 89 . . . . .13,10 €
 1995 : 89 . . . . .13,70 €

⚲ **Gewürztraminer réserve personnelle**
 1999 : 88 . . . . .9 €

HAUT-RHIN

♀ **Gewürztraminer Rotenberg**
2000 : 89 . . . . .9,80 €

♀ **Gewürztraminer SGN**
1997 : 91 . . . . .31,20 €

♀ **Gewürztraminer VT**
1998 : 90 . . . . .24,40 €

♀ **Muscat**
2001 : 88 . . . . .5,80 €

♀ **Pinot gris**
2001 : 88 . . . . .9,80 €

♀ **Pinot gris Sigillé
par la Conf. Saint Etienne**
1995 : 89 . . . . .13 €

♀ **Pinot noir**
2001 : 87 . . . . .6,20 €
2000 : 87 . . . . .12,90 €

♀ **Riesling**
1998 : 89 . . . . .11,50 €
1997 : 88 . . . . .12,20 €
1996 : 89 . . . . .13,10 €

♀ **Riesling GC Kirchberg
de Ribeauvillé**
2001 : 87 . . . . .5,50 €

♀ **Riesling Hagel**
2000 : 88 . . . . .9,30 €

♀ **Riesling Muehlforst**
2000 : 89 . . . . .9,10 €

♀ **Riesling réserve personnelle**
1998 : 88 . . . . .8,20 €
1994 : 89 . . . . .8,20 €

♀ **Riesling Steinacker**
2000 : 89 . . . . .9,10 €

♀ **Sylvaner**
2001 : 87 . . . . .3,90 €

♀ **Tokay pinot gris GC Kirchberg**
1998 : 89 . . . . .11,70 €
1997 : 87 . . . . .13,70 €

♀ **Tokay pinot gris réserve
personnelle**
1994 : 89 . . . . .8,60 €

♀ **Tokay pinot gris SGN**
1994 : 90 . . . . .29,70 €

♀ **Tokay pinot gris VT**
1996 : 89 . . . . .22,90 €

HAUT-RHIN

ANDRÉ HARTMANN ***

11 rue Roger-Frémeaux
68420 Voegtlinshoffen
Tél. : 03 89 49 38 34 - Fax : 03 89 49 26 18

Situé à l'écart des grands axes dans le charmant village de Voeglinshoffen, le domaine a l'obligation de produire de bons vins. Jean-Philippe Hartmann se démène pour faire connaître le grand cru local, le Hatschbourg. Ce grand cru méconnu a le mérite de valoriser les quatre cépages autorisés, le muscat célèbre entre tous, mais aussi le gewurztraminer, le pinot gris et le riesling.

Responsable : Jean-Philippe Hartmann
Vente à la propriété : oui
Visite : oui
Dégustation : oui
Moyen d'accès : RN83, sortie Voegtlinshoffen.
Langues : Allemand, Anglais
Surface du vignoble : 7,5 ha
Cépages rouges :
　Pinot noir 100 %
Cépages blancs :
　Pinot blanc
　Gewurztraminer
　Rieslaner
　Sylvaner
Appellation principale : Alsace ou Vin d'alsace
Production moyenne : 65 000 bouteilles

♀ **Gewürztraminer GC Hatschbourg**
　2000 : 88 . . . . .8,60 €

♀ **Pinot gris**
　2000 : 88 . . . . .8,10 €

♀ **Riesling Armoirie Hartmann**
　2000 : 87 . . . . .7,70 €

CAVE DE TURCKHEIM ***

16 rue des Tuileries
68230 Turckheim
Tél. : 03 89 30 23 60 - Fax : 03 89 27 35 33

Après avoir été une cave modèle dans les années 80 et sombré dans la course aux rendements au début des années 90, la cave coopérative retrouve son haut niveau d'antan. Les vins sont impeccablement vinifiés, les matières ont pris de la densité, en particulier dans le grand cru Brand.

Responsable : Coopérative de producteurs
Vente à la propriété : oui
Visite : oui
Langues : Allemand, Anglais
Surface du vignoble : 310 ha
Surface en rouge : 35 ha
Cépages :
   Pinot noir 100 %
Surface en blanc : 275 ha
Cépages :
   Riesling
   Gewurztraminer
   Sylvaner
   Autres
Appellation principale : Alsace ou Vin d'alsace
Production moyenne : 3 500 000 bouteilles

Crémant d'alsace
87

Gewürztraminer réserve du Baron de Turckheim
2000 : 88

Gewürztraminer VV
2000 : 89

Pinot blanc
1999 : 86

Riesling Heimbourg
2000 : 88

Tokay pinot gris Heimbourg
2000 : 88

Tokay pinot gris Herrenweg
2000 : 88

HAUT-RHIN

DOMAINE FRÉDÉRIC MALLO ET FILS ***

2 rue Saint-Jacques
68150 Hunawihr
Tél. : 03 89 73 61 41 - Fax : 03 89 73 68 46
E. Mail : dominique.mallo@libertysurf.fr

Frédéric Mallo exploite l'affaire familiale de sept hectares dont deux sur le grand cru Rosacker. Les sols sont travaillés et enherbés, les vendanges sont manuelles et le pressurage s'effectue en raisins entiers. Frédéric Mallo est un grand spécialiste du riesling qu'il réussit merveilleusement, en particulier sur le Rosacker. Sur ce même terroir, ses pinots gris ont un joli fruit et il élabore, lorsque l'occasion se présente, un magnifique gewurztraminer grains nobles.

Responsables : Irène et Dominique Mallo
Vente à la propriété : oui
Visite : oui
Dégustation : oui
Langues : Allemand, Anglais
Surface du vignoble : 6,9 ha
Age des vignes : 25 ans
Surface en rouge : 0,58 ha
Cépages :
    Pinot noir 100 %
Surface en blanc : 6,3 ha
Cépages :

Riesling 40 %
Pinot blanc 30 %
Gewurztraminer 20 %
Tokay Pinot Gris 10 %
Appellation principale : Alsace ou Vin d'alsace
Production moyenne : 50 000 bouteilles

Ⓧ **Gewürztraminer**
2000 : 88 . . . . .7,15 €

Ⓧ **Gewürztraminer GC Rosacker SGN**
1998 : 89 . . . . .29,70 €

Ⓧ **Pinot blanc**
1999 : 85 . . . . .4,65 €

Ⓧ **Riesling**
1999 : 87 . . . . .5,20 €

Ⓧ **Riesling GC Rosacker VV**
2000 : 89 . . . . .9,70 €
1998 : 89 . . . . .9,15 €

Ⓧ **Tokay pinot gris**
1999 : 87 . . . . .5,50 €

Ⓧ **Tokay pinot gris GC Rosacker VV**
2000 : 88 . . . . .9,60 €

DOMAINE JOSEPH RIEFLÉ ***

11 place de la Mairie
68250 Pfaffenheim
Tél. : 03 89 78 52 21 - Fax : 03 89 49 50 98
E. Mail : riefle@riefle.com
Web : www.riefle.com

Après d'importantes fonctions dans le vignoble, Jean-Claude Rieflé est revenu se consacrer à son vignoble où il s'est lancé dans d'importants investissements. La gamme des vins de terroir, le grand cru Steinert et le Bergweingarten ainsi que le Gaentzbrunnen, mérite maintenant bien sa dénomination avec des vins qui reflètent les sols qui les ont vu naître.

Responsables : Christophe
et Jean-Claude Rieflé
Vente à la propriété : oui
Visite : oui
Dégustation : oui
Langues : Anglais, Allemand
Surface du vignoble : 22 ha
    Riesling
    Gewurztraminer
    Sylvaner
    Autres
Appellation principale : Alsace ou Vin d'alsace
Production moyenne : 250 000 bouteilles

Y **Gewürztraminer Côtes de Rouffach**
   2000 : 88 . . . . .8,40 €

Y **Muscat Côtes de Rouffach**
   2001 : 87 . . . . .7,30 €

Y **Pinot Noir Côtes de Rouffach**
   2001 : 86 . . . . .9,15 €

Y **Riesling Côtes de Rouffach**
   2000 : 88 . . . . .7,30 €

Y **Sylvaner Côtes de Rouffach**
   2001 : 86 . . . . .6,10 €

Y **Tokay pinot gris Côtes de Rouffach**
   2001 : 89 . . . . .7,80 €

HAUT-RHIN

DOMAINE MITTNACHT FRÈRES ***

27 route de Ribeauvillé
68150 Hunawihr
Tél. : 03 89 73 62 01 - Fax : 03 89 73 38 10
E. Mail : mittnacht.freres@terre-net.fr

Christophe et Marc Mittnacht se sont associés depuis plusieurs années pour faire vivre le domaine familial qui dispose de belles parcelles dans le grand cru Rosacker. Si ce terroir est réputé pour son riesling, très bien réussi mais d'évolution lente, c'est le gewurztraminer qui brille en 2000 avec un vin superbement épicé qui garde une fraîcheur étonnante, contrairement aux autres vins souvent un peu ronds. Voilà un vin de haute tenue à tester dans le caveau gastronomique familial tenu par Eric Mittnacht. Une affaire de famille et un vin à déguster en famille.

Responsable : famille Mittnacht
Vente à la propriété : oui
Visite : oui
Dégustation : oui
Langues : Japonais, Allemand, Anglais
Surface du vignoble : 20 ha
Surface en rouge : 2 ha
Cépages :
    Pinot noir 100 %

Surface en blanc : 18 ha
Cépages :
    Riesling 30 %
    Gewurztraminer 20 %
    Pinot gris 20 %
    Pinot blanc 30 %
Appellation principale : Alsace ou Vin d'alsace
Production moyenne : 150 000 bouteilles

♀ **Alsace Vin d'alsace pinot blanc**
   2001 : 86 . . . . .4,75 €

♀ **Gewürztraminer**
   2001 : 88 . . . . .6,90 €

♀ **Gewürztraminer GC Rosacker**
   2000 : 90 . . . . .10,55 €

♀ **Pinot gris**
   2000 : 88 . . . . .10,55 €

♈ **Pinot noir**
   2001 : 86 . . . . .5,80 €

♀ **Riesling**
   2001 : 87 . . . . .5,50 €

♀ **Riesling GC Rosacker**
   2000 : 88 . . . . .10,55 €

HAUT-RHIN

DOMAINE ROLLY GASSMANN ***

2 rue de l'Eglise
68590 Rorschwihr
Tél. : 03 89 73 63 28 - Fax : 03 89 73 33 06
E. Mail : rollygassmann@wanadoo.fr

La liste des vins présentés à la vente est impressionnante. Elle distingue cépages et millésimes, ce qui est classique, mais elle multiplie les terroirs, les niveaux de sélection et offre de vieux millésimes. Pour élaborer tant de cuvées, la cuverie est aussi très impressionnante par sa taille. Aidé de ses deux fils, remarquables spécialistes des terroirs, Louis Gassmann, fin dégustateur, vinifie toutes ces cuvées avec une grande rigueur. Les vins jeunes présentent des niveaux non négligeables de sucres résiduels, ce qui ravit les uns et désole les autres, mais ils vieillissent avec grâce.

Responsable : Rolly Gassmann
Vente à la propriété : oui
Visite : sur rendez-vous
Dégustation : sur rendez-vous
Moyen d'accès : Se situe entre Colmar et Sélestat, autoroute St Hyppolyte - Rorschwihr, route du vins.
Langues : Allemand
Surface du vignoble : 33 ha
Age des vignes : 30 ans
Surface en rouge : 2,69 ha
Cépages :
Pinot noir 100 %
Surface en blanc : 30,31 ha
Cépages :
    Gewurztraminer
    Auxerrois
    Riesling
    Autres
Appellation principale : Alsace ou Vin d'alsace
Production moyenne : 200 000 bouteilles

Auxerrois Moenchreben
1999 : 86 . . . . .7,50 €

Gewürztraminer SGN
1997 : 91 . . . . .38 €

Gewürztraminer VT Kappelweg
1997 : 89 . . . . .21,50 €

Pinot noir Rorschwihr
1997 : 86 . . . . .19 €

Riesling Pflaenzerreben de Rorschwihr
1996 : 88 . . . . .13 €

Riesling Silberberg de Rorschwihr
1996 : 88 . . . . .10 €

Tokay pinot gris réserve Rolly Gassmann
1999 : 86 . . . . .16 €

Tokay pinot gris VT
1996 : 88 . . . . .25 €

HAUT-RHIN

MAISON SALZMANN-THOMANN ***

3 rue de l'Oberhof
68240 Kaysersberg
Tél. : 03 89 47 10 26 - Fax : 03 89 78 13 08
E. Mail : info@salzmann-thomann.com

La petite dizaine d'hectares de vignes est répartie sur les communes de Kientzheim pour la moitié, mais aussi de Kaysersberg, Ammerschwihr et Sigolsheim avec une très belle parcelle sur le grand cru Schlossberg. Du Schlossberg, il tire un pinot gris très bien équilibré à peine mâtiné d'un peu de sucre résiduel. Très ample, le gewurztraminer du Kaefferkopf est aussi d'un grand intérêt.

Responsable : Pierre Thomann
Vente à la propriété : oui
Visite : sur rendez-vous
Dégustation : sur rendez-vous
Moyen d'accès : RN415.
Langues : Allemand, Anglais, Hollandais
Age des vignes : 25 ans
Cépages rouges :
  Pinot noir 100 %
Cépages blancs :
  Gewurztraminer
  Riesling
  Tokay pinot gris
  Autres
Appellation principale : Alsace ou Vin d'alsace
Production moyenne : 60 000 bouteilles

♀ **Gewürztraminer Kaefferkopf**
  2000 : 88 . . . . .8,84 €

♀ **Pinot gris GC Schlossberg**
  1998 : 89 . . . . .21,34 €

CAVE D'INGERSHEIM
JEAN GEILER **(*)

45 rue de la République
68040 Ingersheim
Tél. : 03 89 27 90 27 - Fax : 03 89 27 90 30
E. Mail : vin@geiler.fr

Cette coopérative assez vaste, que l'on trouve aussi sous la dénomination de Jean Geiler, possède, à travers ses adhérents, quelques beaux emplacements sur les grands crus Sommerberg et Florimont. Elle produit avec régularité des gewurztraminers et des rieslings qui ne manquent pas d'intérêt.

Responsable : Pascal Keller
Vente à la propriété : oui
Visite : sur rendez-vous
Dégustation : sur rendez-vous
Langues : Allemand, Anglais
Surface du vignoble : 293 ha
Age des vignes : 25 ans
Surface en rouge : 15 ha
Cépages :
  Pinot noir 100 %

Surface en blanc : 278 ha
Cépages :
  Pinot blanc
  Riesling
  Gewurztraminer
  Autres
Appellation principale : Alsace ou Vin d'alsace
Production moyenne : 3 000 000 bouteilles

♀ **Crémant d'alsace blanc de blancs**
  85 . . . . .5,40 €

♀ **Crémant d'alsace riesling**
  86 . . . . .5,40 €

♀ **Gewürztraminer cuvée
  Sainte-Marguerite**
  2000 : 88 . . . . .7,10 €

♀ **Gewürztraminer GC Florimont**
  1999 : 87 . . . . .8,10 €

♀ **Gewürztraminer VT (50 cl)**
  2000 : 88 . . . . .12,10 €

♀ **Riesling GC Florimont**
  2000 : 87 . . . . .6,90 €

♀ **Riesling GC Wineck-Schlossberg**
  2000 : 87 . . . . .6,90 €

CAVE
KIENTZHEIM-KAYSERSBERG ** (*)

10 rue des Vieux-Moulins
68240 Kientzhein
Tél. : 03 89 47 13 19 - Fax : 03 89 47 34 38
E. Mail : cave-kaysersberg@vinsalsace-kaysersberg.com
Web : www.vinsalsace-kaysersberg.com

Jean Petitdemange, l'affable directeur de cette cave coopérative, prend sa retraite, son remplaçant est un battant. Le patrimoine des vignes des adhérents est impressionnant sur les beaux coteaux environnants, le Schlossberg, le Furstentum et autres Altenbourg, d'où certaines caves particulières sortent actuellement les plus beaux vins d'Alsace. Joli challenge !

Responsable : Coopérative de producteurs
Vente à la propriété : oui
Visite : sur rendez-vous
Dégustation : oui
Langues : Allemand, Anglais
Surface du vignoble : 180 ha
Age des vignes : 25 ans
Surface en rouge : 10 ha
Cépages :
   Pinot noir 100 %

Surface en blanc : 170 ha
Cépages :
   Sylvaner
   Chasselas
   Gewurztraminer
   Autres
Appellation principale : Alsace ou Vin d'alsace
Production moyenne : 1 800 000 bouteilles

Crémant Anne Boecklin
85 . . . . .6,02 €

Gewürztraminer Altenburg
1999 : 85 . . . . .7,93 €

Gewürztraminer Altenburg SGN
1998 : 85 . . . . .34,75 €

Gewürztraminer GC Furstentum
1997 : 88 . . . . .9,30 €

Pinot gris Altenburg
2000 : 85 . . . . .7,24 €

Pinot gris GC Schlossberg
1998 : 85 . . . . .8,69 €

Riesling
1997 : 85 . . . . .7,93 €

Riesling Kaefferkopf
1999 : 85 . . . . .6,94 €

HAUT-RHIN

DOMAINE JEAN-LUC MADER **(*)

13 Grand-Rue
68150 Hunawihr
Tél. : 03 89 73 80 32 - Fax : 03 89 73 31 22

Après son diplôme à Beaune, Jean-Luc Mader s'est installé, il y a vingt ans, dans le domaine de ses parents qu'il a sorti de la coopérative. Ses premiers vins des années 80 sont encore en pleine forme. Après un petit flottement au début des années 90, les vins ont repris leur consistance avec un superbe riesling Rosacker, des gewurztraminers toujours bien équilibrés et un pinot gris toujours riche.

Responsable : Jean-Luc Mader
Vente à la propriété : oui
Visite : sur rendez-vous
Dégustation : sur rendez-vous
Moyen d'accès : Routes des vins.
Langues : Allemand, Anglais
Surface du vignoble : 6,8 ha
Cépages rouges :
    Pinot noir 100 %
Cépages blancs :
    Riesling
    Gewurztraminer
    Pinot blanc
Appellation principale : Alsace ou Vin d'alsace
Production moyenne : 45 000 bouteilles

♀ **Gewürztraminer cuvée Théophile**
    2000 : 85 . . . . .10 €

♀ **Pinot blanc**
    2000 : 85 . . . . .5,50 €

♀ **Pinot noir**
    2000 : 84

♀ **Riesling GC Rosacker**
    1999 : 87 . . . . .9 €

DOMAINE JEAN SIPP **(*)

60 rue de la Fraternité
68150 Ribeauvillé
Tél. : 03 89 73 60 02 - Fax : 03 89 73 82 38
E. Mail : domaine@jean-sipp.com
Web : www.jean-sipp.com

Avec plus d'une vingtaine d'hectares en production, le domaine est assez vaste à l'échelle alsacienne. Disposant de belles parcelles à Ribeauvillé dans les grands crus Kirchberg et Osterberg ainsi que le pentu Clos de Ribeaupierre, Jean Sipp a fait évoluer ses vins pour les rendre plus accessibles et plus faciles à boire, laissant un peu de sucre résiduel pour arrondir les angles. Le riesling Kirchberg est de grande garde.

Responsable : Jean Sipp
Vente à la propriété : oui
Visite : sur rendez-vous
Dégustation : sur rendez-vous
Langues : Allemand, Anglais
Surface du vignoble : 23 ha
Age des vignes : 25 ans
Surface en rouge : 2 ha
Cépages :
   Pinot noir 100 %
Surface en blanc : 21 ha
Cépages :
   Riesling 29,50 %
   Tokay Pinot Gris 21,60 %
   Gewurztraminer 27,30 %
   Autres 21,80 %
Appellation principale : Alsace ou Vin d'alsace
Production moyenne : 150 000 bouteilles

♀ **Pinot gris Clos Ribeaupierre**
   1998 : 85 . . . . .22,60 €

♀ **Riesling GC Kirchberg**
   2000 : 88 . . . . .11 €
   1998 : 88 . . . . .13 €

♀ **Trottacker pinot gris**
   2000 : 84 . . . . .11 €

JEAN-MARIE HAAG **(*)

17 rue des Chèvres
68570 Soultzmatt
Tél. : 03 89 47 02 38 - Fax : 03 89 47 64 79
E. Mail : jean-marie.haag@wanadoo.fr

Fervent défenseur de l'appellation inter-médiaire « vallée noble » où se situe l'es-sentiel de ses vignes, Jean-Marie Haag s'occupe du domaine familial depuis une vingtaine d'années. L'encépagement pri-vilégie le gewurztraminer et le pinot gris qui représentent les deux tiers du volume. Généreux, les vins issus de ces deux cépages présentent toujours un peu de rondeur, avec des gewurztraminers toujours bien réussis.

Responsable : Jean-Marie Haag
Vente à la propriété : oui
Visite : sur rendez-vous
Dégustation : sur rendez-vous
Moyen d'accès : RN83, sortie Soultzmatt.
Langues : Allemand, Anglais
Surface du vignoble : 5,5 ha
Age des vignes : 60 ans
Surface en rouge : 0,5 ha
Cépages :
   Pinot noir 100 %
Surface en blanc : 5 ha
Cépages :
   Gewurztraminer
   Riesling
   Tokay Pinot Gris
   Autres
Appellation principale : Alsace ou Vin d'alsace
Production moyenne : 35 000 bouteilles

Gewürztraminer cuvée Z Vallée Noble
2000 : 88 . . . . .6,89 €

Gewürztraminer GC Zinnkoepflé cuvée Marie
2000 : 88 . . . . .12,80 €

Gewürztraminer VT
1998 : 88 . . . . .21,35 €

Pinot gris GC Zinnkoepflé cuvée Théo
1999 : 88 . . . . .15,10 €

Pinot noir Vallée Noble
2000 : 86 . . . . .6,85 €

Riesling GC Zinnkoepflé cuvée Marion
2000 : 87 . . . . .9,95 €

Riesling Vallée noble
2000 : 86 . . . . .6,29 €

Riesling VT
1998 : 88 . . . . .18,30 €

Sylvaner VV
1999 : 86 . . . . .4,90 €

HAUT-RHIN

KUEHN **(*)

3 Grand-Rue
68770 Ammerschwihr
Tél. : 03 89 78 23 16 - Fax : 03 89 47 18 32
E. Mail : vin@kuehn.fr

Fondée en 1675 par Jean Kuehn, la maison dispose de douze hectares de vignes dont la moitié se situe dans les Kaefferkopf et dans les grands crus Sommerberg et Florimont. Vinifiés dans les superbes caves voûtées appelées caves de l'Enfer, dans des vieux foudres centenaires ou dans les cuves les plus modernes, les vins sont souvent riches et ronds, en particulier les pinots gris. Les meilleures cuvées viennent généralement du Florimont, que ce soit en riesling, d'une fort belle densité en 2000, ou en gewurztraminer, très intéressant en 1996.

Président : Pascal Keller
Vente à la propriété : oui
Visite : sur rendez-vous
Dégustation : sur rendez-vous
Langues : Allemand, Anglais
Surface du vignoble : 11 ha
Age des vignes : 20 ans
Surface en rouge : 1 ha
Cépages :
   Pinot noir 100 %

Surface en blanc : 10 ha
Cépages :
   Riesling
   Gewurztraminer
   Sylvaner
   Autres
Appellation principale : Alsace ou Vin d'alsace
Production moyenne : 400 000 bouteilles

Alsace GC Florimont Riesling
2000 : 88 . . . . .7,70 €

Alsace Kaefferkopf
1999 : 87 . . . . .8,60 €

Gewürztraminer GC Florimont
1996 : 88 . . . . .8,10 €

Gewürztraminer SGN
2000 : 89 . . . . .23 €

**Gewürztraminer Sigillé
Confrérie Saint-Etienne**
1998 : 87 . . . . .5,50 €

Gewürztraminer VT Kaefferkopf
2000 : 88 . . . . .13,30 €

Pinot gris
2000 : 87 . . . . .7,60 €

Pinot gris GC Sommerberg
2000 : 87 . . . . .9,30 €

Pinot gris SGN
1997 : 88 . . . . .23 €

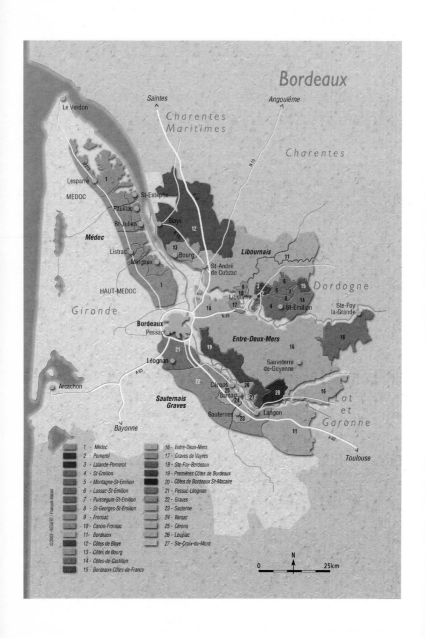

Bordeaux

Saintes
Angoulême

Charentes
Maritimes

Charentes

Le Verdon

Lesparre
MEDOC

St-Estèphe
Pauillac
St-Julien
Blaye

Médoc

12

Listrac
Margaux

Bourg

13

St-André
de Cubzac

Libournais

11

Dordogne

HAUT-MEDOC

9
10
3
5
6
15

7
Libourne

Ste-Foy
la-Grande

1

17
4
St-Emilion

8

Gironde

16

N 89

Bordeaux
Pessac

Entre-Deux-Mers

16

18

21

19

Léognan

Sauveterre
de-Guyenne

Arcachon

22
Cérons
25
Barsac

26
27

16

20

Lot

Sauternais
Graves

24

Langon

et

Garonne

Bayonne

Sauternes

23

11

Toulouse

1 - Médoc
2 - Pomerol
3 - Lalande-Pomerol
4 - St-Emilion
5 - Montagne-St-Emilion
6 - Lussac-St-Emilion
7 - Puisseguin-St-Emilion
8 - St-Georges-St-Emilion
9 - Fronsac
10 - Canon-Fronsac
11 - Bordeaux
12 - Côtes de Blaye
13 - Côtes de Bourg
14 - Côtes-de-Castillon
15 - Bordeaux-Côtes-de-Francs

16 - Entre-Deux-Mers
17 - Graves de Vayres
18 - Ste-Foy-Bordeaux
19 - Premières Côtes de Bordeaux
20 - Côtes de Bordeaux St-Macaire
21 - Pessac-Léognan
22 - Graves
23 - Sauterne
24 - Barsac
25 - Cérons
26 - Loupiac
27 - Ste-Croix-du-Mont

© 2002 RIGERT / François Masse

N

0   25km

De belles opportunités

Il était de bon ton, dans bien des milieux, de dire que « les bordeaux étaient foutus ! ». Personne ne pariait bien cher sur les grands bordeaux au milieu des années 1990. Sous le coup de boutoir des vins de Californie, d'Australie ou d'Amérique, engoncés dans leurs concepts vieillots, ils n'allaient pas résister bien longtemps. Résultat, en 2002, les grands bordeaux mènent la danse mondiale des prix et de la qualité. Ils ont retrouvé leur position toute naturelle : la première. Asticotés par quelques crus de garage ils sont, à l'exemple de la Formule 1, redevenus les bancs d'essai de toutes les pratiques culturales et œnologiques qui sont immédiatement copiées par leurs éternels poursuivants, dans le monde entier. Dans toute bonne cave, les grands bordeaux sont incontournables.

Les prix sont certes sévères, quand on ne sait pas comment s'y prendre. En achetant tôt en primeurs, les prix restent très raisonnables, eu égard à la qualité. Délaissé par le marché américain qui aime plus la spéculation que les vins, le millésime 2001 offre de formidables opportunités. Pour une quinzaine d'euros, il est possible de réserver des bouteilles magnifiques. A l'autre bout de l'échelle, la dureté de la compétition est si vive dans ce vaste vignoble, que les « petits bordeaux » représentent sûrement les meilleurs rapports qualité-prix, sur le marché mondial de l'achat.

BLAYAIS ET BOURGEAIS

CHÂTEAU FALFAS ****

33710 Bayon
Tél. : 05 57 64 80 41 - Fax : 05 57 64 93 24

Le château possède une longue histoire qui débute au XIVᵉ siècle, le président à mortier du parlement de Guyenne Gaillard de Falfas lui ayant légué son nom. Le domaine est maintenant exploité par John et Véronique Cochran qui le cultivent en biodynamie avec des rendements sévèrement contrôlés. Les vignes sont plantées sur des coteaux plein sud avec un sol argilo-calcaire et un sous-sol de calcaire à astéries. Toujours denses et puissants, les vins ont gagné en élégance et en longueur avec un 2000 superbe et des 2001 très prometteurs.

Responsables : John et Véronique Cochran
Vente à la propriété : oui
Visite : sur rendez-vous
Dégustation : sur rendez-vous
Langues : Anglais, Espagnol

Surface du vignoble : 22 ha
Age des vignes : 35 ans
Surface en rouge : 22 ha
Cépages :
  Merlot 55 %
  Cabernet sauvignon 30 %
  Cabernet franc 5 %
  Malbec 10 %
Appellation principale : Côtes de bourg
Production moyenne : 120 000 bouteilles

Château Falfas
  2001 : 88 . . . . .10 €
  2000 : 89
  1999 : 88
  1998 : 88

Côtes de bourg Les Demoiselles
  2001 : 85 . . . . .6,10 €

BLAYAIS ET BOURGEAIS

ROC DE CAMBES ★★★★

33710 Bourg-sur-Gironde
Tél. : 05 57 68 25 58 - Fax : 05 57 74 42 11
E. Mail : contact@roc-de-cambes.com
Web : www.roc-de-cambes.com

Comme leur nom l'indique, les côtes de Bourg sont des vignobles de côtes, avec très exactement trois versants successifs. Dominant le fleuve, le premier front de côte est le plus réputé, car le fleuve joue comme un amortisseur climatique. Roc de Cambes est situé sur cette première ligne, au cœur même des côtes de Bourg, à trois cents mètres de la citadelle, sur un terroir argilo-calcaire. Avec près de quarante ans en moyenne, les vignes sont âgées. Il y a quinze ans, les vins se signalaient par une grande concentration comme 1988 par exemple, avec des tannins un peu sévères, un peu rustiques aussi. Dix ans plus tard, les vins ont gagné en harmonie.

Responsables : F. et E. Mitjavile
Vente à la propriété : oui
Visite : sur rendez-vous
Dégustation : sur rendez-vous
Moyen d'accès : transmission d'un plan lors de la prise de rendez-vous.

Surface du vignoble : 10 ha
Surface en rouge : 10 ha
Cépages :
    Merlot 60 %
    Malbec 5 %
    Cabernet sauvignon 25 %
    Cabernet franc 10 %
Appellation principale : Côtes de bourg
Production moyenne : 55 000 bouteilles

🍷 **Roc de Cambes**
    2001 : 88 - 90
    2000 : 88 - 91
    1999 : 89 . . . . .33,54 €
    1998 : 90 . . . . .33,54 €
    1997 : 88 . . . . .38,11 €
    1996 : 88 . . . . .38,11 €
    1995 : 89 . . . . .60,97 €
    1994 : 88 . . . . .33,54 €

BLAYAIS ET BOURGEAIS

CHÂTEAU BRÛLESECAILLE ***(*)

33710 Tauriac
Tél. : 05 57 68 40 31 - Fax : 05 57 68 21 27
E. Mail : cht.brulesecaille@freesbee.fr

Cru très ancien de la région, Brûlese-caille est déjà cité comme cru bourgeois dans le Cocks et Feret 1868. Le domaine a été acheté par la famille Recapet en 1924, Pierre Recapet l'ayant transmis en 1974 à sa fille et à son gendre, Martine et Jacques Rodet. Situées sur la première ligne des côtes, les vignes voient l'eau, ce qui leur permet d'être épargnées par le gel et de se conserver vieilles. Avec 60 % de merlot, les vins sont souples et bien équilibrés. Ils vieillissent très bien pendant au moins une dizaine d'années.

Responsable : GFA Rodet Recapet
Vente à la propriété : oui
Visite : sur rendez-vous
Dégustation : sur rendez-vous
Moyen d'accès : prendre la 3e route à droite à la sortie de La Lustre sur la D669 de Saint André de Cubzac à Bourg/Gironde
Langues : Anglais
Surface du vignoble : 30 ha
Age des vignes : 30 ans

Surface en rouge : 29,25 ha
Cépages :
    Merlot 55 %
    Cabernet sauvignon 35 %
    Cabernet franc 10 %
Surface en blanc : 0,75 ha
Cépages :
    Sauvignon 100 %
Appellation principale : Côtes de bourg
Production moyenne : 150 000 bouteilles

Château Brûlesecaille
2000 : 88
1999 : 88 . . . . .7,50 €
1998 : 87

Château La Gravière
2000 : 86 . . . . .5 €

Château Yon Saint-Christophe
1998 : 87 . . . . .8,50 €

BLAYAIS ET BOURGEAIS

CHÂTEAU CHARRON ***(*)

Vignobles Germain et Associés
33390 Berson
Tél.: 05 57 42 66 66 - Fax: 05 57 64 36 20
E. Mail: bordeaux@vgas.com
Web: www.vgas.com

En matière de vins, Bernard Germain a bien compris l'importance primordiale de la technique moderne. Château Charron est une belle unité de production aux installations performantes, mais le vin n'est pas oublié, loin de là. L'utilisation de la barrique est massive mais judicieuse, car les matières sont concentrées et les raisins très mûrs. Le blanc Acacia s'appuie sur un beau sémillon, peu courant mais très astucieux, donnant un vin plein et gras à son optimum avec deux ans de bouteille. Le merlot forme la base des vins rouges avec des vins gourmands, à boire dans les trois ans. Le château Peyredouille possède les mêmes caractéristiques, en plus souple, donc plus facilement accessible.

Responsables: Vignobles Germain et associés
Vente à la propriété: oui
Visite: sur rendez-vous
Dégustation: sur rendez-vous
Surface du vignoble: 26 ha
Surface en rouge: 6 ha
Cépages:
  Merlot 90 %
  Cabernet sauvignon 10 %
Surface en blanc: 20 ha
Cépages:
  Semillon 75 %
  Sauvignon 25 %
Appellation principale: Premières côtes de blaye
Production moyenne: 80 000 bouteilles

Château Charron
2000: 87

Château Charron
2000: 87

Château Peuy Saincrit
1999: 88 .... 7,62 €

Château Peychaud
1999: 87 .... 9,15 €

BLAYAIS ET BOURGEAIS

CHÂTEAU DES TOURTES ***(*)

33820 Saint-Caprais-de-Blaye
Tél.: 05 57 32 65 15 - Fax: 05 57 32 99 38
E. Mail: chateau-des-tourtes@wanadoo.fr

D'après les actes notariés, le vignoble familial remonte à Louis XIV. Le domaine a été dirigé par Philippe et Lise Raguenot jusqu'en 1997, avant de passer la main à leurs filles et gendres. Le vignoble repose sur un sol silico-argileux avec un sous-sol graveleux, ce qui permet de produire un grand nombre de types de vins. Les vins rouges tiennent toutefois le haut du pavé avec une splendide cuvée prestige 2000, élevée en fûts de chêne qui est d'une concentration magnifique. La cuvée issue de la toute nouvelle appellation Blaye est du même calibre.

Responsables: EARL Raguenot, Lallez, Miller
Vente à la propriété: oui
Visite: oui
Moyen d'accès: A10 sortie n°38, ou RN137 (Saintes - Bordeaux)
Surface du vignoble: 52 ha
Surface en rouge: 40 ha
Cépages:
   Merlot 80 %
   Cabernet sauvignon 20 %

Surface en blanc: 12 ha
Cépages:
   Sauvignon blanc 85 %
   Semillon 15 %
Appellation principale: Premières côtes de blaye

Château des Tourtes
2001 : 86 . . . . .4 €

Cuvée prestige
2000 : 87 . . . . .7,62 €

Blaye Château des Tourtes
2000 : 89

Château des Tourtes
2000 : 87 . . . . .7,62 €
1999 : 88 . . . . .6,80 €

Cuvée prestige
2000 : 89 . . . . .7,62 €

BLAYAIS ET BOURGEAIS

CHÂTEAU HAUT BERTINERIE ***(*)

33620 Cubzenais
Tél. : 05 57 68 70 74 - Fax : 05 57 68 01 03

Bertinerie et Haut Bertinerie viennent du même château géré par Daniel Bantegnies, le deuxième désignant la cuvée haut de gamme du premier. Bertinerie fonctionne à la manière d'un cru classé avec premier et deuxième vin, et élevage du premier vin en fûts de chêne partiellement neufs. Dans la gamme Haut Bertinerie, le blanc fermenté en barrique est délicieux et très équilibré, sans caricature de bois. Les rouges sont denses et tanniques : ils méritent plusieurs années de vieillissement. Plus souple, le château Bertinerie se fait plus vite, mais il est bien construit.

Responsables : Bantegnies et Fils
Vente à la propriété : oui
Visite : sur rendez-vous
Dégustation : sur rendez-vous
Surface du vignoble : 55 ha

Cépages :
    Cabernet
    Merlot
    Sauvignon
    Muscadelle
    Semillon
Appellation principale :
Premières côtes de blaye

Château Bertinerie
    2001 : 86

Château Haut Bertinerie
    2001 : 88

Château Bertinerie
    2000 : 87

Château Bertinerie clairet
    2001 : 86

Château Haut Bertinerie
    2000 : 89
    1999 : 88
    1998 : 88

Château Haut Bertinerie clairet
    2001 : 87

CHÂTEAU HAUT-MACÔ ***(*)

33710 Tauriac
Tél. : 05 57 68 81 26 - Fax : 05 57 68 91 97
E. Mail : hautmaco@wanadoo.fr
Web : www.hautmaco.com

Faisant suite à trois générations de producteurs, Haut-Macô est tenu par les deux frères Mallet, Jean à la vinification, Bernard à la culture. Si le vignoble est dispersé, ce n'est qu'après une étude géologique précise qu'est décidé le choix du cépage et du porte-greffe. La cuverie et le chai sont dignes d'un cru classé. Il n'est donc pas étonnant que le vin de Haut-Macô, qui n'existe qu'en rouge, soit un vin dense et tannique. S'il faut boire le 1997, rien ne presse pour les beaux 1998 et 1999.

Responsables : Mallet frères
Vente à la propriété : oui
Visite : oui
Dégustation : oui
Surface du vignoble : 49 ha
Surface en rouge : 49 ha
Cépages :
  Merlot 50 %
  Cabernet sauvignon 40 %
  Cabernet franc 10 %
Appellation principale : Côtes de bourg
Production moyenne : 250 000 bouteilles

Château Haut-Macô

1999 : 88 . . . . .7,40 €
1998 : 88 . . . . .7,50 €
1997 : 86 . . . . .7,20 €

BLAYAIS ET BOURGEAIS

CHÂTEAU
LE CLOS DU NOTAIRE ***(*)

33710 Bourg-sur-Gironde
Tél. : 05 57 68 44 36 - Fax : 05 57 68 32 87
E. Mail : closnot@club-internet.fr

Si le vignoble est de notoriété ancienne, il est mentionné comme second bourgeois en 1874 dans le Feret, le nom venant des années cinquante, lorsque son propriétaire était effectivement notaire à Jonzac. Les vignes sont en coteaux exposées Sud sur un sous-sol argilo-calcaire longtemps exploité en carrières. L'âge des vignes est assez divers, mais avec quelques belles vieilles vignes de plus de cinquante ans. Malgré les 70 % de merlot, les vins sont solidement constitués et méritent quelques années de garde.

Responsable : Roland Charbonnier
Vente à la propriété : oui
Visite : sur rendez-vous
Dégustation : sur rendez-vous
Moyen d'accès : D669
Surface du vignoble : 22 ha
Age des vignes : 27 ans
Surface en rouge : 22 ha
Cépages :
    Merlot 70 %
    Cabernet sauvignon 20 %
    Cabernet franc 10 %
Appellation principale : Côtes de bourg
Production moyenne : 140 000 bouteilles

Château le clos du Notaire
    2000 : 88
    1999 : 88 . . . . .8 €

CHÂTEAU TAYAC ***(*)

33710 Bourg-sur-Gironde
Tél.: 05 57 68 40 60 - Fax: 05 57 68 29 93

Si la tour à l'angle sud-est du château date de l'époque du Prince Noir, le XIVᵉ siècle, le château lui-même a été reconstruit au XIXᵉ siècle dans le style Renaissance. L'ensemble a été acheté dans les années soixante par Pierre Saturny, après vingt ans d'abandon. Il a fallu rénover le vignoble et reconstruire le chai de ce château qui avait une très haute réputation dans les années trente. Les trois cuvées sont espacées suivant l'âge des vignes. La cuvée prestige est élevée en barriques neuves avec une forte proportion de cabernet. Rude 124dans sa jeunesse, elle mérite cinq ans de cave. La cuvée réservée est plus souple grâce à son merlot. Les vins vieillissent impeccablement. Attention de ne pas le confondre avec son homonyme à Margaux.

Responsables: Pierre Saturny et fils
Vente à la propriété: oui
Visite: sur rendez-vous
Dégustation: sur rendez-vous
Surface du vignoble: 30 ha
Surface en rouge: 29,5 ha
Cépages:
   Cabernet sauvignon
   Merlot
   Malbec
Surface en blanc: 0,5 ha
Cépages:
   Sauvignon
   Semillon
Appellation principale: Côtes de bourg
Production moyenne: 200 000 bouteilles

🍷 **Château Tayac cuvée Prestige**
2000: 89

🍷 **Château Tayac cuvée Réservée**
2000: 88

BLAYAIS ET BOURGEAIS

CHÂTEAU MACAY ***

33710 Samonac
Tél.: 05 57 68 41 50 - Fax: 05 57 68 35 23
E. Mail: chateaumacey@wanadoo.fr

Le nom du château remonte à l'occupation anglaise et plus précisément d'un officier écossais qui s'est installé dans les lieux, lors de la guerre de cent ans. Les vignes s'agrippent sur des coteaux escarpés. Les sols sont argilo-calcaires et gravelo-argileux sur socle calcaire à astéries. Le château Macay est élaboré avec deux tiers de merlot et des vignes relativement jeunes, ce qui donne un vin souple à boire sur le fruit. L'original est élaboré avec une forte proportion de cabernet-franc et des barriques neuves. Encore dominé par le boisé, il faudra l'attendre quelques années.

Responsables: Eric et Bernard Latouche
Vente à la propriété: oui
Visite: oui
Dégustation: oui
Langues: Anglais
Surface du vignoble: 30 ha
Age des vignes: 35 ans
Surface en rouge: 30 ha
Cépages:
    Merlot 65 %
    Cabernet franc 15 %
    Cabernet sauvignon 10 %
    Malbec 10 %
Appellation principale: Côtes de bourg
Production moyenne: 200 000 bouteilles

🍷 **Château Macay**
    2000 : 86 . . . . .7,50 €

🍷 **Original Château Macay**
    1999 : 87 . . . . .12,20 €

GRANDE SÉLECTION

2000

Château Penin

BORDEAUX SUPÉRIEUR
APPELLATION BORDEAUX SUPÉRIEUR CONTRÔLÉE

Mis en Bouteille au Château

S.C.P. CARTEYRON VITICULTEUR — 33420 GÉNISSAC - FRANCE

PRODUIT DE FRANCE

CHÂTEAU PENIN ****

33420 Génissac
Tél. : 05 57 24 46 98 - Fax : 05 57 24 41 99
E. Mail : vignoblescarteyron@wanadoo.fr
Web : www.chateaupenin.com

Penin est l'archétype du grand bordeaux supérieur. La famille est installée depuis près d'un siècle, mais Penin connaît la gloire avec Patrick Carteyron, œnologue de formation passionné de vins, qui poursuit l'œuvre de son père Hubert. Tous les vins sont superbes, que ce soit les rouges, le clairet, le rosé ou le blanc. Rares sont les propriétés qui arrivent à un tel degré de perfection. Le millésime 2000 est grandiose, le 2001 encore en fût se présente bien, comme 1999, 1998, etc., tous en grande forme.

Responsable : Patrick Carteyron
Vente à la propriété : oui
Visite : sur rendez-vous
Dégustation : sur rendez-vous
Surface du vignoble : 33 ha

Surface en rouge : 31 ha
Cépages :
  Merlot 85 %
  Cabernet sauvignon 10 %
  Cabernet franc 5 %
Surface en blanc : 2 ha
Cépages :
  Sauvignon blanc
  Sauvignon gris
  Semillon
Appellation principale : Bordeaux
Production moyenne : 250 000 bouteilles

Château Penin
  2001 : 87

Château Penin clairet
  2001 : 88 . . . . .4,60 €

Château Penin
  2001 : 87 . . . . .4,60 €

Château Penin
  2000 : 88

Château Penin les Cailloux
  2000 : 89

Château Penin Sélection
  2000 : 89

ENTRE-DEUX-MERS

CHÂTEAU REYNON ****

21 route de Cardan
33410 Beguey
Tél.: 05 56 62 96 51 - Fax: 05 56 62 14 89
E. Mail: reynon@gofornet.com
Web: en cours

Très bien situé sur un beau coteau à Beguey dans les premières côtes de Bordeaux, Reynon appartient, comme clos Floridène, au professeur Denis Dubourdieu. La cuvée la plus célèbre est, à juste titre, la superbe cuvée de blanc dont les raisins sont ramassés par tries successives, toujours réussie. Le rouge, qui a beaucoup progressé, est équilibré et tout en fruits. Quant au méconnu Cadillac, il s'impose par son harmonie et son élégance.

Responsables: Denis et Florence Dubourdieu
Vente à la propriété: oui
Visite: sur rendez-vous
Dégustation: sur rendez-vous
Moyen d'accès: Autoroute Bordeaux-Toulouse, sortie Podensac-Cadillac - D10 - D13
Surface du vignoble: 36 ha

Surface en rouge: 19 ha
Cépages:
  Merlot 70 %
  Cabernet sauvignon 20 %
  Cabernet franc 10 %
Surface en blanc: 17 ha
Cépages:
  Sauvignon 75 %
  Semillon 35 %
Appellation principale: Premières côtes de bordeaux

🍷 **Château Reynon**
  2000: 89 . . . . .15,25 €

🍷 **Château Reynon VV**
  2000: 88 . . . . .7,62 €

🍷 **Château Reynon**
  2000: 89 . . . . .10,70 €

ENTRE-DEUX-MERS

CHÂTEAU BONNET ***(*)

33420 Grézillac
Tél. : 05 57 25 58 58 - Fax : 05 57 74 98 59
E. Mail : andrelurton@andrelurton.com
Web : www.andrelurton.com

Cette vaste propriété est connue depuis le XVIIIe siècle, au bas mot, et elle hérite d'une longue histoire. André Bonnet l'achète en 1956, année du grand gel, et elle ne comprend plus qu'une trentaine d'hectares de vignes situées sur les croupes argilo-calcaires de Grézillac. Patiemment, il va l'agrandir et le moderniser pour en faire le vaisseau amiral de ses nombreuses propriétés. Techniquement, le vin blanc de l'Entre-deux-mers est toujours irréprochable. En 2000, les rouges ont gagné en charnu et en volume. Tous les vins ont une qualité très suivie.

Responsable : André Lurton
Vente à la propriété : oui
Visite : non
Dégustation : non
Surface du vignoble : 225 ha
Surface en rouge : 105 ha
Cépages :
    Merlot
    Cabernet franc
    Cabernet sauvignon
Surface en blanc : 120 ha
Cépages :
    Sauvignon 45 %
    Semillon 45 %
    Muscadelle 10 %
Appellation principale : Bordeaux
Production moyenne : 800 000 bouteilles

Château Bonnet
2001 : 86 . . . . .6,35 €

Château Bonnet réserve
2000 : 88

Divinus de Château Bonnet
2000 : 89

ENTRE-DEUX-MERS

CHÂTEAU CARIGNAN ***(*)

33360 Carignan-de-Bordeaux
Tél. : 05 56 21 21 30 - Fax : 05 56 78 36 65
E. Mail : tt@chateau-carignan.com
Web : www.chateau-carignan.com

Le château Carignan est héritier d'une riche histoire. Construit en 1452 par Xavier de Xaintrailles, compagnon d'armes de Jeanne d'Arc, il a été en partie transformé au XIXe siècle tout en gardant son cachet féodal. Le vignoble est établi sur des sols argilo-calcaires et argilo-graveleux. Si la réputation des vins du château est fort ancienne, l'histoire récente a vu des progrès tangibles. Le château produit deux belles cuvées. La cuvée classique est dense et bien définie. Impressionnante par sa robe et ses arômes épicés, la cuvée Prima est d'un autre calibre avec un vin concentré, souple et joliment boisé. S'ils peuvent être consommés relativement jeunes, ces vins se conserveront bien. Les vins sont d'une grande régularité.

Responsable : Philippe Pieraerts SA
Vente à la propriété : oui
Visite : oui
Dégustation : sur rendez-vous
Moyen d'accès : Sortie 24, rocade Rive droite, direction Bergerac.
Surface du vignoble : 65 ha
Surface en rouge : 65 ha
Cépages :
    Merlot 70 %
    Cabernet sauvignon 20 %
    Cabernet franc 10 %
Appellation principale : Premières côtes de bordeaux
Production moyenne : 440 000 bouteilles

Château Carignan
1999 : 86

Château Carignan cuvée Prima
2000 : 89
1999 : 88

L'Orangerie de Carignan
1999 : 86

CHÂTEAU DE PARENCHÈRE ***(*)

5 domaine de Parenchère
33220 Ligueux
Tél. : 05 57 46 04 17 - Fax : 05 57 46 42 80
E. Mail : info@parenchere.com
Web : www.parenchere.com

Parenchère est né en 1958 avec la restructuration du vignoble par Raphaël Gazaniol qui l'a planté en rouge et l'a rendu d'un seul tenant sur des sols argilo-calcaires profonds. Son fils Jean Gazaniol le gère maintenant avec des vignes qui ont vieilli. Faisant suite à d'excellents 1998 et 1999, les 2000 sont superbes. Le bordeaux supérieur, issu de vignes de plus de dix ans, est marqué par une belle matière mûre. La cuvée Raphaël est encore plus dense, mais avec beaucoup d'élégance. Les vins sont d'une grande régularité.

Responsable : Jean Gazaniol
Vente à la propriété : oui
Visite : sur rendez-vous
Dégustation : sur rendez-vous
Moyen d'accès : De Sainte Foy la Grande, direction RD18 Eymet-Selif des Vigniers - St Philippe du Seignal.
Surface du vignoble : 63 ha
Surface en rouge : 63 ha
Cépages :
  Merlot 39 %
  Cabernet sauvignon 44 %
  Malbec 4 %
  Cabernet franc 13 %
Appellation principale : Bordeaux supérieur
Production moyenne : 400 000 bouteilles

🍷 **Château de Parenchère**
2000 : 88

🍷 **Château de Parenchère cuvée Raphaël Gazaniol**
2000 : 89

ENTRE-DEUX-MERS

CHÂTEAU LA CHÈZE ***(*)

33550 Capian
Tél. : 05 56 72 11 77 - Fax : 05 56 23 01 51

Proche de Bordeaux, la région des Premières Côtes s'étend le long de la rive droite, de Bordeaux à Cadillac, sur des terroirs très variés. Si les qualités sont aussi très variables, la région est assez vaste pour permettre aux jeunes loups de s'installer. Vincent Priou, le génial vinificateur de château Beauregard, s'est ainsi attelé avec Jean-François Rontein pour faire vivre château La Chèze. Depuis plusieurs millésimes, ils produisent un vin dense et plein qui évolue bien en bouteille, à un prix très sympathique.

Responsables : JF Rontein et V Priou
Vente à la propriété : oui
Visite : sur rendez-vous
Dégustation : sur rendez-vous
Moyen d'accès : D13 entre Capian et Créon.
Surface du vignoble : 14 ha

Surface en rouge : 12 ha
Cépages :
    Merlot 50 %
    Cabernet franc 20 %
    Cabernet sauvignon 30 %
Surface en blanc : 2 ha
Cépages :
    Sauvignon 60 %
    Semillon 40 %
Appellation principale : Premières côtes de bordeaux
Production moyenne : 80 000 bouteilles

Château la Chèze
2000 : 87

Château La Chèze Cuvée Tradition
2000 : 88

CHÂTEAU
LESTRILLE CAPMARTIN ***(*)

Lestrille
33750 Saint-Germain-du-Puch
Tél. : 05 57 24 51 02 - Fax : 05 57 24 04 58
E. Mail : jlroumage@wanadoo.fr

Propriété familiale depuis quatre générations, le château produit essentiellement des vins rouges à travers deux cuvées. Dominée par le merlot, la cuvée tradition est vinifiée en barrique de deux et trois vins, ce qui donne un vin souple et ample, prêt à boire. La cuvée prestige est plus ambitieuse. Moitié merlot, moitié cabernet-sauvignon, elle est élaborée en fûts neufs. Plus riche, plus ample, mais aussi plus structurée, elle nécessite quelques années de cave pour s'harmoniser.

Responsable : Jean-Louis Roumage
Vente à la propriété : oui
Visite : sur rendez-vous
Dégustation : sur rendez-vous
Moyen d'accès : RN89 entre Bordeaux et Libourne prendre la sortie n°8.

Surface du vignoble : 40 ha
Surface en rouge : 38 ha
Cépages :
  Merlot 80 %
  Cabernet sauvignon 15 %
  Cabernet franc 5 %
Surface en blanc : 2 ha
Cépages :
  Sauvignon 60 %
  Semillon 20 %
  Muscadelle 20 %
Appellation principale : Bordeaux supérieur
Production moyenne : 250 000 bouteilles

🍷 **Château Lestrille Capmartin**
  2000 : 88

🍷 **Château Lestrille Capmartin tradition**
  2000 : 88

ENTRE-DEUX-MERS

CHÂTEAU THIEULEY ***(*)

La Sauve
33670 Créon
Tél. : 05 56 23 00 01 - Fax : 05 56 23 34 37

Le château est dans la famille Courselle depuis les années cinquante et Francis Courselle dirige la propriété depuis 1970, après ses études d'œnologie. Le vignoble est situé sur trois croupes argilo-graveleuses. Avec beaucoup de technologie, Francis Courselle réussit depuis longtemps de magnifiques vins blancs qui sont des modèles pour toute la région et qui ont contribué à les révolutionner. La cuvée normale est élevée en cuve, alors que la cuvée Francis Courselle est vinifiée en fûts. Elles sont toutes les deux également réussies, chacune dans leur style. Voilà quelques années que le bordeaux supérieur rouge a rejoint la qualité des vins blancs.

Responsable : Francis Courselle
Vente à la propriété : oui
Visite : sur rendez-vous
Dégustation : sur rendez-vous
Surface du vignoble : 80 ha
Surface en rouge : 45 ha
Cépages :
  Merlot
  Cabernet franc
  Cabernet sauvignon
Surface en blanc : 35 ha
Cépages :
  Sauvignon
  Semillon
Appellation principale : Bordeaux
Production moyenne : 700 000 bouteilles

Château Thieuley
2001 : 88

**Château Thieuley
cuvée Francis Courselle**
2000 : 88

**Château Thieuley
cuvée Francis Courselle**
2000 : 88

GRAND VIN DE BORDEAUX

Domaine de Courteillac

1998

BORDEAUX SUPÉRIEUR

APPELLATION BORDEAUX SUPÉRIEUR CONTRÔLÉE

S.C.A. DOMAINE DE COURTEILLAC
PROPRIÉTAIRE A 33350 RUCH - FRANCE

12,5% vol.   MIS EN BOUTEILLE AU DOMAINE   750 ml

PRODUIT DE FRANCE   L. CRG 98

DOMAINE DE COURTEILLAC ***(*)

2 Courteillac
33350 Ruch
Tél. : 05 57 40 79 48 - Fax : 05 57 40 57 05

Dans la lignée des seigneurs de Courteillac qui débute au XIIᵉ siècle pour s'interrompre il y a peu, Henri du Foussat de Bogeron s'était illustré contre le phylloxéra. Le domaine appartient maintenant à Dominique Meneret qui l'a acheté en 1998 après que Stéphane Asséo lui ait donné un coup de jeune. En 2000, la cuverie et le chai d'élevage ont été refaits, tout en resserrant les rangs de vignes à chaque replantation. Les vins rouges sont denses et assez charnus, ce qui masque de jolis tannins. Les vins se gardent bien dans le temps.

Responsable : Dominique Meneret
Vente à la propriété : oui
Visite : non
Dégustation : non
Surface du vignoble : 27 ha
Surface en rouge : 25 ha
Cépages :
    Merlot 63 %
    Cabernet sauvignon 23 %
    Cabernet franc 14 %
Surface en blanc : 2 ha
Cépages :
    Semillon 60 %
    Sauvignon 40 %
Appellation principale : Bordeaux
Production moyenne : 130 000 bouteilles

♀ **Domaine de Courteillac**
    2001 : 87 . . . . .4,90 €

♟ **Domaine de Courteillac**
    2001 : 87 - 88
    2000 : 88
    1999 : 88 . . . . .9,15 €

ENTRE-DEUX-MERS

CHÂTEAU HAUT NADEAU ***

3 chemin d'Estévenadeau
33760 Targon
Tél.: 05 56 20 44 07 ou 05 56 23 49 15 - Fax: 05 56 20 44 07
E. Mail: hautnadeaupa@wanadoo.fr

Jusqu'en 1984, Alexis et Mauricette Auduit vendaient leurs vins en vrac. Peu à peu, ils se sont lancés dans la bouteille en équipant le chai et en s'équipant très vite d'une table de tri. D'abord œnologue-conseil, Patrick Audouit a repris le domaine qui s'est notablement agrandi entre-temps. Très équilibré, le vin blanc 2001 est marqué par le sauvignon, mais sans excès. Les rouges sont très bien équilibrés et élaborés avec soin. Les prix sont doux.

Responsables: Liliane Nacef et Patrick Audouit
Vente à la propriété: oui
Visite: non
Dégustation: sur rendez-vous
Surface du vignoble: 18 ha
Surface en rouge: 14 ha
Cépages:
 Merlot 79 %
 Cabernet sauvignon 21 %
Surface en blanc: 4 ha
Cépages:
 Sauvignon 65 %
 Semillon 20 %
 Muscadelle 15 %
Appellation principale: Bordeaux supérieur
Production moyenne: 125 000 bouteilles

Château Haut Nadeau
 2001 : 87 . . . . .4,40 €

Château Haut Nadeau
 2000 : 87

Cuvée prestige
 2000 : 88

CHÂTEAU LANDEREAU ★★★

B. P. 43 Sadirac
33670 Créon
Tél. : 05 56 30 64 28 - Fax : 05 56 30 63 90
E. Mail : vignoblesbaylet@free.fr

Henri et Michel Baylet ont acheté la propriété en très mauvais état en 1959. Il a fallu tout remembrer. Le vignoble est réparti sur trois communes, certaines vignes sont sur des coteaux graveleux, d'autres sur des terrains argilo-siliceux. Bruno et Michel Baylet font des vins rouges de bonne densité, toujours élaborés avec franchise, la cuvée Prestige atteignant une densité supérieure. L'Hoste Blanc, lui, a été acheté en 1980 et donne des vins blancs de très bonne facture.

Responsable : Vignobles Baylet
Vente à la propriété : oui
Visite : oui
Dégustation : oui
Moyen d'accès : D671.
Surface du vignoble : 70 ha
Surface en rouge : 60 ha
Cépages :
   Merlot 50 %
   Cabernet sauvignon 25 %
   Cabernet franc 25 %

Surface en blanc : 10 ha
Cépages :
   Semillon 50 %
   Sauvignon 40 %
   Muscadelle 10 %
Appellation principale : Bordeaux supérieur
Production moyenne : 500 000 bouteilles

Brut de Landereau
   86 . . . . .7 €

Château L'Hoste-Blanc
2000 : 87

Château Landereau
2001 : 87 . . . . .4,15 €

Château L'Hoste-Blanc
2000 : 88
1999 : 88 . . . . .6 €

Château Landereau
2000 : 87 . . . . .4,80 €

Château Landereau cuvée Prestige
2000 : 88
1999 : 87 . . . . .10 €

ENTRE-DEUX-MERS

CHÂTEAU LE GRAND VERDUS ***

33670 Sadirac
Tél. : 05 56 30 50 90 - Fax : 05 56 30 50 98
E. Mail : le.grand.verdus@wanadoo.fr

Château inscrit à l'inventaire historique, le Grand Verdus a une grande histoire à raconter depuis le XVIe siècle. Dans l'histoire récente, il a beaucoup changé en se convertissant aux rouges dans les années 70, en sortant de la coopérative et en faisant confiance au professeur Peynaud. Maintenant géré par Antoine Le Grix de la Salle, le vignoble s'étend sur trois communes, essentiellement sur des coteaux argilo-calcaires. Les vins sont d'une belle régularité avec un beau 2000 qui joue le moelleux et la densité.

Responsables : SCEA
Ph. et A. Le Grix de la Salle
Vente à la propriété : non
Visite : sur rendez-vous
Dégustation : sur rendez-vous
Surface du vignoble : 90 ha
Surface en rouge : 90 ha
Cépages :
    Merlot 50 %
    Cabernet sauvignon 30 %
    Cabernet franc 20 %
Appellation principale : Bordeaux supérieur

🍷 **Château Le Grand Verdus réservée**
    2001 : 87 - 88
    2000 : 88
    1999 : 87

🍷 **Château Le Grand Verdus tradition**
    2000 : 86

CHÂTEAU MALAGAR ***

3 route de Capian
33550 Langoiran
Tél. : 05 57 19 57 77 - Fax : 05 57 19 57 87
Web : www.malagar.asso.fr

Il est difficile de séparer château Malagar d'un des ses célèbres occupants, François Mauriac. Si le château est un lieu de mémoire, l'amateur de vin est forcément inquiet du rôle d'attrape touriste que pourrait jouer un tel produit. Il aurait tort. Suivi par le rigoureux Georges Pauli, l'œnologue des domaines Cordier, les vins rouges qui viennent d'un terroir sablo-graveleux, ont de la tenue, comme toujours et les vins blancs, nets et droits, sont en progrès.

Responsable : M. Petroffe
Vente à la propriété : non
Visite : sur rendez-vous
Dégustation : sur rendez-vous
Surface du vignoble : 14 ha
Surface en rouge : 6 ha
Cépages :
    Merlot 60 %
    Cabernet sauvignon 40 %
Surface en blanc : 8 ha
Cépages :
    Semillon 60 %
    Sauvignon 40 %
Appellation principale : Premières côtes de bordeaux
Production moyenne : 49 000 bouteilles

♀ **Château Malagar**
    2000 : 86
    1999 : 86 . . . . .6,60 €

♀ **Château Malagar**
    1999 : 87 . . . . .4,50 €

ENTRE-DEUX-MERS

CHÂTEAU PLAISANCE ***

33550 Capian
Tél. : 05 56 72 15 06 - Fax : 05 56 72 13 40
E. Mail : contact@chateauplaisance.fr
Web : www.chateauplaisance.com

Sabine et Patrick Bayle ont acheté château Plaisance en 1985 et ils l'ont modernisé. Le vignoble est implanté sur un coteau calcaire avec des graves argileuses. Bénéficiant des plus grands soins, la cuvée Sortilège est issue d'une sélection de vieilles vignes élevées sans engrais chimiques, effeuillées et contrôlées en rendement. Composée moitié merlot, moitié cabernet-sauvignon elle donne un vin dense et compact, avec beaucoup d'extraction. Elle montre la voie aux autres vins du château.

Responsables : Patrick et Sabine Bayle
Vente à la propriété : oui
Visite : sur rendez-vous
Dégustation : sur rendez-vous
    Merlot 60 %
    Cabernet sauvignon 40 %
    Semillon 100 %
Appellation principale : Premières côtes de bordeaux
Production moyenne : 160 000 bouteilles

🍷 **Sortilège**
    2000 : 88

ENTRE-DEUX-MERS

CHÂTEAU ROQUEFORT ✱✱✱

33760 Lugasson
Tél.: 05 56 23 97 48 - Fax: 05 56 23 50 60
E. Mail: chateau-roquefort@wanadoo.fr

Le promontoire calcaire de Roquefort est habité depuis longtemps, puisqu'on y a trouvé des traces d'une civilisation néolithique et d'un oppidum gaulois. Si la vigne était présente depuis plus d'un siècle, c'est Jean Bellanger, ingénieur agronome, qui a fait sa fortune dans le textile, qui a relancé le château. Il l'a acheté en 1978, a construit un nouveau chai en 1987 et planté 44 hectares en 1990. Roquefort brille d'abord par ses vins blancs aux beaux arômes floraux et à la texture ample. Privilégiant le merlot, les vins rouges sont très souples.

Responsable: Jean Bellanger
Vente à la propriété: oui
Visite: sur rendez-vous
Dégustation: sur rendez-vous
Moyen d'accès: direction Rauzan (route de Bergerac).

Surface du vignoble: 100 ha
Surface en rouge: 50 ha
Cépages:
  Merlot 90 %
  Cabernet sauvignon 10 %
Surface en blanc: 50 ha
Cépages:
  Sauvignon 80 %
  Semillon 20 %
Appellation principale: Bordeaux

Château Roquefort tradition
2000: 87

Château Roquefort cuvée Roquefortissime
2000: 88

Château Roquefort tradition
2000: 88

ENTRE-DEUX-MERS

CHÂTEAU TOUR DE MIRAMBEAU ***

Le Touyre
33420 Naujan-et-Postiac
Tél. : 05 57 84 55 08 - Fax : 05 57 84 57 31

En quelques années, le château Tour de Mirambeau s'est imposé comme un des meilleurs vins de l'appellation Bordeaux. Si la famille Despagne est installée dans la contrée depuis deux siècles et demi, Jean-Louis Despagne a considérablement fait progresser les vins depuis son arrivée. Le château possède, au beau milieu de son vignoble, un magnifique vieux moulin de pierre de taille qui lui a donné son nom. Les vins blancs sont toujours amples et gras. Les rouges sont de bonne facture avec une cuvée Passion très dense.

Responsable : Vignobles Jean-Louis Despagne
Vente à la propriété : oui
Visite : oui
Appellation principale : Bordeaux

Château Tour de Mirambeau
2001 : 88

Château Tour de Mirambeau
2000 : 87

Château Tour de Mirambeau
2000 : 87

Château Tour de Mirambeau cuvée Passion
2000 : 88
1999 : 88

CHÂTEAU VIEUX MANOIR ***

19 rue du Manoir
33760 Targon
Tél. : 05 57 34 40 25 - Fax : 05 56 23 46 08

Autrefois résidence de chasse du duc d'Epernon, le château lui-même est une superbe bâtisse du XIᵉ siècle. Le chai a subi un important programme d'investissement en 2000, avec création d'une cuverie en inox entièrement thermo-régulée, comme c'est la règle, et la thermorégulation des cuves en ciment, ce qui est plus rare. Les vignes espacées de 3,50 mètres sont arrachées au fur et à mesure, les autres sont gérées par parcelles et effeuillées quand il le faut. Sous la férule de Stéphane Derenoncourt, la vinification et les assemblages ont considérablement fait progresser la qualité des vins qui restent d'un prix très abordable. Partie intégrante du château Vieux manoir, le château Beauvallon est situé sur un magnifique terroir de Saint-Aubin de Branne et donne un bordeaux supérieur d'excellente constitution.

Responsable : Groupe Ballande
Vente à la propriété : oui
Visite : non
Dégustation : non

Surface du vignoble : 100 ha
Age des vignes : 30 ans
Surface en rouge : 90 ha
Cépages :
 Cabernet franc 35 %
 Cabernet sauvignon 30 %
 Merlot 35 %
Surface en blanc : 10 ha
Cépages :
 Semillon 40 %
 Sauvignon 60 %
Appellation principale : Bordeaux
Production moyenne : 700 000 bouteilles

Château Beauvallon
2001 : 87
2000 : 88 . . . . .6 €

Château Vieux Manoir
2001 : 87
2000 : 87 . . . . .4 €

Château Vieux Manoir
2001 : 86
2000 : 87 . . . . .5 €

ENTRE-DEUX-MERS ET AUTRES BORDEAUX

CHÂTEAU LESPARRE ***(*)

33750 Beychac et Caillau
Tél. : 05 57 24 51 23 - Fax : 05 57 24 03 99
E. Mail : vins.gonet@wanadoo.fr
Web : www.chateau-lesparre.com

Célèbre pour son grand cru de champagne, Michel Gonet s'est installé dans
la région en 1986, suite à un héritage, et
ce sont ses fils Charles-Henri et Frédéric qui le fructifient. Très vaste, le château Lesparre s'étend sur les graves
sableuses des Graves de Vayres et les
boulbènes du bordeaux supérieur.
Ramassé à la main, Lesparre est d'une
belle qualité depuis plusieurs années, le
Graves de Vayres étant nettement au-
dessus du bordeaux supérieur. Ile en face
de Margaux, l'île Verte, achetée en 1999,
donne des vins très souples.

Responsable : Michel Gonet
Vente à la propriété : oui
Visite : oui
Langues : Anglais, Espagnol, Italien
Surface du vignoble : 280 ha
Surface en rouge : 270 ha
Cépages :
  Merlot 80 %
  Cabernet sauvignon 15 %
  Cabernet franc 5 %

Surface en blanc : 10 ha
Cépages :
  Semillon 60 %
  Sauvignon 30 %
  Muscadelle 10 %
Appellation principale : Graves de vayres
Production moyenne : 2 200 000 bouteilles

Graves de Vayres Château Lesparre
2000 : 84

**Graves de Vayres
Château Durand Bayle**
2000 : 85

Bordeaux Château Durand Bayle
2000 : 84

**Bordeaux supérieur
Château Lesparre**
2000 : 87

Graves de Vayres Château Lesparre
1999 : 87

**Bordeaux Château Lesparre
Cuvée Excellence**
2000 : 88

**Graves de Vayres Château Lesparre
Grand Vin du Château**
1998 : 88

Bordeaux La Terrasse de l'Île Verte
2000 : 85

ENTRE-DEUX-MERS ET AUTRES BORDEAUX

CHÂTEAU MOUTTE BLANC ***(*)

6 impasse de la Libération
33460 Macau
Tél. : 05 57 88 40 39 - Fax : 05 57 88 40 39

Ce bordeaux supérieur vient du Médoc, côté Gironde, où les palus interdisent l'appellation médoc même si Margaux n'est qu'à six kilomètres. Cela n'empêche pas Patrice de Bortoli de soigner son vin comme les meilleurs de ses prestigieux voisins : les vendanges sont manuelles en petites cagettes, chaque parcelle est vinifiée séparément et le château possède même son deuxième vin, la coste bleu. Avec 25 % de petit verdot, le premier vin du château est superbe de concentration et il est de garde. On y élabore aussi une petite cuvée de Haut-Médoc, Marguerite Déjean qui est très élégante.

Responsable : Patrice de Bortoli
Vente à la propriété : oui
Visite : sur rendez-vous
Dégustation : sur rendez-vous
Surface du vignoble : 3,5 ha
Age des vignes : 40 ans
Surface en rouge : 3,5 ha
Cépages :
   Merlot 55 %
   Petit Verdot 25 %
   Cabernet sauvignon 20 %
Appellation principale : Bordeaux
Production moyenne : 20 000 bouteilles

Château Moutte Blanc
1999 : 88 . . . . .7,90 €

Marguerite Déjean
1999 : 88

GRAVES

CHÂTEAU HAUT-BRION *****

133 avenue Jean-Jaurès
33608 Pessac Cedex
Tél. : 05 56 00 29 30 - Fax : 05 56 98 75 14

Très vieille propriété historique, une des plus vieilles de Bordeaux, Haut-Brion a été acheté en 1935 par Clarence Dillon. Sa petite-fille, la Duchesse de Mouchy, le gère actuellement, le vin étant vinifié par Jean Delmas et son fils. Enclavées par la ville, les deux parcelles de Haut-Brion sont composées de dix mètres de grosses graves garonnaises sur un socle de gravier pyrénéen. Associé à un micro-climat très particulier, le vin acquiert une grande élégance et une grande régularité. L'âge de consommation importe relativement peu, il est grand à tous les âges, mais il ne tire tout son potentiel qu'après une bonne dizaine d'années. Très rare, le blanc est aussi de grande classe.

Responsables : Duc et Duchesse de Mouchy
Vente à la propriété : non
Visite : sur rendez-vous
Dégustation : sur rendez-vous
Surface du vignoble : 45 ha
Surface en rouge : 43 ha
Cépages :
    Cabernet sauvignon 45 %
    Merlot 37 %
    Cabernet franc 18 %

Surface en blanc : 2 ha
Cépages :
    Semillon 63 %
    Sauvignon 37 %
Appellation principale : Pessac-léognan
Production moyenne : 150 000 bouteilles

Château Haut-Brion
2001 : 93 - 96
2000 : 92 - 94
1999 : 92
1998 : 95
1997 : 90
1996 : 94
1995 : 92
1994 : 97

Château Haut-Brion
2001 : 93 - 96 . . . . . . .137,54 €
2000 : 95 - 98
1999 : 92 . . . . .200 €
1998 : 96 . . . . .308 €
1997 : 90 . . . . .141 €
1996 : 93 . . . . .383 €
1995 : 95 . . . . .375 €
1994 : 92

Le Bahans du Château Haut-Brion
2001 : 87 - 89 . . . . . . .32,89 €
2000 : 88 - 90
1999 : 88
1998 : 89
1997 : 86
1996 : 89
1995 : 90
1994 : 87

CHÂTEAU HAUT-BAILLY ****(*)

Route de Cadaujac
33850 Léognan
Tél.: 05 56 64 75 11 - Fax: 05 56 64 53 60

Emerveillé par Haut-Bailly 1945, le belge Daniel Sanders achète la propriété en 1955 et son fils Jean lui succède brillamment en élaborant une vingtaine de millésimes de grande classe. La propriété a été rachetée en 1998 par le banquier Robert Wilmers, mais Jean Sanders et sa petite-fille Véronique restent en place. Haut-Bailly représente l'élégance. Cette élégance est due, outre le doigté de Jean Sanders, à un terroir exceptionnel, une croupe de graves günziennes, une des plus belles de l'appellation. Ajoutez-y une viticulture soignée et une vinification qui ne l'est pas moins, et vous obtenez un des crus les plus harmonieux qui soit.

Responsable : Robert G. Wilmers
Vente à la propriété : non
Visite : sur rendez-vous
Surface du vignoble : 28 ha
Surface en rouge : 28 ha
Cépages :
  Cabernet sauvignon 65 %
  Merlot 25 %
  Cabernet franc 10 %
Appellation principale : Pessac-léognan
Production moyenne : 120 000 bouteilles

Château Haut-Bailly

2001 : 89 - 92 . . . . . . .32,89 €
2000 : 89 - 91
1999 : 91
1998 : 91 . . . . .48,78 €
1997 : 89 . . . . .42,69 €
1996 : 89 . . . . .48,78 €
1995 : 92 . . . . .51,83 €
1994 : 89

GRAVES

CHÂTEAU
LA MISSION HAUT-BRION ****(*)

33608 Pessac Cedex
Tél.: 05 56 00 29 30 - Fax: 05 56 98 75 14

Le génial Frédéric Woltner achète La Mission en 1920 et le château sera revendu en 1983 à Haut-Brion. Entre ces deux dates, la Mission a connu son ère la plus brillante, banc d'essai des techniques les plus modernes, prenant de grands risques durant les vendanges et la vinification, La Mission coiffe souvent son prestigieux voisin séparé de la seule route nationale. Réparti en trois lots, le vignoble composé d'une épaisse couche de grosses graves günziennes donnait des vins d'une grande profondeur et d'un moelleux incomparable. La nouvelle équipe a eu du mal à rivaliser avec ces vins et n'y arrive que récemment, malgré quelques beaux succès.

Responsable:
Madame la Duchesse de Mouchy
Vente à la propriété: non
Visite: sur rendez-vous
Surface du vignoble: 20,9 ha

Surface en rouge: 20,9 ha
Cépages:
    Cabernet sauvignon 48 %
    Merlot 45 %
    Cabernet franc 7 %
Appellation principale: Pessac-léognan
Production moyenne: 108 000 bouteilles

🍷 **Château la Mission Haut-Brion**
2001 : 91 - 95 ...... .89,70 €
2000 : 93 - 97
1999 : 92
1998 : 92
1997 : 87
1996 : 88 .... .68,60 €
1995 : 91 .... .68,60 €
1994 : 90 .... .60,97 €

🍷 **La Chapelle de la Mission Haut-Brion**
2001 : 88 - 90
2000 : 89 - 91
1999 : 88
1998 : 89
1997 : 86
1996 : 86
1995 : 89
1994 : 85

CHÂTEAU PAPE CLÉMENT ****(*)

216 avenue du Docteur-Nancel-Pénard
33600 Pessac
Tél.: 05 57 26 38 38 - Fax: 05 57 26 38 39

Propriété de Bertrand de Goth qui devait devenir le Pape Clément V, le château fut baptisé de son nom actuel par son successeur. Propriété maintenant du dynamique Bernard Magrez, Pape Clément a considérablement progressé avec Bernard Pujol qui l'a dirigé de 1985 à 1999. Ce complexe vignoble urbain repose sur un sous-bassement de calcaires à astéries avec des nappes de graves pyrénéennes qui forment l'essentiel, mais aussi des sables fauves et des argiles bariolées, le tout recouvert d'une pellicule de graves du günz. Avec leur bouquet fumé et épicé, les vins rouges sont d'une qualité admirable avec un moelleux très caractéristique. Les vins blancs s'installent peu à peu à haut niveau. Les derniers millésimes sont remarquables.

Responsable: Bernard Magrez
Vente à la propriété: non
Visite: sur rendez-vous
Surface du vignoble: 32,5 ha
Surface en rouge: 30 ha
Cépages:
  Cabernet sauvignon 60 %
  Merlot 40 %

Surface en blanc: 2,5 ha
Cépages:
  Sauvignon 45 %
  Semillon 45 %
  Muscadelle 10 %
Appellation principale: Pessac-léognan
Production moyenne: 160 000 bouteilles

🍷 Château Pape Clément

2001 : 88 - 91
2000 : 89 - 90
1999 : 89 ....62,50 €
1998 : 90 ....73,18 €
1997 : 88 ....58 €
1996 : 92 ....66 €
1995 : 90 ....66 €
1994 : 92

🍷 Château Pape Clément

2001 : 90 - 93 ......53,82 €
2000 : 91 - 95
1999 : 92 ....68,60 €
1998 : 93 ....70,12 €
1997 : 88 ....48,78 €
1996 : 90 ....70,13 €
1995 : 91 ....71,66 €
1994 : 88

GRAVES

CHÂTEAU
SMITH HAUT-LAFITTE ****(*)

33650 Martillac
Tél. : 05 57 83 11 22 - Fax : 05 57 83 11 21
E. Mail : smith-haut-lafitte@smith-haut-lafitte.com
Web : www.smith-haut-laffite.com

Avec son dôme rectangulaire de fines graves garonnaises du günz, le château s'est naturellement appelé Lafitte, Georges Smith, acquéreur en 1720 lui laissant son nom. Racheté par les Cathiard en 1990, le vin est parti dans une autre logique, l'ère précédente des Eschenauer n'ayant pas donné de grands résultats. Avec des gros investissements, Daniel et Florence Cathiard ont redonné tout son lustre au vin. Les rouges sont devenus concentrés et puissants, et ils sont remarquables depuis 1995. Les blancs se sont taillés de beaux succès avec leur pur sauvignon très aromatique, les 2001 prenant une dimension plus complexe. Déjà au sommet, les Cathiard se sont donnés les moyens pour aller vers l'exceptionnel.

Responsables : Daniel et Florence Cathiard
Vente à la propriété : oui
Visite : oui
Surface du vignoble : 55 ha

Surface en rouge : 44 ha
Cépages :
    Cabernet sauvignon 55 %
    Merlot 35 %
    Cabernet franc 10 %
Surface en blanc : 11 ha
Cépages :
    Sauvignon blanc 95 %
    Sauvignon gris 5 %
Appellation principale : Pessac-léognan
Production moyenne : 200 000 bouteilles

Ⴘ **Château Smith Haut-Lafitte**
2001 : 91 - 94 ......38,87 €
2000 : 89 - 91
1999 : 89 ....39,16 €
1998 : 89 ....40,83 €
1997 : 89
1996 : 90 ....37,50 €
1995 : 92 ....38,33 €
1994 : 90 ....37,50 €

Ⴘ **Château Smith Haut-Lafitte**
2001 : 89 - 92 ......35,88 €
2000 : 91 - 94
1999 : 90 ....28,97 €
1998 : 91 ....30,49 €
1997 : 88
1996 : 90
1995 : 90
1994 : 88

DOMAINE DE CHEVALIER ****(*)

102 chemin de Mignoy
33850 Léognan
Tél.: 05 56 64 16 16 - Fax: 05 56 64 18 18

Chevalier vient de la francisation de Chibaley, du nom du créateur du domaine au XVIIIᵉ siècle. Dès 1856 s'installe une dynastie de Ricard, Claude Ricard passant en 1983, dans des conditions parfaites, le domaine à Olivier Bernard, l'actuel propriétaire. Enserré d'arbres, le vignoble est presque plat, sur des graves fines et peu profondes, sur un socle d'alios. Que ce soit en rouge comme en blanc, le domaine fait perdurer le style de l'élégance, parfois contre vents et marées, avec des vins qui ne se révèlent qu'avec plusieurs années en bouteille. Elaboré avec des soins extrêmes, le vin blanc figure parmi les plus grands. Le rouge fait, avec succès, dans le grand classicisme, avec un vrai cachet.

Responsable: Olivier Bernard
Vente à la propriété: non
Visite: sur rendez-vous
Surface du vignoble: 39 ha
Surface en rouge: 35 ha
Cépages:
    Cabernet sauvignon 65 %
    Merlot 30 %
    Cabernet franc 5 %

Surface en blanc: 4 ha
Cépages:
    Sauvignon 70 %
    Semillon 30 %
Appellation principale: Pessac-léognan
Production moyenne: 210 000 bouteilles

Domaine de Chevalier
2001 : 92 - 96 . . . . . . .46,64 €
2000 : 90 - 92
1999 : 93 . . . . .58 €
1998 : 94
1997 : 91 . . . . .56 €
1996 : 94 . . . . .66 €
1995 : 91
1994 : 95 . . . . .75 €

Domaine de Chevalier
2001 : 89 - 92 . . . . . . .24 €
2000 : 90 - 93
1999 : 90
1998 : 92
1997 : 88
1996 : 89
1995 : 89
1994 : 88

GRAVES

CHÂTEAU COUHINS-LURTON ****

33420 Grézillac
Tél.: 05 57 25 58 58 - Fax: 05 57 74 98 59

Le château Couhins a été partagé en deux, l'un est territoire expérimental pour la recherche, l'autre est propriété d'André Lurton depuis 1971. Couhins-Lurton est un petit domaine entièrement planté en sauvignon et qui ne produit donc que du vin blanc. Le vignoble se situe sur une belle croupe de graves profondes avec de l'argile. Depuis 1982, les vins sont fermentés et élevés en fûts neufs, sans que jamais le boisé écrase le vin. Au contraire, le vin est d'une grande élégance. Il se boit jeune sur le fruit, mais il évolue aussi très bien en bouteille.

Responsable: Vignobles André Lurton
Vente à la propriété: oui
Visite: r.v.
Surface du vignoble: 5,5 ha
Surface en blanc: 5,5 ha
Cépages:
    Sauvignon blanc 100 %
Appellation principale: Pessac-léognan

♀ **Château Couhins-Lurton**
   2001: 89 - 92
   2000: 88 - 90
   1999: 88
   1998: 88 . . . . .25,15 €
   1997: 90 . . . . .24,39 €
   1996: 90
   1995: 88 . . . . .22,10 €
   1994: 92

GRAND CRU CLASSÉ DE GRAVES

1999

CHATEAU
DE FIEUZAL

PESSAC-LÉOGNAN
APPELLATION PESSAC-LÉOGNAN CONTRÔLÉE

MIS EN BOUTEILLE AU CHATEAU
S.A. CHATEAU DE FIEUZAL, PROPRIÉTAIRE A LÉOGNAN-GIRONDE - FRANCE
750 ml   PRODUIT DE FRANCE   12,5% vol.
L R I 98

CHÂTEAU DE FIEUZAL ★★★★

124, avenue de Mont-de-Marsan
33850 Léognan
Tél. : 05 56 64 77 86 - Fax : 05 56 64 18 88
Web : www.fieuzal.com

Propriété de La Rochefoucauld le château a changé plusieurs fois de main, et les Banques Populaires, qui l'avaient acheté en 1994 viennent de le revendre. Le château s'est surtout fait connaître lorsque Gérard Gribelin en fut l'administrateur. Avec son œnologue Dupuy, ils ont remodelé le blanc avec un équilibre parfait entre sémillon et sauvignon. La verticale depuis 1985 démontre la pertinence de ce choix. Le rouge a pris de l'étoffe et du volume, avec un joli boisé lorsque c'était la mode, et il est devenu plus classique ensuite. Ces rouges puissants acquièrent leur complexité au vieillissement. A la nouvelle équipe d'imaginer le Fieuzal du XXIᵉ siècle…

Responsables : M. et Mme Lochlann Quinn
Vente à la propriété : oui
Visite : non
Dégustation : sur rendez-vous
Surface du vignoble : 83 ha
Surface en rouge : 65 ha
Cépages :
   Cabernet sauvignon 55,50 %
   Merlot 38 %
   Cabernet franc 4,50 %
   Petit Verdot 2 %

Surface en blanc : 18 ha
Cépages :
   Sauvignon 50 %
   Semillon 50 %
Appellation principale : Pessac-léognan

♀ Château de Fieuzal
   2001 : 89 - 92
   2000 : 88 - 91
   1999 : 91
   1998 : 88
   1997 : 89 . . . . .39,63 €
   1996 : 91
   1995 : 90
   1994 : 93

♀ L'Abeille de Fieuzal
   1999 : 88 . . . . .16,77 €

♀ Château de Fieuzal
   2001 : 87 - 91
   2000 : 89 - 91
   1999 : 88
   1998 : 89 . . . . .39,63 €
   1997 : 87 . . . . .36,58 €
   1996 : 89
   1995 : 90 . . . . .35,85 €
   1994 : 88

♀ L'Abeille de Fieuzal
   1999 : 87 . . . . .16,77 €

GRAVES

GRAND VIN DES GRAVES

Château de France

1993

PESSAC-LÉOGNAN

APPELLATION PESSAC-LÉOGNAN CONTROLÉE

PRODUCE OF FRANCE

L 93 FI   B. THOMASSIN PROPRIÉTAIRE A LÉOGNAN (GIRONDE) FRANCE

MIS EN BOUTEILLE AU CHATEAU

12,5 % vol.

750 ml

CHÂTEAU DE FRANCE ★★★★

98 route de Mont-de-Marsan
33850 Léognan
Tél. : 05 56 64 75 39 - Fax : 05 56 64 72 13
E. Mail : chateau-de-france@chateau-de-france.com
Web : www.chateau-de-france.com

Appartenant à Bernard Thomassin depuis 1971, château de France est le voisin de château de Fieuzal, avec un vignoble situé sur des croupes de graves grosses et moyennes. Bernard Thomassin a fait de gros investissements, construit un chai, et son fils Arnaud s'y est installé à plein temps. Les vignes ont maintenant vieilli et les rouges comme les blancs se sont considérablement améliorés et affinés, le boisé est mieux intégré. La qualité des vins rejoint les honnêtes crus classés, ce qui est une belle performance.

Responsable : SA Thomassin
Vente à la propriété : oui
Visite : sur rendez-vous
Dégustation : sur rendez-vous
Moyen d'accès : Dans Léognan, prendre la direction Saucats, Mont de Marsan, 2 km à la sortie du village.

Surface du vignoble : 34 ha
Surface en rouge : 31 ha
Cépages :
    Cabernet sauvignon 60 %
    Merlot 40 %
Surface en blanc : 3 ha
Cépages :
    Sauvignon 70 %
    Semillon 30 %
Appellation principale : Pessac-léognan
Production moyenne : 200 000 bouteilles

Château de France
2001 : 87 - 90
2000 : 88 - 89
1999 : 88
1998 : 89
1997 : 87
1996 : 89
1995 : 87
1994 : 87

Bordeaux clairet
2000 : 86

Château de France
2001 : 88 - 89
2000 : 89 - 90
1999 : 88
1998 : 88
1997 : 86
1996 : 87
1995 : 88
1994 : 86

CHÂTEAU HAUT-BERGEY ★★★★

33850 Léognan
Tél. : 05 56 64 05 22 - Fax : 05 56 64 06 98

Haut-Bergey n'est pas un inconnu puisque Rabelais qualifiait les vins de « galants et voltigeants ». Bien vu ! La propriété a été achetée par la famille Garcin-Cathiard en 1991 à Jacques Deschamps qui avait élaboré quelques beaux millésimes de rouges. La famille Garcin a des ambitions plus élevées et se donne les moyens d'un grand cru : le château et le vignoble ont été rénovés et les vendanges sont manuelles. Avec son beau coteau, le terroir de graves au sous-sol argilo-siliceux le permet. Les vins des derniers millésimes répondent déjà à cette attente et sont de haut niveau, en rouge comme en blanc.

Responsable : Madame S. Garcin-Cathiard
Vente à la propriété : oui
Visite : sur rendez-vous
Surface du vignoble : 26 ha
Surface en rouge : 23 ha
Cépages :
    Cabernet sauvignon 60 %
    Merlot 40 %

Surface en blanc : 3 ha
Cépages :
    Sauvignon 80 %
    Semillon 20 %
Appellation principale : Pessac-léognan
Production moyenne : 70 000 bouteilles

♟ **Château Haut-Bergey**
2001 : 86 - 88
2000 : 86 - 88
1999 : 88 . . . . .24,39 €
1998 : 87 . . . . .24,39 €
1997 : 87
1996 : 87

♟ **Château Haut-Bergey**
2001 : 88 - 89
2000 : 90 - 91
1999 : 89
1998 : 88 . . . . .19,82 €
1997 : 84 . . . . .21,34 €
1996 : 86

GRAVES

CHÂTEAU
LA TOUR HAUT-BRION ★★★★

33608 Pessac Cedex
Tél.: 05 56 00 29 30 - Fax: 05 56 98 75 14

Acheté en 1935 par la famille Woltner, La Tour Haut-Brion était vinifié dans les chais de la Mission Haut-Brion depuis 1920. Jusqu'en 1983, date de la vente à Haut-Brion, La Tour Haut-Brion servait de deuxième vin de la Mission Haut-Brion, avec des presses en plus, ce qui d'ailleurs ne lui a pas mal réussi. Dense, musclé et tannique il pouvait rivaliser à l'occasion avec La Mission. Depuis 1983, il a repris son individualité pour valoriser son terroir d'un seul tenant de graves günziennes relativement argileuses. Les vins sont souples et suaves avec de jolis arômes qui ne sont pas sans rappeler ceux de Haut-Brion et les derniers millésimes renforcent ce style tentateur.

Responsables: duc et duchesse de Mouchy
Vente à la propriété: non
Visite: sur rendez-vous

Surface du vignoble: 4,9 ha
Surface en rouge: 4,9 ha
Cépages:
    Cabernet sauvignon 42 %
    Cabernet franc 35 %
    Merlot 23 %
Appellation principale: Pessac-léognan
Production moyenne: 30 000 bouteilles

🍷 **Château La Tour Haut-Brion**
    2001 : 88 - 90 ....35,28 €
    2000 : 89 - 92
    1999 : 90
    1998 : 89
    1997 : 86
    1996 : 87
    1995 : 90
    1994 : 88

CHÂTEAU LARRIVET-HAUT-BRION ★★★★

Route de Cadaujac
33850 Léognan
Tél. : 05 56 64 75 51 - Fax : 05 56 64 53 47

Situé à Léognan, Larrivet-Haut-Brion n'a aucune proximité géographique avec l'illustre Haut-Brion qui a tenté toutes les actions judiciaires possibles pour l'empêcher de porter une partie de son patronyme. Sans succès. Le nom viendrait d'une analogie de terroirs. Le vignoble est situé sur des croupes graveleuses avec du sable, des graves et de l'argile. L'analogie avec Haut-Brion est lointaine. Depuis l'achat en 1987 par la société Andros, le vin s'est notablement amélioré, en blanc comme en rouge, avec des vins amples et riches qui se normalisent avec quelques années de bouteille.

Responsable : Philippe Gervoson
Vente à la propriété : oui
Visite : sur rendez-vous
Dégustation : sur rendez-vous
Moyen d'accès : Rocade, sortie 18, direction Léognan.

Surface du vignoble : 54 ha
Surface en rouge : 45 ha
Cépages :
  Merlot 50 %
  Cabernet sauvignon 50 %
Surface en blanc : 9 ha
Cépages :
  Sauvignon 50 %
  Semillon 50 %
Appellation principale : Pessac-léognan
Production moyenne : 250 000 bouteilles

⚱ Château Larrivet-Haut-Brion
  2001 : 86 - 88 . . . . . . .27,62 €
  2000 : 87 . . . . .25,23 €
  1999 : 87 . . . . .28,10 €
  1998 : 88 . . . . .30,02 €
  1997 : 85 . . . . .25,95 €
  1996 : 84
  1995 : 82
  1994 : 84

⚱ Château Larrivet Haut-Brion
  2001 : 88 - 90
  2000 : 89 - 92
  1999 : 89 . . . . .23,94 €
  1998 : 90
  1997 : 87
  1996 : 88
  1995 : 88
  1994 : 86 . . . . .35,99 €

GRAVES

CHÂTEAU LATOUR-MARTILLAC ★★★★

33650 Martillac
Tél. : 05 57 97 71 11 - Fax : 05 57 97 71 17
E. Mail : latour-martillac@latour-martillac.com
Web : www.domaines-kressmann.com

Alfred Kressmann a acheté, en 1930, le château Latour, à Martillac. Pour éviter toute confusion, il immédiatement changé le nom en Latour-Martillac. Le vignoble occupe des terrains vallonnés de graviers, de sables et d'argile. Les deux plus jeunes fils de Jean Kressmann, Tristan et Loïc, conduisent maintenant la propriété. Si le chai a été entièrement rénové en 1989, les vins blancs ont pris de l'envergure dès 1988 avec une complexité qui s'acquiert avec quelques années en bouteilles. Le rouge avait toujours été conçu pour vieillir, mais il était un peu rébarbatif durant ses cinq premières années. Depuis quelques années, il a réussi à gommer ce petit défaut. Les deux sont de très bon rapport qualité-prix.

Responsable : famille Jean Kressmann
Vente à la propriété : non
Visite : sur rendez-vous
Dégustation : sur rendez-vous
Moyen d'accès : Autoroute de Toulouse, sortie n°1.

Surface du vignoble : 40 ha
Surface en rouge : 30 ha
Cépages :
    Cabernet sauvignon 60 %
    Merlot 35 %
    Cabernet franc 5 %
Surface en blanc : 10 ha
Cépages :
    Semillon 55 %
    Sauvignon 40 %
    Muscadelle 5 %
Appellation principale : Pessac-léognan

🍷 **Château Latour-Martillac**
2001 : 88 - 90 . . . . . . .17,94 €
2000 : 88 - 89
1999 : 87 . . . . .25 €
1998 : 89 . . . . .26 €
1997 : 87 . . . . .21 €
1996 : 87 . . . . .27,08 €
1995 : 86 . . . . .24 €
1994 : 88 . . . . .25 €

🍷 **Château Latour-Martillac**
2001 : 88 - 89 . . . . . . .17,82 €
2000 : 88 - 90
1999 : 89
1998 : 88 . . . . .27,62 €
1997 : 87
1996 : 87 . . . . .34,68 €
1995 : 87 . . . . .35,76 €
1994 : 85

CHÂTEAU
LES CARMES-HAUT-BRION ★★★★

197 avenue Jean-Cordier
33600 Pessac
Tél. : 05 56 51 49 43 - Fax : 05 56 93 10 71

Cette délicieuse petite propriété est située dans le voisinage immédiat de Haut-Brion et n'en est séparée que par une bande de hideux pavillons de banlieue que la voracité immobilière a installés sur un des plus grands terroirs du monde. Entouré de murs, ce magnifique terroir de graves et d'argile ne produit que des vins rouges. Peu à peu, Didier et Caroline Furt l'ont fait progresser et son style se situe entre l'élégance de Haut-Brion et la puissance de la Mission, qui ne sont pas des mauvaises références.

Responsables : famille Chantecaille, D. Furt
Vente à la propriété : oui
Visite : sur rendez-vous
Surface du vignoble : 4,65 ha
Surface en rouge : 4,65 ha
Cépages :
  Cabernet sauvignon
  Merlot
  Cabernet franc
Appellation principale : Pessac-léognan

Château Les Carmes-Haut-Brion
  2001 : 88 - 90 ......41,26 €
  2000 : 90 - 92
  1999 : 89 ....40,78 €
  1998 : 90
  1997 : 87
  1996 : 88
  1995 : 89 ....42,93 €
  1994 : 88

GRAVES

CHÂTEAU MALARTIC-LAGRAVIÈRE ★★★★

39 avenue de Mont-de-Marsan
33850 Léognan
Tél. : 05 56 64 75 08 - Fax : 05 56 64 99 66
E. Mail : malartic-lagriviere@malartic-lagriviere.com
Web : www.malartic-lagraviere.com

En 1803, Pierre Malartic achète le domaine et lègue son patronyme, Lagravière faisant allusion à son terroir. Plus récemment, Alfred-Alexandre Bonnie l'a acheté en 1997 au groupe Laurent-Perrier et il a refait le chai et la cuverie, en imposant une forte réduction des rendements à la vigne. Le vignoble occupe un magnifique dôme avec des sols de grave, d'argile et de calcaire, ce qui en fait un des plus beaux terroirs des Graves. Les résultats de cette politique ambitieuse ne se sont pas fait attendre. Dès 1998 et même 1997, les vins ont repris du corps. Les 1999 sont superbes, 2000 et 2001 encore plus.

Responsable : Alfred-Alexandre Bonnie
Vente à la propriété : non
Visite : oui
Dégustation : sur rendez-vous
Surface du vignoble : 44 ha

Surface en rouge : 37 ha
Cépages :
  Merlot 50 %
  Cabernet sauvignon 40 %
  Cabernet franc 10 %
Surface en blanc : 7 ha
Cépages :
  Sauvignon 80 %
  Semillon 20 %
Appellation principale : Pessac-léognan

Château Malartic-Lagravière
2001 : 88 - 91 . . . . . .27,62 €
2000 : 88 - 91 . . . . . .28,46 €

Le Sillage de Malartic
2000 : 86 . . . . .13,03 €
1999 : 86 . . . . .14 €

Château Malartic-Lagravière
2001 : 88 - 90 . . . . . .25,11 €
2000 : 90 - 91 . . . . . .28,46 €
1999 : 90 . . . . .29,06 €
1998 : 89 . . . . .30,85 €
1997 : 87 . . . . .25,95 €
1996 : 84 . . . . .34,44 €
1995 : 83
1994 : 81 . . . . .35,76 €

Le Sillage de Malartic
2000 : 87 . . . . .13,03 €
1999 : 87 . . . . .14 €

CLOS FLORIDÈNE ****

Château Reynon
33410 Beguey
Tél. : 05 56 62 96 51 - Fax : 05 56 62 14 89
E. Mail : reynon@gofornet.com
Web : en cours

Grand spécialiste des vins blancs et éminent professeur à la Faculté d'œnologie de Bordeaux, Denis Dubourdieu possède son champ d'application dans ce petit cru des Graves. Champ d'essai n'est, à vrai dire, pas le mot exact, car le blanc est d'un classicisme absolu, loin des modes plus ou moins tapageuses, avec une vraie personnalité, des arômes complexes sans être exubérants et une belle matière. C'est un modèle. Moins connu, le rouge possède la même distinction.

Responsables : Denis et Florence Dubourdieu
Vente à la propriété : oui
Visite : sur rendez-vous
Dégustation : sur rendez-vous
Moyen d'accès : Autoroute Bordeaux-Toulouse sortie Podensac-Cadiliac - D10 - D13

Surface du vignoble : 26 ha
Surface en rouge : 13 ha
Cépages :
    Cabernet sauvignon 80 %
    Merlot 20 %
Surface en blanc : 13 ha
Cépages :
    Semillon 50 %
    Sauvignon 40 %
    Muscadelle 10 %
Appellation principale : Graves
Production moyenne : 10 000 bouteilles

Clos Floridène
    2000 : 88 . . . . .12,80 €

Clos Floridène
    2000 : 88 . . . . .11,45 €

GRAVES

CHÂTEAU CARBONNIEUX ***(*)

33850 Léognan
Tél.: 05 57 96 56 20 - Fax: 05 57 96 59 19
E. Mail: chateau.carbonnieux@wanadoo.fr
Web: www.carbonnieux.com

Il faut remonter à 1234 pour trouver le nom de Ramon Carbonnieux qui a laissé son nom au domaine, ce qui laisse supposer une très longue histoire. Les Perrin l'ont acheté en 1956. Le vignoble occupe deux vastes parcelles contiguës sur des graves garonnaises sur socle argileux. Secs, vifs et élégants, les blancs sont de grand niveau depuis 1988 et ils vieillissent bien. Plus classiques, les vins rouges sont souvent un peu austères dans leur jeunesse et il leur faut plusieurs années pour qu'ils se révèlent et évoluent bien en bouteille. Par petites touches, cette vaste propriété se dirige vers une qualité grandissante année après année. Les vins sont d'un excellent rapport qualité-prix.

Responsable: Antony Perrin
Vente à la propriété: non
Visite: sur rendez-vous
Dégustation: sur rendez-vous
Moyen d'accès: par la RN 113, Direction Cadaujac, tourner au château Bouscaut vers Carbonnieux, suivre la D 111

Surface du vignoble: 90 ha
Surface en rouge: 45 ha
Cépages:
   Cabernet sauvignon 60 %
   Merlot 30 %
   Cabernet franc 10 %
Surface en blanc: 45 ha
Cépages:
   Sauvignon 60 %
   Semillon 40 %
Appellation principale: Pessac-léognan
Production moyenne: 540 000 bouteilles

Château Carbonnieux

2001	89 - 91	19,73 €
2000	89	19,13 €
1999	90	25 €
1998	90	26 €
1997	89	
1996	90	26 €
1995	90	27,50 €
1994	87	

Château Carbonnieux

2001	87 - 88	16,50 €
2000	88 - 89	23,20 €
1999	87	23,32 €
1998	88	27,14 €
1997	86	24,51 €
1996	87	
1995	88	
1994	86	

CHÂTEAU LA LOUVIÈRE ***(*)

33890 Léognan
Tél. : 05 57 25 58 58 - Fax : 05 56 64 71 76

Le château de La Louvière est un des plus beaux du bordelais et il a été classé monument historique en 1991. André Lurton l'avait acheté en 1965. Le vignoble pousse sur des terroirs variés, graves profondes, silices et calcaires. Inventant un nouveau style, André Lurton a élaboré des vins, dès les années 80, qui mêlaient une accessibilité immédiate avec des tannins souples pour les rouges et de la suavité pour les blancs, sans obérer leurs qualités fondamentales. Les consommateurs les ont plébiscités. Pourquoi changer un style qui gagne ? André Lurton utilise toujours le même style à la fin des années 90, un style qui se retrouve à Rochemorin et à Cruzeau.

Responsable : Vignobles André Lurton
Vente à la propriété : oui
Visite : sur rendez-vous
Surface du vignoble : 48 ha
Age des vignes : 25 ans
Surface en rouge : 34,5 ha
Cépages :
    Cabernet sauvignon 64 %
    Merlot 30 %
    Cabernet franc : 3 %
    Petit Verdot : 3 %

Surface en blanc : 13,5 ha
Cépages :
    Sauvignon 85 %
    Semillon 15 %
Appellation principale : Pessac-léognan
Production moyenne : 210 000 bouteilles

Château Cruzeau
2000 : 86

Château Rochemorin
2000 : 85

Château Cruzeau
2000 : 87

Château La Louvière
2001 : 86 - 88 . . . . . . .21,52 €
2000 : 88 - 89 . . . . . .25,47 €
1999 : 86 . . . . .24,28 €
1998 : 87 . . . . .28,22 €
1997 : 85 . . . . .28,22 €
1996 : 86 . . . . .31,81 €
1995 : 87 . . . . .35,04 €
1994 : 88 . . . . .36,95 €

Château Rochemorin
2000 : 86

GRAVES

1999

MIS EN BOUTEILLES AU CHATEAU

CHATEAU
RESPIDE-MEDEVILLE

GRAVES
APPELLATION GRAVES CONTRÔLÉE

12,5% vol.   Christian et Andrée MÉDEVILLE   750 ml
propriétaires à 33210 Toulenne (France)

PRODUIT DE FRANCE

CHÂTEAU
RESPIDE MÉDEVILLE ***(*)

33210 Toulenne
Tél. : 05 56 76 28 44 - Fax : 05 56 76 28 43
E. Mail : christian.medeville@wanadoo.fr

Propriétaires des châteaux Gilette et Les Justices à Sauternes, Andrée et Christian Médeville gèrent aussi cette propriété des graves située à Toulenne, pas très loin des deux propriétés précédentes. Composé à parts égales de cabernet-sauvignon et de merlot, le rouge est toujours très équilibré et d'une réelle typicité avec ses arômes fumés et son corps élégant. Composés pour les deux tiers de sémillon, les blancs sont aussi très équilibrés avec un nez magnifique de complexité, loin des arômes de sauvignon. Avec quelques années d'âge, ils s'affinent encore. Les vins sont d'une grande régularité.

Responsables : Christian et Andrée Médeville
Vente à la propriété : oui
Visite : oui
Dégustation : oui
Moyen d'accès : A65 sortie Langon, RN 113 direction Bordeaux, nous nous trouvons derrière l'église de Preignac.
Surface du vignoble : 13 ha
Surface en rouge : 8 ha
Cépages :
    Cabernet sauvignon 50 %
    Merlot 50 %
Surface en blanc : 5 ha
Cépages :
    Sauvignon 63 %
    Semillon 35 %
    Muscadelle 2 %
Appellation principale : Graves
Production moyenne : 50 000 bouteilles

Château Respide Médeville
2000 : 88

Château Respide Médeville
1999 : 87

Dame de Respide
1999 : 88

DOMAINE DE LA SOLITUDE ***(*)

16 route Solitude
33650 Martillac
Tél. : 05 56 72 74 74 - Fax : 05 56 72 52 00

Pierre Bienvenu Noailles fonde l'ordre de la Sainte Famille en 1823 et lui fait don du Domaine de la Solitude. Le sol de sables très graveleux, profonds et drainants, est très adapté à la vigne. Seul vrai problème, le vignoble est très sensible aux froids printaniers avec des gelées fréquentes, ce qui avait conduit à la quasi-disparition de la vigne. Le domaine a été relancé en 1972 et les religieuses ont confié la gestion à Olivier Bernard du domaine de Chevalier qui connaît bien le sujet. En quelques années, les vins de bonne facture ont pris consistance en blancs comme en rouges, les rouges un peu plus rapidement que les blancs. Bon rapport qualité-prix.

Responsables : Communauté religieuse des sœurs de la Sainte Famille/ Olivier Bernard
Vente à la propriété : oui
Visite : oui
Dégustation : oui
Moyen d'accès : Accès de Bordeaux : A62, sortie n°1 Martillac, suivre la direction Martillac Technopôle.
Accès de Toulouse : A62, sortie La Brède, RN113, direction Martillac Technopôle.
Surface du vignoble : 31 ha
Surface en rouge : 24 ha
Cépages :
    Cabernet sauvignon 50 %
    Cabernet franc 15 %
    Merlot 35 %
Surface en blanc : 7 ha
Cépages :
    Sauvignon 70 %
    Semillon 30 %
Appellation principale : Pessac-léognan
Production moyenne : 150 000 bouteilles

♀ **Domaine de la Solitude**
   1999 : 86 . . . . .14,20 €

♀ **Domaine de la Solitude**
   1999 : 88 . . . . .14,20 €

GRAVES

VILLA BEL-AIR ***(*)

Bel-Air
33650 Saint-Morillon
Tél.: 05 56 20 29 35 - Fax: 05 56 78 44 80
E. Mail: infochato@villabelair.com
Web: www.villabelair.com

Jean-Michel Cazes du château Lynch-Bages a fondé cette propriété en 1990 et les vins sont suivis par l'excellent Daniel Llose avec Guy Delestrac. Les trois derniers millésimes de vins blancs montrent une série de vins bien construits qui préservent la fraîcheur et présentent beaucoup d'agrément, sans aller dans les caricatures du monde moderne. Les vins rouges sont construits dans le même esprit harmonieux avec des tannins bien policés, dans un style léger et aérien. Ce sont des bouteilles idéales pour la restauration dans une gamme de prix très adaptée.

Responsable: Jean-Michel Cazes
Vente à la propriété: non
Visite: sur rendez-vous
Dégustation: sur rendez-vous

Surface du vignoble: 45 ha
Surface en rouge: 33 ha
Cépages:
   Cabernet sauvignon 40 %
   Cabernet franc 5 %
   Merlot 55 %
Surface en blanc: 12 ha
Cépages:
   Sémillon 40 %
   Sauvignon 60 %
Appellation principale: Graves

♀ **Villa Bel-Air**
   2000: 88
   1999: 87 . . . . .15,24 €
   1998: 88 . . . . .15,24 €

♂ **Michel Lynch**
   1999: 87

♂ **Villa Bel-Air**
   2000: 88
   1999: 87 . . . . .15,24 €
   1998: 87 . . . . .15,24 €

CHÂTEAU BOUSCAUT ***

33140 Cadaujac
Tél. : 05 57 83 12 20 - Fax : 05 57 83 12 21

Le château a été acheté en 1979 par Lucien Lurton et il est géré par sa fille Sophie Lurton-Cogombles. D'un seul tenant, le vignoble est situé sur des pentes douces de graves pyrénéennes du mindel sur socle d'alios. Les vins blancs sont citronnés et frais, sans trop de personnalité. Les rouges sont du même acabit, souples et relativement rapides à boire. Qu'ils soient blancs et rouges, les vins ont une relative élégance et ils progressent peu à peu.

Responsable : Sophie Lurton-Cogombles
Vente à la propriété : oui
Visite : sur rendez-vous
Surface du vignoble : 47 ha
Surface en rouge : 39 ha
Cépages :
  Merlot 50 %
  Cabernet sauvignon 35 %
  Cabernet franc 15 %

Surface en blanc : 8 ha
Cépages :
  Semillon 50 %
  Sauvignon 50 %
Appellation principale : Pessac-léognan
Production moyenne : 120 000 bouteilles

Château Bouscaut
  2001 : 87 - 88 ......15,54 €
  2000 : 86 - 87
  1999 : 86
  1998 : 87
  1997 : 87
  1996 : 85

Château Bouscaut
  2001 : 88 - 90 ......16,86 €
  2000 : 88 - 90 ......17,94 €
  1999 : 87 ....21,29 €
  1998 : 87 ....19,85 €
  1997 : 85 ....18,42 €
  1996 : 86 ....27,74 €
  1995 : 87
  1994 : 86 ....30,01 €

GRAVES

CHÂTEAU HAUT SELVE ***

Château Branda
33240 Cadillac-en-Fronsadais
Tél. : 05 57 94 09 20 - Fax : 05 57 94 09 30
E. Mail : contact@leda-sa.com
Web : www.chateau-branda.com

Jean-Jacques Lesgourgues s'est lancé dans l'aventure en créant le château Haut Selve. Ce site qui constituait autrefois une des plus grandes propriétés, avait été détruit et abandonné. 43 hectares ont été plantés en 1993 et 1994 et un chai a été construit. Haut Selve démarre donc avec beaucoup d'ambition. Si les vignes sont encore jeunes, blancs et rouges commencent à prendre une belle allure. Encore un peu trop boisé, le blanc 2000 ne manque pas de coffre. Le rouge 1999 est marqué par de jolis fruits rouges, associés à des notes boisées et de cuir. C'est déjà une belle bouteille.

Responsable : Jean-Jacques Lescourgues
Vente à la propriété : non
Visite : sur rendez-vous
Dégustation : sur rendez-vous
Moyen d'accès : autoroute Bordeaux - Toulouse sortie Labrède, direction Saint-Selve.
Langues : Espagnol, Anglais

Surface du vignoble : 69 ha
Age des vignes : 15 ans
Surface en rouge : 55 ha
Cépages :
    Merlot 55 %
    Cabernet sauvignon 45 %
Surface en blanc : 14 ha
Cépages :
    Sauvignon 50 %
    Semillon 50 %
Appellation principale : Graves
Production moyenne : 450 000 bouteilles

♟ **Château Bonnat**
    2000 : 88 . . . . .6,50 €

♟ **Château Cadillac-Branda**
    2001 : 86 . . . . .5 €

♟ **Château Haut Selve**
    2000 : 88

♟ **Château Bonnat**
    1999 : 87 . . . . .9 €

♟ **Château Cadillac-Branda**
    2000 : 85 . . . . .6,50 €

♟ **Château Cadillac-Lesgourgues**
    1999 : 86 . . . . .9 €

♟ **Château Haut Selve**
    1999 : 88 . . . . .13,50 €

GRAVES

CHÂTEAU BARET **(*)

Route des Pyrénées
33140 Léognan
Tél. : 05 56 87 87 71

En venant de Bordeaux, le château Baret est l'un des tout premiers domaines rencontrés sur la route des Graves et il continue de résister à la forte pression foncière de la ville tentaculaire. Il produit essentiellement des vins rouges solidement constitués avec une forte proportion de cabernet-sauvignon. Le millésime 1999 est d'une belle fermeté, le 2000 étant plus riche et plus suave. La production de vins blancs est très minoritaire mais d'une belle qualité avec un parfait équilibre entre sémillon et sauvignon, comme dans les meilleurs crus. Tendre, le millésime 2000 est prêt à boire. Comme dans beaucoup de domaines de l'appellation, le blanc 2001 se révèle riche et puissant. Un château en progrès, à suivre.

Responsables : héritiers André Ballande
Visite : sur rendez-vous
Dégustation : sur rendez-vous
Surface du vignoble : 22 ha
Age moyen des vignes : 30 ans
Surface en rouge : 20 ha
Cépages :
    Cabernet Sauvignon 70 %
    Merlot 25 %
    Cabernet-franc 5 %
Surface en blanc : 2 ha
Cépages :
    Sémillon 45 %
    Sauvignon 55 %
Appellation principale : Pessac-léognan
Production moyenne : 146 000 bouteilles

Château Baret
2000 : 86
1999 : 85 . . . . .10,70 €
1998 : 85 . . . . .11,25 €

Château Baret
2001 : 87
2000 : 86 . . . . .8,60 €

LIBOURNAIS

CHÂTEAU ANGÉLUS *****

33330 Saint-Emilion
Tél. : 05 57 24 71 39 - Fax : 05 57 24 68 56
E. Mail : chateau-angelus@
chateau-angelus. com
Web : www.chateau-angelus.com

Angélus vient d'une parcelle d'où il est possible d'entendre les cloches des trois églises du pays. Le château est dans la famille depuis quatre générations, mais c'est Hubert de Boüard qui, en arrivant en 1983, a transfiguré le cru. Avant cette date, les vins n'ont guère d'intérêt. En taillant court et en vendangeant tard, il a su concentrer le vin en lui donnant un accès immédiat des plus flatteurs, mais sans obérer les qualités de fond. Les 50 % de cabernet franc lui redonnent de la finesse au vieillissement et la verticale depuis 1988 est sidérante. Angélus figure dans le peloton des très grands vins.

Responsables : Hubert de Boüard de Laforest et fils
Vente à la propriété : non
Visite : sur rendez-vous
Dégustation : sur rendez-vous
Moyen d'accès : envoi d'un plan d'accès sur demande
Langues : Anglais

Surface du vignoble : 26 ha
Age des vignes : 30 ans
Surface en rouge : 26 ha
Cépages :
　Merlot 50 %
　Cabernet franc 47 %
　Cabernet sauvignon 3 %
Appellation principale : Saint-émilion grand cru

🍷 Château Angelus
2001 : 93 - 96 . . . . . . .100,46 €
2000 : 93 - 96 . . . . . . .182,39 €
1999 : 91 . . . . .112,06 €
1998 : 93 . . . . .136,70 €
1997 : 90 . . . . .98,07 €
1996 : 92 . . . . .119,96 €
1995 : 96 . . . . .327,10 €
1994 : 93 . . . . .139,21 €

🍷 Le Carillon de l'Angélus
1999 : 88 . . . . .38,15 €
1998 : 89 . . . . .40,90 €

CHATEAU AUSONE

1ᵉʳ GRAND CRU CLASSÉ
SAINT·EMILION GRAND CRU

APPELLATION SAINT-ÉMILION GRAND CRU CONTROLÉE

1989

Mᵐᵉ J. DUBOIS-CHALLON & Héritiers C. VAUTHIER
PROPRIÉTAIRES A SAINT-ÉMILION (GIRONDE) FRANCE

Alc. 13% vol.   MIS EN BOUTEILLES AU CHATEAU   750 ml
DÉPOSÉ   PRODUCE OF FRANCE

CHÂTEAU AUSONE *****

33330 Saint-Emilion
Tél.: 05 57 24 68 88 - Fax: 05 57 74 47 39

Sans entrer dans le débat de savoir si le poète et préfet Ausone habitait là, le château Ausone est magnifiquement situé sur la côte à l'entrée de Saint-Emilion. Depuis 1997, l'imbroglio juridique qui paralysait le cru est levé et Alain Vauthier est désormais seul à bord avec sa sœur Catherine. Cela fait quelque temps qu'Ausone n'était pas dans une configuration aussi idéale en produisant de si grands vins avec son cachet inimitable. Les derniers millésimes sont époustouflants de classe et ils figurent en première place des vins de Bordeaux par leur race et leur classe. Pour tenter d'en acquérir, la seule solution est l'achat en primeurs.

Responsables: Catherine et Alain Vauthier
Vente à la propriété: non
Visite: non
Surface du vignoble: 7 ha
Surface en blanc: 7 ha
Cépages:
Appellation principale: Saint-émilion grand cru
Production moyenne: 22 000 bouteilles

Château Ausone

2001 : 94 - 98
2000 : 94 - 98
1999 : 95 . . . . .213 €
1998 : 98 . . . . .198 €
1997 : 93 . . . . .75 €
1996 : 93 . . . . .260 €
1995 : 94 . . . . .228 €
1994 : 88 . . . . .152 €

LIBOURNAIS

CHÂTEAU CHEVAL BLANC *****

33330 Saint-Emilion
Tél.: 05 57 55 55 55 - Fax: 05 57 55 55 50

Cheval Blanc est situé à la limite de Pomerol, sur un terroir très particulier de graves günziennes de Saint-Emilion, que l'on rencontre plus volontiers en Médoc, avec des sables anciens. Associé à un encépagement original avec deux tiers de cabernet-franc, Cheval Blanc est le vin le plus singulier de Bordeaux et celui qui vieillit le mieux. Le cru a été acheté en 1998 par Albert Frère et Bernard Arnault, le directeur technique étant le volubile et lucide Pierre Lurton. Le vin est d'une grande régularité, plus merlot dans les années difficiles, plus cabernet-franc dans les grandes années. Le millésime 1998 reste la grande année de référence.

Responsables : Bernard Arnault et Albert frères
Vente à la propriété : non
Visite : sur rendez-vous
Surface du vignoble : 37 ha
Surface en rouge : 37 ha
Cépages :
    Cabernet franc 60 %
    Merlot 40 %
Appellation principale : Saint-émilion grand cru
Production moyenne : 140 000 bouteilles

♀ Château Cheval Blanc

2001 : 93 - 95	......	.239,20 €
2000 : 95 - 98	......	.458,78 €
1999 : 92	......	.261 €
1998 : 98	......	.353 €
1997 : 90	......	.144 €
1996 : 91	......	.182 €
1995 : 93	......	.236 €
1994 : 89	......	.152 €

PETRUS *****

1 rue Petrus-Arnaud
33500 Pomerol
Tél. : 05 57 51 17 96

On ne connaît pas trop l'origine du nom de ce cru le plus célèbre de la planète. Il a appartenu durant tout le XIXe siècle à la famille Arnaud. Courtière en vins et femme de caractère, Madame Loubat prit des parts en 1925 pour devenir ensuite seule propriétaire. Madame Loubat a fortement contribué à la grande notoriété de Petrus. Refusant d'arracher les pieds après le gel de 1956, elle préfère les receper pour préserver ses vieilles vignes. C'est elle qui a compris les potentialités du terroir argileux et son adéquation avec le merlot. En faisant de Petrus un cru de « garage » avant la lettre, tous les vins qu'elle a produit sont, aujourd'hui, magiques. La famille Moueix est maintenant seule propriétaire et Jean-Claude Berrouet, son vinificateur met tout en œuvre pour produire un vin d'une grande élégance, malgré son énorme puissance.

Responsables : Ets J.P. Moueix
Vente à la propriété : non
Visite : non
Surface du vignoble : 11 ha
Surface en rouge : 11 ha
Cépages :
    Merlot 95 %
    Cabernet franc 5 %
Appellation principale : Pomerol
Production moyenne : 35 000 bouteilles

Petrus
    2001 : 93-95
    2000 : 95-97
    1999 : 93
    1998 : 98
    1997 : 92
    1996 : 90
    1995 : 97
    1994 : 93

LIBOURNAIS

CHÂTEAU
CANON LA GAFFELIÈRE ****(*)

BP 34
33330 Saint-Emilion
Tél.: 05 57 24 71 33 - Fax: 05 57 24 67 95
E. Mail: info@neipperg.com
Web: www.neipperg.com

Le château appartenait aux von Neipperg depuis 1971, mais le cru ne se réveille qu'avec l'arrivée de son prince charmant Stephan von Neipperg, en 1982. Le temps de prendre la mesure du cru, les vins sortent de leur gangue en 1985 et sont de grand calibre depuis 1988. Avec un mélange de puissance, de rigueur et de fraîcheur, Canon La Gaffelière est, depuis douze ans, largement au niveau d'un premier cru classé. La position en bas de côte est non seulement gommée, mais sublimée en utilisant l'avantage de la précocité. Les derniers millésimes sont encore plus extraordinaires.

Responsable: Stephan von Neipperg
Vente à la propriété: non
Visite: sur rendez-vous
Dégustation: sur rendez-vous
Langues: Allemand, Anglais
Surface du vignoble: 19,5 ha
Age des vignes: 45 ans
Surface en rouge: 19,5 ha
Cépages:
    Merlot 55 %
    Cabernet franc 40 %
    Cabernet sauvignon 5 %
Appellation principale: Saint-émilion grand cru
Production moyenne: 60 000 bouteilles

🍷 Château Canon la Gaffelière

    2001 : 92 - 94 ......54,25 €
    2000 : 92 - 94 ......83,72 €
    1999 : 91 ....75,95 €
    1998 : 94 ....105,48 €
    1997 : 90 ....55,37 €
    1996 : 90 ....67,93 €
    1995 : 92
    1994 : 90

Château Clinet
1988   1988
Pomerol
Appellation Pomerol Contrôlée
G.F.A. du Château Clinet Propriétaire à Pomerol (Gironde)
12,5 % vol.   Mis en Bouteille au Château   750 ml
PRODUCT OF FRANCE

CHÂTEAU CLINET ****(*)

3 rue Fénelon
33000 Bordeaux
Tél.: 05 56 79 12 12 - Fax: 05 56 79 01 11

Clinet est situé au sommet du plateau de
Pomerol, sur la terrasse de graves du
Günz. La famille Audy en était propriétaire jusqu'à sa vente au Gan en 1991.
Jean-Michel Arcaute avait poussé le cru
dans ses retranchements avec l'aide de
Michel Rolland en cueillant des raisins
d'une grande maturité pour produire des
vins voluptueux et une série extraordinaire de grands millésimes. Le château
a été acheté en 1999 par Jean-Louis
Laborde, le partenaire de Jean-Michel
Arcaute à Tokaj en Hongrie. La disparition brutale de Jean-Michel Arcaute n'a
pas changé la philosophie des vins du
domaine.

Responsable : Jean-Louis Laborde
Vente à la propriété : oui
Visite : sur rendez-vous
Surface du vignoble : 9 ha
Surface en rouge : 9 ha
Cépages :
    Merlot 75 %
    Cabernet sauvignon 15 %
    Cabernet franc 10 %
Appellation principale : Pomerol
Production moyenne : 45 000 bouteilles

Château Clinet
    2001 : 90-92
    2000 : 91-93
    1999 : 89
    1998 : 91
    1997 : 88
    1996 : 92
    1995 : 95
    1994 : 92

LIBOURNAIS

CHÂTEAU-FIGEAC ****(*)

33330 Saint-Emilion
Tél. : 05 57 24 72 26 - Fax : 05 57 74 45 74
E. Mail : chateau-figeac@chateau-figeac.com
Web : www.chateau-figeac.com

Le nom du domaine vient de Figeacus, du nom de la famille qui créa le domaine au IIe siècle. Figeac possède le privilège avec Cheval Blanc, d'être situé sur les graves günziennes qui se retrouvent surtout dans le Médoc. L'encépagement est original, fait, grosso modo, d'un tiers de merlot, d'un tiers de cabernet-franc et d'un tiers de cabernet-sauvignon. Ce fameux cabernet-sauvignon a fait couler beaucoup d'encre. D'évolution lente dans une région où les vins s'ouvrent vite, il est souvent mal compris. Si Eric d'Aramon a su apporter la petite touche pour l'arrondir, il est un des facteurs, au côté de l'extraordinaire terroir, des superbes évolutions en bouteille de Figeac.

Responsable : SCEA Famille Manoncourt
Vente à la propriété : non
Visite : sur rendez-vous
Dégustation : sur rendez-vous
Moyen d'accès : par la D243
Langues : Allemand, Espagnol, Anglais

Surface du vignoble : 40 ha
Age des vignes : 45 ans
Surface en rouge : 40 ha
Cépages :
    Merlot 30 %
    Cabernet franc 35 %
    Cabernet sauvignon 35 %
Appellation principale : Saint-émilion grand cru
Production moyenne : 130 000 bouteilles

🍷 **Château-Figeac**
2001 : 90 - 94 . . . . . . .60,99 €
2000 : 90 - 94
1999 : 90 . . . . .85,63 €
1998 : 93 . . . . .107,88 €
1997 : 89 . . . . .57,53 €
1996 : 89 . . . . .82,04 €
1995 : 91
1994 : 89 . . . . .84,55 €

🍷 **La Grangeneuve de Figeac**
1999 : 88

CHÂTEAU LA CONSEILLANTE ★★★★(*)

33500 Pomerol
Tél. : 05 57 51 15 32 - Fax : 05 57 51 42 39

Marchande de métaux à Libourne, Catherine Conseillan constitua le vignoble de 1735 à 1776 et lui a donné son nom dès 1754. Le domaine fut acquis en 1871 par Louis Nicolas, et ses descendants gèrent toujours le château. Mitoyen de Cheval Blanc, la Conseillante occupe un terroir d'une grande complexité avec des graves, de l'argile et des sables anciens. Le vin avait connu une éclipse jusqu'en 1980 pour donner ensuite une série éblouissante. Les millésimes récents sont d'une grande souplesse ce qui leur donne un velouté très recherché.

Responsable : Bernard Nicolas
Vente à la propriété : oui
Visite : sur rendez-vous
Surface du vignoble : 12 ha
Surface en rouge : 12 ha
Cépages :
  Merlot 80 %
  Cabernet franc 20 %
Appellation principale : Pomerol
Production moyenne : 55 000 bouteilles

🍷 Château La Conseillante

2001 : 89 - 90
2000 : 89 - 90
1999 : 89 . . . . .53,35 €
1998 : 91 . . . . .99,09 €
1997 : 88 . . . . .91,46 €
1996 : 89 . . . . .83,84 €
1995 : 90 . . . . .83,84 €
1994 : 88 . . . . .74,70 €

LIBOURNAIS

CHÂTEAU LA GAFFELIÈRE ****(*)

BP 65
33330 Saint-Emilion
Tél. : 05 57 24 72 15 - Fax : 05 57 24 69 06
E. Mail : chateau-la-gaffeliere@chateau-la-gaffeliere.com
Web : www.chateau-la-gaffeliere.com

Magnifiquement situé près d'Ausone et de Belair, le terroir est exposé plein sud en milieu et pied de côte, sur une terre argilo-calcaire sur de la molasse argileuse. Le château appartient aux Malet Roquefort depuis quatre siècles et il est géré par Léo de Malet Roquefort. Dans les années 70 et 80, il était quelque peu irrégulier, mais il a retrouvé sa forme depuis 1989. Faisant dans l'élégance et la distinction, toujours soyeux en vin jeune, La Gaffelière est souvent mal apprécié par les dégustateurs pressés. Pourtant sa race est incontestable.

Responsable : Comte de Malet Roquefort
Vente à la propriété : oui
Visite : sur rendez-vous
Dégustation : sur rendez-vous
Moyen d'accès : D122
Surface du vignoble : 22,05 ha
Surface en rouge : 22,05 ha
Cépages :
  Merlot 65 %
  Cabernet franc 30 %
  Cabernet sauvignon 5 %
Appellation principale : Saint-émilion grand cru
Production moyenne : 80 000 bouteilles

Château la Gaffelière

2001 : 89 - 91 ...... .40,66 €
2000 : 90 - 92
1999 : 90 .... .55,73 €
1998 : 92
1997 : 88 .... .43,30 €
1996 : 89 .... .55,85 €
1995 : 91
1994 : 88

CHÂTEAU LA MONDOTTE ****(*)

Château Canon La Gaffelière
33330 Saint-Emilion
Tél. : 05 57 24 71 33 - Fax : 05 57 24 67 95

Stephan von Neipperg, le propriétaire du Château Canon La Gaffelière, avait demandé à la commission d'agrément l'autorisation d'intégrer dans le cru classé cette vigne située entre Troplong Mondot et les Pavie. Devant le refus de la commission, il en a fait un vin de « garage » d'une extraordinaire concentration, mais sans aucune lourdeur. Avec l'aide de l'astucieux Stéphane Derenoncourt, il utilise le meilleur de la technique tant viticole qu'œnologique. Si le vin est somptueux dans les premières années, il évolue avec classe, même si le recul est faible, puisque le premier millésime est 1996. Il se situe largement au niveau d'un premier cru classé, tout comme son prix.

Responsable : Comte Stephan von Neipperg
Vente à la propriété : oui
Visite : sur rendez-vous
Surface du vignoble : 4,5 ha
Surface en rouge : 4,5 ha
Cépages :
  Merlot 80 %
  Cabernet franc 20 %
Appellation principale : Saint-émilion grand cru
Production moyenne : 9 500 bouteilles

🍷 **Château la Mondotte**
   2001 : 92 - 95 . . . . . . .227,24 €
   2000 : 93 - 96 . . . . . . .603,98 €
   1999 : 95 . . . . .449,70 €
   1998 : 97
   1997 : 92 . . . . .449,81 €
   1996 : 95

CHÂTEAU LAFLEUR ****(*)

Grand Village
33240 Mouillac
Tél. : 05 57 84 44 03 - Fax : 05 57 84 83 31

Château Lafleur appartenait aux demoiselles Robin, Thérèse décédée il y a plusieurs années déjà et Marie qui vient de s'éteindre. Le vignoble est géré depuis 1985 par leur neveu, le perfectionniste Jacques Guinaudeau qui a aussi créé le second vin, les Pensées de Lafleur et introduit des barriques neuves. A proximité de Petrus, les vignes sont situées sur le plateau de graves avec une proportion non négligeable d'argile et elles sont tenues comme un jardin. Le vin surfe au plus haut niveau de qualité depuis plus de trente ans, avec une élégance incomparable, et le second vin est remarquable. Les prix sont élevés, mais justifiés.

Responsable : Jacques Guinaudeau
Vente à la propriété : oui
Visite : sur rendez-vous
Surface du vignoble : 4,5 ha
Surface en rouge : 4,5 ha
Cépages :
  Cabernet franc 50 %
  Merlot 50 %
Appellation principale : Pomerol
Production moyenne : 20 000 bouteilles

Château Lafleur

2001 : 92-93
2000 : 93-95
1999 : 92
1998 : 93
1997 : 90
1996 : 89
1995 : 92
1994 : 92

CHÂTEAU L'ÉGLISE-CLINET ****(*)

33500 Pomerol
Tél. : 05 57 25 96 59 - Fax : 05 57 25 21 96

L'Eglise-Clinet était en métayage jusqu'en 1983, ce qui n'a pas empêché quelques très belles réussites. Le vignoble est argileux-graveleux avec un bon drainage soit naturel, soit par drains et les vieilles vignes sont abondantes, ce qui est un gros atout. Denis Durantou l'a repris patiemment pour en faire un vin très moderne. Les vignes sont tenues dans les règles de l'art et la vinification n'ignore rien des techniques modernes. Il en résulte un vin plein et charnu, d'une grande richesse, qui se positionne très haut dans la hiérarchie de Pomerol. Tous les millésimes récents sont réussis.

Responsable : Denis Durantou
Vente à la propriété : oui
Visite : sur rendez-vous
Surface du vignoble : 5,5 ha
Surface en rouge : 5,5 ha
Cépages :
   Merlot 80 %
   Cabernet franc 20 %
Appellation principale : Pomerol
Production moyenne : 12 000 bouteilles

Château L'Église-Clinet
   2001 : 91-93
   2000 : 92-94
   1999 : 93
   1998 : 95
   1997 : 90
   1996 : 92
   1995 : 95
   1994 : 90

LIBOURNAIS

CHÂTEAU L'ÉVANGILE ****(*)

33500 Pomerol
Tél. : 05 57 55 45 55 - Fax : 05 57 55 45 56

Propriété de la famille Ducasse depuis 1862, les domaines Barons de Rothschild s'y sont associés en 1990 pour devenir maintenant seuls propriétaires. Le vignoble borde au nord Petrus et Cheval Blanc au sud et il est composé d'une grande variété de sols, ce qui lui donne une grande complexité. Pendant longtemps et jusqu'à très récemment, madame Ducasse surveillait la propriété d'un air jaloux et aucune décision ne se prenait sans elle. Quel que soit le millésime, les vins produits sont de très grands calibres.

Responsable : Domaines des Barons de Rothschild
Vente à la propriété : oui
Visite : sur rendez-vous
Surface du vignoble : 14,1 ha
Surface en rouge : 14,1 ha
Cépages :
    Merlot 78 %
    Cabernet franc 22 %
Appellation principale : Pomerol
Production moyenne : 60 000 bouteilles

🍷 **Château L'Évangile**
    2001 : 90-91
    2000 : 90-93
    1999 : 89
    1998 : 91
    1997 : 89
    1996 : 90
    1995 : 93
    1994 : 91

1ᵉʳ GRAND CRU CLASSÉ

Château Pavie

SAINT-ÉMILION GRAND CRU
Appellation Saint-Émilion Grand Cru Contrôlée

1997

CONSORTS VALETTE SCA
PROPRIÉTAIRES A SAINT ÉMILION

75 cl   L. P 97   PRODUCE OF FRANCE   13% by vol.

CHÂTEAU PAVIE ****(*)

33330 Saint-Emilion
Tél. : 05 57 55 43 43 - Fax : 05 57 24 63 99
E. Mail : vignobles.perse@wanadoo.fr
Web : www.chateaupavie.com

Gérard Perse a acheté Pavie en février 1998 et il s'est attelé immédiatement à reprendre le vignoble et toutes les installations. Remarquablement situé sur la « côte Pavie », le terroir est de grande classe. Avec le millésime 1998, magnifique, Pavie est entré dans une nouvelle ère glorieuse. Les autres crus de Gérard Perse, la Clusière et Pavie-Decesse sont dans la même spirale de la qualité, Montbousquet, acheté en 1993, bénéficiant de quelque antériorité.

Responsables : Chantal et Gérard Perse
Vente à la propriété : non
Visite : non
Dégustation : non
Surface du vignoble : 35 ha

Surface en rouge : 35 ha
Cépages :
   Merlot 70 %
   Cabernet franc 20 %
   Cabernet sauvignon 10 %
Appellation principale : Saint-émilion grand cru
Production moyenne : 90 000 bouteilles

🍷 Château la Clusière
1998 : 91

🍷 Château Monbousquet
2001 : 89 - 91 ....83,72 €
2000 : 90 - 91 ......103,93 €
1999 : 91 ....81,81 €
1998 : 94
1997 : 89 ....43,29 €
1996 : 90 ....108,23 €

🍷 Château Pavie
2001 : 93 - 96 ......167,44 €
2000 : 93 - 96 ......205,35 €
1999 : 94 ....162,53 €
1998 : 97
1997 : 82 ....39,95 €
1996 : 83
1995 : 80 ....75,55 €
1994 : 77

LIBOURNAIS

CHÂTEAU
TERTRE ROTEBŒUF **** (*)

33330 Saint-Laurent-des-Combes
Fax : 05 57 74 42 11
E. Mail : contact@tertre-roteboeuf.com
Web : www.tertre-roteboeuf.com

Le vignoble du Tertre Rotebœuf est composé de hauts de coteaux exposés plein sud, avec un terroir argilo-calcaire. Le microclimat joue un grand rôle et François Mitjavile sait l'exploiter et l'anticiper avec une conduite de la vigne très sophistiquée. L'élevage est tout aussi réfléchi, ce qui lui permet de produire des vins d'une rare volupté, mais avec de la profondeur et de la structure. Tous les millésimes sont réussis. C'est un sans faute.

Responsables : F. et E. Mitjavile
Vente à la propriété : oui
Visite : sur rendez-vous
Dégustation : sur rendez-vous
Surface du vignoble : 5,65 ha
Surface en rouge : 5,65 ha
Cépages :
    Merlot 85 %
    Cabernet franc 15 %
Appellation principale : Saint-émilion grand cru

🍷 **Château Tertre Rotebœuf**
    2001 : 90 - 92
    2000 : 91 - 94 . . . . . . .222,22 €
    1999 : 91 . . . . .163,49 €
    1998 : 94
    1997 : 89
    1996 : 91 . . . . .134,07 €
    1995 : 94 . . . . .232,50 €
    1994 : 90 . . . . .121,63 €

VIEUX CHÂTEAU CERTAN ****(*)

33500 Pomerol
Tél. : 05 57 51 17 33 - Fax : 05 57 25 35 08

Connu depuis de nombreux siècles, le château a été acquis en 1924 par Georges Thienpont, négociant en vins en Belgique. Avant la seconde guerre mondiale, il était unanimement considéré comme le meilleur vin de Pomerol. Le vignoble est situé au centre du plateau de pomerol, sur un sol de graves. Un des descendants de Georges Thienpont, Alexandre, gère le château avec beaucoup de soins et sans concession pour produire un vin d'une grande élégance et d'une régularité sans faille.

Responsable : famille Thienpont
Vente à la propriété : oui
Visite : sur rendez-vous
Surface du vignoble : 13,5 ha
Surface en rouge : 13,5 ha
Cépages :
    Merlot 60 %
    Cabernet franc 30 %
    Cabernet sauvignon 10 %
Appellation principale : Pomerol
Production moyenne : 55 000 bouteilles

🍷 **Vieux Château Certan**
    2001 : 93-95
    2000 : 92-94
    1999 : 91
    1998 : 95
    1997 : 88
    1996 : 88
    1995 : 89
    1994 : 88

LIBOURNAIS

CHÂTEAU BEAU-SÉJOUR BÉCOT ****

33330 Saint-Emilion
Tél. : 05 57 74 46 87 - Fax : 05 57 24 66 88

Le château a été acheté en 1969 par Michel Bécot au docteur Fagouet. Le vin a été déclassé de son rang de premier cru classé en 1985, pour des raisons plus qu'obscures, pour être reclassé en 1996. Ironie du sort, le vin s'était notablement amélioré avant le déclassement et il a continué à progresser. Plus personne d'ailleurs ne conteste sa qualité ni son rang de premier cru classé. Les derniers millésimes sont splendides, tout comme le cru de « garage » de la maison, vin de pur merlot issu en majorité des sables anciens, mais aussi du plateau calcaire.

Responsables : Gérard et Dominique Bécot
Vente à la propriété : non
Visite : sur rendez-vous

Surface du vignoble : 16,5 ha
Surface en rouge : 16,5 ha
Cépages :
  Merlot 70 %
  Cabernet franc 24 %
  Cabernet sauvignon 6 %
Appellation principale : Saint-émilion grand cru
Production moyenne : 70 000 bouteilles

Château Beau-Séjour Bécot
  2001 : 90-91
  2000 : 90-92
  1999 : 88
  1998 : 92
  1997 : 88
  1996 : 90
  1995 : 91
  1994 : 88

Château la Gomerie
  2001 : 91 - 92
  2000 : 92 - 94
  1999 : 88
  1998 : 93
  1997 : 90
  1996 : 91

MIS EN BOUTEILLE AU CHATEAU

Château Beauregard

POMEROL

APPELLATION POMEROL CONTRÔLÉE

1992

S.C.E.A. CHATEAU BEAUREGARD EXPLOITANT A POMEROL GIRONDE FRANCE

12,5 % vol.   PRODUCE OF FRANCE   750ml

CHÂTEAU BEAUREGARD ****

33500 Pomerol
Tél.: 05 57 51 13 36 - Fax: 05 57 25 09 55
E. Mail: beauregard@dial.oleane.com

Si l'histoire remonte au XIIe siècle, c'est au XVIIe siècle qu'une famille Beauregard lègue son nom au château, le beau château actuel datant de la fin du XVIIIe siècle. Le Crédit Foncier de France l'a acheté en 1991 à la famille Clauzel. Avec l'arrivée de l'excellent Vincent Priou comme directeur technique, le vignoble a été restructuré, les chais ont été rationalisés et étendus, et le vin a considérablement progressé en qualité. Jusqu'en 1996, les vins étaient denses dans un style un peu sérieux et tannique. Depuis 1998, ils ont pris de la chair et ils passent un cap important. Les derniers millésimes sont époustouflants. En 1999, le deuxième vin, Benjamin, est une superbe affaire.

Responsable: Michel Garat (Gérant)
Vente à la propriété: non
Visite: sur rendez-vous
Dégustation: sur rendez-vous
Langues: Anglais
Surface du vignoble: 17,5 ha
Age des vignes: 35 ans
Surface en rouge: 17,5 ha
Cépages:
   Merlot 70 %
   Cabernet franc 30 %
Appellation principale: Pomerol
Production moyenne: 90 000 bouteilles

Château Beauregard
   2001 : 90 - 92 ......39,47 €
   2000 : 91 - 93 ......56,93 €
   1999 : 90 ....49,03 €
   1998 : 90 ....53,34 €
   1997 : 88 ....38,27 €
   1996 : 88
   1995 : 88 ....55,02 €
   1994 : 87

Le Benjamin Château Beauregard
   1999 : 88 ....17,67 €

LIBOURNAIS

CHÂTEAU BELAIR ****

33330 Saint-Emilion
Tél. : 05 57 24 70 94 - Fax : 05 57 24 67 11

Situé à côté de château Ausone, Belair appartient aux Dubois-Challon depuis 1916. Le vignoble d'un seul tenant est sur un sol argilo-calcaire sur socle calcaire marin. Pendant longtemps, et en particulier dans le Feret de 1850, Belair était classé en tête des crus de Saint-Emilion. Pascal Delbeck, son vinificateur, continue d'élaborer un cru d'une grande pureté, sans aucune concession à la mode, toujours un peu fermé et même austère en vin jeune, mais qui évolue vers beaucoup de race avec l'âge. Un cru de patience.

Responsable : Madame Dubois-Challon
Vente à la propriété : non
Visite : sur rendez-vous
Surface du vignoble : 12,5 ha
Surface en rouge : 12,5 ha
Cépages :
   Merlot 80 %
   Cabernet franc 20 %
Appellation principale : Saint-émilion grand cru
Production moyenne : 60 000 bouteilles

🍷 **Château Belair**
   2001 : 89-91
   2000 : 89-92
   1999 : 89
   1998 : 91
   1997 : 88
   1996 : 89
   1995 : 92
   1994 : 90

PRODUCE OF FRANCE

Château Bourgneuf

POMEROL

APPELLATION POMEROL CONTROLÉE

1989

Ch. & X. VAYRON, PROPRIETAIRES-RECOLTANTS A POMEROL - FRANCE

13%vol.   MIS EN BOUTEILLE AU CHATEAU   75 cl

CHÂTEAU BOURGNEUF-VAYRON ★★★★

1 le Bourg-Neuf
33500 Pomerol
Tél. : 05 57 51 42 03 - Fax : 05 57 25 01 40

Le vignoble de ce cru, qui est depuis six générations dans la même famille, est situé au centre de la commune, près de Trotanoy, sur un sol argilo-graveleux sur sous-sol argileux. Ces vignes d'un seul tenant sont d'un âge respectable et elles sont tenues avec une grande rigueur. Le vin, comme en 1999, est d'une grande profondeur avec un beau charnu, des tannins bien mûrs et une finale épicée superbe. Sa régularité est sans faille.

Responsable : Xavier Vayron
Vente à la propriété : oui
Visite : sur rendez-vous
Surface du vignoble : 9 ha
Surface en rouge : 9 ha
Cépages :
  Merlot 90 %
  Cabernet franc 10 %
Appellation principale : Pomerol
Production moyenne : 40 000 bouteilles

♟ Château Bourgneuf-Vayron

2001 : 89 - 92
2000 : 89 - 92 . . . . . . .42,94 €
1999 : 89 . . . . .33,49 €
1998 : 91 . . . . .46,16 €
1997 : 88 . . . . .15,79 €
1996 : 88
1995 : 90
1994 : 86 . . . . .39,95 €

LIBOURNAIS

CHÂTEAU D'AIGUILHE ****

33350 Saint-Philippe-d'Aiguilhe
Tél. : 05 57 24 71 33 - Fax : 005 57 24 67 95
E. Mail : info@neipperg.com
Web : www.neipperg.com

Très vieux site, le château qui date du XIIIᵉ siècle, est établi sur une « aiguille » rocheuse. Le vignoble est planté sur les parties hautes du coteau, sur un sol argilo-calcaire et limoneux à substrat calcaire. Si depuis 1989, le domaine a été parfaitement entretenu par Jean-Patrick Meyrignac (qui reste en place), le vin a véritablement décollé depuis l'achat de la propriété par Stephan von Neipperg. Avec l'aide de son conseiller technique, Stéphane Derenoncourt, le vin est devenu d'une densité peu commune avec un velouté admirable.

Responsable : Comte Stephan von Neipperg
Vente à la propriété : oui
Visite : sur rendez-vous
Dégustation : sur rendez-vous
Langues : Anglais, Espagnol
Surface du vignoble : 42 ha
Age des vignes : 30 ans
Surface en rouge : 42 ha
Cépages :
    Merlot 80 %
    Cabernet franc 20 %
Appellation principale : Côtes de castillon
Production moyenne : 100 000 bouteilles

Château d'Aiguilhe
    2001 : 89 - 90 . . . . . . 18,89 €
    2000 : 90 - 91 . . . . . . 30 €
    1999 : 90 . . . . 26,80 €

CHÂTEAU DE VALANDRAUD****

6 rue Guadet
33330 Saint-Emilion
Tél. : 05 57 55 09 13 - Fax : 05 57 55 09 12

Valandraud a été pendant une petite dizaine d'années l'archétype du vin de garage. Entièrement créé par un passionné de vins, Jean-Luc Thunevin, il a très vite défrayé la chonrique par ses qualités de concentration et de velouté grâce à une viticulture d'élite, orchestrée par sa femme Muriel, et une vinification de génie. Quoiqu'on en dise, leurs méthodes ont profondément révolutionné la manière de voir les vins de Bordeaux. Grâce à leur succès, ils ont acheté en 1998 un peu plus de six hectares entre Pavie et Larcis-Ducasse, puis de très vieilles vignes en 1999 à Saint-Étienne-de-Lisse. Château Valandraud n'est plus un vin de garage et il continue de progresser. Il se positionne maintenant au niveau des premiers crus.

Responsables : Jean-Luc Thunevin et Muriel Andraud
Vente à la propriété : non
Visite : non
Dégustation : non
Surface du vignoble : 12 ha
  Cabernet franc 25 %
  Cabernet sauvignon 2,5 %
  Malbec 2,5 %
  Merlot 70 %
Appellation principale : Saint-émilion grand cru
Production moyenne : 12 000 bouteilles

🍷 **Château de Valandraud**
  2001 : 92 - 94
  2000 : 92 - 94
  1999 : 91
  1998 : 92
  1997 : 89
  1996 : 90
  1995 : 93
  1994 : 90

LIBOURNAIS

CHÂTEAU FAUGÈRES ********

33330 Saint-Etienne-de-Lisse
Tél. : 05 57 40 34 99 - Fax : 05 57 40 36 14
E. Mail : faugeres@chateau-faugeres.com
Web : www.chateau-faugeres.com

Si le château est entre les mains des Guisez depuis 1823, Péby Guisez en hérite en 1987 alors que tout le vin est vendu en vrac. Peu à peu, elle remonte la propriété et le 1995 fait grand bruit par sa qualité. Péby Guisez disparaît en 1997, à 52 ans. Corinne Guisez prend les commandes et isole, avec l'aide de Michel Rolland, une parcelle de huit hectares nommée Péby-Faugères. Les vins ont continué leur progression et les derniers millésimes sont superbes. Péby-Faugères est largement au niveau d'un cru classé, tout comme Faugères d'ailleurs. Il faut aussi noter un excellent côtes de Castillon qui s'appelle Cap de Faugères.

Responsable : Corinne Guisez
Vente à la propriété : oui
Visite : sur rendez-vous
Dégustation : sur rendez-vous
Langues : Anglais

Surface du vignoble : 22 ha
Age des vignes : 35 ans
Surface en rouge : 22 ha
Cépages :
    Merlot 85 %
    Cabernet franc 10 %
    Cabernet sauvignon 5 %
Appellation principale : Saint-émilion grand cru
Production moyenne : 100 000 bouteilles

Château Cap de Faugères
2001 : 87 . . . . .8,40 €

Château Cap de Faugères
1999 : 88 . . . . .13 €

Château Faugères
1999 : 88 . . . . .29 €
1998 : 88

Château Péby Faugères
1999 : 91 . . . . .83,85 €

CHÂTEAU FONTENIL ****

Catusseau
33500 Libourne
Tél.: 05 57 51 23 05 - Fax: 05 57 51 66 08

Michel et Dany Rolland, les célèbres œnologues, ont acheté Fontenil en 1986, un cru situé sur un magnifique coteau argilo-calcaire, exposé plein sud sur un sous-sol en molasses du Fronsadais. Ce cru modèle est vinifié dans des petites cuves en bois et inox. L'élevage s'effectue en barriques avec 40 % de neuves. D'une grande régularité, les vins sont d'une couleur profonde avec une bouche veloutée et des tannins fermes sans la moindre rusticité. Ce vin superbe, en particulier dans les derniers millésimes, vieillit toujours avec classe.

Responsables: Michel et Dany Rolland
Vente à la propriété: oui
Visite: sur rendez-vous
Dégustation: sur rendez-vous

Surface du vignoble: 9 ha
Surface en rouge: 9 ha
Cépages:
  Merlot 90 %
  Cabernet sauvignon 10 %
Appellation principale: Fronsac
Production moyenne: 50 000 bouteilles

🍷 **Château Fontenil**
  2001 : 88 - 89 . . . . . . .18,54 €
  2000 : 89 - 90
  1999 : 88
  1998 : 89
  1997 : 87
  1996 : 88
  1995 : 91
  1994 : 87

LIBOURNAIS

CHÂTEAU GAZIN ****

Le Gazin
33500 Pomerol
Tél. : 05 57 51 07 05 - Fax : 05 57 51 69 96
E. Mail : contact@gazin.com
Web : www.gazin.com

Situé à côté de Petrus à qui, d'ailleurs, Gazin a vendu une parcelle de près de cinq hectares en 1969, le château est passé par des hauts et des bas. Les bas sont constitués des vins des années 60, 70 et 80, jusqu'à 1989. Auparavant, Gazin avait vécu une période glorieuse avec de somptueux 61 ou 55. Sous l'impulsion de Nicolas de Baillencourt, les hauts reviennent dans les années 90, par étapes successives. S'il faut attendre 1989 pour trouver un bon millésime, les derniers comme 1999 ou le futur 2001 sont constitués de ce mélange de chair, de tannins et d'épices qui le rendent superbe.

Responsables : GFA Château Gazin
Vente à la propriété : non
Visite : sur rendez-vous
Dégustation : sur rendez-vous
Langues : Anglais

Surface du vignoble : 24 ha
Age des vignes : 35 ans
Surface en rouge : 24 ha
Cépages :
   Merlot 90 %
   Cabernet sauvignon 7 %
   Cabernet franc 3 %
Appellation principale : Pomerol
Production moyenne : 80 000 bouteilles

Château Gazin

2001 : 92 - 94	......	50,23 €
2000 : 89 - 91	......	70 €
1999 : 89	.....	75 €
1998 : 91	.....	95,44 €
1997 : 89	.....	54,78 €
1996 : 90	.....	65,78 €
1995 : 91		
1994 : 90	.....	75 €

CHÂTEAU GOMBAUDE-GUILLOT ****

3 les Grandes-Vignes
33500 Pomerol
Tél. : 05 57 51 17 40 - Fax : 05 57 51 16 89

Le château est dans les mains familiales depuis quatre générations et le souci de la qualité a toujours été un objectif important. Les vignes sont tenues en agriculture biologique et les rendements sont surveillés de près. Le vignoble est découpé en trois parties avec des terres lourdes sur le plateau argileux, les terres graveleuses de Guillot et enfin des terres plus légères de La Gombaude à Plantey, le tout avec des vignes relativement âgées. L'assemblage donne un vin plein, assez complet, qui met une dizaine d'années pour arriver à son apogée.

Responsables : GFA du Château Gombaude-Guillot et SCEA famille Laval
Vente à la propriété : oui
Visite : sur rendez-vous

Surface du vignoble : 8 ha
Surface en rouge : 8 ha
Cépages :
  Merlot 68 %
  Cabernet franc 30 %
  Cabernet sauvignon 2 %
Appellation principale : Pomerol
Production moyenne : 30 000 bouteilles

Château Gombaude-Guillot
  2001 : 88 - 89
  2000 : 89 - 90
  1999 : 88
  1998 : 89
  1997 : 88
  1996 : 88
  1995 : 89
  1994 : 87

LIBOURNAIS

CHÂTEAU GRAND MAYNE ★★★★

33330 Saint-Emilion
Tél. : 05 57 74 42 50 - Fax : 05 57 74 41 89

A l'ouest de Saint-Emilion, au pied du plateau, les vignes de Grand Mayne sont installées en côte sur un sol argilo-calcaire et en pied de côte sur sables anciens sur argile. Jean Nony a acheté la propriété en 1934 et son fils Jean-Pierre a repris les rênes en 1975. Avec Michel Rolland qui conseille la propriété depuis 1975, les vins ont acquis une régularité et un charnu avec beaucoup de gras. Tous les millésimes sont réussis et les derniers sont élaborés dans le même esprit. Pour une telle qualité, les prix sont restés raisonnables.

Responsable : GFA Jean-Pierre Nony
Vente à la propriété : non
Visite : sur rendez-vous

Surface du vignoble : 19 ha
Surface en rouge : 19 ha
Cépages :
　　Merlot 70 %
　　Cabernet franc 15 %
　　Cabernet sauvignon 15 %
Appellation principale : Saint-émilion grand cru
Production moyenne : 62 000 bouteilles

🍷 **Château Grand Mayne**
　　2001 : 89 - 91 . . . . . . .40,42 €
　　2000 : 90 - 92 . . . . . . .65,42 €
　　1999 : 90 . . . . .47,72 €
　　1998 : 91 . . . . .54,54 €
　　1997 : 88
　　1996 : 89 . . . . .40,30 €
　　1995 : 92
　　1994 : 89

PRODUCE OF FRANCE

CHATEAU
GRAND ORMEAU

LALANDE·DE·POMEROL
APPELLATION LALANDE-DE-POMEROL CONTROLÉE

12,5 % vol. 1990 75 cl ℮

G.F.A. LE GRAND ORMEAU - Gérant J.C. BETON
LALANDE DE POMEROL (GIRONDE) FRANCE
MIS EN BOUTEILLE AU CHATEAU

CHÂTEAU GRAND ORMEAU ****

33500 Lalande-de-Pomerol
Tél. : 05 57 25 30 20 - Fax : 05 57 25 22 80
E. Mail : grand.ormeau@wanadoo.fr

Jean-Claude Beton, fondateur d'Oran-gina et grand spécialiste de l'orange, a acheté le château en 1988 et fait un cuvier neuf dans la foulée. Le vignoble est installé sur un sous-sol argileux avec des dépôts caillouteux, des crasses de fer et de graves en sur-face. Les vignes sont labourées et effeuillées, la vendange est triée et les vins font leur malolactique en bar-riques. Avec ce traitement de luxe, les vins sont denses, concentrés avec beaucoup d'élégance pour les 1999 et 2000. Le deuxième vin porte le nom de chevalier d'Haurange (joli clin d'œil) et il existe une cuvée de vieilles vignes sur graves nommée Madeleine.

Responsable : Jean-Claude Beton
Vente à la propriété : oui
Visite : sur rendez-vous
Dégustation : sur rendez-vous
Moyen d'accès : RN89 route de Périgueux
Surface du vignoble : 11,5 ha
Surface en rouge : 11,5 ha
Cépages :
    Merlot 64 %
    Cabernet franc 18 %
    Cabernet sauvignon 18 %
Appellation principale : Lalande de pomerol
Production moyenne : 50 000 bouteilles

🍷 **Château Grand Ormeau**
    2001 : 88 - 89
    2000 : 89 . . . . .20 €
    1999 : 88 . . . . .18 €
    1998 : 88 . . . . .20 €

LIBOURNAIS

CHÂTEAU LA COUSPAUDE ★★★★

B.P. 40
33330 Saint-Emilion
Tél. : 05 57 40 15 76 - Fax : 05 57 40 10 14
Web : www.la-couspaude.fr

Limitrophe de Trotte Vieille et de Soutard, le vignoble d'un seul tenant et entièrement clos de murs, n'a pas changé depuis cent-cinquante ans et le château a toujours possédé une très forte réputation. Situé sur le plateau calcaire, son sol est argilo-calcaire sur sous-sol rocheux. Si les Robin sont propriétaires du château depuis 1908, Edith Robin et son mari Etienne Aubert vont construire sa renommée, en particulier grâce à l'intervention de Michel Rolland depuis 1985. Jean-Claude Aubert a pris la suite et il a parfait le vin qui est d'une grande richesse avec des notes boisées présentes dans le jeunesse, mais qui se fondent avec bonheur au bout de quelques années.

Responsable : SCE vignobles Aubert
Vente à la propriété : non
Visite : sur rendez-vous
Surface du vignoble : 7 ha
Surface en rouge : 7 ha
Cépages :
  Merlot 70 %
  Cabernet franc 15 %
  Cabernet sauvignon 15 %
Appellation principale : Saint-émilion grand cru
Production moyenne : 36 000 bouteilles

☖ Château La Couspaude

2001 : 90
2000 : 90
1999 : 89
1998 : 91
1997 : 89
1996 : 89
1995 : 91
1994 : 90

CHÂTEAU LA CROIX DE GAY ****

33500 Pomerol
Tél.: 05 57 51 19 05 - Fax: 05 57 74 15 62

Le château appartient depuis de nombreuses générations à la même famille. Le vignoble de dix hectares est dispersé dans toute l'appellation avec des terrains graveleux et argilo-graveleux. Les vignes sont tenues au cordeau selon les meilleures techniques du moment et l'élevage se fait en barriques neuves par moitié. Dans les derniers millésimes, le 1998 est superbe et le 1999 est juste derrière. Lancée avec le millésime 1982, La Fleur de Gay est une cuvée spéciale de La Croix de Gay, issue d'une parcelle de très vieilles vignes situées entre Petrus et Lafleur. Sa qualité est superbe.

Responsables: Chantal Lebreton et Alain Raynaud
Vente à la propriété: oui
Visite: sur rendez-vous

Surface du vignoble: 10 ha
Surface en rouge: 10 ha
Cépages:
    Merlot 90 %
    Cabernet franc 5 %
    Cabernet sauvignon 5 %
Appellation principale: Pomerol
Production moyenne: 35 000 bouteilles

Château La Croix de Gay

2001: 88 - 89 ......28,70 €
2000: 88 - 90 ......32,29 €
1999: 89 ....30,50 €
1998: 90
1997: 88
1996: 88
1995: 89 ....62,67 €
1994: 88

Château La Fleur de Gay

2001: 91 - 93 ......94,24 €
2000: 92 - 94 ......95,92 €
1999: 91 ....103,69 €
1998: 93
1997: 88
1996: 87
1995: 91 ....154,28 €
1994: 90 ....72 €

LIBOURNAIS

CHÂTEAU LA TOUR FIGEAC ****

33330 Saint-Emilion
Tél. : 05 57 51 77 62 - Fax : 05 57 25 36 92

Ancien hameau du château Figeac, il en fut détaché en 1879. Le château est entouré de Figeac, Cheval Blanc et du vignoble de Pomerol. Son sol, d'un seul tenant, est constitué de graves et de sables anciens sur un sous-sol argileux. Le château a été acheté en 1973 par la famille Rettenmaier et c'est le fils des propriétaires, Otto, qui assure la direction depuis 1994. Le domaine est passé en biodynamie en 1997. Christine Derenoncourt suit toute la viticulture, alors que Stéphane Derenoncourt s'occupe de la vinification. En quelques années, la qualité a considérablement progressé et elle continue de progresser millésime après millésime, avec un vin très harmonieux.

Responsable : Otto Rettenmaier
Visite : sur rendez-vous
Surface du vignoble : 14,6 ha
Surface en rouge : 14,6 ha
Cépages :
  Merlot 60 %
  Cabernet franc 40 %
Appellation principale : Saint-émilion grand cru
Production moyenne : 48 000 bouteilles

Château La Tour Figeac
  2001 : 90-91
  2000 : 90-91
  1999 : 89
  1998 : 89
  1997 : 88

CHÂTEAU LE BON PASTEUR ****

Maillet
33500 Pomerol
Tél.: 05 57 51 10 94 - Fax: 05 57 51 66 08

Acheté en 1920, le Bon Pasteur est géré par l'un des petits-fils, Michel Rolland, devenu un des œnologues-vedette avec sa femme Dany. Avec l'intuition de l'un et le perfectionnisme de l'autre, le château Bon Pasteur est un cru modèle marqué par les arômes un peu exubérants de Pomerol avec l'assise tannique et la tenue d'un Saint-Emilion qui est si proche. Depuis plus de vingt ans, les vins sont d'une régularité parfaite, mais les derniers millésimes ont enclenché le turbo, en gagnant encore en plénitude.

Responsable : Dany Rolland
Vente à la propriété : oui
Visite : oui
Surface du vignoble : 6,7 ha
Cépages :
    Merlot 80 %
    Cabernet franc 20 %
Appellation principale : Pomerol

🍷 **Château le Bon pasteur**
    2001 : 90 - 93
    2000 : 91 - 93
    1999 : 90
    1998 : 92
    1997 : 88
    1996 : 89
    1995 : 91
    1994 : 89

LIBOURNAIS

Mise en Bouteilles au Château

Château Montviel

Pomerol
1999

Appellation Pomerol Contrôlée
FRANCE
sca du Château Montviel
Propriétaire à Pomerol _ Gironde

13% vol.   75 cl

PRODUIT DE FRANCE - GRAND VIN DE BORDEAUX

CHÂTEAU MONTVIEL ****

1 rue du Grand-Moulinet
33500 Pomerol
Fax : 03 21 93 21 03

Pendant longtemps, Montviel appartenait aux Brieux qui le vendaient essentiellement en vrac. Le château a été
acheté, en 1985, par Yves et Catherine
Péré-Vergé qui s'emploient à remonter
le cru. Le vignoble, qui s'agrandit à
petites touches, se répartit entre les fines
graves sablonneuses du côté de Grand
Moulinet et des vieilles graves argileuses. Suivi par Michel Rolland, le vin
tire parti de cette diversité et progresse
régulièrement, au début par son volume
et son charnu, maintenant par son
élégance.

Responsables : Yves et Catherine Péré-Vergé
Vente à la propriété : oui
Visite : sur rendez-vous
Dégustation : sur rendez-vous
Langues : Anglais, Espagnol
Surface du vignoble : 7 ha
Age des vignes : 20 ans
Surface en rouge : 7 ha
Cépages :
   Merlot 80 %
   Cabernet franc 20 %
Appellation principale : Pomerol
Production moyenne : 18 000 bouteilles

🍷 **Château Montviel**
   2001 : 88-90
   2000 : 89-91
   1999 : 89
   1998 : 89

GRAND VIN DE BORDEAUX

CHATEAU NENIN
POMEROL
1986

APPELLATION POMEROL CONTROLEE

12 % Vol.   75 cl

S.C.A. DU CHATEAU NENIN
PROPRIÉTAIRE A POMEROL (GIRONDE) FRANCE
FRANÇOIS DESPUJOL GÉRANT

N° 153. déposé   PRODUCE OF FRANCE   IMP. NATIONALE FRÈRE BORDEAUX

CHÂTEAU NÉNIN ****

33500 Libourne
Tél. : 05 57 51 00 01 - Fax : 05 57 51 77 47

La famille Despujol a géré ce cru pendant 150 ans, de 1847 à 1997, avant qu'il ne soit acheté par les Delon du château Léoville Las Cases. Immédiatement, ils se sont lancés dans un grand programme de travaux, ont arrêté la machine à vendanger et baissé les rendements. Le résultat s'est vite fait sentir. Autrefois un peu durs, les vins ont gagné sur tous les plans. La propriété s'est agrandie en 1999 avec l'achat de la moitié de Certan-Giraud (l'autre moitié est désormais vendue par Jean-Pierre Moueix sous le nom d'Hosanna). Le deuxième vin, les Fugues, est un beau vin, et le premier s'inscrit dans les meilleurs de Pomerol.

Responsables : Jean-Hubert Delon et Geneviève d'Alton
Vente à la propriété : non
Visite : sur rendez-vous
Surface du vignoble : 25 ha
Surface en rouge : 25 ha
Cépages :
  Merlot 80 %
  Cabernet franc 20 %
Appellation principale : Pomerol

🍷 **Château Nénin**
2001 : 93 - 95
2000 : 89 - 91 . . . . . . .77,26 €
1999 : 89 . . . . .74,27 €
1998 : 89
1997 : 88 . . . . .63,99 €
1996 : 86
1995 : 86
1994 : 85 . . . . .44,25 €

LIBOURNAIS

CHÂTEAU PAVIE-DECESSE ★★★★

33330 Saint-Emilion
Tél. : 05 57 55 43 43 - Fax : 05 57 24 63 99
E. Mail : vignobles.perse@wanadoo.fr
Web : www.chateaupavie.com

De 1971 à 1997, le château était géré par
Jean-Paul Valette qui gérait aussi château Pavie. Il a été acheté en 1997 par
Gérard et Chantal Perse qui lui ont
immédiatement appliqué un traitement
de cheval avec rénovation complète du
vignoble et du chai ainsi qu'une réduction des rendements, entre autres. Situé
sur la côte Pavie au-dessus de château
Pavie dont il est contigu, il avait été individualisé depuis 1880 sous le nom de
Pigasse. Le vignoble d'un seul tenant est
plus riche, ce qui donne des vins plus
puissants et moins subtils que ceux de
Pavie. De 1991 à 1997, les vins n'ont
aucun intérêt. Depuis 1998, les vins sont
métamorphosés.

Responsables : Chantal et Gérard Perse
Vente à la propriété : non
Visite : non
Surface du vignoble : 9 ha
Surface en rouge : 9 ha
Cépages :
    Merlot 90 %
    Cabernet franc 10 %
Appellation principale : Saint-émilion
grand cru
Production moyenne : 30 000 bouteilles

🍷 **Château Pavie-Decesse**

2001 : 91 - 94 . . . . .89,70 €
2000 : 91 - 94 . . . . . . .101,06 €
1999 : 90
1998 : 92 . . . . .103,69 €
1997 : 88 . . . . .72,35 €
1996 : 79 . . . . .44,96 €
1995 : 83 . . . . .35,40 €
1994 : 81 . . . . .26,19 €

CHÂTEAU PAVIE-MACQUIN ★★★★

33330 Saint-Emilion
Tél. : 05 57 24 74 23 - Fax : 05 57 24 63 78

Situé sur la côte Pavie, Pavie-Macquin célèbre la mémoire d'Albert Macquin qui l'a constitué à la fin du XIXᵉ siècle. Albert Macquin fut le roi du greffage après le phylloxéra. Le vignoble d'un seul tenant est situé sur une colline argilo-calcaire entre Pavie et Troplong Mondot. Le cru est sorti de l'anonymat sous l'impulsion de Maryse Barre qui l'avait lancé dans la biodynamie et il a atteint la gloire avec la paire Nicolas Thienpont et Stéphane Derenoncourt, qui l'ont mis sur les rails du succès. Les derniers millésimes sont époustouflants.

Responsable : famille Corre-Macquin
Vente à la propriété : oui
Visite : sur rendez-vous
Surface du vignoble : 15 ha
Surface en rouge : 15 ha
Cépages :
  Merlot 70 %
  Cabernet franc 25 %
  Cabernet sauvignon 5 %
Appellation principale : Saint-émilion grand cru
Production moyenne : 60 000 bouteilles

Château Pavie-Macquin
  2001 : 93-96
  2000 : 92-94
  1999 : 91
  1998 : 93
  1997 : 91
  1996 : 90
  1995 : 91
  1994 : 89

LIBOURNAIS

CHÂTEAU PETIT VILLAGE ★★★★

33500 Pomerol
Tél.: 05 57 51 21 08 - Fax: 05 57 51 87 31

Le château est la propriété d'Axa Millé-simes depuis 1989, après avoir été vini-fié depuis 1971 par Bruno Prats. Décimé par le gel de 1956, il avait été entière-ment replanté avec une forte proportion de merlot. Le vignoble est situé sur le plateau de graves argileuses, facteurs de puissance, entre Beauregard, la Conseillante et Certan de May. Depuis une dizaine d'années, le vin est marqué par la volupté de ses merlots et une grande richesse de texture.

Responsable: Axa Millésimes
Vente à la propriété: oui
Visite: sur rendez-vous
Surface du vignoble: 11 ha
Surface en rouge: 11 ha
Cépages:
    Merlot 68 %
    Cabernet sauvignon 18 %
    Cabernet franc 14 %
Appellation principale: Pomerol
Production moyenne: 54 000 bouteilles

🍷 **Château Petit-Village**
    2001 : 88-89
    2000 : 89-90
    1999 : 88
    1998 : 90
    1997 : 88
    1996 : 87
    1995 : 87
    1994 : 86

CHÂTEAU QUINAULT L'ENCLOS ★★★★

33500 Libourne
Tél. : 05 57 74 19 52 - Fax : 05 57 25 91 20
E. Mail : raynaud@chateau-quinault.com
Web : www.chateau-quinault.com

Clos de murs, le vignoble est situé dans la ville de Libourne et sur un sol graveleux, ce qui n'est pas commun. Son âge moyen est de cinquante ans. Le château a été acheté par Alain Raynaud et sa femme Françoise qui l'ont ainsi sauvé de la ruine. Les grands moyens y sont employés pour en faire un vin modèle avec double tri avant et après éraflage, prémacération à froid, pigeage comme en Bourgogne et élevage en fûts neufs. Il en résulte un vin élégant et d'une grande pureté. Les derniers millésimes sont splendides.

Responsables : Françoise et Alain Raynaud
Vente à la propriété : oui
Visite : oui
Appellation principale : Saint-émilion grand cru

🍷 **Château Quinault l'Enclos**
    2001 : 92 - 93
    2000 : 93 - 94
    1999 : 90
    1998 : 94
    1997 : 88

LIBOURNAIS

CHÂTEAU ROUGET ****

33500 Pomerol
Tél. : 05 57 51 05 85 - Fax : 05 57 55 22 45

Rouget, qui tire son nom de Rougier son ancien terroir, est un des plus anciens crus de Pomerol. Il a été acheté en 1992 par Jean-Pierre Labruyère héritier d'une ancienne famille de la viticulture beaujolaise. Les vignes, qui ont encore augmenté de deux hectares en 1999, sont dans le secteur de l'Eglise-Clinet avec des terres argilo-graveleuses, parfois argilo-sableuses. Un deuxième vin, Vieux château des Templiers, a été créé dès 1992. Le grand vin a pris sa dimension à partir de 1997, dans un style dense et concentré avec des tannins suaves et un joli velouté d'ensemble.

Responsable : famille Labruyère
Vente à la propriété : oui
Visite : sur rendez-vous
Dégustation : sur rendez-vous
Surface du vignoble : 17,5 ha
Surface en rouge : 17,5 ha
Cépages :
    Merlot 85 %
    Cabernet franc 15 %
Appellation principale : Pomerol
Production moyenne : 60 000 bouteilles

♈ Château Rouget

2001 : 89 - 91	. . . . . .	.33,25 €
2000 : 89 - 92	. . . . . .	.44,85 €
1999 : 88	. . . .	.49,03 €
1998 : 89		
1997 : 87	. . . .	.25,23 €
1996 : 84		
1995 : 82		
1994 : 80		

CHÂTEAU TROPLONG MONDOT ★★★★

33330 Saint-Emilion
Tél. : 05 57 55 32 05 - Fax : 05 57 55 32 07

Le château Troplong Mondot avait déjà une longue histoire lorsqu'il fut acheté par Alexandre Valette, négociant de vins à Paris. Le château est situé sur une butte et son sol est composé d'argile sur roche calcaire avec des fragments sédimentaires de silex. Pendant longtemps, le cru n'avait rien produit de bien excitant. Avec l'arrivée de Christine Valette au milieu des années 80, la qualité a bondi avec un mélange de puissance et de générosité grâce à une texture veloutée et un élevage judicieux en bois. Il est au niveau d'un premier cru de Saint-Emilion.

Responsable : GFA Valette
Vente à la propriété : non
Visite : sur rendez-vous
Surface du vignoble : 30 ha
Surface en rouge : 30 ha
Cépages :
  Merlot 80 %
  Cabernet franc 10 %
  Cabernet sauvignon 10 %
Appellation principale : Saint-émilion grand cru
Production moyenne : 120 000 bouteilles

🍷 **Château Troplong Mondot**
  2001 : 92-94
  2000 : 91-93
  1999 : 89
  1998 : 93
  1997 : 89
  1996 : 89
  1995 : 93
  1994 : 90

LIBOURNAIS

CHÂTEAU TROTTE VIEILLE ★★★★

33330 Saint-Emilion
Tél.: 05 56 00 00 70 - Fax: 05 57 87 60 30
E. Mail:
domaines.boriemanoux@dial.oleane.com

Admirablement situé sur le plateau, entre Saint-Emilion et Saint-Christophe des Bardes, Trotte Vieille possède toutes les qualités pour devenir le Lafite de Saint-Emilion avec des vins racés et de longévité. Le sol est argileux sur socle de calcaire stampien. Comme Lafite, Trotte Vieille avait souvent une conception très légère de l'élégance. Depuis 1998, les vins ont pris de la densité et les quatre derniers millésimes sont pleinement dignes d'un premier cru classé.

**Responsable: famille Castéja/
Preben-Hansen**
Vente à la propriété: non
Visite: sur rendez-vous
Dégustation: sur rendez-vous

Surface du vignoble: 10 ha
Age des vignes: 40 ans
Surface en rouge: 10 ha
Cépages:
    Merlot 50 %
    Cabernet franc 45 %
    Cabernet sauvignon 5 %
Appellation principale: Saint-émilion grand cru
Production moyenne: 30 000 bouteilles

🍷 **Château Trotte Vieille**
    2001: 90 - 91 . . . . . .44,25 €
    2000: 90 - 91 . . . . . .49,27 €
    1999: 88
    1998: 88
    1997: 87
    1996: 86 . . . . .46,52 €
    1995: 85
    1994: 85

CLOS FOURTET ★★★★

33330 Saint-Emilion
Tél. : 05 57 24 70 90 - Fax : 05 57 74 46 52

Situé sur le plateau calcaire, tout près de l'Eglise et de ses nombreux touristes, le domaine bénéficie d'un terroir très privilégié. La famille Lurton avait acquis le château en 1949. Ils viennent de le revendre en 2001 à Philippe Cuvelier, ancien actionnaire des papeteries Guibert. Si la potentialité du terroir est grande, les vins produits ces vingt dernières années étaient bons, sans être exceptionnels, pour un vin de classe. Avec les conseils de Stéphane Derenoncourt, le millésime 2001 amorce un virage avec un vin dense et racé.

Responsable : Philippe Cuvelier
Vente à la propriété : oui
Visite : sur rendez-vous
Dégustation : sur rendez-vous
Surface du vignoble : 20 ha
Age des vignes : 25 ans
Surface en rouge : 20 ha
Cépages :
    Merlot 85 %
    Cabernet sauvignon 10 %
    Cabernet franc 5 %
Appellation principale : Saint-émilion grand cru
Production moyenne : 60 000 bouteilles

🍷 **Clos Fourtet**

    2001 : 93 - 95 . . . . . . .40,66 €
    2000 : 88 - 91 . . . . . . .56,57 €
    1999 : 87 . . . . .54,06 €
    1998 : 89 . . . . .61,59 €
    1997 : 88 . . . . .44,37 €
    1996 : 89 . . . . .57,41 €
    1995 : 89
    1994 : 88

LIBOURNAIS

CLOS L'ÉGLISE ★★★★

1 Clinet
33500 Pomerol
Tél. : 05 56 64 05 22 - Fax : 05 56 64 06 98

Le château, inhabité car transformé en chai, est situé en face de l'Eglise Clinet et le vignoble est à côté de celui de Clinet, sur des terres très argileuses. La famille Garcin-Cathiard, déjà propriétaire de Haut-Bergey dans les Graves, l'a acheté en 1997. Dès 1997, encore plus en 1998 et bien entendu dans les millésimes ultérieurs, le vin a changé de régime en passant la surmultipliée. Dense, riche et plein, il est méconnaissable.

Responsable : Sylvie Garcin-Cathiard
Vente à la propriété : non
Visite : sur rendez-vous
Surface du vignoble : 6 ha
Surface en rouge : 6 ha
Cépages :
    Merlot 60 %
    Cabernet franc 40 %
Appellation principale : Pomerol
Production moyenne : 22 000 bouteilles

🍷 **Clos de l'Eglise**
    2001 : 90 - 91
    2000 : 92 - 94
    1999 : 92
    1998 : 92
    1997 : 89

1994   1994

Château Bonalgue

POMEROL

APPELLATION POMEROL CONTROLÉE

12,5%vol.

P. BOUROTTE
PROPRIÉTAIRE A POMEROL - GIRONDE - FRANCE
PRODUCE OF FRANCE

MIS EN BOUTEILLE
AU CHATEAU

CHÂTEAU BONALGUE ***(*)

28 rue de Bonalgue - BP 79
33500 Libourne
Tél. : 05 57 51 62 17 - Fax : 05 57 51 28 28

Le château est situé à l'est de Libourne, derrière le champ de courses, sur des graves sablo-argileuses et les Bourotte en sont propriétaires depuis 1926. Pierre et Monique pratiquent des conditions naturelles à la vigne et vendangent le plus tard possible, ce qui donne un vin plein et charnu. Pierre Bourotte s'occupe aussi du Clos du Clocher, un excellent pomerol situé au sud de l'église, et des Hauts-Conseillants à Lalande de Pomerol.

Responsable : Pierre Bourotte
Vente à la propriété : oui
Visite : sur rendez-vous
Surface du vignoble : 6,5 ha
Surface en rouge : 6,5 ha
Cépages :
   Merlot 80 %
   Cabernet franc 20 %
Appellation principale : Pomerol
Production moyenne : 30 000 bouteilles

♟ Château Bonalgue
   2001 : 89 - 90
   2000 : 89 - 90
   1999 : 88
   1998 : 89
   1997 : 86
   1996 : 86
   1995 : 88
   1994 : 86

CHÂTEAU CANON ***(*)

33330 Saint-Emilion
Tél. : 05 57 55 23 45 - Fax : 05 57 24 68 00

Le château a été la propriété de la famille Fournier depuis 1919, avant d'être acheté par les Wertheimer (société Chanel) en 1996. Les vins des années 80 étaient et sont toujours superbes. Une pollution des chais a altéré les vins des débuts des années 90 (de 90 à 96). Grâce à des investissements massifs et à l'arrivée de John Kolasa, le problème a été jugulé et le redressement du vin s'opère peu à peu.

Responsable : John Kolasa
Vente à la propriété : oui
Visite : sur rendez-vous
Surface du vignoble : 22 ha
Surface en rouge : 22 ha
Cépages :
    Merlot 65 %
    Cabernet franc 35 %
Appellation principale : Saint-émilion grand cru
Production moyenne : 70 000 bouteilles

🍷 **Château Canon**
    2001 : 89-90
    2000 : 88-90
    1999 : 87
    1998 : 87
    1997 : 83
    1996 : 82
    1995 : 79
    1994 : 77

CHÂTEAU CANTELAUZE ***(*)

6 place Joffre
33500 Libourne
Tél. : 05 57 51 64 88 - Fax : 05 57 51 56 30

Avec moins d'un hectare, Cantelauze a été constitué en 1989 à partir de parcelles détachées d'autres crus. Il appartient à l'œnologue Jean-Noël Boidron qui le soigne en culture traditionnelle et avec élevage en fûts neufs. Les vignes sont divisées en deux parcelles sur un sol gravelo-sableux très profond et très filtrant, ce qui permet une grande régularité des millésimes. Le vin joue la suavité et le fruit, ce qui n'empêche pas une longue garde.

Responsable : Jean-Noël Boidron
Vente à la propriété : oui
Visite : sur rendez-vous
Dégustation : sur rendez-vous
Surface du vignoble : 1 ha
Surface en rouge : 1 ha
Cépages :
   Merlot
   Cabernet franc
   Cabernet sauvignon
Appellation principale : Pomerol

Château Cantelauze
   2001 : 86 - 87
   2000 : 87
   1999 : 86
   1998 : 87
   1997 : 85 . . . . .33 €

CHÂTEAU CORBIN MICHOTTE ***(*)

33330 Saint-Emilion
Tél.: 05 57 51 64 88 - Fax: 05 57 51 56 30

Proche de Cheval Blanc et de Figeac, Corbin Michotte est aux limites de Pomerol, sur des croupes gravelo-sableuses très homogènes provenant d'une nappe du quaternaire de l'Isle. Jean-Noël Boidron, professeur à la faculté d'œnologie, l'a acheté en 1959. Toujours bien équilibré, le vin joue la rondeur grâce à des vendanges mûres. Son joli velouté lui permet d'être consommé jeune.

Responsable: Jean-Noël Boidron
Vente à la propriété: oui
Visite: sur rendez-vous
Dégustation: sur rendez-vous
Surface du vignoble: 50 ha
Cépages en rouge:
  Merlot 60 %
  Cabernet franc 20 %
  Cabernet sauvignon 20 %
Appellation principale: Saint-émilion grand cru
Production moyenne: 300 000 bouteilles

Château Corbin Michotte
    1999 : 87 . . . . .32,05 €
    1998 : 87 . . . . .44,13 €
    1996 : 86 . . . . .33 €

MIS EN BOUTEILLE AU CHATEAU
SAINT-ÉMILION GRAND CRU

CHATEAU DASSAULT
1998
GRAND CRU CLASSÉ

13% vol.   75 cl

APPELLATION SAINT-ÉMILION GRAND CRU CONTRÔLÉE
PROPRIÉTAIRE CHATEAU DASSAULT SARL - 33330 SAINT-ÉMILION - FRANCE
L. 1   PRODUCE OF FRANCE

CHÂTEAU DASSAULT ***(*)

33330 Saint-Emilion
Tél. : 05 57 55 10 00 - Fax : 05 57 55 10 01
E. Mail : lbv@chateaudassault.com
Web : www.chateaudassault.com

L'ancien château Couprie, complètement à l'abandon, a été acheté en 1955
par Marcel Dassault qui l'a entièrement
fait rénover, ce qui lui permet en 1969
d'accéder au rang de grand cru classé.
Depuis 1995, Laurence Brun-Vergiette
a repris en main toute la technique avec
un véritable travail de fond dans le
vignoble et des améliorations en vinification comme la fermentation malolactique en barrique. La qualité a fait un
bond depuis 1997 avec des vins pas-
sionnants par leur élégance.

Responsable : SARL Château Dassault
Vente à la propriété : non
Visite : sur rendez-vous
Dégustation : sur rendez-vous
Langues : Anglais
Surface du vignoble : 24 ha
Age des vignes : 35 ans
Surface en rouge : 24 ha
Cépages :
    Merlot 65 %
    Cabernet franc 30 %
    Cabernet sauvignon 5 %
Appellation principale : Saint-émilion
grand cru
Production moyenne : 70 000 bouteilles

🍷 **Château Dassault**
    1999 : 88 . . . . .41,50 €
    1998 : 89 . . . . .36,84 €
    1997 : 87

LIBOURNAIS

CHÂTEAU FLEUR CARDINALE ***(*)

Saint-Étienne-de-Lis
33330 Saint-Emilion
Tél.: 05 57 40 14 05 - Fax: 05 57 40 28 62
E. Mail: fleurcardinale@terre-net.fr

Anciens propriétaires des porcelaines Haviland à Limoges, Florence et Dominique Decoster ont acheté ce cru en mai 2001. Claude Asséo, qui l'avait acheté en 1983, avait déjà bien fait progresser sa qualité et sa notoriété. Les vignes sont situées à Saint-Etienne-de-Lisse, en coteau et sur le plateau argilo-calcaire sur fond rocheux et sont exposées sud et sud-est. Avec les conseils de Jean-Luc Thunevin, les nouveaux propriétaires ont engagé de gros travaux. En attendant, le 1999 est souple, moelleux et se présente déjà fort agréablement.

Responsables: Dominique et Florence Decoster
Vente à la propriété: oui
Visite: sur rendez-vous
Dégustation: sur rendez-vous
Langues: Anglais
Surface du vignoble: 17 ha
Age des vignes: 40 ans
Surface en rouge: 17 ha
Cépages:
    Merlot 70 %
    Cabernet franc 15 %
    Cabernet sauvignon 15 %
Appellation principale: Saint-émilion grand cru
Production moyenne: 58 000 bouteilles

🍷 **Château Fleur Cardinale**
    1999 : 88 . . . . 18,60 €

CHÂTEAU FRANC-MAYNE ***(*)

33330 Saint-Emilion
Tél. : 05 57 24 62 61 - Fax : 05 57 24 68 25

Marque traditionnellement connue dans le Benelux, le château a été acheté en 1996 par le belge Georges Fourcroy qui a fait sa fortune avec la mandarine impériale. Grâce à une sélection plus drastique, les vins ont gagné en densité, tout en gardant leur élégance. Les millésimes suivants confirment cette voie qui avait déjà été initiée par Jean-Michel Cazes et Daniel Llose, du temps où la propriété appartenait à AXA. Au bout de quelques années, les vins se referment et il faut attendre. Deux autres châteaux ont été achetés, les châteaux Marquey et Montlabert, et ils sont encore en rodage.

Responsable : Georgy Fourcroy
Vente à la propriété : oui
Visite : sur rendez-vous
Surface du vignoble : 7,02 ha
Surface en rouge : 7,02 ha
Cépages :
  Merlot 90 %
  Cabernet franc 10 %
Appellation principale : Saint-émilion grand cru
Production moyenne : 30 000 bouteilles

Château Franc-Mayne

2001 : 87 - 88	. . . . . .	21,88 €
2000 : 88 - 89	. . . . . .	28,58 €
1999 : 88	. . . .	30,61 €
1998 : 89		
1997 : 87	. . . .	28,58 €
1996 : 87		
1995 : 88		
1994 : 87		

1982

CHATEAU
GRAND-PONTET

SAINT-ÉMILION
GRAND CRU CLASSÉ
APPELLATION SAINT-EMILION GRAND CRU CLASSE CONTROLEE

CHATEAU GRAND PONTET S.A.
PROPRIÉTAIRE A SAINT-EMILION (GIRONDE)

MIS EN BOUTEILLE AU CHATEAU

PRODUIT DE FRANCE

CHÂTEAU GRAND-PONTET ***(*)

33330 Saint-Emilion
Tél.: 05 57 74 46 88 - Fax: 05 57 24 66 88

Pendant longtemps, le cru appartenait à la maison de négoce Barton et Guestier qui l'a revendu en 1980 aux Pourquet-Bécot. Le château est situé sur le plateau calcaire à l'ouest, près de Beauséjour-Bécot. Jusqu'à très récemment, Gérard et Dominique Bécot s'occupaient du vignoble de leur sœur et ils ont fait un gros travail de restructuration. Les vins sont toujours d'une belle densité avec une croissance régulière.

Responsable: famille Pourquet-Bécot
Vente à la propriété: non
Visite: non

Surface du vignoble: 14 ha
Surface en rouge: 14 ha
Cépages:
　Merlot 75 %
　Cabernet franc 15 %
　Cabernet sauvignon 10 %
Appellation principale: Saint-émilion grand cru
Production moyenne: 80 000 bouteilles

🍷 **Château Grand Pontet**
　2001: 88 - 89
　2000: 89 - 91
　1999: 88
　1998: 89
　1997: 88
　1996: 89
　1995: 88
　1994: 88

CHÂTEAU LA CROIX DU CASSE ***(*)

Château Jonqueyres
33750 Saint-Germain-du-Puch
Tél. : 05 56 68 55 88 - Fax : 05 56 30 11 45

Le vignoble est situé au sud de Catusseau, sur une terrasse de sables anciens et de graves sur une sous-couche de crasse de fer. Jean-Michel Arcaute, aujourd'hui malheureusement disparu, avait dirigé cette propriété depuis 1988 et l'avait amenée au maximum des possibilités de son terroir avec un vin riche et relativement tannique. La propriété continue dans la même voie, ainsi qu'à Beau-Soleil, à Pomerol, à Sansonnet et à Saint-Emilion.

Responsable : GAM Audy
Vente à la propriété : oui
Visite : sur rendez-vous
Dégustation : sur rendez-vous

Surface du vignoble : 9 ha
Surface en rouge : 9 ha
Cépages :
  Merlot 70 %
  Cabernet franc 30 %
Appellation principale : Pomerol
Production moyenne : 54 000 bouteilles

🍷 Château Joncqueyres
2001 : 87 - 88
2000 : 88
1999 : 88
1998 : 88

🍷 Château La Croix du Casse
2001 : 88 - 89
2000 : 88 - 89 ......34,20 €
1999 : 88 ....48,32 €
1998 : 89 ....52,38 €
1997 : 87 ....40,90 €
1996 : 88
1995 : 91
1994 : 90 ....44,49 €

CHÂTEAU LARCIS DUCASSE ***(*)

33330 Saint-Emilion
Tél. : 05 57 24 70 84 - Fax : 05 57 24 64 00

Le château a été acheté en 1893 par André Raba et ce sont toujours ses descendants qui le gèrent avec Hélène Gratiot Alphandéry depuis 1945, puis son fils Jacques-Olivier Gratiot. Le château est magnifiquement situé sur la côte Pavie et il produit un vin élégant et racé, peu expressif dans sa jeunesse, ce qui explique son régulier massacre dans les dégustations des vins jeunes. Avec l'âge, il évolue vers des superbes notes truffées et il reprend consistance et couleur. Depuis 2002, le château est dorénavant géré par la paire Nicolas Thienpont et Stéphane Derenoncourt.

Responsable : Mme H. Gratiot Alphandéry
Vente à la propriété : non
Visite : sur rendez-vous

Surface du vignoble : 11 ha
Surface en rouge : 11 ha
Cépages :
Merlot 65 %
Cabernet franc 25 %
Cabernet sauvignon 10 %
Appellation principale : Saint-émilion grand cru
Production moyenne : 60 000 bouteilles

🍷 **Château Larcis Ducasse**
2001 : 88-89
2000 : 90-92
1999 : 89
1998 : 91
1997 : 88
1996 : 88
1995 : 90
1994 : 88

Grand Cru Classé

CHATEAU LARMANDE

Saint-Emilion Grand Cru

APPELLATION SAINT-EMILION GRAND CRU CONTROLEE

1990

SOCIETE CIVILE D'EXPLOITATION DU CHATEAU LARMANDE

A SAINT-EMILION · GIRONDE · FRANCE

13%vol.   MIS EN BOUTEILLE AU CHATEAU   75 cl

PRODUIT DE FRANCE

CHÂTEAU LARMANDE ***(*)

33330 Saint-Emilion
Tél. : 05 57 24 71 41 - Fax : 05 57 74 42 80

Larmande est un lieu-dit au nord de l'appellation, à la géologie variée, et le château est connu depuis le XVIᵉ siècle. Longtemps propriété de la famille Méneret, il a été acheté en 1990 par la Mondiale. Pendant longtemps, le raisin était récolté avec une petite surmaturité, ce qui donnait un vin gras, presque opulent. Avec l'arrivée de Claire Chenard, le vignoble a été repris en main et les vins sont devenus plus classiques. Les millésimes 2000 et 2001 montrent la voie à suivre.

Responsable : Groupe La Mondiale
Vente à la propriété : non
Visite : sur rendez-vous

Surface du vignoble : 25 ha
Surface en rouge : 25 ha
Cépages :
    Merlot 65 %
    Cabernet franc 30 %
    Cabernet sauvignon 5 %
Appellation principale : Saint-émilion grand cru
Production moyenne : 135 000 bouteilles

Château Larmande

2001 : 89 - 90 . . . . . . .22,54 €
2000 : 89 - 90 . . . . . . .26,91 €
1999 : 88 . . . . .33,36 €
1998 : 88 . . . . .41,50 €
1997 : 87 . . . . .31,21 €
1996 : 87
1995 : 87 . . . . .40,78 €
1994 : 86 . . . . .32,65 €

CHÂTEAU TERTRE DAUGAY ***(*)

BP 65
33330 Saint-Emilion
Tél.: 05 57 24 72 15 - Fax: 05 57 24 69 06
E. Mail: chateau-tertre-daugay@chateau-tertre-daugay
Web: www.chateau-tertre-daugay

Le château, qui appartenait à une cousine éloignée, a été acheté aux enchères par Léo Malet Roquefort en 1979, dans un triste état. D'un seul tenant et situé à flanc de coteau, le château est bien placé. Les vins ont mis du temps à se remettre, mais depuis quelques millésimes, ils sont revenus à leur meilleur niveau. Le 1999 est superbe d'élégance, tout comme le 1998.

Responsable: Comte de Malet Roquefort
Vente à la propriété: oui
Visite: oui
Dégustation: sur rendez-vous
Moyen d'accès: D122
Surface du vignoble: 13 ha
Surface en rouge: 13 ha
Cépages:
    Merlot 60 %
    Cabernet franc 40 %
Appellation principale: Saint-émilion grand cru

🍷 **Château Tertre Daugay**
    1999: 88
    1998: 88

CHÂTEAU VILLARS ***(*)

33141 Saillans
Tél. : 05 57 84 32 17 - Fax : 05 57 84 31 25

Six générations de Gaudrie se succèdent au château Villars depuis le début du XIXe siècle. Le château est géré en famille par Jean-Claude Gaudrie et sa femme Brigitte, ainsi que par leurs fils. Le vignoble est constitué d'une part non négligeable de vieilles vignes et il est implanté sur les fameuses mollasses du fronsadais. Si le vignoble est maintenant vendangé à la machine, les vinifications ont toujours été de pointe avec un élevage en fûts renouvelés par tiers. Le vin, d'une grande régularité, est complet, avec une belle structure et un joli moelleux.

Responsable : Jean-Claude Gaudrie
Vente à la propriété : oui
Visite : oui
Surface du vignoble : 20 ha
Cépages :
   Merlot 71 %
   Cabernet franc 27 %
   Cabernet Sauvignon 2 %
Appellation principale : Fronsac

Château Villars
   2001 : 88 - 89
   2000 : 89
   1999 : 88
   1998 : 89

Moulin haut-villars
   2000 : 87

VIEUX CHÂTEAU CHAMPS DE MARS ***(*)

Champs-de-Mars
33350 Saint-Philippe-d'Aiguilhe
Tél. : 05 57 40 63 49 - Fax : 05 57 40 61 41

Voilà une bonne dizaine d'années que le domaine sort un beau Côtes de Castillon très élégant. Avec des vignes âgées, Régis et Sébastien Moro s'en donnent les moyens. Sur les conseils de Michel Rolland, les vendanges sont manuelles avec tri, les cuvaisons sont longues et l'élevage s'effectue en fûts de chêne neufs avec rotations par tiers. Trois hectares d'une vigne plantée en 1904 sont réservés à la Cuvée Johanna qui est fermentée en cuves bois neuves et élevée en fûts neufs. La concentration est impressionnante.

Responsables : Régis et Sébastien Moro
Vente à la propriété : oui
Visite : sur rendez-vous
Dégustation : sur rendez-vous
Surface du vignoble : 17 ha
Surface en rouge : 17 ha
Cépages :
    Merlot 80 %
    Cabernet franc 10 %
    Cabernet sauvignon 10 %
Appellation principale : Côtes de castillon
Production moyenne : 100 000 bouteilles

♟ **Vieux Château Champs de Mars**
    2000 : 88
    1999 : 87
    1998 : 87
    1997 : 86

♟ **Vieux château champs de Mars cuvée Johanna**
    2000 : 89
    1999 : 88

CHÂTEAU DE LA RIVIÈRE ***

BP 50
33126 Fronsac
Tél. : 05 57 55 56 56 - Fax : 05 57 24 94 39
E. Mail : info@chateau-de-la-rivière.com
Web : www.chateau-de-la-rivière.com

Dominant la Gironde, le château La Rivière est un casse-tête architectural entre le château initial de 1260, ses modifications en pleine renaissance et une restauration signée Viollet-Le-Duc, sans compter les interventions ultérieures. Sept hectares de caves superbes permettent d'impeccables vieillissements, ce dont ne se privait pas Jacques Borie qui a longtemps occupé les lieux. Après un intermède moins brillant, la famille Leprince a repris La Rivière avec beaucoup d'ambition. Le vin retrouve la forme et la cuvée spéciale Aria est prometteuse.

Responsable : famille Leprince
Vente à la propriété : oui
Visite : oui
Dégustation : oui
Moyen d'accès : Autoroute A10 - sortie 40, direction Libourne.
De Libourne, direction St André de Cubzac - A10 - à 6 km.

Surface du vignoble : 59 ha
Surface en rouge : 59 ha
Cépages :
   Merlot 80 %
   Cabernet sauvignon 14 %
   Cabernet franc 5 %
   Malbec 1 %
Appellation principale : Fronsac
Production moyenne : 350 000 bouteilles

Château de la Rivière
   2000 : 86

Aria
   2000 : 88

Château de la Rivière
   1999 : 87
   1998 : 88
   1997 : 86

Les Sources du Château de la Rivière
   1999 : 86
   1998 : 86

LIBOURNAIS

CHÂTEAU FONPLÉGADE ★★★

Domaine Vinicole Armand Moueix
33330 Saint-Emilion
Tél.: 05 57 74 43 11 - Fax: 05 57 74 44 67
E. Mail: domaines-armand-moueix@wanadoo.fr
Web: www.domaines-armand-moueix.com

Fonplégade est situé sur la grande côte de Saint-Emilion, près de Magdeleine, sur le plateau à prédominance calcaire à astéries, le conche argilo-calcaire et le pied de côte silico-calcaire. Le cru est maintenant suivi, tout comme Moulinet à Pomerol, par Nathalie Moueix-Guillot. S'il est élaboré avec toutes les ressources de la technique moderne, dans ce qu'elle a de meilleur, le vin est très classique dans sa conception, avec des tannins assez fermes. Moulinet est élaboré dans le même esprit.

Responsable: Armand Moueix
Vente à la propriété: oui
Visite: sur rendez-vous
Dégustation: sur rendez-vous
Surface du vignoble: 18 ha
Appellation principale: Saint-émilion grand cru

🍷 **Château Fonplégade**
1998: 87 . . . . 23 €

🍷 **Château Moulinet**
1999:
1998: 87

CHÂTEAU
GRAND-CORBIN-DESPAGNE ***

33330 Saint-Emilion
Tél. : 05 57 51 08 38 - Fax : 05 57 51 29 18
E. Mail : f-despagne@grand-corbin-despagne.com
Web : www.grand-corbin-despagne.com

Depuis près d'un millénaire, le nom Despagne est celui d'une famille et d'un lieu-dit, et le Grand-Corbin-Despagne a du être constitué il y a cent cinquante ans. Le château est situé au nord de Saint-Emilion, tout près de Pomerol, sur un terroir argilo-sableux, avec des sables anciens, sur de la crasse de fer. Bien campé sur ses fruits rouges en vin jeune, il prend rapidement des arômes d'épices et de truffe au vieillissement.

Responsable : famille Despagne
Vente à la propriété : non
Visite : sur rendez-vous
Dégustation : sur rendez-vous
Moyen d'accès : par la D244 (Libourne - Pomerol - Montagne)
Langues : Anglais

Surface du vignoble : 26,54 ha
Age des vignes : 34 ans
Surface en rouge : 26,54 ha
Cépages :
    Merlot 75 %
    Cabernet franc 24 %
    Cabernet sauvignon 1 %
Appellation principale : Saint-émilion grand cru
Production moyenne : 80 000 bouteilles

Château Ampélia
2000 : 88 . . . . 10 €

Château Grand Corbin-Despagne
1999 : 86
1998 : 87
1997 : 85

Château Petit Corbin-Despagne
1999 : 85 . . . . 10 €

LIBOURNAIS

CHÂTEAU HAUT-CORBIN ***

Château Haut-Corbin
33330 Saint-Emilion
Tél. : 05 57 51 95 54 - Fax : 05 57 51 90 93

Le château est situé à quelques centaines de mètres de Pomerol dont il hérite la sève. Depuis 1986, il appartient aux mutuelles d'assurances du bâtiment et des travaux publics. Les chais ont été refaits en 1994 avec une batterie de petites cuves en ciment et l'élevage s'effectue avec 40 % de bois neuf. Sous la direction de Philippe Dambrine du château Cantemerle, cru classé du Médoc, les vins ont pris de la chair, avec un joli fond comme en 1999 et 1998.

Responsable : Groupe SMABTP/
Philippe Dambrine
Vente à la propriété : oui
Visite : sur rendez-vous
Dégustation : sur rendez-vous
Surface du vignoble : 6 ha
Surface en rouge : 6 ha
Cépages :
    Merlot 65 %
    Cabernet sauvignon 25 %
    Cabernet franc 10 %
Appellation principale : Saint-émilion
grand cru
Production moyenne : 36 000 bouteilles

♀ **Château Haut-Corbin**
    1999 : 88 . . . . .24,50 €
    1998 : 88
    1997 : 88 . . . . .22 €

CHÂTEAU MAZEYRES ***

56 avenue Georges-Pompidou
33500 Libourne
Tél.: 05 57 51 00 48 - Fax: 05 57 25 22 56
E. Mail: mazeyres@wanadoo.fr
Web: www.mazeyres.fr

La caisse de retraite de la Société Générale a acheté Mazeyres en 1988. Situé à l'ouest de l'appellation, son vignoble est implanté sur des terrains de graves sableuses. Depuis, il a presque triplé de surface, avec une parcelle siliceuse et une autre plus limoneuse. En quelques années, le vin a pris de la rondeur, mais 1998 et 1999 survolent les autres millésimes.

Responsable: Caisses de Retraites de la Société Générale
Vente à la propriété: non
Visite: sur rendez-vous
Dégustation: sur rendez-vous
Langues: Anglais
Surface du vignoble: 21,94 ha
Age des vignes: 30 ans
Surface en rouge: 21,94 ha
Cépages:
    Merlot 80 %
    Cabernet franc 20 %
Appellation principale: Pomerol
Production moyenne: 110 000 bouteilles

🍷 Château Mazeyres
    1999 : 88 . . . . .21 €
    1998 : 88 . . . . .25,45 €
    1997 : 85 . . . . .16,70 €
    1996 : 86 . . . . .23,35 €

LIBOURNAIS

CHATEAU
MOULIN PEY-LABRIE

CANON FRONSAC
Appellation Canon Fronsac Contrôlée

B&G HUBAU-RENARD
12,5%vol   VITICULTEURS A FRONSAC.GIRONDE.FRANCE   750 ml
MIS EN BOUTEILLE AU CHATEAU
PRODUIT DE FRANCE

CHÂTEAU MOULIN PEY-LABRIE ***

33126 Fronsac
Tél. : 05 57 51 14 37 - Fax : 05 57 51 53 45

Venus du nord de la France, Bénédicte et Grégoire Hubau ont acheté Moulin Pey-Labrie à Yvette Seurt. Cette propriété jouissait depuis longtemps de la réputation d'élaborer un vin à forte personnalité. Avec les conseils de Michel Rolland, les vins ont gagné en densité et les tannins sont plus policés, sans se départir de cette classe naturelle que lui confère son terroir. Les vins sont toujours très réguliers.

Responsables : B. et G. Hubau
Vente à la propriété : oui
Visite : sur rendez-vous
Dégustation : sur rendez-vous
Surface du vignoble : 6,5 ha
Surface en rouge : 6,5 ha
Cépages :
　Merlot 100 %
Appellation principale : Canon-fronsac
Production moyenne : 20 000 bouteilles

🍷 **Château Moulin Pey-Labrie**
　2000 : 89
　1999 : 88
　1998 : 89
　1997 : 87

MÉDOC

CHÂTEAU LAFITE ROTHSCHILD *****

33250 Pauillac
Tél.: 05 56 73 18 18 ou 01 53 89 78 00 - Fax: 05 56 59 26 83

Héritier d'une longue histoire, Lafite a passé une période très ingrate entre 1960 et 1974 (sauf le 62). A partir de 1975, sous la direction d'Eric de Rothschild, il retrouve son rang avec plusieurs millésimes fabuleux dans les années 80, mais aussi quelques irrégularités. Dans les années 90, avec Charles Chevallier comme directeur technique, Lafite se régularise et tous les millésimes récents sont de très haut niveau, faisant mentir sa légendaire réputation d'inconstance au prix d'une sélection drastique. Le deuxième vin, les Carruades, est aussi de haut niveau.

Responsable: Charles Chevallier
Vente à la propriété: non
Visite: sur rendez-vous
Surface du vignoble: 100 ha

Surface en rouge: 100 ha
Cépages:
    Cabernet sauvignon 75 %
    Merlot 20 %
    Cabernet franc 4 %
    Petit Verdot 1 %
Appellation principale: Pauillac
Production moyenne: 250 000 bouteilles

Château Lafite Rothschild

2001 : 94 - 98 ......137,54 €
2000 : 96 - 100
1999 : 96 ....130 €
1998 : 98 ....150 €
1997 : 92 ....120 €
1996 : 100 ....225 €
1995 : 96 ....178 €
1994 : 90 ....99 €

Les Carruades de Lafite

2001 : 90 - 92 ......29,30 €
2000 : 91 - 93 ......33,48 €
1999 : 90 ....36,47 €
1998 : 91 ....37,08 €
1997 : 88 ....40,90 €
1996 : 91 ....48,79 €
1995 : 90 ....52,62 €
1994 : 88 ....47,72 €

MÉDOC

CHÂTEAU LATOUR *****

33250 Pauillac
Tél. : 05 56 73 19 80 - Fax : 05 56 73 19 81
E. Mail : info@chateau-latour.com
Web : www.chateau-latour.com

Remarquablement situé en bord de Gironde, Latour est un modèle de régularité. Le château a appartenu au groupe anglais Pearson en 1963 qui l'a revendu en 1989 à Allied Lyons. François Pinault le rachète en 1993. Dans les millésimes récents, 1996 est extraordinaire, tout comme probablement le 2000 avec la patte de Frédéric Engerer qui dirige maintenant le château et qui a affiné la maturité. Latour est un vin de longue garde qui a souvent besoin de vingt ans pour atteindre son apogée. Le deuxième vin, les Forts de Latour, a toujours été de haut niveau.

Responsable : François Pinault
Vente à la propriété : non
Visite : sur rendez-vous
Dégustation : sur rendez-vous
Moyen d'accès : D2 (route des Châteaux)

Surface du vignoble : 65 ha
Surface en rouge : 65 ha
Cépages :
    Cabernet sauvignon 76 %
    Merlot 20 %
    Cabernet franc 2 %
    Petit Verdot 2 %
Appellation principale : Pauillac
Production moyenne : 380 000 bouteilles

🍷 Château Latour

    2001 : 93 - 97 . . . . . . .137,54 €
    2000 : 95 - 100
    1999 : 94 . . . . .175 €
    1998 : 93 . . . . .183 €
    1997 : 90 . . . . .141 €
    1996 : 98 . . . . .333 €
    1995 : 96 . . . . .383 €
    1994 : 95 . . . . .208 €

🍷 Les Forts de Latour

    2001 : 89 - 92 . . . . . . .35,88 €
    2000 : 90 - 93 . . . . . . .68,29 €
    1999 : 89
    1998 : 91 . . . . .53,94 €
    1997 : 88
    1996 : 92 . . . . .98,07 €
    1995 : 91
    1994 : 89

CHÂTEAU LÉOVILLE LAS-CASES *****

33250 Saint-Julien-Beychevelle
Tél. : 05 56 73 25 26 - Fax : 05 56 59 18 33

Remarquablement situé et tenu avec un soin maniaque, le grand enclos de Léoville Las Cases, contigu à celui du château Latour, est un terroir de tout premier ordre. Michel Delon puis son fils Jean-Hubert qui dirige maintenant la propriété après le décès de son père, ont porté le vin au plus haut niveau grâce à un extrême perfectionnisme de chaque détail. Les vins ont une concentration prodigieuse avec une classe qui les rendent hors norme. Seul le grand vieillissement permet une expression aboutie de cet absolutisme.

Responsables : Geneviève D'Alton et Jean-Hubert Delon
Vente à la propriété : non
Visite : oui
Surface du vignoble : 97 ha

Surface en rouge : 97 ha
Cépages :
    Cabernet sauvignon 65 %
    Merlot 19 %
    Cabernet franc 13 %
    Petit Verdot 3 %
Appellation principale : Saint-julien

Château Léoville las-Cases
2001 : 93 - 96
2000 : 94 - 98
1999 : 92 . . . . .62,61 €
1998 : 94 . . . . .72,26 €
1997 : 90 . . . . .79,88 €
1996 : 98 . . . . .160,98 €
1995 : 96 . . . . .106,50 €
1994 : 93 . . . . .69,06 €

Clos du Marquis
2001 : 89 - 91
2000 : 90 - 93 . . . . . . .29,06 €
1999 : 90 . . . . .28,58 €
1998 : 90 . . . . .32,29 €
1997 : 88 . . . . .38,98 €
1996 : 91 . . . . .42,33 €
1995 : 91 . . . . .42,21 €
1994 : 89 . . . . .35,64 €

MÉDOC

CHÂTEAU MARGAUX *****

33460 Margaux
Tél.: 05 57 88 83 83 - Fax: 05 57 88 31 32

La période difficile entre 1963 et 1977 est totalement oubliée et les vins renouent depuis 1978 avec la tradition prestigieuse de ses glorieux aînés depuis son rachat. Le cru est passé, comme tant d'autres, par une période où il était un rien trop boisé dans les années 80, quoique 1986 et 1985 soient somptueux. Depuis 1990, sous la direction du très compétent Paul Pontallier le vin est au plus haut niveau avec une densité et une plénitude rarement atteintes. Le millésime 2000 est magistral et 1996 tout comme 1990 frisent la perfection avec des vins d'une incroyable concentration. Dans d'autres millésimes comme 1985 ou 1995, il prend une allure plus suave.

Responsable : IFIL holding DG Corinne Mentzelopoulos
Vente à la propriété : non
Visite : sur rendez-vous
Surface du vignoble : 78 ha

Surface en rouge : 78 ha
Cépages :
    Cabernet sauvignon 75 %
    Merlot 20 %
    Cabernet franc 2,50 %
    Petit Verdot 2,50 %
Appellation principale : Margaux
Production moyenne : 390 000 bouteilles

🍷 Château Margaux
2001 : 92 - 95 ......161,46 €
2000 : 95 - 100
1999 : 93 ....175 €
1998 : 94
1997 : 90 ....120 €
1996 : 98 ....213 €
1995 : 96 ....213 €
1994 : 93 ....152 €

🍷 Pavillon rouge
2001 : 88 - 90 ......29,90 €
2000 : 89 - 92 ......47,84 €
1999 : 89 ....43,17 €
1998 : 90 ....45,57 €
1997 : 88 ....58,72 €
1996 : 91 ....61,11 €
1995 : 90 ....72,24 €
1994 : 87

CHÂTEAU
MOUTON ROTHSCHILD *****

33250 Pauillac
Tél. : 05 56 59 22 22 - Fax : 05 56 73 20 44

Mouton-Rothschild est indissociable de Philippe de Rothschild qui en a fait sa cause personnelle en imposant la mise au château dès 1924. Il fut le premier. Inventant l'étiquette illustrée par un artiste et prenant des risques insensés il a produit des millésimes de légende. Avec le décès du baron en 1988, la qualité a eu quelques flottements, rapidement réparés. Depuis 1996, Mouton produit des vins de très haut niveau avec ce mélange inimitable d'opulence, de complexité et de richesse et une régularité remarquable.

Responsable : baronne Philippine de Rothschild GFA
Vente à la propriété : non
Visite : sur rendez-vous
Surface du vignoble : 78 ha
Surface en rouge : 78 ha
Cépages :
    Cabernet sauvignon 80 %
    Cabernet franc 10 %
    Merlot 8 %
    Petit Verdot 2 %
Appellation principale : Pauillac
Production moyenne : 300 000 bouteilles

Château Mouton Rothschild

2001 : 92 - 97 . . . . . . .137,54 €
2000 : 95 - 100 . . . . . .310,24 €
1999 : 95 . . . . .175 €
1998 : 96 . . . . .183 €
1997 : 91 . . . . .99 €
1996 : 93 . . . . .160 €
1995 : 92 . . . . .181 €
1994 : 89 . . . . .106 €

MÉDOC

CHÂTEAU COS D'ESTOURNEL ****(*)

33180 Saint-Estèphe
Tél. : 05 56 73 15 50 - Fax : 05 56 59 72 59

Sous la direction avisée de Bruno Prats qui l'a géré jusqu'en 1998, Cos d'Estournel a acquis un velouté et un soyeux incomparables qui le rendaient très séduisant les premières années de son existence, avant de reprendre du classicisme tout en préservant son charme. A partir de 1985, le château a réussi le sans-faute. Il a ensuite changé de main en passant à une association entre le Groupe Bernard Taillan et Cavas Santa Maria, avant d'être racheté par Michel Reybier. Pendant ce temps, le château a été géré par le fils de Bruno Prats, le talentueux Jean-Guillaume, qui l'a mis dans la voie du XXIe siècle en lui donnant beaucoup plus de concentration sans perdre son charme.

Responsable : Jean Guillaume Prats
Vente à la propriété : non
Visite : sur rendez-vous
Surface du vignoble : 65 ha
Surface en rouge : 65 ha
Cépages :
  Cabernet sauvignon 60 %
  Merlot 40 %
Appellation principale : Saint-estèphe
Production moyenne : 300 000 bouteilles

Château Cos d'Estournel

2001 : 90 - 92	......	55,01 €
2000 : 93 - 95		
1999 : 90	....	41,92 €
1998 : 91	....	53,35 €
1997 : 88	....	57,93 €
1996 : 95	....	70,12 €
1995 : 95	....	71,65 €
1994 : 92	....	51,83 €

CHÂTEAU DUCRU-BEAUCAILLOU ****(*)

33250 Saint-Julien-Beychevelle
Tél. : 05 56 73 16 73 - Fax : 05 56 59 27 37

Installé sur cinquante hectares de belles graves, Ducru-Beaucaillou a produit, au cours de son histoire, de nombreux millésimes d'anthologie. Pendant trente ans jusqu'à son décès en 1998, Jean Eugène Borie a géré la propriété avec beaucoup de compétence avec un style de vins qui mêlait fruit, rondeur et harmonie avec une évolution lente en bouteille, mais de grande classe. Grâce à la construction d'un nouveau chai le château a retrouvé le niveau qui fut le sien. Les millésimes récents accentuent l'élégance du vin.

Responsable : famille Jean-Eugène Borie
Vente à la propriété : non
Visite : sur rendez-vous
Surface du vignoble : 50 ha
Surface en rouge : 50 ha
Cépages :
    Cabernet sauvignon 70 %
    Merlot 25 %
    Cabernet franc 5 %
Appellation principale : Saint-julien
Production moyenne : 210 000 bouteilles

Château Ducru-Beaucaillou

2001 : 90 - 91 . . . . . . .50,23 €
2000 : 92 - 95 . . . . . . .94,72 €
1999 : 91 . . . . .65,90 €
1998 : 93 . . . . .72,11 €
1997 : 88 . . . . .60,40 €
1996 : 95 . . . . .123,43 €
1995 : 95 . . . . .149,98 €
1994 : 90

MÉDOC

CHÂTEAU
GRAND-PUY-LACOSTE ****(*)

33250 Pauillac
Tél.: 05 56 73 16 73 - Fax: 05 56 59 27 37

Grand-Puy-Lacoste, GPL pour les initiés, a eu a chance de ne connaître que deux grands propriétaires dans les huit dernières décennies. Fin gourmet, Raymond Dupin l'a géré de 1932 à 1978, date à laquelle il l'a vendu à la famille Borie de Ducru-Beaucaillou. Les vignes sont proches du château sur des graves de grosseur moyenne à socle calcaire et produisent un vin dense et racé aux tannins épicés qui vieillit avec grande classe. Un archétype de Pauillac.

Responsable: François-Xavier Borie
Vente à la propriété: non
Visite: sur rendez-vous
Surface du vignoble: 50 ha
Surface en rouge: 50 ha
Cépages:
    Cabernet sauvignon 70 %
    Merlot 25 %
    Cabernet franc 5 %
Appellation principale: Pauillac
Production moyenne: 180 000 bouteilles

🍷 **Château Grand-Puy-Lacoste**
    2001: 89 - 91 ......32,29 €
    2000: 90 - 93
    1999: 90
    1998: 92
    1997: 88 ....25,91 €
    1996: 93 ....47,25 €
    1995: 91 ....48,78 €
    1994: 87

CHÂTEAU GRUAUD LAROSE ****(*)

33250 Saint-Julien-Beychevelle
Tél. : 05 56 73 15 20 - Fax : 05 56 59 64 72

Situé sur le plateau de Saint-Julien, en retrait de la Gironde, Gruaud-Larose a produit pendant des décennies des vins massifs qui gagnaient leur noblesse avec un long vieillissement. Il a bénéficié d'investissements très importants par Alcatel qui l'a revendu en 1997 à la société Bernard Taillan de Jacques Merlaut. Sous l'efficace tandem Jean Merlaut et l'œnologue Georges Pauli qui suit la propriété depuis longtemps, Gruaud-Larose a continué et perfectionné ces investissements. Les vins ont beaucoup gagné en plénitude et en élégance, tout en gardant leur légendaire puissance. Le deuxième vin, Sarget, est aussi très bien réussi.

Responsables : groupe Taillan, Jean Merlaut
Vente à la propriété : non
Visite : sur rendez-vous
Surface du vignoble : 82 ha
Surface en rouge : 82 ha
Cépages :
   Cabernet sauvignon 57 %
   Merlot 31 %
   Cabernet franc 7,50 %
   Petit Verdot + Malbec 4,50 %
Appellation principale : Saint-julien
Production moyenne : 450 000 bouteilles

🍷 Château Gruaud Larose

2001 : 90 - 93	. . . . . .	33,48 €
2000 : 91 - 95	. . . . . .	62,67 €
1999 : 91	. . . .	51,67 €
1998 : 93	. . . .	46,52 €
1997 : 89	. . . .	58,48 €
1996 : 90	. . . .	59,68 €
1995 : 90		
1994 : 87	. . . .	51,42 €

MÉDOC

CHÂTEAU
LÉOVILLE BARTON ****(*)

33250 Saint-Julien-Beychevelle
Tél.: 05 56 59 06 05 - Fax: 05 56 59 14 29

Dirigé par Anthony Barton depuis 1985, Léoville Barton brille depuis par ses nombreux succès. Si les vins des années 70 étaient assez irréguliers, ils sont maintenant d'une régularité exemplaire au plus haut niveau. Ces succès sont dus à l'âge élevé d'un vignoble modèle et aussi à un grand savoir-faire. Epoustouflants durant les trois premières années, ils se referment pendant environ cinq ans pour renaître avec harmonie, plénitude et classe. Une politique très sage des prix en fait un achat privilégié, quel que soit le millésime.

Responsable: Anthony Barton
Vente à la propriété: non
Visite: sur rendez-vous
Surface du vignoble: 48 ha
Surface en rouge: 48 ha
Cépages:
    Cabernet sauvignon 70 %
    Merlot 22 %
    Cabernet franc 8 %
Appellation principale: Saint-julien
Production moyenne: 265 000 bouteilles

🍷 Château Léoville Barton

2001 : 91 - 93	38,87 €
2000 : 94 - 97	148,18 €
1999 : 91	61 €
1998 : 92	64,94 €
1997 : 89	39,10 €
1996 : 93	74,87 €
1995 : 92	81,81 €
1994 : 91	77,74 €

CHÂTEAU
LÉOVILLE POYFERRÉ ****(*)

33250 Saint-Julien-Beychevelle
Tél. : 05 56 59 08 30 - Fax : 05 56 59 60 09

Un peu dans l'ombre des deux autres Léoville, Léoville-Poyferré bénéficie d'un superbe terroir très homogène. Didier Cuvelier le vinifie dans un style sans concession. Un peu austère dans sa jeunesse, ce qui explique sans doute sa moindre médiatisation, il évolue magnifiquement en bouteille vers des vins de grande classe, un peu plus Pauillac que Saint-Julien, avec de superbes arômes épicés.

Responsable : Didier Cuvelier
Vente à la propriété : non
Visite : sur rendez-vous
Surface du vignoble : 80 ha
Surface en rouge : 80 ha
Cépages :
  Cabernet sauvignon 65 %
  Merlot 25 %
  Petit Verdot 8 %
  Cabernet franc 2 %
Appellation principale : Saint-julien
Production moyenne : 450 000 bouteilles

Château Léoville Poyferré

2001 : 89 - 93	......	31,69 €
2000 : 92 - 94	......	62,67 €
1999 : 90	....	27,13 €
1998 : 91	....	26,37 €
1997 : 88	....	27,13 €
1996 : 94	....	39,63 €
1995 : 92	....	43,14 €
1994 : 88	....	29,72 €

MÉDOC

CHÂTEAU LYNCH BAGES ****(*)

B. P. 120
33250 Pauillac
Tél.: 05 56 73 24 00 - Fax: 05 56 59 26 42

Modestement classé cinquième cru, Lynch Bages caracole en tête dans toutes les dégustations en faisant fi du classement de 1855. Dirigé par Jean-Michel Cazes depuis le milieu des années 70, le vin a fait d'énormes progrès dès les années 80 avec un vin concentré et charmeur qui tranchait avec les vins austères issus de raisins pas très mûrs. A la fin des années 80, ce style un peu racoleur s'est mué, peu à peu, en un vin encore plus dense, mais plus classique et plus droit tout en gardant son velouté. Il n'a eu aucune faiblesse au cours des quinze dernières années et il est unanimement considéré comme un « super-second ».

Responsable: Jean-Michel Cazes
Vente à la propriété: non
Visite: sur rendez-vous
Surface du vignoble: 90 ha
Surface en rouge: 90 ha
Cépages:
  Cabernet sauvignon 73 %
  Merlot 15 %
  Cabernet franc 10 %
  Petit Verdot 2 %
Appellation principale: Pauillac
Production moyenne: 420 000 bouteilles

Château Lynch Bages

2001 : 89 - 93	41,86 €
2000 : 90 - 94	66,59 €
1999 : 91	53,35 €
1998 : 93	53,35 €
1997 : 89	30,48 €
1996 : 94	45,73 €
1995 : 92	44,21 €
1994 : 90	32,01 €

CHÂTEAU MONTROSE ****(*)

33180 Saint-Estèphe
Tél. : 05 56 59 30 12 - Fax : 05 56 59 38 48

D'un seul tenant, le vignoble de Montrose se situe, en bord de Gironde, sur de magnifiques graves rouges ferrugineuses à socle argileux qui expliquent largement sa puissance et son extraordinaire longévité. Il appartient à la famille Charmolüe depuis 1896 et c'est Jean-Louis Charmolüe qui le gère actuellement. Le vin n'a jamais connu de passage à vide durant 130 ans et depuis 1989, il fait un sans-faute. Le deuxième vin, nommé la Dame de Montrose, est un des plus intéressants de sa catégorie.

Responsable : Jean-Louis Charmolüe
Vente à la propriété : non
Visite : sur rendez-vous
Surface du vignoble : 68 ha
Surface en rouge : 68 ha
Cépages :
  Cabernet sauvignon 65 %
  Merlot 25 %
  Cabernet franc 10 %
Appellation principale : Saint-estèphe
Production moyenne : 340 000 bouteilles

Château Montrose
2001 : 92 - 94 . . . . . . .41,86 €
2000 : 93 - 96
1999 : 90 . . . . .54,54 €
1998 : 93 . . . . .70,44 €
1997 : 89 . . . . .61 €
1996 : 94 . . . . .83,72 €
1995 : 95 . . . . .87,78 €
1994 : 92 . . . . .73,55 €

MÉDOC

CHÂTEAU PALMER ****(*)

Cantenac
33460 Margaux
Tél. : 05 57 88 72 72 - Fax : 05 57 88 37 16

Quiconque a eu la chance extraordinaire de pouvoir goûter les mythiques 45 et 61 sait que Palmer est un cru capable de produire des vins légendaires et les 1970, 1983 et 1990 ne dérogent pas à la règle. Dans les millésimes plus difficiles, le cru n'atteignait pas toujours le niveau attendu. Depuis la fin des années 90, un énergique programme d'investissement a permis d'asseoir la qualité et les derniers millésimes sont époustouflants avec ce mélange de rondeur, dû à un pourcentage inhabituel de merlot, et de force, grâce à un terroir exceptionnel qui lui est si personnel.

Responsable : Bertrand Bouteiller
Vente à la propriété : non
Visite : r.v.
Surface du vignoble : 45 ha
Surface en rouge : 45 ha
Cépages :
    Cabernet sauvignon 55 %
    Merlot 40 %
    Petit Verdot 5 %
Appellation principale : Margaux
Production moyenne : 180 000 bouteilles

🍷 Château Palmer

2001 : 92 - 95	. . . . . .	102,85 €
2000 : 93 - 96	. . . . . .	130,24 €
1999 : 94	. . . .	87,50 €
1998 : 92	. . . .	102,38 €
1997 : 88	. . . .	87,19 €
1996 : 92	. . . .	68,60 €
1995 : 91	. . . .	68,80 €
1994 : 87	. . . .	48,78 €

CHÂTEAU PICHON LONGUEVILLE
1995
COMTESSE DE LALANDE
GRAND CRU CLASSE
13 % vol.   PAUILLAC   750 ml
APPELLATION PAUILLAC CONTRÔLÉE
S.C.I. DU DOMAINE DE CHATEAU PICHON LONGUEVILLE COMTESSE DE LALANDE
PAUILLAC - FRANCE
MIS EN BOUTEILLE AU CHÂTEAU

CHÂTEAU PICHON LONGUEVILLE COMTESSE DE LALANDE ****(*)

33250 Pauillac
Tél. : 05 56 59 19 40 - Fax : 05 56 59 26 56

Résultant d'un partage de l'ancien château Pichon en deux entités que l'on nomme par raccourci Pichon-Baron et Pichon-Comtesse, les deux terroirs sont forcément très imbriqués. Mme de Lencquesaing dirige le château depuis 1978 avec une grande énergie. Sous sa direction, le vin s'est considérablement amélioré et elle lui a insufflé un style charnu et gourmand, sans obérer les qualités intrinsèques des grands pauillacs en matière de tannins. Tous les millésimes vieillissent avec grâce et le château peut se targuer d'une belle série de millésimes sans fausse note.

Responsable :
Mme May Eliane de Lencquesaing
Vente à la propriété : non
Visite : sur rendez-vous
Surface du vignoble : 75 ha
Surface en rouge : 75 ha
Cépages :
    Cabernet sauvignon 45 %
    Merlot 35 %
    Cabernet franc 12 %
    Petit Verdot 8 %
Appellation principale : Pauillac
Production moyenne : 400 000 bouteilles

Château Pichon Longueville Comtesse de Lalande

Millésime	Note	Prix
2001	90 - 94	58,60 €
2000	90 - 95	
1999	92	73,17 €
1998	94	57,93 €
1997	90	41,16 €
1996	96	91,46 €
1995	96	79,27 €
1994	92	39,63 €

MÉDOC

CHÂTEAU PICHON-LONGUEVILLE ****(*)

33250 Pauillac
Tél. : 05 56 73 17 17 - Fax : 05 56 73 17 28

Avant son rachat par la société AXA en 1986, Pichon-Baron était assez irrégulier avec de l'exceptionnel comme 1982, et du très médiocre comme 1980, malgré un terroir de grande classe. Avec l'arrivée de Jean-Michel Cazes qui le gérait à l'époque pour AXA, les vins sont devenus concentrés et très réguliers, dans un style pauillacais très classique. Maintenant que Jean-Michel Cazes est parti, les vins n'ont guère changé. Une bonne partie de l'équipe est restée en place et les vinifications sont toujours assurées par le très compétent Jean-René Matignon.

Responsables : Axa Millésimes/
Christian Seely
Vente à la propriété : non
Visite : sur rendez-vous

Surface du vignoble : 70 ha
Surface en rouge : 70 ha
Cépages :
    Cabernet sauvignon 65 %
    Merlot 30 %
    Petit Verdot 5 %
Appellation principale : Pauillac
Production moyenne : 420 000 bouteilles

🍷 **Château Pichon-Longueville**

2001 : 87 - 89	43,05 €
2000 : 90 - 93	102,62 €
1999 : 90	52,14 €
1998 : 91	39,63 €
1997 : 88	32,01 €
1996 : 92	44,21 €
1995 : 92	41,16 €
1994 : 88	51,66 €

HAUT - MÉDOC

APPELLATION HAUT-MÉDOC CONTRÔLÉE

1995

SCEA JEAN GAUTREAU · PROPRIÉTAIRE A St SEURIN DE CADOURNE · GIRONDE

12,5% vol
L1

MIS EN BOUTEILLE AU CHATEAU

750 ml

PRODUCE OF FRANCE

CHÂTEAU
SOCIANDO-MALLET ****(*)

33180 Saint-Seurin-de-Cadourne
Tél. : 05 56 73 38 80 - Fax : 05 56 73 38 88
E. Mail : scea-jean-gautreau@wanadoo.fr

S'il existe bien un manuscrit qui cite Sociando à Saint-Seurin-de-Cadourne le 17 mars 1633, le château n'a pris toute sa dimension qu'avec l'arrivée de Jean Gautreau, même si Mme Mallet a adjoint son nom en 1850. Jean Gautreau l'acquiert en 1969 et, à force d'achats et d'échanges, se constitue un vignoble exceptionnel avec des sols de graves sur socle argilo-calcaire qui voient la Gironde. Taillant court et avec un art consommé de la vinification et de l'élevage, il produit un des plus grands bordeaux actuels, au niveau des premiers crus. Le vin est d'évolution lente mais il est superbe de classe et de race, sans aucune fausse note durant les vingt dernières années.

Responsable : Jean Gautreau
Vente à la propriété : non
Visite : sur rendez-vous
Dégustation : sur rendez-vous
Surface du vignoble : 58 ha
Cépages :
    Cabernet sauvignon 60 %
    Cabernet franc 5 %
    Merlot 32 %
    Petit Verdot 3 %
Appellation principale : Haut-médoc
Production moyenne : 425 000 bouteilles

Château Sociando-Mallet
2001 : 92 - 96 . . . . . . .25,11 €
2000 : 92 - 96
1999 : 93 . . . . .41,14 €
1998 : 95 . . . . .37,91 €
1997 : 90 . . . . .35,64 €
1996 : 96 . . . . .75,11 €
1995 : 95 . . . . .71,52 €
1994 : 90

La Demoiselle de Sociando
1999 : 88 . . . . .18,17 €

MÉDOC

CHÂTEAU
BEL AIR MARQUIS D'ALIGRE ★★★★

33460 Soussans
Tél. : 05 57 88 70 70

Jean-Pierre Boyer est un des producteurs les plus originaux au monde. Vivant en plein XIXe siècle, mais sans rien ignorer des techniques du XXIe siècle, il élabore des vins d'antan, sans l'usage du moindre boisé. Avec un encépagement idéal jouant sur les quatre cépages du Médoc, ses vins jeunes ne sont pas les plus colorés, ni les plus puissants. Avec l'âge, ils prennent consistance, force et un velouté typiquement margalais d'une complexité sans pareille. A l'heure actuelle, ses 70, 73 ou 78 n'ont guère d'équivalent, même au plus haut niveau de la hiérarchie. Une seule règle, soyez patients !

Responsable : Jean-Pierre Boyer
Vente à la propriété : oui
Visite : sur rendez-vous

Surface du vignoble : 13 ha
Surface en rouge : 13 ha
Cépages :
  Merlot 35 %
  Cabernet sauvignon 30 %
  Cabernet franc 20 %
  Petit Verdot 15 %
Appellation principale : Margaux
Production moyenne : 30 000 bouteilles

Château Bel Air Marquis d'Aligre
  2001 : 89 - 90
  2000 : 90 - 92
  1999 : 89
  1998 : 91 . . . . .15,54 €
  1996 : 91 . . . . .21,03 €
  1995 : 90 . . . . .24,39 €

CHÂTEAU BRANAIRE ****

33250 Saint-Julien
Tél. : 05 56 59 25 86 - Fax : 05 56 59 16 26
E. Mail : branaire@branaire.com
Web : www.branaire.com

Situé en face de Beychevelle, le château a été racheté en 1988 par un groupe familial dirigé par Patrick Maroteaux. Avec l'aide du directeur technique, Philippe Dalhuin, ce tandem efficace et discret a remonté la qualité des vins en leur faisant gagner en densité et en régulant les millésimes, sans jamais leur faire perdre leur âme. Pour l'amateur de vins, Branaire est toujours une bonne affaire, quel que soit le millésime, car on sait se montrer très raisonnable en prix pour une qualité exemplaire.

Responsable : Patrick Maroteaux
Vente à la propriété : non
Visite : sur rendez-vous
Dégustation : sur rendez-vous

Surface du vignoble : 50 ha
Cépages :
    Cabernet sauvignon 70 %
    Cabernet franc 5 %
    Merlot 22 %
    Petit Verdot 3 %
Appellation principale : Saint-julien
Production moyenne : 280 000 bouteilles

Château Branaire

2001 : 89 - 91	......	23,32 €
2000 : 90 - 92	......	33,60 €
1999 : 90	....	33,48 €
1998 : 91	....	41,62 €
1997 : 88	....	34,09 €
1996 : 91	....	51,43 €
1995 : 90	....	54,54 €
1994 : 88	....	43,65 €

MÉDOC

CHÂTEAU BRANE-CANTENAC ★★★★

33460 Margaux
Tél. : 05 57 88 83 33 - Fax : 05 57 88 72 51
E. Mail : hlurton@chateaubranecantenac.fr

Cette vaste propriété, située à l'ouest de Cantenac en retrait de la Gironde, s'était endormie dans les années soixante et ne produisait plus que des vins dilués aux arômes végétaux. Sous l'impulsion d'Henri Lurton, arrivé à la propriété en 1996, les vins ont repris de la consistance. S'ils ne sont pas des monstres de puissance, ce qui serait contraire à leur nature et à leur terroir, ils font montre d'une réelle élégance, à l'image du 2000, certes pas encore en bouteille, mais qui révèle de très belles dispositions.

Responsable : Henri Lurton
Vente à la propriété : non
Visite : sur rendez-vous
Dégustation : sur rendez-vous
Moyen d'accès : de Bordeaux, rocade, sortie 7, suivre la D2 (route des Châteaux).

Surface du vignoble : 90 ha
Surface en rouge : 90 ha
Cépages :
    Cabernet sauvignon 65 %
    Merlot 30 %
    Cabernet franc 5 %
Appellation principale : Margaux

🍷 Château Brane-Cantenac

    2001 : 86 - 88 . . . . . . .39,84 €
    2000 : 90 - 92 . . . . . . .51,31 €
    1999 : 89 . . . . .45,73 €
    1998 : 88 . . . . .47,23 €
    1997 : 86 . . . . .28,96 €
    1996 : 86
    1995 : 85
    1994 : 84 . . . . .53,70 €

🍷 Le Baron de Brane
    1999 : 88

MÉDOC

CHÂTEAU CALON-SÉGUR ★★★★

33180 Saint-Estèphe
Tél. : 05 56 59 30 08 - Fax : 05 56 59 71 51

D'un seul tenant ou presque et enclos de murs, le vignoble du château est situé sur le fameux calcaire de Saint-Estèphe. D'une grande réputation historiquement, Calon-Ségur avait produit des vins fabuleux dans les années 40, 50 et même au début des années 60. Le vin était alors entré dans le rang et ce n'est que récemment, à partir du milieu des années 90, sous la gestion rigoureuse de Mme Gasqueton, que le vin a repris son rang.

Responsable : Madame Capbern-Gasqueton
Vente à la propriété : non
Visite : sur rendez-vous

Surface du vignoble : 93 ha
Surface en rouge : 93 ha
Cépages :
    Cabernet sauvignon 65 %
    Merlot 20 %
    Cabernet franc 15 %
Appellation principale : Saint-estèphe
Production moyenne : 400 000 bouteilles

Château Calon-Ségur
    2001 : 89 - 92 . . . . . . .28,10 €
    2000 : 90 - 93
    1999 : 90 . . . . .42,34 €
    1998 : 91 . . . . .51,79 €
    1997 : 86
    1996 : 92
    1995 : 91 . . . . .98,07 €
    1994 : 84

MÉDOC

CHÂTEAU DAUZAC ****

33460 Labarde
Tél. : 05 57 88 32 10 - Fax : 05 57 88 96 00

Vignoble d'un seul tenant sur graves profondes, Dauzac a été racheté en 1988 par la Maif qui en a confié la gestion à André Lurton, producteur à Pessac-Léognan et dans l'Entre-deux-Mers. Bénéficiant d'installations modernes et d'un chai impressionnant, André Lurton a remis le château à son niveau et les vins expriment toute la classe de leur excellent terroir depuis le millésime 1993. Les millésimes antérieurs sont à oublier.

Responsable : André Lurton
Vente à la propriété : non
Visite : sur rendez-vous

Surface du vignoble : 46 ha
Surface en rouge : 46 ha
Cépages :
    Cabernet sauvignon 65 %
    Merlot 30 %
    Cabernet franc 5 %
Appellation principale : Margaux
Production moyenne : 280 000 bouteilles

♟ Château Dauzac

2001 : 88 - 89 . . . . . . .23,20 €
2000 : 89 - 91 . . . . . . .25,71 €
1999 : 89
1998 : 89
1997 : 87
1996 : 88
1995 : 88
1994 : 87

CHÂTEAU HAUT-MARBUZET ****

33180 Saint-Estèphe
Tél. : 05 56 59 30 54 - Fax : 05 56 59 70 87
E. Mail : henriduboscq@haut-marbuzet.net

Le château a été acheté en 1952, très délabré, par Hervé Dubosq qui a replanté le vignoble et l'a agrandi. Son fils Henri a pris la relève, a continué de récupérer les meilleures parcelles et a donné du charme au vin avec, entre autres, des maturités élevées du raisin et un élevage en bois neuf, devenant par là un vin très prisé. Il a rendu son boisé moins tapageur et affiné considérablement son vin, toujours par petites touches. Haut-Marbuzet 2000, superbe réussite tout comme 2001, n'a plus grand chose à voir avec 1990. Le deuxième vin est Tour-de-Marbuzet, toujours bien fait.

Responsables : G.F.A des vignobles Henri Dubosq et fils
Vente à la propriété : oui
Visite : sur rendez-vous
Dégustation : sur rendez-vous

Surface du vignoble : 58 ha
Surface en rouge : 58 ha
Cépages :
    Cabernet sauvignon 50 %
    Merlot 40 %
    Cabernet franc 10 %
Appellation principale : Saint-estèphe
Production moyenne : 300 000 bouteilles

Château Chambert-Marbuzet
2001 : 89 - 91
2000 : 90 - 91
1999 : 89
1998 : 89
1997 : 87
1996 : 89
1995 : 88
1994 : 87

Château Haut-Marbuzet
2001 : 92 - 94 ......25,11 €
2000 : 93 - 94 ......31,93 €
1999 : 90 ....39,35 €
1998 : 91 ....36,84 €
1997 : 88 ....102,37 €
1996 : 91
1995 : 91
1994 : 89

MÉDOC

Château Kirwan
GRAND CRU CLASSÉ
MARGAUX
Schröder & Schÿler & Cie

APPELLATION MARGAUX CONTRÔLÉE
1999
S.A. Schröder & Schÿler PROPRIÉTAIRE A CANTENAC (GIRONDE) FRANCE
MIS EN BOUTEILLE AU CHÂTEAU
13% vol.   75 cl
PRODUCE OF FRANCE

CHÂTEAU KIRWAN ★★★★

33460 Cantenac
Tél. : 05 57 88 71 00 - Fax : 05 57 88 77 62
E. Mail : mail@chateau-kirwan.com
Web : www.chateau-kirwan.com

Le vignoble de Kirwan est situé pour les deux tiers sur les belles graves du plateau de Cantenac, le reste étant sur une terre plus argileuse. Pendant longtemps, le château s'était cantoné à des vins certes fins, mais manquant de fond. L'arrivée de Michel Rolland dans les années quatre-vingt-dix leur a donné le charnu et la densité qui leur manquaient. Leur accessibilité immédiate avec un vin gourmand et bien boisé n'obère en rien leur qualité de vieillissement.

Responsable : famille Schÿler
Vente à la propriété : oui
Visite : oui
Dégustation : sur rendez-vous
Moyen d'accès : RD2, (par la route des Vins).

Surface du vignoble : 35 ha
Surface en rouge : 35 ha
Cépages :
　Merlot 30 %
　Cabernet sauvignon 40 %
　Cabernet franc 20 %
　Petit Verdot 10 %
Appellation principale : Margaux
Production moyenne : 200 000 bouteilles

Château Kirwan
　2001 : 89 - 91 ......26,31 €
　2000 : 90 - 93 ......42 €
　1999 : 91 ....46,64 €
　1998 : 92
　1997 : 88
　1996 : 91
　1995 : 92
　1994 : 88 ....57,29 €

Les Charmes de Kirwan
　1999 : 87 ....17,70 €

Sieur de Lasalle
　1999 : 88 ....11,84 €

MÉDOC

GRAND CRU CLASSE EN 1855

1997

CHATEAU LAGRANGE

SAINT-JULIEN

APPELLATION SAINT-JULIEN CONTROLEE

CHATEAU LAGRANGE SA
PROPRIETAIRE A SAINT-JULIEN BEYCHEVELLE (GIRONDE) FRANCE

Alc. 12,5%vol.   MIS EN BOUTEILLE AU CHATEAU   ℮ 750 ml

PRODUCE OF FRANCE

CHÂTEAU LAGRANGE ★★★★

33250 Saint-Julien-Beychevelle
Tél. : 05 56 73 38 38 - Fax : 05 56 59 26 09

Avant son rachat par le groupe Suntory
en 1983, Lagrange avait produit dans les
années 60 et 70 des vins très médiocres.
A partir du millésime 1985, les vins ont
repris leur rang sous la direction de Marcel Ducasse avec les conseils avisés de
Michel Delon jusqu'en 1993. Toujours
bien construits, les vins sont d'une facture classique avec une belle densité. Le
deuxième vin, les Fiefs de Lagrange, est
dans la même veine. Une valeur sûre.

Responsable : Marcel Ducasse
Vente à la propriété : non
Visite : oui

Surface du vignoble : 109 ha
Surface en rouge : 109 ha
Cépages :
   Cabernet sauvignon 65 %
   Merlot 28 %
   Petit Verdot 7 %
Appellation principale : Saint-julien
Production moyenne : 700 000 bouteilles

🍷 Château Lagrange

    2001 : 88 - 89 . . . . . . .23,32 €
    2000 : 90 - 93 . . . . . . .32,01 €
    1999 : 90 . . . . .30,48 €
    1998 : 91 . . . . .30,48 €
    1997 : 87 . . . . .30,48 €
    1996 : 91 . . . . .56,93 €
    1995 : 91 . . . . .68,17 €
    1994 : 88 . . . . .43,17 €

MÉDOC

CHÂTEAU LANGOA BARTON ★★★★

33250 Saint-Julien-Beychevelle
Tél. : 05 56 59 06 05 - Fax : 05 56 59 14 29

Tout comme Léoville-Barton, Langoa Barton est dirigé par Anthony Barton. Langoa n'est pas du tout le deuxième vin de Léoville-Barton. Il est produit sur une quinzaine d'hectares de belles graves qui ont justifié son classement au niveau de troisième cru en 1855. Souvent comparable à son grand frère dans sa prime jeunesse, il n'en a pas toujours la densité, surtout dans les millésimes un peu plus faibles, et sa trame tannique est un peu plus apparente. Il évolue toujours avec grâce en bouteille vers de jolis arômes de cèdre.

Responsable : Anthony Barton
Vente à la propriété : non
Visite : oui

Surface du vignoble : 17 ha
Surface en rouge : 17 ha
Cépages :
    Cabernet sauvignon 70 %
    Merlot 20 %
    Cabernet franc 10 %
Appellation principale : Saint-julien
Production moyenne : 85 000 bouteilles

🍷 **Château Langoa Barton**
    2001 : 89 - 90
    2000 : 90 - 92
    1999 : 89
    1998 : 90 . . . . .39,35 €
    1997 : 86
    1996 : 89 . . . . .50,95 €
    1995 : 89 . . . . .43,30 €
    1994 : 88 . . . . .86,71 €

CHÂTEAU
MALESCOT SAINT-EXUPÉRY ★★★★

33460 Margaux
Tél. : 05 57 88 97 20 - Fax : 05 57 88 97 21

Propriétaires depuis 1975, les Zuger ont toujours vinifié Malescot dans un style sans concession, assez dur dans sa jeunesse, pour qu'il soit de bonne garde et qu'il prenne sa noblesse au vieillissement, mais ils sont souvent restés un peu secs et austères. Sous l'impulsion de Jean-Luc Zuger, les vins des dix dernières années ont plus de chair et de densité avec un boisé très mesuré tout en gardant la trame tannique spécifique au cru.

Responsable : Roger Zuger
Vente à la propriété : non
Visite : sur rendez-vous

Surface du vignoble : 23,5 ha
Surface en rouge : 23,5 ha
Cépages :
　　Cabernet sauvignon 50 %
　　Merlot 35 %
　　Cabernet franc 10 %
　　Petit Verdot 5 %
Appellation principale : Margaux
Production moyenne : 220 000 bouteilles

Château Malescot Saint-Exupéry
2001 : 87 - 89 ......32 €
2000 : 90 - 91 ......52,38 €
1999 : 89
1998 : 90
1997 : 86
1996 : 89
1995 : 89
1994 : 88

MÉDOC

CHÂTEAU PONTET-CANET ****

33250 Pauillac
Tél. : 05 56 59 04 04 - Fax : 05 56 59 26 63
E. Mail : pontet-canet@wanadoo.fr
Web : www.pontet-canet.fr

En face de Mouton et d'Armailhac, Pontet-Canet occupe quelques magnifiques croupes de graves günziennes sur socle calcaire. Si dans le passé, la qualité était assez hétérogène, sous l'impulsion d'Alfred Tesseron, d'énormes investissements ont été entrepris tant dans le vignoble que dans le chai et les vendanges en petites cagettes sont dignes de celles d'un premier cru classé. Depuis le millésime 1994, les vins sont splendides, dans un style très pauillac avec une vraie race, qui fait que le château est largement supérieur à un cinquième cru classé, classement qui était déjà très étriqué à l'époque. Les derniers millésimes le placent au niveau d'un deuxième cru.

Responsable : famille Guy Tesseron
Vente à la propriété : oui
Visite : sur rendez-vous
Dégustation : sur rendez-vous
Moyen d'accès : à la sortie de Pauillac, direction Saint-Estèphe, prendre la 1re route à gauche.

Surface du vignoble : 79 ha
Surface en rouge : 79 ha
Cépages :
    Cabernet sauvignon 62 %
    Merlot 32 %
    Cabernet franc 5 %
    Petit Verdot 1 %
Appellation principale : Pauillac
Production moyenne : 480 000 bouteilles

  Château les Hauts de Pontet
    1999 : 88 . . . . .16 €

  Château Pontet-Canet
    2001 : 89 - 92 . . . . . . .29,90 €
    2000 : 90 - 93 . . . . . . .62,43 €
    1999 : 90 . . . . .22,10 €
    1998 : 91 . . . . .33,53 €
    1997 : 90 . . . . .30,33 €
    1996 : 93 . . . . .57,40 €
    1995 : 93 . . . . .47,25 €
    1994 : 90

CHÂTEAU POUJEAUX ★★★★

33480 Moulis-en-Médoc
Tél. : 05 56 58 02 96 - Fax : 05 56 58 01 25
E. Mail : poujeaux@chateau-poujeaux.com
Web : www.chateau-poujeaux.com

Eclaté en plusieurs morceaux, Poujeaux a été patiemment reconstitué par la famille Theil à partir de 1920. Il est actuellement géré par les deux frères Philippe et François Theil. Situé sur le célèbre plateau de Grand Poujeaux, d'un seul tenant, le vignoble est exceptionnel avec ses graves günziennes de toute première catégorie qui expliquent la très grande qualité de ses vieillissements. Le château réussit également grands et petits millésimes, les premières années étant marquées par le soyeux de ses merlots, les beaux cabernets prenant ensuite le relais. Depuis vingt ans, on ne lui connaît aucune contre-performance. C'est une valeur sûre.

Responsable : famille Theil (SA Jean Theil)
Vente à la propriété : oui
Visite : sur rendez-vous
Dégustation : sur rendez-vous
Langues : Anglais
Surface du vignoble : 53 ha
Age des vignes : 35 ans
Surface en rouge : 53 ha
Cépages :
   Cabernet sauvignon 50 %
   Merlot 40 %
   Cabernet franc 5 %
   Petit Verdot 5 %
Appellation principale : Moulis ou Moulis en médoc
Production moyenne : 300 000 bouteilles

🍷 **Château Poujeaux**

2001 : 89 - 90	......	18,65 €
2000 : 90 - 91	......	21,53 €
1999 : 89	....	22,72 €
1998 : 90	....	32,53 €
1997 : 88	....	30,02 €
1996 : 91	....	38,15 €
1995 : 91		
1994 : 89	....	32,89 €

MÉDOC

CHÂTEAU PRIEURÉ-LICHINE ★★★★

34 avenue de la Vème-République
33460 Cantenac
Tél. : 05 57 88 36 28 - Fax : 05 57 88 78 93
E. Mail : prieure.lichine@wanadoo.fr

Critique et dégustateur émérite, Alexis Lichine avait acheté le château en 1951 et il l'avait notablement agrandi. Après son décès en 1989, son fils Sacha avait pris sa suite, avec beaucoup d'ambition, mais avec une régularité incertaine. Racheté en 1999, le château est en progrès constants sous l'action de fond de Stéphane Derenoncourt, le cru reprenant son rang avec des vins amples, denses et gras. La propriété produit aussi un joli vin blanc.

Responsable : Groupe Ballande
Vente à la propriété : oui
Visite : oui
Dégustation : oui
Langues : Anglais
Surface du vignoble : 70,5 ha
Age des vignes : 25 ans

Surface en rouge : 69 ha
Cépages :
   Cabernet sauvignon 54 %
   Merlot 40 %
   Petit Verdot 5 %
   Cabernet franc 1 %
Surface en blanc : 1,5 ha
Cépages :
   Sauvignon 80 %
   Semillon 20 %
Appellation principale : Margaux
Production moyenne : 400 000 bouteilles

♀ Blanc du Château Prieuré-Lichine
2000 : 88

♀ Château Prieuré-Lichine
2001 : 88 - 90 . . . . . . .26,91 €
2000 : 88 - 91 . . . . . . .28,82 €
1999 : 88 . . . . .32,50 €
1998 : 87 . . . . .45,81 €
1997 : 84 . . . . .28,58 €
1996 : 88
1995 : 86
1994 : 80 . . . . .34,32 €

♀ Le Cloître du Château Prieuré-Lichine
1999 : 87 . . . . .20 €
1998 : 86 . . . . .19 €

GRAND CRU CLASSÉ

Château

RAUZAN-SÉGLA

MARGAUX
APPELLATION MARGAUX CONTRÔLÉE

1996

CHATEAU RAUZAN - SÉGLA - PROPRIÉTAIRE A MARGAUX - FRANCE

12,5 % vol.   MIS EN BOUTEILLE AU CHATEAU   750 ml
DÉPOSÉ   L 96 B
PRODUCT OF FRANCE

CHÂTEAU RAUZAN-SÉGLA ****

BP 56
33460 Margaux
Tél.: 05 57 88 82 10 - Fax: 05 57 88 34 54

Si le terroir de Rauzan-Ségla est un des plus exceptionnels, les vins n'ont guère brillé dans l'histoire en raison soit de goûts de moisi, soit de replantations intempestives. Les vins ont progressé en deux phases, l'une en 1983 avec l'arrivée d'un nouveau directeur, l'autre à partir de 1994 avec le rachat par les Wertheimer et l'arrivée de John Kolasa. Depuis, les vins progressent millésime après millésime, dans un style distingué qui ne manque pas de fond. Le deuxième vin, nommé Ségla, est aussi très estimable.

Responsable: Société Chanel
Vente à la propriété: non
Visite: sur rendez-vous au 05 57 88 82 14
Dégustation: sur rendez-vous
Langues: Allemand, Anglais, Espagnol
Surface du vignoble: 51 ha
Age des vignes: 25 ans

Surface en rouge: 51 ha
Cépages:
    Cabernet sauvignon 54 %
    Merlot 41 %
    Petit Verdot 4 %
    Cabernet franc 1 %
Appellation principale: Margaux
Production moyenne: 100 000 bouteilles

Château Rauzan-Ségla
    2001: 88 - 90 ......45,44 €
    2000: 89 - 91
    1999: 89 ....42 €
    1998: 90 ....38,27 €
    1997: 88 ....44,61 €
    1996: 90 ....48,80 €
    1995: 91 ....54,90 €
    1994: 88 ....84,44 €

Ségla
    1998: 88 ....22 €

MÉDOC

CHÂTEAU ROLLAN DE BY ★★★★

7 route Rollan de By
33340 Bégadan
Tél. : 05 56 41 58 59 - Fax : 05 56 41 37 82
E. Mail : rollan-de-by@wanadoo.fr
Web : www.rollandeby.com

Avec l'arrivée de Jean Guyon, Rollan de By a été métamorphosé. Le vignoble est composé de deux grandes entités : terroir argilo-calcaire aux vieilles vignes de merlot et les Bisons, terrain sablonneux très filtrant avec de très vieilles vignes. Avec une vinification et un élevage de cru classé, Jean Guyon en tire un vin dense mais fin, qui mérite quelques années de garde. Plus souple, le deuxième vin La Fleur de By se boit un peu plus rapidement. Elevé à la manière d'un cru de garage, Haut-Condissas est un vin splendide, de très forte concentration. Une propriété à suivre de près.

Responsable : Jean Guyon
Vente à la propriété : oui
Visite : sur rendez-vous
Dégustation : sur rendez-vous
Langues : Anglais
Surface du vignoble : 70 ha
Age des vignes : 30 ans
Surface en rouge : 70 ha
Cépages :
    Merlot 70 %
    Cabernet 20 %
    Petit Verdot 10 %
Appellation principale : Médoc
Production moyenne : 400 000 bouteilles

♀ Château Rollan de By

2001 : 87 - 89 . . . . . . .12,55 €
2000 : 88 - 90 . . . . . . .12,55 €
1999 : 89 . . . . .17,70 €
1998 : 89 . . . . .17,70 €
1997 : 87 . . . . .17,70 €
1996 : 88
1995 : 87
1994 : 86

MÉDOC

CHÂTEAU SAINT-PIERRE ★★★★

33250 Saint-Julien-Beychevelle
Tél. : 05 56 59 08 18 - Fax : 05 56 59 16 18

Racheté en 1982 par Henri Martin, Saint-Pierre a retrouvé peu à peu sa configuration d'origine par des rachats successifs de parcelles. Très intéressant dans les années 80, il est devenu sans faille dans les années 90 avec des vins denses et veloutés. Gourmands dans leur jeunesse, ils évoluent superbement en bouteille en prenant des arômes épicés, tout en gardant leur rondeur et leur suavité. Des problèmes de bouchon avaient affecté quelques vins au milieu des années 90, ce qui n'est plus du tout le cas dans les millésimes récents. Saint-Pierre est peu connu et c'est un tort. Sa régularité exemplaire et la sagesse de ses prix méritent considération.

Responsable : Françoise Triaud
Vente à la propriété : oui
Visite : sur rendez-vous
Dégustation : sur rendez-vous
Surface du vignoble : 17 ha
Surface en rouge : 17 ha
Cépages :
    Cabernet sauvignon 75 %
    Cabernet franc 10 %
    Merlot 15 %
Appellation principale : Saint-julien

Château Saint-Pierre
2001 : 88 - 90 ......25,59 €
2000 : 90 - 92
1999 : 89 ....36,36 €
1998 : 91 ....35,06 €
1997 : 89 ....38,11 €
1996 : 91 ....39,63 €
1995 : 90 ....55,13 €
1994 : 89 ....43,53 €

MÉDOC

CHÂTEAU TALBOT ★★★★

33250 Saint-Julien-Beychevelle
Tél.: 05 56 73 21 50 - Fax: 05 56 73 21 51
E. Mail: chateau-talbot@chateau-talbot.com
Web: www.chateau-talbot.com

Cette vaste propriété d'un seul tenant progresse de millésime en millésime. Ample et généreux dans sa jeunesse mais toujours très équilibré, le vin gagne en distinction avec l'âge, ce qui en fait un archétype du Saint-Julien toujours très harmonieux. Les millésimes récents ont encore gagné en élégance et en longueur. La propriété produit aussi un joli vin blanc sec, Caillou blanc, frais et équilibré qui vieillit lui aussi avec élégance.

**Responsables: M. Rustmann
et Mme Bignon**
Vente à la propriété: non
Visite: sur rendez-vous
Surface du vignoble: 108 ha

Surface en rouge: 102 ha
Cépages:
    Cabernet sauvignon 66 %
    Merlot 26 %
    Petit Verdot 5 %
    Cabernet franc 3 %
Surface en blanc: 6 ha
Cépages:
    Sauvignon 86 %
    Semillon 14 %
Appellation principale: Saint-julien
Production moyenne: 550 000 bouteilles

Château Talbot
    2001 : 89-93
    2000 : 88-91
    1999 : 89
    1998 : 88
    1997 : 86
    1996 : 90
    1995 : 90
    1994 : 87

GRAND CRU CLASSÉ

Château Belgrave

HAUT-MÉDOC
APPELLATION HAUT-MÉDOC CONTRÔLÉE

1989

SOCIÉTÉ D'EXPLOITATION DU CHÂTEAU BELGRAVE
À SAINT-LAURENT-DU-MÉDOC (GIRONDE) FRANCE
12,5%vol.   PRODUCE OF FRANCE   75 cl
MIS EN BOUTEILLE AU CHATEAU
G.F.A. DU CHÂTEAU BELGRAVE, PROPRIÉTAIRE

CHÂTEAU BELGRAVE ***(*)

Château Belgrave
33112 Saint-Laurent-du-Médoc
Tél. : 05 56 35 53 00 - Fax : 05 56 35 53 29

En 1980, la maison Dourthe (C.V.B.G.) a pris en fermage le château, à rénover entièrement. Il a fallu refaire le chai et remettre en état le vignoble, qui est d'un seul tenant à proximité de Lagrange, Camensac et La Tour Carnet. Les vins ont mis beaucoup de temps pour arriver à un bon niveau, d'autant qu'ils sont souvent mal jugés en vins jeunes. Ainsi les 1997, massacrés lors des dégustations primeurs, sont aujourd'hui de très jolis vins. Ils ont pris de la chair, tout en gardant leur élégance naturelle.

Responsable : Vignoble Dourthe
Visite : sur rendez-vous
Surface du vignoble : 55 ha
Surface en rouge : 55 ha
Cépages :
    Cabernet sauvignon 55 %
    Merlot 32 %
    Cabernet franc 12 %
    Petit Verdot 1 %
Appellation principale : Haut-médoc
Production moyenne : 300 000 bouteilles

🍷 Château Belgrave

2001 : 89 - 90
2000 : 90 - 92 . . . . . . .19,73 €
1999 : 90
1998 : 90
1997 : 88
1996 : 89 . . . . .33,85 €
1995 : 88 . . . . .38,15 €
1994 : 87

MÉDOC

GRAND VIN
CHÂTEAU BELLEGRAVE
1999
CRU BOURGEOIS
PAUILLAC
APPELLATION PAUILLAC CONTRÔLÉE
S.C. CHÂTEAU BELLEGRAVE
PROPRIÉTAIRE À PAUILLAC - GIRONDE
12,5%vol.   MIS EN BOUTEILLE AU CHÂTEAU   75 cl
Vin de Bordeaux - Produit de France

CHÂTEAU BELLEGRAVE ***(*)

22 route des Châteaux
33250 Pauillac
Tél. : 05 56 59 06 47 - Fax : 05 56 59 06 47
Web : www.chateau-bellegrave.fr

Ancienne propriété d'Armand Roux, le château appartenait depuis 1901 à la famille Van der Voort, famille de négociants à San Francisco. Il a été acheté par Jean-Paul Meffre en 1997 et ce sont ses petits-fils, Ludovic et Julien, qui le gèrent avec beaucoup d'ambition. Les vignes sont ébourgeonnées, effeuillées et éclaircies, les vendanges sont manuelles en cagette, et le vin élevé en barriques neuves par moitié. Le deuxième vin, les Sieurs de Bellegrave, représente un peu plus du quart de la production. Les vins sont dans un style très élégant et 1999 comme 2000 sont très réussis.

Responsable : S. C Château Bellegrave
Vente à la propriété : oui
Visite : sur rendez-vous
Dégustation : sur rendez-vous
Moyen d'accès : depuis Blanquefort suivre la D2 en direction de Pauillac
Surface du vignoble : 7 ha
Surface en rouge : 7 ha
Cépages :
    Cabernet sauvignon 62 %
    Cabernet franc 7 %
    Merlot 31 %
Appellation principale : Pauillac
Production moyenne : 52 000 bouteilles

🍷 **Château Bellegrave**
    2000 : 88
    1999 : 88

🍷 **Les Sieurs de Bellegrave**
    2000 : 87

GRAND CRU CLASSÉ DE MÉDOC

CHÂTEAU CANTEMERLE
HAUT-MÉDOC
APPELLATION HAUT-MÉDOC CONTROLÉE
1988
12%vol *Mis en bouteilles au Château*
PRODUCE OF FRANCE ℮ 75 cl
C.M.19.012 SOCIÉTÉ CIVILE DU CHÂTEAU CANTEMERLE-MACAU (GIRONDE)-FRANCE

CHÂTEAU CANTEMERLE ***(*)

Château Cantemerle
33460 Macau
Tél. : 05 57 97 02 82 - Fax : 05 57 97 02 84
E. Mail : cantemerle@cantemerle.com

Cantemerle, superbe château dans un beau parc boisé, figure parmi les premiers, sur la route en provenance de Bordeaux. La maison Cordier l'avait acquis en 1981 et rénové, avant qu'il ne change encore de propriétaire. Il est toujours dirigé par Philippe Dambrine. L'essentiel de son vignoble est situé sur les graves günziennes de Macau. Beaucoup replantées, les vignes sont encore jeunes, ce qui a conduit à une certaine irrégularité dans les années 80. Philippe Dambrine l'a régularisé dans les années 90 et les vins, largement sous-estimés, sont d'une grande élégance.

Responsable : SMA BTP
Vente à la propriété : oui
Visite : sur rendez-vous
Dégustation : sur rendez-vous
Surface du vignoble : 87 ha
Surface en rouge : 87 ha
Cépages :
   Cabernet sauvignon 50 %
   Merlot 40 %
   Petit Verdot 5 %
   Cabernet franc 5 %
Appellation principale : Haut-médoc
Production moyenne : 300 000 bouteilles

🍷 **Château Cantemerle**
   2001 : 88 - 90 . . . . . . .20,33 €
   2000 : 90 - 91
   1999 : 88 . . . . .24 €
   1998 : 89 . . . . .24 €
   1997 : 87
   1996 : 89
   1995 : 89
   1994 : 88

MÉDOC

CHÂTEAU CANTENAC BROWN ***(*)

33460 Margaux
Tél.: 05 57 88 81 81 - Fax: 05 57 88 81 90

Si le château impressionne par son architecture, le vignoble est un peu moins bien situé et les vins ont un profil tannique et dense qui ne ressemble guère à Margaux. Depuis l'achat par AXA, les vins ont peu à peu changé de style. Toujours très denses, ils ont gagné en chair, ce qui rend le vin moins rêche à son évolution. Depuis 1995, Cantenac-Brown produit un vin complet qui, s'il ne fait pas Margaux au sens strict du terme, se positionne bien à son rang dans les très bons Médocs. En somme, il faut oublier qu'il est Margaux, ainsi le veut son terroir, ce qui n'ôte rien à son aptitude à produire de grands vins.

Responsable: Christian Seely
Vente à la propriété: non
Visite: sur rendez-vous
Dégustation: sur rendez-vous
Surface du vignoble: 42 ha
Surface en rouge: 42 ha
Cépages:
   Cabernet sauvignon 65 %
   Merlot 30 %
   Cabernet franc 5 %
Appellation principale: Margaux
Production moyenne: 240 000 bouteilles

Château Cantenac Brown

2001: 89 - 91	......	23,32 €
2000: 90 - 92	......	29,66 €
1999: 88	......	26,86 €
1998: 89	......	28,96 €
1997: 86		
1996: 88	......	38,11 €
1995: 88	......	42,22 €
1994: 87	......	40,78 €

CRU BOURGEOIS

CHÂTEAU CHARMAIL

HAUT-MEDOC
APPELLATION HAUT-MÉDOC CONTRÔLÉE

2000

MIS EN BOUTEILLE AU CHÂTEAU
O. SÈZE PROPRIÉTAIRE 33180 ST-SEURIN DE CADOURNE

12,5% Alc./vol.   PRODUCE OF FRANCE - BORDEAUX   750 ml   L0101

CHÂTEAU CHARMAIL ***(*)

33180 Saint-Seurin-de-Cadourne
Tél. : 05 56 59 70 63 - Fax : 05 56 59 39 20

Propriétaire de château Mayne-Vieil à Fronsac, Roger Sèze achète Charmail entre 1980 et 1981, et reconstruit chai et château. D'un seul tenant, le vignoble est tout près de celui de Sociando-Mallet avec des profils divers, essentiellement gravelo-argileux sur socle calcaire avec un encépagement en moitié merlot. Avec des macérations préfermentaires à froid d'une quinzaine de jours et des barriques neuves renouvelées par tiers, le vin est dense, coloré, toujours charnu et d'une grande régularité.

Responsable : Olivier Seze
Vente à la propriété : oui
Visite : sur rendez-vous
Dégustation : sur rendez-vous
Langues : Anglais
Surface du vignoble : 22 ha
Age des vignes : 25 ans
Surface en rouge : 22 ha
Cépages :
    Merlot 48 %
    Cabernet franc 20 %
    Cabernet sauvignon 30 %
    Petit Verdot 2 %
Appellation principale : Haut-médoc
Production moyenne : 140 000 bouteilles

Château Charmail
    1999 : 88 . . . . 13,72 €
    1998 : 89

MÉDOC

CHÂTEAU CHASSE-SPLEEN ***(*)

33480 Moulis-en-Médoc
Tél.: 05 56 58 02 37 - Fax: 05 57 88 84 40
E. Mail: info@chasse-spleen.com
Web: www.chasse-spleen.com

Voilà au moins quatre cents ans qu'on y
fait du vin et c'est, apparemment, sur la
suggestion de Lord Byron en 1821 que
la propriété prend le nom de Chasse-
Spleen. Le château a été acheté par la
famille Merlaut en 1976. Bernadette Villars l'a administré, puis sa fille Claire qui
vient de passer le relais à sa sœur Céline
Villars-Foubet. Le vaste vignoble se
situe pour une grande partie sur les
graves de Grand Poujeaux et pour le
reste sur un terroir plus argileux, avec
des vignes plutôt âgées. Les vins produits sont de grande qualité et ils vieillissent avec classe.

Responsable:
Madame Céline Villars Foubet
Vente à la propriété: non
Visite: sur rendez-vous
Dégustation: sur rendez-vous
Moyen d'accès: Route de Blanquefort -
Margaux - Pauillac, à la sortir d'Arcuis à
gauche
Langues: Anglais

Surface du vignoble: 85 ha
Age des vignes: 35 ans
Surface en rouge: 83 ha
Cépages:
    Cabernet sauvignon 65 %
    Merlot 30 %
    Petit Verdot 5 %
Surface en blanc: 2 ha
Cépages:
    Sémillon 65 %
    Sauvignon 35 %
Appellation principale: Moulis ou Moulis en
médoc
Production moyenne: 550 000 bouteilles

🍷 Château Chasse-Spleen

2001: 88 - 90 ......19,73 €
2000: 91 - 92
1999: 89 ....32,41 €
1998: 89
1997: 86 ....24,39 €
1996: 88 ....58,50 €
1995: 88 ....56,21 €
1994: 87 ....33 €

CHÂTEAU CITRAN ***(*)

33480 Avensan
Tél. : 05 56 58 21 01 - Fax : 05 57 88 84 60
E. Mail : info@citran.com

Très ancien, Citran a connu des vagues successives de prospérité et d'abandon. Reconstruit et développé par les Mialhe à partir de 1945, le château a été acheté par le groupe japonais Touko Hans qui se lance dans des grands travaux, avant de le revendre au groupe Bernard Tailhan. Le vignoble est composé de deux vastes parcelles, l'une argilo-calcaire proche du château, l'autre de graves sablonneuses. Dans les années 80, le vin était puissant et charnu. Il est devenu plus élégant, tout en gardant sa densité.

Responsable : Monsieur Antoine Merlaut
Vente à la propriété : non
Visite : sur rendez-vous
Dégustation : oui
Langues : Allemand, Anglais
Surface du vignoble : 90 ha
Age des vignes : 27 ans

Surface en rouge : 90 ha
Cépages :
    Cabernet sauvignon 58 %
    Merlot 42 %
Appellation principale : Haut-médoc
Production moyenne : 520 000 bouteilles

Château Citran
2001 : 87 - 88 . . . . . . .11,84 €
2000 : 88 - 90
1999 : 88 . . . . .15,60 €
1998 : 88
1997 : 87
1996 : 89
1995 : 88
1994 : 86

Moulins de Citran
1999 : 88 . . . . .7,70 €

MÉDOC

CHÂTEAU CLARKE ***(*)

33480 Listrac
Tél. : 05 56 58 38 00 - Fax : 05 56 58 26 46
E. Mail : y-buchwalter@ederothschild.com
Web : vinicole-ederothschild. com

Le château allait purement et simplement disparaître, lorsque le baron
Edmond de Rothschild le rachète en
1973 en même temps que Malmaison
puis Peyre-Lebade en 1979. Les trois
vignobles contigus sont drainés et
replantés, un grand cuvier est construit.
Le terroir est de type argilo-calcaire et
le merlot représente les deux tiers de
l'encépagement. Si le premier millésime
est 1978, les vignes ont maintenant
vieilli et le vin a pris de la densité. Elevé
avec beaucoup de soin, le 1999 est joliment boisé et possède une réelle distinction. Avec 90 % de merlot, Malmaison 1999 est plus suave.

**Responsable : baron Benjamin
de Rothschild**
Vente à la propriété : oui
Visite : non
Dégustation : non
Moyen d'accès : Bordeaux rocade sortie 7 puis
RN 215
Langues : Anglais, Italien

Surface du vignoble : 134 ha
Age des vignes : 22 ans
Surface en rouge : 132 ha
Cépages :
  Merlot 65 %
  Cabernet sauvignon 30 %
  Cabernet franc 5 %
Surface en blanc : 2 ha
Cépages :
  Sauvignon blanc 70 %
  Semillon 20 %
  Muscadelle 10 %
Appellation principale : Listrac-médoc
Production moyenne : 750 000 bouteilles

🍷 **Château Clarke**
  1999 : 88 . . . . 16,70 €

🍷 **Château Malmaison**
  1999 : 86

CHÂTEAU CLERC MILON ***(*)

33250 Pauillac
Tél. : 05 56 59 22 22 - Fax : 05 56 73 20 44
E. Mail : webmaster@bpdr.com
Web : www.bpdr.com

Acheté en 1970 par le baron Philippe de Rothschild qui l'a restructuré, Clerc Milon produisait jusqu'au milieu des années 80 des vins relativement légers. Avec le vieillissement des vignes, le vin a alors pris de la densité en restant dans un style très classique, relativement tannique. Dans les derniers millésimes, Clerc Milon a pris de la chair avec un très joli fruit tout en gardant sa charpente, ce qui en fait un très beau Pauillac, encore largement sous-estimé.

Responsable : baronne Philippine de Rothschild GFA
Vente à la propriété : non
Visite : non
Dégustation : sur rendez-vous

Surface du vignoble : 30 ha
Surface en rouge : 30 ha
Cépages :
    Cabernet sauvignon 46 %
    Merlot 35 %
    Cabernet franc 15 %
    Petit Verdot + Carmarèse 4 %
Appellation principale : Pauillac
Production moyenne : 170 000 bouteilles

🍷 **Château Clerc Milon**
    2001 : 90 - 92 . . . . . . .29,30 €
    2000 : 91 - 93 . . . . . . .49,40 €
    1999 : 90 . . . . .39,22 €
    1998 : 91 . . . . .43,05 €
    1997 : 87
    1996 : 90 . . . . .45,20 €
    1995 : 90
    1994 : 86

MÉDOC

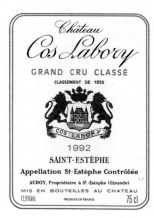

CHÂTEAU COS LABORY ***(*)

33180 Saint-Estèphe
Tél. : 05 56 59 30 22 - Fax : 05 56 59 73 52
E. Mail : cos-labory@wanadoo.fr

Acheté par François Audoy en 1959, Cos Labory est maintenant géré par son fils Bernard. Si le château est voisin de Cos d'Estournel, le vignoble possède une parcelle de trois hectares près du château, une seconde de six hectares près de Lafon-Rochet et enfin une troisième derrière la gare. Les vins sont toujours d'évolution lente. Depuis 1989 ils sont profonds et colorés et les derniers millésimes ont encore progressé. Depuis 1971, Bernard Audoy est aussi propriétaire du château Andron-Blanquet, un solide cru bourgeois élevé en fûts de chêne neufs renouvelés par quart.

Responsable : Bernard Audoy
Vente à la propriété : non
Visite : sur rendez-vous
Dégustation : sur rendez-vous
Moyen d'accès : à la sortie de Pauillac prendre D2 sur 4 km.

Surface du vignoble : 18 ha
Surface en rouge : 18 ha
Cépages :
  Merlot 35 %
  Cabernet sauvignon 50 %
  Cabernet franc 10 %
  Petit Verdot 5 %
Appellation principale : Saint-estèphe
Production moyenne : 120 000 bouteilles

🍷 **Château Cos Labory**

2001 : 89 - 91	......	19,14 €
2000 : 90 - 93	......	22,84 €
1999 : 89	....	24,51 €
1998 : 90	....	26,68 €
1997 : 88	....	21,41 €
1996 : 90	....	35,40 €
1995 : 90	....	45,93 €
1994 : 88		

CHÂTEAU D'ARMAILHAC ***(*)

33250 Pauillac
Tél. : 05 56 59 22 22 - Fax : 05 56 73 20 44

Avec le millésime 1989, le château a repris son nom d'origine après s'être successivement appelé Mouton Baron Philippe puis Mouton Baronne Philippe. Pendant longtemps, les vins ont été très légers, mais après des 1995 et 1996 très réussis, ils ont pris, depuis le millésime 1998, une densité et une plénitude qu'on ne leur connaissait pas. Et qui leur vont à merveille.

Responsable : baronne Philippine de Rothschild GFA
Vente à la propriété : non
Visite : oui

Surface du vignoble : 50 ha
Surface en rouge : 50 ha
Cépages :
  Cabernet sauvignon 52 %
  Merlot 26 %
  Cabernet franc 20 %
  Petit Verdot 2 %
Appellation principale : Pauillac
Production moyenne : 220 000 bouteilles

Château d'Armailhac

2001 : 89 - 91 . . . . . .20,93 €
2000 : 90 - 92 . . . . . .35,52 €
1999 : 90 . . . . .28,96 €
1998 : 89 . . . . .28,96 €
1997 : 85 . . . . .30,48 €
1996 : 87 . . . . .33,53 €
1995 : 88 . . . . .33,53 €
1994 : 86 . . . . .39,59 €

MÉDOC

CHÂTEAU D'ESCURAC ***(*)

Route d'Escurac
33340 Civrac-Médoc
Tél. : 05 56 41 50 81 - Fax : 05 56 41 36 48
E. Mail : chateau.d.escurac@wanadoo.fr

Le vignoble d'Escurac domine la région
et la croupe comporte de belles graves,
ce qui n'était pas passé inaperçu dans
l'Histoire. Cuvier et chai remis à niveau,
le vin a repris du poil de la bête, ce qui
lui a permis de gagner la coupe des crus
bourgeois avec le millésime 1996. Dans
les millésimes récents, le vin est coloré,
profond et velouté, en particulier dans le
2000, mais les beaux tannins réapparaî-
tront comme dans le complet 1999.

Responsable : Jean-Marc Landureau
Vente à la propriété : oui
Visite : oui
Dégustation : sur rendez-vous
Langues : Anglais
Surface du vignoble : 20 ha
Age des vignes : 20 ans
Surface en rouge : 20 ha
Cépages :
   Merlot 50 %
   Cabernet sauvignon 50 %
Appellation principale : Médoc
Production moyenne : 60 000 bouteilles

🍷 **Château d'Escurac**
   2000 : 90
   1998 : 89 . . . . 15,18 €

CHÂTEAU D'ISSAN ***(*)

33460 Cantenac
Tél. : 05 57 88 35 91 - Fax : 05 57 88 74 24

Classé monument historique, le château est superbe et le vignoble d'un seul tenant sur belles graves en bord de Gironde est d'une grande potentialité. Pendant longtemps, le vin était léger et fin, ne perçant que dans les grands millésimes. Ces cinq dernières années, le vin a gagné en densité, la qualité des barriques s'est améliorée, tout en préservant la finesse typiquement margalaise. Il possède un des meilleurs rapports qualité-prix actuels.

Responsable : famille Cruse
Vente à la propriété : non
Visite : sur rendez-vous
Surface du vignoble : 30 ha
Surface en rouge : 30 ha
Cépages :
　Cabernet sauvignon 70 %
　Merlot 30 %
Appellation principale : Margaux
Production moyenne : 170 000 bouteilles

🍷 **Château d'Issan**

2001 : 88 - 90 ......26,31 €
2000 : 89 - 91 ......34,44 €
1999 : 88 ....27,50 €
1998 : 89
1997 : 87
1996 : 88
1995 : 88
1994 : 85

MÉDOC

CHÂTEAU DE PEZ ***(*)

33180 Saint-Estèphe
Tél.: 05 56 59 30 26 - Fax: 05 56 59 30 25

Racheté en 1995 par Louis Roederer, château de Pez possède avec Calon-Ségur, le plus vieux vignoble de Saint-Estèphe, qui n'a pas bougé depuis 1680. Il est composé d'un mètre de graves günziennes sur un socle argilo-calcaire. Dans les années 50 et 60, Pez avait produit des vins de très haut niveau, avec une race incontestable, pour devenir ensuite plus irrégulier. Depuis la reprise en main, le vin est redevenu plus concentré, en gardant la même souplesse qu'on lui connaît depuis trente ans.

Responsables: Champagne Louis Roederer
Jean-Claude Rouzaud
Vente à la propriété: non
Visite: sur rendez-vous

Surface du vignoble: 26 ha
Surface en rouge: 26 ha
Cépages:
    Cabernet sauvignon 45 %
    Merlot 44 %
    Cabernet franc 8 %
    Petit Verdot 3 %
Appellation principale: Saint-estèphe
Production moyenne: 149 000 bouteilles

Château de Pez
    2001 : 88 - 89
    2000 : 90 - 91
    1999 : 88
    1998 : 89
    1997 : 86
    1996 : 88
    1995 : 88
    1994 : 86

CHÂTEAU DUHART-MILON ***(*)

33250 Pauillac
Tél. : 05 56 73 18 18 ou 01 53 89 78 00 - Fax : 05 56 59 26 83

Duhart-Milon était depuis longtemps dans l'ombre de son grand frère, Lafite-Rothschild, ce qui a nui à sa notoriété. De plus, la qualité du vin était jusqu'alors limitée par la jeunesse des vignes. Ces dernières sont maintenant suffisamment âgées et traitées de la même manière que celles de Lafite, la qualité a bondi depuis 1996 sans que sa notoriété suive. Le vin est d'un remarquable rapport qualité-prix.

Responsable : M. Chevallier
Vente à la propriété : non
Visite : sur rendez-vous

Surface du vignoble : 65 ha
Surface en rouge : 65 ha
Cépages :
  Cabernet sauvignon 65 %
  Merlot 30 %
  Cabernet franc 5 %
Appellation principale : Pauillac
Production moyenne : 220 000 bouteilles

▼ Château Duhart-Milon

2001 : 89 - 91 . . . . . . 22,72 €
2000 : 90 - 92 . . . . . . 27,74 €
1999 : 89 . . . . 30,97 €
1998 : 89 . . . . 33,53 €
1997 : 86 . . . . 27,44 €
1996 : 90 . . . . 30,06 €
1995 : 89 . . . . 33,53 €
1994 : 85

MÉDOC

CHÂTEAU FERRIÈRE ***(*)

Château Ferrière
33460 Margaux
Tél. : 05 57 88 76 65 - Fax : 05 57 88 98 33

Depuis 1960 jusqu'en 1992, les vignes du château étaient en fermage par château Lascombes. Le cru renaît à son rachat en 1992 par la famille Villars et il est remis en état par Bernadette Villars, puis par sa fille Claire. Très rapidement, avec les millésimes 1993, 1994 et 1995, Ferrière s'est fait remarquer par sa qualité. Les millésimes récents sont dans le même ton avec, entre autres, un magnifique 1998.

Responsable : Claire Villars
Vente à la propriété : non
Visite : sur rendez-vous

Surface du vignoble : 8 ha
Surface en rouge : 8 ha
Cépages :
    Cabernet sauvignon 80 %
    Merlot 15 %
    Petit Verdot 5 %
Appellation principale : Margaux
Production moyenne : 50 000 bouteilles

Château Ferrière
  2001 : 87 - 88
  2000 : 88 - 90 ......29,90 €
  1999 : 88
  1998 : 89 ....42,22 €
  1997 : 86
  1996 : 88 ....49,03 €
  1995 : 88 ....64,58 €
  1994 : 85

CHÂTEAU FONBADET ***(*)

33250 Pauillac
Tél. : 05 56 59 02 11 - Fax : 05 56 59 22 61
E. Mail : pascale@chateaufonbadet.com
Web : www.chateaufonbadet.com

Au nord de Saint-Lambert, Fonbadet est enclavé dans plusieurs crus classés. Fonbadet est formé de trois entités distinctes, la première contiguë à Mouton-Rothschild, la seconde à Lynch-Bages et la troisième voisine de Pichon-Baron. Les trois terroirs sont sur des croupes de graves profondes sur sous-sol d'alios. L'âge des vignes est élevé, près de cinquante ans en moyenne, ce qui fait que Fonbadet est souvent le plus petit rendement de la commune. Le vin est suivi par Pierre Peyronie qui a effectué sa première vinification en 1963, millésime difficile s'il en est. Tous ces facteurs font que Fonbadet est un beau Pauillac qui rivalise avec bien des crus classés de la commune.

Responsable : SCEA Domaines Peyronie
Vente à la propriété : oui
Visite : sur rendez-vous
Dégustation : sur rendez-vous
Moyen d'accès : RD2.
Langues : Anglais, Espagnol, Portugais
Surface du vignoble : 20 ha
Age des vignes : 50 ans
Surface en rouge : 20 ha
Cépages :
    Cabernet sauvignon 60 %
    Cabernet franc 15 %
    Merlot 20 %
    Petit Verdot 5 %
Appellation principale : Pauillac

Château Fonbadet

2001 : 88 - 89 . . . . . . 14,71 €
2000 : 89 - 90 . . . . . . 14,11 €
1999 : 88
1998 : 89
1997 : 86
1996 : 88
1995 : 88
1994 : 87

MÉDOC

CHÂTEAU FONRÉAUD ***(*)

33480 Listrac-Médoc
Tél. : 05 56 58 02 43 - Fax : 05 56 58 04 33
E. Mail : vignobles.chanfreau@wanadoo.fr
Web : www.chateau-fonreaud.com

Inratable au bord de la route, château
Fonréaud est un très beau château élevé
en 1859 qui hérite d'une histoire
ancienne. Le château a d'abord été
vendu en 1958 à quatre amateurs de vins
bordelais avant que Léo Chanfreau ne le
rachète en totalité en 1964. Son petit-fils
Jean Chanfreau dirige maintenant la
propriété. Le vignoble est disposé sur
plusieurs parcelles autour du château,
sur des sols gravelo-siliceux sur graves
calcaires. Toujours assez souple malgré
une bonne proportion de cabernet,
Fonréaud est un vin qui peut parfaitement bien vieillir.

Responsables : Héritiers Chanfreau
Vente à la propriété : oui
Visite : oui
Surface du vignoble : 32 ha
Surface en rouge : 32 ha
Cépages :
   Merlot 45 %
   Cabernet sauvignon 52 %
   Petit Verdot 3 %
Appellation principale : Listrac-médoc
Production moyenne : 140 000 bouteilles

Château Fonreaud

2001 : 88 - 89
2000 : 88 - 89
1999 : 87
1998 : 88
1997 : 85
1996 : 88
1995 : 88
1994 : 86

Château
Fourcas Dupré

LISTRAC-MÉDOC
APPELLATION LISTRAC-MÉDOC CONTRÔLÉE

1997

MIS EN BOUTEILLE AU CHATEAU

S.C.E. du Château Fourcas-Dupré

12,5 % vol. PROPRIÉTAIRE A LISTRAC-MÉDOC (GIRONDE) FRANCE 750ml
PRODUCE OF FRANCE

Cette bouteille porte le N° 241015

L FD 97 01

CHÂTEAU FOURCAS DUPRÉ ***(*)

Le Fourcas
33480 Listrac-Médoc
Tél. : 05 56 58 01 07 - Fax : 05 56 58 02 27
E. Mail : chateau-fourcas-dupre@wanadoo.fr
Web : www.chateaufourcasdupre.com

Si le lieu-dit Fourcas est de réputation ancienne, le château prit son nom définitif à l'occasion de son rachat par Adolphe Dupré en 1843. Après plusieurs successions, Paul et Michel Delon l'ont acheté en mauvais état en 1967, l'ont rénové et revendu en 1970 à Guy Pagès qui avait fait ses armes dans le vignoble tunisien. Depuis 1985, son fils Patrice gère le domaine situé sur de fines graves pyrénéennes qui sont sablonneuses ou argileuses selon les endroits. Les vins de Fourcas Dupré sont un peu lents à se faire, mais ils vieillissent avec bonheur et ils sont d'une grande régularité, y compris dans les années plus modestes.

Responsable : Patrice Pagès
Vente à la propriété : oui
Visite : oui
Dégustation : oui
Moyen d'accès : RN 215.
Surface du vignoble : 46 ha
Surface en rouge : 46 ha
Cépages :
  Merlot 44 %
  Cabernet sauvignon 44 %
  Cabernet franc 10 %
  Petit Verdot 2 %
Appellation principale : Listrac-médoc
Production moyenne : 250 000 bouteilles

Château Fourcas Dupré
2001 : 86-88
2000 : 88-89
1999 : 87 . . . . .10,90 €
1998 : 88 . . . . .11,50 €
1997 : 85 . . . . .10,70 €
1996 : 88
1995 : 88
1994 : 86

MÉDOC

CHÂTEAU FOURCAS HOSTEN ***(*)

33480 Listrac-Médoc
Tél. : 05 56 58 01 15 - Fax : 05 56 58 06 73

Le château est situé à l'ouest du hameau de Fourcas, alors que Fourcas Dupré est à l'est. Le nom de Hosten vient d'un des propriétaires du début du XIXᵉ siècle. Le château est resté aux mains de Saint-Affrique de 1810 à 1971, date à laquelle il a été acheté par un groupe d'actionnaires mené par Bertrand de Rivoyre. Venu en voisin de Fourcas Dupré, la famille Pagès entre dans l'actionnariat en 1984. Le terroir est composé de deux parcelles, la plus grande en graves pyrénéennes où se situent les cabernets, l'autre proche du château sur argilo-calcaire avec les merlots. Toujours complets et pleins, les vins sont d'une grande régularité.

Responsables : Bertrand de Rivoyre, Peter Sichel, Patrice Pagès
Vente à la propriété : oui
Visite : sur rendez-vous
Dégustation : sur rendez-vous
Surface du vignoble : 47 ha
    Cabernet sauvignon
    Merlot
    Petit Verdot
    Malbec
Appellation principale : Listrac-médoc

🍷 **Château Fourcas Hosten**
    2001 : 87-88
    2000 : 87-89
    1999 : 87
    1998 : 88
    1997 : 86
    1996 : 88
    1995 : 88
    1994 : 86

PRODUCE OF FRANCE

Château Giscours

GRAND CRU CLASSÉ EN 1855

MARGAUX

1996

APPELLATION MARGAUX CONTRÔLÉE

MIS EN BOUTEILLE AU CHATEAU

750 ml   PAR S.A.E. DU CHÂTEAU GISCOURS A LABARDE 33460 MARGAUX - FRANCE   12,5 % vol.

CHÂTEAU GISCOURS ***(*)

10 route de Giscours
33460 Margaux
Tél. : 05 57 97 09 09 - Fax : 05 57 97 09 00

Au sommet jusqu'en 1980 tant en grands qu'en petits millésimes, Giscours avait connu quelques vicissitudes ensuite. Le château a été racheté en 1995 par un industriel hollandais et le nouveau propriétaire a subi d'entrée un scandale pour lequel il n'avait aucune implication. A force d'investissements, il s'est attaché à retrouver la grande réputation ancienne du cru et les millésimes récents confirment totalement le redressement du château.

Responsable : Eric Albada Jelgersma
Vente à la propriété : non
Visite : sur rendez-vous
Surface du vignoble : 80 ha
Surface en rouge : 80 ha
Cépages :
    Cabernet sauvignon 55 %
    Merlot 35 %
    Cabernet franc 5 %
    Petit Verdot 5 %
Appellation principale : Margaux
Production moyenne : 250 000 bouteilles

Château Giscours

2001 : 85 - 87 ......26,91 €
2000 : 88 - 90 ......35,28 €
1999 : 88 ....29,16 €
1998 : 88 ....38,87 €
1997 : 86 ....31,33 €
1996 : 87
1995 : 85
1994 : 83

MÉDOC

CHÂTEAU GLORIA ***(*)

Domaine Martin
33250 Saint-Julien-Beychevelle
Tél. : 05 56 59 08 18 - Fax : 05 56 59 16 18

Gloria est un cru entièrement constitué par Henri Martin à partir d'achats de parcelles très bien situées sur des graves günziennes. Dans les années soixante et soixante-dix, Gloria a produit des vins d'anthologie qui bousculaient allègrement la hiérarchie des crus classés. Après un petit passage à vide dans les années quatre-vingt où Gloria s'est fait plus léger, le cru a pleinement retrouvé ses qualités dans les années quatre-vingt-dix. Avec des vins pleins et denses, les Gloria actuels sont revenus au niveau des crus classés. Une sage politique de prix les rend particulièrement attractifs pour les amateurs de vins.

Responsable : Françoise Triaud
Vente à la propriété : oui
Visite : sur rendez-vous
Dégustation : sur rendez-vous
Moyen d'accès : D2
Surface du vignoble : 44 ha
Surface en rouge : 44 ha
Cépages :
    Cabernet sauvignon 65 %
    Cabernet franc 5 %
    Merlot 25 %
    Petit Verdot 5 %
Appellation principale : Saint-julien

🍷 Château Gloria

2001 : 88 - 89 . . . . . . .21,52 €
2000 : 89 - 92
1999 : 89 . . . . .25,71 €
1998 : 90
1997 : 88
1996 : 90
1995 : 90 . . . . .49,03 €
1994 : 88

CHÂTEAU
GRAND-PUY DUCASSE ***(*)

La Croix Bacalan, 109 rue Achard, B. P. 154
33042 Bordeaux cedex
Tél. : 05 56 11 29 00 - Fax : 05 56 11 29 01

Depuis son classement en 1855, le vignoble de Grand-Puy Ducasse a passablement changé et il n'avait plus que onze hectares en 1971. Si le château se trouve sur les quais de Pauillac, le vignoble est maintenant éclaté en trois entités passablement séparées, toutes sur des graves fines dont deux sont de grand potentiel. Pendant longtemps, Grand-Puy Ducasse ne produisait qu'un aimable vin sans beaucoup d'intérêt. Le renouveau a commencé au début des années 90 quand il a repris de la densité. Avec les millésimes récents, il retrouve son rang.

Responsables : Mestrezat & Domaines SA
Vente à la propriété : non
Visite : sur rendez-vous
Surface du vignoble : 40 ha
Surface en rouge : 40 ha
Cépages :
  Cabernet sauvignon 59 %
  Merlot 41 %
Appellation principale : Pauillac
Production moyenne : 120 000 bouteilles

Château Grand-Puy Ducasse
  2001 : 84 - 87 . . . . 18,29 €
  2000 : 88 - 89
  1999 : 86
  1998 : 87 . . . . 22,86 €
  1997 : 83
  1996 : 86 . . . . 27,44 €
  1995 : 86 . . . . 27,44 €
  1994 : 85 . . . . 24,39 €

MÉDOC

GRAND CRU CLASSÉ EN 1855

Château
Haut-Bages Libéral®

PAUILLAC

APPELLATION PAUILLAC CONTROLÉE

1989

S.A. HAUT-BAGES LIBÉRAL, PROPRIÉTAIRE A PAUILLAC (GIRONDE) FRANCE

MIS EN BOUTEILLES AU CHÂTEAU

12,5%VOL.   Produce of France   75 cl

CHÂTEAU
HAUT-BAGES LIBÉRAL ***(*)

Château Haut-Bages-Libéral
33250 Pauillac
Tél.: 05 57 88 76 65 - Fax: 05 57 88 98 33

Le vignoble de Haut-Bages libéral est scindé en trois parties. La première est contiguë à Latour, la seconde à Pichon-Lalande et la troisième se trouve sur le plateau de Bages. Le château avait été rénové par les Cruse au début des années 70 et il fait l'objet de soins attentifs depuis son rachat en 1983 par la famille Merlaut. Malgré une belle trame, le vin manquait pendant longtemps de fond. Dans les années 90, il a pris de la densité. Souvent un peu austère les premières années en bouteille, il évolue ensuite dans un style longiligne.

Responsable: Claire Villars
Vente à la propriété: non
Visite: oui
Surface du vignoble: 28 ha
Surface en rouge: 28 ha
Cépages:
   Cabernet sauvignon 80 %
   Merlot 17 %
   Petit Verdot 3 %
Appellation principale: Pauillac
Production moyenne: 170 000 bouteilles

Château Haut-Bages Libéral
   2001 : 89 - 91 ......18,53 €
   2000 : 90 - 91 ......16,76 €
   1999 : 88 ....16,76 €
   1998 : 88 ....18,29 €
   1997 : 86 ....21,34 €
   1996 : 88 ....31,18 €
   1995 : 88
   1994 : 86

CHÂTEAU HAUT-BATAILLEY ***(*)

33250 Saint-Julien-Beychevelle
Tél. : 05 56 73 16 73 - Fax : 05 56 59 27 37

Partie intégrante de Batailley jusqu'en 1942, Haut-Batailley est né du partage du château : Batailley revenant à Mme Castéja née Borie, Haut-Batailley nouvellement créé à Mme de Brest-Borie. Les Borie continuent de diriger le château. Eugène Borie s'étant toujours méfié de la surextraction et conseillé par Emile Peynaud, il en a fait un Pauillac très souple, dans la philosophie des Saint-Julien. Dans les millésimes un peu faibles, le vin manque souvent de matière, tout en conservant sa finesse et son équilibre qui sont ses deux qualités.

Responsable : Mme Des Brest-Borie
Vente à la propriété : non
Visite : oui
Surface du vignoble : 20 ha
Surface en rouge : 20 ha
Cépages :
    Cabernet sauvignon 65 %
    Merlot 25 %
    Cabernet franc 10 %
Appellation principale : Pauillac
Production moyenne : 110 000 bouteilles

Château Haut-Batailley
2001 : 88 - 90 . . . . . . .19,73 €
2000 : 89 - 91
1999 : 88 . . . . .26,31 €
1998 : 89
1997 : 86 . . . . .30,62 €
1996 : 89
1995 : 89
1994 : 87

MÉDOC

GRAND VIN DE BORDEAUX

MIS EN BOUTEILLES AU CHATEAU

CHÂTEAU
LA BÉCASSE
PAUILLAC
APPELLATION PAUILLAC CONTROLÉE

1999

Roland FONTENEAU
VITICULTEUR
33250 PAUILLAC FRANCE

12,5%vol.   750ml

PRODUCE OF FRANCE

CHÂTEAU LA BÉCASSE ***(*)

21 rue Edouard-de-Pontet
33250 Pauillac
Tél. : 05 56 59 07 14 - Fax : 05 56 59 18 44

Le château fut créé en 1966 par Georges Fonteneau, petit-fils de Louis Fonteneau, régisseur du château Ducru-Beaucaillou. D'une taille réduite, un peu plus de quatre hectares, il est constitué d'une vingtaine de parcelles jouxtant les crus les plus prestigieux avec un âge moyen de vignes assez élevé (35 ans). Pendant longtemps, toute la production était achetée par un groupe d'amis. Le château est maintenant géré par Georges et Roland Fonteneau avec vendange manuelle et élevage du vin dans 40 % de fûts neufs, ce qui a donné un beau Pauillac, très fin en 1999.

Responsables :
Georges et Roland Fonteneau
Vente à la propriété : oui
Visite : sur rendez-vous
Dégustation : non
Surface du vignoble : 4 ha
Age des vignes : 35 ans
Surface en rouge : 4 ha
Cépages :
    Merlot 36 %
    Cabernet franc 9 %
    Cabernet sauvignon 55 %
Appellation principale : Pauillac

🍷 **Château La Bécasse**
    1999 : 88 . . . . .25,71 €
    1998 : 88 . . . . .27,98 €

CHÂTEAU LA LAGUNE ***(*)

33290 Ludon-Médoc
Tél.: 05 57 88 82 77 - Fax: 05 57 88 82 70

M. Brunet achète La Lagune en 1958 avec les seuls quatre hectares de vignes qui restaient. Il restaure le château, construit un cuvier très moderne, reconstitue le vignoble avant de le vendre en 1961 aux champagnes Ayala qui en sont toujours les propriétaires. Premier cru classé rencontré à la sortie de Bordeaux, le vignoble d'un seul tenant se situe sur des graves très originales, les graves mindéliennes, qui sont très fines et proches de celles de Pessac et Léognan. Malgré la jeunesse des vignes, La Lagune a tout de suite produit des vins très intéressants. Les vignes ont maintenant une quarantaine d'années, mais le cru avait un peu baissé. L'équipe en place relance ses efforts.

Responsables: Alain et Nicolas Ducellier
Vente à la propriété: non
Visite: oui
Surface du vignoble: 70 ha
Surface en rouge: 70 ha
Cépages:
    Cabernet sauvignon 55 %
    Merlot 20 %
    Cabernet franc 15 %
    Petit Verdot 10 %
Appellation principale: Haut-médoc
Production moyenne: 450 000 bouteilles

🍷 Château La Lagune

2001 : 87 - 88 ......27,50 €
2000 : 88 - 90 ......29,90 €
1999 : 88 ....29,66 €
1998 : 88 ....34,32 €
1997 : 87
1996 : 88
1995 : 89
1994 : 85 ....41,14 €

MÉDOC

CHÂTEAU LA TOUR CARNET ***(*)

Route de Beychevelle
33112 Saint-Laurent-de-Médoc
Tél. : 05 56 73 30 90 - Fax : 05 56 59 48 54

Avec pont-levis, tours et douves, le château témoigne d'une longue histoire. Totalement à l'abandon, le château fut acheté et replanté en 1962 par M. Lipschitz et Marie-Claire Pellegrin, sa fille, avait commencé à en améliorer sa qualité à partir de la fin des années 80. Il vient d'être racheté par Bernard Magrez qui a lancé un gros programme d'investissements. Sur la fameuse butte de La Tour Carnet, le terroir est très original avec un socle d'argile fortement calcaire et des graves pyrénéennes sableuses. Depuis 1998, le vin a fortement progressé et il retrouve pleinement son rang de cru classé.

Responsable : GFA du Château
La Tour Carnet
Vente à la propriété : non
Visite : sur rendez-vous
Surface du vignoble : 48 ha
Surface en rouge : 48 ha
Cépages :
  Cabernet sauvignon 47 %
  Merlot 39 %
  Cabernet franc 10 %
  Petit Verdot 4 %
Appellation principale : Haut-médoc
Production moyenne : 200 000 bouteilles

♀ Château La Tour Carnet

2001 : 89 - 91	......	.16,50 €
2000 : 90 - 91	......	.21,87 €
1999 : 89	....	.17,94 €
1998 : 89	....	.38,96 €
1997 : 87	....	.20,09 €
1996 : 88	....	.27,26 €
1995 : 88		
1994 : 87	....	.30,85 €

CHÂTEAU LA TOUR DE MONS ***(*)

33460 Soussans
Tél. : 05 57 88 35 03 - Fax : 05 57 88 32 46

Le vignoble de la Tour de Mons s'étend au nord-ouest de Soussans sur des graves fortes et moyennes. Héritiers d'un passé prestigieux avec des vins d'anthologie comme les 49 ou 53, les vins avaient nettement fléchi au cours des années 70, tout comme Cantemerle qui appartenait au même propriétaire à l'époque. Les vins ont progressé au cours des années 80 et à la fin des années 90, ils avaient repris leur niveau d'un excellent cru bourgeois.

Responsable : SAS Château La Tour de Mons
Vente à la propriété : non
Visite : sur rendez-vous
Dégustation : sur rendez-vous
Langues : Anglais
Surface du vignoble : 43 ha
Age des vignes : 30 ans
Surface en rouge : 43 ha
Cépages :
   Merlot 55 %
   Cabernet sauvignon 34 %
   Petit Verdot 6 %
   Cabernet franc 5 %
Appellation principale : Margaux
Production moyenne : 138 000 bouteilles

Château La Tour de Mons
   1999 : 88 . . . . .20,45 €
   1998 : 88 . . . . .24,16 €

MÉDOC

CHÂTEAU LAFON-ROCHET ***(*)

33180 Saint-Estèphe
Tél. : 05 56 59 32 06 - Fax : 05 56 59 72 43

Guy Tesseron a acheté le château en 1959, il a entièrement rénové le vignoble et construit un château immanquable par sa couleur jaune crème. Le vignoble d'un seul tenant entoure le château et voisine avec ceux de Lafite-Rothschild et de Cos d'Estournel, il est implanté sur des graves profondes du quaternaire. Le temps que les vignes prennent un peu d'âge, les vins des années 80 sont de très bonne facture. Sous l'impulsion de Michel Tesseron, les investissements continuent et le vin fait un nouveau bond qualitatif à partir de 1995. Elevé en fûts neufs renouvelés par moitié, il déborde maintenant largement le niveau des quatrième crus.

Responsable : Michel Tesseron
Vente à la propriété : non
Visite : sur rendez-vous
Surface du vignoble : 45 ha
Surface en rouge : 45 ha
Cépages :
    Cabernet sauvignon 55 %
    Merlot 40 %
    Cabernet franc 5 %
Appellation principale : Saint-estèphe
Production moyenne : 264 000 bouteilles

🍷 **Château Lafon-Rochet**

2001 : 89 - 90	. . . . . .	.21,28 €
2000 : 90 - 92	. . . . . .	.36,47 €
1999 : 89	. . . .	.25,35 €
1998 : 90	. . . .	.32,05 €
1997 : 88		
1996 : 90	. . . .	.44,73 €
1995 : 91	. . . .	.46,04 €
1994 : 88	. . . .	.40,90 €

MÉDOC

CHÂTEAU LES ORMES DE PEZ ***(*)

33180 Saint-Estèphe
Tél.: 05 56 73 24 00 - Fax: 05 56 59 26 42
E. Mail: infochat@ormesdepez.com
Web: www.ormesdepez.com

Situé dans le petit hameau de Pez comme le suggère son nom, le château les Ormes de Pez est la propriété de la famille Cazes, qui utilise les mêmes recettes que celles qui ont fait le succès de Lynch-Bages à Pauillac. Si les parcelles sont disséminées, les vignes sont plantées à forte densité et leur âge moyen est élevé. Réputés depuis une bonne soixantaine d'années, le domaine donne un vin généreux et opulent avec un caractère onctueux dans les grands millésimes chauds, plus tannique dans les autres.

Responsable: Jean-Michel Cazes
Vente à la propriété: non
Visite: non
Surface du vignoble: 35 ha
Surface en rouge: 35 ha
Cépages:
  Cabernet sauvignon 70 %
  Merlot 20 %
  Cabernet franc 10 %
Appellation principale: Saint-estèphe
Production moyenne: 200 000 bouteilles

Château Les Ormes de Pez

2001 : 88 - 89 . . . . . . .19,73 €
2000 : 90 - 92 . . . . . . .24,03 €
1999 : 89 . . . . .26,07 €
1998 : 90 . . . . .26,43 €
1997 : 87 . . . . .22,84 €
1996 : 89 . . . . .31,19 €
1995 : 89
1994 : 87

MÉDOC

Château Les Ormes Sorbet
CRU BOURGEOIS
MEDOC
1990
APPELLATION MÉDOC CONTRÔLÉE
12 % vol.   J. BOIVERT, PROPRIÉTAIRE A COUQUÈQUES, GIRONDE FRANCE   750 ml
MIS EN BOUTEILLE AU CHATEAU

CHÂTEAU LES ORMES SORBET ***(*)

33340 Couquêques
Tél. : 05 56 73 30 30 - Fax : 05 56 73 30 31

Héritier de plusieurs générations de producteurs, Jean Boivert a repris le domaine familial en 1970 et augmenté les densités de plantation. Le vignoble est situé sur un sol argilo-calcaire sur socle calcaire éocène très particulier appelé le calcaire de Couquèques. Une bonne proportion de cabernet-sauvignon, dont les Boivert attendent patiemment chaque année le mûrissement, qui donne beaucoup de classe à ce vin. Il est d'une régularité sans faille depuis une quinzaine d'années. Les derniers millésimes sont très équilibrés et toujours aussi élégants.

Responsable : Jean Boivert
Vente à la propriété : oui
Visite : sur rendez-vous
Surface du vignoble : 21 ha
Surface en rouge : 21 ha
Cépages :
    Cabernet sauvignon 65 %
    Merlot 30 %
    Cabernet franc 5 %
Appellation principale : Médoc
Production moyenne : 150 000 bouteilles

Château Les Ormes Sorbet

2001 : 87 - 88 ...... 13,39 €
2000 : 89 - 90
1999 : 88 .... 28,46 €
1998 : 88 .... 30,38 €
1997 : 86 .... 27,63 €
1996 : 88 .... 33,19 €
1995 : 88
1994 : 86

CHÂTEAU LILIAN LADOUYS ***(*)

Blanquet
33180 Saint-Estèphe
Tél. : 05 56 59 71 96 - Fax : 05 56 59 35 97
E. Mail : chateau-lilian-ladouys@wanadoo.fr
Web : www.chateau-lilian-ladouys.com

Si le Feret classait en 1850 Lilian-Ladouys comme un des meilleurs crus de Saint-Estèphe, le cru était ensuite tombé en léthargie pendant longtemps et vinifié par la coopérative. Il a été réveillé par Christian et Lilian Thiéblot, qui ont produit des 1989 et 1990 superbes. Après leur départ, le soufflé était retombé avant d'être patiemment repris par l'œnologue Georges Pauli, qui gère maintenant les 90 parcelles disséminées sur 48 hectares, avec son efficacité habituelle.

Responsable : Château Lilian Ladouys
Vente à la propriété : non
Visite : sur rendez-vous
Dégustation : sur rendez-vous
Surface du vignoble : 40 ha
Surface en rouge : 40 ha
Cépages :
   Cabernet sauvignon 58 %
   Merlot 37 %
   Cabernet franc 5 %
Appellation principale : Saint-estèphe
Production moyenne : 230 000 bouteilles

Château Lilian Ladouys
   2001 : 87-88
   2000 : 88-89
   1999 : 87
   1998 : 88
   1997 : 86
   1996 : 88
   1995 : 88

1989
CHATEAU
MAUCAILLOU

MOULIS
APPELLATION MOULIS CONTROLÉE

MIS EN BOUTEILLE AU CHATEAU

13% vol.   Société Civile Agricole des
DOMAINES DU CHATEAU MAUCAILLOU   75 cl ℮
PROPRIÉTAIRE À MOULIS-EN-MÉDOC - GIRONDE - FRANCE

PRODUCT OF FRANCE   PRODUIT DE FRANCE

CHÂTEAU MAUCAILLOU ***(*)

Quartier de la Gare
33480 Moulis-en-Médoc
Tél. : 05 56 58 01 23 - Fax : 05 56 58 00 88
Web : www.maucaillou.com

En 1871, Maucaillou n'était qu'un entre-
pôt pour négociant, avant de se voir
adjoindre, quatre ans plus tard, un château et un vignoble. Le tout fut racheté
par la maison Dourthe. L'essentiel du
vignoble entoure toujours le château
avec un superbe sol de graves günziennes dignes d'un cru classé. Résolument moderne, la vinification cherche à
extraire le fruit et le soyeux du raisin, ce
qui donne un vin souple et élégant à
boire assez rapidement, mais qui se
garde bien.

Responsable : Philippe Dourthe
Vente à la propriété : oui
Visite : oui
Langues : Allemand, Anglais, Espagnol
Surface du vignoble : 70 ha
Age des vignes : 25 ans
Surface en rouge : 70 ha
Cépages :
    Merlot 35 %
    Cabernet sauvignon 60 %
    Petit Verdot 5 %
Appellation principale : Moulis ou Moulis en
médoc
Production moyenne : 480 000 bouteilles

Château Maucaillou
    1998 : 88 . . . . .20 €
    1996 : 88 . . . . .38,75 €

CHÂTEAU MAYNE LALANDE ***(*)

Listrac Médoc
33480 Listrac-médoc
Tél. : 05 56 58 27 63 - Fax : 05 56 58 22 41
E. Mail : b.lartigue@terre.net.fr

Mayne-Lalande est une création récente puisque le premier millésime date de 1982 et quel millésime ! Riche, plein, il défraye la chronique. Nouveau venu, Bernard Lartigue avait mis sept ans pour trouver des parcelles, une bonne trentaine, et construire le domaine. Depuis, il a produit toute une série de vins « modernes » comme son étiquette, à la robe noire et à la bouche charnue et concentrée. Les derniers millésimes confirment l'excellence des vins du château et sa régularité à haut niveau.

Responsable : Bernard Lartigue
Vente à la propriété : oui
Visite : sur rendez-vous
Dégustation : oui
Moyen d'accès : Bordeaux de Verdon sortie N° 7.
Langues : Anglais
Surface du vignoble : 20 ha
Age des vignes : 25 ans
Surface en rouge : 20 ha
Cépages :
    Merlot 45 %
    Cabernet sauvignon 45 %
    Petit Verdot 5 %
    Cabernet franc 5 %
Appellation principale : Listrac-médoc
Production moyenne : 120 000 bouteilles

Château Mayne Lalande
    2000 : 89 . . . . .14,48 €
    1999 : 88 . . . . .14,48 €

MÉDOC

CHÂTEAU MEYNEY ***(*)

Saint-Estèphe
33250 Pauillac
Tél.: 05 56 59 30 01 - Fax: 05 56 59 39 89

Construit par les pères Feuillants en
1662, Meyney, dit parfois Prieuré des
Couleys, a été vendu à la révolution à un
Suédois, M. de Luetkens, dont les descendants l'ont ensuite revendu à Georges
Cordier en 1919. Le vignoble est d'un
seul tenant, sur une butte de graves siliceuses s'abaissant vers la Gironde avec
des affleurements uniques d'argile fer-
rugineuse et bleutée. Apte à produire des
vins de grande garde, Meyney a produit
des vins superbes depuis le début des
années 60. Il a eu un tout petit fléchis-
sement au début des années 90, pour
revenir à nouveau au haut niveau qui est
le sien.

Responsable : Domaines Cordier
Vente à la propriété : oui
Visite : sur rendez-vous
Surface du vignoble : 50 ha
Surface en rouge : 50 ha
Cépages :
    Cabernet sauvignon 70 %
    Merlot 24 %
    Cabernet franc 4 %
    Petit Verdot 2 %
Appellation principale : Saint-estèphe
Production moyenne : 300 000 bouteilles

Château Meyney
2001 : 87 - 89 . . . . . . .19,73 €
2000 : 88 - 90 . . . . . . .20,09 €
1999 : 88
1998 : 89
1997 : 87
1996 : 89 . . . . .38,39 €
1995 : 90
1994 : 88

CHÂTEAU MONBRISON ***(*)

1 allée Monbrison
33460 Arsac
Tél. : 05 56 58 80 04 - Fax : 05 56 58 85 33

Dans les années 80, Jean-Luc Vonderheyden avait hissé Monbrison au sommet de la notoriété avec des vins très concentrés grâce à des petits rendements, en particulier entre 1986 et 1990. A sa disparition en 1992, son frère Laurent est revenu à un style plus margalais, avec moins de concentration et des vins plus accessibles, toujours aussi bien faits. Les trois derniers millésimes montrent une réelle élégance.

Responsables : E. M Davis & Fils
Vente à la propriété : oui
Visite : sur rendez-vous
Dégustation : sur rendez-vous
Moyen d'accès : D2, jusqu'à Margaux, prendre direction Arsac.
Langues : Anglais

Surface du vignoble : 13,2 ha
Age des vignes : 38 ans
Surface en rouge : 13,2 ha
Cépages :
    Cabernet sauvignon 50 %
    Merlot 30 %
    Cabernet franc 15 %
    Petit Verdot 5 %
Appellation principale : Margaux
Production moyenne : 80 000 bouteilles

♀ Château Monbrison

2001 : 85 - 87 . . . . . . .21,41 €
2000 : 88 - 89 . . . . . . .27,39 €
1999 : 88
1998 : 88 . . . . .28,58 €
1997 : 85 . . . . .25,83 €
1996 : 88
1995 : 87 . . . . .45,93 €
1994 : 82

MÉDOC

CHÂTEAU PETIT BOCQ ***(*)

3 rue de la Croix-de-Pez, B.P. 33
33180 Saint Estèphe
Tél. : 05 56 59 35 69 - Fax : 05 56 59 32 11
E. Mail : petitbocq@hotmail.com
Web : www.chateau-petit-bocq.com

Avec sa forte proportion de merlot, château Petit Bocq est un des vins les plus charmeurs de Saint-Estèphe. Il était déjà très charmeur du temps de l'ancien propriétaire, M. Souquet, il l'est aussi du temps de la famille Lagneaux qui l'a acheté en 1993. Toujours très coloré et très charnu, il est devenu plus élégant depuis quelques millésimes. C'est une bonne affaire. Très belles réussites en 2000 et 2001.

Responsable : SCEA Lagneaux-Blaton
Vente à la propriété : oui
Visite : sur rendez-vous
Dégustation : sur rendez-vous
Surface du vignoble : 15 ha
Surface en rouge : 15 ha
Cépages :
　Merlot 55 %
　Cabernet sauvignon 43 %
　Cabernet franc 2 %
Appellation principale : Saint-estèphe
Production moyenne : 90 000 bouteilles

Château Petit Bocq
　2000 : 88 - 89
　1999 : 88
　1998 : 88

CHÂTEAU PEYRABON ***(*)

Saint Sauveur-en-Médoc
33250 Pauillac
Tél. : 05 56 59 57 10 - Fax : 05 56 59 59 45

Le château a eu une histoire mouvementée avant d'être racheté par M. Babeau en 1958 qui reconstitue et agrandit le vignoble, son fils Jacques poursuivant son action en l'agrandissant encore. Le vignoble est situé à Saint-Sauveur sur un sol sablo-graveleux avec une petite extension sur l'appellation Pauillac dont les quatre hectares prennent le nom de Fleur Peyrabon. Le vignoble vient d'être acheté, il y a quelques années par le négociant Patrick Bernard, qui l'a énergiquement relancé. Le style recherche, comme autrefois, l'élégance du terroir, les derniers millésimes se révélant les plus complets de l'histoire du château.

Responsable : Millésima
Vente à la propriété : oui
Visite : sur rendez-vous
Dégustation : sur rendez-vous

Surface du vignoble : 50 ha
Surface en rouge : 50 ha
Cépages :
    Cabernet sauvignon
    Merlot
    Cabernet franc
    Petit Verdot
Appellation principale : Haut-médoc

Château Peyrabon
2001 : 87 - 88 . . . . . . .8,07 €
2000 : 87 - 89
1999 : 87 . . . . .14,16 €
1998 : 87 . . . . .17,50 €
1997 : 85 . . . . .12,91 €

Fleur Peyrabon
2001 : 88 - 89 . . . . . . .14,95 €
2000 : 88 - 89
1999 : 88 . . . . .20 €
1998 : 88 . . . . .22,91 €
1997 : 87 . . . . .17,91 €

MÉDOC

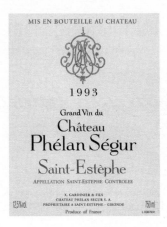

CHÂTEAU PHÉLAN SÉGUR ***(*)

33180 Saint-Estèphe
Tél. : 05 56 59 74 00 - Fax : 05 56 59 74 10
E. Mail : phelan.segur@wanadoo.fr

Racheté par Xavier Gardinier en 1985, le magnifique château face à la Gironde dispose d'un beau vignoble sur des croupes de graves sablonneuses, gages de finesse. Le vignoble, comme les vendanges (en petits paniers avec tri du raisin), les vinifications et l'élevage (30 à 40 % de barriques neuves) sont menés avec un soin maniaque par Thierry Gardinier. Il en résulte un vin très fin, souple et très pur, pas forcément en vogue chez les dégustateurs aimant la puissance, mais qui, mine de rien, est très concentré, complexe et vieillit très bien. Le deuxième vin est une belle introduction au grand vin.

Responsable : Thierry Gardinier
Vente à la propriété : oui
Visite : sur rendez-vous
Dégustation : sur rendez-vous

Surface du vignoble : 64 ha
Surface en rouge : 64 ha
Cépages :
    Cabernet sauvignon 60 %
    Merlot 35 %
    Cabernet franc 5 %
Appellation principale : Saint-estèphe
Production moyenne : 150 000 bouteilles

Château Phélan Ségur
  2001 : 87 - 89
  2000 : 90 - 91 ......32,53 €
  1999 : 89 ....27,99 €
  1998 : 89 ....31,33 €
  1997 : 86 ....27,15 €
  1996 : 88
  1995 : 88 ....43,65 €
  1994 : 87 ....35,40 €

Frank-Phélan
  2000 : 87
  1999 : 86
  1998 : 87

Château Potensac

MÉDOC

APPELLATION MÉDOC CONTRÔLÉE

1985

Delon Liquard

PROPRIÉTAIRE À ORDONNAC · POTENSAC · (GIRONDE)

MIS EN BOUTEILLE AU CHÂTEAU   75 cl

CHÂTEAU POTENSAC ***(*)

33340 Ordonnac
Tél. : 05 56 73 25 26 - Fax : 05 56 59 18 33

Potensac est une propriété ancienne, mais le château est devenu de grande réputation lorsque Michel Delon l'a repris. De son terroir argilo-graveleux et avec des soins maniaques comme à Léoville Las Cases, l'équipe de Las Cases en sort un vin sombre et dense, qui vieillit très bien. Sa qualité est très régulière depuis une bonne vingtaine d'années. Un Médoc exemplaire.

Responsables : Jean-Hubert Delon et Geneviève d'Alton
Vente à la propriété : non
Visite : sur rendez-vous

Surface du vignoble : 57 ha
Surface en rouge : 57 ha
Cépages :
   Cabernet sauvignon 60 %
   Merlot 25 %
   Cabernet franc 15 %
Appellation principale : Médoc

🍷 **Château Potensac**

2001 : 88 - 89	......	13,67 €
2000 : 88 - 90	......	18,90 €
1999 : 89	....	20,45 €
1998 : 89	....	24,51 €
1997 : 87	....	23,20 €
1996 : 89	....	31,09 €
1995 : 88	....	25,83 €
1994 : 87		

MÉDOC

CHÂTEAU TOUR DE PEZ ***(*)

Hameau de l'Hereteyre
33180 Saint-Estèphe
Tél.: 05 56 59 31 60 - Fax: 05 56 59 71 12
E. Mail: chtrpez@terre-net.fr

Si le château est cité dans de nombreux documents depuis longtemps, il ne prend son nom de La Tour de Pez qu'en 1931. Depuis, il a perdu le «La», à la demande de château Latour, pour devenir Tour de Pez. Le vin était vinifié par la coopérative de Saint-Estèphe jusqu'à la vente à la famille Bouchara en 1989. Un cuvier et un chai à barriques ont alors été construits. Depuis plusieurs millésimes, le vin se démarque à la fois par son charnu dû à la forte proportion de merlots, mais aussi par sa qualité intrinsèque. Les 1999 et 2000 sont superbes.

Responsable: Philippe Bouchara
Vente à la propriété: oui
Visite: sur rendez-vous
Dégustation: sur rendez-vous
Langues: Anglais
Surface du vignoble: 30 ha
Age des vignes: 25 ans
Surface en rouge: 30 ha
Cépages:
    Cabernet sauvignon 45 %
    Merlot 40 %
    Cabernet franc 10 %
    Petit Verdot 5 %
Appellation principale: Saint-estèphe
Production moyenne: 190 000 bouteilles

🍷 **Château les Hauts de Pez**
   1999: 87 - 88

🍷 **Château Tour de Pez**
   2000: 90
   1998: 89

CHÂTEAU
TOUR DU HAUT MOULIN ***(*)

22 avenue du Fort Médoc
33460 Cussac-Fort-Médoc
Tél. : 05 56 58 91 10 - Fax : 05 57 88 83 13

Cinq générations de Poitou se sont succédées depuis l'arrivée de Lionel pour maintenir haut la réputation de ce cru bourgeois situé entre Margaux et Saint-Julien. Le vignoble est assez disséminé sur des croupes graveleuses près de Fort-Médoc et les vignes sont plantées serrées. L'élevage s'effectue en fûts neufs renouvelés par tiers. Fortement colorés, denses et tanniques, les vins sont d'une grande régularité et de grande garde. L'achat est possible au château.

Responsable : Lionel Poitou
Vente à la propriété : oui
Visite : oui
Dégustation : oui
Moyen d'accès : D2.
Langues : Allemand, Anglais

Surface du vignoble : 32 ha
Age des vignes : 25 ans
Surface en rouge : 32 ha
Cépages :
    Cabernet sauvignon 50 %
    Merlot 45 %
    Petit Verdot 5 %
Appellation principale : Haut-médoc
Production moyenne : 200 000 bouteilles

🍷 **Château Tour du Haut Moulin**
    2001 : 88 - 89
    2000 : 88 - 89
    1999 : 89
    1998 : 89
    1997 : 87
    1996 : 89
    1995 : 88
    1994 : 87

MÉDOC

APPELLATION MÉDOC CONTROLÉE
CRU BOURGEOIS
Produit of France — 1992 — 750 ml 12 % vol.
PHILIPPE COURRIAN
VITICULTEUR A BLAIGNAN-MÉDOC / GIRONDE

MIS EN BOUTEILLE AU CHATEAU

CHÂTEAU
TOUR HAUT-CAUSSAN ***(*)

33340 Blaignan-Médoc
Tél. : 05 56 09 00 77 - Fax : 05 56 09 06 26

Si le domaine est entré en 1877 dans la famille, Philippe Courrian lui a donné une grande notoriété par la remarquable qualité de ses vins. Le vignoble est composé de deux entités, l'une sur de belles graves avec le spectaculaire moulin, l'autre à Potensac sur des graves rouges ferrugineuses. Vignoble, vendanges, vinification et élevage sont au niveau des bons crus classés. Le vin aussi. De longue garde, racé, il lui faut quelques années pour se faire.

Responsable : Philippe Courrian
Vente à la propriété : oui
Visite : sur rendez-vous
Dégustation : sur rendez-vous
Moyen d'accès : Bordeaux - Le Verdon.

Surface du vignoble : 17 ha
Age des vignes : 30 ans
Surface en rouge : 17 ha
Cépages :
   Merlot 50 %
   Cabernet sauvignon 50 %
Appellation principale : Médoc
Production moyenne : 100 000 bouteilles

Château Tour Haut-Caussan
   2001 : 88 - 89
   2000 : 88 - 89 ....14,83 €
   1999 : 89
   1998 : 89
   1997 : 88
   1996 : 89
   1995 : 89
   1994 : 88

MÉDOC

Responsable:
Famille Philippine de Rothschild
Vente à la propriété: non
Visite: non
Dégustation: non
Cépages:
   Merlot
   Cabernet sauvignon
   Cabernet franc
   Semillon
   Sauvignon
   Muscadelle
Appellation principale: Pauillac

Bordeaux Mouton Cadet
2000: 86 . . . . .7,62 €

Entre-deux-mers Baronne Thérèse
2000: 85 . . . . .8,50 €

Graves Baronne Charlotte
2000: 86 . . . . .10,50 €

Bordeaux Mouton Cadet
1999: 85 . . . . .8,53 €

Médoc Baron Henri
1998: 87 . . . . .11,43 €

Médoc Réserve Mouton Cadet
1998: 87
1996: 88 . . . . .12,19 €

Pauillac Baron Nathaniel
1999: 88 . . . . .14,48 €

Saint-émilion Baron Carl
1999: 86 . . . . .12,96 €

Sauternes Baronne Mathilde
1995: 87 . . . . .19,82 €

BARON PHILIPPE DE ROTHSCHILD ***

BP. 117
33250 Pauillac
Tél.: 05 56 73 20 20 - Fax: 05 56 73 20 44
E. Mail: webmaster@bpdr.com
Web: www.bpdr.com

A Saint-Laurent-Médoc, la société s'est constituée un formidable outil à la pointe mondiale où elle traite ses diverses marques, avec des volumes non négligeables, sous la direction technique du très compétent Patrick Léon. Première marque de bordeaux dans le monde, Mouton-Cadet se décline en diverses appellations, toutes de très bonne facture, avec en particulier un très beau Médoc 1996. En tenant compte des contraintes d'exportation et des volumes traités, la qualité du Mouton-Cadet rouge, appellation bordeaux, est une vraie performance. Dans la gamme des Barons et Baronnes, forcément de haut niveau, le Pauillac Baron Nathaniel est éclatant de race. Enfin, il faut noter la très bonne tenue des blancs en général, ce qui n'est pas évident, avec un très joli Mouton-Cadet blanc 2000.

MÉDOC

CHÂTEAU BATAILLEY ***

33250 Pauillac
Tél. : 05 56 00 00 90 - Fax : 05 57 87 48 61
E. Mail :
domaines.boriemanoux@dial.oleane.com

Cru un peu méconnu de par sa diffusion
exclusive par la maison Borie-Manoux,
le vignoble est situé sur de belles graves
et seul son éloignement de la Gironde
explique un classement en cinquième
cru. Batailley produit un Pauillac solide
et d'évolution lente qui donne souvent
de bonnes surprises au vieillissement.
Ces derniers millésimes, les vins ont plus
de charnu et la bouteille de 1999, dense
et compacte, est une très belle réussite
pour le millésime. Batailley est un
Pauillac typique.

Responsable : Emile Castéja
Vente à la propriété : non
Visite : sur rendez-vous
Dégustation : sur rendez-vous

Surface du vignoble : 55 ha
Age des vignes : 30 ans
Surface en rouge : 55 ha
Cépages :
    Cabernet 70 %
    Merlot 30 %
Appellation principale : Pauillac
Production moyenne : 375 000 bouteilles

🍷 **Château Batailley**
   2001 : 87 - 88
   2000 : 88 - 89
   1999 : 88
   1998 : 88
   1997 : 85
   1996 : 88
   1995 : 88
   1994 : 86

CHÂTEAU BEYCHEVELLE ***

33250 Saint-Julien-Beychevelle
Tél. : 05 56 73 20 70 - Fax : 05 56 73 20 71
E. Mail : beychevelle@beychevelle.com
Web : www.beychevelle.com

Le château est inratable au bord de la célèbre D2, la route des châteaux, et son parc est superbe. Il a produit des vins de légende comme le 28 ou le 45 d'une classe incroyable, mais avec une irrégularité déroutante dans les petits mais aussi parfois dans les grands millésimes. Certes Beychevelle a besoin d'un peu de temps pour s'exprimer. Quand il est réussi, sa finesse est légendaire, sinon, il est bien mince. Depuis 1995, les vins ont gagné en constitution.

Responsables : Suntory & GMF
Vente à la propriété : oui
Visite : sur rendez-vous
Dégustation : sur rendez-vous

Surface du vignoble : 90 ha
Surface en rouge : 90 ha
Cépages :
    Cabernet sauvignon 60 %
    Merlot 28 %
    Cabernet franc 8 %
    Petit Verdot 4 %
Appellation principale : Saint-julien
Production moyenne : 550 000 bouteilles

Château Beychevelle

2001 : 87 - 88	. . . . . .	26,91 €
2000 : 88 - 89	. . . . . .	38,27 €
1999 : 87	. . . .	37,19 €
1998 : 87	. . . .	41,02 €
1997 : 85		
1996 : 86	. . . .	51,66 €
1995 : 87		
1994 : 82		

MÉDOC

CHÂTEAU BISTON-BRILLETTE ★★★

Petit-Poujeaux
33480 Moulis-en-Médoc
Tél. : 05 56 58 22 86 - Fax : 05 56 58 13 16
E. Mail : contact@chateaubistonbrillette.com

Au début du XIXe siècle, le propriétaire M. Biston décide d'accoler le nom du lieu-dit pour former celui du château. Le vignoble est réparti en deux entités, moitié graves, moitié argilo-calcaire. Michel Barbarin le gère depuis 1963, avec maintenant Jean-Paul Barbarin. Le vin est d'une grande régularité avec un style souple et plein. Il se conserve sans problème une bonne douzaine d'années et les prix sont très raisonnables.

Responsable : famille Barbarin
Vente à la propriété : oui
Visite : oui
Dégustation : oui
Moyen d'accès : depuis Bordeaux prendre sortie rocade 7, puis direction pointe de Graves jusqu'à Listrac (RD1) puis Moulis
Langues : Anglais

Surface du vignoble : 23 ha
Age des vignes : 18 ans
Surface en rouge : 23 ha
Cépages :
   Merlot 40 %
   Cabernet sauvignon 55 %
   Petit Verdot 5 %
Appellation principale : Moulis ou Moulis en médoc

🍷 **Château Biston**
   1999 : 87 . . . . .6,75 €

🍷 **Château Biston-Brillette**
   1999 : 88 . . . . .11,75 €
   1998 : 88
   1996 : 88 . . . . .11,75 €

GRAND VIN DE BORDEAUX

1998

CHATEAU
BOURNAC

CRU BOURGEOIS

12,5% vol.   **MÉDOC**   1,5 L

APPELLATION MÉDOC CONTRÔLÉE

Mis en bouteille au Château

B. SECRET - propriétaire - Viticulteur - 33340 CIVRAC

PRODUIT DE FRANCE   L.98 BS 02

CHÂTEAU BOURNAC ***

11 route des Petites-Granges
33340 Civrac
Tél. : 05 56 73 59 24 - Fax : 05 56 73 59 23
E. Mail : bournac@terre-net.fr

Spécialiste des céréales dans l'Oise, Pierre Secret en continue la culture dans le Médoc. Toutefois, dès 1975, il se met à la vigne en se faisant conseiller pour les cépages et en construisant cuvier et chai. Le sol est argilo-calcaire de faible épaisseur, sur un socle calcaire, avec une densité de plantation assez faible. Au fur et à mesure que les vignes vieillissaient, les vins prenaient de l'ampleur et démontraient la qualité du terroir. Depuis quelques années, le vin est un habitué des podiums et il continue de progresser. Les extractions sont assez fortes, mais le vin possède la concentration nécessaire pour les supporter.

Responsable : Bruno Secret
Vente à la propriété : oui
Visite : sur rendez-vous
Dégustation : sur rendez-vous
Moyen d'accès : De Lesparre prendre direction Bégadan.
Surface du vignoble : 14,2 ha
Surface en rouge : 14,2 ha
Cépages :
    Merlot 40 %
    Cabernet sauvignon 60 %
Appellation principale : Médoc
Production moyenne : 97 000 bouteilles

🍷 **Château Bournac**
    2000 : 88
    1999 : 87

MÉDOC

CHÂTEAU BOYD-CANTENAC ***

33460 Cantenac
Tél. : 05 57 88 90 82 - Fax : 05 57 88 33 27
E. Mail : contact@boyd-cantenac.fr
Web : www.boyd-cantenac.fr

Pendant longtemps, les vins de Boyd-Cantenac n'étaient pas à la hauteur de leur réputation et encore moins de leur prestigieux classement. S'ils ne manquaient pas d'intérêt dans les dégustations en fûts avant la mise, bien des bouteilles se révélaient décevantes ensuite. Tout comme Pouget appartenant au même propriétaire, les choses ont évolué. Depuis le millésime 1998, les vins ont pris consistance en bouteille pour prendre place au rang des bons margaux. Une propriété à suivre.

Responsable : famille Guillemet
Vente à la propriété : non
Visite : sur rendez-vous
Dégustation : sur rendez-vous

Surface du vignoble : 17 ha
Surface en rouge : 17 ha
Cépages :
  Cabernet sauvignon 60 %
  Merlot 25 %
  Petit Verdot 7 %
  Cabernet franc 8 %
Appellation principale : Margaux
Production moyenne : 80 000 bouteilles

Château Boyd-Cantenac
    2001 : 88 - 89 . . . . . . .20,33 €
    2000 : 89 - 91 . . . . . . .24,04 €
    1999 : 88 . . . . .30,38 €
    1998 : 89 . . . . .27,15 €
    1997 : 83 . . . . .25 €
    1996 : 84 . . . . .25 €
    1995 : 84
    1994 : 82

Jacques Boyd
    1997 : 86 . . . . .12,20 €

CHÂTEAU BRILLETTE ***

33480 Moulis-en-Médoc
Tél. : 05 56 58 22 09 - Fax : 05 56 58 12 26

Après une période peu brillante, le château avait été acheté en 1976 par Raymond Berthault, un homme d'affaire qui refait le cuvier. A son décès en 1981, sa femme Monique Berthaut reprend la suite. La propriété est maintenant gérée, depuis 1994, par Jean-Louis Flageul, le fils de Monique Berthaut, qui a beaucoup investi pour la mettre sur les rails. La propriété est d'un seul tenant avec une belle parcelle sur les graves et le reste sur des terres plus sablonneuses. S'il existe quelques vieux flacons qui montrent que la propriété est capable du meilleur, les millésimes récents renouent avec le succès.

Responsable : famille Flageul Berthault
Vente à la propriété : oui
Visite : sur rendez-vous
Dégustation : sur rendez-vous
Surface du vignoble : 36 ha
Cépages :
    Cabernet sauvignon
    Merlot
    Petit Verdot
    Malbec
Appellation principale : Moulis
Production moyenne : 150 000 bouteilles

♟ Château Brillette
    2001 : 88 - 90 ......12,80 €
    2000 : 88 - 89
    1999 : 87
    1998 : 88
    1997 : 84
    1996 : 87
    1995 : 87
    1994 : 85

MÉDOC

CHÂTEAU CAMENSAC ***

B. P. 9
33112 Saint-Laurent-du-Médoc
Tél. : 05 56 59 41 69 - Fax : 05 56 59 41 73

En triste état, le château fut acheté en 1965 par les frères Forner de Marqués de Caceres de Rioja, qui ont beaucoup investi pour tout refaire : le château, les chais et le vignoble. Le vignoble est en deux parties, l'une autour du château, donc voisin de Belgrave et de La Tour Carnet, l'autre plus argileuse. Les vins de Camensac sont des vins souples et faciles d'accès, toujours bien équilibrés.

Responsable : GFA du Château Camensac
Vente à la propriété : non
Visite : sur rendez-vous

Surface du vignoble : 75 ha
Surface en rouge : 75 ha
Cépages :
    Cabernet sauvignon 60 %
    Merlot 40 %
Appellation principale : Haut-médoc
Production moyenne : 285 000 bouteilles

Château Camensac
2001 : 88 - 89	. . . . . .	15,55 €
2000 : 89 - 90	. . . . . .	19,37 €
1999 : 88		
1998 : 88		
1997 : 86		
1996 : 88	. . . .	26,67 €
1995 : 88	. . . .	33,97 €
1994 : 87	. . . .	26,37 €

PRODUCE OF FRANCE · BORDEAUX

CRU BOURGEOIS

CHÂTEAU CARONNE Ste-GEMME

1999

MIS EN BOUTEILLES AU CHÂTEAU

· HAUT-MÉDOC ·

APPELLATION HAUT-MÉDOC CONTRÔLÉE

12,5 % VOL   e 750 ml

S. C. E. VIGNOBLES NONY-BORIE · SAINT-LAURENT-DE-MÉDOC · GIRONDE

CHÂTEAU
CARONNE SAINTE-GEMME ***

33112 Saint-Laurent-du-Médoc
Tél. : 05 57 87 56 81 - Fax : 05 56 51 71 51

Saint-Gemme est le nom d'un hameau
autrefois célèbre, maintenant dispersé
entre les deux communes voisines, et
Caronne le nom d'un lieu-dit. La propriété fut achetée en 1900 par Emile
Borie, grand-père de Jean Nony-Borie.
Mitoyen de château Lagrange, cru classé
de Saint-Julien, le vignoble d'un seul
tenant occupe le sommet d'une croupe
de graves profondes et de graves sablonneuses sur argile, ce qui nécessite parfois un drainage. Les vignes sont plantées dense. Denses et colorés, les vins
sont relativement souples, ce qui autorise une consommation assez rapide.

Responsable : SCE des Vignobles Nony-Borie
Vente à la propriété : non
Visite : sur rendez-vous
Dégustation : sur rendez-vous
Moyen d'accès : RN 215, direction le Verdon.
Surface du vignoble : 40 ha
Surface en rouge : 40 ha
Cépages :
   Cabernet sauvignon 60 %
   Merlot 37 %
   Petit Verdot 3 %
Appellation principale : Haut-médoc
Production moyenne : 290 000 bouteilles

Château Caronne Sainte-Gemme
   2001 : 87-88
   2000 : 87-89
   1999 : 88
   1998 : 87
   1996 : 87

MÉDOC

CRU BOURGEOIS

CHÂTEAU COUFRAN
HAUT - MÉDOC

13 % vol. 1998 750 ml

APPELLATION
HAUT-MÉDOC
CONTRÔLÉE

CHATEAU COUFRAN SCA
PROPRIÉTAIRE
33180 ST-SEURIN-DE-CADOURNE (FRANCE)

MIS EN BOUTEILLES AU CHÂTEAU

PRODUCE OF FRANCE - BORDEAUX

CHÂTEAU COUFRAN ***

33180 Saint Seurin-de-Cadourne
Tél. : 05 56 59 31 02 - Fax : 05 56 59 72 39

Louis Mialhe achète le château en 1924 alors qu'il ne reste que dix hectares qu'il arrache pour reconstruire un nouveau vin à base de merlot, ce qui fait que le château a été très vite baptisé « Petit Petrus ». Le vignoble est disposé sur une belle croupe de graves maigres. D'une grande régularité, le vin est charnu, très coloré. Souple et corsé les premières années, il redevient Médoc ensuite avec des tannins fermes. Il faut donc le boire dans les trois premières années ou patienter pendant la phase de fermeture. Eric Mialhe gère aussi les excellents châteaux Soudars et Verdignan.

Responsable : Jean Miailhe
Vente à la propriété : non
Visite : sur rendez-vous
Dégustation : sur rendez-vous

Surface du vignoble : 76 ha
Âge des vignes : 35 ans
Surface en rouge : 76 ha
Cépages :
    Cabernet sauvignon
    Merlot
Appellation principale : Haut-médoc
Production moyenne : 600 000 bouteilles

Château Coufran
    2001 : 88 - 89
    2000 : 88 - 89
    1999 : 88
    1998 : 88
    1997 : 86
    1996 : 88
    1995 : 88
    1994 : 86

Château Verdignan
    1999 : 88

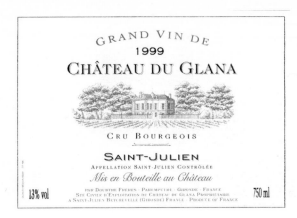

CHÂTEAU DU GLANA ***

5 le Glana
33250 Saint-Julien Beychevelle
Tél. : 05 56 59 06 47 - Fax : 05 56 59 06 47
E. Mail : contact@cvbg.com

La propriété a été achetée en 1961, sans le château lui-même, par le pépiniériste Gabriel Meffre. Si historiquement, le vignoble avait été constitué avec des parcelles de Saint-Pierre, Gabriel Meffre a augmenté sa surface avec des parcelles de Lagrange, l'ensemble étant constitué de quatre lots sablo-graveleux avec un âge de vignes relativement jeune (un peu plus de vingt ans). Maintenant géré par Jean-Paul Meffre, tout comme château Lalande, le 2000 est constitué d'une belle matière élégante, alors que le 1999, toujours aussi élégant, est un peu plus léger. Assez souple, il peut se boire assez rapidement.

Responsable : **Dourthe CVBG**
Vente à la propriété : oui
Visite : sur rendez-vous
Dégustation : sur rendez-vous
Moyen d'accès : depuis Blanquefort suivre la D2 en direction de Pauillac
Surface du vignoble : 43 ha
Surface en rouge : 43 ha
Cépages :
    Cabernet sauvignon 67 %
    Merlot 27 %
    Cabernet franc 6 %
Appellation principale : Saint-julien
Production moyenne : 300 000 bouteilles

Château du Glana
    2000 : 88
    1999 : 87

MÉDOC

CHÂTEAU DURFORT VIVENS ***

33460 Margaux
Tél.: 05 57 88 31 02 - Fax: 05 57 88 72 51

Remarquablement situé, le château Durfort-Vivens possède un terroir apte à produire de très grands vins. Sous la direction de Gonzague Lurton, les vins ont gagné en densité. Une très forte proportion de cabernet-sauvignon, inhabituelle dans le secteur, les rend austères dans la jeunesse et la vinification ne cherche aucun compromis sur ce point. S'il faut oublier les vins des années soixante et soixante-dix qui n'ont guère d'intérêt, les vignes ayant vieillies, les vins actuels méritent une garde certaine pour adoucir leur austérité initiale.

Responsable : Gonzague Lurton
Vente à la propriété : non
Visite : sur rendez-vous
Surface du vignoble : 30 ha
Surface en rouge : 30 ha
Cépages :
    Cabernet sauvignon 65 %
    Merlot 20 %
    Cabernet franc 15 %
Appellation principale : Margaux
Production moyenne : 65 000 bouteilles

Château Durfort Vivens
    2001 : 86 - 88
    2000 : 86 - 89
    1999 : 85
    1998 : 86
    1997 : 85
    1996 : 86
    1995 : 86
    1994 : 84

CHÂTEAU LABÉGORCE-ZÉDÉ ***

33460 Soussans
Tél. : 05 57 88 71 31 - Fax : 05 57 88 72 54

Si le château est situé en bord de Gironde, les vignes sont dispersées sur tout le territoire de l'appellation, beaucoup sur le plateau de Marsac jouxtant le château, mais aussi à Soussans et Margaux. Les Thienpont, et en particulier récemment Luc Thienpont, ont beaucoup fait pour redorer le blason du cru depuis 1979. Bien concentrés, les vins se situent au niveau d'un très bon cru bourgeois et il leur faut au moins cinq ans pour qu'ils s'expriment totalement.

Responsable : Luc Thienpont
Vente à la propriété : oui
Visite : sur rendez-vous
Dégustation : oui
Langues : Anglais, Hollandais

Surface du vignoble : 27 ha
Age des vignes : 50 ans
Surface en rouge : 27 ha
Cépages :
    Cabernet sauvignon 50 %
    Merlot 35 %
    Cabernet franc 10 %
    Petit Verdot 5 %
Appellation principale : Margaux
Production moyenne : 180 000 bouteilles

Château Labégorce Zédé
2001 : 86 - 87 . . . . . . .17,34 €
2000 : 88 - 89
1999 : 88 . . . . .27,37 €
1998 : 88 . . . . .24,39 €
1997 : 86 . . . . .20,04 €
1996 : 87
1995 : 87
1994 : 86

MÉDOC

CHÂTEAU LESTAGE ***

33480 Listrac-Médoc
Tél. : 05 56 58 02 43 - Fax : 05 56 58 04 33
E. Mail : vignobles.chanfreau@wanadoo.fr
Web : www.chateau-fonreaud.com

D'architecture Napoléon III, le château fait une forte impression avec ses hautes fenêtres. L'ensemble a été acheté en 1962 par Marcel Chanfreau, de retour d'Algérie où il dirigeait un grand ensemble de vignes, tout comme Fonréaud, le château voisin. Le vignoble est pratiquement d'un seul tenant sur des graves pyrénéennes souvent marneuses sur un socle calcaire. Toujours assez dur dans sa jeunesse, le vin a besoin d'un peu de temps pour trouver son assise.

Responsable : famille Chanfreau
Vente à la propriété : oui
Visite : oui
Dégustation : oui
Langues : Anglais
Surface du vignoble : 42 ha
Age des vignes : 30 ans
Surface en rouge : 42 ha
Cépages :
   Merlot 52 %
   Cabernet sauvignon 44 %
   Petit Verdot 2 %
   Cabernet franc 2 %
Appellation principale : Listrac-médoc
Production moyenne : 190 000 bouteilles

♟ **Château Lestage**
   1999 : 87
   1998 : 87

CHÂTEAU LESTAGE SIMON ***

Château Lestage Simon
33180 Saint-Seurin de Cadourne
Tél. : 05 56 59 31 83 - Fax : 05 56 59 70 56
E. Mail : chateau@lestage-simon.com

A partir de 1972, Charles Simon a entièrement remembré le château Lestage qui existait depuis un bon siècle. Le vignoble est réparti en cinq parcelles, trois d'entre elles face au fleuve sont constituées de graves, alors que les deux autres à l'intérieur des terres sont argilo-calcaires. Près des deux tiers du vignoble sont encépagés avec du merlot, ce qui donne des vins corsés, assez tanniques. Le propriétaire, et âme du cru, Charles Simon est décédé, mais l'équipe en place œuvre dans le même esprit.

Responsable : SCEA du Château Lestage Simon
Vente à la propriété : oui
Visite : sur rendez-vous
Dégustation : sur rendez-vous
Moyen d'accès : RD1 (Bordeaux - Castelnau)
RN215 (Castelnau - St Laurent).
RD206 (St Laurent - Pauillac)
RD2 (Pauillac - St Seurin).
Surface du vignoble : 40 ha
Surface en rouge : 40 ha
Cépages :
    Merlot 60 %
    Cabernet sauvignon 36 %
    Cabernet franc 4 %
Appellation principale : Haut-médoc
Production moyenne : 320 000 bouteilles

Château Lestage Simon
    2001 : 87 - 88
    2000 : 87 - 88
    1999 : 87

MÉDOC

CHÂTEAU LYNCH-MOUSSAS ✱✱✱

33250 Pauillac
Tél. : 05 56 59 57 14 - Fax : 05 57 87 60 30

Lynch-Moussas est intimement lié au château Batailley, car leurs vignobles sont contigus et ils se partagent le même propriétaire, Emile Castéja. Les vins ne se ressemblent pas, les vignes sont plus jeunes car l'essentiel du vignoble a été planté dans les années 70 et la densité de plantation n'est que de 6 500 pieds. Il en résulte un vin plus léger et plus rapide à boire, qui progresse ces dernières années.

Responsable : Emile Castéja
Vente à la propriété : non
Visite : oui
Surface du vignoble : 35 ha
Appellation principale : Pauillac
Cépages :
  Cabernet sauvignon : 70 %
  Merlot : 30 %

🍷 **Château Lynch-Moussas**
  2001 : 87 - 88
  2000 : 88 - 89
  1999 : 88
  1998 : 88
  1997 : 85
  1996 : 87

CHÂTEAU MALESCASSE ★★★

6, Rue du Moulin Rose BP 16
33460 Lamarque
Tél. : 05 56 73 15 20 - Fax : 05 56 59 64 72

Après être tombé très bas, vingt hectares ont été replantés en 1970 après son rachat par des financiers anglo-saxons. Les replantations ont continué sous l'ère Guy Tesseron. Le château a été acheté par Alcatel en 1992. Le vignoble, visible en accédant au château, est constitué de légères croupes de graves garonnaises sur socle argileux. Sous la surveillance étroite de Georges Pauli, le vin a toujours été bien vinifié mais les vignes commencent seulement à vieillir après les vagues de replantation. Souple, il est d'un accès facile, mais il prend de plus en plus de corps ces dernières années.

Responsable : Jean-Pierre Petroffe
Vente à la propriété : oui
Visite : sur rendez-vous
Dégustation : sur rendez-vous
Moyen d'accès : depuis Bordeaux, par la route des Châteaux, indication à l'entrée de Lamarque
Surface du vignoble : 37 ha
Surface en rouge : 37 ha
Cépages :
    Cabernet sauvignon 55 %
    Merlot 35 %
    Cabernet franc 10 %
Appellation principale : Haut-médoc
Production moyenne : 150 000 bouteilles

🍷 **Château Malescasse**
    1999 : 88 . . . . .12,50 €

MÉDOC

CHÂTEAU MARQUIS DE TERME ***

3 route de Rauzan BP 11
33460 Margaux
Tél. : 05 57 88 30 01 - Fax : 05 57 88 32 51
E. Mail : marquisterme@terre-net.fr
Web : www.chateau-marquis-de-terme.com

Le terroir de Marquis de Terme se situe
sur les belles terres graveleuses de Margaux et de Cantenac, ce qui justifie
amplement son classement. Si l'histoire
du château a été assez tourmentée, son
achat en 1935 par les Seneclauze lui a
donné sa stabilité. La qualité a progressé
par paliers, au début des années 80
d'abord, puis depuis 1996. Son style
récent est celui d'un vin coloré et
concentré qui joue une puissance assez
inhabituelle dans l'appellation.

**Responsable : SCA Château Marquis de
Terme**
Vente à la propriété : oui
Visite : oui
Dégustation : oui
Moyen d'accès : depuis Blanquefort prendre la
D2 jusqu'à Margaux.
Langues : Anglais

Surface du vignoble : 40 ha
Age des vignes : 35 ans
Surface en rouge : 40 ha
Cépages :
    Cabernet sauvignon 55 %
    Merlot 35 %
    Cabernet franc 3 %
    Petit Verdot 7 %
Appellation principale : Margaux
Production moyenne : 170 000 bouteilles

🍷 **Château Marquis de Terme**

2001 : 86 - 88 ......20,33 €
2000 : 88 - 89 ......27,39 €
1999 : 89 ....28,58 €
1998 : 89 ....31,93 €
1997 : 86 ....26,67 €
1996 : 89
1995 : 88
1994 : 84

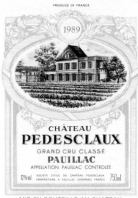

PRODUCE OF FRANCE

1989

CHÂTEAU
PEDESCLAUX
GRAND CRU CLASSÉ
PAUILLAC
APPELLATION PAUILLAC CONTRÔLÉE

12%vol.   SOCIÉTÉ CIVILE DU CHÂTEAU PEDESCLAUX   750ml
          PROPRIÉTAIRE A PAUILLAC (GIRONDE) FRANCE

MIS EN BOUTEILLE AU CHÂTEAU

CHÂTEAU PEDESCLAUX ★★★

Padarnac
33250 Pauillac
Tél. : 05 56 59 22 59 - Fax : 05 56 59 63 19

Château Pedesclaux possède un vignoble en deux parties. Les vignes autour du château et en allant vers Mouton sont sur des graves argilo-calcaires qui donnent des vins puissants. L'autre partie est à l'Ouest de Pauillac sur des graves siliceuses qui donnent de la finesse. Pendant longtemps, Pedesclaux était une belle endormie et n'était pas à son rang. Depuis le millésime 1998, la reprise est là, encore un peu timide, mais certaine.

Responsable : Denis Jugla
Vente à la propriété : non
Visite : non

Surface du vignoble : 27,6 ha
Surface en rouge : 27,6 ha
Cépages :
   Cabernet sauvignon 50 %
   Merlot 40 %
   Cabernet franc 10 %
Appellation principale : Pauillac
Production moyenne : 210 000 bouteilles

♟ Château Pedesclaux

2001 : 87 - 88	......	16,14 €
2000 : 88 - 89	......	18,30 €
1999 : 88	....	12,95 €
1998 : 89	....	14,48 €
1997 : 84	....	16,46 €
1996 : 85	....	24,69 €
1995 : 85		
1994 : 82		

MÉDOC

CHÂTEAU POUGET ***

33460 Cantenac
Tél. : 05 57 88 90 82
E. Mail : guillemet.lucien@wanadoo.fr

Appartenant au même propriétaire que Boyd-Cantenac, Pouget a suivi les mêmes vicissitudes avec une période récente très difficile. Plus vaste et plus connu que son grand frère, un peu moins bien classé, il est vinifié de la même manière. Tout comme Boyd-Cantenac, le redressement depuis le millésime 1998 est spectaculaire et, depuis ce millésime, les vins méritent d'autant plus d'attention que les prix sont restés très sages.

Responsable : Pierre Guillemet
Vente à la propriété : oui
Visite : sur rendez-vous
Dégustation : sur rendez-vous

Surface du vignoble : 10 ha
Surface en rouge : 10 ha
Cépages :
    Cabernet sauvignon 60 %
    Cabernet franc 10 %
    Merlot 30 %
Appellation principale : Margaux
Production moyenne : 50 000 bouteilles

♀ Château Pouget
    2001 : 88 - 89
    2000 : 90 - 91
    1999 : 90
    1998 : 90
    1997 : 85
    1996 : 86
    1995 : 86
    1994 : 81

♀ La Tour Massac
    1999 : 88 . . . . .16 €

CHÂTEAU RAUZAN GASSIES ***

33460 Margaux
Tél.: 05 57 88 71 88 - Fax: 05 57 88 37 49

Malgré son prestigieux classement, le cru n'avait rien produit de notable pendant trente ans sauf en 1975. Son terroir situé pour une bonne moitié sur les terres alluviales autour du château et pour le reste sur de belles terres graveleuses près de Margaux et de Palmer ne manque pourtant pas d'intérêt. Le millésime 1995 marque la première étape de la progression avec des vins plus denses. Depuis 2000, il gagne en rondeur et en fini et les vins retrouvent leur prestigieux niveau : ils sont d'un rapport qualité-prix exceptionnel.

Responsable: J.M. Quié
Vente à la propriété: non
Visite: oui

Surface du vignoble: 30 ha
Surface en rouge: 30 ha
Cépages:
    Cabernet sauvignon 65 %
    Merlot 25 %
    Cabernet franc 10 %
Appellation principale: Margaux
Production moyenne: 120 000 bouteilles

Château Rauzan Gassies
    2001 : 88 - 89 . . . . . . .22,72 €
    2000 : 87 - 89 . . . . . . .24,16 €
    1999 : 87 . . . . .26 €
    1998 : 86 . . . . .34,44 €
    1997 : 85 . . . . .35,76 €
    1996 : 80 . . . . .36,24 €
    1995 : 86
    1994 : 78 . . . . .39,47 €

Et aussi :

Château Croizet-Bages
    2001 : 87-89
    2000 : 87-89
    1999 : 88

MÉDOC

Château Sénéjac

1999

CRU BOURGEOIS

HAUT-MÉDOC

Appellation Haut-Médoc Contrôlée

12,5 % vol.   750 ml

SAS Sénéjac M. et Mme Rustmann propriétaires - 33290 Le Pian Médoc
PRODUCE OF FRANCE - BORDEAUX - L.S 01

CHÂTEAU SÉNÉJAC ***

Château Sénéjac
33290 Le Pian Médoc
Tél. : 05 56 70 20 11 - Fax : 05 56 70 23 91

Proche de Bordeaux, Sénéjac fut une ancienne baronnie et au XIXe siècle, il produisait 100 000 bouteilles. Acheté en 1860 par le comte de Guigné, il est relancé par son successeur Charles de Guigné dans les années 70. Le château vient d'être acheté par Thierry Rustmann et son épouse. Forts de leur expérience à Talbot, ils ont remis le vin sur les rails. Sur le terroir de graves sableuses à socle argileux qui entoure le château, ils tirent un vin d'une belle densité et assez ferme. Produit en toute petite quantité, le vin de « garage » Karolus est boisé, riche et dense. C'est une renaissance !

Responsable : Thierry Rustmann
Vente à la propriété : Oui
Visite : sur rendez-vous
Dégustation : sur rendez-vous
Surface en rouge : 30 ha
Cépages :
    Cabernet sauvignon 60 %
    Merlot 25 %
    Cabernet franc 14 %
    Petit Verdot 1 %
Appellation principale : Haut-médoc
Production moyenne : 180 000 bouteilles

Sénéjac Rosé
2001 : 85

Château Sénéjac
2000 : 88

Karolus
2000 : 90

CHÂTEAU SIRAN ***

33460 Labarde-Margaux
Tél.: 05 57 88 34 04 - Fax: 05 57 88 70 05
E. Mail: chateau.siran@wanadoo.fr
Web: www.chateausiran.com

Situé à Labarde, la commune la plus au sud de l'appellation, Siran dispose d'un beau terroir de graves sur silices et sur sables, ce qui donne des vins toujours très élégants aux beaux arômes épicés après cinq ou six ans. Vinifié avec soin et luxueusement élevé, le vin est d'une grande garde, sans jamais se départir de sa finesse caractéristique. Les millésimes récents ont encore gagné en densité.

Responsable: William-Alain Miailhe
Vente à la propriété: oui
Visite: oui
Dégustation: oui
Moyen d'accès: depuis Bordeaux, sortie 7, puis prendre la D2 direction Pauillac jusqu'à Labarde.
Langues: Allemand, Anglais
Surface du vignoble: 39 ha
Age des vignes: 31 ans

Surface en rouge: 39 ha
Cépages:
   Cabernet sauvignon 46 %
   Merlot 35 %
   Cabernet franc 7 %
   Petit Verdot 12 %
Appellation principale: Margaux
Production moyenne: 160 000 bouteilles

Bel Air de Siran
1998: 87 . . . . .7,60 €

Château Saint-Jacques
1998: 87 . . . . .6,10 €

Château Siran
2001: 86 - 87 . . . . . .20,09 €
2000: 88 - 89
1999: 88
1998: 88
1997: 86 . . . . .27,02 €
1996: 88
1995: 88
1994: 87

S de Siran
1999: 86 . . . . .14,50 €

MÉDOC

CHÂTEAU
TERREY GROS CAILLOUX ***

33250 Saint-Julien-Beychevelle
Tél. : 05 56 59 06 27 - Fax : 05 56 59 29 32

Hortevie et Terrey Gros Caillou sont vinifiés dans le même chai. Si le premier est souvent un peu plus dense, les vignes sont un peu plus vieilles, le second est plus aisément disponible car Terrey Gros Caillou est quatre fois plus grand que Hortevie. Souples et veloutés, ces vins de moyenne garde sont à leur optimum à cinq ans d'âge.

Responsable : Henri Pradère
Vente à la propriété : oui
Visite : sur rendez-vous
Dégustation : sur rendez-vous

Surface du vignoble : 15 ha
Age des vignes : 35 ans
Surface en rouge : 15 ha
Cépages :
    Cabernet sauvignon 70 %
    Merlot 25 %
    Petit Verdot 5 %
Appellation principale : Saint-julien
Production moyenne : 80 000 bouteilles

🍷 **Château Terrey Gros Cailloux**
    2001 : 87 - 88
    2000 : 88 - 89
    1999 : 88
    1998 : 88
    1997 : 85
    1996 : 88
    1995 : 88
    1994 : 87

CHÂTEAU DU TERTRE ***(*)

33460 Arsac
Tél. : 05 57 97 09 09 - Fax : 05 57 97 09 00

Totalement délabré, le château a été acheté en 1961 par les Capbern-Gasqueton de Calon-Ségur. Malgré la remise en état de l'édifice et la replantation du vignoble, le vin n'a jamais tout à fait trouvé ses marques. Il a fallu le rachat en 1997 par Albada-Jelgersma, propriétaire de Giscours, et surtout l'engagement de Jacques Pelissier qui fut à Cos d'Estournel, pour que les vins retrouvent leur niveau. Le millésime 1998 annonce une nouvelle époque et les derniers millésimes sont tous très intéressants. A suivre de très près.

Responsable : Eric Albada-Jelgersma
Vente à la propriété : non
Visite : sur rendez-vous

Surface du vignoble : 50 ha
Surface en rouge : 50 ha
Cépages :
   Cabernet sauvignon 54 %
   Merlot 22 %
   Cabernet franc 20 %
   Petit Verdot 4 %
Appellation principale : Margaux
Production moyenne : 200 000 bouteilles

Château du Tertre

2001 : 88 - 89 . . . . . . .22,12 €
2000 : 88 - 89 . . . . . . .26,91 €
1999 : 87 . . . . .24,16 €
1998 : 88
1997 : 85 . . . . .22,84 €
1996 : 88 . . . . .37,67 €
1995 : 88 . . . . .42,58 €
1994 : 82 . . . . .35,40 €

MÉDOC

CHÂTEAU LABÉGORCE **(*)

33460 Margaux
Tél. : 05 57 88 71 32 - Fax : 05 57 88 35 01
E. Mail : labegorce@chateau-labegorce.fr
Web : www.chateau-labegorce.fr

Racheté en 1989 par la famille Perrodo
à Robert Condom qui avait effectué de
gros investissements, le château Labégorce possède l'essentiel de son
vignoble au nord-est du château sur des
graves moyennes. Il en tire des vins
souples et agréables qui atteignent leur
apogée vers cinq ans.

Responsable : Hubert Perrodo
Vente à la propriété : oui
Visite : sur rendez-vous
Dégustation : sur rendez-vous
Moyen d'accès : RD2, à la sortie de Margaux,
direction Pauillac.

Surface du vignoble : 36 ha
Surface en rouge : 36 ha
Cépages :
    Cabernet sauvignon 48 %
    Cabernet franc 10 %
    Merlot 40 %
    Petit Verdot 2 %
Appellation principale : Margaux
Production moyenne : 160 000 bouteilles

☙ Château Labégorce

2001 : 87 - 88 ...... 21,29 €
2000 : 88 - 89 ...... 22,36 €
1999 : 88 .... 25,95 €
1998 : 88
1997 : 85
1996 : 87 .... 28,58 €
1995 : 87
1994 : 85

CHÂTEAU LASCOMBES **(*)

B. P. 4
33460 Margaux
Tél. : 05 57 88 70 66 - Fax : 05 57 88 72 17

Héritier d'une prestigieuse histoire et de quelques vins somptueux tels le 1959, Lascombes est devenu un des plus grands domaines du Médoc suite aux achats successifs de parcelles d'Alexis Lichine et du groupe Bass, toutes n'étant pas d'ailleurs de premier ordre. Dans les années 80 et le début des 90, les vins manquaient de fond et certains millésimes, tel 97, n'étaient pas d'une netteté absolue. Une nouvelle équipe est en place et produit depuis 2001 des vins charnus d'une grande densité. A suivre.

Responsable : Groupe Bass
Vente à la propriété : non
Visite : oui

Surface du vignoble : 83 ha
Surface en rouge : 83 ha
Cépages :
    Cabernet sauvignon 60 %
    Merlot 35 %
    Petit Verdot 5 %
Appellation principale : Margaux
Production moyenne : 500 000 bouteilles

Château Lascombes

2001 : 89 - 90	......	44,25 €
2000 : 88 - 89	......	33,61 €
1999 : 87	....	32,77 €
1998 : 85	....	42,22 €
1997 : 79		
1996 : 82	....	48,32 €
1995 : 83		
1994 : 79		

MÉDOC

CHÂTEAU
MARQUIS D'ALESME BECKER **(*)

Château Marquis d'Alesme
33460 Margaux
Tél. : 05 57 88 70 27 - Fax : 05 57 88 73 78
E. Mail : marquisdalesme@wanadoo.fr

Avec une forte proportion de merlot, Marquis d'Alesme Becker produit un vin suave et rond, d'un accès immédiat, aux arômes épicés qui ne manquent pas d'intérêt. Avec encore un peu plus de densité, il pourrait caracoler en tête des vins typiquement margalais, car le vin est bien vinifié, les cuvaisons suffisamment longues et les mises en bouteille irréprochables.

Responsable : Jean Claude Zuger
Vente à la propriété : non
Visite : oui
Dégustation : oui

Surface du vignoble : 16 ha
Age des vignes : 40 ans
Surface en rouge : 16 ha
Cépages :
    Merlot 45 %
    Cabernet sauvignon 30 %
    Cabernet franc 15 %
    Petit Verdot 10 %
Appellation principale : Margaux
Production moyenne : 100 000 bouteilles

♀ Château Marquis d'Alesme Becker
    2001 : 83 - 85
    2000 : 86 - 88
    1999 : 85
    1998 : 86
    1997 : 83
    1996 : 86
    1995 : 86
    1994 : 83

CHÂTEAU D'YQUEM *****

33210 Sauternes
Tél. : 05 57 98 07 07 - Fax : 05 57 98 07 08

Le château a été racheté par le groupe
LVMH, mais Alexandre de Lur-Saluces,
l'âme du cru, reste le gérant et rien ne
change. Les tailles sont ultracourtes, les
soins extrêmes et rien n'est laissé au
hasard pour produire le liquoreux le plus
mythique du monde. Vaste et installé sur
une butte, le vignoble possède toutes les
expositions et tous les terroirs, ce qui
permet de sélectionner, chaque année,
les parcelles qui réussissent le mieux
pour le millésime, et donne une
incroyable régularité. Il faut que les
conditions atmosphériques soient épou-
vantables pour qu'il n'y ait pas d'Yquem
comme en 1992. Un Yquem se doit
d'être parfait et il l'est.

Responsable :
Comte Alexandre de Lur-Saluce
Visite : sur rendez-vous
Surface du vignoble : 103 ha
Surface en blanc : 103 ha
Cépages :
   Semillon 80 %
   Sauvignon 20 %
Appellation principale : Sauternes
Production moyenne : 95 000 bouteilles

Château d'Yquem

1996 : 97	. . . .	233 €
1995 : 94	. . . .	250 €
1994 : 92	. . . .	191 €
1993 : 92		
1991 : 92	. . . .	200 €
1990 : 100		
1989 : 96	. . . .	275 €
1988 : 100	. . . .	250 €

GRAND VIN DE SAUTERNES

Château Climens

1ᵉʳ CRU

BARSAC

APPELLATION BARSAC CONTRÔLÉE

S.F. DU CHÂTEAU CLIMENS A BARSAC GIRONDE

14 % vol.   MIS EN BOUTEILLE AU CHATEAU   75 cl

PRODUCE OF FRANCE

CHÂTEAU CLIMENS ****(*)

33720 Barsac
Tél. : 05 56 27 15 33 - Fax : 05 56 27 21 04

Lucien Lurton a acheté en 1971 la propriété qui est maintenant gérée par Bérénice Lurton. Pratiquement plat avec une
légère pente, son vignoble d'un seul
tenant, qui n'a pratiquement pas bougé
depuis son classement en 1855, est
constitué de fines graves de l'époque
Mindel et de sables rouges sur socle de
calcaire à astéries. Planté exclusivement
en sémillon, la vendange de chaque jour-
née ou demi-journée est séparée et la fermentation a lieu en barrique. Son
vieillissement est légendaire (28, 29, 37,
47 et 49 sont prodigieux). Les millésimes actuels sont élaborés avec le même
soin que ces millésimes de légende. Le
deuxième vin, les Cyprès, est un Climens plus rapidement abordable.

Responsable : Bérénice Lurton
Vente à la propriété : oui
Visite : sur rendez-vous
Surface du vignoble : 29 ha
Surface en blanc : 29 ha
Cépages :
    Semillon 100 %
Appellation principale : Barsac
Production moyenne : 50 000 bouteilles

♀ **Château Climens**
    2001 : 97 - 100 . . . . . .70,56 €
    2000 : 93 - 97
    1999 : 94 . . . . .50 €
    1998 : 95 . . . . .54 €
    1997 : 98 . . . . .82 €
    1996 : 92
    1995 : 91
    1994 : 88

CHÂTEAU
CLOS HAUT-PEYRAGUEY ★★★★(★)

33210 Bommes
Tél. : 05 56 76 61 53 - Fax : 05 56 76 69 65

Jusqu'en 1879, le cru faisait partie du château Peyraguey avec Lafaurie-Peraguey. Il appartient à la famille Pauly, et Jacques Pauly le dirige très attentivement et avec modestie depuis 1969. Situé sur la butte juste en face d'Yquem et à la même hauteur, le vignoble s'étend sur des pentes aux sols gravelo-sableux sur socle d'argile. Avec le chef d'exploitation, le très compétent Gilles Laporte, le cru, déjà excellent depuis 1986, a progressé de manière spectaculaire pour se situer dans les hauts niveaux de l'appellation avec une expression à la fois riche et complexe de la pourriture noble. Accueil formidable au château.

Responsables : J. et S. Pauly
Vente à la propriété : oui
Visite : oui
Surface du vignoble : 15 ha
Surface en blanc : 15 ha
Cépages :
    Semillon 90 %
    Sauvignon 10 %
Appellation principale : Sauternes
Production moyenne : 25 000 bouteilles

♟ **Château Clos Haut-Peyraguey**
    2001 : 97 - 100
    2000 : 94 - 96
    1999 : 94
    1998 : 95
    1997 : 98
    1996 : 98
    1995 : 93
    1994 : 90

SAUTERNAIS

CHÂTEAU COUTET ****(*)

33720 Barsac
Tél. : 05 56 27 15 46 - Fax : 05 56 27 02 20

En 1855, le cru avait été classé premier des barsacs. Il a été acheté par Marcel Baly en 1977 et il est maintenant géré par ses deux fils Philippe et Dominique. D'un seul tenant, son terroir est constitué de graves fines et de sables éoliens sur socle calcaire, les brouillards du Ciron favorisant le botrytis. Bien structuré malgré sa richesse naturelle, château Coutet est, quel que soit le millésime, d'une grande élégance et ses vieillissements sont mémorables. Les derniers millésimes sont superbes. Dans les grandes années, il est procédé à une trie exceptionnelle appelée Cuvée Madame, d'une richesse particulière.

Responsables : SC de Château Coutet, Philippe et Dominique Baly
Visite : sur rendez-vous
Surface du vignoble : 38,5 ha
Surface en blanc : 38,5 ha
Cépages :
   Semillon 75 %
   Sauvignon 22 %
   Muscadelle 3 %
Appellation principale : Barsac
Production moyenne : 80 000 bouteilles

Château Coutet
   2001 : 96 - 100 . . . . . .40,66 €
   2000 : 90 - 93
   1999 : 91
   1998 : 92
   1997 : 95
   1996 : 93
   1995 : 91
   1994 : 89 . . . . .60,98 €

CHÂTEAU DE FARGUES ****(*)

33210 Fargues-de-Langon
Tél. : 05 57 98 04 20 - Fax : 05 57 98 04 21

Le château est situé à l'est d'Yquem sur un terroir sablo-graveleux, ce qui donne des raisins de maturité plus tardive. Le château appartient en propre à Alexandre de Lur-Saluces, autrefois propriétaire et toujours gérant d'Yquem. Il suit les mêmes principes drastiques que son grand frère. Suivie avec beaucoup de pertinence par François Amirault, la production est petite mais toujours de haute qualité avec une belle richesse aromatique sur un corps plein, sans toutefois atteindre la puissance d'Yquem. Le cru est non classé, mais il est au niveau d'un premier cru.

Responsable :
Comte Alexandre de Lur-Saluces
Vente à la propriété : oui
Visite : sur rendez-vous
Surface du vignoble : 15 ha
Surface en blanc : 15 ha
Cépages :
    Semillon 80 %
    Sauvignon 20 %
Appellation principale : Sauternes
Production moyenne : 12 000 bouteilles

Château de Fargues
1995 : 92 . . . . .74 €
1990 : 94 . . . . .84 €
1989 : 90 . . . . .75 €
1988 : 90 . . . . .76,22 €
1986 : 92 . . . . .66 €

SAUTERNAIS

CHÂTEAU GILETTE ****(*)

33210 Preignac
Tél. : 05 56 76 28 44 - Fax : 05 56 76 28 43
E. Mail : christianmedeville@wanadoo.fr

Sauternes hors norme, Gilette n'est commercialisé qu'au bout de vingt ans, après un long vieillissement en cuves. Il est situé à Preignac sur un sol sableux avec un sous-sol d'argile et de calcaire et il dispose de vignes âgées. Très Preignac, le 1981 qui vient d'être commercialisé est d'une complexité folle avec un bouquet magnifique d'agrumes associé à une longueur impressionnante. Ce même bouquet se retrouve, un peu moins complexe, dans les 1979 et 1978 alors que 1975 et 1976 sont d'une grande richesse. Un vin de légende !

Responsables :
Christian et Andrée Médeville
Vente à la propriété : oui
Visite : sur rendez-vous
Dégustation : sur rendez-vous
Moyen d'accès : A65 sortie Langon, RN 113
direction Bordeaux, nous nous trouvons
derrière l'Eglise

Surface du vignoble : 4,5 ha
Surface en blanc : 4,5 ha
Cépages :
  Semillon 88 %
  Sauvignon 10 %
  Muscadelle 2 %
Appellation principale : Sauternes
Production moyenne : 5 000 bouteilles

Château Gilette crème de tête
  1981 : 93
  1979 : 92 . . . . .85,37 €
  1978 : 93
  1976 : 93
  1975 : 93
  1970 : 90
  1961 : 95

CHÂTEAU GUIRAUD ****(*)

33210 Sauternes
Tél. : 05 56 76 61 01 - Fax : 05 56 76 67 52
E. Mail : xplanty@club-internet.fr
Web : chateau-guiraud. fr

Classé en 1855 sous le nom de Bayle, le château a ensuite pris le nom d'un de ses propriétaires. Il appartient maintenant à la famille Narby qui l'acheté en 1981 et a confié la gérance à Xavier Planty. D'un seul tenant et drainé, son terroir se situe sur des sols de graves et de graves sableuses sur un sous-sol complexe qui alterne argiles, graves et calcaire. Jamais chaptalisé, toujours très riche avec une robe soutenue et des arômes intenses d'abricot, Guiraud a beaucoup progressé depuis 1986 et les derniers millésimes sont somptueux. Le vin sec, G de Guiraud, est d'un excellent rapport qualité-prix.

Responsable :
Société civile agricole du Château Guiraud
Vente à la propriété : oui
Visite : oui
Dégustation : sur rendez-vous
Moyen d'accès : Route de Villandrout, Fargues de Langon, zone industrielle de Langon située à la sortie de l'autoroute Langon

Surface du vignoble : 100 ha
Surface en blanc : 100 ha
Cépages :
  Semillon 65 %
  Sauvignon 35 %
Appellation principale : Sauternes

♀ **Château Guiraud**
  2001 : 96 - 100 . . . . . .44,25 €
  2000 : 90 - 94
  1999 : 92 . . . . .36 €
  1998 : 94 . . . . .40 €
  1997 : 92 . . . . .45,73 €
  1996 : 91 . . . . .38 €
  1995 : 90 . . . . .35,06 €
  1994 : 88

♀ **G Château Guiraud**
  2000 : 87 . . . . .8 €
  1999 : 87

SAUTERNAIS

CHÂTEAU
LAFAURIE-PEYRAGUEY ****(*)

33210 Bommes
Tél. : 05 57 19 57 77 - Fax : 05 5719 57 87

Héritier d'une longue histoire comme le témoigne le château aux murs crénelés et aux tours d'angle, le château Peyraguey a été acheté en 1794 par M. Lafaurie. Il a pris son nom définitif en 1879, lors de sa séparation avec Clos Haut-Peyraguey. Racheté en 1913 par Désiré Cordier, le vignoble a été agrandi et se situe sur des graves pyrénéennes. Aidé du sourcilleux Georges Pauli, le maître de chai Yannick Laporte a pris la succession de Michel Laporte. Toujours ample et riche, Lafaurie-Peyraguey peut s'enorgueillir d'une prestigieuse lignée de millésimes, grands ou petits qui sont toujours réussis. Les derniers millésimes sont exceptionnels.

Responsable : M. Suez
Vente à la propriété : non
Visite : sur rendez-vous
Dégustation : sur rendez-vous
Langues : Anglais

Surface du vignoble : 41 ha
Age des vignes : 40 ans
Surface en blanc : 41 ha
Cépages :
    Semillon 90 %
    Sauvignon 8 %
    Muscadelle 2 %
Appellation principale : Sauternes
Production moyenne : 75 000 bouteilles

♀ **Château Lafaurie-Peyraguey**
    2001 : 96 - 98 ......40,66 €
    2000 : 90 - 94
    1999 : 94
    1998 : 93
    1997 : 96
    1996 : 95
    1995 : 93 ....36,58 €
    1994 : 89

1994

CHATEAU
SIGALAS RABAUD

PREMIER CRU CLASSÉ

APPELLATION
SAUTERNES
CONTRÔLÉE

MIS EN BOUTEILLES AU CHATEAU

SIGALAS RABAUD S.A.
FERMIER RÉCOLTANT à BOMMES - GIRONDE - FRANCE

ALC. 13,5% by vol.   PRODUIT DE FRANCE   750 ml

HÉRITIERS de la MARQUISE de LAMBERT des GRANGES
NÉE SIGALAS

CHÂTEAU SIGALAS RABAUD ****(*)

33210 Bommes
Tél. : 05 56 76 60 54 - Fax : 05 56 76 61 89

Né de l'éclatement du château Rabaud classé premier cru en 1855, une partie prend le nom de Sigalas-Rabaud, Drouilhet de Sigalas étant le nom de l'ancien propriétaire. D'un seul tenant, le vignoble est mitoyen de Lafaurie-Peyraguey, ce qui tombe bien puisque les domaines Cordier ont pris en fermage, en 1995, cette propriété appartenant au comte de Lambert des Granges. Distingué et élégant, ce cru est en très grande forme depuis le milieu des années 80. Il a passé un cran supplémentaire depuis 1995, il a acquis un tel cachet et une telle perfection qu'il est incontournable pour les amoureux des grands liquoreux. C'est un vin modèle.

Responsable : famille Lambert des Granges
Visite : sur rendez-vous
Surface du vignoble : 14 ha
Surface en blanc : 14 ha
Cépages :
    Semillon 85 %
    Sauvignon 15 %
Appellation principale : Sauternes
Production moyenne : 30 000 bouteilles

♀ **Château Sigalas Rabaud**
    2001 : 96 - 100
    2000 : 92 - 94
    1999 : 94
    1998 : 94
    1997 : 97
    1996 : 95
    1995 : 93 . . . . .33,54 €
    1994 : 89

SAUTERNAIS

CHÂTEAU SUDUIRAUT ****(*)

33210 Preignac
Tél.: 05 56 63 61 92 - Fax: 05 56 63 61 93

Le château est maintenant la propriété d'Axa Millésimes qui n'a négligé aucun effort pour remettre en état ce cru très vaste. La taille du vignoble, avec la majeure partie autour du château et deux parcelles du côté d'Yquem, est géologiquement hétérogène, ce qui paradoxalement fait la force de Suduiraut. A son meilleur, il acquiert une complexité sans égale, comme dans le millésime 1990, avec une très belle liqueur dans un équilibre idéal de 15 + 5. Dans les très grands millésimes, comme 1982 et 1989, le château produit l'équivalent d'une crème de tête, la fabuleuse cuvée Madame.

Responsable: Axa Millésimes
Vente à la propriété: oui
Visite: sur rendez-vous
Surface du vignoble: 90 ha
Surface en blanc: 90 ha
Cépages:
   Semillon 90 %
   Sauvignon 10 %
Appellation principale: Sauternes

♀ Château Suduiraut

2001 : 93 - 96	......	.44,76 €
2000 : 89 - 93		
1999 : 91	....	.36 €
1998 : 91	....	.40 €
1997 : 93	....	.47 €
1996 : 92	....	.38 €
1995 : 90		
1994 : 89		

CRU BARRÉJATS ****(*)

Clos de Gensac, Mareuil
33210 Pujols-sur-Ciron
Tél. : 05 56 76 69 06 - Fax : 05 56 76 69 06

Inconnu il y a encore dix ans, ce petit cru, modeste en taille, est situé sur le plateau du Haut-Barsac avec un terroir de sables et d'argiles sur la roche mère de calcaire à astéries typique de ce lieu. Ses très vieilles vignes sont choyées par Mireille Daret et Philippe Andurand qui les travaillent à la charrue. En prenant tous les risques, ils cueillent grain par grain les raisins botrytisés et, bien entendu, ne chaptalisent jamais. Avec un élevage long comme Yquem, ils en tirent un vin fabuleux, un des plus grands vins liquoreux du monde, n'ayons pas peur des mots. Tous les millésimes sont très réussis. Faisant office de deuxième vin, qui en vaut bien des premiers, les Accabailles sont une superbe initiation à la féerie de Barréjats.

Responsables : Mireille Daret
et Philippe Andurand
Vente à la propriété : oui
Visite : sur rendez-vous
Surface du vignoble : 4 ha
Surface en blanc : 4 ha
Cépages :
    Semillon
    Sauvignon
Appellation principale : Sauternes

♀ **Cru Barréjats**
    2001 : 94 - 97
    2000 : 93 - 95
    1999 : 94
    1998 : 94
    1997 : 95
    1996 : 94 . . . . .43,44 €
    1995 : 92 . . . . .45,73 €
    1994 : 90 . . . . .45,73 €

SAUTERNAIS

CHÂTEAU DE MALLE ★★★★

33210 Preignac
Tél. : 05 56 62 36 86 - Fax : 05 56 76 82 40
E. Mail : chateaudemalle@wanadoo.fr
Web : www.chateau-de-malle.fr

Depuis cinq siècles il appartient à la
même famille. Depuis le décès brutal de
son mari en 1985, le château est dirigé
par l'énergique Comtesse de Bournazel
qui a grandement amélioré la qualité des
vins. D'un seul tenant, le vignoble est
situé sur une légère pente argilo-grave-
leuse avec des parties siliceuses. L'une
se situe à Preignac et donne donc du Sauternes, l'autre est en Graves. Toujours
bien construits, les vins sont charmeurs,
bien équilibrés en liqueur sans jamais la
moindre lourdeur.

Responsable : comtesse de Bournazel
Vente à la propriété : oui
Visite : sur rendez-vous

Surface du vignoble : 46 ha
Surface en rouge : 17 ha
Cépages :
  Cabernet sauvignon 60 %
  Merlot 40 %
Surface en blanc : 29 ha
Cépages :
  Semillon 75 %
  Sauvignon 25 %
Appellation principale : Sauternes
Production moyenne : 170 000 bouteilles

♀ Château de Malle

2001 : 91 - 95
2000 : 89 - 92
1999 : 90
1998 : 90 . . . . .30 €
1997 : 91 . . . . .32,01 €
1996 : 90 . . . . .32 €
1995 : 90 . . . . .27 €
1994 : 88

CHÂTEAU DE RAYNE VIGNEAU ★★★★

La Croix-Bacalan, 109 rue Achard, B. P. 154
33042 Bordeaux cedex
Tél.: 05 56 11 29 00 - Fax: 05 56 11 29 01

Le cru a été classé en 1855 sous le nom de Vigneau, qui en fut propriétaire, et le baron de Rayne a rajouté son patronyme un peu plus tard. Il appartient, depuis 1971, à la maison de négoce Mestrezat. Le vignoble d'un seul tenant est célèbre pour sa butte, bien connue des géologues, qui comprend une grande variété de minéraux d'origine pyrénéenne sur un lit de graves avec un sous-sol argileux. Longtemps, il fut le rival d'Yquem. Après de gros investissements, le vin a passé un premier cap dans les années 80, puis un second au milieu des années 90, et il reprend pleinement son rang de premier cru.

Responsables:
Cordier Mestrezat et Domaines
Vente à la propriété: oui
Visite: sur rendez-vous
Surface du vignoble: 80 ha
Surface en blanc: 80 ha
Cépages:
    Semillon 80 %
    Sauvignon 20 %
Appellation principale: Sauternes
Production moyenne: 80 000 bouteilles

Château de Rayne Vigneau
    2001: 95 - 98 ......31,09 €
    2000: 90 - 92
    1999: 92 ....28 €
    1998: 92 ....32 €
    1997: 94 ....43 €
    1996: 92 ....33 €
    1995: 91 ....32 €
    1994: 87

SAUTERNAIS

CRU CLASSÉ EN 1855

Château Doisy Daëne

SAUTERNES

APPELLATION SAUTERNES CONTROLÉE

1995

P. Dubourdieu Propriétaire à Barsac (Gironde)

14 % vol.

FRANCE

MIS EN BOUTEILLE AU CHATEAU

750 ml

PRODUCE OF FRANCE

L1 DS 95

CHÂTEAU DOISY DAËNE ★★★★

33720 Barsac
Tél. : 05 56 27 15 84 - Fax : 05 56 27 18 99

Fraction du château de Doisy, le château porte le nom du propriétaire au classement de 1855. Situé sur plateau calcaire Haut-Barsac, séparé d'une petite route de Coutet, son terroir est composé d'une couche de graves rouges sur un socle de calcaire fissuré. Acheté par Georges Dubourdieu en 1924, il est géré par Pierre Dubourdieu et son fils Denis, brillant professeur à la faculté d'œnologie. Son style a évolué. Depuis quinze ans, il est plus riche, tout en conservant son élégance et sa pureté cristalline. A l'occasion, dans les grands millésimes, est élaborée une cuvée spéciale très riche nommée l'Extravagant.

Responsables : Pierre et Denis Dubourdieu
Vente à la propriété : oui
Visite : sur rendez-vous
Surface du vignoble : 15 ha
Surface en blanc : 15 ha
Cépages :
   Semillon 80 %
   Sauvignon 20 %
Appellation principale : Barsac ou Sauternes
Production moyenne : 40 000 bouteilles

Château Doisy Daëne
   2001 : 92 - 95
   2000 : 90 - 92
   1999 : 91
   1998 : 92
   1997 : 94 . . . . .30,50 €
   1996 : 93
   1995 : 92 . . . . .30,50 €
   1994 : 89

SAUTERNAIS

CHÂTEAU DOISY-VÉDRINES ★★★★

1 rue Védrines
33720 Barsac
Tél. : 05 56 27 15 13 - Fax : 05 56 78 37 08
E. Mail : olivier.casteja@joanne.fr

Les Védrines furent propriétaires jusqu'en 1835, M. Daëne l'étant lors du classement en 1855. Le domaine est géré par Pierre Castéja, lointain descendant de M. Daëne, et son fils Olivier, œnologue qui le dirige de fait. Voisin de Coutet et de Climens, le terroir est composé de graves fines sur socle calcaire, identique aux deux autres Doisy. Les millésimes un peu faibles (91, 87, 84) sont systématiquement déclassés. Le style du vin est d'une grande richesse avec une liqueur très présente. Avec l'âge, il s'affine et prend de la distinction.

Responsable : Pierre Castéja
Vente à la propriété : oui
Visite : sur rendez-vous
Dégustation : sur rendez-vous
Moyen d'accès : route de Budos
Surface du vignoble : 28 ha
Surface en blanc : 28 ha
Cépages :
    Semillon 85 %
    Sauvignon 10 %
    Muscadelle 5 %
Appellation principale : Sauternes

♀ **Château Doisy-Védrines**
    2001 : 95 - 98 . . . . . . .27,50 €
    2000 : 90 - 92
    1999 : 90 . . . . .31 €
    1998 : 88 . . . . .32 €
    1997 : 93 . . . . .43 €
    1996 : 94 . . . . .35 €
    1995 : 90
    1994 : 89

SAUTERNAIS

CHATEAU
HAUT-BERGERON

MÉDAILLE D'OR   1999   MÉDAILLE D'OR
BORDEAUX 2001   PARIS 2001

S.C.E. R. LAMOTHE et Fils à 33210 PREIGNAC
750 ml ℮   MIS EN BOUTEILLE AU CHÂTEAU   14% vol.
PRODUCE OF FRANCE

CHÂTEAU HAUT-BERGERON ★★★★

Quartier du Haire
33210 Preignac
Tél.: 05 56 63 24 76 - Fax: 05 56 63 23 31
E. Mail: haut-bergeron@wanadoo.fr

Présents à Sauternes depuis le XVIIe siècle, les Lamothe gèrent ce cru depuis cinq générations, Patrick et Hervé étant aux commandes. Contigu à Yquem, comme l'écrivait autrefois l'étiquette, le terroir est composé de graves argileuses et sableuses. Toujours très régulier, Haut-Bergeron est une valeur sûre. Depuis quelques années, le cru a encore progressé et se situe au niveau des premiers crus dans un style riche et puissant qui n'est pas sans rappeler celui de son prestigieux voisin. En petites quantités, il est possible d'acheter des vieux millésimes au château.

Responsable: famille Lamothe
Vente à la propriété: oui
Visite: sur rendez-vous
Dégustation: sur rendez-vous
Langues: Anglais, Espagnol, Italien

Surface du vignoble: 34,5 ha
Age des vignes: 50 ans
Surface en rouge: 6 ha
Cépages:
    Merlot 60 %
    Cabernet 40 %
Surface en blanc: 28,5 ha
Cépages:
    Semillon 90 %
    Sauvignon 8 %
    Muscadelle 2 %
Appellation principale: Sauternes
Production moyenne: 65 000 bouteilles

♀ **Château Haut-Bergeron**
    2001: 89 - 93 . . . . . .19,13 €
    2000: 89 - 90
    1999: 89 . . . . .29,18 €
    1998: 89
    1997: 91
    1996: 90
    1995: 89
    1994: 88

♀ **Château Haut-Bergeron**
    2000: 86

CHÂTEAU LA TOUR BLANCHE ★★★★

33210 Bommes
Tél. : 05 57 98 02 73 - Fax : 05 57 98 02 78
E. Mail : tour-blanche@tour-blanche.com
Web : www.tour-blanche.com

Le nom ne vient pas de la présence d'une tour blanche, comme le suggère d'ailleurs l'étiquette, mais de Jean Saint-Marc Latourblanche, un trésorier général de Louis XVI habitant à Bommes. Le château fut classé premier des premiers crus en 1855, juste après Yquem. A la suite d'un legs pour y construire une école d'agriculture, il appartient à l'Etat. Même s'ils partagent les mêmes locaux, les élèves n'interviennent pas dans la fabrication du vin du château. Bien situé sur des coteaux graveleux sur sous-sol argilo-calcaire, il produit des vins de grande classe, souvent déparés en vins jeunes par un petit arôme de carton, mais qui disparaît avec cinq ans d'âge. La construction d'un nouveau cuvier devrait encore le faire progresser.

Responsables : Ministère de l'Agriculture, Mme Reulet
Vente à la propriété : oui
Visite : oui
Dégustation : sur rendez-vous
Moyen d'accès : autoroute Bordeaux-Toulouse (A62), sortie Podensac ou Langon

Surface du vignoble : 34 ha
Surface en rouge : 3 ha
Cépages :
    Merlot 52 %
    Cabernet franc 15 %
    Cabernet sauvignon 33 %
Surface en blanc : 31 ha
Cépages :
    Semillon 83 %
    Sauvignon 12 %
    Muscadelle 5 %
Appellation principale : Sauternes
Production moyenne : 50 000 bouteilles

Château La Tour Blanche

2001 : 94 - 98
2000 : 90 - 92
1999 : 91
1998 : 90 . . . . .40 €
1997 : 92 . . . . .57 €
1996 : 93 . . . . .40,90 €
1995 : 91
1994 : 89

SAUTERNAIS

CHÂTEAU NAIRAC ****

33720 Barsac
Tél.: 05 56 27 16 16 - Fax: 05 56 27 26 50

Le château porte le nom d'une illustre famille de négociants du XVIIIe siècle. Tom Heeter l'a acheté en 1971 et le château est géré par le jeune Nicolas Heeter, entièrement dévoué au cru et qui prend des risques incroyables aux vendanges. Le vignoble est éclaté en plusieurs morceaux, essentiellement sur des graves garonnaises siliceuses, sur un sous-sol marno-calcaire. Depuis la gestion de Nicolas, les rendements sont très bas et les raisins sont d'une incroyable richesse avec une pourriture noble bien marquée. Dans ce style très confit, tous les millésimes depuis 1995 sont extraordinaires de puissance et de générosité.

Responsable: Nicole Tari -Heeter
Vente à la propriété: oui
Visite: sur rendez-vous
Surface du vignoble: 17 ha
Surface en blanc: 17 ha
Cépages:
    Semillon 90 %
    Sauvignon 6 %
    Muscadelle 4 %
Appellation principale: Barsac ou Sauternes
Production moyenne: 10 000 bouteilles

⟟ Château Nairac
2001 : 89 - 94 . . . . . . .46,52 €
2000 : 89 - 92
1999 : 91 . . . . .42,22 €
1998 : 91 . . . . .44,97 €
1997 : 93
1996 : 92
1995 : 91
1994 : 89

CHÂTEAU RIEUSSEC ★★★★

33210 Fargues-de-Langon
Tél. : 05 57 98 14 14 ou 01 53 89 78 00 - Fax : 05 57 98 14 10
Web : www.lafite.com

Appartenant depuis 1984 aux Domaines Barons de Rothschild après l'ère Albert Vuillier, Rieussec a depuis toujours produit un vin riche et puissant. D'un seul tenant, le vignoble alterne les sols argilo-graveleux et argilo-sableux sur un socle constant d'alios, sur des coteaux de Fargues et de Sauternes. Très puissant avec un caractère rôti souvent affirmé, le vin joue la puissance en vin jeune. En vieillissant, les vins souples le restent, les plus structurés prennent de l'élégance, mais ils partagent, tous, le même festival aromatique de fruits confits. Il se produit aussi un joli vin blanc sec, intitulé R de Rieussec.

Responsables :
Domaines Barons de Rothschild
Visite : sur rendez-vous
Surface du vignoble : 75 ha
Surface en blanc : 75 ha
Cépages :
  Semillon 90 %
  Sauvignon 8 %
  Muscadelle 2 %
Appellation principale : Sauternes
Production moyenne : 90 000 bouteilles

♀ **Château Rieussec**
  2001 : 95 - 98 ......52,62 €
  2000 : 90 - 93
  1999 : 91 ....40 €
  1998 : 92 ....45 €
  1997 : 94 ....81,81 €
  1996 : 91 ....54,53 €
  1995 : 89 ....61,35 €
  1994 : 87

SAUTERNAIS

CHÂTEAU BROUSTET ***(*)

33720 Barsac
Tél.: 05 56 27 16 87 - Fax: 05 56 27 05 93

Le château a été acheté par Didier Laulan en 1994 à la famille Fournier qui le possédait depuis la fin du XIXe siècle. Le vignoble est composé d'argiles, de sables et de graves, en proportions très diverses, toujours sur socle calcaire. Si dans les années 80, le vin était bien défini, sa qualité avait un peu baissé au début des années 90, d'autant que certains millésimes n'ont pas été faciles. Depuis 1995, la qualité monte avec régularité, le 2001 atteint un sommet.

Responsable: Didier Laulan
Vente à la propriété: oui
Visite: sur rendez-vous
Surface du vignoble: 16 ha
Surface en blanc: 16 ha
Cépages:
    Semillon 63 %
    Sauvignon 25 %
    Muscadelle 12 %
Appellation principale: Sauternes
Production moyenne: 20 000 bouteilles

Château Broustet

2001 : 91 - 94 ......19,13 €
2000 : 88 - 90
1999 : 88
1998 : 88 ....28 €
1997 : 82 ....30 €
1996 : 83
1995 : 84
1994 : 81

CHÂTEAU CAILLOU ***(*)

33720 Barsac
Tél.: 05 56 27 16 38 - Fax: 05 56 27 09 60

Depuis son classement en 1855, Caillou a conservé les mêmes limites de son terroir pauvre, une faible épaisseur de sable directement sur l'original calcaire du Stampien. Le cru est géré par Marie-José Pierre-Bravo, qui a pris la suite de son frère au milieu des années 90. Le château possède une belle collection de vieilles bouteilles qui sont étonnantes de jeunesse et qui montrent les aptitudes du terroir. Vineux et puissant, Caillou s'impose souvent en force. Dans les grands millésimes est élaborée, depuis 1981, la Private Cuvée, une sélection encore plus riche.

Responsables:
M. et Mme Pierre Jean-Michel
Vente à la propriété: oui
Visite: oui
Surface du vignoble: 17,5 ha
Surface en rouge: 1,5 ha
Cépages:
    Merlot
Surface en blanc: 16 ha
Cépages:
    Semillon 90 %
    Sauvignon 10 %
Appellation principale: Barsac ou Sauternes
Production moyenne: 25 000 bouteilles

♀ **Château Caillou**
    2001: 90 - 93
    2000: 88 - 89
    1999: 87
    1998: 87
    1997: 88
    1996: 84
    1995: 86
    1994: 84

SAUTERNAIS

CHÂTEAU D'ARCHE ***(*)

33210 Sauternes
Tél. : 05 56 61 97 64 - Fax : 05 56 61 95 67

Connu avant la révolution sous le nom de Branayre (nom maintenant du second vin), le château prit son nom définitif en 1733 avec le rachat par la famille d'Arche. Il est situé sur une butte entre Sauternes et Haut-Bommes et le vignoble qui touche la Tour Blanche est constitué de graves légères sur sols argileux. Les derniers millésimes jouent franchement la puissance avec des textures crémeuses, à part le 1996 qui est plus structuré.

Responsable : M. Cosson
Vente à la propriété : oui
Visite : oui
Surface du vignoble : 29 ha
Surface en blanc : 29 ha
Cépages :
    Semillon 90 %
    Sauvignon 10 %
Appellation principale : Sauternes
Production moyenne : 60 000 bouteilles

⚲ **Château d'Arche**
    2001 : 92 - 95
    2000 : 89 - 91
    1999 : 89
    1998 : 89
    1997 : 92
    1996 : 90
    1995 : 88
    1994 : 86

CHÂTEAU FILHOT ***(*)

33210 Sauternes
Tél. : 05 56 76 61 09 - Fax : 05 56 76 67 91
E. Mail : filhot@filhot.com
Web : www.filhot.com

Le château porte le nom de M. Filhot, conseiller au parlement de Bordeaux, qui le fit construire en 1709. Par succession, il arriva à la famille de Lur-Salurces puis à la famille de Vaucelles. Il est géré par le très cultivé Henri de Vaucelles, depuis 1974, avec son fils Gabriel. Sur la vaste propriété d'un seul tenant, le vignoble est traversé par le Ciron et situé sur des coteaux de graves sableuses et argileuses. Largement sulfité, ce qui lui assure une longue garde, Filhot est souvent de robe assez claire avec une belle liqueur. Difficile à juger en vin jeune, il évolue magistralement en bouteille.

Responsable : famille de Vaucelles
Vente à la propriété : oui
Visite : sur rendez-vous
Dégustation : sur rendez-vous
Langues : Anglais

Surface du vignoble : 62 ha
Age des vignes : 35 ans
Surface en blanc : 62 ha
Cépages :
    Semillon 60 %
    Sauvignon 36 %
    Muscadelle 4 %
Appellation principale : Sauternes
Production moyenne : 100 000 bouteilles

♀ Château Filhot

2001 : 88 - 92 ......23,92 €
2000 : 88 - 90
1999 : 89
1998 : 89
1997 : 91
1996 : 90
1995 : 88 ....33,25 €
1994 : 86 ....28,58 €

SAUTERNAIS

GRAND CRU CLASSE EN 1855

Château Lamothe

SAUTERNES
APPELLATION SAUTERNES CONTROLEE

1997

Mis en Bouteille au Château

DESPUJOLS SAUTERNES FRANCE

LSI
14 % vol.   Produit de France   750 ml

CHÂTEAU LAMOTHE ***(*)

19 rue Principale
33210 Sauternes
Tél.: 05 56 76 67 89 - Fax: 05 56 76 63 77
E. Mail: guy.despujols@free.fr
Web:/www.guy. despujols.free.fr

Si son histoire est complexe avec divisions, indivisions et successions, Lamothe a été acheté en 1961 par Jean Despujols et son fils Guy le gère depuis 1969. Enserré entre Filhot et l'autre Lamothe, près de la Tour Blanche, le vignoble d'un seul tenant est situé sur des pentes douces de la vallée du Ciron avec un sol de graves sableuses qui deviennent argileuses. Toujours riche, le vin a gagné en élégance ces dernières années.

Responsable: Guy Despujols
Vente à la propriété: oui
Visite: sur rendez-vous
Dégustation: sur rendez-vous
Surface du vignoble: 7,5 ha
   Semillon 85 %
   Sauvignon 10 %
   Muscadelle 5 %
Appellation principale: Sauternes

Château Lamothe
   2001: 87 - 89
   2000: 87 - 89
   1999: 89
   1998: 89
   1997: 90
   1996: 88
   1995: 87
   1994: 86

CHÂTEAU LAMOTHE-GUIGNARD ***(*)

33210 Sauternes
Tél.: 05 56 76 60 28 - Fax: 05 56 76 69 05

Son histoire est aussi complexe que celle de Lamothe. En 1980, il a été acheté par la famille Guignard qui a construit un chai en 1990. Son vignoble est en deux parties, l'une contiguë à Lamothe, l'autre près du château d'Arche. Très argileux, le sol comprend aussi des graves et du sable. Très bien vinifié, le vin est toujours dans un style riche avec un botrytis toujours bien marqué.

Responsables:
Jacques et Philippe Guignard
Vente à la propriété: oui
Visite: sur rendez-vous
Surface du vignoble: 32,1 ha
Surface en blanc: 32,1 ha
Cépages:
    Semillon 90 %
    Sauvignon 5 %
    Muscadelle 5 %
Appellation principale: Sauternes

♀ **Château Lamothe-Guignard**
    2001 : 92 - 95   . . . . . . .21,52 €
    2000 : 89 - 92
    1999 : 90
    1998 : 89   . . . . .24,52 €
    1997 : 92   . . . . .21,89 €
    1996 : 90
    1995 : 90
    1994 : 88

SAUTERNAIS

PREMIER CRU CLASSE

CHÂTEAU
RABAUD-PROMIS

SAUTERNES

APPELLATION SAUTERNES CONTRÔLÉE

13,5 % Alc./Vol. 1989 75 cl

MIS EN BOUTEILLE AU CHATEAU

G.F.A. DU CHATEAU RABAUD-PROMIS PROPRIÉTAIRE A BOMMES 33210 LANGON (FRANCE)

PRODUIT DE FRANCE

CHÂTEAU RABAUD-PROMIS ***(*)

33210 Bommes
Tél.: 05 56 76 67 38 - Fax: 05 56 76 63 10

M. de Rabaud en fut propriétaire et le cru a été classé sous ce nom en 1855. La moitié de la propriété a été vendue en 1903 à Adrien Promis. Un peu plus tard, il a absorbé Pexoto, second cru classé, qui n'existe plus. D'un seul tenant, le vignoble est contigu à Sigalas-Rabaud et est séparé d'une simple route de Rayne-Vigneau : il est orienté sud avec un sol de graves et d'argile. La qualité est hétérogène, somptueuse dans certains millésimes comme 1997, plus décevante dans d'autres (1995).

Responsable : Madame Dejean
Vente à la propriété : oui
Visite : sur rendez-vous
Surface du vignoble : 30 ha
Surface en blanc : 30 ha
Cépages :
   Sauvignon 80 %
   Semillon 20 %
Appellation principale : Sauternes
Production moyenne : 60 000 bouteilles

♀ **Château Rabaud-Promis**

2001 : 87 - 89 ......31,09 €
2000 : 87 - 90
1999 : 88
1998 : 89
1997 : 89 ....37 €
1996 : 88
1995 : 87
1994 : 89

CHÂTEAU BASTOR-LAMONTAGNE ***

33210 Preignac
Tél.: 05 56 63 27 66 - Fax: 05 56 76 87 03

Amédée Larrieu avait refusé de concourir pour le classement de 1855. Il est vrai que le classement de Haut-Brion suffisait à son bonheur. Le terroir est, selon les parcelles, composé de graves et de sables ou de graves et d'argiles sur socle calcaire. Appartenant au Crédit Foncier de France depuis 1936, le vignoble est taillé court pour favoriser l'émergence du botrytis. Le vin est toujours très pâle avec une liqueur peu présente, mais avec le type Preignac bien défini par son joli fruité et une belle franchise d'expression. Les vieillissements sont toujours impeccables et l'affinent encore.

Responsables : Foncier vignobles, Michel Garat
Vente à la propriété : oui
Visite : oui
Surface du vignoble : 58 ha
Surface en blanc : 58 ha
Cépages :
    Semillon 80 %
    Sauvignon 18 %
    Muscadelle 2 %
Appellation principale : Sauternes
Production moyenne : 140 000 bouteilles

♀ Château Bastor-Lamontagne
2001 : 88 - 92 . . . . 22,72 €
2000 : 87 - 89
1999 : 88
1998 : 88 . . . . 12,79 €
1997 : 90 . . . . 25,23 €
1996 : 89
1995 : 88
1994 : 87

SAUTERNAIS

CHÂTEAU DE MYRAT ***

33720 Barsac
Tél. : 05 56 27 15 06 - Fax : 05 56 27 11 75.

Acheté par les de Pontac en 1938, les vignes avaient carrément été arrachées et il n'y a pas eu de vin entre 1976 et 1990. Au décès du comte, ses fils Xavier et Jacques font renaître la propriété, avec des moyens limités, mais avec une volonté de fer. Participant à toutes les manifestations, Jacques de Pontac se dévoue entièrement au cru. Le premier millésime 1991 était très botrytisé, comme tous ses suivants. Les nez sont évolués, les robes très jaunes, mais la matière est d'une grande richesse. Dans les derniers millésimes, les vins sont toujours aussi confits, mais ils prennent plus de longueur.

Responsable : Jacques de Pontac
Vente à la propriété : oui
Visite : sur rendez-vous
Surface du vignoble : 22 ha
Surface en blanc : 22 ha
Cépages :
    Semillon 85 %
    Sauvignon 10 %
    Muscadelle 5 %
Appellation principale : Barsac ou Sauternes
Production moyenne : 30 000 bouteilles

♀ **Château de Myrat**

2001 : 90 - 94 ...... .27,50 €
2000 : 88 - 89
1999 : 88
1998 : 88 .... .24 €
1997 : 90 .... .30 €
1996 : 88 .... .25 €
1995 : 87 .... .20,10 €
1994 : 87

MIS EN BOUTEILLES AU CHÂTEAU

PRODUIT DE FRANCE
SERVIR TRÈS FRAIS

1999

Château Les Justices

Sauternes

APPELLATION SAUTERNES CONTRÔLÉE

ALC. 14% BY VOL.

500 ML

L 2 4 9 9 1

Christian MÉDEVILLE, propriétaire à Preignac (Gironde)

CHÂTEAU LES JUSTICES ***

33210 Preignac
Tél. : 05 56 76 28 44 - Fax : 05 56 76 28 43
E. Mail : christian.medeville@wanadoo.fr

Propriété depuis deux siècles de la famille Médeville qui possède aussi le château Gilette, le château Les Justices est situé à Preignac sur des terres plus légères. Il produit un Sauternes à la robe pâle avec un bouquet très expressif et une liqueur moyenne et même légère, qui se fait assez vite, mais se conserve bien. Très régulier depuis au moins vingt ans, c'est toujours un achat sans risque.

Responsable : Christian Medeville
Vente à la propriété : oui
Visite : sur rendez-vous
Dégustation : sur rendez-vous
Moyen d'accès : A63 sortie Langon RN113
direction Bordeaux derrière l'Eglise de Preignac

Surface du vignoble : 8,5 ha
Surface en blanc : 8,5 ha
Cépages :
    Semillon 88 %
    Sauvignon 10 %
    Muscadelle 2 %
Appellation principale : Sauternes
Production moyenne : 20 000 bouteilles

Château Les Justices
    2001 : 88 - 92
    2000 : 88 - 91
    1999 : 88
    1998 : 88
    1997 : 91
    1996 : 90
    1995 : 89
    1994 : 87

Notes

_____

_____

_____

_____

_____

_____

_____

_____

_____

_____

_____

_____

_____

_____

_____

_____

_____

_____

_____

_____

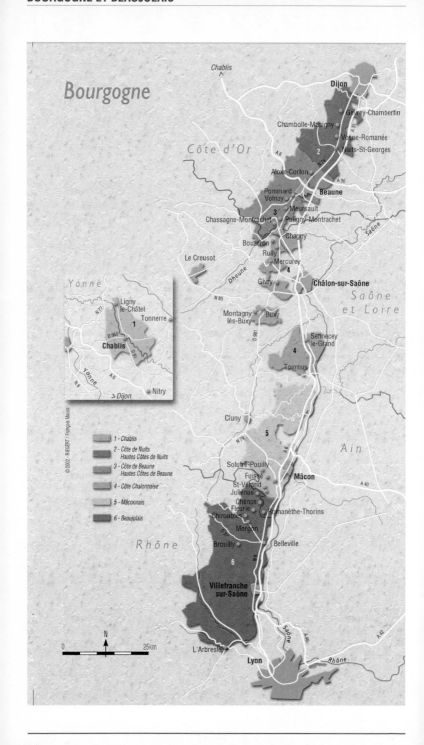

Le choix du Roi

Complexe la Bourgogne ? Oui et non. Pour ce qui est de comprendre de manière détaillée tous les climats bourguignons, elle l'est, certainement. Une petite centaine d'appellations, plus d'une trentaine de grands crus, plus de cinq cents climats de premiers crus avec, pour nombre d'entre eux, plusieurs producteurs différents qui ont, à chaque fois, une vision différente. La complexité est effroyable. Mais a-t-on besoin de connaître tout cela pour apprécier un bon bourgogne ? Assurément non.

Par un étonnant hasard, deux excellents millésimes sont actuellement sur le marché, les 1999 et les 2000. Les vins rouges du millésime 1999 sont extraordinaires. Pulpeux, riches et amples, ils convertissent n'importe quel amateur de vin à la Bourgogne. Il en est de même pour les blancs 2000. Amples et denses, ils sont d'une séduction folle. Ce choix de roi est vrai pour les grands crus, que le monde entier s'arrache, mais aussi pour des villages moins médiatisés où il y a de très belles affaires à faire. Comme toujours, les meilleurs producteurs gomment l'effet millésime et réussissent tout autant, ou presque, les rouges en 2000 qu'en 1999. Ils sont juste un peu moins nombreux.

Autre question classique, les bourgognes seraient-ils difficiles à obtenir ? Posez la question aux bons producteurs et vous aurez bien des surprises. A condition de ne pas être trop gourmand, trois bouteilles par-ci, six bouteilles par-là, tout est possible. Mais en Bourgogne plus qu'ailleurs, la qualité de la sélection est primordiale. Suivez le guide !

CHÂTEAU DES JACQUES ★★★★

Les Jacques
71570 Romanèche-Thorins
Tél. : 03 85 35 51 64 - Fax : 03 85 35 59 15
E. Mail : chateau-des-jacques@wanadoo.fr
Web : www.louis-jadot.com

Acheté en 1996 par la maison Jadot à la famille Thorin, le château des Jacques produit aussi un joli blanc, le délicat Clos de Loyse. En rouge, cinq clos recouvrent 19,5 hectares sur 27, dont le clos de Rochegrès composé de vieilles vignes. Tous ces clos sont vinifiés séparément et leur comparaison est passionnante. En 1999, ils ont atteint un niveau sublime qui pousse très haut l'aube des moulins à vent. Certains préfèreront l'élégant Champ de Cour, d'autres le tannique La Roche ou le dense Rochegrès ou encore le concentré du Grand Carquelin. Il y a l'embarras du choix !

Responsable : Maison Louis Jadot
Vente à la propriété : oui
Visite : sur rendez-vous
Dégustation : sur rendez-vous
Surface du vignoble : 36 ha
Surface en rouge : 27 ha
Cépages :
    Gamay 100 %

Surface en blanc : 9 ha
Cépages :
    Chardonnay 100 %
Appellation principale : Moulin à vent

Bourgogne
1999 : 87 . . . . .9,80 €

Moulin à vent
1999 : 89 . . . . .11,55 €

**Moulin à vent
Clos de Champ de Cour**
1999 : 88 . . . . .15,05 €

Moulin à vent clos de la Roche
1999 : 89 . . . . .15,05 €

Moulin à vent clos des Thorins
1999 : 90 . . . . .15,05 €

**Moulin à vent
clos du Grand Carquelin**
1999 : 90 . . . . .15,05 €

**Moulin à vent
Grand clos de Rochegrès**
1999 : 90 . . . . .15,05 €

BEAUJOLAIS

DOMAINE ALAIN MARGERAND ****

Les Michelons
69840 Chenas
Tél. : 04 74 04 49 27 - Fax : 04 74 04 49 27
E. Mail : alain.margerand@wanadoo.fr

Le Moulin à vent Rochegrès est produit sur une petite parcelle à partir de vieilles vignes de 60 à 70 ans. Si le 2000 avait grêlé, une petite fraction a pu être sauvée et elle est splendide de concentration avec une belle structure tannique.

Responsable : Alain Margerand
Vente à la propriété : oui
Visite : sur rendez-vous
Dégustation : sur rendez-vous
Moyen d'accès : D68.
Surface du vignoble : 9,57 ha
Age des vignes : 70 ans
Surface en rouge : 9,57 ha
Cépages :
   Gamay 100 %
Appellation principale : Moulin à vent
Production moyenne : 4 000 bouteilles

🍷 **Moulin à vent**
  2000 : 89 . . . . .6 €

BEAUJOLAIS

DOMAINE DE LA CHANAISE ★★★★

Morgon le Bas
69910 Villié-Morgon
Tél. : 04 74 69 10 20 - Fax : 04 74 69 16 65

Le domaine dirigé par Dominique Piron
présente une large gamme de crus, mais
il excelle avant tout dans les morgons,
son terroir fétiche, toujours bien concentré, la côte de Py prenant souvent une
dimension supérieure. Les beaujolais
villages sont toujours aussi de bonne
facture.

Responsable : Dominique Piron
Vente à la propriété : oui
Visite : sur rendez-vous
Dégustation : sur rendez-vous
Appellation principale : Beaujolais

♟ **Beaujolais**
2001 : 86

♟ **Morgon**
2000 : 88

♟ **Morgon Côte de Py**
1999 : 88

♟ **Moulin à vent**
2000 : 87

♟ **Régnié**
2001 : 87

BEAUJOLAIS

DOMAINE
LOUIS-CLAUDE DESVIGNES ★★★★

La Voute-Le Bourg
69910 Villié-Morgon
Tél. : 04 74 04 23 35 - Fax : 04 74 69 14 93
E. Mail : desvignes@terre-net.fr

Le vignoble du domaine est constitué de beaux coteaux, dont deux sont renommés, la côte de Py granitique et schisteuse ainsi que les Jarvenières aux sols profonds argileux imprégnés d'oxyde de fers. La vinification est, bien entendu, assurée parcelle par parcelle. Dans leur jeunesse, les vins sont assez tanniques et même un peu rudes, mais après trois ou quatre ans de bouteille, ils s'assagissent et démontrent que les morgons peuvent donner des grands vins. Les 2000 sont magnifiques.

Responsable : Louis-Claude Desvignes
Vente à la propriété : oui
Visite : sur rendez-vous
Dégustation : sur rendez-vous
Surface du vignoble : 13 ha
Age des vignes : 45 ans
Surface en rouge : 13 ha
Cépages :
    Gamay 100 %
Appellation principale : Morgon
Production moyenne : 30 000 bouteilles

🍷 **Morgon côte du Py**
    2000 : 88 . . . . .6,10 €
    1999 : 87 . . . . .6,85 €

🍷 **Morgon Javernières**
    2000 : 89 . . . . .6,40 €

BEAUJOLAIS 2001
APPELLATION BEAUJOLAIS CONTRÔLÉE

DOMAINE DU VISSOUX
CUVÉE TRADITIONNELLE
VIEILLES VIGNES

75 cl ℮

PRODUCT OF FRANCE
MIS EN BOUTEILLE À LA PROPRIÉTÉ
PIERRE-MARIE CHERMETTE - VITICULTEUR À SAINT-VÉRAND 69620 - FRANCE

12,5 % vol.

L.0117

DOMAINE
PIERRE-MARIE CHERMETTE ★★★★

Domaine du Vissoux
69620 Saint-Vérand
Tél. : 04 74 71 79 42 - Fax : 04 74 71 84 26
E. Mail : domaine.vissoux@wanadoo.fr

Pierre-Marie Chermette a repris, en 1982, l'exploitation familiale dont les origines remontent au XVIe siècle et qui comprend aussi un domaine à Saint-Vérand, au pays des Pierres dorées, où ils produisent du beaujolais blanc et rouge, et aussi un délicieux beaujolais primeur largement commercialisé dans les bars à vins. Avec un mélange d'élégance, de puissance, de fraîcheur et de longueur, les moulin à vent et les fleuries 2001 sont superbes !

Responsables :
Martine et Pierre-Marie Chermette
Vente à la propriété : oui
Visite : sur rendez-vous
Dégustation : sur rendez-vous
Langues : Allemand, Anglais
Surface du vignoble : 22 ha
Age des vignes : 40 ans
Surface en rouge : 21 ha
Cépages :
    Gamay 100 %

Surface en blanc : 1 ha
Cépages :
    Chardonnay 100 %
Appellation principale : Beaujolais
Production moyenne : 210 000 bouteilles

Beaujolais
2001 : 88 . . . . .4,25 €

Beaujolais les Griottes
2001 : 87 . . . . .4,25 €

Beaujolais traditionnelle VV
2001 : 88 . . . . .4,85 €

Fleurie les Garants
2001 : 89 . . . . .7,35 €

Fleurie Poncié
2001 : 88 . . . . .6,85 €

Moulin à vent Rochegrès
2001 : 89 . . . . .7,35 €

BEAUJOLAIS

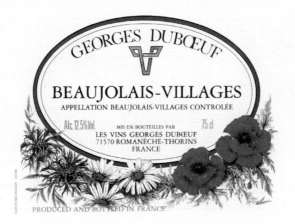

GEORGES DUBŒUF ****

Balmonts
71570 Romanèche-Thorins
Tél. : 03 85 35 34 20 - Fax : 03 85 35 34 25
E. Mail : message@duboeuf.com
Web : www.duboeuf.com

Négociant-éleveur depuis 1964, Georges Dubœuf a façonné le beaujolais en lui donnant un fruité très typique aisément reconnaissable par tous, à un prix très raisonnable. On est rarement déçu par une de ses bouteilles, quel que soit le lieu de consommation. Il donne le meilleur de lui-même dans les crus du Beaujolais, en particulier dans les moulin à vent et dans les fleuries qui ont de la profondeur, du charme et qui vieillissent très bien.

Responsable : Georges Dubœuf
Vente à la propriété : oui
Visite : oui
Dégustation : oui
Appellation principale : Beaujolais

Beaujolais-villages
2001 : 87 . . . . .4,10 €

Chiroubles
2001 : 88 . . . . .4,80 €

Fleurie
2001 : 87 . . . . .6,40 €

Fleurie Château des Bachelards
2000 : 88

Moulin à vent
2000 : 87
1999 : 87 . . . . .6,87 €

Moulin à vent Carquelin
2000 : 88

Pouilly-fuissé
1999 : 86 . . . . .9,13 €

MARCEL LAPIERRE ★★★★

BP 4 - Les Chênes
69910 Villié-Morgon
Tél. : 04 74 04 23 89 - Fax : 04 74 69 14 40

Cultivé sans engrais chimiques ni
désherbants, les vins de ce producteur
mythique sont élaborés le plus naturellement possible, ce qui implique parfois
quelques fragilités au transport, prix à
payer du naturel. Le 2001 possède une
belle matière dense et solide, le vin étant
parfaitement équilibré.

Responsable : Marcel Lapierre
Vente à la propriété : oui
Visite : sur rendez-vous
Dégustation : sur rendez-vous
Surface du vignoble : 11 ha
Surface en rouge : 11 ha
Cépages :
  Gamay 100 %
Appellation principale : Morgon
Production moyenne : 80 000 bouteilles

Morgon
  2001 : 89
  2000 : 89
  1998 : 88

CHÂTEAU DE LA CHAIZE ***(*)

La Chaize
69460 Odenas
Tél. : 04 74 03 41 05 - Fax : 04 74 03 52 73

Entièrement situé sur l'appellation Brouilly, le château de la Chaize est le plus important domaine du Beaujolais et représente 8 % du Brouilly. La moitié des vignes ont plus de cinquante ans d'âge et certaines parcelles ont 70 ans. Dans ce monument historique, les raisins sont vinifiés d'une manière très moderne, ce qui donne, en 2001, un vin bien défini et suave. La qualité est très régulière.

Responsable : marquise de Roussy de Sales
Vente à la propriété : oui
Visite : sur rendez-vous
Dégustation : sur rendez-vous
Langues : Anglais
Surface du vignoble : 98 ha
Age des vignes : 30 ans
Surface en rouge : 98 ha
Cépages :
    Gamay 100 %
Appellation principale : Brouilly
Production moyenne : 450 000 bouteilles

Brouilly Château de la Chaize
    2001 : 88 . . . . .6,80 €

BEAUJOLAIS

CHÂTEAU SAINT-LAGER ***(*)

Domaine Château de Pizay
443 route du Château
69220 Saint-Jean d'Arnières
Tél. : 04 74 66 26 10 - Fax : 04 74 69 60 66
E. Mail : chateau-de-pizay@chateau-de-pizay.com
Web : www.chateau-de-pizay.com

Ce château d'une soixantaine d'hectares produit du Beaujolais, du Regnié et du Morgon, mais c'est dans le Morgon qu'il excelle, en particulier le célèbre Côte de Py, où, dans un grand millésime comme 2000, il produit un vin compact, dense et fin, taillé pour la garde. La cuvée en fût de chêne 2001 est un cran en dessous.

Responsable : Pascal Dufaltro
Vente à la propriété : oui
Visite : oui
Dégustation : oui
Surface du vignoble : 57 ha
Surface en rouge : 54 ha
Cépages :
    Gamay 100 %
Surface en blanc : 3 ha
Cépages :
    Chardonnay 100 %
Appellation principale : Brouilly
Production moyenne : 400 000 bouteilles

 **Brouilly Château Saint-Lager**
    2001 : 86 . . . . .7,30 €

BEAUJOLAIS

DOMAINE
CHEVALIER-MÉTRAT ***(*)

Le Roux
69460 Odenas
Tél.: 04 74 03 50 33 - Fax: 04 74 03 37 24

Sur les six hectares du domaine, deux sont en côte de Brouilly. Le domaine produit deux cuvées. La cuvée regroupe les vignes de plus de vingt-cinq ans. De corpulence moyenne, le 2001 est très élégant. La cuvée Fût de Chêne est issue uniquement de cuvées de plus de quarante ans et elle est élevée pendant sept mois. Sa belle matière dense permettra au 2000 de continuer à se bonifier dans les trois prochaines années.

Responsable: Sylvain Metrat
Vente à la propriété: oui
Visite: oui
Dégustation: oui
Moyen d'accès: A6 et RN6 jusqu'à la sortie Belleville/Saône puis suivre la route du Beaujolais.
Surface du vignoble: 6 ha
Age des vignes: 40 ans
Surface en rouge: 6 ha
Cépages:
    Gamay 100 %
Appellation principale: Beaujolais
Production moyenne: 20 000 bouteilles

🍷 **Côte de Brouilly cuvée tradition**
   2001 : 87 . . . . .5,60 €

🍷 **Côte de Brouilly VV**
   2000 : 89

DOMAINE DE LA MADONE ***(*)

La Madone
69820 Fleurie
Tél. : 04 74 69 81 51 - Fax : 04 74 69 81 93
E. Mail : domainedelamadone@wanadoo.fr

Exploitation familiale depuis cinq générations, le domaine est remarquablement
situé sur le célèbre coteau de la Madone
et il a rénové ses installations de vinification. Succédant à un splendide 2000,
le 2001 n'est pas aussi concentré, mais
il joue le fruit et il est à boire dans les
deux ans. Plus concentrées, les vieilles
vignes ont plus de matière et sont de plus
longue garde.

Responsable : Jean-Marc Despres
Vente à la propriété : oui
Visite : oui
Dégustation : oui
Moyen d'accès : Autoroute Mâcon sud ou
Belleville nord, rejoindre la RN6.
Langues : Anglais
Surface du vignoble : 13 ha
Age des vignes : 45 ans
Surface en rouge : 13 ha
Cépages :
    Gamay 100 %
Appellation principale : Fleurie
Production moyenne : 120 000 bouteilles

🍷 **Fleurie la Madonne**
    2001 : 86 . . . . .6,95 €

🍷 **Fleurie la Madonne VV**
    2001 : 88 . . . . .8,80 €

BEAUJOLAIS

HUBERT LAPIERRE ***(*)

Les Gandelins
71570 La Chapelle-de-Guinchay
Tél. : 03 85 36 74 89 - Fax : 03 85 36 79 69
E. Mail : hubert.lapierre@terre-net.fr
Web : www.domaine-lapierre.com

Si entre Chénas et Moulin à vent le cœur balance, chez Hubert Lapierre, on peut avoir une préférence pour son Chénas, en raison des vieilles vignes qui lui donnent une bonne densité. Mais avant de se faire une opinion aussi tranchée, il faudrait écluser bien des pots de chaque, comme le suggérerait probablement ce souriant producteur. Le bon millésime 2001 est tout indiqué pour une telle confrontation.

Responsable : Hubert Lapierre
Vente à la propriété : oui
Visite : oui
Dégustation : oui
Surface du vignoble : 7,5 ha
Age des vignes : 50 ans
Surface en rouge : 7,5 ha
Cépages :
    Gamay 100 %
Appellation principale : Chénas
Production moyenne : 40 000 bouteilles

Chénas
    2001 : 88 . . . . .5,80 €
    1999 : 88 . . . . .6,25 €

Moulin à vent
    2001 : 86 . . . . .6,25 €

DOMAINE CHAINTREUIL ***

La Chapelle-des-Bois
69820 Fleurie
Tél. : 04 74 04 11 35 - Fax : 04 74 04 10 40
E. Mail : odgichaint@aol.com

Le domaine Chaintreuil possède des vignes sur le célèbre coteau de La Madone et seules les cuvées issues de vieilles vignes, dont certaines ont plus d'un siècle, sont mises en bouteille au domaine. Le millésime 2001 a produit un vin d'une grande élégance, alors que le millésime 2000 est plus plein et plus ample. Ces deux cuvées continueront de se bonifier dans les prochaines années.

Responsables : Gilles et Odile Chaintreuil
Vente à la propriété : oui
Visite : sur rendez-vous
Dégustation : oui
Langues : Anglais
Surface du vignoble : 7 ha
Age des vignes : 40 ans
Surface en rouge : 7 ha
Cépages :
    Gamay 100 %
Appellation principale : Fleurie
Production moyenne : 21 000 bouteilles

🍷 **Fleurie la Madone cuvée VV**
    2001 : 87 . . . . .6,50 €
    2000 : 88

BEAUJOLAIS

DOMAINE LES ROCHES BLEUES ***

Côte de Brouilly
69460 Odenas
Tél. : 04 74 03 43 11 - Fax : 04 74 03 50 06

Le nom du domaine vient de la roche bleue très dure qui a rendu difficile la construction de la cave voûtée. On y élabore un Brouilly et surtout un Côte de Brouilly très élégant, toujours de bonne facture et à tout petit prix, même en 2001.

Responsable : Dominique Lacondemine
Vente à la propriété : oui
Visite : oui
Dégustation : oui
Moyen d'accès : Depuis Belleville/Sâone suivre Mont Brouilly, ensuite panneau vert Gîte les Roches Bleues.
Langues : Anglais
Surface du vignoble : 7 ha
Age des vignes : 50 ans
Surface en rouge : 7 ha
Cépages :
    Gamay 100 %
Appellation principale : Brouilly
et Côte de Brouilly
Production moyenne : 45 000 bouteilles

Brouilly
    2001 : 87 . . . . .5,75 €

Côte de Brouilly
    2001 : 88 . . . . .5,75 €

DOMAINE LAROCHE ****(*)

L'Obédiencerie, 22 rue Louis-Bro
89800 Chablis
Tél. : 03 86 42 89 28 - Fax : 03 86 42 19 08
E. Mail : info@michellaroche.com
Web : www.michellaroche.com

Œnologue de formation, Michel Laroche est venu dans le domaine familial en 1968. Si les premières vignes avaient été achetées en 1850, le domaine n'avait en 1968 que six hectares de vignes. Maintenant, Michel Laroche en a plus de cent, sans compter son domaine dans le Sud. Vinifiant d'abord en cuve, il est peu à peu passé en bois à partir de 1980. Les progrès qualitatifs ayant été constants, le domaine explose qualitativement depuis quelques années. Les 98 sont superbes, ils ont triomphé dans une grande dégustation de Chablis à Las Vegas, les 1999 magnifiques et les 2000 somptueux. Et les 2001 s'annoncent réussis malgré les difficultés du millésime.

Responsable : Michel Laroche
Vente à la propriété : oui
Visite : sur rendez-vous
Dégustation : oui
Moyen d'accès : A6, sortie Auxerre sud.
Langues : Anglais, Hollandais
Surface du vignoble : 132,47 ha

Surface en blanc : 132,47 ha
Cépages :
    Chardonnay 100 %
Appellation principale : Chablis
Production moyenne : 770 000 bouteilles

Chablis GC les Blanchots
2001 : 91 . . . . .37,50 €

Chablis GC les Blanchots réserve de l'Obédiencerie
2001 : 91 . . . . .62,50 €

Chablis GC les Clos
2001 : 90 . . . . .50,50 €

Chablis premier cru les Fourchaumes VV
2001 : 90 . . . . .24 €

Chablis premier cru les Vaillons VV
2001 : 90 . . . . .21,50 €

Chablis premier cru les Vaudevey
2001 : 88 . . . . .18 €

Chablis Saint-Martin
2001 : 87 . . . . .11,50 €

CHABLIS PREMIER CRU
MONTMAINS
APPELLATION CHABLIS PREMIER CRU CONTRÔLÉE

Domaine

WILLIAM FEVRE

2000

CE VIN A ÉTÉ RÉCOLTÉ, ÉLEVÉ ET MIS EN BOUTEILLE PAR
WILLIAM FEVRE
CHABLIS - FRANCE

13% alc. vol.   PRODUIT DE FRANCE - PRODUCT OF FRANCE   750 ml

DOMAINE WILLIAM FÈVRE ****(*)

21 avenue d'Oberwesel
89800 Chablis
Tél. : 03 86 98 98 98 - Fax : 03 86 98 98 99
E. Mail : france@williamfevre.com
Web : www.williamfevre.com

Grand bonhomme de Chablis et avocat passionné de ses meilleurs terroirs, William Fèvre s'était un peu enferré dans ses vinifications en bois neuf. Le domaine a été repris par la maison Bouchard et le très compétent directeur Bernard Hervet a imposé sa rigueur et sa passion des très grands vins qui n'acceptent aucun compromis. Les vins ont bondi en qualité et, comme le domaine possède les meilleures parcelles grâce au visionnaire William, la maison produit des vins grandissimes à l'image des resplendissants 2000. Les Clos, les Vaudésirs, les Preuses ou la Montée de Tonnerre se positionnent tout simplement dans les meilleurs vins de chardonnay du monde.

Responsable : Groupe familial Henriot
Vente à la propriété : oui
Visite : sur rendez-vous
Dégustation : sur rendez-vous
Langues : Allemand, Anglais, Espagnol
Surface du vignoble : 52 ha
Age des vignes : 35 ans

Surface en blanc : 52 ha
Cépages :
    Chardonnay 100 %
Appellation principale : Chablis premier cru
Production moyenne : 320 000 bouteilles

Chablis
    2000 : 85 . . . . .11,10 €

Chablis GC Bougros
    2000 : 89 . . . . .39 €

Chablis GC les Clos
    2000 : 93 . . . . .36,20 €

Chablis GC Preuses
    2000 : 92 . . . . .33,10 €

Chablis GC Valmur
    2000 : 90 . . . . .33,10 €

Chablis GC Vaudésir
    2000 : 92 . . . . .33,10 €

Chablis premier cru Fourchaume
    2000 : 90 . . . . .21,60 €

**Chablis premier cru
Montée de tonnerre**
    2000 : 91 . . . . .19,40 €

Chablis premier cru Montmains
    2000 : 89 . . . . .17,80 €

Chablis premier cru Vaillons
    2000 : 88 . . . . .18 €

CHABLIS

DOMAINE BILLAUD-SIMON ★★★★

1 quai de Reugny, BP 46
89800 Chablis
Tél. : 03 86 42 10 33 - Fax : 03 86 42 48 77

Fondé en 1815, le domaine a vraiment été développé en 1945 par Jean Billaud et son beau-père Jules Simon. Les fûts de chêne ont été partiellement remplacés par des cuves en acier, mais premiers et grands crus sont toujours vendangés manuellement. Les 2000 atteignent des sommets avec des Clos somptueux, des Preuses et des Blanchots magnifiques, tout le reste de la gamme étant de grand niveau.

Responsable : Billaud-Simon
Vente à la propriété : oui
Visite : oui
Dégustation : oui
Langues : Anglais
Surface du vignoble : 19 ha
Age des vignes : 30 ans
Surface en blanc : 19 ha
Cépages :
    Chardonnay 100 %
Appellation principale : Chablis
Production moyenne : 135 000 bouteilles

Chablis GC les Blanchots VV
2000 : 91 . . . . .38 €

Chablis GC les Clos
2000 : 93 . . . . .31 €

Chablis GC les Preuses
2000 : 91 . . . . .31 €

Chablis GC Vaudésir
2000 : 90 . . . . .31 €

Chablis premier cru les Vaillons
2000 : 89 . . . . .14 €

Chablis premier cru Mont de milieu
2000 : 89 . . . . .15 €

Chablis premier cru Mont de milieu VV
2000 : 88 . . . . .18 €

Chablis premier cru Montée de tonnerre
2000 : 89 . . . . .15 €

Chablis Tête d'Or
2000 : 87 . . . . .10 €

CHABLIS

DOMAINE JEAN-MARC BROCARD ★★★★

3 route de Chablis
89800 Prehy-Chablis
Tél. : 03 86 41 49 00 - Fax : 03 86 41 49 09
E. Mail : com@brocard.fr
Web : www.brocard.fr

Parti de rien, Jean-Marc s'est taillé un très beau domaine. Curieux de tout et utilisant toutes les ressources de la technique moderne avec son œnologue Clotilde Davenne, il réussit à produire, avec une grande régularité, des chablis très typés. Exercice de haute voltige, le simple Bourgogne présenté selon trois terroirs est un cas d'école à utiliser pour bien assimiler les différences entre jurassique, portlandien et kimméridgien. Quant aux premiers et grands crus 2000, ils sont magnifiques d'équilibre.

Responsable : Jean-Marc Brocard
Vente à la propriété : oui
Visite : oui
Dégustation : oui
Moyen d'accès : Sortie Chablis en direction d'Avallon, prendre direction Préhy.
Surface du vignoble : 100 ha
Surface en rouge : 5 ha
Cépages :
    Pinot noir 100 %

Surface en blanc : 95 ha
Cépages :
    Chardonnay 90 %
    Aligoté 2 %
    Sauvignon 8 %
Appellation principale : Chablis premier cru

♀ **Bourgogne jurassique**
2000 : 88

♀ **Bourgogne kimmeridgien**
2000 : 88

♀ **Bourgogne portlandieu**
2000 : 87

♀ **Chablis**
2001 : 86 . . . . .6,86 €

♀ **Chablis GC Bougros**
2000 : 89

♀ **Chablis premier cru Beauregard
   domaine Sainte-Claire**
2000 : 89

♀ **Chablis premier cru Montmains**
2000 : 90

♀ **Irancy**
2000 : 87

♀ **Petit Chablis**
2001 : 86 . . . . .6,10 €

DOMAINE JEAN-PAUL DROIN ★★★★

14 bis rue Jean-Jaurès
89800 Chablis
Tél. : 03 86 42 16 78 - Fax : 03 86 42 42 09

Jean-Paul Droin dispose d'un impressionnant patrimoine de vignes dans les meilleurs crus de Chablis. Depuis 1986, il a fait de nombreux essais de vinification en bois et au début des années 90, le boisé dominait souvent le vin. Maintenant, le boisé est parfaitement bien intégré. Les raisins sont toujours aussi mûrs et les vins sont denses et complets, en particulier dans le beau millésime 2000.

Responsable : Jean-Paul Droin
Vente à la propriété : oui
Visite : sur rendez-vous
Dégustation : sur rendez-vous
Surface du vignoble : 20 ha
Surface en blanc : 20 ha
Cépages :
    Chardonnay 100 %
Appellation principale : Chablis premier cru
Production moyenne : 150 000 bouteilles

♀ **Chablis premier cru**
   Montée de tonnerre
   2000 : 89

♀ **Chablis premier cru Vaillons**
   2000 : 89

CHABLIS

LA CHABLISIENNE ****

8 boulevard Pasteur, BP 14
89800 Chablis
Tél. : 03 86 42 89 89 - Fax : 03 86 42 89 90
E. Mail : htucki@chablisienne.fr
Web : www.chablisienne.com

La Chablisienne regroupe plusieurs centaines de propriétaires cultivant plus de 1000 hectares de vignes, soit le quart du vignoble chablisien. Malgré ce gigantisme qui pourrait faire peur, la cave a développé une politique de qualité qui est un modèle pour le vignoble français en général et le système coopératif en particulier. Ses cuvées tiennent largement la comparaison avec les meilleures caves particulières, ce qui est très rare. Sa large gamme est sans aucun défaut et ses Fourchaume Vaulorents 2000 rivalisent avec les meilleures cuvées du millésime.

Responsable : Alain Cornelissens
Vente à la propriété : oui
Visite : sur rendez-vous
Dégustation : sur rendez-vous
Moyen d'accès : Sortie autoroute Nitry ou Auxerre sud.
Langues : Allemand, Anglais, Espagnol
Surface du vignoble : 1100 ha
Age des vignes : 30 ans

Surface en blanc : 1100 ha
Cépages :
 Chardonnay 100 %
Appellation principale : Chablis premier cru
Production moyenne : 4 000 000 bouteilles

♀ **Chablis VV**
 1999 : 88 . . . . .11,20 €

♀ **Chablis GC Château Grenouilles**
 2000 : 90

♀ **Chablis GC les Preuses**
 1999 : 89 . . . . .29,20 €

♀ **Chablis premier cru
 côte de Léchet**
 1999 : 88 . . . . .14,90 €

♀ **Chablis premier cru
 Fourchaume l'Homme mort**
 1999 : 89 . . . . .16,20 €

♀ **Chablis premier cru
 Fourchaume Vaulorents**
 2000 : 90

♀ **Chablis premier cru
 les Lys**
 1999 : 88 . . . . .16,20 €

♀ **Petit Chablis**
 2001 : 86 . . . . .8,40 €

PRODUCE OF FRANCE

Irancy

Palotte

APPELLATION IRANCY CONTRÔLÉE

MIS EN BOUTEILLE A LA PROPRIÉTÉ PAR
Anita & Jean-Pierre COLINOT

13% vol.

750 ml

L 2   *VIGNERONS DE BOURGOGNE*

PROPRIÉTAIRES-RÉCOLTANTS 89290 IRANCY FRANCE - Tél. 03 86 42 33 25

DOMAINE ANITA ET JEAN-PIERRE COLINOT ***(*)

1 rue des Chariats
89290 Irancy
Tél. : 03 86 42 33 25 - Fax : 03 86 42 33 25

Intarissable, Jean-Pierre Colinot s'impose de vinifier séparément les différents lieux-dits de l'appellation Irancy et d'en tirer le meilleur. Il faut dire qu'il a été à bonne école avec son père, vigneron très traditionaliste qui avait tiré des merveilles de la Palotte, le meilleur climat d'Irancy. Tous ses vins ont une gourmandise et un fruit qui les rendent très séduisants dans leur jeunesse. Ils vieillissent avec grâce en allant vers des notes épicées et souvent truffées.

Responsables : Anita et Jean-Pierre Colinot
Vente à la propriété : oui
Visite : sur rendez-vous
Dégustation : sur rendez-vous
Moyen d'accès : Sortie Auxerre sud. Irancy se trouve entre Auxerre et Chablis.
Langues : Anglais
Surface du vignoble : 10 ha
Age des vignes : 35 ans
Surface en rouge : 10 ha
Cépages :
    Pinot noir 90 %
    César 10 %
Appellation principale : Irancy
Production moyenne : 60 000 bouteilles

🍷 **Irancy côte du Moutier**
   2000 : 88 . . . . 10 €

🍷 **Irancy les Mazelots**
   2000 : 89 . . . . 10 €

🍷 **Irancy Palotte**
   2000 : 89 . . . . 10 €

CHABLIS

DOMAINE CORINNE
ET JEAN-PIERRE GROSSOT ***(*)

4 route de Mont-du-Milieu
89800 Fleys
Tél. : 03 86 42 44 64 - Fax : 03 86 42 13 31

Le domaine a été créé en 1979 lors du mariage de Jean-Pierre avec Corinne, ce qui leur a permis d'enfanter à la fois deux filles et une belle collection de terroirs dans les Mont-de-Milieu et les Vaucoupins, entre autres. Rapidement ouverts, les vins expriment leur terroir dans la minéralité. Très bien situés, les chablis génériques sont remarquables.

Responsables :
Corinne et Jean-Pierre Grossot
Vente à la propriété : oui
Visite : sur rendez-vous
Dégustation : oui
Surface du vignoble : 18 ha
Surface en blanc : 18 ha
Cépages :
    Chardonnay 100 %
Appellation principale : Chablis premier cru
Production moyenne : 90 000 bouteilles

Chablis Grossot
    2000 : 87
    1999 : 86

Chablis la Part des anges
    2000 : 88

Chablis premier cru Fourchaume
    2000 : 87

Chablis premier cru les Fourneaux
    2000 : 87

Chablis premier cru Vaucoupin
    2000 : 87

DOMAINE D'ELISE ***(*)

Côte de Léchet
89800 Milly-Chablis
Tél. : 03 86 42 40 82 - Fax : 03 86 42 44 76

Ingénieur des Travaux publics, Frédéric Prain a abandonné la trépidante vie parisienne pour s'occuper d'un domaine viticole. S'il ne dispose pas de terroirs prestigieux, il élève avec amour Petits-chablis et Chablis qui sont tout près des premiers crus. Vinifiant tout en finesse, ses vins privilégient avant tout l'élégance en jouant la fraîcheur florale et la minéralité.

Responsable : Frédéric Prain
Vente à la propriété : oui
Visite : sur rendez-vous
Dégustation : sur rendez-vous
Surface du vignoble : 13,3 ha
Surface en blanc : 13,3 ha
Cépages :
    Chardonnay 100 %
Appellation principale : Chablis
Production moyenne : 40 000 bouteilles

🍷 **Chablis**
    2000 : 88

🍷 **Chablis cuvée Galilée**
    2000 : 88

🍷 **Petits chablis**
    2000 : 87

CHABLIS

DOMAINE
DANIEL-ETIENNE DEFAIX ***(*)

Au Vieux Château, 14 rue Auxerroise, BP 50
89800 Chablis
Tél. : 03 86 42 14 44 - Fax : 03 86 42 48 56

Le domaine n'a jamais fait beaucoup
parler de lui, mais la collection des vins
est intéressante d'autant que le domaine
présente des vins à point. Si le Chablis
vieilles vignes 1999 paraît un peu évolué, la matière est très dense. La même
densité se retrouve dans les Lys 1997 et
dans les Vaillons 1997 qui ont un sup-
plément d'élégance.

Responsable : Daniel-Etienne Defaix
Vente à la propriété : oui
Visite : sur rendez-vous
Dégustation : sur rendez-vous
　　Chardonnay 100 %
Appellation principale : Chablis premier cru

Chablis les Lys
1997 : 89

Chablis premier cru Vaillons
1997 : 89

Chablis VV
1999 : 88

CHABLIS

Chablis Grand Cru
Vaudésir
APPELLATION CHABLIS GRAND CRU CONTRÔLÉE
750 ml
Mis en bouteille au
Domaine Pascal Bouchard
PROPRIÉTAIRE-RÉCOLTANT À CHABLIS - FRANCE
Alc. 13 % vol.

DOMAINE
PASCAL BOUCHARD ***(*)

Parc des Lys
89800 Chablis
Tél. : 03 86 42 18 64 - Fax : 03 86 42 48 11
E. Mail : pascal.bouchard@wanadoo.fr
Web : www.pascalbouchard.com

Une bonne partie du domaine historique de Pascal Bouchard vient de sa femme Joëlle Tremblay qui a hérité de la moitié du domaine familial. Pascal Bouchard a développé le domaine et construit une impressionnante et immanquable cave à l'entrée de Chablis. Dans la vaste gamme, le point fort reste les Chablis avec de superbes 2000 (les Clos sont d'anthologie), mais aussi des 1998 fort bien réussis comme les Montmains vieilles vignes ou les Blanchots.

Responsable : Pascal Bouchard
Vente à la propriété : oui
Visite : sur rendez-vous
Dégustation : sur rendez-vous
Moyen d'accès : Caveau vente situé au 5 bis rue Porte-Noël 89800 Chablis.
Surface du vignoble : 33 ha
Surface en blanc : 33 ha
Cépages :
    Chardonnay 100 %
Appellation principale : Chablis grand cru
Production moyenne : 1 300 000 bouteilles

Bourgogne aligoté
2001 : 86 . . . . .5,05 €

Bourgogne côtes d'auxerre
2001 : 85 . . . . .5,50 €
2000 : 87

Chablis GC Blanchot
1998 : 89 . . . . .30,50 €

Chablis GC les Clos
2000 : 91

Chablis GC Vaudésir
1999 : 89 . . . . .30,50 €

Chablis premier cru Beauroy
2000 : 88

Chablis premier cru Fourchaume VV
1999 : 90 . . . . .16 €

Chablis premier cru Montmains VV
1998 : 89 . . . . .15 €

Chablis VV
2000 : 87

Petit chablis
2001 : 85 . . . . .7,20 €

CHABLIS

DOMAINE BERNARD DEFAIX ***

17 rue du Château
89800 Milly - Chablis
Tél. : 03 86 42 40 75 - Fax : 03 86 42 40 28
E. Mail : didier@bernard-defaix.com
Web : www.bernard-defaix.com

Quatrième génération de vigneron, Bernard Defaix s'est installé en 1959 avec deux hectares de vignes. Aujourd'hui, le domaine en possède vingt-cinq. Maintenant à la retraite, la maison est tenue par ses deux fils, Sylvain à la vinification et Didier au vignoble. En 2000, les vins se partagent en deux avec des cuvées non boisées qui gardent toute leur belle minéralité. Les cuvées boisées sont plus amples, mais le boisé un peu simple n'est pas encore intégré.

Responsable : Didier et Sylvain Defaix
Vente à la propriété : oui
Visite : sur rendez-vous
Dégustation : sur rendez-vous
Langues : Anglais, Espagnol
Surface du vignoble : 25 ha
Age des vignes : 35 ans
Surface en blanc : 25 ha
Cépages :
    Chardonnay 100 %
Appellation principale : Chablis premier cru

Chablis grand cru Bougros
2000 : 88 . . . . .25 €

Chablis
2000 : 87 . . . . .8,50 €

Chablis VV
2000 : 88 . . . . .9 €

**Chablis premier cru
côte de Léchet**
2000 : 88 . . . . .13,50 €

**Chablis premier cru
les Lys**
2000 : 87 . . . . .11,90 €

**Chablis premier cru
les Vaillons**
2000 : 88 . . . . .11,90 €

DOMAINE DANIEL DAMPT ***

1 chemin des Violettes
89800 Milly-Chablis
Tél. : 03 86 42 47 23 - Fax : 03 86 42 46 41
E. Mail : domaine.dampt.defaix@wanadoo.fr
Web : www.dampt-defaix.com

Daniel Dampt est un jeune producteur de Chablis qui monte. S'il ne dispose pas de grands crus et qu'il manque, déjà, de vins, son simple Chablis est doté d'une belle longueur minérale. Il propose quelques beaux premiers crus, dont un Lys et un Côte de Léchet de très bonne facture, toujours dans le style minéral et droit, avec des robes pâles, même un peu austères, mais qui vont si bien avec la cuisine. Les prix restent doux.

Responsable : Daniel Dampt
Vente à la propriété : oui
Visite : sur rendez-vous
Dégustation : sur rendez-vous
Moyen d'accès : A6, sortie Auxerre sud.
Surface du vignoble : 26 ha
Surface en blanc : 26 ha
Cépages :
    Chardonnay 100 %
Appellation principale : Chablis
Production moyenne : 140 000 bouteilles

ⴹ **Chablis**
   2001 : 87 . . . . .7,32 €

ⴹ **Chablis premier cru
   côtes de Léchet**
   2001 : 88 . . . . .10,37 €

ⴹ **Chablis premier cru
   les Lys**
   2001 : 88 . . . . .10,37 €

CHABLIS

DOMAINE DES MARRONNIERS ***

1 et 3 Grande-Rue-de-Chablis
89800 Préhy
Tél.: 03 86 41 42 70 - Fax: 03 86 41 45 82

Sur ses vingt hectares en coteaux, qui sont situés près de la vieille église de Préhy, Bernard Légland cultive ses vignes très traditionnellement. Adepte absolu de la propreté, il cherche à produire des vins très purs. Très minéraux, ses vins sont effectivement dans cette voie. Le premier cru Montmains 2000 est d'une longueur et d'une densité qui méritent tous les éloges.

Responsable: Bernard Légland
Vente à la propriété: oui
Visite: oui
Dégustation: oui
Moyen d'accès: A6 sortie Auxerre sud ou Mitry.
Surface du vignoble: 20 ha

Surface en blanc: 20 ha
Cépages:
Chardonnay 100 %
Appellation principale: Chablis premier cru
Production moyenne: 160 000 bouteilles

♀ **Bourgogne**
2000 : 85

♀ **Chablis**
2001 : 86 . . . . .6,90 €
2000 : 88

♀ **Chablis premier cru
côte de Jouan**
2000 : 89

♀ **Chablis premier cru
Montmains**
2000 : 90

♀ **Petit chablis**
2001 : 85 . . . . .5,80 €

2000   2000

CHABLIS PREMIER CRU

APPELLATION CHABLIS PREMIER CRU CONTRÔLÉE

Montmains

Produit de France   Mis en bouteille à la propriété par   Produce of France
Vin blanc   White wine
750 ml   Jean Dauvissat   12,5 % vol
                          Propriétaire-Viticulteur à Chablis (France)

DOMAINE JEAN DAUVISSAT ★★★

3 rue de Chichée
89800 Chablis
Tél. : 03 86 42 14 62 - Fax : 03 86 42 45 54
E. Mail : jean.dauvissat@terre-net.fr

Jean Dauvissat est maintenant assisté de
son fils Sébastien. Ensemble, ils vinifient
dans les caves du XVIIᵉ siècle de l'ancien presbytère du Petit Pontigny agran-
dies il y a quelques années. Les vins sont
toujours très pleins, sans finesse excessive, sauf exception. L'exception est
donnée par le grand cru des Preuses
1999, qui est d'une grande élégance et
des Montmains 2000 très racés. Les
Vaillons 1999 vieilles vignes (vignes
de plus de soixante ans), d'une grande
richesse, vieilliront à merveille.

Responsables : Jean et Sébastien Dauvissat
Vente à la propriété : oui
Visite : sur rendez-vous
Dégustation : sur rendez-vous
Langues : Anglais
Surface du vignoble : 10 ha
Age des vignes : 35 ans
Surface en blanc : 10 ha
Cépages :
    Chardonnay 100 %
Appellation principale : Chablis premier cru
Production moyenne : 50 000 bouteilles

🍷 **Chablis GC Preuses**
1999 : 88 . . . . .28 €

🍷 **Chablis premier cru
cuvée Saint-Pierre**
1998 : 87 . . . . .14 €

🍷 **Chablis premier cru Montmains**
2000 : 88 . . . . .11 €

🍷 **Chablis premier cru Séchet**
1999 : 87 . . . . .11 €

🍷 **Chablis premier cru Vaillons**
2000 : 87 . . . . .11 €

🍷 **Chablis premier cru Vaillons VV**
1999 : 87 . . . . .14 €

CHABLIS

PRODUIT DE FRANCE

Chablis Premier Cru

FOURCHAUME

APPELLATION CHABLIS PREMIER CRU CONTRÔLÉE

DOMAINE DE L'ÉGLANTIÈRE

S.A. JEAN DURUP, PÈRE ET FILS À MALIGNY 89800 CHABLIS

Alc.12,5% vol.   Mis en bouteille à la propriété   ℮ 750 ml

DOMAINE JEAN DURUP PÈRE ET FILS ***

4 Grande Rue
89800 Maligny
Tél.: 03 86 47 44 49 - Fax: 03 86 47 55 49

Grand homme de Chablis, Jean Durup, avocat à Paris, a toujours beaucoup contribué à faire connaître l'appellation et il a toujours milité pour l'extension du vignoble chablisien. Le domaine est maintenant suivi par son fils Jean-Paul qui développe le même activisme en faveur de la collectivité. Les vins sont toujours d'une grande élégance, très Chablis. Le millésime 2000 est sûrement le plus réussi depuis longtemps et les vins de ce millésime ont une minéralité qui leur sied bien.

Responsable : Jean Durup
Vente à la propriété : oui
Visite : sur rendez-vous
Dégustation : oui
Langues : Anglais
Surface du vignoble : 180 ha
Age des vignes : 30 ans
Surface en blanc : 180 ha
Cépages :
    Chardonnay 100 %
Appellation principale : Chablis premier cru
Production moyenne : 1 000 000 bouteilles

Chablis domaine de l'Eglantière
2000 : 88

Chablis premier cru Fourchaume
2000 : 89

**Petit chablis
domaine de L'Eglantière**
2000 : 87

DOMAINE SYLVAIN MOSNIER ***

4 chemin Derrière-les-Murs
89800 Beines
Tél.: 03 86 42 43 96 - Fax: 03 86 42 42 88

Installé à Beines, le sympathique Sylvain Mosnier a réussi une belle série de 2000 avec le chablis vieilles vignes qu'il affectionne par sa densité, mais aussi avec un côte de Léchet structuré et minéral et un Beauroy plus plein. Ces trois vins seront de belle garde, mais il ne faut pas oublier le chablis générique au nez prometteur et à la belle structure. Le chablis vieilles vignes 1999 élevé en fût de chêne est, quant à lui, d'un abord plus souple et plus facile.

Responsable: Sylvain Mosnier
Vente à la propriété: oui
Visite: sur rendez-vous
Dégustation: sur rendez-vous
Surface du vignoble: 15 ha
Surface en blanc: 15 ha
Cépages:
    Chardonnay 100 %
Appellation principale: Chablis premier cru
Production moyenne: 60 000 bouteilles

♀ **Chablis**
    2000 : 88

♀ **Chablis premier cru Beauroy**
    2000 : 88

♀ **Chablis premier cru
    côte de Léchet**
    2000 : 88

♀ **Chablis VV**
    2000 : 88
    1999 : 87
    1996 : 87

CHABLIS

J. MOREAU & FILS ***

La Croix Saint-Joseph - route d'Auxerre BP 5
89800 Chablis
Tél. : 03 86 42 88 00 - Fax : 03 86 42 88 08
E. Mail : moreau@jmoreau-fils.com

La maison a été fondée en 1814 par Jean-Joseph Moreau, tonnelier de son état, qui épouse la fille d'un viticulteur. La maison a grossi et s'est lancée dans le négoce dans toutes les régions. Dans son pré carré à Chablis, elle a bien réussi les 2000, en particulier les Vaillons (d'un bon rapport qualité-prix) et les Clos. Le Clos des Hospices a été racheté en 1904 aux Hospices de Chablis et est enclavé dans le grand cru Les Clos.

Responsable : Philippe Dry
Vente à la propriété : oui
Visite : non
Dégustation : non
Moyen d'accès : A6 sortie Auxerre sud ou Nitry.
Prendre la direction de Chablis.
Langues : Allemand, Anglais

Cépages :
   Chardonnay 100 %
Appellation principale : chablis
Production moyenne : 4 500 000 bouteilles

Chablis
   2001 : 85 . . . . .6,43 €

Chablis
cuvée Joyau de France
   1997 : 87 . . . . .35,39 €

Chablis GC les Clos
   2000 : 88

Chablis la Croix Saint-Joseph
   2000 : 86

Chablis premier cru
cuvée Joyau de France
   1997 : 87 . . . . .21,02 €

Chablis premier cru les Vaillons
   2000 : 88

Petit chablis
   2001 : 85 . . . . .5,49 €

CHÂTEAU DE CHAMIREY ★★★★

Grande-Rue
71640 Mercurey
Tél. : 03 85 98 12 12 - Fax : 03 85 45 25 49
E. Mail : rodet@rodet.com
Web : www.rodet.com

Berceau de la famille de Jouennes, ce magnifique château est le vaisseau amiral de la maison de négoce Antonin Rodet qui pilote les châteaux de Rully, de Mercey et de la Ferté et possède une importante participation dans la maison Prieur. L'entreprenant Bertrand Devillard, gendre du Marquis de Jouennes, a beaucoup développé l'ensemble des activités. Le château de Chamirey comprend de belles parcelles de vignes bien situées, tant en blanc qu'en rouge, et propose sous ce nom, de beaux vins typés.

Responsables : Antonin Rodet et marquis de Jouennes d'Herville
Vente à la propriété : oui
Visite : sur rendez-vous
Dégustation : oui
Surface du vignoble : 40 ha
Surface en rouge : 30 ha
Cépages :
    Pinot noir 100 %
Surface en blanc : 10 ha
Cépages :
    Chardonnay 100 %
Appellation principale : Mercurey
Production moyenne : 240 000 bouteilles

🍷 **Mercurey**
    1999 : 88 . . . . 14,70 €

CÔTE CHALONNAISE

CHÂTEAU DE FUISSÉ ★★★★

Le Plan
71960 Fuissé
Tél. : 03 85 27 05 90 - Fax : 03 85 35 67 34
E. Mail : domaine@chateau-fuisse.fr
Web : www.chateau-fuisse.fr

Juché en haut du village, le château domine l'appellation. En 1967, l'agronome Jean-Jacques Vincent a succédé à son père Marcel. Faisant preuve de modernisme, les remplacements des vignes sont effectuées par sélection clonale et la machine à vendanger intervient régulièrement. La futaille de 400 litres est renouvelée par cinquième. Les vins sont frais et nerveux avec beaucoup de densité pour la vieille vigne. Les vins vieillissent toujours très bien.

Responsable : Jean-Jacques Vincent
Vente à la propriété : oui
Visite : sur rendez-vous
Dégustation : sur rendez-vous
Moyen d'accès : A6, sortie Mâcon sud, direction Vinzelle, Prissé.
Langues : Allemand, Anglais
Surface du vignoble : 30 ha
Age des vignes : 40 ans
Surface en blanc : 30 ha
Cépages :
    Chardonnay 100 %
Appellation principale : Pouilly-fuissé
Production moyenne : 200 000 bouteilles

♀ **Pouilly-fuissé**
2000 : 88

♀ **Pouilly-fuissé le Clos**
2000 : 91

♀ **Pouilly-fuissé VV**
2000 : 90

DOMAINE FRANÇOIS LUMPP ****

Le Pied du Clou, 36 avenue de Mortières
71640 Givry
Tél. : 03 85 44 45 57 - Fax : 03 85 44 46 66
E. Mail : francois.lumpp@wanadoo.fr

Pas de miracle, pour faire du bon vin, il faut maîtriser les rendements. François Lumpp a compris l'adage et il s'y emploie activement. Sa réputation s'est faite sur les premiers crus. Le 1999 avait été un triomphe et le 2000 est un peu en retrait par ses conditions climatiques. Le 2001 n'est pas, lui non plus, au niveau des 1999, mais tous deux possèdent une très belle matière.

Responsables : Isabelle et François Lumpp
Vente à la propriété : oui
Visite : sur rendez-vous
Dégustation : sur rendez-vous
Langues : Anglais
Surface du vignoble : 6,5 ha
Age des vignes : 15 ans
Surface en rouge : 5 ha
Cépages :
  Pinot noir 100 %
Surface en blanc : 1,5 ha
Cépages :
  Chardonnay 100 %
Appellation principale : Givry
Production moyenne : 35 000 bouteilles

♀ **Givry premier cru**
  2001 : 88

♈ **Givry premier cru**
  2001 : 87

CÔTE CHALONNAISE

Domaine Michel Juillot

2000

Mercurey

PREMIER CRU
"Clos des Barraults"
APPELLATION MERCUREY 1er CRU CONTRÔLÉE

75 cl

12,5% vol.

MICHEL ET LAURENT JUILLOT
VITICULTEURS A MERCUREY, SAONE-ET-LOIRE, FRANCE
PRODUIT DE FRANCE

L. CBR 00

DOMAINE MICHEL JUILLOT ★★★★

Grande-Rue, BP 10
71640 Mercurey
Tél. : 03 85 98 99 88 - Fax : 03 85 98 99 88
E. Mail : infos@domaine.michel.juillot.fr
Web : www.domaine-michel-juillot.fr

Grande figure de la côte, Michel Juillot est maintenant largement secondé par son fils Laurent. Si l'usage des fûts a beaucoup été travaillé (avec quelques abus autrefois), le vignoble est renouvelé par sélection massale, les vignes sont labourées et les vendanges sont manuelles. Les vins jeunes sont remarquables, mais on n'hésite pas à sortir des vieilles bouteilles au domaine pour démontrer la grande qualité des vieillissements.

Responsable : Michel Juillot
Vente à la propriété : oui
Visite : oui
Dégustation : oui
Moyen d'accès : A6 sortie Chalon nord, direction Autens.
Langues : Anglais
Surface du vignoble : 30 ha
Age des vignes : 40 ans
Surface en rouge : 20 ha
Cépages :
    Pinot noir 100 %

Surface en blanc : 10 ha
Cépages :
    Chardonnay 100 %
Appellation principale : Mercurey
Production moyenne : 200 000 bouteilles

Bourgogne
1999 : 86 . . . . .7,50 €

Corton-charlemagne GC
1999 : 92 . . . . .60,50 €

Corton Perrières GC
1993 : 92 . . . . .45 €

Mercurey
1999 : 88 . . . . .12 €

Mercurey
2000 : 87 . . . . .12,50 €
1999 : 88 . . . . .11,25 €

Mercurey premier cru les Champs Martins
1999 : 88 . . . . .15,75 €

Mercurey premier cru clos des Barraults
2000 : 88 . . . . .20 €

Mercurey premier cru les Champs Martins
1999 : 89 . . . . .17,75 €

Mercurey VV Magnum
1978 . . . . .56 €

Château de Rully

Comte R. de Ternay

Appellation Rully *Contrôlée*

ANTONIN RODET

13% vol.

MIS EN BOUTEILLE PAR ANTONIN RODET A F 71640-294
PRODUCE OF FRANCE

750 ml

CHÂTEAU DE RULLY ***(*)

Grande-Rue
71640 Mercurey
Tél.: 03 85 98 12 12 - Fax: 03 85 45 25 49
E. Mail: rodet@rodet.com
Web: www.rodet.com

Le château de Rully domine le village du même nom avec sa belle place forte des XIIe et XVe siècles. Il est la propriété des comtes de Ternay. Depuis 1986, les vignes et le vin sont gérés par la maison Antonin Rodet et son œnologue, la volontaire Nadine Gublin. Le château produit essentiellement des vins blancs qui sont d'une belle vivacité. Les rouges sont de bonne facture.

Responsable: Antonin Rodet
Vente à la propriété: oui
Visite: sur rendez-vous
Dégustation: oui
Surface du vignoble: 45 ha
Surface en rouge: 5 ha
Cépages:
   Pinot noir 100 %
Surface en blanc: 40 ha
Cépages:
   Chardonnay 100 %
Appellation principale: Rully
Production moyenne: 180 000 bouteilles

Rully
   1999: 87 . . . . .11,90 €

Rully
   1999: 88 . . . . .11,90 €

CÔTE CHALONNAISE

GRAND VIN DE BOURGOGNE

MONOPOLE   PRODUCE OF FRANCE

GIVRY 1er CRU
APPELLATION GIVRY 1er CRU CONTRÔLÉE

Clos Salomon

2000

13,5 % vol.   ℮ 750 ML

Mis en bouteille au Domaine du
Clos Salomon
du GARDIN-PERROTTO - Vignerons à F - 71640 - GIVRY

CLOS SALOMON ***(*)

Clos-Salomon
71640 Givry
Tél. : 03 85 44 32 24 - Fax : 03 85 44 49 79

Le clos Salomon existe depuis le XIVe siècle et il est dans la famille du Gardin depuis longtemps. En 1977, Jacqueline du Gardin a pris en charge le domaine à la disparition de son mari. Ces derniers millésimes, la qualité s'est grandement améliorée, avec d'excellents 1999 et des 2000 encore supérieurs.

Responsables : L. du Gardin & F. Perrotto
Vente à la propriété : oui
Visite : non
Dégustation : oui
Langues : Allemand, Anglais
Surface du vignoble : 7 ha
Age des vignes : 45 ans
Surface en rouge : 7 ha
Cépages :
    Pinot noir 100 %
Appellation principale : Givry premier cru
Production moyenne : 32 000 bouteilles

🍷 **Givry premier cru clos Salomon**
    2000 : 88 . . . . .10,50 €

DOMAINE AUBERT
ET PAMÉLA DE VILLAINE ***(*)

2 rue de-la-Fontaine
71150 Bouzeron
Tél. : 03 85 91 20 50 - Fax : 03 85 87 04 10

Cogérant du célèbre Domaine de la Romanée Conti en Côtes de Nuits, Aubert de Villaine s'est installé avec sa femme Pamela dans le petit village de Bouzeron en 1973 où ils ont créé ce domaine. Le village de Bouzeron a obtenu, il y a quelques années, l'appellation contrôlée pour son aligoté et le domaine en produit le meilleur en l'implantant au fur et à mesure sur les pentes des coteaux, dans sa variété dorée. Le Piémont plus argileux a été planté en pinot noir. La culture tout comme la vinification sont très naturelles. Hélas, une grêle cruelle en 2001 a privé le domaine de l'essentiel de sa production.

Responsables : Aubert et Paméla de Villaine
Vente à la propriété : oui
Visite : oui
Langues : Anglais
Surface du vignoble : 21 ha
Age des vignes : 20 ans
Surface en rouge : 6 ha
Cépages :
    Pinot noir 100 %
Surface en blanc : 15 ha
Cépages :
    Aligoté
    Chardonnay
Appellation principale : Bouzeron
Production moyenne : 50 000 bouteilles

♀ **Bouzeron aligoté**
2001 : 88

♀ **Rully les saint-jacques**
2001 : 88

♀ **Mercurey les montots**
2001 : 88

CÔTE CHALONNAISE

DOMAINE BRINTET ***(*)

105 Grande-Rue
71640 Mercurey
Tél. : 03 85 45 14 50 - Fax : 03 85 45 28 23
E. Mail : contact@domaine-brintet.com
Web : www.domaine-brintet.com

Le domaine Brintet est une bonne source
de Mercurey dont il possède une belle
panoplie. Le jeune couple Brintet s'emploie à les polir avec une cuvée de
vieilles vignes qui brille par sa densité
et un premier cru, La Levrière, étonnant
de race. Issu d'une vieille vigne, le blanc
est onctueux avec une belle corpulence.
Belle réussite d'ensemble !

Responsable : Luc Brintet
Vente à la propriété : oui
Visite : sur rendez-vous
Dégustation : sur rendez-vous
Surface du vignoble : 13 ha
Surface en rouge : 10 ha
Cépages :
  Pinot noir 100 %
Surface en blanc : 3 ha
Cépages :
  Chardonnay 100 %
Appellation principale : Mercurey
Production moyenne : 65 000 bouteilles

♀ **Mercurey VV**
  2000 : 88 . . . . .10,5 €

♀ **Mercurey la Charmée**
  2000 : 87 . . . . .9,15 €

♀ **Mercurey premier cru la Levrière**
  2000 : 88 . . . . .12,20 €

♀ **Mercurey VV**
  2000 : 88 . . . . .10,65 €

DOMAINE CHOFFLET-VALDENAIRE ***(*)

Russilly
71640 Givry
Tél. : 03 85 44 34 78 - Fax : 03 85 44 45 25
E. Mail : chofflet.valdenaire@wanadoo.fr

A l'exception d'un hectare de blancs, le domaine ne produit que des vins rouges dans le genre puissant et dense. Si l'élégance n'est pas le maître mot du domaine, les vins sont d'une grande régularité et d'une grande franchise d'expression. Le millésime 1999 a produit de très beaux vins, mais ils se font rares. Millésime plus difficile, le millésime 2000 a été négocié avec brio.

Responsables :
messieurs Chofflet et Valdenaire
Vente à la propriété : oui
Visite : sur rendez-vous
Dégustation : sur rendez-vous
Moyen d'accès : A6, sortie Chalon sud, direction Givry puis Russilly.
Surface du vignoble : 11 ha
Surface en rouge : 10 ha
Cépages :
    Pinot noir 100 %
Surface en blanc : 1 ha
Cépages :
    Chardonnay 100 %
Appellation principale : Givry
Production moyenne : 60 000 bouteilles

Givry
2000 : 87 . . . . .8,50 €

Givry
1999 : 88 . . . . .8,50 €

Givry premier cru clos de Choué
2000 : 87 . . . . .10 €

Givry premier cru clos Jus
2000 : 88 . . . . .10 €

CÔTE CHALONNAISE

1999   1999

Domaine de la Ferté

Arnould Thénard Propriétaire

GIVRY
Appellation Givry Contrôlée

ANTONIN RODET

750 ml   MIS EN BOUTEILLE PAR ANTONIN RODET A F 71640-294 - PRODUCE OF FRANCE   13% vol.

DOMAINE DE LA FERTÉ ***(*)

Grande-Rue
71640 Givry
Tél. : 03 85 98 12 12 - Fax : 03 85 45 25 49
E. Mail : rodet@rodet.eau
Web : www.rodet.com

Ancienne abbaye cistercienne, le petit domaine de la Ferté produit uniquement des rouges, comme c'est d'ailleurs le cas dans l'appellation Givry. Celui du domaine de la Ferté est d'une robe sombre, d'un nez intense de fruits noirs avec un peu de vanille et d'une bouche dense, avec de solides tannins et une belle matière. Il mérite quelques années de garde.

Responsable : Antonin Rodet
Vente à la propriété : non
Visite : sur rendez-vous
Dégustation : oui
Surface du vignoble : 3 ha
Surface en rouge : 3 ha
Cépages :
    Pinot noir 100 %
Appellation principale : Givry
Production moyenne : 15 000 bouteilles

Domaine de la Ferté
    1999 : 88 . . . . .10,70 €

**DOMAINE
DUREUIL-JANTHIAL VINCENT ***(*)**

10 rue de la Buisserolle
71150 Rully
Tél. : 03 85 87 26 32 - Fax : 03 85 87 15 01
E. Mail : vincent.dureuil@wanadoo.fr

Vincent Dureuil s'est installé en 1994 avec moins de quatre hectares. Maintenant, il exploite plus du double. Les vins sont élevés en fûts de chêne pendant douze mois. Riches, les blancs 2000 sont encore marqués par le bois, mais leur belle densité et leur richesse l'absorbera sans problème. Les rouges sont très élégants, du passe-tout-grains au Nuits-saint-georges.

Responsable : Vincent Dureuil
Vente à la propriété : oui
Visite : sur rendez-vous
Dégustation : sur rendez-vous
Moyen d'accès : A6, sortie Beaune, prendre la direction Chalon s/Saône.
Surface du vignoble : 8,36 ha
Surface en rouge : 4,49 ha
Cépages :
    Pinot noir 96,30 %
    Gamay 3,70 %

Surface en blanc : 3,87 ha
Cépages :
    Chardonnay 97 %
    Aligoté 3 %
Appellation principale : Rully
Production moyenne : 43 000 bouteilles

Bourgogne passe-tout-grains
2000 : 87

Nuits-saint-georges premier cru
1999 : 89 . . . . .24 €

Rully
2000 : 88

Rully
2000 : 88

Rully premier cru le Meix Cadot
2000 : 88

Rully premier cru les Margotes
2000 : 88

CÔTE CHALONNAISE

DOMAINE JEAN-MICHEL ET LAURENT PILLOT ***(*)

1 rue des Vendangeurs
71640 Mellecey
Tél. : 03 85 45 20 48 - Fax : 03 85 45 20 48
E. Mail : domaine@pillot@club-internet.fr

Avec près de dix-sept hectares plantés, le domaine possède déjà une belle taille. Les blancs sont très minoritaires, mais le Mercurey blanc 2000 est doté d'une belle matière. Les rouges ont beaucoup d'élégance en 1999, que ce soit en village ou en premier cru. La qualité des vins est très homogène.

Responsables : Jean-Michel et Laurent Pillot
Vente à la propriété : oui
Visite : sur rendez-vous
Dégustation : sur rendez-vous
Surface du vignoble : 17 ha
Surface en rouge : 16 ha
Cépages :
    Pinot noir 80 %
    Gamay 20 %
Surface en blanc : 1 ha
Cépages :
    Chardonnay 80 %
    Aligoté 20 %
Appellation principale : Mercurey
Production moyenne : 35 000 bouteilles

🍷 **Mercurey**
2000 : 88

🍷 **Mercurey**
1999 : 88 . . . . .8,10 €

🍷 **Mercurey premier cru**
1999 : 88 . . . . .10,50 €

CÔTE CHALONNAISE

DOMAINE RAYMOND DUREUIL-JANTHIAL ***(*)

7 rue de la Buisserolle
71150 Rully
Tél. : 03 85 87 02 37 - Fax : 03 85 87 00 24

Ce domaine traditionnel est doté de belles caves du XIXᵉ siècle où il élève ses vins en pièces. Le rully blanc 2000 est riche et ample avec de jolis arômes vanillés encore bien marqués. Il étonne par sa puissance. Elevé sous bois comme le blanc, le rully rouge 1999 possède un joli velouté, avec la suavité caractéristique du millésime. Ils seront à leur apogée dans deux ans.

Responsable : Raymond Dureuil-Janthial
Vente à la propriété : oui
Visite : sur rendez-vous
Surface du vignoble : 5,2 ha
Surface en rouge : 2,4 ha
Cépages :
    Pinot noir 98 %
    Gamay 2 %
Surface en blanc : 2,8 ha
Cépages :
    Chardonnay 90 %
    Aligoté 10 %
Appellation principale : Rully
Production moyenne : 40 000 bouteilles

Rully
    2000 : 88 . . . . .10 €

Rully
    2000 : 87
    1999 : 88 . . . . .10 €

CÔTE CHALONNAISE

DOMAINE RENÉ BOURGEON ***(*)

2 rue du Chapitre
71640 Jambles
Tél. : 03 85 44 35 85 - Fax : 03 85 44 57 80

L'affaire est menée en famille avec René Bourgeon, toujours prêt à une expérimentation, sa femme Danielle très concernée par le domaine, et le fils Jean-François de plus en plus impliqué. Grâce aux préfermentations à froid, mais surtout à de beaux raisins, les vins sont colorés et denses, d'une grande plénitude pour ceux qui savent les conserver quelques années.

Responsable : René Bourgeon
Vente à la propriété : oui
Visite : sur rendez-vous
Dégustation : sur rendez-vous
Langues : Anglais
Surface du vignoble : 9 ha
Surface en rouge : 7 ha
Cépages :
    Pinot noir 100 %
Surface en blanc : 2 ha
Cépages :
    Chardonnay 100 %
Appellation principale : Givry

Bourgogne
2000 : 88

Givry
2000 : 89 . . . . .7,12 €

Givry clos de la Brûlée
2000 : 88 . . . . .7,12 €

DOMAINE
STÉPHANE ALADAME ***(*)

Rue du Lavoir
71390 Montagny-lès-Buxy
Tél. : 03 85 92 06 01 - Fax : 03 85 92 03 67
E. Mail : stephane.aladame@wanadoo.fr

Avec son bel amphithéâtre de vignes et ses vallons, le petit village de Montagny possède beaucoup d'atouts pour faire de grands vins. Les rendements trop élevés et des maturités un peu justes rendent la plupart inexpressifs. Sans complexe, Stéphane Aladame produit en 2000 les vins rêvés et rarement dégustés avec de la longueur et de l'élégance. Les trois cuvées produites sont magistrales.

Responsable : Stéphane Aladame
Vente à la propriété : oui
Visite : sur rendez-vous
Dégustation : sur rendez-vous
Surface du vignoble : 6,5 ha
Surface en rouge : 0,3 ha
Cépages :
  Pinot noir 100 %
Surface en blanc : 6,2 ha
Cépages :
  Chardonnay 75 %
  Aligoté 25 %
Appellation principale : Montagny premier cru
Production moyenne : 20 000 bouteilles

♀ **Montigny premier cru**
2000 : 87

♀ **Montagny premier cru
cuvée Sélection**
2000 : 89

♀ **Montagny premier cru
les Corèves**
2000 : 90

CÔTE CHALONNAISE

MICHEL SARRAZIN ET FILS ***(*)

26 rue Charnailles
71640 Jambles
Tél.: 03 85 44 30 57 - Fax: 03 85 44 31 22

Michel Sarrazin et son fils ne lésinent pas : les vins sont élevés douze mois en fûts, les fûts sont changés avec régularité, les rendements sont maîtrisés et les raisins sont ramassés mûrs. Résultat, un sans faute à l'arrivée avec une belle homogénéité d'ensemble. A petit prix, le bourgogne aligoté est traité avec déférence, mais les autres prix restent très raisonnables.

Responsables :
Michel, Guy et Jean-Yves Sarrazin
Vente à la propriété : oui
Visite : oui
Dégustation : oui
Surface du vignoble : 27 ha
Surface en rouge : 20 ha
Cépages :
 Pinot noir 100 %

Surface en blanc : 7 ha
Cépages :
 Aligoté 25 %
 Chardonnay 75 %
Appellation principale : Bourgogne
Production moyenne : 150 000 bouteilles

Bourgogne aligoté
2001 : 87 . . . . .4,60 €

Givry champs Lalot
2000 : 88 . . . . .9,55 €

Givry clos de la Putin
2000 : 87 . . . . .9,95 €

Givry les Grognots
2000 : 88 . . . . .7,70 €

Givry premier cru
2000 : 88 . . . . .9,95 €

**Givry premier cru
les grands Pretants**
2000 : 88 . . . . .9,95 €

CÔTE DE BEAUNE

BOUCHARD PÈRE ET FILS *****

15 rue du Château
21200 Beaune
Tél. : 03 80 24 80 24 - Fax : 03 80 22 55 88
E. Mail : france@bouchard.pereetfils.com
Web : www.bouchard-pereetfils.com

Racheté par la maison champenoise Henriot en 1995, Bouchard qui s'était un peu assoupi, a subitement changé de braquet. Sous la direction de Bernard Hervet, directeur visionnaire amoureux du vin, et avec l'aide du discret mais efficace Philippe Prost en cave, la maison s'est mise à produire en quelques années, avec une rapidité surprenante, quelques-uns des plus grands vins de sa riche histoire qui, pourtant en a produit d'autres, ses fabuleux stocks en témoignent. En blancs comme en rouges, en 1999 comme en 2000, les vins sont somptueux et figurent au plus haut niveau. Bravo !

Responsable : groupe familial Henriot
Vente à la propriété : oui
Visite : sur rendez-vous
Dégustation : sur rendez-vous
Surface du vignoble : 130 ha
Surface en rouge : 86 ha
Cépages :
    Pinot noir 100 %
Surface en blanc : 44 ha
Cépages :
    Chardonnay
    Aligoté
Appellation principale : Meursault premier cru
Production moyenne : 600 000 bouteilles

Beaune premier cru
2000 : 86

**Beaune premier cru
clos Saint Landuy**
2000 : 88

**Beaune premier cru
les Grèves Vigne de l'Enfant Jésus**
1999 : 94

Bonnes-mares GC
1999 : 94 . . . . .97,1 €

Chambertin clos de Bèze GC
1999 : 96 . . . . .106,90 €

**Chevalier-montrachet
la Cabotte GC**
2000 : 98

Clos de vougeot GC
2000 : 91

Corton-charlemagne GC
2000 : 96

Meursault les Clous
2000 : 88

**Meursault premier cru
les Genevrières**
2000 : 93

**Meursault premier cru
les Gouttes d'Or**
2000 : 90

**Meursault premier cru
les Perrières**
2000 : 95

Nuits-saint-georges les Cailles
2000 : 91

**Nuits-saint-georges
premier cru clos saint-Marc**
2000 : 89

**Savigny-lès-beaune
premier cru les Louvières**
1999 : 89 . . . . .18,30 €

Volnay premier cru Caillerets
1999 : 93 . . . . .29,30 €

CÔTE DE BEAUNE

DOMAINE ALBERT GRIVAULT ****(*)

7 place Murger
21190 Meursault
Tél. : 03 80 21 23 12 - Fax : 03 80 21 24 70

Fondé par le dégustateur émérite Albert Grivault en 1873, ce petit domaine discret est administré par Michel Bardet. Il possède des crus remarquables sur les Perrières à Meursault, avec la totalité du clos des Perrières, et aussi une belle parcelle de rouge dans le Clos Blanc à Pommard. Les vins sont vinifiés avec une rigueur absolue et les 2000 atteignent des sommets d'élégance, de longueur et de race. C'est une réussite d'anthologie !

Responsable : Denise Chevignard-Bardet
Vente à la propriété : oui
Visite : sur rendez-vous
Dégustation : sur rendez-vous
Langues : Allemand, Anglais
Surface du vignoble : 5 ha
Surface en rouge : 1 ha
Cépages :
  Pinot noir 100 %

Surface en blanc : 4 ha
Cépages :
  Chardonnay 100 %
Appellation principale : Meursault
Production moyenne : 25 000 bouteilles

Meursault
2000 : 89 . . . . .18 €

**Meursault premier cru
clos des Perrières**
2000 : 96 . . . . .44 €

**Meursault premier cru
les Perrières**
2000 : 95 . . . . .33 €
1999 : 92 . . . . .34 €

Pommard premier cru clos blanc
2000 : 88

CÔTE DE BEAUNE

DOMAINE ANTONIN GUYON ****(*)

2 rue de Chorey
21420 Savigny-lès-Beaune
Tél. : 03 80 67 13 24 - Fax : 03 80 66 85 87
E. Mail : vins@guyon-bourgogne.com
Web : www.guyon-bourgogne.com

Homme affable mais déterminé, Dominique Guyon a fait progresser son vaste domaine par petites touches pour atteindre une sorte de perfection entre la suavité immédiate qui rend les vins si attrayants très jeunes et les qualités de fond indispensables à un bon vieillissement. Le vignoble est soigné avec des labours et les vendanges effectuées en petites cagettes. Il en résulte des vins d'une très grande homogénéité qualitative et des sommets absolus comme les cortons rouges en 1999 ou les magnifiques blancs 2000.

Responsables : Michel et Dominique Guyon
Vente à la propriété : oui
Visite : sur rendez-vous
Dégustation : sur rendez-vous
Langues : Anglais
Surface du vignoble : 46,7 ha
Age des vignes : 25 ans
Surface en rouge : 43 ha
Cépages :
    Pinot noir 100 %
Surface en blanc : 3,7 ha
Cépages :
    Chardonnay 100 %
Appellation principale : Chambolle-musigny
Production moyenne : 220 000 bouteilles

Aloxe-corton premier cru les Fournières
2000 : 87

Chambolle-musigny clos du Village
1999 : 88 . . . . .24,50 €

Corton-bressandes GC
1999 : 94 . . . . .37,75 €

Corton-charlemagne GC
2000 : 92 . . . . .58,50 €

Corton clos du Roi GC
1999 : 93 . . . . .37,25 €

Gevrey-chambertin
2000 : 88 . . . . .23 €

Meursaults-charmes premier cru les Charmes Dessus
2000 : 92 . . . . .38,75 €

Pernand-vergelesses premier cru les Vergelesses
2000 : 88 . . . . .16,25 €

Pernant-vergelesse premier cru sous Fretille
2000 : 89 . . . . .15,50 €

Volnay premier cru clos des Chênes
1999 : 92 . . . . .26,50 €

CÔTE DE BEAUNE

MONOPOLE

Pommard

CLOS DES EPENEAUX

APPELLATION POMMARD 1er CRU CONTRÔLÉE

Comte Armand

Société Civile du Domaine des Epeneaux
PROPRIÉTAIRE A POMMARD (CÔTE-D'OR) FRANCE
Mise en bouteille au Domaine

PRODUCE OF FRANCE

DOMAINE COMTE ARMAND
CLOS DES EPENEAUX ****(*)

Place de l'Eglise
21630 Pommard
Tél. : 03 80 24 70 50 - Fax : 03 80 22 72 37
E. Mail : contact@domaine-des-epeneaux.com
Web : www.domaine-des-epeneaux.com

A peine arrivé en 1985, le jeune canadien Pascal Marchand, à qui le comte Armand avait très judicieusement confié les clés du domaine, avait fait exploser la qualité du Clos des Epeneaux. Pendant quinze ans, il a produit des vins d'anthologie. Pascal étant parti vers d'autres aventures, Maxime Leroux reprend le flambeau avec la même compétence et la même fougue et ses 1999 sont remarquables.

Responsable : comte Armand
Vente à la propriété : oui
Visite : sur rendez-vous
Dégustation : sur rendez-vous
Langues : Anglais
Surface du vignoble : 10 ha
Age des vignes : 75 ans
Surface en rouge : 2,5 ha
Cépages :
    Pinot noir 100 %

Surface en blanc : 7,5 ha
Cépages :
    Chardonnay 100 %
Appellation principale : Pommard
Production moyenne : 32 000 bouteilles

Auxey-duresses
1999 : 88

**Pommard premier cru
clos des Epeneaux**
1999 : 95
1998 : 92
1997 : 91
1996 : 93
1995 : 92

**Volnay premier cru
les Fremiets**
2000 : 90

DOMAINE DE MONTILLE ****(*)

Rue de Pied-de-la-Vallée
21190 Volnay
Tél. : 03 80 21 62 67 - Fax : 03 80 21 67 14

Ténor du barreau de Dijon, fin gastronome et redoutable dégustateur, Hubert de Montille possède des idées bien arrêtées sur le vin et ses exigences, tant pour le producteur que pour le consommateur. Les méthodes sont ancestrales et les vins se doivent d'être de garde, tout en restant digestes, donc avec des niveaux d'alcool modérés. Ces vins sans concession demandent du temps pour qu'éclate toute leur classe, mais avec une dizaine d'années d'âge, ils tiennent toutes leurs promesses en exprimant leur pureté sans égale. Le domaine produit aussi une toute petite quantité de vin blanc, mais de très grande classe aussi. Depuis plusieurs années, les vins sont vinifiés par Etienne, le fils d'Hubert, sans que leurs brillantes qualités n'en souffrent, bien au contraire.

Responsable : Hubert de Montille
Vente à la propriété : oui
Visite : oui
Surface du vignoble : 7,5 ha
  Pinot noir
  Chardonnay
Appellation principale : Volnay

Puligny-montrachet premier cru Caillerets
2000 : 94
1999 : 91

Pommard premier cru les Pézerolles
2000 : 89
1999 : 91

Pommard premier cru les Rugiens
2000 : 90
1999 : 92

Volnay premier cru les Champans
2000 : 89
1999 : 91

Volnay premier cru les Mitans
2000 : 91
1999 : 93

Volnay premier cru les Taillepieds
2000 : 90
1999 : 93

CÔTE DE BEAUNE

DOMAINE JACQUES PRIEUR ★★★★(*)

6 rue des Santenots
21190 Meursault
Tél. : 03 80 21 23 85 - Fax : 03 80 21 29 19

Célèbre domaine de la Bourgogne, la maison est maintenant cogérée par Martin Prieur et Bertrand Duvillard de la maison Antonin Rodet qui possède la moitié des parts. La vinification est assurée par l'énergique Nadine Gublin, l'œnologue de la maison Rodet. Le domaine possède une magnifique collection de climats dans les terroirs les plus prestigieux de la Côte de Beaune et de la Côte de Nuits (Montrachet, Musigny, Chambertin, etc.). La vinification est passablement moderne avec des matières très concentrées, des maturités élevées et des élevages privilégiant de fortes proportions de fûts neufs. Taillés pour la grande garde, les vins ont besoin de plusieurs années pour s'apaiser, mais ils évoluent magnifiquement. Les rouges 1999 sont somptueux.

**Responsables : Martin Prieur
et Bertrand Devillard**
Vente à la propriété : oui
Visite : sur rendez-vous
Dégustation : sur rendez-vous
Langues : Anglais
Surface du vignoble : 21 ha

Surface en rouge : 14 ha
Cépages :
    Pinot noir 100 %
Surface en blanc : 7 ha
Cépages :
    Chardonnay 100 %
Appellation principale : Montrachet
Production moyenne : 80 000 bouteilles

Meursault clos de mazeyres
1999 : 89 . . . . .28 €

Puligny-montrachet premier cru les combettes
1999 : 91 . . . . .45 €

Beaune premier cru les grèves
1999 : 90 . . . . .25 €

Meursault clos de mazeyres
1999 : 90 . . . . .25 €

Musigny GC
2000 : 94 . . . .

Volnay clos des santenots
1999 : 93 . . . . .35 €

CÔTE DE BEAUNE

DOMAINE
JEAN-MARC BOILLOT ****(*)

Route Autun
La Pommardière
21630 Pommard
Tél.: 03 80 22 71 29 - Fax: 03 80 24 98 07

Jean-Marc Boillot est un des producteurs les plus doués et les plus attentifs de sa génération, que ce soit en blanc comme en rouge. En blanc, les Puligny village, Champ Canet et Combettes 2000 sont d'une belle matière mûre, atteignant des sommets absolus de classe. Le simple Village est remarquable. Dans un millésime 2000 plus difficile pour la côte de Beaune, le Volnay est dense et tannique. C'est un beau vin de garde. Même l'expérience en pays d'Oc est tout aussi couronnée de succès.

Responsable: Jean-Marc Boillot
Vente à la propriété: non
Visite: non
Dégustation: non
Surface du vignoble: 10 ha
Surface en rouge: 5 ha
Cépages:
　Pinot noir 100 %
Surface en blanc: 5 ha
Cépages:
　Chardonnay 100 %
Appellation principale: Pommard premier cru
Production moyenne: 50 000 bouteilles

Puligny-montrachet premier cru Champ Canet
2000 : 92

Puligny-montrachet premier cru les Combettes
2000 : 93

Puligny-montrachet
2000 : 89

Volnay premier cru le Ronceret
2000 : 89

Et aussi ...

VDP d'oc les Roques
2000 : 87

CÔTE DE BEAUNE

DOMAINE MICHEL LAFARGE ****(*)

21190 Volnay
Tél. : 03 80 21 61 61 - Fax : 03 80 21 67 83

Curieux de tout et au courant de toutes les techniques, Michel et Frédéric Lafarge continuent obstinément de produire des vins racés grâce à une viticulture qui se veut modeste et traditionnelle associée à une vinification très classique. Cette méthode qui paraît, depuis toujours, hors du temps, est tout à fait dans le siècle. D'un grand naturel, les vins sont d'une distinction et d'une élégance rares avec des tannins fins et fermes que le grand millésime 1999 porte à des sommets.

Responsable : M. Lafarge
Vente à la propriété : oui
Visite : sur rendez-vous
Dégustation : sur rendez-vous
Langues : Anglais
Surface du vignoble : 10 ha
Age des vignes : 40 ans

Surface en rouge : 8 ha
Cépages :
    Pinot noir 90 %
    Gamay 10 %
Surface en blanc : 2 ha
Cépages :
    Chardonnay 50 %
    Aligoté 50 %
Appellation principale : Volnay
Production moyenne : 50 000 bouteilles

🍷 **Volnay**
1999 : 89

🍷 **Volnay premier cru clos des Chênes**
1999 : 94

🍷 **Volnay vendanges sélectionnées**
1999 : 90

CÔTE DE BEAUNE

2000
*Meursault 1ᵉʳ Cru
les Charmes*
APPELLATION CONTROLÉE

Vin de Bourgogne

PRODUCE OF FRANCE

750 ml

Récolté et mis en bouteilles par
Domaine Rémi JOBARD
VITICULTEUR A MEURSAULT, COTE-D'OR, FRANCE

Alc. 13,5% vol.

DOMAINE RÉMI JOBARD ****(*)

12 rue Sudot
21190 Meursault
Tél.: 03 80 21 20 23 - Fax: 03 80 21 67 69
E. Mail: remi.jobard@libertysurf.fr

En prenant la suite de son père entre 1992 et 1993, Rémy Jobard a mis tout de suite les choses au point, en particulier au niveau des rendements. Les vins ont alors pris une dimension jusqu'alors inconnue. Il a continué de progresser et, pour les 2000, ils atteignent des sommets avec les Meursault Genevrières et Charmes, mais aussi avec les autres crus. Parallèlement, les rouges ont pris du poids, tout en gardant l'élégance spécifique aux grands vinificateurs de vins blancs.

Responsable : Rémi Jobard
Vente à la propriété : oui
Visite : sur rendez-vous
Dégustation : sur rendez-vous
Surface du vignoble : 8 ha
Age des vignes : 35 ans
Surface en rouge : 2 ha
Cépages :
    Pinot noir 80 %
    Gamay 20 %
Surface en blanc : 6 ha
Cépages :
    Chardonnay 80 %
    Aligoté 20 %
Appellation principale : Meursault premier cru
Production moyenne : 45 000 bouteilles

Bourgogne
2000 : 86 . . . . .9,15 €

Bourgogne
2000 : 87 . . . . .6,70€

Bourgogne aligoté
2000 : 87 . . . . .5 €

Bourgogne passe-tout-grain
2000 : 86 . . . . .4,50 €

Meursault en Luraule
2000 : 89 . . . . .22,50 €

Meursault les Chevalières
2000 : 90 . . . . .22,50 €

Meursault premier cru le Poruzot-Dessus
2000 : 91 . . . . .30 €

Meursault premier cru les Charmes
2000 : 93 . . . . .30 €

Meursault premier cru les Genévrières
2000 : 94 . . . . .30 €

Meursault sous la Velle
2000 : 90 . . . . .19,50 €

Monthélie premier cru sous la Velle
2000 : 88 . . . . .12,50 €

Volnay premier cru les Santenots
2000 : 88 . . . . .22,50 €

CÔTE DE BEAUNE

2000

Meursault-Charmes

Appellation Meursault Ier Cru Contrôlée

Domaine ROULOT

750 ml Propriétaire à Meursault, Côte-d'Or, France 13,2% vol.
Produit de France - Mis en bouteilles à la propriété

L. 08.00

DOMAINE ROULOT ****(*)

1 rue Charles-Giraud
21190 Meursault
Tél. : 03 80 21 21 65 - Fax : 03 80 21 64 36
E. Mail : roulot@domaineroulot.com

Quand il ne joue pas au TNP ou à Chaillot, Jean-Marc fait du vin et quels vins ! Ses Meursault ont atteint un grand équilibre et une incroyable plénitude, tout en gardant leur élégance. A vrai dire, le seul problème est d'en obtenir. Et en plus, les 2000 sont sublimes…

Responsable : famille Roulot
Dégustation : non
Langues : Anglais
Surface du vignoble : 10,2 ha
Age des vignes : 40 ans
Surface en rouge : 1,9 ha
Cépages :
 Pinot noir 100 %
Surface en blanc : 8,3 ha
Cépages :
 Chardonnay 90 %
 Aligoté 10 %
Appellation principale : Meursault
Production moyenne : 50 000 bouteilles

🍷 **Meursault premier cru les Charmes**
 2000 : 90

🍷 **Meursault les Luchets**
 2000 : 89

CÔTE DE BEAUNE

DOMAINE DU DUC DE MAGENTA

PREMIER CRU

CHASSAGNE-MONTRACHET
"MORGEOT"
MONOPOLE CLOS DE LA CHAPELLE
APPELLATION CONTRÔLÉE

Vinifié, Élevé et Mis en bouteilles par
LOUIS JADOT
NÉGOCIANT-ÉLEVEUR A BEAUNE, CÔTE-D'OR, FRANCE
PRODUIT DE FRANCE

MAISON LOUIS JADOT ****(*)

21 rue Eugène-Spuller
21200 Beaune
Tél. : 03 80 22 10 57 - Fax : 03 80 22 56 03
E. Mail : contact@louisjadot.com
Web : www.louisjadot.com

La maison Louis Jadot a la chance d'être
dirigée par un directeur visionnaire,
Pierre-Henry Gagey, avec un vinificateur, Jacques Lardière, qui ne l'est pas
moins. Avec ce tandem de choc, les
investissements ont toujours été très
judicieux et les vins tirent le meilleur
parti possible du millésime. Les vins
blancs ont toujours été remarquables et
ils le sont toujours, y compris dans les
appellations mineures. Les rouges reflètent le style de chaque millésime et la
conception qu'en a son vinificateur
vedette. Bien construits, ils reflètent la
personnalité de chaque cru, sans fausse
note.

Responsable : Pierre-Henry Gagey
Vente à la propriété : oui
Visite : sur rendez-vous
Dégustation : sur rendez-vous
Langues : Allemand, Anglais
Surface du vignoble : 140 ha
Age des vignes : 10-85 ans

Cépages rouges :
Pinot noir 100 %
Cépages blancs :
Chardonnay 100 %
Appellation principale : Chassagne-montrachet
premier cru

Auxey-duresses
2000 : 87

Beaujolais-villages
2000 : 86

**Beaune premier cru
clos des Coucherias**
1999 : 90 . . . . .22,40 €

Bourgogne
2000 : 86

Chambolle-musigny
1999 : 88 . . . . .30,10 €

Charmes-chambertin GC
1998 : 93 . . . . .61,60 €

**Chassagne-montrachet premier
cru Morgeot clos de la Chapelle
duc de Magenta**
1998 : 89 . . . . .44,80 €

Corton-charlemagne GC
1999 : 93 . . . . .77 €

Fixin
1999 : 89 . . . . .17,5 €

**Gevrey-chambertin premier cru
clos Saint-Jacques**
1998 : 92 . . . . .59,85 €

Meursault
1999 : 88 . . . . .29,40 €

Meursault premier cru Blagny
1997 : 88 . . . . .42 €

Pouilly-loché château de Loché
2000 : 88

**Saint-aubin premier cru
sur Gamay**
1998 : 88 . . . . .21 €

CÔTE DE BEAUNE

PIERRE LABET **** (*)

Rempart-Comédie
21200 Beaune
Tél. : 03 80 22 17 88 - Fax : 03 80 22 17 88

Outre le célèbre Château de la Tour dans le Clos Vougeot, Pierre Labet et son fils François possèdent aussi ce petit domaine beaunois. Ils y élaborent de jolis vins rouges très élégants et des vins blancs gras et amples. La qualité est très homogène et très régulière. Et les prix sont sympathiques.

Responsable : Pierre Labet
Vente à la propriété : oui
Visite : oui
Dégustation : oui
  Pinot noir
  Chardonnay
Appellation principale : Beaune premier cru

Beaune clos des Monsnière
2000 : 89

Beaune clos du dessus des Marconnets
2000 : 88

Beaune premier cru Coucherias
2000 : 89

Bourgogne VV
2000 : 88

Savigny-lès-beaune premier cru
2000 : 88

CÔTE DE BEAUNE

CHARTRON ET TRÉBUCHET ****

13 Grande-Rue
21190 Puligny-Montrachet
Tél. : 03 80 21 32 85 - Fax : 03 80 21 36 35
E. Mail : info@chartron-trebuchet.com
Web : www.chartron-trebuchet.com

Cette maison est née en 1984 par l'alliance originale d'un grand propriétaire, le domaine Jean Chartron, avec le négociant Louis Trébuchet. Héritière d'une solide tradition de qualité, la maison a produit avec régularité des beaux bourgognes blancs. L'arrivée de Jean-Michel, fils de Jean-René Chartron, a donné une impulsion nouvelle en régularisant la production. Les blancs 2000 sont sublimes, y compris dans les appellations les plus simples. Forcément un peu en retrait, les rouges 1999 sont très élégants.

Responsable : Domaine Jean Chartron
Vente à la propriété : oui
Dégustation : sur rendez-vous
Langues : Allemand, Anglais
Surface du vignoble : 16 ha
Age des vignes : 30 ans
Surface en rouge : 6 ha
Cépages :
    Pinot noir 100 %
Surface en blanc : 10 ha
Cépages :
    Chardonnay
    Aligoté
Appellation principale : Puligny-montrachet
Production moyenne : 600 000 bouteilles

Bâtard-montrachet GC
2000 : 92 . . . . .139,73 €

Bourgogne
2000 : 87 . . . . .8,77 €

**Bourgogne aligoté
clos de la Combe**
2000 : 86 . . . . .8,03 €

Bourgogne clos de la Combe
1999 : 87 . . . . .9,36 €

Bourgogne cuvée Jean Chartron
2000 : 88 . . . . .9,36 €

Bourgogne la Chaume
2000 : 87 . . . . .12,63 €

**Bourgogne
la cuvée de Jean Chartron**
1999 : 88 . . . . .10,03 €

**Chassagne-montrachet
les Benoîtes**
2000 : 88 . . . . .31,22 €

**Chassagne-montrachet
les Benoîtes**
1999 : 88 . . . . .19,03 €

**Chevalier-montrachet
clos des Chevaliers GC**
2000 : 94 . . . . .151,62 €

Corton-charlemagne GC
2000 : 91 . . . . .62,43 €

Mercurey
1999 : 88 . . . . .13,68 €

**Puligny-montrachet premier cru
clos de la Pucelle**
2000 : 93 . . . . .49,05 €

**Puligny-montrachet premier cru
clos des Caillerets**
1999 : 90 . . . . .25,91 €

**Puligny-montrachet premier cru
Folatières**
2000 : 90 . . . . .46,08 €

**Puligny-montrachet premier cru
clos du Cailleret**
2000 : 93 . . . . .49,80 €

**Saint-Aubin premier cru
la Chatenière**
2000 : 89 . . . . .22,11 €

**Saint-Aubin premier cru
les Murgers des Dents de Chien**
2000 : 89 . . . . .22,59 €

CÔTE DE BEAUNE

CHÂTEAU DE CÎTEAUX ★★★★

18-20 rue de Cîteaux BP 25
21190 Meursault
Tél. : 03 80 21 20 32 - Fax : 03 80 21 64 34
E. Mail : info@domaine.bouzereau.fr
Web : www.chateau-de-citeaux.com

Domaine familial depuis sept générations, Philippe Bouzereau s'est installé
en 1995 dans les superbes caves du château construites par les moines de
Cîteaux au XIIe siècle. Le Meursault
Narvaux 2000 est la grande réussite du
domaine avec un vin plein et gras qui ira
loin. Le Vieux Clos du château fait
montre de belles dispositions promet-
teuses avec un vin ample.

Responsables : Philippe
et Liliane Bouzereau
Vente à la propriété : oui
Visite : sur rendez-vous
Dégustation : sur rendez-vous
Moyen d'accès : RN74 et RN923. A6 sortie
Beaune.
Surface du vignoble : 12 ha
Age des vignes : 22 ans
Surface en rouge : 3 ha
Cépages :
    Pinot noir 99 %
    Gamay 1 %
Surface en blanc : 9 ha
Cépages :
    Chardonnay 95 %
    Aligoté 5 %
Appellation principale : Meursault
Production moyenne : 50 000 bouteilles

⚲ **Auxey-duresses premier cru
les Duresses**
1999 : 88 . . . . .14 €

⚲ **Meursault les Narvaux**
2000 : 89 . . . . .20 €

⚲ **Meursault Vieux-Clos**
2000 : 88 . . . . .19 €

CÔTE DE BEAUNE

DOMAINE ALBERT MOROT ****

Château de la Creuzotte
20 avenue Charles Jaffelin
21200 Beaune
Tél. : 03 80 22 35 39 - Fax : 03 80 22 47 50
E. Mail : albertmorot@aol.com

Le domaine Albert Morot était réputé pour produire d'excellents Beaune dans les années 90. Avec l'arrivée du neveu de la maison, Geoffroy Choppin de Janvray, les vins du domaine ont considérablement progressé. Les 2000 sont denses et veloutés, avec une expression parfaite des terroirs.

Responsable : Geoffroy Choppin De Janvray
Vente à la propriété : oui
Visite : sur rendez-vous
Dégustation : sur rendez-vous
Surface du vignoble : 7 ha
Surface en rouge : 7 ha
Cépages :
    Pinot noir 100 %
Appellation principale : Beaune premier cru
Production moyenne : 33 000 bouteilles

Beaune premier cru les Teurons
2000 : 89

Beaune premier cru Bressandes
2000 : 89

**Beaune premier cru
les Cents Vignes**
2000 : 89

Beaune premier cru Marconnets
2000 : 88

Beaune premier cru Toussaints
2000 : 89

**Savigny-lès-beaune
la Bataillère aux Vergelesses**
2000 : 88

CÔTE DE BEAUNE

2000

Grand Vin
de Bourgogne

Chassagne-Montrachet

1er CRU GRANDES RUCHOTTES

APPELLATION CONTROLÉE

750 ml   13,5% vol.

Domaine Bernard Moreau et Fils

Propriétaires-Viticulteurs à Chassagne-Montrachet, Côte-d'Or, France

Produit de France - Récolté et mis en bouteilles à la propriété

L 005

DOMAINE
BERNARD MOREAU ET FILS ★★★★

3 route de Chagny
21190 Chassagne-Montrachet
Tél.: 03 80 21 33 70 - Fax: 03 80 21 30 05

Parfois irrégulier, Bernard Moreau a réussi d'exceptionnels blancs 2000 avec des Chassagne d'anthologie comme les Grandes Ruchottes, très élégantes, des Morgeot tout en miel et très amples et La Maltroie très persistante.

Responsable: Bernard Moreau
Vente à la propriété: oui
Visite: non
Dégustation: sur rendez-vous
Langues: Anglais
Surface du vignoble: 9 ha
Age des vignes: 35 ans
Surface en rouge: 4,75 ha
Cépages:
    Pinot noir 100 %

Surface en blanc: 4,25 ha
Cépages:
    Chardonnay 80 %
    Aligoté 20 %
Appellation principale: Chassagne-Montrachet
Production moyenne: 50 000 bouteilles

Chassagne-montrachet
2000 : 88 . . . . .15 €

**Chassagne-montrachet
premier cru Morgeot**
2000 : 89 . . . . .22 €

**Chassagne-montrachet
premier cru Grandes Ruchottes**
2000 : 91 . . . . .25 €

**Chassagne-montrachet
premier cru la Maltroie**
2000 : 88 . . . . .22 €

**Chassagne-montrachet
premier cru Morgeot la Cardeuse**
2000 : 88 . . . . .15 €

Chassagne-montrachet VV
2000 : 87

COMTE ET COMTESSE A. C. DE NICOLAY

MISE DU — DOMAINE

SAVIGNY-LES-BEAUNE
PREMIER CRU
LES LAVIÈRES
APPELLATION CONTROLÉE

DOMAINE CHANDON DE BRIAILLES
VITICULTEUR A SAVIGNY-LES-BEAUNE, COTE-D'OR, FRANCE

12,5 % vol.   PRODUCE OF FRANCE   750 ml

DOMAINE
CHANDON DE BRIAILLES ****

1 rue Sœur-Goby
21420 Savigny-lès-Beaune
Tél. : 03 80 21 52 31 - Fax : 03 80 21 59 15
E. Mail : cdbd@club-internet.fr

Propriété de famille depuis 1834, le domaine est actuellement géré par le dynamique François de Nicolay avec Jean-Claude Bouveret à la production. Le domaine est revenu aux labours et ne procède plus qu'avec des apports de compost dans une optique très biologique. Très régulier depuis une bonne dizaine d'années, le domaine produit des vins très élégants et de grand style, avec une très bonne densité, que ce soit en blanc comme en rouge.

Responsable : famille de Nicolay
Visite : sur rendez-vous
Dégustation : sur rendez-vous
Moyen d'accès : A6 sortie Savigny-lès beaune
Langues : Anglais
Surface du vignoble : 13,5 ha
Age des vignes : 40 ans
Surface en rouge : 11,7 ha
Cépages :
    Pinot noir 100 %
Surface en blanc : 1,8 ha
Cépages :
    Chardonnay 100 %
Appellation principale : Savigny-lès-beaune
Production moyenne : 50 000 bouteilles

Corton GC
1999 : 90 . . . . .57,54 €

**Pernand premier cru
Ile des Vergelesses**
1999 : 89 . . . . .22,44 €

Savigny premier cru les Lavières
2000 : 89 . . . . .21,35 €

Savigny-lès-beaune premier cru
1999 : 88

CÔTE DE BEAUNE

DOMAINE DENIS PÈRE ET FILS
2000

PERNAND-VERGELESSES
PREMIER CRU
SOUS FRÉTILLE
Appellation Contrôlée

75 cl   13,5 % vol.

VIN DE BOURGOGNE
MIS EN BOUTEILLE PAR DENIS PÈRE ET FILS
VITICULTEURS A PERNAND-VERGELESSES, CÔTE-D'OR, FRANCE

L 810   PRODUCT OF FRANCE

DOMAINE DENIS PÈRE ET FILS ****

Chemin des Vignes-Blanches
21420 Pernand-Vergelesses
Tél. : 03 80 21 50 91 - Fax : 03 80 26 10 32
E. Mail : denis. pere-et-fils@wanadoo.fr
Web : www.burgundy-talent.com/denis

Ce domaine familial possède des vignobles sur Pernand, Savigny et Aloxe-Corton. Il est géré par deux frères, Roland et Christophe Denis, qui les vinifient très traditionnellement. La grande réussite du domaine sont les blancs élaborés sans ostentation. En 1999, le Pernand-Vergelesses sous frétille et le Corton-charlemagne sont de grande classe et séduiront ceux qui aiment les vins peu boisés, minéraux et longs.

Responsables : Roland et Christophe Denis
Vente à la propriété : oui
Visite : sur rendez-vous
Dégustation : sur rendez-vous
Langues : Anglais
Surface du vignoble : 13 ha
Age des vignes : 40 ans
Surface en rouge : 10 ha
Cépages :
    Pinot noir 95 %
    Gamay : 5 %
Surface en blanc : 3 ha
Cépages :
    Chardonnay 70 %
    Aligoté 30 %
Appellation principale : Bourgogne
Production moyenne : 45 000 bouteilles

   Ⴢ **Corton-charlemagne GC**
      1999 : 92 . . . . .31 €

   Ⴢ **Pernand-vergelesses premier cru sous Frétille**
      1999 : 88 . . . . .14 €

   Ⴢ **Savigny-lès-beaune**
      1999 : 84 . . . . .14 €

GRAND VIN
DE BOURGOGNE

PRODUCE
OF FRANCE

Chassagne-Montrachet

GRANDES RUCHOTTES 1er CRU

APPELLATION CHASSAGNE-MONTRACHET 1er CRU CONTROLÉE

13,5% vol.   Mis en bouteille à la Propriété par   750 ml

Fernand & Laurent PILLOT

Viticulteurs-Récoltants à Chassagne-Montrachet, Côte-d'Or, France ◆

DOMAINE
FERNAND ET LAURENT PILLOT ★★★★

13 rue des Champgains
21190 Chassagne-Montrachet
Tél. : 03 80 21 33 64 - Fax : 03 80 21 92 60
E. Mail : lfpillot@club-internet.fr

Le domaine produit à la fois des Chassagne-Montrachet et des Pommards. Pendant longtemps, les rouges manquaient d'intérêt. Ce n'est plus le cas. Le Pommard Rugiens 1999 est un vin superbe avec une densité peu commune et les Charmots ne sont pas loin derrière. Très réguliers depuis plusieurs millésimes, les Chassagne-Montrachet blancs sont superbes avec des Grandes Ruchottes 2000 de toute beauté.

Responsable : Fernand et Laurent Pillot
Vente à la propriété : oui
Visite : sur rendez-vous
Dégustation : sur rendez-vous
Moyen d'accès : RN6. A6.
Langues : Anglais
Surface du vignoble : 15 ha
Age des vignes : 30 ans

Surface en rouge : 9 ha
Cépages :
    Pinot noir 100 %
Surface en blanc : 6 ha
Cépages :
    Chardonnay 100 %
Appellation principale : Chassagne-montrachet
Production moyenne : 65 000 bouteilles

**Chassagne-montrachet
Grandes Ruchottes premier cru**
2000 : 91

**Chassagne-montrachet
premier cru Vide-bourse**
1999 : 89 . . . . .23,30 €

**Pommard premier cru
les Charmots**
1999 : 89 . . . . .20,60 €

Pommard premier cru les Rugiens
1999 : 91 . . . . .29 €

418

CÔTE DE BEAUNE

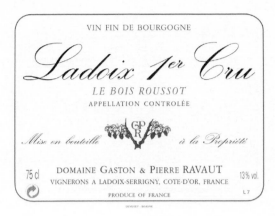

VIN FIN DE BOURGOGNE

Ladoix 1er Cru

LE BOIS ROUSSOT

APPELLATION CONTROLÉE

Mise en bouteille à la Propriété

75 cl DOMAINE GASTON & Pierre RAVAUT 13% vol.
VIGNERONS A LADOIX-SERRIGNY, COTE-D'OR, FRANCE

PRODUCE OF FRANCE L 7

**DOMAINE
GASTON ET PIERRE RAVAUT** ****

Buisson
21550 Ladoix-Serrigny
Tél. : 03 80 26 41 94 - Fax : 03 80 26 47 63
E. Mail : gaston-ravaut@wanadoo.fr
Web : www.gaston-pierre-ravaut.fr

Si « tonton » Ravaut laisse encore des souvenirs vivaces dans la commune, le domaine est maintenant géré par Gaston Ravaut avec son père Pierre et Vincent à la cave. C'est une affaire de famille ! Le domaine possède essentiellement des rouges. En 1999, les Ladoix sont superbes, avec des Basses Mourottes qui sont de haut niveau et le Corton Hautes Mourottes encore plus haut en qualité. De quoi donner le vertige.

Responsable : Gaston Ravaut
Vente à la propriété : oui
Visite : sur rendez-vous
Dégustation : sur rendez-vous
Moyen d'accès : A6 jusqu'à Beaune Nord, RN74, direction Dijon.
Langues : Anglais
Surface du vignoble : 16,61 ha
Age des vignes : 40 ans

Surface en rouge : 14,5 ha
Cépages :
  Pinot noir 98 %
  Gamay 2 %
Surface en blanc : 2,11 ha
Cépages :
  Chardonnay 67 %
  Aligoté 33 %
Appellation principale : Bourgogne
Production moyenne : 90 000 bouteilles

Corton GC les Hautes Mourottes
1999 : 90 . . . . .29 €

Ladoix
1999 : 88 . . . . .16 €

Ladoix clos Royer
1999 : 87 . . . . .11,50 €

Ladoix le Bois Roussot premier cru
1999 : 88 . . . . .14 €

Ladoix les Basses Mourottes premier cru
1999 : 89 . . . . .14 €

Ladoix les Carrières
1999 : 88 . . . . .11,50 €

CÔTE DE BEAUNE

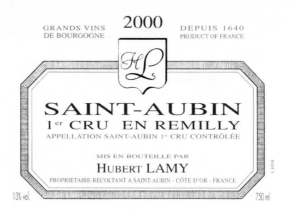

DOMAINE HUBERT LAMY ★★★★

Le Paradis
21190 Saint-Aubin
Tél.: 03 80 21 32 55 - Fax: 03 80 21 38 32

Le sympathique Olivier Lamy a pris l'essentiel de la direction de ce domaine et les vins ont énormément progressé en cinq ans sous sa détermination. Les vins blancs ont maintenant atteint des sommets d'équilibre et ils sont d'une régularité exemplaire. L'élaboration des rouges est forcément plus difficile à Saint-Aubin, terroir tardif, mais le millésime 2000 montre qu'il est possible d'élaborer de jolis vins de fruits.

Responsables: Hubert et Olivier Lamy
Vente à la propriété: oui
Visite: non
Dégustation: sur rendez-vous
Surface du vignoble: 16 ha
Age des vignes: 30 ans
Surface en rouge: 6 ha
Cépages:
    Pinot noir 100 %
Surface en blanc: 10 ha
Cépages:
    Chardonnay 100 %
Appellation principale: Saint-aubin
Production moyenne: 100 000 bouteilles

Chassagne-montrachet premier cru les Macherelles
2000: 89 . . . . .34 €

Saint-aubin la Frionnes
2000: 89 . . . . .17 €

Saint-aubin la Princée
2000: 87 . . . . .13,50 €

Saint-aubin Derrières chez Edouard VV
2000: 89 . . . . .17 €

Saint-aubin la Coujonnes VV
2000: 88 . . . . .15 €

Saint-aubin les Castets
2000: 88 . . . . .15 €

Saint-aubin premier cru clos de la Chatenière
2000: 90 . . . . .22,50 €

Saint-aubin premier cru Murgers Dents de chien
2000: 90 . . . . .22,50 €

Saint-aubin premier cru En Remilly
2000: 89 . . . . .22,50 €

CÔTE DE BEAUNE

DOMAINE JEAN-LUC JOILLOT ★★★★

Rue Marey-Monge, BP 11
21630 Pommard
Tél. : 03 80 24 20 26 - Fax : 03 80 24 67 54
Web : www.joillot.aol.fr

Dans un millésime 2000 qui n'est pas des plus faciles, surtout à Pommard, la méthode Joillot faite de sérieux dans les vignes, de rendements contrôlés, et de sérieux dans les vinifications, l'extraction très précise, donne d'excellents résultats avec des vins tanniques même un peu rudes, mais contrebalancés par une énorme matière, ce qui en fait des vins pleins et tendus. Il faudra être patient avec eux.

Responsable : Jean-Luc Joillot
Vente à la propriété : oui
Visite : sur rendez-vous
Dégustation : sur rendez-vous
Moyen d'accès : sortie Beaune sud A6.
Surface du vignoble : 13 ha
Age des vignes : 40 ans
Surface en rouge : 12 ha
Cépages :
    Pinot noir 99 %
    Gamay 1 %

Surface en blanc : 1 ha
Cépages :
    Aligoté
    Chardonnay
Appellation principale : Pommard
Production moyenne : 80 000 bouteilles

Beaune Montagne Saint-Désiré
2000 : 88

Pommard en Brescul
2000 : 88

Pommard les Petits Epenots premier cru
2000 : 90

Pommard Noizons
2000 : 89

Pommard premier cru les Charmots
2000 : 89

Pommard premier cru les Rugiens
2000 : 91

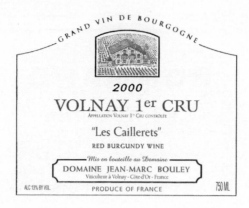

DOMAINE JEAN-MARC BOULEY ★★★★

Chemin de la Cave
21190 Volnay
Tél. : 03 80 21 62 33 - Fax : 03 80 21 64 78
E. Mail : jeanmarc.bouley@wanadoo.fr

Les Bouley sont présents à Volnay depuis 1527 et Jean-Marc Bouley a continué de perpétuer la tradition familiale à partir de 1984 en produisant des vins riches. Quinze ans plus tard, la période de maturité étant venue, il est au sommet de son art, avec des vins qui ont beaucoup gagné en élégance, tout en gardant leur richesse de constitution. Les 1999 sont splendides, mais aussi, et c'est nettement plus difficile, les 2000 sont très réussis.

Responsable : Jean-Marc Bouley
Vente à la propriété : oui
Visite : sur rendez-vous
Dégustation : sur rendez-vous
Langues : Allemand
Surface du vignoble : 12 ha
Age des vignes : 35 ans
Surface en rouge : 11 ha
Cépages :
    Pinot noir 100 %

Surface en blanc : 1 ha
Cépages :
    Chardonnay 70 %
    Aligoté 30 %
Appellation principale : Volnay premier cru
Production moyenne : 60 000 bouteilles

Beaune Traversées
1999 : 90 . . . . .15,50 €

Pommard premier cru Fremiers
2000 : 89 . . . . .23 €

Pommard premier cru Rugiens
2000 : 90 . . . . .25 €

Volnay
1999 : 88 . . . . .14,50 €

Volnay Carelles
2000 : 89 . . . . .18,50 €

Volnay premier cru Caillerets
2000 : 90 . . . . .22,50 €

CÔTE DE BEAUNE

DOMAINE MARC MOREY ET FILS ★★★★

3 rue Charles-Paquelin
21190 Chassagne-Montrachet
Tél. : 03 80 21 30 11 - Fax : 03 80 21 90 20

Certes, les Morey ne manquent pas dans la commune, mais les vins de Marc Morey et de son gendre ont beaucoup de fond. En attendant le magnifique millésime 2000, le millésime 1999 a été superbement réussi avec un splendide Virandot dont la minéralité affine la puissance du millésime. Cette puissance se trouve dans le Morgeot avec des arômes mielleux à souhait, mais la structure est bien présente et sera gage d'un bon vieillissement. Ces vins évoluent avec grâce.

Responsable : Bernard Mollard-Morey
Vente à la propriété : oui
Visite : non
Dégustation : oui
Surface du vignoble : 9 ha
Surface en rouge : 2 ha
Cépages :
    Pinot noir 100 %
Surface en blanc : 7 ha
Cépages :
    Chardonnay 90 %
    Aligoté 10 %
Appellation principale : Chassagne-montrachet
Production moyenne : 60 000 bouteilles

🍷 **Chassagne-montrachet**
1999 : 87

🍷 **Chassagne-montrachet premier cru Morgeot**
1999 : 89

🍷 **Chassagne-montrachet Virondot**
1999 : 90

MEURSAULT

"LES GRANDS CHARRONS"

APPELLATION MEURSAULT CONTRÔLÉE

MIS EN BOUTEILLE À LA PROPRIÉTÉ

MICHEL BOUZEREAU et FILS

ALC. 13% BY VOL   PROPRIÉTAIRE - RÉCOLTANT A MEURSAULT, CÔTE D'OR, FRANCE   CONTENTS 750 ML

DOMAINE
MICHEL BOUZEREAU ET FILS ★★★★

3 rue de la Planche-Meunière
21190 Meursault
Tél. : 03 80 21 20 74 - Fax : 03 80 21 66 41

Jean-Baptiste Bouzereau, le fils de Michel, gère maintenant complètement la propriété et les vins qui étaient déjà au sommet, non seulement ne régressent pas, mais ils continuent de progresser. Les blancs ont atteint une sorte de perfection, la maturité du raisin s'efface devant l'élégance, comme dans les magnifiques Meursault Grands Charrons et Genevrières 2000. Pendant longtemps un peu en retrait, les rouges rattrapent leur retard, en jouant l'élégance.

Responsable : Michel Bouzereau
Vente à la propriété : oui
Visite : sur rendez-vous
Dégustation : sur rendez-vous
Surface du vignoble : 11 ha
Cépages :
    Pinot noir 100 %
    Chardonnay 85 %
    Aligoté 15 %
Appellation principale : Meursault
Production moyenne : 60 000 bouteilles

Beaune premier cru les Vignes Franches
2000 : 89

Bourgogne
2000 : 87

Bourgogne aligoté
2000 : 87 . . . . 5,80 €

Meursault les Grands Charrons
2000 : 90 . . . . 17 €

Meursault premier cru Genevrières
2000 : 92 . . . . 28 €

Pommard les Cras
2000 : 88 . . . . 17 €

CÔTE DE BEAUNE

PRODUIT DE FRANCE

VOLNAY 1er CRU

RONCERET

APPELLATION VOLNAY 1er CRU CONTRÔLÉE

2000

Domaine

NICOLAS ROSSIGNOL

VIGNERON À VOLNAY (CÔTE D'OR) FRANCE

75 cl   13% vol.

DOMAINE NICOLAS ROSSIGNOL ★★★★

Rue de Mont
21190 Volnay
Tél. : 03 80 21 62 43 - Fax : 03 80 21 27 61
E. Mail : rossignolnic@aol.com
Web : www.nicolas-rossignol.

Jeune loup de la Bourgogne qui monte, Nicolas Rossignol a vinifié des Pommards 2000 d'une manière dense et compacte, avec des tannins très présents. Bref, c'est du Pommard, du vrai ! Il faudra savoir les attendre. Les Volnay sont plus suaves et plus ronds, comme dans les livres. Tous ces vins sont de très bonne concentration.

Responsable : Nicolas Rossignol
Vente à la propriété : oui
Visite : sur rendez-vous
Dégustation : sur rendez-vous
Langues : Anglais
Surface du vignoble : 4,5 ha
Age des vignes : 35 ans
Surface en rouge : 4,2 ha
Cépages :
    Pinot noir 100 %

Surface en blanc : 0,3 ha
Cépages :
    Chardonnay 100 %
Appellation principale : Volnay premier cru
Production moyenne : 25 000 bouteilles

Beaune
2000 : 86

Pernand-vergelesses
2000 : 85

Pommard premier cru Chanlins
2000 : 88

Pommard premier cru les Jarolières
2000 : 88

Volnay
2000 : 87

Volnay premier cru le Ronceret
2000 : 88

Volnay premier cru Fremiet
2000 : 88

CÔTE DE BEAUNE

Monopole — *Mis en bouteille au Domaine*

Pernand - 1ᵉʳ Cru
Le Clos du Village

APPELLATION PERNAND 1ᵉʳ CRU CONTRÔLÉE

WHITE BURGUNDY WINE

Domaine Rapet Père & Fils

PROPRIÉTAIRES-RÉCOLTANTS À PERNAND-VERGELESSES (CÔTE D'OR) FRANCE

ALC 13% BY VOL   750 ML
L 24   PRODUCE OF FRANCE

DOMAINE RAPET PÈRE ET FILS ★★★★

21420 Pernand-Vergelesses
Tél. : 03 80 21 59 94 - Fax : 03 80 21 54 01

Le domaine est géré par Roland Rapet, mais c'est son fils Vincent qui intervient le plus souvent. Elaborés avec des raisins bien mûrs, les rouges recherchent un fruit savoureux et les tannins fondus dont le Pernand-Vergelesses Ile des Vergelesses 2000 est le parfait exemple, la classe en plus. Les blancs ont une élégance et une grande race, que ce soit le Pernand-Vergelesses Clos du Village 2000 ou le somptueux Corton-charlemagne 2000, un des plus beaux vins du millésime qui, pourtant, n'en manque pas.

Responsable : Vincent Rapet
Vente à la propriété : oui
Visite : sur rendez-vous
Dégustation : sur rendez-vous
Surface du vignoble : 18 ha
Age des vignes : 30 ans
Surface en rouge : 12 ha
Cépages :
    Pinot noir 100 %
Surface en blanc : 6 ha
Cépages :
    Chardonnay 100 %
Appellation principale : Pernand-vergelesses

♀ **Corton-charlemagne GC**
    2000 : 92 . . . . .36 €

♀ **Pernand-vergelesses**
    2000 : 89 . . . . .17 €

♀ **Pernand-vergelesses premier cru Ile de Vergelesses**
    2000 : 89 . . . . .17 €

CÔTE DE BEAUNE

DOMAINE REBOURGEON-MURE ★★★★

Grande-Rue
21630 Pommard
Tél. : 03 80 22 75 39 - Fax : 03 80 22 71 00

Depuis plusieurs millésimes, Daniel Rebourgeon a retrouvé la grande forme avec des 2000 pleins de densité et l'élégance en prime pour les Vignes Franches à Beaune et les Caillerets à Volnay. Le Pommard Grands Epenots est plus concentré et plus tannique comme il se doit. Tous ces vins sont respectueux de leurs terroirs d'origine qu'ils représentent dignement.

Responsable : Daniel Rebourgeon
Vente à la propriété : oui
Visite : sur rendez-vous
Dégustation : sur rendez-vous
Langues : Allemand
Surface du vignoble : 7 ha
Surface en rouge : 7 ha
Cépages :
    Pinot noir 100 %
Appellation principale : Pommard
Production moyenne : 28 000 bouteilles

🍷 **Beaune premier cru
Vignes Franches**
2000 : 89

🍷 **Pommard premier cru
Grands Epenots**
2000 : 88

🍷 **Volnay premier cru Caillerets
Fleuron de Bourgogne**
2000 : 89

CÔTE DE BEAUNE

DOMAINE RENÉ MONNIER ★★★★

6 rue du Dr-Rolland
21190 Meursault
Tél. : 03 80 21 29 32 - Fax : 03 80 21 61 79
E. Mail : domainerenemonnier@wanadoo.fr

La maison a été fondée en 1723 et les propriétaires actuels, Monsieur et Madame Bouillot, sont de la dixième génération. Le domaine dispose d'un large patrimoine de vignes sur plusieurs villages célèbres. En 2000, il excelle tant dans les blancs (somptueux Puligny Folatières et Meursault Charmes) que dans les rouges avec le superbe Volnay Clos des Chênes.

Responsables : M. et Mme Bouillot
Vente à la propriété : oui
Visite : oui
Dégustation : oui
Langues : Anglais
Surface du vignoble : 16,8 ha
Age des vignes : 40 ans
Surface en rouge : 7,4 ha
Cépages :
    Pinot noir 100 %
Surface en blanc : 9,4 ha
Cépages :
    Chardonnay
    Aligoté (bourgogne aligoté)
Appellation principale : Meursault
Production moyenne : 100 000 bouteilles

**Beaune premier cru
les Cents Vignes**
2000 : 88 . . . . .12,85 €

Beaune premier cru Toussaints
2000 : 88 . . . . .12,85 €

Meursault le Limozin
2000 : 88 . . . . .14,60 €

Meursault les Chevalières
2000 : 88 . . . . .14,60 €

**Meursault premier cru
les Charmes**
2000 : 90 . . . . .21,65 €

Pommard les Vignots
2000 : 89 . . . . .13,75 €

**Puligny-montrachet premier cru
les Folatières**
2000 : 91 . . . . .21,65 €

**Volnay premier cru
clos des Chênes**
2000 : 90 . . . . .13,60 €

CÔTE DE BEAUNE

Grand Vin   *de Bourgogne*

SANTENAY-COMMES
PREMIER CRU

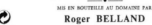

Appellation Santenay Premier Cru Contrôlée

MIS EN BOUTEILLE AU DOMAINE PAR
Roger BELLAND
Viticulteur à Santenay (Côte-d'Or) France

13% vol.   750 ml

DOMAINE ROGER BELLAND ★★★★

3 rue de la Chapelle, BP 13
21590 Santenay
Tél.: 03 80 20 60 95 - Fax: 03 80 20 63 93
E. Mail: belland.roger@wanadoo.fr

Millésime après millésime, on voit progresser la qualité du domaine dirigé par Roger Belland, un perfectionniste toujours sur le pont. Pourtant, la gestion de tant d'appellations ne doit pas être simple, surtout dans les vins rouges du délicat millésime 2000. La réussite absolue est représentée par le somptueux Criots-Batard-Montrachet, d'une superbe minéralité, qui vaut bien des voisins plus huppés, tout comme il ne faudrait pas rater le Chassagne Morgeot blanc 2000. Les rouges s'en sortent très bien, dans un style très classique et avec un excellent rapport qualité-prix.

Responsable: Roger Belland
Vente à la propriété: oui
Visite: sur rendez-vous
Dégustation: sur rendez-vous
Langues: Anglais
Surface du vignoble: 23 ha
Age des vignes: 36 ans

Surface en rouge: 17,25 ha
Cépages:
    Pinot noir 100 %
Surface en blanc: 5,75 ha
Cépages:
    Chardonnay 100 %
Appellation principale: Santenay
Production moyenne: 110 000 bouteilles

Chassagne-montrachet premier cru Morgeot Clos Pitois
2000: 89 . . . . .29 €

Chassagne-montrachet premier cru Morgeot Clos Pitois
2000: 88 . . . . .16 €

Criots-bâtard-montrachet GC
2000: 94 . . . . .76 €

Pommard les Cras
2000: 88

Santenay premier cru Beauregard
2000: 87 . . . . .13 €

Santenay Commes premier cru
2000: 88 . . . . .13 €

CÔTE DE BEAUNE

GRAND VIN — DE BOURGOGNE

Volnay 1er Cru

"CLOS DES ANGLES"

APPELLATION VOLNAY 1ER CRU CONTRÔLÉE

75 cl

CH. ROSSIGNOL-JEANNIARD 13% vol.

VITICULTEUR A VOLNAY (CÔTE-D'OR) FRANCE

MIS EN BOUTEILLE A LA PROPRIÉTÉ

DOMAINE ROSSIGNOL-JEANNIARD ****

Rue de Mont
21190 Volnay
Tél. : 03 80 21 62 43 - Fax : 03 80 21 27 61
Web : www.nicolas-rossignol.com

Nicolas Rossignol vinifie avec le même talent les vins de cette propriété qui est celle de son père et de son oncle. Les 2000 sont superbement réussis, avec des sommets sur les Caillerets et les Santenots, marqués par une belle trame tannique, signature de Nicolas, d'une matière dense et mûre. Comptez cinq ans pour un début d'apogée.

Responsable : Christian Rossignol
Vente à la propriété : oui
Visite : sur rendez-vous
Dégustation : sur rendez-vous
Langues : Anglais
Surface du vignoble : 12,5 ha
Age des vignes : 32 ans
Surface en rouge : 11 ha
Cépages :
    Pinot noir 100 %

Surface en blanc : 1,5 ha
Cépages :
    Chardonnay 100 %
Appellation principale : Volnay
Production moyenne : 65 000 bouteilles

Pernand-vergelesses les Fichots
2000 : 87

Volnay premier cru Cailleret
2000 : 90

Volnay premier cru Chevret
2000 : 89

Volnay premier cru clos des Angles
2000 : 88

Volnay premier cru Santenots
2000 : 91

CÔTE DE BEAUNE

DOMAINE SIMON BIZE ET FILS ****

14 rue du Chanoine-Donin
21420 Savigny-les-Beaune
Tél. : 03 80 21 50 57 - Fax : 03 80 21 58 17
E. Mail : domaine.bize@wanadoo.fr

Patrick Bize, fils de Simon, possède une belle palette de premiers crus de Savigny dont il tire un fruit très expressif, tout en franchise. Hélas, le domaine est rapidement dévalisé par ses fidèles clients, en particulier parce que les prix ont toujours été attrayants, et qu'il est difficile d'en obtenir. Les heureux possesseurs attendront cinq ans pour que les excellents 2000 s'assouplissent.

Responsable : famille Bize
Visite : sur rendez-vous
Surface du vignoble : 22 ha
Age des vignes : 30 ans

Surface en rouge : 17 ha
Cépages :
    Pinot noir 100 %
Surface en blanc : 5 ha
Cépages :
    Chardonnay 100 %
Appellation principale : Savigny-lès-beaune ou Savigny
Production moyenne : 100 000 bouteilles

🍷 **Savigny-lès-beaune premier cru les Gruettes**
2000 : 89

🍷 **Savigny-lès-beaune premier cru les Marconnets**
2000 : 89

🍷 **Savigny-lès-beaune premier cru aux Vergelesses**
2000 : 90

🍷 **Savigny-lès-beaune premier cru Vergelesses**
2000 : 89

CÔTE DE BEAUNE

Grands Vins   de Bourgogne

LA ROMANÉE - PREMIER CRU

CHASSAGNE-MONTRACHET

Appellation Chassagne-Montrachet 1ᵉʳ Cru Contrôlée

ALC. 13.5% BY VOL.   **2000**   750 ML

Mis en Bouteille au Domaine par
VINCENT DANCER
Viticulteur à Chassagne-Montrachet - Côte d'Or - France

PRODUCT OF FRANCE

DOMAINE VINCENT DANCER ★★★★

23 route de Santenay
21190 Chassagne-Montrachet
Tél. : 03 80 21 94 48 - Fax : 03 80 21 39 48
E. Mail : vincentdancer@aol.com

> Vincent Dancer a repris les vignes d'Armand Lochardet, dont son père avait été le gendre, et qui avait un domaine prestigieux exploité un temps en métayage. En quelques années, le jeune et passionné Vincent Dancer a fait des miracles et les vins sortaient à tous les coups des dégustations à l'aveugle. Les vins blancs 2000 sont longs et riches avec une belle minéralité affirmée, alors que les rouges transcendent leur millésime avec un fruit très précis qui met en valeur leur terroir. Déjà très sollicité, il est difficile d'obtenir quelques flacons.

Responsable : Vincent Dancer
Vente à la propriété : oui
Visite : sur rendez-vous
Dégustation : sur rendez-vous
Langues : Anglais
Surface du vignoble : 5 ha
Surface en rouge : 2,5 ha
Cépages :
   Pinot noir 100 %

Surface en blanc : 2,5 ha
Cépages :
   Chardonnay 100 %
Appellation principale : Chassagne-montrachet
Production moyenne : 17 000 bouteilles

Beaune premier cru Montrevenots
2000 : 89 . . . . .15 €

**Chassagne-montrachet
premier cru Grande Borne**
2000 : 88 . . . . .18,30 €

**Chassagne-montrachet
premier cru la Romanée**
2000 : 91 . . . . .22,10 €

**Chassagne-montrachet
premier cru Tête de Clos**
2000 : 89 . . . . .21,50 €

Meursault premier cru Perrières
2000 : 94 . . . . .23,70 €

Pommard premier cru Pézerolles
2000 : 90 . . . . .21,40 €

CÔTE DE BEAUNE

MAISON CHAMPY ★★★★

5 rue du Grenier-à-Sel
21202 Beaune
Tél. : 03 80 25 09 99 - Fax : 03 80 25 09 95
Web : www.champy.com

Fondée en 1720, Champy se targue d'être la première maison de vin établie en Bourgogne. La maison a pris un nouvel essor avec son rachat, en 1990, par un groupe de dirigeants de la société de distribution de vins Diva. Les vins ont été transfigurés avec l'arrivée en 1999 de l'œnologue Dimitri Bazas. Après d'excellents 1999, les 2000 portent sa marque avec des vins blancs de toute beauté, en particulier dans les appellations communales, et les rouges suivent. Les vins ont gagné en densité et en élégance, ce qui ouvre une ère nouvelle à la maison Champy.

Responsables :
Pierre Meurgey et Pierre Beuchet
Vente à la propriété : oui
Visite : sur rendez-vous
Dégustation : sur rendez-vous
Langues : Allemand, Anglais, Grec, Portugais, Japonais
Surface du vignoble : 12,36 ha
Age des vignes : 45 ans
Surface en rouge : 11,36 ha
Cépages :
  Pinot noir 97 %
  Gamay 3 %
Surface en blanc : 1 ha
Cépages :
  Chardonnay 80 %
  Aligoté 20 %
Appellation principale : Beaune premier cru
Production moyenne : 480 000 bouteilles

Beaune premier cru Champimont
2000 : 88

Beaune premier cru les Grèves
2000 : 89 . . . . .27,80 €

Beaune VV
2000 : 88 . . . . .16,22 €

Bourgogne Signature
2000 : 88 . . . . .10,67 €

Bourgogne Signature
2000 : 86
2000 : 88

Chambolle-musigny
2000 : 88

Chassagne-montrachet
2000 : 88 . . . . .30,33 €

Chassagne-montrachet premier cru Morgeot
2000 : 90 . . . . .43,01 €

Clos de vougeot GC
2000 : 93

Corton-charlemagne GC
2000 : 92 . . . . .64,75 €

Echezeaux GC
2000 : 91

Marsannay
2000 : 88

Mazis-chambertin GC
2000 : 90

Meursault
2000 : 89 . . . . .28,98 €

Nuits-saint-georges
2000 : 88

Pernand-vergelesses
2000 : 88 . . . . .16,08 €

Savigny-lès-beaune
2000 : 87 . . . . .13,44 €

Savigny-lès-beaune les Bas Liards
2000 : 88 . . . . .17,67 €

MAISON OLIVIER LEFLAIVE ★★★★

Place du Monument
21190 Puligny-Montrachet
Tél. : 03 80 21 37 65 - Fax : 03 80 21 33 94
E. Mail : leflaive-olivier@dial.oleane.com
Web : www.olivier-leflaive.com

Créée en 1984 par Olivier Leflaive avec son frère Patrick et son oncle Vincent, la maison Olivier Leflaive s'est peu à peu développée. Gérant, à l'époque, Olivier Leflaive a gardé le savoir-faire du domaine. Avec l'arrivée du maître de chai Franck Grux, la qualité a monté d'un cran et, quinze ans plus tard, l'objectif est largement atteint. La maison Olivier Leflaive est la seule maison où l'amateur de vin a la chance d'acquérir des grands vins blancs de Bourgogne, denrée extrêmement rare, à un prix raisonnable, ce qui est encore plus rare. Qu'elle en soit louée. Les 2000 sont magnifiques.

Responsable : Olivier Leflaive
Vente à la propriété : oui
Visite : sur rendez-vous
Dégustation : oui
Langues : Allemand, Anglais, Hollandais
Surface du vignoble : 11 ha
Age des vignes : 30 ans

Cépages rouges :
    Pinot noir 100 %
Cépages blancs :
    Chardonnay 100 %
Appellation principale : Puligny-montrachet

🍷 **Chablis**
    2000 : 88 . . . . .10,50 €

🍷 **Chablis valmur GC**
    2000 : 91 . . . . .45 €

🍷 **Chassagne-montrachet**
    2000 : 88 . . . . .28,10 €

🍷 **Chassagne-montrachet**
    1999 : 88 . . . . .16,50 €

🍷 **Chassagne-montrachet premier cru Morgeot**
    2000 : 91

🍷 **Puligny-montrachet**
    2000 : 89

🍷 **Puligny-montrachet premier cru Champ Gain**
    2000 : 91 . . . . .39,60 €

🍷 **Saint-aubin premier cru les Charnois**
    2000 : 88 . . . . .19,20 €

CÔTE DE BEAUNE

PRODUCT OF FRANCE

MISE EN BOUTEILLES À LA PROPRIÉTÉ

Meursault-Charmes

APPELLATION MEURSAULT 1er CRU CONTROLÉE

75 cl
13,5% vol.

S.C. BALLOT-MILLOT & Fils
VITICULTEURS A MEURSAULT (COTE-D'OR) FRANCE

L 102

BALLOT-MILLOT ET FILS ***(*)

9 rue de la Goutte d'Or, BP 33
21190 Meursault
Tél. : 03 80 21 21 39 - Fax : 03 80 21 65 92

Vieille propriété familiale, le domaine s'étend sur Beaune, Pommard, Meursault et Chassagne. Philippe Ballot réussit aussi bien les blancs que les rouges. En 2000, le Pommard Pézerolles, une valeur sûre du domaine, est superbement réussi, tout comme le Meursault Charmes.

Responsables : Aleth et Philippe Ballot
Vente à la propriété : oui
Visite : sur rendez-vous
Dégustation : sur rendez-vous
Langues : Anglais
Surface du vignoble : 12 ha
Age des vignes : 30 ans
Surface en rouge : 5,61 ha
Cépages :
    Pinot noir 100 %
Surface en blanc : 6,39 ha
Cépages :
    Chardonnay 100 %
Appellation principale : Meursault
Production moyenne : 9 000 bouteilles

♀ **Meursault**
   2000 : 87

♀ **Meursault premier cru**
   2000 : 89

♀ **Pommard premier cru Pézerolles**
   2000 : 89

CHÂTEAU DE MONTHÉLIE ***(*)

21190 Monthélie
Tél. : 03 80 21 23 32 - Fax : 03 80 21 66 37
E. Mail : desuremain@wanadoo.fr

Inratable, le château à tuiles vernissées du XVIIIᵉ siècle trône au centre du coquet village situé en retrait de la côte. Traditionnel, le domaine qui possède une extension à Rully, continue de vendanger à la main. Les blancs sont fermentés en fûts, avec des élevages relativement longs en blanc comme en rouge, avec une faible proportion de bois neuf. Francs, droits et tanniques, les vins ont besoin des quelques années de cave pour exprimer toute leur élégance.

Responsable : Eric de Suremain
Vente à la propriété : oui
Visite : sur rendez-vous
Dégustation : sur rendez-vous
Langues : Anglais
Surface du vignoble : 11 ha
Surface en rouge : 8,5 ha
Cépages :
    Pinot noir 100 %
Surface en blanc : 2,5 ha
Cépages :
    Chardonnay 100 %
Appellation principale : Bourgogne
Production moyenne : 60 000 bouteilles

🍷 **Monthélie**
　　2000 : 88 . . . . .15,05 €
　　1999 : 88 . . . . .11,80 €

🍷 **Monthélie premier cru sur la Velle**
　　1999 : 88 . . . . .15,09 €

🍷 **Rully premier cru**
　　2000 : 84 . . . . .10,40 €

🍷 **Rully premier cru Préaux**
　　2000 : 87 . . . . .9,90 €

CÔTE DE BEAUNE

CHÂTEAU GÉNOT-BOULANGER

PULIGNY-MONTRACHET
La Garenne 1er Cru

13% Vol.   75cl. ℮

APPELLATION D'ORIGINE CONTRÔLÉE
Mis en bouteille par SCEV Château Génot-Boulanger
Viticulteur-Récoltant à Meursault (Côte d'Or) France

CHÂTEAU GÉNOT-BOULANGER ***(*)

25 rue de Cîteaux
21190 Meursault
Tél. : 03 80 21 24 18 - Fax : 03 80 21 49 21
E. Mail : genot-boulanger@wanadoo.fr

Propriété de la famille Génot-Delaby
depuis 1974, le château Génot-Boulanger s'inscrit dans la tradition des grands
domaines bourguignons aux appellations diversifiées : dix-sept appellations en rouge et seize en blanc, le tout
sur 66 parcelles, deux tiers en rouge et
un tiers en blanc. Le domaine a toujours
pratiqué une politique de qualité avec un
âge de vigne relativement élevé, ce qui
lui permet de sortir des cuvées d'une
homogénéité remarquable, avec des
sommets comme le Corton les Combes
ou le Puligny-Montrachet la Garenne,
les deux en 1999.

Responsable : famille Delaby-Génot
Vente à la propriété : oui
Visite : sur rendez-vous
Dégustation : sur rendez-vous
Moyen d'accès : Beaune à 7 km par la RN74.
Langues : Anglais
Surface du vignoble : 27,54 ha
Age des vignes : 35 ans
Surface en rouge : 17,35 ha
Cépages :
   Pinot noir 100 %

Surface en blanc : 10,18 ha
Cépages :
   Chardonnay 100 %
Appellation principale : Côte de beaune
Production moyenne : 115 000 bouteilles

Beaune lulunne
   1998 : 87 . . . . .16,16 €

Corton combes
   1999 : 91 . . . . .36,74 €

Mercurey les bacs
   1997 : 88 . . . . .11,28 €

Mercurey premier cru les Sazenay
   1999 : 88 . . . . .11,28 €

Pommard
   1998 : 88 . . . . .19,36 €

**Puligny-montrachet premier cru
la Garenne**
   1999 : 90 . . . . .24 €

Savigny-lès-beaune
   1998 : 88 . . . . .14,79 €

Volnay
   1997 : 88 . . . . .17,23 €

CÔTE DE BEAUNE

Mis en bouteille à la Propriété

Ladoix 1er Cru
LES CORVÉES
APPELLATION LADOIX 1ᵉʳ CRU CONTRÔLÉE

PRODUIT DE FRANCE

LLC

Vins Fins de Bourgogne

13%vol. | CHEVALIER PÈRE & FILS | 750 ml

VIGNERON-PROPRIÉTAIRE A LADOIX SERRIGNY (CÔTE~D'OR) FRANCE

CHEVALIER PÈRE & FILS ***(*)

Buisson Cedex 18
21550 Ladoix-Serrigny
Tél. : 03 80 26 46 30 - Fax : 03 80 26 41 47
E. Mail : ladoixch@club-internet.fr

Le sympathique et dynamique Claude Chevalier mène son domaine avec énergie, tout comme le syndicat viticole de Ladoix d'ailleurs. Si le domaine met en bouteille depuis 1959, il a toujours une tradition de qualité. Le domaine dispose de quelques belles parcelles dans le Corton qu'il réussit très bien. Mais c'est avant tout ses Ladoix qu'il faut louer. Trop méconnus, que ce soit en blancs comme en rouges, ils sont toujours de remarquable facture, avec des prix sympathiques. Les millésimes actuellement en vente sont au « top » niveau.

Responsable : Claude Chevalier
Vente à la propriété : oui
Visite : sur rendez-vous
Dégustation : sur rendez-vous
Langues : Anglais
Surface du vignoble : 11 ha
Age des vignes : 50 ans
Surface en rouge : 8,75 ha
Cépages :
    Pinot noir 100 %

Surface en blanc : 2,25 ha
Cépages :
    Chardonnay 100 %
Appellation principale : Ladoix premier cru
Production moyenne : 80 000 bouteilles

Aloxe-corton
1999 : 88 . . . . .17 €
1998 : 87 . . . . .17 €

Corton-charlemagne GC
2000 : 90

Corton rognet GC
1998 : 88 . . . . .32 €

Ladoix
2000 : 88

Ladoix
1999 : 88 . . . . .11 €

Ladoix les Grechons
2000 : 88

Ladoix premier cru les Corvées
1999 : 89 . . . . .15 €
1998 : 88 . . . . .14,50 €

CÔTE DE BEAUNE

DOMAINE
BERNARD BACHELET ET FILS ***(*)

Rue Maranges
71150 Dezize-lès-Maranges
Tél. : 03 85 91 16 11 - Fax : 03 85 91 16 48

Le domaine n'aligne pas moins de 18 appellations sur son tarif qui vont de Maranges à Meursault, autant en blancs qu'en rouges. Le domaine réussit également les deux couleurs. Si le domaine brille un peu plus en blancs qu'en rouges en 2000, c'est uniquement parce que les blancs sont plus réussis en 2000. On aurait d'ailleurs du mal à choisir entre Chassagne, Puligny et Meursault, car ils sont tous les trois très élégants. En rouge, ne ratez pas le superbe Maranges premier cru 1999.

Responsables : Jean-Louis, Jean-François et Vincent Bachelet
Vente à la propriété : oui
Visite : sur rendez-vous
Dégustation : sur rendez-vous
Surface du vignoble : 38 ha
Surface en rouge : 25 ha
Cépages :
    Pinot noir 100 %
Surface en blanc : 13 ha
Cépages :
    Chardonnay 100 %
Appellation principale : Maranges

Bourgogne VV
2000 : 87

Chassagne-montrachet
2000 : 88

Chassagne-montrachet les Benoîtes
2000 : 87

Maranges
2000 : 87

Maranges premier cru
1999 : 88 . . . . .9,60 €

Meursault les Narvaux
2000 : 88

Puligny-montrachet les Grands Champs
2000 : 88

Santenay
2000 : 87

DOMAINE D'ARDHUY ***(*)

Clos des Langres
21700 Corgoloin
Tél. : 03 80 62 98 73 - Fax : 03 80 62 95 15
E. Mail : domaine.ardhuy@wanadoo.fr

Propriétaire de l'exploitation depuis cinq générations, le domaine possède, entre autres, le célèbre Clos des Langres, vignoble de trois hectares planté au Xe siècle par les moines de Cîteaux. Jean-Pierre Terrand le vinifie depuis trente-cinq ans et doit bientôt passer la main. Que ce soit en 2000 ou en 1999, les vins possèdent une belle densité et le Corton Hautes Mourottes 1999 est sûrement un des plus beaux qui aient été produits.

Responsable : Gabriel Liogier d'Ardhuy
Vente à la propriété : oui
Visite : oui
Dégustation : oui
Moyen d'accès : RN74. A6.
Langues : Anglais, Espagnol
Surface du vignoble : 47 ha
Age des vignes : 40 ans
Surface en rouge : 40 ha
Cépages :
    Pinot noir 100 %
Surface en blanc : 7 ha
Cépages :
    Chardonnay 100 %
Appellation principale : Savigny-lès-beaune premier cru
Production moyenne : 150 000 bouteilles

**Côtes de nuits-villages
clos de langres**
    2000 : 88 . . . . .15 €

Ladoix Hautes mourottes
    1999 : 92 . . . . .29 €

Savigny-lès-beaune aux clous
    1999 : 88 . . . . .14 €

CÔTE DE BEAUNE

DOMAINE DANIEL LARGEOT ***(*)

5 rue des Brenôts
21200 Chorey-lès-Beaune
Tél. : 03 80 22 15 10 - Fax : 03 80 22 60 62

Daniel Largeot n'ignore rien des techniques viticoles gagnantes telles que
l'ébourgeonnage, le labour, la taille
courte ou les vendanges vertes, comme
il n'ignore rien de la prémacération à
froid en vinification. Que ce soit en 1999
ou en 2000, les rouges ont une belle
matière et du fruit. Ils sont hautement
recommandables.

Responsable : Daniel Largeot
Vente à la propriété : oui
Visite : sur rendez-vous
Dégustation : sur rendez-vous
Moyen d'accès : A6, sortie n° 24.
Surface du vignoble : 11 ha
Age des vignes : 35 ans
Surface en rouge : 10 ha
Cépages :
    Pinot noir 98 %
    Gamay 2 %

Surface en blanc : 1 ha
Cépages :
    Aligoté 100 %
Appellation principale : Chorey-lès-beaune
Production moyenne : 25 000 bouteilles

🍷 **Aloxe-corton**
    2000 : 88

🍷 **Beaune premier cru les Grèves**
    2000 : 88
    1999 : 89 . . . . .16,50 €

🍷 **Bourgogne aligoté**
    2001 : 87 . . . . .4,60 €

🍷 **Chorey-lès-beaune les Beaumonts**
    2000 : 88
    1999 : 88 . . . . .8,70 €

🍷 **Savigny-lès-Beaune**
    2000 : 87

DOMAINE DE COURCEL ***(*)

Place de l'Eglise
21630 Pommard
Tél. : 03 80 22 10 64 - Fax : 03 80 24 98 73
E. Mail : courcel@domaine-de-courcel.com

Ce vieux domaine du XVIe siècle avait été géré par une dynastie de régisseurs de père en fils. Avec l'arrivée d'Yves Confuron en 1996, les sols qui n'étaient plus travaillés depuis vingt ans ont été repris, les tailles sont devenues courtes, les vendanges ont été retardées et la mise en bouteille s'effectue sans filtrage ni collage. Sous ce traitement de cheval, les vins se sont améliorés à grande vitesse et les 2000 (22 hl/ha !) sont splendides et les derniers 1999 qui restent en vente sont magnifiques. Une transfiguration !

Responsable : famille de Courcel
Vente à la propriété : oui
Visite : sur rendez-vous
Dégustation : sur rendez-vous
Langues : Anglais
Surface du vignoble : 9,5 ha
Age des vignes : 60 ans

Surface en rouge : 9 ha
Cépages :
    Pinot noir 100 %
Surface en blanc : 0,5 ha
Cépages :
    Chardonnay 100 %
Appellation principale : Pommard
Production moyenne : 25 000 bouteilles

🍷 **Pommard premier cru Fremiers**
2000 : 90 . . . . .30 €

🍷 **Pommard premier cru
Grand clos des Epenots**
2000 : 91 . . . . .35 €
1999 : 94

🍷 **Pommard premier cru les Rugiens**
2000 : 93 . . . . .39 €
1999 : 95

🍷 **Pommard premier cru
les Vaumuriens**
2000 : 89 . . . . .25 €

CÔTE DE BEAUNE

DOMAINE
DE LA POUSSE D'OR ***(*)

Rue de la Chapelle
21190 Volnay
Tél. : 03 80 21 61 33 - Fax : 03 80 21 29 97
E. Mail : patrick@lapoussedor.fr
Web : www.la-pousse-d-or.fr

Ce domaine prestigieux remonte jusqu'aux ducs de Bourgogne en l'an 1100. Patrick Landanger vient de le reprendre en main et les 1999 se présentent bien. Le célèbre clos des soixante ouvrées est doté d'une belle matière épicée et le Clos de Tavannes à Santenay se révèle d'une belle densité. Les craintes que l'on pouvait avoir sur ce domaine, ne sont donc pas fondées.

Responsable : Patrick Landanger
Vente à la propriété : oui
Visite : sur rendez-vous
Dégustation : sur rendez-vous
Langues : Anglais
Surface du vignoble : 15 ha
Surface en rouge : 14,5 ha
Cépages :
    Pinot noir 100 %
Surface en blanc : 0,5 ha
Cépages :
    Chardonnay 100 %
Appellation principale : Volnay
Production moyenne : 65 000 bouteilles

🍷 **Santenay Clos tavannes**
    1999 : 88 . . . . .15 €

🍷 **Volnay premier cru les Caillerets clos des soixante ouvrées**
    1999 : 89 . . . . .32 €

GRAND VIN — Françoise & Denis CLAIR — DE BOURGOGNE

PRODUIT — DE FRANCE

SANTENAY 1ER CRU
Appellation Santenay 1er Cru Contrôlée
CLOS DE LA COMME

Mis en bouteille à la propriété par
F. & D. CLAIR, Viticulteurs à Santenay (Côte-d'Or) France

750 ml   Tél. 03.80.20.61.96   Alc. 13% by Vol.

DOMAINE
DENIS ET FRANÇOISE CLAIR ***(*)

14 rue de la Chapelle
21590 Santenay
Tél. : 03 80 20 61 96 - Fax : 03 80 20 65 19

Françoise et Denis Clair ont créé leur propre exploitation en 1987, après avoir géré le domaine familial pendant dix ans. Le domaine est en progrès constants. De corpulence moyenne, les rouges 2000 se caractérisent par un fruit très élégant, judicieusement extrait, et ils sont délicieux à boire. Plus ambitieux, les blancs 2000 sont encore marqués par leur boisé, mais leur plénitude devrait bien l'absorber. La qualité est très homogène.

Responsables : Denis et Françoise Clair
Vente à la propriété : oui
Visite : sur rendez-vous
Dégustation : sur rendez-vous
Langues : Anglais
Surface du vignoble : 13 ha
Age des vignes : 25 ans
Surface en rouge : 9 ha
Cépages :
    Pinot noir 100 %

Surface en blanc : 4 ha
Cépages :
    Chardonnay 100 %
Appellation principale : Santenay
Production moyenne : 70 000 bouteilles

Saint-aubin premier cru
2000 : 88 . . . . .8 €

Saint-aubin premier cru Frionnes
2000 : 87 . . . . .11 €

**Saint-aubin premier cru
les Murgers des Dents de Chien**
2000 : 88 . . . . .12 €

Santenay
2000 : 87 . . . . .10 €

Santenay clos Genet
2000 : 88

**Santenay premier cru
clos de la Comme**
2000 : 88 . . . . .13 €

CÔTE DE BEAUNE

DOMAINE DUBREUIL-FONTAINE PÈRE ET FILS ***(*)

Village Pernand
21420 Pernand-Vergelesses
Tél. : 03 80 21 55 43 - Fax : 03 80 21 51 69
E. Mail : dubreuil.fontaine@wanadoo.fr

Christine Gruère-Dubreuil a pris le relais de Bernard Dubreuil dans ce domaine d'une vingtaine d'hectares de vignes avec quelques joyaux tels que le Corton-Charlemagne et les cortons où ils disposent d'une vaste surface sur plusieurs climats. Que ce soit en blancs 2000 ou en rouges 1999, les vins sont issus d'une belle maturité de raisin.

Responsable : Christine Gruère-Dubreuil
Vente à la propriété : oui
Visite : oui
Dégustation : oui
Surface du vignoble : 20 ha
Surface en rouge : 15 ha
Cépages :
    Pinot noir 100 %
Surface en blanc : 5 ha
Cépages :
    Chardonnay 95 %
    Aligoté 5 %
Appellation principale : Pernand-vergelesses
Production moyenne : 90 000 bouteilles

🍷 **Pernand-vergelesses premier cru clos Berthet**
2000 : 88

🍷 **Savigny premier cru les Vergelesses**
1999 : 88 . . . . .12 €

DOMAINE DU CHÂTEAU DE CHOREY ***(*)

21200 Chorey-lès-Beaune
Tél. : 03 80 24 06 39 - Fax : 03 80 24 77 72
E. Mail : domaine-chateau-de-chorey@wanadoo.fr
Web : www.chateau-de-chorey.com

Domaine familial depuis cinq générations, les vignes sont travaillées mécaniquement avec des traitements essentiellement à base de soufre et de cuivre. Le domaine possède de belles parcelles à Chorey, regroupées sous la bannière du château, et quelques beaux premiers crus à Beaune. Issu d'une vigne d'une cinquantaine d'années, le Beaune rouge Teurons 2000 est doté d'une très belle matière, tout comme le Pernand-Vergelesses blanc Les Combottes 2000 qui affirme, en plus, une belle minéralité.

Responsables : Benoît et Aude Germain
Vente à la propriété : oui
Visite : sur rendez-vous
Dégustation : sur rendez-vous
Langues : Allemand, Anglais
Surface du vignoble : 17,5 ha
Surface en rouge : 12 ha
Cépages :
    Pinot noir 100 %
Surface en blanc : 5,5 ha
Cépages :
    Chardonnay 100 %
Appellation principale : Chorey-lès-beaune
Production moyenne : 70 000 bouteilles

🍷 **Chorey-lès-beaune**
    1999 : 87 . . . . .13 €

🍷 **Chorey-lès-beaune les Combottes**
    1999 : 88 . . . . .13 €

🍷 **Chorey-lès-beaune les Teurons**
    2000 : 88 . . . . .30 €

CÔTE DE BEAUNE

DOMAINE LALEURE-PIOT ***(*)

Village Pernand
21420 Pernand-Vergelesses
Tél. : 03 80 21 52 37 - Fax : 03 80 21 59 48
E. Mail : infos@laleure-piot.com
Web : www.laleure-piot.com

Ce très vieux domaine de Pernand est maintenant géré par Frédéric Laleure, très vite lancé dans le grand bain au décès de son grand-père. La vitesse de croisière est maintenant atteinte et les blancs, faits de rigueur et de minéralité, atteignent des sommets en 2000. Avec leur belle matière pleine, les rouges ont aussi belle allure.

Responsable : Frédéric Laleure
Vente à la propriété : oui
Visite : sur rendez-vous
Dégustation : sur rendez-vous
Surface du vignoble : 11 ha
Surface en rouge : 6,5 ha
Cépages :
    Pinot noir 100 %
Surface en blanc : 4,5 ha
Cépages :
    Chardonnay 100 %
Appellation principale : Pernand-vergelesses premier cru
Production moyenne : 55 000 bouteilles

Chorey-lès-beaune « Les Champs Longs »
2000 : 87

Corton-charlemagne GC
2000 : 92

Côte de nuits-villages
2000 : 87

Corton bressandes GC
2000 : 91

Corton le Rognet GC
2000 : 89

Pernand-vergelesses
2000 : 88

Pernand-vergelesses premier cru Ile des Vergelesses
2000 : 89

Pernand-vergelesses premier cru les Vergelesses
2000 : 88

Pernand-vergelesses premier cru
2000 : 89

2000

PREMIER CRU

SANTENAY CLOS DE TAVANNES

APPELLATION SANTENAY 1er CRU CONTRÔLÉE

Lucien MUZARD

LUCIEN MUZARD ET FILS, VITICULTEURS A SANTENAY, CÔTE-D'OR, FRANCE
GRANDS VINS DE BOURGOGNE   MIS EN BOUTEILLE A LA PROPRIÉTÉ
ALC. 13% BY VOL.   PRODUCT OF FRANCE   750 ML

DOMAINE
LUCIEN MUZARD ET FILS ***(*)

11 bis rue de la Cour-Vereuil
21590 Santenay
Tél. : 03 80 20 61 85 - Fax : 03 80 20 66 02
E. Mail : lucien-muzard-et-fils@wanadoo.fr

Le domaine a été fondé en 1645 et il a
été entièrement restructuré par Lucien
Muzard dans les années 60. Ses fils
Claude et Hervé gèrent maintenant la
propriété qui produit essentiellement des
vins rouges. Depuis plusieurs années, ils
produisent des vins denses et tanniques,
avec des superbes matières même en
2000. Les vins passent par une baisse de
régime difficile après quelques années
de bouteille, pour ensuite s'affiner considérablement. Soyez patients !

Responsables : Claude et Hervé Muzard
Vente à la propriété : oui
Visite : oui
Dégustation : sur rendez-vous
Surface du vignoble : 17 ha
Surface en rouge : 16,6 ha
Cépages :
    Pinot noir 100 %

Surface en blanc : 0,4 ha
Cépages :
    Chardonnay 100 %
Appellation principale : Santenay
Production moyenne : 80 000 bouteilles

Santenay champs Claude
2000 : 88

Santenay champs Claude VV
2000 : 89

**Santenay premier cru
clos Faubard**
2000 : 89

**Santenay premier cru
clos de Tavannes**
2000 : 90

Santenay premier cru Gravière
2000 : 88

Santenay premier cru Maladière
2000 : 90

CÔTE DE BEAUNE

DOMAINE
MAROSLAVAC-LÉGER ***(*)

43 Grande-Rue
21190 Puligny-Montrachet
Tél. : 03 80 21 31 23 - Fax : 03 80 21 91 39
E. Mail : maroslavac.leger@wanadoo.fr

Petit-fils de Stephan Maroslavac, Roland Maroslavac a débuté seul avant d'exploiter des vignes en fermage, puis ses propres vignes. Pendant longtemps, il vendait sa production au négoce. Autrefois dans un vieux style un peu lourd, les blancs sont devenus élégants et structurés et, de ce point de vue, les 2000 marquent une étape importante.

Responsable : Roland Maroslavac
Vente à la propriété : oui
Visite : non
Dégustation : sur rendez-vous
Moyen d'accès : RN74 puis D113.
Surface du vignoble : 8 ha
Age des vignes : 30 ans
Surface en rouge : 2 ha
Cépages :
    Pinot noir 100 %

Surface en blanc : 6 ha
Cépages :
    Aligoté 20 %
    Chardonnay 80 %
Appellation principale : Puligny-montrachet
Production moyenne : 50 000 bouteilles

♀ **Puligny-montrachet
les Corvées des vignes**
2000 : 88 . . . . .19,50 €

♀ **Saint-aubin premier cru
les Murgers dents de chien**
2000 : 89 . . . . .15 €

♀ **Meursault les Murgers**
2000 : 88 . . . . .17,50 €

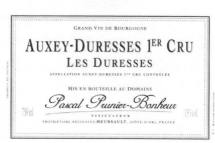

GRAND VIN DE BOURGOGNE

AUXEY-DURESSES 1ER CRU
LES DURESSES

APPELLATION AUXEY-DURESSES 1ER CRU CONTRÔLÉE

MIS EN BOUTEILLE AU DOMAINE

Pascal Prunier-Bonheur

VITICULTEUR

PROPRIÉTAIRE-RÉCOLTANT MEURSAULT, CÔTE-D'OR, FRANCE

750 ml · 13% vol.

DOMAINE MICHEL PRUNIER ***(*)

Chemin départemental 973
21190 Auxey-Duresses
Tél. : 03 80 21 21 05 - Fax : 03 80 21 64 73

Héritier de quatre générations, le domaine est géré par Michel Prunier, à l'occasion excellent chanteur de vieilles chansons bourguignonnes. Le millésime 2000 a permis d'élaborer des vins élégants de bonne tenue qui se sont considérablement affinés en bouteille. L'Auxey-Duresses rouge Clos du Val 2000 est une belle réussite pour le millésime, à côté de la valeur sûre du domaine, l'Auxey-Duresses blanc vieilles vignes, superbe en 2000.

Responsable : Michel Prunier
Vente à la propriété : oui
Visite : sur rendez-vous
Dégustation : sur rendez-vous
Moyen d'accès : RD973 entre Beaune et Nolay.
Surface du vignoble : 12 ha
Surface en rouge : 8 ha
Cépages :
   Pinot noir 100 %

Surface en blanc : 4 ha
Cépages :
   Chardonnay 80 %
   Aligoté 20 %
Appellation principale : Auxey-duresses
Production moyenne : 50 000 bouteilles

Auxey-duresses
2000 : 88

Auxey-duresses premier cru clos du Val
1999 : 89 . . . . .18 €

Auxey-duresses VV
2000 : 89

Chorey-lès-beaune les Beaumonts
2000 : 88

Crémant de bourgogne
1998 : 86 . . . . .6 €

Pommard les Vignots
2000 : 88

CÔTE DE BEAUNE

DOMAINE PATRICK JAVILLIER ***(*)

7 impasse des Acacias
21190 Meursault
Tél. : 03 80 21 27 87 - Fax : 03 80 21 29 39

C'est après son diplôme d'œnologue à Dijon en 1973 que Patrick Javillier reprend l'exploitation paternelle dont il triple la surface. Patrick Javillier est avant tout spécialisé dans les vins blancs. Marqué par son diplôme d'œnologue, il a été très technique à ses débuts, pour aller ensuite vers des vins plus puissants. Depuis quelques années, il réussit la synthèse avec des vins denses et élégants. Même s'ils ne sont pas premiers crus, ses meursault en ont, pour 2000, toutes les caractéristiques.

Responsable : Patrick Javillier
Vente à la propriété : oui
Visite : oui
Langues : Allemand, Anglais
Surface du vignoble : 10 ha
Age des vignes : 30 ans
Surface en rouge : 2 ha
Cépages :
  Pinot noir 100 %

Surface en blanc : 8 ha
Cépages :
  Chardonnay 100 %
Appellation principale : Meursault
Production moyenne : 65 000 bouteilles

Bourgogne Forgets
1999 : 86 . . . . .9,45 €

Bourgogne oligocène
1999 : 87 . . . . .12,96 €

Meursault clos du Cromin
2000 : 88 . . . . .22,75 €

Meursault les Tillets
2000 : 89 . . . . .22,75 €

Savigny-lès-beaune premier cru Serpentières
1999 : 88 . . . . .15,25 €

PRODUIT DE FRANCE — PRODUCE OF FRANCE

Monthelie 1er Cru

"LES DURESSES"

APPELLATION MONTHELIE 1er CRU CONTRÔLÉE

RED BURGUNDY WINE

CONTAINS SULFITES
ALCOHOL 13% BY VOLUME
NET CONTENTS 750 ML   *Mis en bouteilles à la propriété par*

Paul GARAUDET, Récoltant à Monthelie (Côte-d'Or)

DOMAINE PAUL GARAUDET ***(*)

Impasse de l'Eglise
21190 Monthélie
Tél.: 03 80 21 28 78 - Fax: 03 80 21 66 04

Infatigable animateur pour la promotion des vins de son village, l'adroit Paul Garaudet cumule tous les emplois dans son domaine, ce qui lui permet de surveiller tous les détails. Ses vins ont toujours un fruit, une suavité et une densité gourmande qui les rendent reconnaissables, mais chaque cru est bien individualisé et l'ensemble des vins d'une homogénéité qualitative remarquable. L'accueil est très sympathique au domaine.

Responsable: Paul Garaudet
Vente à la propriété: oui
Visite: sur rendez-vous
Dégustation: oui
Moyen d'accès: Beaune sud RD973.
Surface du vignoble: 10 ha
Age des vignes: 40 ans
Surface en rouge: 6 ha
Cépages:
    Pinot noir 100 %

Surface en blanc: 4 ha
Cépages:
    Chardonnay 100 %
Appellation principale: Monthélie
Production moyenne: 45 000 bouteilles

Bourgogne aligoté
2000: 87

Meursault VV
2000: 89

Monthélie
2000: 88

Monthélie premier cru les Duresses
2000: 88

Pommard
2000: 88

Volnay
2000: 88

CÔTE DE BEAUNE

DOMAINE PRIEUR BRUNET ***(*)

Rue de Narosse Santenay-le-Haut
21590 Santenay
Tél. : 03 80 20 60 56 - Fax : 03 80 20 64 31
E. Mail : uny-prieur@prieur-santenay.com
Web : www.prieur-santenay.com

Le domaine a pris naissance en 1804 avec l'acquisition du château Perruchot à Santenay par les frères Prieur. Le domaine a pris son nom définitif par mariage en 1955 et il élabore maintenant 22 appellations. Malgré cette diversité, la qualité des vins est homogène avec, en blanc comme en rouge, des vins denses et solides qu'il faut faire vieillir quelques années pour les amadouer.

Responsable : Dominique Prieur-Uny
Vente à la propriété : oui
Visite : sur rendez-vous
Dégustation : sur rendez-vous
Moyen d'accès : De Beaune RN74 à l'échangeur avec la RN6, près de Chagny, prendre la D974, direction le Creusot-Monceau les Mines.
Langues : Allemand, Anglais
Surface du vignoble : 20 ha
Age des vignes : 25 ans
Surface en rouge : 11 ha
Cépages :
    Pinot noir 100 %
Surface en blanc : 9 ha
Cépages :
    Chardonnay 100 %
Appellation principale : Santenay
Production moyenne : 150 000 bouteilles

Beaune clos du Roy
1999 : 88

Chassagne-montrachet les Embazées
2000 : 86

Chassagne-montrachet premier cru Morgeot
1999 : 88

Meursault Chevalières
2000 : 88

Meursault Forges dessus
2000 : 87

Meursault les Forges
1999 : 87

Meursault premier cru Charmes
2000 : 88

Pommard premier cru Platière
2000 : 87

Santenay premier cru clos Rousseau
2000 : 85

Santenay premier cru Comme
1999 : 87

Santenay premier cru Maladière
1999 : 88

Volnay premier cru Santenots
1999 : 88

DOMAINE
RODOLPHE DEMOUGEOT ***(*)

2 rue du Clos-de-Mazeray
21190 Mersault
Tél. : 03 80 21 28 99 - Fax : 03 80 21 29 18

Jeune arrivé, Rodolphe Demougeot vinifie avec fougue et sort, depuis plusieurs
années, des vins noirs à la solide structure tannique avec de belles matières
concentrées, toujours à la limite de la
surextraction. Les 2000 sont dans le
même esprit et il leur faudra du temps
pour digérer tous leurs composants, mais
ils le feront, car ces vins sont richement
dotés.

Responsable : Rodolphe Demougeot
Vente à la propriété : oui
Visite : sur rendez-vous
Dégustation : sur rendez-vous
Moyen d'accès : RN75 entre Beaune et
Chalon/saone
Langues : Anglais
Surface du vignoble : 7,5 ha
Age des vignes : 30 ans
Surface en rouge : 6 ha
Cépages :
    Pinot noir 95 %
    Gamay 5 %

Surface en blanc : 1,5 ha
Cépages :
    Chardonnay 100 %
Appellation principale : Pommard
Production moyenne : 35 000 bouteilles

Beaune clos Saint-Désiré
  2000 : 88 . . . . 14 €

Beaune les Epenottes
  2000 : 88 . . . . 12 €

Bourgogne
  2000 : 87 . . . . 7 €

Bourgogne
Hautes-côtes de Beaune VV
  2000 : 86 . . . . 7 €

Monthélie la Combe Damay
  2000 : 87 . . . . 11 €

Savigny-lès-beaune les Bourgeots
  2000 : 87 . . . . 12 €

Pommard
  2000 : 86 . . . . 16 €

Pommard les Vignots
  2000 : 88 . . . . 19 €

CÔTE DE BEAUNE

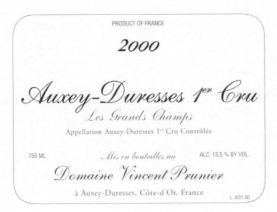

PRODUCT OF FRANCE

2000

Auxey-Duresses 1ᵉʳ Cru

Les Grands Champs

Appellation Auxey-Duresses 1ᵉʳ Cru Contrôlée

750 ML   *Mis en bouteilles au*   ALC. 13,5 % BY VOL.

Domaine Vincent Prunier

à Auxey-Duresses, Côte-d'Or, France

L. A01 00

DOMAINE VINCENT PRUNIER ***(*)

Route Nationale
21190 Auxey-Duresses
Tél.: 03 80 21 27 77 - Fax: 03 80 21 68 87

Ce domaine a été créé en 1988 et dispose maintenant de quelques bonnes parcelles dans les plus beaux villages environnants. Les blancs 2000 sont marqués par une belle acidité bienvenue, alors que les rouges du même millésime jouent le fruit. Bien vu !

Responsable : Vincent Prunier
Vente à la propriété : oui
Visite : sur rendez-vous
Dégustation : sur rendez-vous
Moyen d'accès : De Beaune prendre la direction Autun.
Surface du vignoble : 11,7 ha
Surface en rouge : 5,7 ha
Cépages :
    Pinot noir 85 %
    Gamay 15 %

Surface en blanc : 6 ha
Cépages :
    Chardonnay 50 %
    Aligoté 50 %
Appellation principale : Auxey-duresses
Production moyenne : 55 000 bouteilles

Auxey-duresses
2000 : 88

Auxey-duresses premier cru les Grands Champs
2000 : 88

Chassagne-montrachet
2000 : 88

Meursault
2000 : 88

Puligny-montrachet premier cru les Garennes
2000 : 88

Saint-aubin premier cru la Chatenière
2000 : 88

PRODUCE   OF FRANCE

BEAUNE CLOS DU ROY
PREMIER CRU
APPELLATION BEAUNE CLOS DU ROY 1ᴱᴿ CRU CONTRÔLÉE

Domaine Doudet

MIS EN BOUTEILLE AU DOMAINE

13% Vol.   DOUDET-NAUDIN A SAVIGNY-LES-BEAUNE, CÔTE-D'OR, FRANCE   750 ml

DOUDET-NAUDIN ***(*)

3 rue Henri-Cyrot
21420 Savigny-lès-Beaune
Tél. : 03 80 21 51 74 - Fax : 03 80 21 50 69
E. Mail : doudet-naudin@wanadoo.fr
Web : www.doudet-naudin.com

Créée en 1849, la maison est restée familiale avec une partie en pleine propriété (sept hectares sur quatre villages) et une partie négoce. L'ensemble a progressé de manière notable ces dernières années, au prix d'un travail acharné et de gros investissements, et les vins sont maintenant de haute qualité. Très équilibrés, les blancs 2000 sont d'une bonne longueur avec un très beau Corton-Charlemagne et les rouges 1999 ont le velouté qu'on attend d'eux, le Corton Maréchaudes 1999 étant splendide de race et de droiture.

Responsable : Emmanuel Bertelot
Vente à la propriété : oui
Visite : sur rendez-vous
Dégustation : sur rendez-vous
Moyen d'accès : A6, sortie Beaune nord - Savigny-lès-Beaune.
Surface du vignoble : 7 ha

Surface en rouge : 5,5 ha
Cépages :
    Pinot noir 100 %
Surface en blanc : 1,5 ha
Cépages :
    Chardonnay 100 %
Appellation principale : Bourgogne
Production moyenne : 29 000 bouteilles

Beaune premier cru
2000 : 89

Beaune premier cru clos du Roy
1999 : 90

Corton-charlemagne GC
2000 : 91

Corton Maréchaudes GC
1999 : 92

Maranges premier cru clos Rousseau
1999 : 89

Savigny-lès-beaune
1999 : 88

CÔTE DE BEAUNE

MAISON ALBERT BICHOT ***(*)

6 bis boulevard Jacques Copeau
21200 Beaune
Tél. : 03 80 24 37 37 - Fax : 03 80 24 37 38
E. Mail : bichot@wanadoo.fr

La maison a été fondée en 1831 par la famille Bichot. Toujours familiale, le domaine possède en Bourgogne Long-Depaquit à Chablis, Clos-Frantin à Vosne-Romanée et le Clos du Pavillon. Si les deux premiers domaines sont décrits dans des notices spécifiques, les vins du Clos du Pavillon, et plus généralement ceux de la côte de Beaune, sont toujours d'une grande élégance, mais ils paraissent toujours un peu déshabillés. Tels quels, ils séduiront les amateurs de vins fins et légers.

Responsable : famille Bichot
Visite : sur rendez-vous
Langues : Allemand, Anglais, Espagnol, Italien
Surface du vignoble : 29 ha
Surface en rouge : 25 ha
Cépages :
    Pinot noir 100 %
Surface en blanc : 4 ha
Cépages :
    Chardonnay 100 %
Appellation principale : Bourgogne
Production moyenne : 140 000 bouteilles

Aloxe-corton premier cru clos des Maréchaudes
1999 : 88 . . . . .17 €

Chablis domaine Long Depaquit
2001 : 87 . . . . .7 €

Chablis GC les Clos
2000 : 89

Chablis premier cru les Vaucopins
2000 : 89

Gevrey-chambertin les Corvées
1999 : 88 . . . . .16,70 €

Pommard premier cru les Clos Micault
1999 : 88 . . . . .18,30 €

Pommard clos du Pavillon
1999 : 88 . . . . .18 €

Pouilly-fuissé les Clos
2000 : 88

Meursault domaine du Pavillon
2000 : 87

Joseph Drouhin®

RÉCOLTE DU DOMAINE

CORTON-CHARLEMAGNE
GRAND CRU

APPELLATION CONTROLÉE

MIS EN BOUTEILLE PAR JOSEPH DROUHIN NÉGOCIANT
ÉLEVEUR A BEAUNE, CÔTE - D'OR, FRANCE, AUX CELLIERS
DES ROIS DE FRANCE ET DES DUCS DE BOURGOGNE

www.drouhin.com

13,5% vol.   FRANCE   75 cl

MAISON JOSEPH DROUHIN ***(*)

7 rue d'Enfer
21200 Beaune
Tél. : 03 80 24 68 88 - Fax : 03 80 22 43 14
E. Mail : maisondrouhin@drouhin.com
Web : www.drouhin.com

Fondée en 1880, la maison Drouhin a largement développé ses propres domaines avec 37 hectares à Chablis, 28 en Côte d'Or et 36 en Orégon aux Etats-Unis. Les vins sont suivis depuis 1976 par Laurence Jobard. Impeccablement vinifiés, les blancs sont, depuis très longtemps, de très bon niveau, avec un style toujours franc, ce qui permet une consommation relativement rapide. Les rouges jouent la même franchise, dans le sens traditionnel qui est celui de la maison.

Responsable : Robert Drouhin
Visite : sur rendez-vous
Dégustation : sur rendez-vous
Moyen d'accès : A6, sortie Beaune, RN74.
Langues : Allemand, Anglais
Surface du vignoble : 60,9 ha
Age des vignes : 35 ans
Surface en rouge : 17,4 ha
Cépages :
    Pinot noir 100 %

Surface en blanc : 43,5 ha
Cépages :
    Chardonnay 100 %
Appellation principale : Montrachet
Production moyenne : 240 000 bouteilles

Chambolle-musigny premier cru
1999 : 87 . . . . .27,85 €

Chassagne-montrachet
1999 : 87 . . . . .32 €

Corton-charlemagne GC
1999 : 89 . . . . .62,30 €

Côte de nuits-villages
1998 : 87 . . . . .15,55 €

Gevrey-chambertin
1999 : 87 . . . . .27,85 €

Meursault
1999 : 87 . . . . .29,65 €

Rully
1999 : 86 . . . . .13 €

CÔTE DE BEAUNE

RENÉ LEQUIN-COLIN ***(*)

10 rue de Lavau
21590 Santenay
Tél.: 03 80 20 66 71 - Fax: 03 80 20 66 70
E. Mail: renelequin@aol.com
Web: www.lequin-colin.com

René Lequin a été rejoint en 1996 par son fils François. Vinifiés à Santenay, les raisins viennent de Santenay, de Chassagne-Montrachet et aussi de quelques autres parcelles disséminées dans la Côte-d'Or, de vignes taillées en cordon de Royat pour les rouges et en Guyot simple pour les blancs. En 1999 comme en 2000, les vins ont grandement progressé. Les rouges comme les blancs sont maintenant très bien réussis.

Responsables: René et François Lequin
Vente à la propriété: oui
Visite: sur rendez-vous
Dégustation: sur rendez-vous
Moyen d'accès: A6 - RN74 jusqu'à Santenay.
Langues: Anglais
Surface du vignoble: 8,75 ha
Age des vignes: 25 ans

Surface en rouge: 6,87 ha
Cépages:
    Pinot noir 100 %
Surface en blanc: 1,88 ha
Cépages:
    Chardonnay 100 %
Appellation principale: Santenay
Production moyenne: 55 000 bouteilles

Chassagne-montrachet premier cru Morgeot
2000: 89 . . . . .21,20 €

Santenay premier cru la Comme
2000: 88 . . . . .14,45 €

Santenay VV
1999: 89 . . . . .9,90 €

CÔTE DE BEAUNE

ROSSIGNOL-FÉVRIER PÈRE ET FILS ***(*)

Rue du Mont
21190 Volnay
Tél. : 03 80 21 62 69 - Fax : 03 80 21 67 74

Ce domaine est surtout connu pour donner ses quartiers de noblesse au Volnay Robardelles, encore très réussi en 2000. Les Volnay premier cru, qu'ils soient de 2000 ou de 1999, ont cette élégance qui caractérise à la fois les vins de Volnay et ceux du domaine.

Responsable : Frédéric Rossignol
Vente à la propriété : oui
Visite : oui
Dégustation : oui
Surface du vignoble : 7,5 ha
Surface en rouge : 7 ha
Cépages :
    Pinot noir 100 %
Surface en blanc : 0,5 ha
Cépages :
    Chardonnay 100 %
Appellation principale : Bourgogne
Production moyenne : 35 000 bouteilles

🍷 **Volnay premier cru**
    2000 : 89
    1999 : 89 . . . . .14,90 €

🍷 **Volnay premier cru Robardelle**
    2000 : 89

CÔTE DE BEAUNE

CATHERINE ET CLAUDE MARÉCHAL ***

6 route de Chalon
21220 Bligny-lès-Beaune
Tél. : 03 80 21 44 37 - Fax : 03 80 26 85 01

Ce sympathique couple de producteurs soigne ses vignes avec amour, elles sont cultivées sans engrais, vendangées et triées à la main puis égrappées. Il en résulte des vins très naturels et sains, à des prix très raisonnables.

Responsables :
Catherine et Claude Maréchal
Vente à la propriété : oui
Visite : sur rendez-vous
Dégustation : sur rendez-vous
Surface du vignoble : 10,67 ha
Surface en rouge : 9,2 ha
Cépages :
    Pinot noir 100 %
Surface en blanc : 1,47 ha
Cépages :
    Chardonnay 67 %
    Aligoté 33 %
Appellation principale : Bourgogne
Production moyenne : 68 000 bouteilles

Auxey-duresses
2000 : 87

Bourgogne cuvée Gravel
2000 : 88

Chorey-lès-beaune
2000 : 87

Ladoix les Chaillots
2000 : 87

Pommard la Channière
2000 : 88

Savigny-lès-beaune
2000 : 88

CHÂTEAU DE MERCEY ***

Grande-Rue
71640 Mercurey
Tél. : 03 85 98 12 12 - Fax : 03 85 45 25 49
E. Mail : rodet@rodet.com
Web : www.rodet.com

Le château de Mercey est situé dans le petit village de Cheilly-lès-Maranges et son domaine produit des Hautes-Côtes de Beaune, appellation un peu méconnue qui concerne une vingtaine de villages, la coopérative en produisant une grande partie. Le domaine du château est, depuis 1989, géré par Antonin Rodet qui possède une importante participation. Vinifiés dans les caves même du château (domaine Rodet) avec une part importante de vieilles vignes, les vins sont toujours étonnants de densité pour cette appellation.

Responsable : Antonin Rodet
Vente à la propriété : oui
Visite : sur rendez-vous
Dégustation : oui
Surface du vignoble : 90 ha
Surface en rouge : 70 ha
Cépages :
    Pinot noir 100 %
Surface en blanc : 20 ha
Cépages :
    Chardonnay 100 %
Appellation principale : Bourgogne hautes-côtes de beaune
Production moyenne : 200 000 bouteilles

🍷 **Hautes-côtes de beaune**
    1999 : 87 . . . . 9,30 €

🍷 **Hautes-côtes de beaune**
    1999 : 86 . . . . 9,70 €

CÔTE DE BEAUNE

CHÂTEAU DE MEURSAULT ★★★

Rue Moulin-Foulot
21190 Meursault
Tél.: 03 80 26 22 75 - Fax: 03 80 26 22 76
E. Mail: hatero.chateau.meursault@kuter.com

Sous l'énergique direction de Jean-Claude Mitanchey, le château de Meursault a considérablement progressé. Assez boisés, les vins blancs 1999 sont très ambitieux avec une belle matière ample. Les rouges sont plus hétérogènes, mais à leur meilleur niveau comme dans les 1999, et singulièrement dans le Clos des Chênes 1999, ils sont superbement équilibrés. Qu'ils soient blancs ou rouges, les 1999 méritent quelques années de cave.

Responsable: Jacques Boisseaux
Vente à la propriété: oui
Visite: oui
Dégustation: oui
Moyen d'accès: 7 km sud de Beaune.
Langues: Anglais
Surface du vignoble: 58 ha
Age des vignes: 30 ans
Surface en rouge: 30 ha
Cépages:
    Pinot noir 100 %

Surface en blanc: 28 ha
Cépages:
    Chardonnay 100 %
Appellation principale: Meursault
Production moyenne: 300 000 bouteilles

Beaune Cent Vignes
1999: 88

Bourgogne clos du château
1999: 87

Meursault premier cru
1998: 88

**Pommard premier cru
clos des Epenots**
1999: 88

Puligny-montrachet Champ canet
1999: 88

Volnay clos des chênes
1999: 89

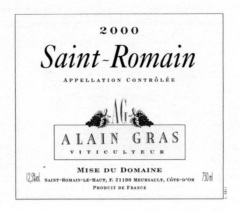

DOMAINE ALAIN GRAS ***

Rue Sous Velle
21190 Saint-Romain-le-Haut
Tél. : 03 80 21 27 83 - Fax : 03 80 21 65 56

Après avoir quitté le domaine familial,
Alain Gras s'installe à son compte en
1979. Il constitue puis accroît son
domaine, avec beaucoup de Saint
Romain en blanc et en rouge. Très
amples, presque plantureux pour le
blanc, ils sont très réussis et les prix restent modiques.

Responsable : Alain Gras
Vente à la propriété : oui
Visite : non
Dégustation : oui
Surface du vignoble : 12 ha
Age des vignes : 35 ans
Surface en rouge : 5,5 ha
Cépages :
    Pinot noir 100 %
Surface en blanc : 6,5 ha
Cépages :
    Chardonnay 100 %
Appellation principale : Saint-romain
Production moyenne : 50 000 bouteilles

♀ **Saint-romain**
    2000 : 88 . . . . .11,50 €

♟ **Saint-romain**
    2000 : 88 . . . . .10 €

CÔTE DE BEAUNE

DOMAINE ANDRÉ ET JEAN-RENÉ NUDANT ***

11 route Nationale 74
21550 Ladoix-Serrigny
Tél. : 03 80 26 40 48 - Fax : 03 80 26 47 13
E. Mail : domaine-nudant@wanadoo.fr

Apparemment, un Nudant était déjà vigneron en 1748. André Nudant qui débuta en 1953 après le petit séminaire, son fils Jean-René a pris sa succession. Les vins sont dans un style souple et policé, toujours aimables, la rondeur des 1999 les rendant particulièrement suaves. Les vins sont de moyenne garde et la plupart gagnent à être bus dans les cinq ans.

Responsable : Jean-René Nudant
Vente à la propriété : oui
Visite : sur rendez-vous
Dégustation : sur rendez-vous
Moyen d'accès : A6 sortie Savigny-lès-Beaune.
RN74 sortie Village, direction Dijon.
Surface du vignoble : 14 ha
Surface en rouge : 12 ha
Cépages :
    Pinot noir 100 %
Surface en blanc : 2 ha
Cépages :
    Chardonnay 100 %
Appellation principale : Ladoix
Production moyenne : 70 000 bouteilles

Aloxe-corton
1999 : 88

Aloxe-corton clos de la Boulotte Monopole
1999 : 89

Aloxe-corton premier cru les Coutières
2000 : 89

Bourgogne
2000 : 87

Bourgogne
1999 : 88

Corton-charlemagne GC
2000 : 91

Ladoix
1999 : 88

Ladoix les Buis
2000 : 87

Ladoix les Gréchons
2000 : 89

Ladoix premier cru la Corvée
2000 : 87

Savigny-lès-beaune
1999 : 88

DOMAINE BILLARD-GONNET ***

Route d'Ivry
21630 Pommard
Tél. : 03 80 22 17 33 - Fax : 03 80 22 68 92
E. Mail : billard.gonnet@wanadoo.fr

Etabli à Pommard depuis 1766, le domaine a commencé sa propre mise en bouteille en 1966. Pendant longtemps, les vins avaient la réputation d'être durs. Ce n'est plus le cas et surtout pas en 1999. Les premiers crus de pommard sont suaves et ronds, avec un moelleux qui entrera dans la légende. Ce millésime est le plus grand qui ait été produit au domaine depuis des lustres.

Responsable : Philippe Billard
Vente à la propriété : oui
Visite : sur rendez-vous
Dégustation : sur rendez-vous
Surface du vignoble : 9,5 ha
Surface en rouge : 8,5 ha
Cépages :
Pinot noir 100 %
Surface en blanc : 1 ha
Cépages :
Chardonnay 100 %
Appellation principale : Bourgogne

Pommard premier cru Chaponnières VV
1999 : 88 . . . . .21,35 €

Pommard premier cru clos de Verger
1999 : 88 . . . . .19,82 €

Pommard premier cru Rugiens bas
1999 : 89 . . . . .25,95 €

CÔTE DE BEAUNE

PRODUIT   DE FRANCE

MONTHELIE 1er CRU
Les Champs-Fulliot
APPELLATION MONTHELIE 1er CRU CONTRÔLÉE

—— 1999 ——

MIS EN BOUTEILLE AU
DOMAINE CHANGARNIER
MONTHELIE, 21190 MEURSAULT

13% Vol.   75 cl

DOMAINE CHANGARNIER ***

Place du Puits
21190 Monthélie
Tél. : 03 80 21 22 18 - Fax : 03 80 21 68 21
E. Mail : changarnier@aol.com

Située depuis le XVIe siècle à Monthélie, la propriété a été bâtie en 1840 sur
l'emplacement de caves plus anciennes.
Pierre Changarnier gère depuis 1990 la
propriété qui produit des Monthélie bien
sûr, mais aussi des Beaune, des Meursault et des Auxey-Duresses. Les vins
sont toujours bien équilibrés et assez
légers, que ce soit en blancs comme en
rouges.

Responsable : Jehan Changarnier
Vente à la propriété : oui
Visite : oui
Dégustation : oui
Langues : Anglais
Surface du vignoble : 6,5 ha
Age des vignes : 38 ans
Surface en rouge : 5 ha
Cépages :
   Pinot noir 100 %

Surface en blanc : 1,5 ha
Cépages :
   Chardonnay 100 %
Appellation principale : Monthélie
Production moyenne : 35 000 bouteilles

Beaune premier cru les Bélissands
2000 : 86 . . . . .14 €

Bourgogne
2000 : 85 . . . . .6 €

Meursault
1999 : 86 . . . . .14 €

Monthélie
2000 : 87 . . . . .11 €

Monthélie
1999 : 87 . . . . .8 €

Monthélie premier cru les Champs-Fulliot
1999 : 88 . . . . .11 €

Depuis 1750
à Beaune

Monopole Chanson

CHANSON
PÈRE & FILS

**BEAUNE 1er CRU
CLOS DES FÈVES**
Appellation Beaune 1er Cru Contrôlée

RÉCOLTÉ, VINIFIÉ, ÉLEVÉ ET MIS EN BOUTEILLE PAR
Chanson Père & Fils
ÉLEVEURS-NÉGOCIANTS À BEAUNE (CÔTE-D'OR) FRANCE

DOMAINE CHANSON PÈRE ET FILS ***

10 rue Paul-Chanson
21200 Beaune
Tél. : 03 80 25 97 97 - Fax : 03 80 24 17 42
E. Mail : chanson@vins-chanson.com
Web : www.vins-chanson.com

Fondée en 1750, la maison vient de fêter son 250e anniversaire. Elle dispose, en propre, d'un remarquable vignoble de 38 hectares avec des vignes assez jeunes, et procède à des achats en raisins ou en moûts, parfois en vins jeunes. La maison a été reprise en 1999 par la champenoise Bollinger, qui remet de l'ordre. Dans la large gamme des vins, les blancs sont de très bonne facture, avec un très beau Meursault-Perrières 1999. Les rouges du millésime 2000 sont largement en retrait par rapport à ceux de 1999.

Responsable :
Société holding Jacques Bollinger
Visite : sur rendez-vous
Dégustation : sur rendez-vous
Langues : Allemand, Anglais
Surface du vignoble : 38 ha
Age des vignes : 25 ans
Surface en rouge : 30 ha
Cépages :
    Pinot noir 100 %
Surface en blanc : 8 ha
Cépages :
    Chardonnay 100 %
Appellation principale : Beaune premier cru
Production moyenne : 170 000 bouteilles

Beaune premier cru clos des Fèves
2000 : 87

Beaune premier cru clos des Mouches
1999 : 87

Beaune premier cru clos du Roi
2000 : 85

Beaune premier cru clos des Mouches
1998 : 86

Corton Vergennes GC
1999 : 87

Côte de beaune-villages
1999 : 86

Meursault premier cru les Perrières
1999 : 89

Pernand-vergelesses premier cru les Vergelesses
2000 : 86

Pernand-vergelesses premier cru les Vergelesses
2000 : 86

Savigny dominode premier cru
2000 : 85

Savigny marconnets premier cru
2000 : 87

Vire clesse
2001 : 87

CÔTE DE BEAUNE

DOMAINE CONTAT-GRANGÉ ★★★

Grande-Rue
71150 Dezize-lès-Maranges
Tél.: 03 85 91 15 87 - Fax: 03 85 91 12 54
E. Mail: contat-grange@wanadoo.fr

Installé depuis 1981, le domaine cultive huit hectares, moitié en appellations régionales, moitié en appellations communales à Santenay et en Maranges. Les vignes sont labourées avec lutte intégrée et les levures sont naturelles. En 2000, les vins rouges sont d'une belle densité comme toujours et ils commencent à s'ouvrir. Le rapport qualité-prix est imbattable.

Responsables:
Yvon et Chantal Contat-Grangé
Vente à la propriété: oui
Visite: sur rendez-vous
Dégustation: sur rendez-vous
Moyen d'accès: Sortie Beaune A6 - RN74 - Chagny - RD974 - Santenay.
Surface du vignoble: 7,8 ha
Surface en rouge: 5,5 ha
Cépages:
  Pinot noir 100 %
Surface en blanc: 2,3 ha
Cépages:
  Chardonnay 60 %
  Aligoté 40 %
Appellation principale: Maranges
Production moyenne: 30 000 bouteilles

🍷 **Bourgogne Hautes-côtes de Beaune**
   2000: 86 . . . . .6,30 €

🍷 **Maranges**
   2000: 87 . . . . .7,60 €

🍷 **Santenay Saint-Jean de Narosse**
   2000: 88 . . . . .9,60 €

CÔTE DE BEAUNE

DOMAINE DE CHASSORNEY ***

Rue de Chavrotin
21190 Saint-Romain
Tél. : 03 80 21 65 55 - Fax : 03 80 21 67 44

Si le domaine n'avait pas beaucoup fait parler de lui, la conversion en biodynamie de Frédéric Cossard, dit Fred, a marqué une conversion tout court. Les vins ont pris de l'ampleur et du gras avec des blancs très riches qui sont rejoints par les rouges, l'élégance en prime.

Responsable : Frédéric Cossard
Vente à la propriété : oui
Visite : sur rendez-vous
Dégustation : sur rendez-vous
Langues : Anglais
Surface du vignoble : 7 ha
Surface en rouge : 3,5 ha
Cépages :
  Pinot noir 100 %
Surface en blanc : 3,5 ha
Cépages :
  Chardonnay 100 %
Appellation principale : Saint-romain
Production moyenne : 30 000 bouteilles

🍷 **Saint-romain Combe bazin**
   2000 : 88 . . . . .18 €

🍷 **Saint-romain Sous roche**
   2000 : 88 . . . . .18 €

CÔTE DE BEAUNE

DOMAINE EMMANUEL GIBOULOT ★★★

Combertault
21200 Beaune
Tél. : 03 80 22 90 07 - Fax : 03 80 22 89 53

Le domaine ne possède que des appellations régionales, mais elles sont traitées avec déférence, la culture est biologique certifiée et les vins très élégants. Sans oublier les petits prix.

Responsable : Emmanuel Giboulot
Vente à la propriété : oui
Visite : sur rendez-vous
Dégustation : sur rendez-vous
Surface du vignoble : 9,65 ha
Surface en rouge : 2,57 ha
Cépages :
   Pinot noir 100 %

Surface en blanc : 7,08 ha
Cépages :
   Chardonnay
   Pinot gris
   Aligoté
Appellation principale : Bourgogne

Bourgogne hautes-côtes de nuits
2000 : 87 . . . . .8 €

Bourgogne hautes-côtes de nuits
2000 : 87 . . . . .9,28 €

**Côte de beaune
la Grande Châtelaine**
2000 : 87 . . . . .9,70 €

DOMAINE FERNAND CHEVROT ***

19 route des Couches
71150 Cheilly-lès-Maranges
Tél. : 03 85 91 10 55 - Fax : 03 85 91 13 24
E. Mail : domaine.chevrot@wanadoo.fr

Situé au cœur des Maranges, le domaine produit dix appellations contrôlées avec ses onze hectares de vignes, dans de belles caves bicentenaires. Les vignes ont trente ans en moyenne. Les vins du millésime 2000 sont, comme dans les millésimes précédents, nets et francs, toujours bien faits.

Responsables :
Catherine et Fernand Chevrot
Vente à la propriété : oui
Visite : oui
Dégustation : oui
Moyen d'accès : Sud de Beaune RD974.
Surface du vignoble : 13,5 ha
Surface en rouge : 9 ha
Cépages :
 Pinot noir 100 %
Surface en blanc : 4,5 ha
Cépages :
 Chardonnay 100 %
Appellation principale : Maranges
Production moyenne : 70 000 bouteilles

Bourgogne aligoté
2001 : 87 . . . . .4,90 €

**Maranges côte de Beaune
sur le Chêne**
2000 : 87

**Santenay premier cru
clos Rousseau**
2000 : 87

CÔTE DE BEAUNE

DOMAINE
HENRI ET GILLES BUISSON ***

Impasse du Clou
21190 Saint-Romain
Tél. : 03 80 21 27 91 - Fax : 03 80 21 64 87
E. Mail : hgbuisson@aol.com
Web : www.hgbuisson.ouh.org

Les seize hectares sont partagés entre quinze appellations avec une prédominance de Saint-Romain, ce qui est normal pour le domaine phare de la localité. Marqués par une belle maturité du raisin, les blancs 2000 sont encore un peu dominés par le boisé, et les rouges 1999 ont un peu sorti leurs tannins. Les vins du domaine vieillissant toujours très bien, il faudra patienter quelques années avant de les consommer.

Responsable : Gilles Buisson
Vente à la propriété : oui
Visite : non
Dégustation : sur rendez-vous
Surface du vignoble : 16 ha
Surface en rouge : 10 ha
Cépages :
    Pinot noir 100 %
Surface en blanc : 6 ha
Cépages :
    Chardonnay 100 %
Appellation principale : Bourgogne
Production moyenne : 100 000 bouteilles

♀ **Corton le Rognet-et-Corton GC**
1999 : 90 . . . . .26,30 €

♀ **Saint-romain sous la Velle**
2000 : 88
1999 : 88 . . . . .9,90 €

♀ **Saint-romain sous Roche**
1999 : 88 . . . . .9,40 €

CÔTE DE BEAUNE

DOMAINE HERVÉ DE LAVOREILLE ***

10 rue de la Crée - Les Hauts-de-Santenay
21590 Santenay
Tél. : 03 80 20 61 57 - Fax : 03 80 20 66 03
E. Mail : delavoreille.herve@wanadoo.fr

Hervé de Lavoreillle a repris ce domaine familial en 1981 par passion, après avoir été visiteur médical, il l'a agrandi de deux à huit hectares. La lutte en viticulture est raisonnée avec une limitation des rendements. Blancs comme rouges sont des vins de bonne facture avec des beaux arômes d'amande dans le Santenay Clos de Gravières blanc 2000.

Responsable : Hervé de Lavoreille
Vente à la propriété : oui
Visite : sur rendez-vous
Dégustation : sur rendez-vous
Moyen d'accès : 18 km de Beaune direction Chalon s/s. 20 km de Chalon s/s direction Paris, 4 km de Chagny.
Langues : Anglais, Espagnol
Surface du vignoble : 7,5 ha
Age des vignes : 40 ans
Surface en rouge : 5,5 ha
Cépages :
    Pinot noir 100 %
Surface en blanc : 2 ha
Cépages :
    Chardonnay 100 %
Appellation principale : Santenay premier cru
Production moyenne : 15 000 bouteilles

🍷 **Santenay premier cru
clos des Gravières**
2000 : 88 . . . . .16 €

🍷 **Santenay clos du Haut village**
1998 : 87 . . . . .10,40 €

CÔTE DE BEAUNE

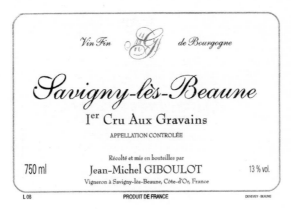

DOMAINE
JEAN-MICHEL GIBOULOT ***

27 rue Général-Leclerc
21420 Savigny-lès-Beaune
Tél. : 03 80 21 52 30 - Fax : 03 80 26 10 06

Jean-Michel Giboulot a pris la suite de
Maurice dans un style très différent.
Alors qu'ils étaient auparavant durs et
tanniques, les vins sont maintenant par-
fumés et élégants. Les 2000 sont dans
cet esprit avec des Savigny Serpentières
et des Fourneaux d'une très belle densité qui seront à leur meilleur niveau
dans deux ou trois ans.

Responsable : Jean-Michel Giboulot
Vente à la propriété : oui
Visite : non
Dégustation : sur rendez-vous
Surface du vignoble : 12 ha
Age des vignes : 30 ans
Surface en rouge : 10 ha
Cépages :
    Pinot noir 100 %

Surface en blanc : 2 ha
Cépages :
    Chardonnay 100 %
Appellation principale : Savigny-lès-beaune ou
Savigny
Production moyenne : 40 000 bouteilles

Bourgogne hautes-côtes de nuits
2000 : 85 . . . . .8 €

Savigny-lès-beaune
2000 : 87 . . . . .11 €

**Savigny-lès-beaune
aux Grands Liards**
2000 : 86 . . . . .11 €

**Savigny-lès-beaune premier cru
aux Fournaux**
2000 : 88 . . . . .12 €

**Savigny-lès-beaune premier cru
aux Gravains**
2000 : 87 . . . . .13 €

**Savigny-lès-beaune premier cru
aux Serpentières**
2000 : 88 . . . . .13 €

CÔTE DE BEAUNE

DOMAINE JEAN-PIERRE DICONNE ***

Rue de la Velle
21190 Auxey-Duresses
Tél. : 03 80 21 25 60 - Fax : 03 80 21 26 80

Jean-Pierre Diconne et son fils gèrent cette propriété aux dix appellations qui a toujours su préserver son capital de vieilles vignes. Réussis depuis toujours, les blancs 2000 le sont, à plus forte raison, avec un ample Meursault Clos des Luchets et un beau Auxey-Duresses. Les rouges sont toujours un peu en retrait, mais le millésime 1999 a donné des vins pleins de fruit.

Responsable : Jean-Pierre Diconne
Vente à la propriété : oui
Visite : sur rendez-vous
Dégustation : sur rendez-vous
Moyen d'accès : RD973, axe Beaune - Autun.
Langues : Anglais
Surface du vignoble : 8,46 ha
Age des vignes : 55 ans
Surface en rouge : 4,02 ha
Cépages :
　Pinot noir 100 %
Surface en blanc : 4,44 ha
Cépages :
　Chardonnay 100 %
Appellation principale : Auxey-duresses
Production moyenne : 30 000 bouteilles

Auxey-duresses
2000 : 88 . . . . 10,50 €

Auxey-duresses
1999 : 87 . . . . 8,60 €

**Auxey-duresses premier cru
les Duresses**
1999 : 88 . . . . 11,60 €

**Auxey-duresses premier cru
les Grands Champs**
2000 : 87 . . . . 10,70 €

Meursault clos des Luchets
2000 : 89 . . . . 17,50 €

Pommard les Vignots
1999 : 88 . . . . 14,50 €

CÔTE DE BEAUNE

EDMOND CORNU ET FILS ***

Le Meix Gobillon
21550 Ladoix
Tél. : 03 80 26 40 79 - Fax : 03 80 26 48 34

Sise au Meix Gobillon, clos de mur, la maison familiale abrite une belle cave voûtée. Les vins sont élaborés très méticuleusement, ce qui permet à la maison d'offrir d'impeccables Ladoix et Aloxe-Corton avec une grande régularité. Comme souvent, le Corton Bressandes domine la cave de sa stature et de sa race. Les vins sont de bonne garde et gagnent à rester quelques années en cave.

Responsable : Pierre Cornu
Vente à la propriété : oui
Visite : sur rendez-vous
Dégustation : sur rendez-vous
Surface du vignoble : 14,3 ha
Surface en rouge : 13,5 ha
Cépages :
    Pinot noir 100 %
Surface en blanc : 0,8 ha
Cépages :
    Aligoté 50 %
    Chardonnay 50 %
Appellation principale : Ladoix
Production moyenne : 70 000 bouteilles

Aloxe-corton
1999 : 88

Aloxe-corton premier cru les Valogières
1999 : 90

Chorey-lès-beaune les Bons Ores
1999 : 88

Corton GC
1999 : 93

Côtes de nuits-villages
1999 : 88

Ladoix les Carrières
1999 : 88

Ladoix premier cru les Bois Roussot
1999 : 88

Ladoix premier cru la Corvée
1999 : 89

Ladoix VV
1999 : 88

GRAND VIN
DE BOURGOGNE

PRODUCE
OF FRANCE

Puligny-Montrachet
1er Cru Les Folatières

APPELLATION CONTROLÉE

13,5% vol.

75 cl

DOMAINE GÉRARD CHAVY & FILS
VITICULTEURS A PULIGNY-MONTRACHET, COTE-D'OR, FRANCE

DEVEVEY - BEAUNE

L 09

GÉRARD CHAVY & FILS ***

BP 9
21190 Pulligny-Montrachet

Le domaine familial possède une très belle collection des meilleurs premiers crus de Puligny-Montrachet. Les Folatières, somptueux en 2000, ont une charpente qui défiera les décennies, mais le simple bourgogne blanc qui montre le savoir-faire de la maison, est d'un superbe rapport qualité-prix et de bonne initiation à la maison Gérard Chavy.

Responsables : Gérard Chavy & fils
Vente à la propriété : oui
Visite : non
Dégustation : sur rendez-vous
Langues : Anglais
Surface du vignoble : 12,8 ha
Age des vignes : 35 ans
Surface en rouge : 1 ha
Cépages :
   Pinot noir 100 %
Surface en blanc : 11,8 ha
Cépages :
   Aligoté 2 %
   Chardonnay 98 %
Appellation principale : Puligny-montrachet premier cru
Production moyenne : 75 000 bouteilles

🍷 **Bourgogne**
   2000 : 86 . . . . .5,49 €

🍷 **Puligny-montrachet les Folatières**
   2000 : 90 . . . . .22,87 €

CÔTE DE BEAUNE

MAISON CAPITAIN-GAGNEROT ✱✱✱

38 route de Dijon
21550 Ladoix-Serrigny
Tél. : 03 80 26 41 36 - Fax : 03 80 26 46 29

Si la maison Gagnerot fut fondée en 1802, c'est en 1864 qu'elle prend son nom définitif avec un mariage. Ce sont les deux fils de Roger Capitain, Patrice et Michel, qui gèrent le domaine de seize hectares, l'un à la production, l'autre à la commercialisation. Issu d'une vigne de 35 ans, le Charlemagne 2000 est superbe, tout comme le Ladoix premier cru. Dans les rouges, il faut mentionner un superbe Aloxe-Corton 1999 les Moutotes issu d'une vigne de cinquante ans.

Responsable : Patrice et Michel Capitain
Vente à la propriété : oui
Visite : sur rendez-vous
Dégustation : sur rendez-vous
Langues : Allemand, Anglais
Surface du vignoble : 16 ha
Age des vignes : 35 ans
Surface en rouge : 13 ha
Cépages :
   Pinot noir 100 %
Surface en blanc : 3 ha
Cépages :
   Chardonnay 100 %
Appellation principale : Ladoix
Production moyenne : 90 000 bouteilles

Aloxe-corton premier cru les Moutottes
1999 : 89

Corton-charlemagne GC
2000 : 92

Ladoix premier cru la Micaude
1999 : 88 . . . . .13,80 €

Ladoix premier les Gréchons et Foutrières
2000 : 88 . . . . .14 €

SYLVAIN DUSSORT ***

12 rue Charles Giraud
21190 Meursault
Tél. : 03 80 21 27 50 - Fax : 03 80 21 65 91
E. mail : dussvins@aol.com
Web : www.frenchwines.com

Sylvain et Véronique Dussort cultivent le domaine familial de six hectares. Leur appellation principale est le Bourgogne blanc. Les 1999 et les 2000 sont remarquables à un prix très sympathique, tout comme l'aligoté 2000. C'est le moment de faire des réserves dans ces appellations souvent décriées, qui sont ici traitées avec amour et dévotion. Les autres vins sont de même belle facture.

Responsable : Sylvain Dussort
Vente à la propriété : oui
Visite : non
Dégustation : sur rendez-vous
Moyen d'accès : RN74. A6 sortie Beaune ou Chalon s/saone
Surface du vignoble : 6 ha
Age des vignes : 35 ans

Surface en rouge : 1 ha
Cépages :
    Pinot noir 100 %
Surface en blanc : 5 ha
Cépages :
    Chardonnay 80 %
    Aligoté 20 %
Appellation principale : Meursault
Production moyenne : 25 000 bouteilles

Bourgogne aligoté
2000 : 86 . . . . .4,60 €

Bourgogne cuvée des Ormes
2000 : 88 . . . . .8,20 €

Bourgogne cuvée les Coutures
1999 : 88 . . . . .6,46 €

Chorey-lès-beaune les Beaumonts
2000 : 88 . . . . .11 €

Meursault
2000 : 88 . . . . .19 €

CÔTE DE NUITS

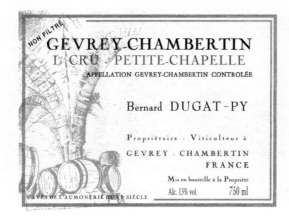

DOMAINE BERNARD DUGAT-PY *****

Rue de Planteligone Cour de l'Aumonerie,
BP 31
21220 Gevrey-Chambertin
Tél.: 03 80 51 82 46 - Fax: 03 80 51 86 41
E. Mail: dugat-py@wanadoo.fr
Web: www.dugat-py.com

Vigneron accompli, le discret Bernard
Dugat a le sens de travail bien fait, du
devoir même. Pendant longtemps, il a
travaillé dans l'abnégation avant que la
gloire médiatique ne s'abatte sur lui,
sans le troubler le moins du monde. Il
continue à soigner ses micro-parcelles
sur les meilleurs crus de Gevrey pour en
tirer le meilleur possible. Les bouteilles
sont splendides, hélas, il n'y en a que très
peu. Le seul vin où il dispose d'un peu
de bouteilles est le Cœur du Roy qui
assemble ses appellations villages, souvent de vieilles vignes, comme dans
l'ensemble du domaine. Et il est splendide ! Quant aux autres crus, ils sont
sublimes.

Responsable : Bernard Dugat
Vente à la propriété : non
Visite : non
Dégustation : non
Surface du vignoble : 7,3 ha
Age des vignes : 50 ans
Surface en rouge : 7,3 ha
Cépages :
    Pinot noir
Appellation principale : Gevrey-chambertin
Production moyenne : 25 000 bouteilles

🍷 **Bourgogne**
    2000 : 88

🍷 **Charmes-chambertin GC**
    2000 : 95

🍷 **Gevrey-chambertin « Cœur du Roy »**
    2000 : 90

🍷 **Gevrey-chambertin premier cru
    Petite-Chapelle**
    2000 : 92

🍷 **Mazis-chambertin GC**
    2000 : 95

🍷 **Vosne-romanée VV**
    2000 : 90

DOMAINE DE LA ROMANÉE-CONTI *****

1 rue Derrière-le-Four
21700 Vosne-Romanée
Tél. : 03 80 62 48 80 - Fax : 03 80 61 05 72

Héritier d'un passé prestigieux et d'un exceptionnel patrimoine de vignes, le domaine ne commercialise que des grands crus, en rouge essentiellement, mais aussi un peu de Montrachet. Sous l'action des deux cogérants du Domaine, Aubert de Villaine et Henry-Frédéric Roch, les méthodes de culture ont encore progressé en s'inspirant des méthodes de la biodynamie. Un modèle sur tous les plans, il mérite plus que jamais le titre de premier domaine du monde. La vinification traditionnelle avec des raisins non égrappés ou très peu égrappés n'avantage pas la dégustation des vins jeunes, mais ils sont éblouissants au vieillissement. Le millésime 1999 représente une réussite absolue. En raison d'une très forte demande, il n'y a pas de visites sur place et les vins ne sont commercialisés qu'en caisses panachées, en proportion des quantités produites.

Responsable : Société civile du domaine de la Romanée-Conti
Surface du vignoble : 26 ha
Age des vignes : 45 ans
Surface en rouge : 25,2 ha
Cépages :
    Pinot noir 100 %
Surface en blanc : 0,8 ha
Cépages :
    Chardonnay 100 %
Appellation principale : Romanée-conti
Production moyenne : 80 000 bouteilles

🍷 **Montrachet GC**
1999 : 96

🍷 **Echezeaux GC**
1999 : 91

🍷 **Grands-échezeaux GC**
1999 : 93

🍷 **La tâche GC**
1999 : 100

🍷 **Richebourg GC**
1999 : 94

🍷 **Romanée-conti GC**
1999 : 100

🍷 **Romanée-saint-vivant GC**
1999 : 93

CÔTE DE NUITS

DOMAINE DENIS MORTET *****

22 rue de l'Eglise
21220 Gevrey-Chambertin
Tél.: 03 80 34 10 05 - Fax: 03 80 58 51 32

En moins d'une dizaine d'années, Denis Mortet et sa femme Laurence ont pris une place de choix dans le panthéon des grands bourgognes où le velouté joue un si grand rôle. Ils la doivent à une tenue méticuleuse de la vigne où chaque feuille est à sa place et aussi à l'extraction très mesurée en vinification. Les vins acquièrent ce fameux velouté de texture si chatoyante dans les premières années. Après une phase un peu fermée, les vins gardent l'extraordinaire velouté de l'âge, ce qui relève de la magie !

Responsable: Denis Mortet
Vente à la propriété: non
Visite: non
Dégustation: non
Surface du vignoble: 11,2 ha
Age des vignes: 50 ans
Surface en rouge: 10 ha
Cépages:
  Pinot noir 100 %

Surface en blanc: 1,2 ha
Cépages:
  Chardonnay
  Aligoté
Appellation principale: Gevrey-chambertin premier cru
Production moyenne: 65 000 bouteilles

Bourgogne
2000: 87

Chambertin GC
2000: 90

Chambolle-musigny premier cru aux Beaux Bruns
2000: 91

Clos de vougeot GC
2000: 92

Gevrey-chambertin
2000: 89

Gevrey-chambertin au Vellé
2000: 88

Gevrey-chambertin Combe-du-dessus
2000: 88

Gevrey-chambertin en Champs VV
2000: 91

Gevrey-chambertin en Dérée VV
2000: 90

Gevrey-chambertin en Motrot Monopole
2000: 92

Gevrey-chambertin premier cru Lavaux Saint-Jacques
2000: 94

Gevrey-chambertin premier cru les Champeaux
2000: 92

Marsannay les Longeroies
2000: 88

GRAND CRU DE BOURGOGNE

CLOS DES LAMBRAYS

GRAND CRU
APPELLATION CONTROLÉE

DOMAINE DES LAMBRAYS

Propriétaire à Morey-St-Denis 21220 France

Mise du Domaine **1998** Produce of France

13,5% vol. 75 cl

DOMAINE DES LAMBRAYS *****

31 rue Basse
21220 Morey-Saint-Denis
Tél. : 03 80 51 84 33 - Fax : 03 80 51 81 97

Tombé bien bas dans les années 70, le clos avait été classé grand cru en 1981. Sous l'action constante de Thierry Brouin, le régisseur du vignoble, le domaine remonte les marches petit à petit. Largement constitué de vieilles vignes, le vignoble est maintenant en pleine production et tenu dans les règles de l'art. Conséquence, les vins atteignent des sommets dans les derniers millésimes. Le 2000 tout comme le 1998 sont proprement fabuleux et les prix, pour une telle qualité, sont encore très raisonnables.

Responsable : famille Freund
Vente à la propriété : oui
Visite : sur rendez-vous
Dégustation : sur rendez-vous
Langues : Anglais
Surface du vignoble : 11 ha
Age des vignes : 45 ans
Surface en rouge : 10,3 ha
Cépages :
    Pinot noir 100 %
Surface en blanc : 0,7 ha
Cépages :
    Chardonnay 100 %
Appellation principale : Clos des lambrays
Production moyenne : 50 000 bouteilles

Clos des Lambrays GC
2000 : 96
1998 : 96 . . . . .49,40 €

Morey-saint-denis premier cru les Loups
2000 : 90 . . . . .35,55 €

CÔTE DE NUITS

DOMAINE DU CLOS DE TART *****

7 route des Grands-Crus
21220 Morey-Saint-Denis
Tél. : 03 80 34 30 91 - Fax : 03 80 51 86 70
E. Mail : closdetart@freesbee.fr

Le Clos de Tart est né en 1141 d'une vente des Hospitaliers et le domaine n'a connu que trois propriétaires depuis le Moyen Age ; il appartenait aux Marey-Monge jusqu'en 1932 lorsqu'il fut acheté par la famille Mommessin. Si le vin a connu des faiblesses dans les années 70 et le début des années 80, il a entamé une exceptionnelle remontée, depuis que Sylvain Pitiot l'a pris en charge en 1995. Il vole de succès en succès et les derniers millésimes sont absolument remarquables avec ce mélange de force et d'élégance qui le rend inimitable.

Responsable : famille Mommessin
Vente à la propriété : oui
Visite : sur rendez-vous
Langues : Anglais
Surface du vignoble : 7,5 ha
Age des vignes : 55 ans
Surface en rouge : 7,5 ha
Cépages :
    Pinot noir 100 %
Appellation principale : Clos de tart
Production moyenne : 25 000 bouteilles

Clos de tart GC
    2000 : 96
    1999 : 94 . . . . .80 €
    1998 : 98
    1997 : 92

CÔTE DE NUITS

DOMINIQUE LAURENT *****

2 rue Jacques-Duret
21700 Nuits-Saint-Georges
Tél. : 03 80 61 49 94 - Fax : 03 80 61 49 95

Pâtissier à Vesoul, Dominique Laurent s'était attiré l'attention des amateurs en proposant, au milieu des années 80, des grands vins par correspondance. Il a pu concrétiser sa passion en devenant négociant, non sans grandes difficultés au début des années 90. Il a pu s'imposer en dénichant des cuvées sincères de vieilles vignes et en les élevant selon une science qu'il est le seul à posséder. Affinant au fur et à mesure sa technique, ses vins en ont considérablement progressé. En 2000, ils sont au sommet et il est difficile de trouver une cuvée un peu moins réussie que les autres. Achetez les vins en primeurs, vous ne serez jamais déçus.

Responsable : Dominique Laurent
Vente à la propriété : non
Visite : non
Dégustation : non

Cépages :
 Pinot noir 100 %
 Chardonnay 100 %
Appellation principale : Bonnes-mares
Production moyenne : 180 000 bouteilles

🍷 **Beaune grèves premier cru**
1999 : 92

🍷 **Bonnes-mares GC**
2000 : 94
1999 : 98

🍷 **Chambertin clos de Bèze GC**
2000 : 93

🍷 **Chorey-lès-beaune**
2000 : 89
1999 : 90

🍷 **Clos de vougeot GC**
1999 : 94

🍷 **Gevrey-chambertin premier cru clos Saint-Jacques**
2000 : 94
1999 : 94

🍷 **Grands-échezeaux GC**
2000 : 93
1999 : 93

🍷 **Mazis-chambertin GC**
2000 : 93
1999 : 93

🍷 **Nuits-saint-georges n° 1**
2000 : 90
1999 : 91

🍷 **Ruchottes-chambertin GC**
2000 : 92

🍷 **Vosne-romanée premier cru les Suchots**
2000 : 91
1999 : 92

CÔTE DE NUITS

MISE AU CHÂTEAU

J. LABET & N. DÉCHELETTE
PROPRIÉTAIRES CLOS DE VOUGEOT (CÔTE-D'OR)
FRANCE

VIEILLES VIGNES

CHATEAU DE LA TOUR
CLOS-VOUGEOT
GRAND CRU

APPELLATION CLOS-VOUGEOT CONTRÔLÉE

ALC. 13% BY VOL.   BURGUNDY WINE   PRODUCT OF FRANCE   750 ML
LC VVV

CHÂTEAU DE LA TOUR ****(*)

Clos de Vougeot
21640 Vougeot
Tél. : 03 80 62 86 13 - Fax : 03 80 62 82 72
E. Mail : contact@chateaudelatour.com
Web : www.chateaudelatour.com

Seul domaine élaborant son vin installé dans le clos, le château de La Tour en est aussi le plus grand propriétaire. Dans les années 70 et au début des années 80, le vin était sans grand intérêt. Il a fallu que le jeune François Labet fasse appel à Guy Accad pour obtenir des vins remarquables comme en 87. Guy Accad parti, le domaine a continué de progresser, avec l'aide de Jean-Pierre Confuron, jusqu'à réaliser des vins extraordinaires dans les derniers millésimes. Les Beaune intitulés Pierre Labet sont aussi de grand intérêt.

Responsable : François Labet
Vente à la propriété : oui
Visite : oui
Dégustation : oui
Moyen d'accès : RN74.
Surface du vignoble : 13 ha
Surface en rouge : 10 ha
Cépages :
    Pinot noir 100 %
Surface en blanc : 3 ha
Cépages :
    Chardonnay 100 %
Appellation principale : Clos de vougeot
Production moyenne : 63 000 bouteilles

Clos de vougeot GC
    1999 : 95
    1998 : 94
    1997 : 92
    1996 : 94

Clos de vougeot VV GC
    1999 : 97 . . . . .68,50 €

DOMAINE HENRI PERROT-MINOT ****(*)

54 route des Grands-Crus
21220 Morey-Saint-Denis
Tél. : 03 80 34 32 51 - Fax : 03 80 34 13 57
E. Mail : contact@perrot-minot.com
Web : www.perrot-minot.fr

Avec la reprise du domaine Pernin, Christophe Perrot-Minot se trouve à la tête d'un beau capital de vignes sur toute la Côtes de Nuits. Auparavant, il s'était déjà signalé aux amateurs des vins de Bourgogne en produisant des vins noirs et concentrés que d'aucuns jugeaient sur-extraits. Leur très belle évolution en bouteille démontre qu'ils ont tort. Vinificateur moderne mais très attentif, Christophe a encore progressé ces dernières années. Les vins des millésimes 2000 et 1999 sont denses, compacts et droits. Ils méritent d'être recherchés par les grands amateurs.

Responsables :
Henri et Christophe Perrot-Minot
Vente à la propriété : oui
Visite : sur rendez-vous
Dégustation : sur rendez-vous
Surface du vignoble : 16 ha
Surface en rouge : 15 ha
Cépages :
    Pinot noir 100 %

Surface en blanc : 1 ha
Cépages :
    Chardonnay 100 %
Appellation principale : Charmes-chambertin
Production moyenne : 75 000 bouteilles

🍷 **Chambolle-musigny premier cru la Combe d'Orveau**
1999 : 91 . . . . .52 €

🍷 **Charmes-chambertin GC**
1999 : 94 . . . . .70 €

🍷 **Mazoyères-chambertin GC**
1999 : 93 . . . . .70 €

🍷 **Morey-saint-denis premier cru la Riotte VV**
2000 : 91

🍷 **Nuits-saint-georges premier cru la Richemonne VV**
2000 : 92

🍷 **Vosne-romanée premier cru les Beaux Monts VV**
2000 : 90

CÔTE DE NUITS

Gevrey-Chambertin

APPELLATION GEVREY-CHAMBERTIN CONTRÔLÉE

RED BURGUNDY WINE Domaine
Mis en bouteille   75 cl   750 ML   HENRI REBOURSEAU
au Domaine   13,5% vol.   PROPRIÉTAIRE
L.99G N°: 6348   ALC.13.5% BY VOL.   GEVREY-CHAMBERTIN FRANCE
                                     PRODUCT OF FRANCE

DOMAINE
HENRI REBOURSEAU ****(*)

10 place du Monument
21220 Gevrey-Chambertin
Tél.: 03 80 51 88 94 - Fax: 03 80 34 12 82
E. Mail: rebourseau@aol.com
Web: www.rebourseau.com

Le général Rebourseau, esprit original, avait regroupé en 1919 les vignes de son père autour de la belle maison du XVIIIe siècle. Le domaine est maintenant géré par Jean de Surel, son arrière-petit-fils qui se tient à l'écart des modes secouant la Bourgogne. Même si beaucoup de parcelles sont vendangées à la machine, le vin n'est guère affecté par cette pratique. Les vins du millésime 1999 sont pleins et denses, avec un « toucher » aisément reconnaissable. Ils sont de grande garde.

Responsable: famille Rebourseau
Vente à la propriété: oui
Visite: sur rendez-vous
Dégustation: sur rendez-vous
Moyen d'accès: RN74 Dijon - Beaune.
Langues: Allemand, Anglais, Espagnol
Surface du vignoble: 13,61 ha
Age des vignes: 31 ans
Surface en rouge: 13,61 ha
Cépages:
    Pinot noir 100 %
Appellation principale: Gevrey-chambertin
Production moyenne: 60 000 bouteilles

Charmes-chambertin GC
1999 : 94 . . . . .40 €

Clos de vougeot GC
1999 : 94 . . . . .56 €

Gevrey-chambertin
1999 : 89 . . . . .20 €

Domaine
CONFURON-COTETIDOT

VOSNE-ROMANÉE
1ᵉʳ CRU - LES SUCHOTS
APPELLATION VOSNE-ROMANÉE 1ᵉʳ CRU CONTRÔLÉE

Mis en bouteille au domaine   13% vol.
E.A.R.L. J. CONFURON-COTETIDOT   750 ml
PROPRIÉTAIRE À VOSNE-ROMANÉE (CÔTE-D'OR) FRANCE
PRODUCT OF FRANCE

DOMAINE JACKY CONFURON-COTETIDOT ****(*)

10 rue de la Fontaine
21700 Vosne-Romanée
Tél. : 03 80 61 03 39 - Fax : 03 80 61 17 85

Jacky Confuron et ses deux fils Jean-Pierre et Yves ont une vision intransigeante du vin qui passe par des petits rendements, une récolte à maturité avec des risques insensés, s'il le faut, et une vinification sur la corde raide. A l'arrivée, les vins sont d'une profondeur étonnante à condition d'être patient. La vinification en raisins entiers donne une grande fraîcheur aux vins malgré une phase ingrate durant les premières années. Si le consommateur a le même niveau d'exigence en gardant patiemment les vins, il sera récompensé par la compréhension de ce qui fait l'essence des grands bourgognes, la classe.

Responsable : Jacky Confuron-Cotetidot
Vente à la propriété : oui
Visite : sur rendez-vous
Dégustation : sur rendez-vous
Langues : Anglais
Surface du vignoble : 11 ha
Age des vignes : 65 ans
Surface en rouge : 10,75 ha
Cépages :
    Pinot noir 100 %
Surface en blanc : 0,25 ha
Cépages :
    Chardonnay 100 %
Appellation principale : Vosne-romanée
Production moyenne : 35 000 bouteilles

🍷 **Bourgogne**
1999 : 88

🍷 **Chambolle-musigny**
2000 : 89

🍷 **Charmes-chambertin GC**
2000 : 95

🍷 **Echezeaux GC**
1999 : 94

🍷 **Gevrey-chambertin premier cru Lavaut St Jacques**
2000 : 94 . . . . .27 €

🍷 **Mazis-chambertin GC**
1999 : 95

🍷 **Nuits-saint-georges**
2000 : 90 . . . . .19 €

🍷 **Nuits-saint-georges premier cru**
2000 : 91 . . . . .26 €
1999 : 92

🍷 **Vosne-romanée**
2000 : 90 . . . . .19 €

🍷 **Vosne-romanée premier cru les Suchots**
2000 : 92 . . . . .26 €
1999 : 93

CÔTE DE NUITS

DOMAINE
TRAPET PÈRE ET FILS ****(*)

53 route de Beaune
21220 Gevrey-Chambertin
Tél. : 03 80 34 30 40 - Fax : 03 80 51 86 34
E. Mail : message@domaine-trapet.com
Web : www.domaine-trapet.com

Le domaine Trapet était déjà réputé lorsqu'est arrivé au domaine le jeune et modeste Jean-Louis Trapet. Sous sa houlette, les vins ont progressé d'une manière notable en qualité, la culture des vignes est devenue biologique puis biodynamique. Les vignes sont plantées serrées, 12 500 pieds à l'hectare, et l'ébourgeonnage est sévère au printemps. Parallèlement, les vins sont devenus de plus en plus élégants, comme ceux du millésime 2000, avec une belle franchise d'arômes associée à une texture dense.

Responsable : famille Trapet
Vente à la propriété : oui
Visite : sur rendez-vous
Dégustation : sur rendez-vous
Langues : Allemand, Anglais
Surface du vignoble : 13 ha
Surface en rouge : 13 ha
Cépages :
    Pinot noir 100 %
Appellation principale : Gevrey-chambertin
Production moyenne : 60 000 bouteilles

🍷 **Chambertin GC**
  2000 : 92 . . . . .70 €

🍷 **Chapelle-chambertin GC**
  2000 : 91 . . . . .50 €

🍷 **Gevrey-chambertin**
  2000 : 88 . . . . .20 €

DOMAINE AMIOT-SERVELLE ****

Rue du Lavoir
21220 Chambolle-Musigny
Tél. : 03 80 62 80 39 - Fax : 03 80 62 84 16

Le domaine a pris comme principe de cueillir un raisin le plus sain possible, toute l'exploitation étant conduite en culture du sol avec buttage en hiver, labourage en été, apport d'un compost naturel et suivi par analyse des terres. Le domaine possède des parcelles dans les meilleurs premiers crus de la commune, les Charmes et les Amoureuses, que Christian Amiot vinifie avec beaucoup de précision. Les vins sont un peu tendus dans leur jeunesse, mais au bout de quelques années, leur matière solide évolue vers une belle suavité. Les 2000 sont très réussis.

Responsables : Christian et Elizabeth Amiot
Vente à la propriété : oui
Visite : sur rendez-vous
Dégustation : sur rendez-vous
Surface du vignoble : 7 ha
Surface en rouge : 6,5 ha
Cépages :
    Pinot noir 100 %

Surface en blanc : 0,5 ha
Cépages :
    Aligoté
    Chardonnay
Appellation principale : Chambolle-musigny
Production moyenne : 35 000 bouteilles

Bourgogne
2000 : 88

Bourgogne
2000 : 88

Bourgogne aligoté
2000 : 88

**Chambolle-musigny
Derrière la Grange**
2000 : 90

**Chambolle-musigny premier cru
les Charmes**
2000 : 90

**Chambolle-musigny premier cru
les Amoureuses**
2000 : 90

Clos de vougeot GC
2000 : 90

CÔTE DE NUITS

DOMAINE ARLAUD PÈRE ET FILS ★★★★

43 route des Grands-Crus
21220 Morey-Saint-Denis
Tél. : 03 80 34 32 65 - Fax : 03 80 34 10 11
E. Mail : cyprien.arlaud@wanadoo.fr

Envoyé en garnison à Morey, Joseph Arlaud épouse Renée Amiot en 1942 et devient viticulteur et pépiniériste. Faute de place à Morey, la cuverie émigre à Nuits-Saint-Georges en 1966 au grenier à sel. Le fils Hervé Arlaud a pris la suite. Vinifiés sans concession, les vins sont denses et tanniques. Ils méritent un peu de garde pour qu'ils se desserrent, mais leur rigueur et leur franchise laissent présager le meilleur avenir.

Responsable : Hervé Arlaud
Vente à la propriété : oui
Visite : sur rendez-vous
Dégustation : sur rendez-vous
Surface du vignoble : 12,5 ha
Surface en rouge : 12 ha
Cépages :
    Pinot noir 100 %
Surface en blanc : 0,5 ha
Cépages :
    Chardonnay 100 %
Appellation principale : Bourgogne
Production moyenne : 60 000 bouteilles

🍷 **Bourgogne**
1999 : 87

🍷 **Gevrey-chambertin**
1999 : 88

🍷 **Morey-saint-denis premier cru aux Cheseaux**
2000 : 89

DOMAINE CHANTAL LESCURE ★★★★

34 A rue Thurot
21700 Nuits-Saint-Georges
Tél. : 03 80 61 16 79 - Fax : 03 80 61 36 64
E. Mail : contact@domaine-lescure.com
Web : www.domaine-lescure.com

Fondé en 1975 par Chantal de Lescure et Xavier Machard de Gramond, le domaine appartient maintenant à leurs enfants Thibault et Aymeric. Sous l'action de François Chavériat, gérant et maître de chai, le vin a progressé de manière impressionnante en quelques années. Le millésime 2000 est très bien réussi et les vins de 1999 sont très grands. Dans les 2000, les Nuits-Saint-Georges premier cru sont remarquables tout comme Le Vosne Suchots. Bravo !

Responsables :
Thibault et Aymeric Machard de Gramont
Vente à la propriété : oui
Visite : sur rendez-vous
Dégustation : sur rendez-vous
Moyen d'accès : RN74.
Surface du vignoble : 18,3 ha
Surface en rouge : 17 ha
Cépages :
    Pinot noir 100 %

Surface en blanc : 1,3 ha
Cépages :
    Chardonnay 100 %
Appellation principale : Bourgogne
Production moyenne : 60 000 bouteilles

Bourgogne
2000 : 88

Côte de beaune Grande Châtelaine
2000 : 88

Nuits-saint-georges premier cru les Damodes
2000 : 91

Pommard les Bertins
2000 : 90

Pommard premier cru les Vignots
2000 : 90

Vosne-romanée premier cru les Suchots
2000 : 92

CÔTE DE NUITS

Joseph Drouhin ®

RÉCOLTE DU DOMAINE

CORTON-CHARLEMAGNE
GRAND CRU

APPELLATION CONTROLÉE

MIS EN BOUTEILLE PAR JOSEPH DROUHIN NÉGOCIANT
ÉLEVEUR A BEAUNE, CÔTE - D'OR, FRANCE, AUX CELLIERS
DES ROIS DE FRANCE ET DES DUCS DE BOURGOGNE

www.drouhin.com

13,5% vol.   FRANCE   75 cl

DOMAINE DROUHIN-LAROZE ★★★★

20 rue du Gaizot
21220 Gevrey-Chambertin
Tél. : 03 80 34 31 49 - Fax : 03 80 51 83 70
E. Mail : drouhinlaroze@aol.com

Jean-Baptiste Laroze créa le domaine en 1850, mais c'est en 1919 que le domaine prit son nom définitif avec le mariage de sa petite-fille Suzanne et d'Alexandre Drouhin. Le domaine, actuellement dirigé par Philippe Drouhin, possède une belle palette dans les meilleurs grands crus. Jeunes, les vins ont la même sobriété que l'étiquette du domaine et ils n'impressionnent guère si ce n'est par leur pureté. Avec quelques années de bouteille, il en émane une réelle élégance et leurs qualités de densité et de race apparaissent au grand jour. Les vins du millésime 2000 sont superbes.

Responsable : Philippe Drouhin
Vente à la propriété : oui
Visite : sur rendez-vous
Dégustation : sur rendez-vous
Surface du vignoble : 11,5 ha
Surface en rouge : 11,5 ha
Cépages :
    Pinot noir 100 %
Appellation principale : Bourgogne
Production moyenne : 45 000 bouteilles

🍷 **Bonnes-mares GC**
2000 : 92

🍷 **Chapelle-chambertin GC**
2000 : 92

🍷 **Gevrey-chambertin**
2000 : 88

DOMAINE DU CLOS FRANTIN ★★★★

6 bis boulevard Jacques-Copeau
21200 Beaune
Tél. : 03 80 24 37 37 - Fax : 03 80 24 37 38

Ce domaine historique vieux de deux siècles a été acheté par la maison Albert Bichot en 1964 à la maison Grivelet. Installé à Vosne-Romanée, il dispose d'un impressionnant capital de vignes avec force grands crus. Les vins sont impeccablement vinifiés et impressionnent toujours aux dégustations de vins en échantillon. Si autrefois, on ne retrouvait pas toujours en bouteille les espoirs des dégustations en primeurs (par filtration excessive ?), ce n'est plus le cas aujourd'hui. Les 1999 comme les 2000 sont somptueux de chair et de matière, avec une élégance toute particulière.

Responsable : Domaines Bichot
Vente à la propriété : oui
Visite : sur rendez-vous
Dégustation : sur rendez-vous
Cépages rouges :
  Pinot noir 100 %
Cépages blancs :
  Chardonnay 100 %
Appellation principale : Corton

🍷 **Clos de vougeot GC**
1999 : 94

🍷 **Corton GC**
1999 : 92

🍷 **Corton-charlemagne GC**
1999 : 89

🍷 **Echezeaux GC**
1999 : 92

🍷 **Vosne-romanée premier cru les Malconsorts**
2000 : 91

CÔTE DE NUITS

DOMAINE
FRANÇOIS LAMARCHE ★★★★

9 rue des Communes
21700 Vosne-Romanée
Tél. : 03 80 61 07 94 - Fax : 03 80 61 24 31
E. Mail : domainelamarche@wanadoo.fr
Web : www.domaine-lamarche.com

Le mariage d'Henri Lamarche, tonne-lier, avec Marie Grivelet de Chambolle, fonde le domaine au début du XXᵉ siècle. Entre la pleine propriété et les vignes de Geneviève Lamarche, sœur de François, qui y travaille, le patrimoine est exceptionnel. Les vignes sont taillées court, les vins élevés en fûts neufs avec une proportion de 50 à 70 % et la mise se fait sans collage ni filtration. Les vins ont beaucoup gagné en densité et ils ont besoin de plusieurs années de cave pour équilibrer leur matière.

Responsable : François Lamarche
Vente à la propriété : oui
Visite : sur rendez-vous
Dégustation : sur rendez-vous
Moyen d'accès : Sortie autoroute Nuits Saint Georges, puis RN74, direction Dijon.
Surface du vignoble : 8,68 ha

Surface en rouge : 8,36 ha
Cépages :
  Pinot noir 100 %
Surface en blanc : 0,32 ha
Cépages :
  Aligoté 100 %
Appellation principale : Bourgogne
Production moyenne : 60 000 bouteilles

🍷 **Bourgogne hautes-côtes de nuits**
2000 : 85

🍷 **Clos de vougeot GC**
2000 : 90

🍷 **Echezeaux GC**
2000 : 89

🍷 **La Grande Rue GC**
1999 : 90 . . . . .77 €

🍷 **Vosne-romanée premier cru les Chaumes**
2000 : 87

🍷 **Vosne-romanée premier cru les Suchots**
2000 : 88

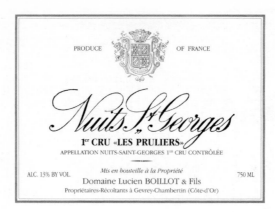

PRODUCE OF FRANCE

Nuits St Georges

1ᵉʳ CRU «LES PRULIERS»
APPELLATION NUITS-SAINT-GEORGES 1ᵉʳ CRU CONTRÔLÉE

ALC. 13% BY VOL. *Mis en bouteille à la Propriété* 750 ML
Domaine Lucien BOILLOT & Fils
Propriétaires-Récoltants à Gevrey-Chambertin (Côte-d'Or)

DOMAINE
LUCIEN BOILLOT ET FILS ★★★★

1 rue Docteur-Magnon-Pujo
21220 Gevrey-Chambertin
Tél. : 03 80 51 85 61 - Fax : 03 80 58 51 23

Issu d'une famille de Volnay et Pommard, Lucien Boillot est venu s'établir à Gevrey en 1950, tandis que son frère Jean est resté à Pommard. L'explication des Volnay et des Pommard du domaine vient de là. L'ensemble des vins est fin, élégant et persistant avec des 1999 tout comme des 2000 superbes et d'une régularité exemplaire.

Responsables : Lucien, Louis et Pierre Boillot
Vente à la propriété : oui
Visite : sur rendez-vous
Dégustation : sur rendez-vous
Langues : Anglais
Surface du vignoble : 14,27 ha
Age des vignes : 39 ans
Surface en rouge : 13,93 ha
Cépages :
   Pinot noir 100 %

Surface en blanc : 0,34 ha
Cépages :
   Chardonnay 100 %
Appellation principale : Nuits-saint-georges
Premier cru
Production moyenne : 70 000 bouteilles

Gevrey-chambertin
1999 : 89

Gevrey-chambertin premier cru les Cherbaudes
1999 : 90

Gevrey-chambertin premier cru les Corbeaux
2000 : 89

Nuits-saint-georges premier cru les Pruliers
2000 : 89

Pommard premier cru les Farcies
1999 : 90

Volnay premier cru les Caillerets
2000 : 91

CÔTE DE NUITS

DOMAINE
PHILIPPE CHARLOPIN ★★★★

14 route de Dijon
21220 Gevrey-Chambertin
Tél. : 03 80 51 81 18 - Fax : 03 80 51 81 27

Philippe Charlopin, dit « toutoune », a en quelques années, augmenté le patrimoine de vignes avec nombre de grands crus. Sans état d'âme et indépendant de toute école, il applique intuitivement la technique qui lui paraît la mieux adaptée. Avec des recherches d'incroyable maturité des raisins, les vins sont profonds et colorés, toujours gourmands, presque voluptueux. Même son simple Marsannay est magnifique.

Responsable : Philippe Charlopin
Vente à la propriété : non
Visite : sur rendez-vous
Dégustation : sur rendez-vous
Surface du vignoble : 15 ha
Cépages rouges :
    Pinot noir 100 %
Cépages blancs :
    Chardonnay 100 %
Appellation principale : Gevrey-chambertin
Production moyenne : 75 000 bouteilles

🍷 **Charmes-chambertin GC**
    2000 : 92

🍷 **Gevrey-chambertin**
    2000 : 88

🍷 **Marsannay**
    2000 : 88

DOMAINE ROSSIGNOL-TRAPET ★★★★

3 rue de la Petite-Issue
21220 Gevrey-Chambertin
Tél. : 03 80 51 87 26 - Fax : 03 80 34 31 63
E. Mail : info@rossignol-trapet.com
Web : www.rossignol-trapet.com

Le domaine a pris sa configuration actuelle à la suite du partage du domaine Louis Trapet en 1990. Sœur de Jean Trapet, Mado Trapet l'a d'abord exploité avec son mari, Jacques Rossignol, puis à son décès, avec ses deux fils Nicolas et David. Le domaine possède de beaux climats à Gevrey-Chambertin en grands crus (Chambertin, Chapelle-Chambertin et Latricières-Chambertin) ainsi qu'en premiers crus, mais aussi à Beaune et à Savigny-les-Beaune en Côtes de Beaune. Le style des vins joue résolument l'élégance avec, en particulier, un très joli « village » Gevrey-Chambertin 2000.

Responsables : David et Nicolas Rossignol
Vente à la propriété : oui
Visite : sur rendez-vous
Dégustation : sur rendez-vous
Langues : Allemand, Anglais
Surface du vignoble : 14 ha
Age des vignes : 48 ans
Surface en rouge : 13,4 ha
Cépages :
    Pinot noir 100 %

Surface en blanc : 0,6 ha
Cépages :
    Chardonnay 100 %
Appellation principale : Chambertin
Production moyenne : 75 000 bouteilles

🍷 **Beaune premier cru Teurons**
1999 : 88

🍷 **Chambertin GC**
1999 : 94

🍷 **Chapelle-Chambertin GC**
1999 : 93

🍷 **Gevrey-chambertin**
2000 : 88

🍷 **Gevrey-chambertin premier cru clos prieur**
2000 : 89

🍷 **Gevrey-chambertin premier cru petite chapelle**
2000 : 91

🍷 **Latricières-chambertin GC**
1999 : 93

🍷 **Morey-saint-denis la rue de Vergy**
2000 : 88

CÔTE DE NUITS

Mise au · *Domaine*

GEVREY-CHAMBERTIN 1ᵉʳ CRU
CLOS SAINT-JACQUES
Appellation contrôlée

750 ml · LI   F 21220 - GEVREY-CHAMBERTIN (Côte d'Or)   13% alc. by vol

ESMONIN SYLVIE ****

Clos Saint-Jacques, 1 rue Neuve
21220 Gevrey-Chambertin
Tél.: 03 80 34 36 44 - Fax: 03 80 34 17 31

L'énergique Sylvie Esmonin, ingénieur agronome, a repris le domaine de son père Michel qui dispose de quelques joyaux comme cette belle parcelle dans le clos Saint-Jacques. Les premières années, elle recherchait l'élégance. Dans les derniers millésimes, les vins ont pris de la densité, sans rien perdre de leur délicatesse. A cet égard, les 2000 sont particulièrement réussis avec un Clos Saint-Jacques de grande classe et un Volnay-Santenots encore très jeune d'une grande distinction, tout comme le beau bourgogne, qui est une affaire.

Responsable: Sylvie Esmonin
Vente à la propriété: oui
Visite: oui
Dégustation: sur rendez-vous
Surface du vignoble: 7,13 ha
Surface en rouge: 6,87 ha
Cépages:
    Pinot noir 100 %
Surface en blanc: 0,26 ha
Cépages:
    Chardonnay 100 %
Appellation principale: Gevrey-chambertin
Production moyenne: 35 000 bouteilles

🍷 **Bourgogne cuvée Sylvie**
2000: 89

🍷 **Gevrey-chambertin premier cru clos Saint-Jacques**
2000: 94

🍷 **Volnay premier cru Santenots**
2000: 92

FRÉDÉRIC MAGNIEN ****

26 route nationale
21220 Morey-Saint-Denis
Tél. : 03 80 58 54 20 - Fax : 03 80 51 84 34

Frédéric Magnien s'est lancé dans la grande aventure en 1995 après avoir travaillé dans des entreprises viticoles californiennes et australiennes avant de terminer son diplôme d'œnologie à Dijon. Le millésime 2000 marque une étape dans cette brillante jeune carrière. A la fois denses et élégants, ils atteignent des sommets avec les Chambolle Charmes et le Nuits Prûliers.

Responsable : Frédéric Magnien
Vente à la propriété : oui
Visite : sur rendez-vous
Dégustation : sur rendez-vous
Moyen d'accès : RN74.
Langues : Anglais
Surface du vignoble : 13,6 ha
Age des vignes : 40 ans
Surface en rouge : 13 ha
Cépages :
    Pinot noir 100 %

Surface en blanc : 0,6 ha
Cépages :
    Chardonnay 100 %
Appellation principale : Bourgogne
Production moyenne : 90 000 bouteilles

Chambolle-musigny VV
2000 : 89 . . . . .22,50 €

**Chambolle-musigny premier cru
les Charmes VV**
2000 : 91 . . . . .37,50 €

**Gevrey-chambertin
clos de la Justice VV**
2000 : 89 . . . . .22,50 €

Morey-saint-denis les Larrets
2000 : 87 . . . . .13,30 €

**Morey-saint-denis premier cru
les Ruchots**
2000 : 89 . . . . .29,91 €

**Nuits-saint-georges premier cru
les Pruliers**
2000 : 90 . . . . .29,91 €

CÔTE DE NUITS

CHATEAU DE MARSANNAY
Mise du Château

MARSANNAY
APPELLATION MARSANNAY CONTRÔLÉE

S.C. DOMAINE DU CHATEAU DE MARSANNAY
PROPRIÉTAIRE À MARSANNAY, CÔTE D'OR - FRANCE

DISTRIBUTEUR EXCLUSIF   D. DE L'ARGILLIÈRE   MARSANNAY CÔTE D'OR

13% vol.   FRANCE   75 cl

CHÂTEAU DE MARSANNAY ***(*)

Route des-grands-crus
21160 Marsannay-la-Côte
Tél. : 03 80 51 71 11 - Fax : 03 80 51 71 12

Au-delà de l'ancienne cuverie reconstituée et des magnifiques caves cisterciennes qui font partie du patrimoine de la Bourgogne, le château de Marsannay possède un belle collection de vignes. L'énergique Jean-Claude Mittanchey, qui a remis sur pied le château de Meursault dans une situation analogue, a relancé le château de Marsannay. Souples, les vins sont devenus gourmands et faciles à boire, sauf bien entendu Gevrey-Chambertin et Clos Vougeot qui possèdent la masse de tannins qu'on attend d'eux.

Responsable : Jacques Boisseaux
Vente à la propriété : oui
Visite : oui
Dégustation : oui
Moyen d'accès : 5 km de Dijon sud.
Surface du vignoble : 38 ha
Surface en rouge : 33 ha
Cépages :
   Pinot noir 100 %

Surface en blanc : 5 ha
Cépages :
   Chardonnay 100 %
Appellation principale : Marsannay
Production moyenne : 180 000 bouteilles

Clos de vougeot GC
2000 : 89

Gevrey-chambertin premier cru
2000 : 88

Marsannay
2000 : 88

Marsannay
2000 : 86

Marsannay
2000 : 88

Vosne-romanée en Orveaux
2000 : 88

DOMAINE ARMELLE ET BERNARD RION ***(*)

8 route Nationale 74
21700 Vosne-Romanée
Tél. : 03 80 61 05 31 - Fax : 03 80 61 24 60
E. Mail : rionab@caramail.com
Web : www.domainerion.com

Le domaine dispose d'un joli patrimoine de vignes entre Nuits-Saint-Georges et le Clos Vougeot qu'il met bien en valeur. Toujours très coloré, le style des vins colle de plus en plus au terroir avec, toujours, une petite signature tannique en finale qui les rend reconnaissables. Les 2000 sont un peu plus suaves et un peu moins extraits que d'habitude et ils sont, comme toujours, d'une très grande régularité. Ils sont à apprécier au bout de quelques années.

Responsables : Armelle & Bernard Rion
Vente à la propriété : oui
Visite : sur rendez-vous
Dégustation : sur rendez-vous
Moyen d'accès : Sortie autoroute A31 Nuits Saint Georges.
Surface du vignoble : 7,5 ha
Surface en rouge : 7 ha
Cépages :
    Pinot noir 100 %

Surface en blanc : 0,5 ha
Cépages :
    Chardonnay 50 %
    Aligoté 50 %
Appellation principale : Vosne-romanée Premier cru
Production moyenne : 43 000 bouteilles

🍷 **Bourgogne Uncnatum**
1999 : 86 . . . . .7 €

🍷 **Clos de vougeot GC**
2000 : 89

🍷 **Les Echezeaux GC**
2000 : 88

🍷 **Nuits-saint-georges premier cru les Lavières**
2000 : 88

🍷 **Nuits-saint-georges premier cru les Damodes**
1999 : 88 . . . . .20 €

🍷 **Vosne-romanée premier cru les Chaumes**
1999 : 88 . . . . .22 €

CÔTE DE NUITS

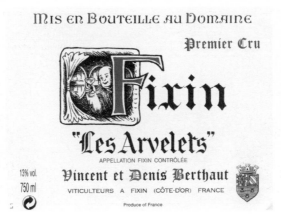

MIS EN BOUTEILLE AU DOMAINE

Premier Cru

Fixin

"Les Arvelets"

APPELLATION FIXIN CONTRÔLÉE

13% vol.
750 ml

Vincent et Denis Berthaut

VITICULTEURS A FIXIN (CÔTE-D'OR) FRANCE

Produce of France

DOMAINE BERTHAUT ***(*)

9 rue Noisot
21220 Fixin
Tél. : 03 80 52 45 48 - Fax : 03 80 51 31 05
E. Mail : denis.berthaut@wanadoo.fr
Web : www.domaine-berthaut.com

Les Berthaut ont repris l'exploitation en 1975 et ils ont produit pendant longtemps des vins robustes et tanniques, lents à se faire, toujours un peu rustiques. Le millésime 2000 n'est plus dans cette tonalité. Les raisins sont mûrs et les matières sont denses, mais sans agressivité. Les vins vieilliront bien.

Responsables : Vincent et Denis Berthaut
Vente à la propriété : oui
Visite : non
Dégustation : oui
Langues : Anglais
Surface du vignoble : 13 ha
Age des vignes : 40 ans
Surface en rouge : 13 ha
Cépages :
    Pinot noir 100 %
Appellation principale : Fixin
Production moyenne : 60 000 bouteilles

🍷 **Fixin les Clos**
   2000 : 88 . . . . .11 €

🍷 **Fixin premier cru les Arvelets**
   2000 : 89 . . . . .17 €

🍷 **Gevrey-chambertin
   clos des Chezeaux**
   2000 : 87 . . . . .16 €

DOMAINE DUJAC ***(*)

7 rue de la Bussière
21220 Morey-Saint-Denis
Tél. : 03 80 34 01 00 - Fax : 03 80 34 01 09
E. Mail : dujac@dujac.com
Web : www.dujac.com

Le brillant Jacques Seysses s'est installé à Morey en 1968 après une brève carrière commerciale dans l'entreprise paternelle. Les vignes, dont une partie est juste derrière la maison, sont tenues au cordeau. La vinification conjugue à la fois des raisins non égrappés et un élevage avec une forte proportion de bois neuf. Les vins moyennement colorés sont chaleureux et vanillés avec, en évolution, des arômes souvent giboyeux, ce qui donne un style aisément reconnaissable entre tous.

Responsable : Jacques Seysses
Vente à la propriété : oui
Visite : oui
Dégustation : sur rendez-vous
Moyen d'accès : RN74 direction Morey.
Surface du vignoble : 11,75 ha
Cépages rouges :
    Pinot noir 100 %
Cépages blancs :
    Chardonnay 100 %
Appellation principale : Morey-saint-denis
Production moyenne : 80 000 bouteilles

Clos de la roche GC
2000 : 91

Morey-saint-denis
1999 : 88

Morey-saint-denis
1999 : 88

CÔTE DE NUITS

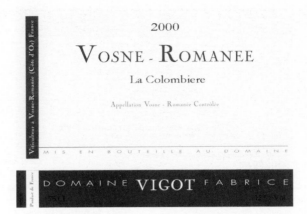

DOMAINE FABRICE VIGOT ***(*)

20 rue de la Fontaine
21700 Vosne-Romanée
Tél. : 03 80 61 13 01 - Fax : 03 80 61 13 01
E. Mail : fabricce.vigot@wanadoo.fr

Les premières vinifications au domaine parental datent de 1986 et c'est en 1990 que Fabrice Vigot crée son propre domaine, essentiellement en vins rouges. Elaborés avec des raisins égrappés, les vins du millésime 2000 sont veloutés, en particulier ceux de Vosne-Romanée, et les prix restent raisonnables. Le Vosne-Romanée La Colombière est toujours d'une grande régularité.

Responsable : Fabrice Vigot
Vente à la propriété : oui
Visite : sur rendez-vous
Dégustation : sur rendez-vous
Surface du vignoble : 5,22 ha
Age des vignes : 35 ans
Surface en rouge : 4,84 ha
Cépages :
    Pinot noir 100 %
Appellation principale : Vosne-romanée
Production moyenne : 15 000 bouteilles

🍷 **Echezeaux**
    2000 : 89 . . . . .47 €

🍷 **Nuits-saint-georges VV**
    2000 : 87 . . . . .19 €

🍷 **Vosne-romanée**
    1999 : 88 . . . . .20 €

🍷 **Vosne-romanée village
    « La Colombière »**
    2000 : 89 . . . . .23 €

MARSANNAY
Appellation Marsannay Contrôlée

Les Aigues Pruniers

DOMAINE
FOUGERAY DE BEAUCLAIR
MARSANNAY-LA-CÔTE 21160 - FRANCE

DOMAINE FOUGERAY DE BEAUCLAIR ***(*)

44 rue de Mazy - BP 36
21160 Marsannay-La-Côte
Tél. : 03 80 52 21 12 - Fax : 03 80 58 73 83
E. Mail : fougeraydebeauclair@wanadoo.fr
Web : www.fougeraydebeauclair.fr

Le domaine Fougeray de Beauclair s'est constitué en 1978 autour d'acquisitions de fermages de vignes dans des belles appellations de la côte de Nuits et il est dirigé par Jean-Louis Fougeray. Excepté les Bonnes Mares toujours très amples, une des réussites régulières de la maison, (où la famille est présente depuis 1781), est le Fixin Clos Marion, très plein en 1999. Gras et corsé, le Marsannay Favières 2000 est aussi un beau succès.

Responsable : Jean-Louis Fougeray
Vente à la propriété : oui
Visite : oui
Dégustation : oui
Langues : Anglais
Surface du vignoble : 28 ha
Age des vignes : 40 ans
Surface en rouge : 22,5 ha
Cépages :
    Pinot noir 100 %
Surface en blanc : 5,5 ha
Cépages :
    Chardonnay 100 %
Appellation principale : Marsannay
Production moyenne : 130 000 bouteilles

Bonnes-mares GC
1999 : 90 . . . . .70,89 €

Côte de nuits-villages
1999 : 86 . . . . .13,26 €

Fixin
1999 : 87 . . . . .13,19 €

Bourgogne l'Ormichal
1999 : 86 . . . . .8,20 €

Marsannay
2000 : 86

Marsannay les Aigles Pruniers
1999 : 87 . . . . .9,53 €

Marsannay les Favières
2000 : 88

Marsannay les Saint-Jacques
1999 : 87 . . . . .15,09 €

Gevrey-chambertin les Seuvrées
2000 : 88

Savigny-lès-beaune les Golardes
1999 : 86 . . . . .12,73 €

Vosne-romanée premier cru les Damodes
2000 : 88

CÔTE DE NUITS

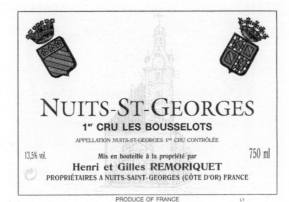

DOMAINE HENRI ET GILLES REMORIQUET ***(*)

25 rue de Charmois
21700 Nuits-Saint-Georges
Tél.: 03 80 61 24 84 - Fax: 03 80 61 24 84
E. Mail: domaine.remoriquet@wanadoo.fr

Le domaine possède l'essentiel de ses vignes sur Nuits-Saint-Georges, avec une petite extension dans la commune voisine de Vosne-Romanée. A l'exception d'un peu d'aligoté, il ne produit que des vins rouges dans un style droit et tannique, avec une belle matière mais sans trop de gras, des vins un peu stricts qui vieillissent toujours très bien en bouteille. Les 2000 sont bien dans cette norme.

Responsable: Gilles Remoriquet
Vente à la propriété: oui
Visite: sur rendez-vous
Dégustation: sur rendez-vous
Langues: Anglais
Surface du vignoble: 10 ha
Age des vignes: 35 ans
Surface en rouge: 9,5 ha
Cépages:
   Pinot noir 100 %

Surface en blanc: 0,5 ha
Cépages:
   Chardonnay 100 %
Appellation principale: Nuits-saint-georges

Bourgogne aligoté
1999: 85 . . . . .4,50 €

Bourgogne hautes-côtes de nuits
2000: 87

Bourgogne passe-tout-grains
1998: 86 . . . . .4,50 €

Nuits-saint-georges les Allots
2000: 88 . . . . .15,60 €

Nuits-saint-georges premier cru les Bousselots
2000: 88 . . . . .20,60 €

Nuits-saint-georges premier cru Rue-de-chaux
2000: 88 . . . . .20,60 €

Vosne-romanée premier cru au dessus de Malconsorts
2000: 88 . . . . .24,50 €

DOMAINE HERESZTYN ***(*)

27 rue Richebourg
21220 Gevrey-Chambertin
Tél. : 03 80 34 13 99 - Fax : 03 80 34 13 99
E. Mail : domaine.heresztyn@wanadoo.fr

Le domaine dispose de belles parcelles à Gevrey-Chambertin, Chambolle-Musigny et à Morey-Saint-Denis, dans quelques très beaux crus. Les vignes sont relativement âgées et elles sont rigoureusement suivies, tout comme la vinification et les vins. Les vins font dans l'élégance et les 2000 sont, à cet égard, d'une étonnante persistance avec des premiers crus particulièrement réussis. La qualité est très homogène.

Responsables :
Bernard et Stanilas Heresztyn
Vente à la propriété : oui
Visite : sur rendez-vous
Dégustation : sur rendez-vous
Langues : Allemand, Anglais
Surface du vignoble : 11 ha
Age des vignes : 45 ans
Surface en rouge : 10,7 ha
Cépages :
   Pinot noir 100 %

Surface en blanc : 0,3 ha
Cépages :
   Chardonnay 100 %
Appellation principale : Gevrey-chambertin

Bourgogne
   2000 : 87 . . . . .7,60 €

Chambolle-musigny
   2000 : 89 . . . . .22,10 €

Gevrey-chambertin VV
   2000 : 88 . . . . .17 €

Gevrey-chambertin premier cru les Champonnets
   2000 : 89 . . . . .26 €

Gevrey-chambertin premier cru la Perrière
   2000 : 89 . . . . .26 €

Morey-saint-denis les Millandes
   2000 : 89

CÔTE DE NUITS

DOMAINE HUMBERT FRÈRES ***(*)

Rue de Planteligone
21220 Gevrey-Chambertin
Tél. : 03 80 51 80 14 - Fax : 03 80 51 80 14

Le domaine est suivi par Frédéric et Emmanuel Humbert qui ont pris, en 1989, la suite de leurs parents. Le patrimoine de vignes est important avec un grand cru, le Charmes-Chambertin, et cinq premiers crus non des moindres. Les trois vins présents sont, chacun, bien réussis dans leur gamme, dans un style épicé et avenant qui ne manque pas de ressort.

Responsables :
Frédéric et Emmanuel Humbert
Vente à la propriété : oui
Visite : non
Dégustation : sur rendez-vous
Moyen d'accès : RN74, direction Chambœuf.
Surface du vignoble : 6,5 ha
Surface en rouge : 6,5 ha
Cépages :
    Pinot noir 100 %
Appellation principale : Bourgogne

🍷 **Charmes-chambertin GC**
    2000 : 90 . . . . .39 €

🍷 **Gevrey-chambertin**
    1999 : 88 . . . . .14,50 €

🍷 **Gevrey-chambertin premier cru Poissenot**
    2000 : 89 . . . . .24 €

DOMAINE LOUIS RÉMY ***(*)

1 place du Monument
21220 Morey-Saint-Denis
Tél. : 03 80 34 32 59

Domaine familial depuis 1821, ce domaine est un peu dans l'ombre. Ses méthodes de culture sont très traditionnelles avec labourage et ses vinifications, en bois avec un tiers de pièces neuves, sont, elles aussi, très classiques. Les vins ne sont pas filtrés. Le domaine dispose d'une petite parcelle dans le grand cru Clos de la Roche où il excelle toujours, avec un vin dense et solide qui, certes, ne fait pas dans l'épate, mais est taillé pour la grande garde. Il est une réelle typicité.

Responsable : Mme Louis Rémy
Vente à la propriété : oui
Visite : sur rendez-vous
Dégustation : sur rendez-vous
Moyen d'accès : A6 sortie Nuits-saint-georges. RN74.
Langues : Anglais, Italien
Surface du vignoble : 3 ha
Age des vignes : 30 ans
Surface en rouge : 3 ha
Cépages :
    Pinot noir 100 %
Appellation principale : Clos de la roche

🍷 **Clos de la Roche GC**
    1998 : 89 . . . . .47,41 €

CÔTE DE NUITS

DOMAINE MUGNIER ***(*)

Château de Chambolle-Musigny
21220 Chambolle-Musigny
Tél. : 03 80 62 85 39 - Fax : 03 80 62 87 36
E. Mail : info@mugnier.fr
Web : www.mugnier.fr

Le domaine est l'héritier d'une exploitation familiale créée au château de Chambolle-Musigny en 1870. Ancien pilote de ligne, Frédéric Mugnier gère avec méticulosité cette petite exploitation dont toutes les vignes sont situées sur la commune. Sans souci des modes actuelles, des vins très classiques qui évoluent bien en bouteille.

Responsable : Frédéric Mugnier
Vente à la propriété : non
Visite : non
Langues : Anglais
Surface du vignoble : 4 ha
Age des vignes : 35 ans
Surface en rouge : 4 ha
Cépages :
  Pinot noir 100 %
Appellation principale : Chambolle-musigny
Production moyenne : 15 000 bouteilles

🍷 **Chambolle-musigny**
  2000 : 86

🍷 **Chambolle-musigny premier cru les Fuées**
  2000 : 88

DOMAINE OLIVIER GUYOT ***(*)

39 rue de Mazy
21160 Marsannay-la-Côte
Tél. : 03 80 52 39 71 - Fax : 03 80 51 17 58
E. Mail : domaine.guyot@libertysurf.fr

Le domaine a connu des viticulteurs de père en fils depuis le XVIe siècle, mais ce n'est probablement pas pour cette raison que ses vignes sont labourées avec un magnifique cheval de trait comme autrefois. Le cheval de trait permet de préserver le capital de vieilles vignes mieux qu'un tracteur et ces vignes-là sont une des forces du domaine. En 2000, Marsannay et Gevrey ont donné des vins pleins, d'une grande densité.

Responsable : Olivier Guyot
Vente à la propriété : oui
Visite : oui
Dégustation : sur rendez-vous
Surface du vignoble : 13 ha
Cépages :
    Pinot noir
    Chardonnay
Appellation principale : Bourgogne

Gevrey-chambertin premier cru les Champeaux
2000 : 88

Marsannay
2000 : 88

Marsannay la Montagne
2000 : 88

CÔTE DE NUITS

NUITS-St-GEORGES 1ᶜʳ CRU
LES PRULIERS
APPELLATION NUITS-SAINT-GEORGES 1er CRU CONTROLÉE

PRODUIT DE FRANCE

Mis en bouteille au Domaine par
13 % Vol.   Philippe GAVIGNET   750 ml
Propriétaire à Nuits-Saint-Georges (Côte-d'Or) · France

DOMAINE
PHILIPPE GAVIGNET ***(*)

36 rue du Docteur-Louis-Legrand
21700 Nuits-Saint-georges
Tél.: 03 80 61 09 41 - Fax: 03 80 61 03 56
E. Mail: contact@domaine-gavignet.fr
Web: www.domaine-gavignet.fr

Quatrième génération de vignerons, Philippe Gavignet a refait sa cuverie en 1998 et il a acheté une parcelle de Pruliers en 1999, augmentant par là sa belle collection de premiers crus sur la commune de Nuits-Saint-Georges. Les vins qu'il produit ne sont jamais des monstres de puissance. Au contraire leur qualité première est l'élégance avec de la franchise et de l'équilibre. A cet égard, les Pruliers et les Chabœufs 2000 sont bien représentatifs de ce style.

Responsable: Philippe Gavignet
Vente à la propriété: oui
Visite: oui
Dégustation: oui
Langues: Anglais
Surface du vignoble: 12 ha
Age des vignes: 35 ans
Surface en rouge: 9,25 ha
Cépages:
   Pinot noir 95 %
   Gamay 5 %

Surface en blanc: 2,75 ha
Cépages:
   Chardonnay 45 %
   Aligoté 45 %
   Pinot blanc 10 %
Appellation principale: Nuits saint-georges
Production moyenne: 60 000 bouteilles

Bourgogne hautes-côtes de nuits clos des Dames huguettes
2000: 86 . . . . .18 €

Nuits-saint-georges
2000: 87

Nuits-saint-georges les Argilats
2000: 87 . . . . .16 €

Nuits-saint-georges les Chabœufs
2000: 88 . . . . .18 €

Nuits-saint-georges premier cru les Bousselots
2000: 87 . . . . .17 €

Nuits-saint-georges premier cru les Pruliers
2000: 88 . . . . .19 €

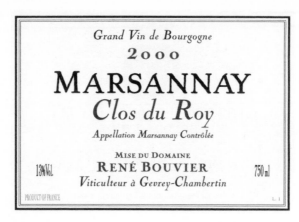

DOMAINE RENÉ BOUVIER ***(*)

2 rue Neuve
21220 Gevrey-Chambertin
Tél.: 03 80 52 21 37 - Fax: 03 80 59 95 96
E. Mail: rene-bouvier@wanadoo.fr

Le jeune et sympathique Bernard Bouvier, 34 ans, gère avec beaucoup de sérieux le domaine familial qui s'étend sur six villages et quinze appellations. Il s'est fait connaître depuis plusieurs millésimes par des vins pleins et charnus, d'une belle densité et avec une belle expression des terroirs, d'autant que la vigne est cultivée sans engrais. La réussite des 2000 est totale avec une belle structure tannique sur un corps plein. Les vins en bouteille confirment la grande réussite pressentie aux dégustations du millésime. Bernard Bouvier vient de quitter Marsannay pour aller s'installer à Gevrey afin d'être plus au large.

Responsable: Bernard Bouvier
Vente à la propriété: oui
Visite: oui
Dégustation: non
Moyen d'accès: RN74.
Langues: Anglais
Surface du vignoble: 17 ha
Age des vignes: 50 ans

Surface en rouge: 13 ha
Cépages:
   Pinot noir 100 %
Surface en blanc: 4 ha
Cépages:
   Chardonnay 95 %
   Aligoté 5 %
Appellation principale: Marsannay
Production moyenne: 80 000 bouteilles

Charmes-chambertin GC
2000: 90 . . . . .45,75 €

Fixin les crais de Chêne
2000: 87 . . . . .13,7 €

Gevrey-chambertin
2000: 88 . . . . .18,30 €

Marsannay Champs Salomon
2000: 89 . . . . .13,70 €

Marsannay clos du Roy
2000: 89 . . . . .12,95 €

Marsannay en Champ forey
2001: 88 . . . . .6,85 €

Marsannay le Clos
2000: 88 . . . . .11,45 €

Marsannay-Ouzloy
2000: 88 . . . . .12,2 €

CÔTE DE NUITS

MOREY SAINT DENIS
1er CRU LA RIOTTE
Appellation contrôlée

Mis en bouteille au Domaine
s.c. Domaine Taupenot - Merme
Viticulteur à Morey-St-Denis Côte-d'Or France
TÉL. 80 34 35 24 - FAX 80 51 83 41

13,5 % Vol.

750 ml ℮

Produce of France

DOMAINE TAUPENOT-MERME ***(*)

33 route des Grands-Crus
21220 Morey-Saint-Denis
Tél. : 03 80 34 35 24 - Fax : 03 80 51 83 41
E. Mail : domaine. taupenot-
merme@wanadoo.fr

Le domaine a pris son nom lorsque
Denise Merme épouse Jean Taupenot en
1963. Vinificateur très traditionnel, Jean
Taupenot produit des vins très classiques
avec des cuvaisons longues qui exhalent
les arômes de fruit, de cuir et d'animaux
du pinot noir, avec des tannins toujours
très fermes, qui ont leurs partisans en
Bourgogne. Depuis quelques années, il
est rejoint par ses deux enfants, Virginie
et Romain. Les 1999 restent dans ce
style immuable.

Responsable : Jean Taupenot
Vente à la propriété : oui
Visite : sur rendez-vous
Dégustation : sur rendez-vous
Moyen d'accès : A 7km au nord
de Nuits-St-Georges.
Langues : Allemand, Anglais
Surface du vignoble : 9,5 ha
Age des vignes : 30 ans

Surface en rouge : 8,5 ha
Cépages :
    Pinot noir 100 %
Surface en blanc : 1 ha
Cépages :
    Aligoté 100 %
Appellation principale : Morey-saint-denis
Premier cru
Production moyenne : 55 000 bouteilles

🍷 **Chambolle-musigny**
    1999 : 87 . . . . .18,45 €

🍷 **Chambolle-musigny PC la Combe
d'Orveau**
    1999 : 87 . . . . .26,83 €

🍷 **Charmes-chambertin GC**
    1999 : 89 . . . . .39,33 €

🍷 **Gevrey-chambertin**
    1999 : 87 . . . . .17,85 €

🍷 **Morey saint-denis premier cru
la Riotte**
    1999 : 88 . . . . .23,63 €

🍷 **Nuits-saint-georges les Pruliers**
    1999 : 87 . . . . .27,29 €

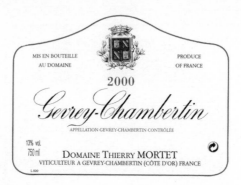

DOMAINE THIERRY MORTET ***(*)

16 place des Marronniers
21220 Gevrey-Chambertin
Tél. : 03 80 51 85 07 - Fax : 03 80 34 16 80

Frère de Denis Mortet, Thierry Mortet, dont l'exploitation est totalement séparée de celle de son frère, a créé son affaire en 1992. Il propose des vins droits qui laissent s'exprimer avec franchise le fruit du pinot noir. Sans esbroufe, les vins jouent la fraîcheur. Les terroirs ne sont pas très prestigieux, mais les vins ont du style.

Responsable : Thierry Mortet
Vente à la propriété : oui
Visite : sur rendez-vous
Dégustation : sur rendez-vous
Moyen d'accès : RN74.
Surface du vignoble : 7 ha
Surface en rouge : 6 ha
Cépages :
   Pinot noir 95 %
   Gamay 5 %
Surface en blanc : 1 ha
Cépages :
   Chardonnay 70 %
   Aligoté 30 %
Appellation principale : Gevrey-chambertin
Production moyenne : 25 000 bouteilles

Bourgogne aligoté
2000 : 88

Bourgogne
2000 : 88

Gevrey-chambertin
2000 : 88

CÔTE DE NUITS

DOMAINE A. CHOPIN ET FILS ***

RN 74
21700 Comblanchien
Tél. : 03 80 62 92 60 - Fax : 03 80 62 70 78

Ce domaine peu connu a la chance de posséder un joli patrimoine de vieilles vignes dont certaines ont plus de soixante ans et aussi d'une jolie parcelle dans le premier cru les Murgers. En 2000, les vins sont très élégants, peu extraits, avec de belles densités qui laissent exprimer leur fruit.

Responsable : Arnaud et Yves Chopin
Vente à la propriété : oui
Visite : sur rendez-vous
Dégustation : sur rendez-vous
Langues : Anglais
Surface du vignoble : 13 ha
Age des vignes : 40 ans
Surface en rouge : 11,5 ha
Cépages :
   Pinot noir 100 %

Surface en blanc : 1,5 ha
Cépages :
   Chardonnay 20 %
   Aligoté 80 %
Appellation principale : Côte de nuits-villages
Production moyenne : 60 000 bouteilles

Côte de nuits-villages cuvée VV
2000 : 87 . . . . .9,15 €

Nuits-saint-georges les Bas de combes
2000 : 88 . . . . .14,50 €

Nuits-saint-georges premier cru les Murgers
2000 : 88 . . . . .22,90 €

DOMAINE JEAN FOURNIER ***

29-34 rue du Château
21160 Marsannay-la-Côte
Tél.: 03 80 52 24 38 - Fax: 03 80 52 77 40
E. Mail: domaine-jean.fournier@wanadoo.fr

Si des écrits attestent déjà la présence du domaine Fournier sous Louis XIII, c'est Jean Fournier qui dirige le domaine assisté de son fils Laurent. Les vins produits sont toujours d'une solide constitution. Dans la production actuelle, il faut donner une mention particulière au Marsannay Longeroie 1999, encore très tannique mais d'une superbe matière, et au clos du Roy du même millésime, plus souple, plus rond et plus charmeur.

Responsable: Jean Fournier
Vente à la propriété: oui
Visite: sur rendez-vous
Dégustation: sur rendez-vous
Langues: Allemand
Surface du vignoble: 16 ha
Age des vignes: 35 ans

Surface en rouge: 13 ha
Cépages:
  Pinot noir 100 %
Surface en blanc: 3 ha
Cépages:
  Aligoté 70 %
  Chardonnay 20 %
  Pinot blanc 10 %
Appellation principale: Marsannay
Production moyenne: 50 000 bouteilles

☼ **Gevrey-chambertin**
  2000: 87 . . . . .14,50 €

☼ **Marsannay**
  2000: 88 . . . . .9,50 €

☼ **Marsannay clos du Roy**
  1999: 88 . . . . .10 €
  1998: 88 . . . . .10 €

☼ **Marsannay les Échezeaux**
  1999: 87 . . . . .10 €

☼ **Marsannay les Longeroies**
  1999: 89 . . . . .10 €

CÔTE DE NUITS

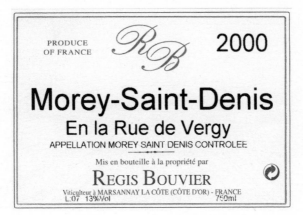

DOMAINE RÉGIS BOUVIER ***

52 rue de Mazy
21160 Marsannay-La-Côte
Tél. : 03 80 51 33 93 - Fax : 03 80 58 75 07

Fondé en 1981, le domaine s'est beau-coup étendu en vingt ans en profitant de la renaissance de Marsannay où le domaine possède de très beaux terroirs. La vinification est sans concession et le style des vins s'en ressent. Les tannins sont très fermes, mais les plus belles cuvées telles que le Clos du Roy et sur-tout les Longeroies s'en accommodent bien grâce à leur solide matière.

Responsable : Régis Bouvier
Vente à la propriété : oui
Visite : sur rendez-vous
Dégustation : sur rendez-vous
Langues : Anglais
Surface du vignoble : 16 ha
Age des vignes : 50 ans
Surface en rouge : 13,3 ha
Cépages :
    Pinot noir 100 %
Surface en blanc : 2,7 ha
Cépages :
    Chardonnay 100 %
Appellation principale : Marsannay
Production moyenne : 65 000 bouteilles

Bourgogne Montre-cul
2000 : 87 . . . . .6,90 €

Fixin
2000 : 86 . . . . .11,50 €

Marsannay clos du Roy
2000 : 86 . . . . .8,90 €

**Marsannay clos du Roy
Tête de cuvée**
2000 : 87 . . . . .9,50 €

Marsannay VV les Longeroies
2000 : 88 . . . . .8,60 €

**Morey-saint-denis
En la Rue de Vergy**
2000 : 87 . . . . .15,25 €

LUPÉ-CHOLET ***

47 avenue du Général-de-Gaulle
21700 Nuits-Saint-Georges
Tél. : 03 80 61 25 02 - Fax : 03 80 24 37 38

Cette vénérable maison appartient
maintenant à la maison A. Bichot. Lupé-
Cholet est célèbre par son château gris
qui domine Nuits-Saint-Georges et son
vignoble. Il a été bâti à flanc de colline
sous Charles X par M. Jeanniard et son
gendre, le comte Alexandre de Mayol de
Lupé. Son nom, il le doit à son toit
d'ardoise typique, à une époque où tous
les toits étaient en tuile. Exposé sud-est,
le vignoble est en terrasse à ses pieds.
Par décision de justice, les vins ont le
droit de se nommer Château Gris premier cru. De bonne facture, le vin rouge
brille par son élégance dans l'excellent
millésime 1999.

Responsable : Maison Bichot
Vente à la propriété : oui
Visite : sur rendez-vous
Dégustation : sur rendez-vous
Cépages :
   Pinot noir 100 %
Appellation principale : Bourgogne

Aloxe-corton premier cru
1999 : 88

**Nuits-saint-georges premier cru
Château Gris**
1999 : 88

CÔTE DE NUITS

MAISON
JEAN-PHILIPPE MARCHAND ***

Route Saulon
21220 Gevrey-Chambertin
Tél. : 03 80 34 33 60 - Fax : 03 80 34 12 77
E. Mail : marchand@axnet.fr
Web : www.marchand-jph.com

Né à Morey-Saint-Denis en 1813, le domaine a acheté une maison de vigneron à Gevrey pour s'agrandir en 1983 et il s'y est installé. Largement disséminées sur plusieurs communes, les vignes de ce domaine sont labourées et désherbées chimiquement. D'une évidente maturité, les vins du millésime 2000 sont bien structurés et de demi-corps. Ils sont de moyenne garde.

Responsable : Jean-Philippe Marchand
Vente à la propriété : oui
Visite : sur rendez-vous
Dégustation : sur rendez-vous
Moyen d'accès : RN74 entre Nuits Saint Georges et Dijon.
Surface du vignoble : 8 ha
Surface en rouge : 7,5 ha
Cépages :
    Pinot noir 100 %

Surface en blanc : 0,5 ha
Cépages :
    Chardonnay 100 %
Appellation principale : Bourgogne
Production moyenne : 400 000 bouteilles

🍷 **Gevrey-chambertin**
2000 : 87

🍷 **Gevrey-chambertin premier cru Lavaux Saint-Jacques**
2000 : 88

🍷 **Monthélie cuvée Deschamps**
1998 : 85

🍷 **Nuits-saint-georges**
2000 : 86

PRODUCE OF FRANCE   VIN DE BOURGOGNE

NUITS-ST-GEORGES 1ᴱᴿ CRU
CLOS DES ARGILLIÈRES

APPELLATION NUITS-ST-GEORGES 1ᵉʳ CRU CONTRÔLÉE

MIS EN BOUTEILLE À LA PROPRIÉTÉ PAR

R.DUBOIS & FILS
PROPRIÉTAIRES-VIGNERONS
21700 PREMEAUX-PRISSEY NUITS-ST-GEORGES CÔTE D'OR FRANCE

13,5% Vol.   75cl

R. DUBOIS ET FILS ***

Route de Nuit-Saint-Georges
21700 Prémeaux-Prissey
Tél. : 03 80 62 30 61 - Fax : 03 80 61 24 07
E. Mail : rdubois@wanadoo.fr

Le domaine exploite une vingtaine d'appellations qui sont vinifiées par Béatrice, la fille de Régis Dubois, la commercialisation étant assurée par son frère Raphaël. Les vins blancs sont compacts et denses alors que les rouges sont caractérisés par une solide structure tannique très ferme. Dans le millésime 2000, millésime pas très facile, les premiers crus sont très nettement au-dessus des appellations communales par leur maturité.

Responsable : Régis Dubois
Vente à la propriété : oui
Visite : oui
Dégustation : oui
Moyen d'accès : A6 et A31. RN74.
Langues : Anglais
Surface du vignoble : 22 ha
Age des vignes : 30 ans
Surface en rouge : 17 ha
Cépages :
    Pinot noir 90 %
    Gamay 10 %

Surface en blanc : 5 ha
Cépages :
    Chardonnay 70 %
    Aligoté 30 %
Appellation principale : Nuits-saint-georges
Premier cru
Production moyenne : 120 000 bouteilles

Bourgogne hautes-côtes de beaune
2000 : 87 . . . . .6,60 €

Bourgogne hautes-côtes de nuits
2000 : 86 . . . . .7 €

Bourgogne pinot noir VV
2000 : 85

Chambolle-musigny Combottes
2000 : 88 . . . . .17 €

Côte de nuits-villages
2000 : 87

Côte de nuits-villages
2000 : 86 . . . . .8,50 €

Nuits-saint-georges
2000 : 86 . . . . .12,50 €

**Nuits-saint-georges premier cru
clos des Argillères**
2000 : 88 . . . . .22 €

MÂCONNAIS

**DOMAINE DANIEL
ET MARTINE BARRAUD ****(*)**

Nambret
71960 Vergisson
Tél. : 03 85 35 84 25 - Fax : 03 85 35 86 98

Daniel et Martine contrôlent strictement leurs rendements et séparent toutes les cuvées de Pouilly-Fuissé par origine. Le catalogue des tarifs devient plus long à gérer, mais la vérité du terroir s'y retrouve, d'autant que le millésime 2000 est magnifiquement réussi, les deux cuvées Alliance Vergisson et En Bulland étant d'une concentration supérieure.

Responsables : Daniel et Martine Barraud
Vente à la propriété : oui
Visite : sur rendez-vous
Dégustation : sur rendez-vous
Moyen d'accès : A6 sortie Mâcon sud.
Surface du vignoble : 7 ha
Age des vignes : 40 ans
Surface en blanc : 7 ha
Cépages :
    Chardonnay 100 %
Appellation principale : Pouilly-fuissé
Production moyenne : 45 000 bouteilles

🍷 **Pouilly-fuissé Alliance Vergisson**
   2000 : 90 . . . . .11,40 €

🍷 **Pouilly-fuissé En Bulland VV**
   2000 : 91 . . . . .14,80 €

DOMAINE DE LA BONGRAN ★★★★

Quintaine
71260 Clessé
Tél. : 03 85 36 94 03 - Fax : 03 85 36 99 25
Web : www.bongran.com

Imperturbable, Jean Thevenet continue invariablement son chemin, à peine agacé de la nouvelle appellation Viré-Clessé qui lui doit tant et qui le laisse sur le bord. Boutés hors de la nouvelle appellation, ses vins avec sucres résiduels sont d'un équilibre magistral grâce à la grande densité de la matière qui ne peut être obtenue que par des petits rendements. Les petits rendements, voilà le problème qui explique tout. Mâcons ils étaient, mâcons ils restent. Et quels mâcons !

Responsable : Jean Thévenet
Vente à la propriété : oui
Visite : oui
Dégustation : sur rendez-vous
Surface du vignoble : 15 ha
Age des vignes : 40 ans
Surface en blanc : 15 ha
Cépages :
    Chardonnay 100 %
Appellation principale : Mâcon-villages
Production moyenne : 80 000 bouteilles

⚲ **Mâcon-villages cuvée Tradition**
    1999 : 89 . . . . .12 €

⚲ **Mâcon-villages Quintaine**
    1999 : 90 . . . . .18 €

MÂCONNAIS

DOMAINE J.-A. FERRET ★★★★

Le Plan
71960 Fuissé
Tél. : 03 85 35 61 56 - Fax : 03 85 35 62 74
E. Mail : earlferretlorton@terre-net.fr

Derrière les murs impressionnants de la grande maison mâconnaise, Colette Ferret poursuit depuis 1993 l'œuvre de sa mère Jeanne. Le domaine possède des vignes sur les meilleurs terroirs et elles sont âgées. Comme les rendements sont faibles, les vins produits sont de grande classe et peuvent se comparer aux meilleures cuvées de la côte de Beaune.

Responsable : Colette Ferret
Vente à la propriété : oui
Visite : sur rendez-vous
Dégustation : sur rendez-vous
Surface du vignoble : 15 ha
Surface en blanc : 15 ha
Cépages :
  Chardonnay 100 %
Appellation principale : Pouilly-fuissé
Production moyenne : 45 000 bouteilles

🍷 **Pouilly-fuissé Tête de cru**
  2000 : 90
  1999 : 90 . . . . .15,25 €

DOMAINE JACQUES
ET NATHALIE SAUMAIZE ****

Les Bruyères
71960 Vergisson
Tél. : 03 85 35 82 14 - Fax : 03 85 35 87 00

Ce jeune couple aime les vins longs et minéraux comme les diverses cuvées de Pouilly-Fuissé, les Courtelongs ne manquant pas de caractère. Les Saint-Véran ne sont pas en reste et ressemblent fort à leurs Pouilly-Fuissé par leur minéralité.

Responsables :
Jacques et Nathalie Saumaize
Vente à la propriété : oui
Visite : sur rendez-vous
Dégustation : sur rendez-vous
Surface du vignoble : 7,5 ha
Surface en blanc : 7,5 ha
Cépages :
    Chardonnay 100 %
Appellation principale : Pouilly-fuissé
Production moyenne : 45 000 bouteilles

♀ **Pouilly-fuissé les Courtelongs**
    2000 : 89 . . . . 11,89 €

♀ **Saint-véran en crèches**
    2000 : 88 . . . . 7,93 €

MÂCONNAIS

DOMAINE SAUMAIZE-MICHELIN ★★★★

Le Martelet
71960 Vergisson
Tél. : 03 85 35 84 05 - Fax : 03 85 35 86 77

L'exploitation se situe au pied de la roche de Vergisson, mais elle possède un patrimoine assez large, avec deux bijoux, le Clos de la Roche sur sols calcaires et les Ronchevals sur sols argileux. Toujours très réussis, avec un boisé toujours bien marqué, la qualité est toujours très homogène.

Responsables : Roger et Christine Saumaize
Vente à la propriété : oui
Visite : sur rendez-vous
Dégustation : sur rendez-vous
Surface du vignoble : 9 ha
Surface en rouge : 0,2 ha
Cépages :
    Gamay 100 %

Surface en blanc : 8,8 ha
Cépages :
    Chardonnay 100 %
Appellation principale : Pouilly-fuissé
Production moyenne : 50 000 bouteilles

♀ **Mâcon-villages Les Sertaux**
    2000 : 87

♀ **Pouilly-fuissé Ampelopsis**
    2000 : 88

♀ **Pouilly-fuissé clos de la Roche**
    2000 : 89

♀ **Pouilly-fuissé les Ronchevats**
    2000 : 89

♀ **Pouilly-fuissé Vignes Blanches**
    2000 : 89

♀ **Saint-véran VV**
    2000 : 88

MÂCONNAIS

CHÂTEAU DES RONTETS ***(*)

71960 Fuissé
Tél. : 03 85 32 90 18 - Fax : 03 85 35 66 80
E. Mail : chateaurontets@compuserve.com

Ce jeune couple franco-italien a beaucoup d'ambition et présente plusieurs cuvées vinifiées selon les lieux-dits. Les 2000 sont superbes avec des vins puissants et mûrs qui sont bien équilibrés par la minéralité du terroir. Encore sur leur boisé, le potentiel des trois cuvées est énorme.

Responsables :
Claire et Fabio Gazeau-Montrasi
Vente à la propriété : oui
Visite : sur rendez-vous
Dégustation : sur rendez-vous
Surface du vignoble : 6 ha
Surface en blanc : 6 ha
Cépages :
    Chardonnay 100 %
Appellation principale : Pouilly-fuissé
Production moyenne : 25 000 bouteilles

♀ **Pouilly-fuissé clos Varanbon**
2000 : 89

♀ **Pouilly-fuissé les Birbettes**
2000 : 88

♀ **Pouilly-fuissé Pierrefolle**
2000 : 90

MÂCONNAIS

Product of France
2000
Pouilly-Fuissé
Appellation Pouilly-Fuissé Contrôlée
Levrouté
Domaine la Soufrandise

Mis en bouteille au Domaine
Alc. 14,5 %/Vol. *Françoise et Nicolas Melin* ℮ 750 ml
Propriétaires-Récoltants à 71960 Fuissé - France
LP 1503

DOMAINE LA SOUFRANDISE ***(*)

Bourg
71960 Fuissé
Tél. : 03 85 35 65 57 - Fax : 03 85 35 65 57

C'est en 1986 que l'ingénieur des eaux et forêts Nicolas Melin reprend la propriété de famille. Les vignes, âgées, sont entièrement situées sur Fuissé et regroupées sur plus de vingt lieux-dits. Les vinifications sont lentes, le boisé est toujours intégré avec soin et en petite quantité. Il en résulte des vins pleins et riches avec de beaux arômes de miel.

Responsables : Françoise et Nicolas Melin
Vente à la propriété : oui
Visite : sur rendez-vous
Dégustation : sur rendez-vous
Moyen d'accès : A6 sortie Mâcon sud.
Surface du vignoble : 6 ha
Surface en blanc : 6 ha
Cépages :
   Chardonnay 100 %
Appellation principale : Pouilly-fuissé
Production moyenne : 36 000 bouteilles

♀ **Pouilly-fuissé Levrouté**
2000 : 88

♀ **Pouilly-fuissé VV**
2000 : 90

♀ **Pouilly-fuissé les Rontés**
2000 : 89

DOMAINE DES DEUX ROCHES ***

Personnets
71960 Davayé
Tél. : 03 85 35 86 51 - Fax : 03 85 35 86 12

Le domaine est avant tout spécialisé dans le Saint-Véran. Les Terres Noires viennent d'une belle parcelle sur cailloutis, alors que les vieilles vignes frisent les soixante ans. Les cuvées cherchent à préserver la minéralité et sont d'une très grande régularité.

Responsables :
Christian Collovray et Jean-Luc Terrier
Vente à la propriété : oui
Visite : sur rendez-vous
Dégustation : sur rendez-vous
Moyen d'accès : A6, sortie Mâcon sud.
Surface du vignoble : 35 ha
Surface en rouge : 2 ha
Cépages :
    Gamay 100 %

Surface en blanc : 33 ha
Cépages :
    Chardonnay 100 %
Appellation principale : Saint-véran
Production moyenne : 300 000 bouteilles

Mâcon-villages
2001 : 88 . . . . .8,10 €

Mâcon-villages
2000 : 87

Saint-véran
2001 : 87 . . . . .8,80 €

Saint-véran les Cras
2000 : 88

Saint-véran Terres Noires
2000 : 88

Saint-véran VV
2000 : 88

MÂCONNAIS

DOMAINE JEAN MANCIAT ***

557 chemin des Gérards-Levigny
71850 Charnay-lès-Mâcon
Tél. : 03 85 34 35 50 - Fax : 03 85 34 38 82

Jean Manciat possède quelques belles parcelles de Mâcon dont il cherche, par tous les moyens, à rehausser la qualité. Fin connaisseur des meilleurs vins blancs, il en a compris toutes les recettes. Si ses 2000 étaient déjà impressionnants, les arômes du 2001 sont marqués par le miel de la grande maturité, mais le côté minéral très présent lui donne beaucoup d'allure. La bouche est superbe de classe.

Responsable : Jean Manciat
Vente à la propriété : oui
Visite : sur rendez-vous
Dégustation : sur rendez-vous
Surface du vignoble : 5,7 ha
Surface en blanc : 5,7 ha
Cépages :
    Chardonnay 100 %
Appellation principale : Mâcon-villages
Production moyenne : 20 000 bouteilles

♀ **Mâcon**
    2001 : 88

MICHEL LAPIERRE ***

Solutre Pouilly
71960 Solutré-Pouilly
Tél. : 03 85 35 80 45 - Fax : 03 85 35 87 61

Le domaine est situé sur la commune de Solutré-Pouilly et propose plusieurs cuvées dont une très belle cuvée classique, élégante et minérale, de Pouilly-Fuissé 2000. Dans le même millésime, les vieilles vignes (60 ans) ont beaucoup plus de coffre, même si elles sont encore un peu boisées pour le moment. Le climat Aux Cailloux donne une forte personnalité avec un caractère minéral très affirmé.

Responsable : Michel Lapierre
Vente à la propriété : oui
Visite : sur rendez-vous
Dégustation : sur rendez-vous
Moyen d'accès : Sortie A6 Mâcon sud, direction Solutré
Surface du vignoble : 5 ha
Surface en blanc : 5 ha
Cépages :
    Chardonnay 100 %
Appellation principale : Pouilly-fuissé
Production moyenne : 10 000 bouteilles

♀ **Mâcon solutré pouilly**
    1999 : 87 . . . . .5,40 €

♀ **Pouilly-fuissé**
    2000 : 88

♀ **Pouilly-fuissé aux cailloux**
    1999 : 87 . . . . .10 €

♀ **Pouilly-fuissé VV**
    2000 : 88

Notes

_____

_____

_____

_____

_____

_____

_____

_____

_____

_____

_____

_____

_____

_____

_____

_____

_____

_____

_____

_____

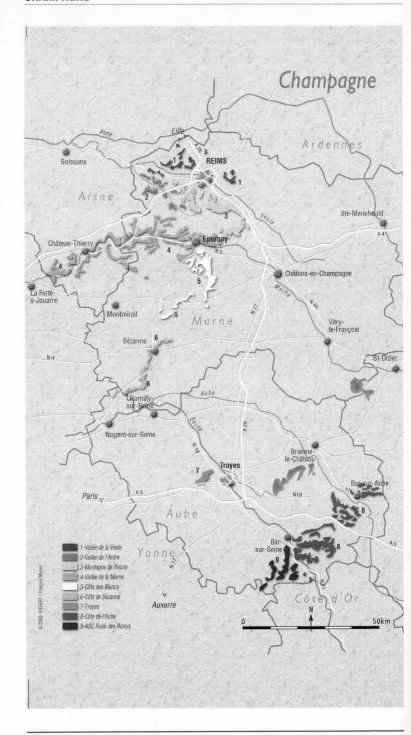

Champagne

Ardennes

Aisne

Lille

REIMS

Soissons

1

1

2

3

Vesle

Ste-Menehould

A 4

Château-Thierry

Epernay

N 3

4

4

Châlons-en-Champagne

La Ferté-
s-Jouarre

5

Marne

N 44

N 77

Montmirail

5

Marne

Vitry-
le-François

Sézanne

6

N 4

6

St-Dizier

Aube

Romilly-
sur-Seine

Seine

A 26

Nogent-sur-Seine

N 19

Brienne-
le-Château

Troyes

7

Bar-sur-Aube

Paris

A 5

N19

Aube

8

Yonne

Bar-
sur-Seine

N 77

9

8

Côte d'Or

Auxerre

1-Vallée de la Vesle
2-Vallée de l'Ardre
3-Montagne de Reims
4-Vallée de la Marne
5-Côte des Blancs
6-Côte de Sézanne
7-Troyes
8-Côte de l'Aube
9-AOC Rosé des Riceys

© 2002 RIEGERT / François Mauss

N

0   50km

Effervescence sur les 1996

Les festivités du passage à l'an 2000 ont été beaucoup moins importantes que prévu et les ventes anticipées de champagnes en ont pâti. L'élaboration d'un champagne étant une affaire complexe et de longue haleine, le producteur doit toujours se constituer des stocks pour anticiper un surcroît de consommation. Si ce surcroît n'a pas lieu, il se retrouve avec les stocks sur les bras. Cela n'a rien de dramatique, les bons champagnes se conservent très bien. Les autres, évidemment...

L'avantage de cette situation est certain pour le consommateur. Il est actuellement possible de trouver d'excellents champagnes, à des prix très raisonnables, et dans d'excellents millésimes, d'autant que la conjoncture se ralentit. Deux très bons millésimes se partagent le marché, les derniers 1995 et les 1996. Les deux millésimes sont très réussis, dans des styles un peu différents, plus séducteur pour le premier, plus droit pour le second. Si le champagne est avant tout une affaire d'assemblages de types de cépages, de terroirs et de millésimes ; les meilleures années se suffisent à elles-mêmes.

Les trois composantes traditionnelles de la Champagne, les grandes marques, les producteurs et les coopératives se partagent le marché, sans qu'il soit possible d'affirmer qu'une composante est meilleure qu'une autre. Il existe des grands, des bons et des nuls dans chacune d'elles. Il suffit de suivre l'exemple de Churchill, grand amateur de champagne, et de « se contenter du meilleur. »

BILLECART-SALMON *****

40 rue Carnot
51160 Mareuil-sur-Ay
Tél. : 03 26 52 60 22 - Fax : 03 26 52 64 88
E. Mail : billecart@champagne-billecart.fr
Web : www.champagne-billecart.fr

Equilibre et finesse sont, plus que jamais, les deux fondements de cette petite maison de Mareuil-sur-Ay qui se paye le luxe de choisir ses clients pour ne pas entrer dans les travers du gigantisme. Toutes les cuvées se caractérisent par leur harmonie, signature des grands terroirs de la région d'Ay. Les blancs de blancs sont toujours remarquables et les aériens rosés des miracles d'équilibre. La maison vient de s'équiper en fûts de 200 litres pour continuer à progresser et deux cuveries viennent d'être refaites, l'une en 1997, l'autre en 2001. Ne ratez pas la grande cuvée 1990 qui concentre tout le génie de Billecart-Salmon ni, à l'autre bout de la gamme, le brut réserve qui est une belle introduction au merveilleux de la marque.

Responsable : François-Roland Billecart
Vente à la propriété : oui
Visite : oui
Langue : Anglais
Surface du vignoble : 10,55 ha
Appellation principale : Champagne
Production moyenne : 1 250 000 bouteilles

Blanc de blancs
88 . . . . .39 €

Blanc de blancs vintage
1997 : 90 . . . . .61 €

Brut réserve
88 . . . . .25 €

Brut rosé
88 . . . . .39 €

Grande cuvée
1990 : 95 . . . . .122 €

Nicolas-François Billecart brut
1997 : 92 . . . . .46 €

BOLLINGER *****

16 rue Jules-Lobet
51160 Ay
Tél. : 03 26 53 33 66 - Fax : 03 26 54 85 59
Web : www.champagne-bollinger.fr

Cette vénérable maison de Champagne possède une solide tradition de qualité. Elle dispose d'un domaine viticole de tout premier ordre qui lui permet de couvrir à 70 % ses besoins en raisins, les approvisionnements des 30 % restants étant assurés par de solides contrats à long terme. S'appuyant sur le pinot noir qui donne l'âme de ses vins, la maison propose des millésimés de tout premier ordre, et même en vieux millésimes par ses RD (récemment dégorgés), ainsi qu'une Spécial Cuvée, assemblage de grande qualité grâce à la conservation en magnum des vins de réserve. Une maison au sommet de la qualité.

Responsable : M. de Mongolfier
Vente à la propriété : non
Visite : sur rendez-vous
Dégustation : sur rendez-vous
Surface du vignoble : 143 ha
Cépages :
    Pinot noir
    Chardonnay
Appellation principale : Champagne
Production moyenne : 1 900 000 bouteilles

Grande Année
1995 : 93

Grande Année rosé
1995 : 92

RD
1990 : 96

Spécial Cuvée
1995 : 88

KRUG *****

5 rue Coquebert
51100 Reims
Tél. : 03 26 84 44 20 - Fax : 03 26 84 44 49
E. Mail : krug@krug.fr

La vénérable marque Krug est passée dans les mains du groupe LVMH, un géant, sans que les « krugistes », pourtant sourcilleux sur la grandeur de leur champagne, n'aient rien à redire. Les stocks sont toujours aussi considérables, huit ans, et les vins sont toujours vieillis au moins six ans sur pointe avec une vinification en petits fûts. La Grande Cuvée est une réussite d'équilibre et de champagne accompli, impossible à surpasser. Quant au millésime 1988, judicieusement sorti après le 1989, il est un des plus grands champagnes du siècle. Ces champagnes sont magiques !

Responsable : famille Krug
Vente à la propriété : non
Visite : sur rendez-vous
Dégustation : sur rendez-vous
Langues : Allemand, Anglais, Espagnol, Italien
Surface du vignoble : 19 ha
Age des vignes : 20 ans

Cépages :
    Pinot noir
    Pinot meunier
    Chardonnay
Appellation principale : Champagne

Brut rosé
    92 . . . . .220 €

Clos du Mesnil
1988 : 95 . . . . .300 €

Grande Cuvée
    91 . . . . .110 €

Krug collection
1981 : 95 . . . . .350 €

Krug millésimé
1989 : 95
1988 : 97 . . . . .150 €

EGLY-OURIET ****(*)

9-15 rue de Trépail
51150 Ambonnay
Tél.: 03 26 57 00 70 - Fax: 03 26 57 06 52

Francis Egly, qui gère maintenant entièrement le domaine, accentue la vinification en fûts de chêne pour les millésimes et le blanc de noirs. Dans le grand cru solaire d'Ambonnay, le pinot noir prend une ampleur particulière et la culture très soignée des vignes du domaine leur laisse s'exprimer toute leur classe. Avec des parcelles situées à Bouzy et Verzenay, deux grands crus tout aussi réputés, la maison propose une série époustouflante de très grands champagnes d'une magnifique vinosité. Vinifié et élevé de main de maître, le coteau champenois rouge n'a pas d'équivalent en Champagne.

Responsables: Francis Egly-Ouriet
Vente à la propriété: oui
Visite: sur rendez-vous
Dégustation: sur rendez-vous
Surface du vignoble: 9 ha
Cépages:
    Pinot noir 80 %
    Chardonnay 20 %
Appellation principale: Champagne
Production moyenne: 100 000 bouteilles

Brut blanc de noirs VV
1999: 90

Brut millésimé prestige
1995: 91

Brut Tradition
88

Coteaux Champenois Ambonnay
1999: 90

JACQUESSON ET FILS ****(*)

68 rue du Colonel-Fabien
51530 Dizy
Tél. : 03 26 55 68 11 - Fax : 03 26 51 06 25
E. Mail : champagne.jacquesson@wanadoo.fr

Avec 28 hectares en production sur Avize, Ay, Mareuil, Dizy et Hautvilliers, complétés par 15 hectares d'achats uniquement en premiers et grands crus, les ambitieux frères Chiquet signent d'entrée leur volonté d'atteindre la très haute qualité. Si les champagnes sont dominés par l'immense Signature 1988, éclatant de race, les autres cuvées sont d'une régularité jamais prise en défaut. Ce n'est pas un hasard, car pratiquement tous les raisins sont pressés sur leurs propres pressoirs et tous les vins boivent le bois à un moment ou à un autre pour favoriser l'oxydation ménagée, gage de complexité.

Responsable : famille Chiquet
Vente à la propriété : oui
Visite : sur rendez-vous
Dégustation : sur rendez-vous
Langue : Anglais
Surface du vignoble : 26 ha
Cépages :
    Pinot meunier
    Pinot noir
    Chardonnay
Appellation principale : Champagne
Production moyenne : 300 000 bouteilles

Blanc de blancs
1995 : 88

Brut Perfection
88

Brut Perfection
88

Brut Signature
1993 : 90

Grand vin signature millésimé 1998
1988 : 95

LAURENT-PERRIER ****(*)

Avenue de Champagne, B. P. 3
51150 Tours-sur-Marne
Tél. : 03 26 58 91 22 - Fax : 03 26 58 77 29

Œnologue et chef de cave, Alain Terrier est un des plus fins chefs de cave de la Champagne et ses réussites ne se comptent plus. Avec son assemblage de trois millésimes, l'idée Grand Siècle, le nom a été fixé par le général de Gaulle lui-même, est une idée de génie avec un champagne de très haute qualité et de qualité constante. Exercice de haute voltige, l'Ultra Brut, un champagne très sec sans dosage, est un compagnon de table rêvé, aux associations multiples. Toujours fondé sur l'élégance, le brut maison est une valeur sûre.

Responsable : Yves Dumont
Vente à la propriété : oui
Visite : oui
   Chardonnay 100%
Appellation principale : Champagne

♀ **Brut Laurent-Perrier**
    88

♀ **Grand Siècle**
1990 : 92

♀ **Grand siècle la cuvée**
    91

♀ **Ultra Brut**
    89

♀ **Vintage Brut**
1996 : 89

♀ **Brut Laurent-Perrier**
    88

SALON ****(*)

5 rue de la Brèche-d'Oger
51190 Le Mesnil-sur-Oger
Tél. : 03 26 57 51 65 - Fax : 03 26 57 79 29

Alors que les champagnes sont, avant tout, des assemblages de cépages, de terroirs et de millésimes, Salon fait exactement l'inverse. Toujours millésimé, il n'est élaboré que lorsque l'année s'y prête, à partir d'un seul cépage, le chardonnay, avec des raisins ne provenant que d'un seul grand cru et quel grand cru, Mesnil-sur-Oger. Tous les vins produits sont d'une grande originalité. Le puissant et dense 1990 fait suite à l'élégant 1988, au velouté 1985, au compact 1983 et à l'épanoui 1982. Et on pourrait ainsi continuer d'énumérer les autres grands succès, car en plus, ils vieillissent bien. Aimé Salon qui l'avait créé ainsi pour son seul plaisir en 1911, doit être satisfait de sa dynastie.

Responsable : Didier Depond
Vente à la propriété : oui
Visite : sur rendez-vous
Dégustation : sur rendez-vous
Langues : Anglais, Espagnol
Moyen d'accès : A4.
Surface du vignoble : 6 ha
Surface en blanc : 6 ha
Cépages :
    Chardonnay 100 %
Appellation principale : Champagne
Production moyenne : 60 000 bouteilles

♀ **Brut millésimé**
    1990 : 93
    1988 : 94
    1985 : 93
    1983 : 93
    1982 : 92

VEUVE CLICQUOT PONSARDIN ****(*)

12 rue du Temple
51100 Reims
Tél. : 03 26 89 54 40 - Fax : 03 26 40 60 17
Web : www.veuve-clicquot.fr

Champagne de grande diffusion ne rime que rarement avec qualité. Ce paradoxe a été résolu par le brillant chef de cave, Jacques Petters, avec la cuvée Carte Jaune diffusée à plus de huit millions de bouteilles. Orchestrés avec maestria, des bataillons d'œnologues s'activent devant d'incroyables stocks de réserve pour faire perdurer depuis des années, ce qui relève du miracle. Toutes autres cuvées millésimées bénéficient de ce tour de force, en particulier la cuvée de prestige, La Grande Dame, d'une régularité sans faille, millésime après millésime, le millésime 1990 relevant du sublime.

Responsable : Cécile Bonnefons
Vente à la propriété : oui
Visite : oui
Langues : Allemand, Anglais, Brésilien, Espagnol, Japonais, Néerlandais
Moyen d'accès : de Paris prendre Autoroute A4 - sortir à Reims St Rémi, prendre sur la gauche l'avenue de Champagne, continuer jusqu'au feu, l'entrée des caves Veuve Clicquot se trouve sur votre droite.

Surface du vignoble : 286 ha
Cépages :
    Pinot meunier 16 %
    Pinot noir 44 %
    Chardonnay 40 %
Appellation principale : Champagne

Brut Carte Jaune
88

Demi-sec
88

La Grande Dame
1990 : 93

La Grande Dame brut
1995 : 95

Rich réserve 1995
1995 : 89

Rosé réserve
1995 : 88

Vintage réserve
1995 : 89

AGRAPART ET FILS ****

57 avenue Jean-Jaurès
51190 Avize
Tél. : 03 26 57 51 38 - Fax : 03 26 57 05 06
E. Mail : champagne.agrapart@wanadoo.fr
Web : www.champagne-agrapart.com

Situé à Avize, grand cru en pleine côte des Blancs, Agrapart propose des champagnes de grand style, en blanc de blancs naturellement. Ses deux millésimés 1995 et 1996 sont de grandes réussites et le brut de la maison une petite merveille de légèreté. Est-ce le retour du cheval de l'exploitation ? Les vignes sont labourées et cultivées avec soin. Il n'y a pas de miracle dans la qualité.

Responsables : Pascal et Fabrice Agrapart
Vente à la propriété : oui
Visite : oui
Surface du vignoble : 9,5 ha
Appellation principale : Champagne
Production moyenne : 80 000 bouteilles

Blanc de blancs
1996 : 89
1995 : 89

Brut blanc de blancs
88

CHAMPAGNE DRAPPIER ****

Rue des Vignes
10200 Urville
Tél. : 03 25 27 40 15 - Fax : 03 25 27 41 19
E. Mail : info@champagne-drappier.com
Web : www.champagne-drappier.com

Le vignoble familial existe depuis 1808 et le vignoble d'une quarantaine d'hectares est situé à Urville avec une forte proportion de pinot noir (70 %) complétée à part égale de chardonnay et de pinot meunier. Trente-cinq hectares de chardonnay de Cramant et de pinots noirs de la Montagne de Reims complètent les approvisionnements. Bonne surprise, le champagne se révèle de caractère avec une cuvée Grande Sendrée, issue d'une parcelle de plus de 70 ans, qui est de grande classe.

Responsable : A. Drappier
Vente à la propriété : oui
Visite : oui
Langues : Allemand, Anglais
Moyen d'accès : A5 ou A6, sorties n°22 et 23 -
RN 19

Surface du vignoble : 43 ha
Cépages :
Pinot noir 70 %
Pinot meunier 15 %
Chardonnay 15 %
Appellation principale : Champagne
Production moyenne : 960 000 bouteilles

🍷 **Brut Carte d'Or**
87 . . . . .14,70 €

🍷 **Brut Carte d'Or 1983**
1983 : 88

🍷 **Brut France blanc de blancs**
1995 : 88 . . . . .16,70 €

🍷 **Brut nature**
André et Michel Drappier
88

🍷 **Grande Sendrée 1995**
1995 : 89 . . . . .22 €

🍷 **Grande Sendrée 1996**
1996 : 88 . . . . .22 €

CHAMPAGNE
LARMANDIER-BERNIER ★★★★

43 rue du 28-Août
51130 Vertus
Tél. : 03 26 52 13 24 - Fax : 03 26 52 21 00
E. Mail : larmandier@terre-net.fr
Web : www.larmandier.com

Magnifiquement situé en grands crus dans la côte des blancs, le vignoble de onze hectares est mis en valeur par une viticulture d'élite, ce qui n'est pas très courant en Champagne. Les vignes sont labourées, les traitements homéopathiques et les raisins ramassés à maturité optimale. Il en résulte des champagnes de grande classe d'autant que les bouteilles passent de trois à huit ans en cave avant commercialisation. Minéraux, tout en longueur, ils séduiront les amateurs de vins élégants, à la finale fraîche.

Responsable : famille Larmandier-Bernier
Vente à la propriété : oui
Visite : sur rendez-vous
Dégustation : sur rendez-vous
Surface du vignoble : 11 ha

Surface en rouge : 1 ha
Cépages :
    Pinot noir 100 %
Surface en blanc : 10 ha
Cépages :
    Chardonnay 100 %
Appellation principale : Champagne
Production moyenne : 90 000 bouteilles

♀ **Champagne GC blanc de blancs extra brut VV de cramant**
1996 : 90 . . . . .29 €

♀ **Champagne GC blanc de blancs Spécial Club**
1996 : 89 . . . . .23 €

♀ **Champagne premier cru blanc de blancs**
88 . . . . .17 €

♀ **Né d'une Terre de Vertus**
89 . . . . .19 €

♀ **Vertus rouge**
1999 : 88 . . . . .17 €

CHAMPAGNE VAUVERSIN ★★★★

9 bis rue de Flavigny
51190 Oger
Tél. : 03 26 57 51 01 - Fax : 03 26 51 64 44
E. Mail : bruno.vauversin@wanadoo.fr
Web : www.champagne-vauversin.ovh.org

Bruno Vauversin gère à lui tout seul cette petite propriété de trois hectares magnifiquement située à Oger, dans la côte des Blancs et constituée exclusivement de chardonnay. A l'aide de vignes relativement âgées, il élabore des champagnes très denses, avec en particulier un magnifique 1996, tout en droiture et très peu dosé, ce qui est tout à son honneur. Le brut est dans la même ligne toujours aussi peu dosé, et cela lui convient très bien.

Responsable : Bruno Vauversin
Vente à la propriété : oui
Visite : oui
Surface du vignoble : 3 ha
Surface en blanc : 3 ha
Cépages :
    Chardonnay 100 %
Appellation principale : Champagne
Production moyenne : 12 000 bouteilles

♀ **Brut millésimé**
    1996 : 89 . . . . .16,50 €

♀ **Champagne GC blanc de blancs**
    88 . . . . .12,20 €

DE SOUSA ****

12 place Léon-Bourgeois
51190 Avize
Tél. : 03 26 57 53 29 - Fax : 03 26 52 30 64
E. Mail : contact@champagnedesousa.com
Web : www.champagnedesousa.com

Erick de Sousa bichonne ses vignes de grands crus, situés dans les meilleurs terroirs de la côte des blancs, Avize, Cramant et Oger, en passant entièrement en biodynamie. Ses vignes sont d'un âge élevé, 38 ans, avec de belles parcelles de vignes de plus de cinquante ans. Les levures indigènes permettent d'élaborer des champagnes de caractère avec des cuvées magnifiques de classe comme Les Caudalies. Très crémeux, le brut réserve et le fondu Brut tradition complètent la belle gamme.

Responsable : Erick de Sousa
Vente à la propriété : oui
Visite : sur rendez-vous
Surface du vignoble : 7 ha
Cépages :
    Pinot noir 40 %
    Pinot meunier 10 %
    Chardonnay 50 %
Appellation principale : Champagne
Production moyenne : 60 000 bouteilles

Blanc de blancs GC cuvée des Caudalies
90

Réserve blanc de blancs GC
89

Tradition brut
88

CHAMPAGNE
DELAMOTTE
BRUT
BLANC DE BLANCS

DEPUIS 1760
LE MESNIL·SUR·OGER
Élaboré par Société A.S.
51190 LE MESNIL S/OGER - FRANCE
PRODUCE OF FRANCE - NM 300 002

12% vol.

750 ml

DELAMOTTE ★★★★

5 rue de la Brèche-d'Oger
51190 Le Mesnil-sur-Oger
Tél. : 03 26 57 51 65 - Fax : 03 26 57 79 29

Delamotte est un spécialiste du char-donnay, ce qui s'explique aisément par sa localisation à Mesnil-sur-Oger, dans la côte des blancs, au côté de son grand frère, le célèbre champagne Salon avec qui la maison partage le même directeur général, le brillant Didier Depond. Dela-motte appartient à Laurent-Perrier depuis 1989 et son œnologue Alain Terrier a tout particulièrement veillé à son élaboration et lui a donné la régularité dont il est coutumier avec des blancs de blancs de belle allure à des prix sympathiques.

Responsable : Didier Depond
Vente à la propriété : oui
Visite : sur rendez-vous
Dégustation : sur rendez-vous
Langues : Anglais, Espagnol
Moyen d'accès : A4.
Surface du vignoble : 11 ha
Surface en blanc : 11 ha
Cépages :
    Chardonnay 100 %
Appellation principale : Champagne
Production moyenne : 400 000 bouteilles

Brut
        88 . . . . .20 €

Brut blanc de blancs
        88 . . . . .25 €

Brut millésimé blanc de blancs
1995 : 89 . . . . .29 €

DEUTZ ★★★★

16 rue Jeanson
51160 Ay
Tél. : 03 26 56 94 00 - Fax : 03 26 56 94 13
Web : www.champagne-deutz.com

Grâce au terroir magique d'Ay, Deutz réussit à faire cohabiter la vinosité parfois un peu lourde des pinots noirs avec une réelle finesse par un apport judicieux de chardonnay. Le chardonnay trouve sa consécration dans le blanc de blancs 1996, de grande classe et dans l'aérien Amour de Deutz 1995. Les meilleures illustrations de cette cohabitation réussie se trouvent dans l'impeccable Brut Classique et surtout dans la magnifique Cuvée Williams Deutz 1995.

Responsable : Fabrice Rosset
Vente à la propriété : oui
Visite : sur rendez-vous
Surface du vignoble : 42 ha
Cépages :
    Pinot meunier
    Pinot noir
    Chardonnay
Appellation principale : Champagne
Production moyenne : 1 000 000 bouteilles

🍷 **Amour de Deutz**
   1995 : 90

🍷 **Blanc de blancs**
   1996 : 89

🍷 **Brut Classic**
      88

🍷 **Cuvée William Deutz**
   1995 : 91

DUVAL LEROY ★★★★

69 avenue de Bammental
51130 Vertus
Tél.: 03 26 52 10 75 - Fax: 03 26 52 37 10
E. Mail: champagne@duval-leroy.com
Web: www.duval-leroy.com

Cette petite maison a été métamorphosée sous l'impulsion de Carol Duval-Leroy, femme passionnée du Champagne, avec l'aide d'un maître de chai Hervé Jestin qui figure parmi les meilleurs. Privilégiant le chardonnay, ce qui est normal quand on est situé à Vertus dans la côte des blancs, les champagnes se démarquent par une réelle élégance et une qualité de fini qui impressionnent. Ce n'est pas un hasard, car les installations techniques sont au plus haut niveau et la viticulture, avec Michel Oliveira, de qualité.

Responsable: Carol Duval-Leroy
Vente à la propriété: oui
Visite: sur rendez-vous
Dégustation: sur rendez-vous
Moyen d'accès: Direction Châlons-en-Champagne, jusqu'à Oiry, suivre la direction Vertus D9.

Surface du vignoble: 150 ha
Cépages:
  Pinot meunier
  Pinot noir
  Chardonnay
Appellation principale: Champagne
Production moyenne: 6 000 000 bouteilles

♀ **Blanc de Chardonnay**
  88 . . . . .19,14 €

♀ **Cuvée de Paris**
  89 . . . . .21,53 €

♀ **Cuvée des Roys**
  1990: 90
  1986: 88

♀ **Femme de Champagne**
  1995: 90 . . . . .50,83 €

♀ **Fleur de Champagne brut**
  1995: 89 . . . . .17,34 €

♀ **Fleur de Champagne extra brut**
  1995: 89 . . . . .21,53 €

♀ **Fleur de Champagne rosé de Saignée**
  87 . . . . .19,73 €

EDMOND BARNAUT ★★★★

2 rue Gambetta, B. P. 19
51150 Bouzy
Tél. : 03 26 57 01 54 - Fax : 03 26 57 09 97
E. Mail : contact@champagne-barnaut.com
Web : www.champagne-barnaut.com

Installé à Bouzy, au cœur des « grands noirs » solaires, Philippe Secondé élabore des champagnes puissants à forte proportion de noirs, sans jamais tomber dans la lourdeur. Ces champagnes de grand caractère, très vineux, gardent une étonnante finesse, ce qui les destine avant tout à la table.

Responsable : Philippe Secondé
Vente à la propriété : oui
Visite : oui
Moyen d'accès : De Paris ou Strasbourg autoroute A4, sortir Reims/Cormontreuil, direction Louvois. De Dijon ou Troyes autoroute A26, sortir Châlons St Gibien, direction Epernay, à Athis prendre la direction de Tours/Marne, ensuite direction Bouzy.

Surface du vignoble : 14,5 ha
Cépages :
    Pinot noir
    Pinot meunier
    Chardonnay
Appellation principale : Champagne
Production moyenne : 100 000 bouteilles

Blanc de noirs
    88

Brut GR
    89

Brut millésimé
1995 : 90

Brut rosé
    88

Coteaux Champenois Bouzy
1998 : 89

Cuvée Douceur
    89

Sélection extra brut
    88 . . . . .14,65 €

FRANÇOIS SECONDÉ ****

6 rue des Galipes
51500 Sillery
Tél. : 03 26 49 16 67 - Fax : 03 26 49 11 55

Pour augmenter l'âge moyen de ses vignes qui est pourtant de 38 ans, François Secondé vient d'arrêter l'arrachage et il passe dans une culture de plus en plus raisonnée. Dans le grand cru Sillery où règle en maître le pinot noir, il continue de séparer son hectare de chardonnay aux caractéristiques si particulières. Les deux cuvées, le brut et le millésimé 1997, sont d'excellente facture avec une puissance bien contenue.

Responsable : François Secondé
Vente à la propriété : oui
Visite : sur rendez-vous
Moyen d'accès : De Reims prendre autoroute A4, sortir Reims/Cormontreuil, suivre Taissy Sillery, par RN44 prendre direction Châlons en Champagne sortir sur la droite Sillery à 10 km après Reims.
Surface du vignoble : 5,2 ha
Cépages :
    Picpoul Noir 80 %
    Chardonnay 20 %
Appellation principale : Champagne
Production moyenne : 33 000 bouteilles

♀ **Brut GC**
        88

♀ **Brut millésimé 1997**
    1997 : 90

GOSSET ****

69 rue Jules-Blondeau, B. P. 7
51160 Aÿ
Tél. : 03 26 56 99 56 - Fax : 03 26 51 55 88

Fièrement, Gosset se proclame la plus ancienne maison de vins de la Champagne avec une origine à Ay en 1584. Sous la direction exigeante et avisée de Béatrice Cointreau, la maison a pris un grand coup de jeune tant en commercialisation que dans le style des vins qui sont tenus par une belle acidité fraîche. Le fleuron de la gamme est Celebris élaboré avec une forte proportion de pinot noir de grand cru, gage d'un vin complet, les 40 % de chardonnay servant à maintenir la fraîcheur pour rester dans le style maison.

Responsable : Béatrice Cointreau
Vente à la propriété : oui
Visite : non
Dégustation : non
Cépages :
    Pinot noir
    Chardonnay
Appellation principale : Champagne
Production moyenne : 1 000 000 bouteilles

Celebris
1995 : 89

Grand millésime
1996 : 88

Grande réserve
88

Grand rosé
88

GUY LARMANDIER ****

30 rue Général-Koenig
51130 Vertus
Tél. : 03 26 52 12 41 - Fax : 03 26 52 19 38

Le vignoble de Guy Larmandier, maintenant assisté de son fils François, s'étend sur les grands crus de Chouilly et de Cramant, ainsi que sur les premiers crus de Vertus et de Cuis, essentiellement en chardonnay. Dominée par un somptueux Cramant Prestige 1996, la gamme est d'une grande qualité. En particulier, le Brut 1er cru est d'une élégance rare et d'un équilibre parfait.

Responsables : Guy et François Larmandier
Vente à la propriété : oui
Visite : sur rendez-vous
Langue : Anglais
Surface du vignoble : 9 ha
Cépages :
    Pineau 8 %
    Chardonnay 92 %
Appellation principale : Champagne
Production moyenne : 80 000 bouteilles

Blanc de blancs perlée
85

Brut premier cru
88

Brut rosé premier cru
88

**Cramant GC
blanc de blancs**
88

Cramant GC prestige millésimé
1996 : 89

**Vin des coteaux Champenois
Vertus**
87

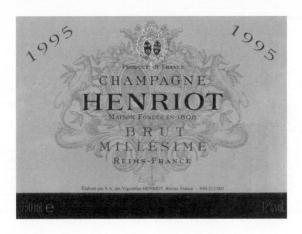

HENRIOT ****

81 rue Coquebert BP 457
51066 Reims cedex Reims
Tél. : 03 26 89 53 00 - Fax : 03 26 89 53 10
E. Mail : contact@champagne-henriot.com

Le champagne Henriot illustre le rôle capital de chef d'orchestre en Champagne. Ce rôle passe par la sélection des raisins, l'art de l'assemblage, les durées de vieillissement et, enfin la définition d'un style, ce qui est le plus capital. La maison a fait le choix de l'élégance en privilégiant le chardonnay. Le beau blanc de blancs, toujours très régulier, est l'illustration de ce savoir-faire qui prend son aboutissement dans la magnifique cuvée des Enchanteleurs 1988, superbe de profondeur, de velouté et de plénitude.

Responsable : Joseph Henriot
Vente à la propriété : non
Surface du vignoble : 102 ha
Cépages :
    Pinot noir 28 %
    Chardonnay 72 %
Appellation principale : Champagne
Production moyenne : 1 000 000 bouteilles

♀ **Brut blanc de blancs**
       88

♀ **Brut millésimé**
   1995 : 89

♀ **Brut Souverain**
       88

♀ **Cuvée des Enchanteleurs**
   1988 : 94

JEAN LALLEMENT ET FILS ****

1 rue Moët-et-Chandon
51360 Verzenay
Tél. : 03 26 49 43 52 - Fax : 03 26 49 44 98
E. Mail : alex.lallement@wanadoo.fr

Avec quatre hectares de vignes, le domaine n'est pas bien grand, mais elles sont situées sur Verzenay, Verzy et Ludes, terroirs de qualité s'il en est. Sur ces quatre hectares, trois hectares et demi sont en pinot noir, le demi-hectare de chardonnay venant de Verzenay. Avec leur fils Jean-Luc, Jean et Louisette Lallemand élaborent des champagnes corsés, peu dosés, très typés. Egalement réussies, les deux cuvées gagnent en plénitude pour ceux qui ont la patience d'attendre quelques années.

Responsables : Earl Jean Lallement et fils
Vente à la propriété : oui
Visite : sur rendez-vous
Dégustation : sur rendez-vous
Langues : Anglais, Italien, Portugais
Moyen d'accès : RN44.
Surface du vignoble : 4 ha
Cépages :
  Pinot meunier 87,50 %
  Chardonnay 12,50 %
Appellation principale : Champagne
Production moyenne : 15 000 bouteilles

♀ **Brut GC**
88

♀ **Grande Réserve**
89

LILBERT-FILS ****

223 rue du Moutier BP 14
51530 Cramant
Tél. : 03 26 57 50 16 - Fax : 03 26 58 93 86
E. Mail : info@champagne-lilbert.com
Web : www.champagne-lilbert.com

Situé dans le grand cru Cramant dans la
côte des Blancs, Lilbert fixe le type de
Champagne de la commune. Bertrand
Lilbert, qui prend la succession de son
père Georges, élabore des champagnes
longs et stylés, avec une forte minéralité.
Très droits, ces champagnes jouent la
fraîcheur sans concession, avec un corps
relativement léger. Ils vieillissent bien.

Responsable : Georges Lilbert
Vente à la propriété : oui
Visite : sur rendez-vous
Langue : Anglais
Moyen d'accès : chemin flêché.
Surface du vignoble : 4 ha
Surface en blanc : 4 ha
Cépages :
    Chardonnay 100 %
Appellation principale : Champagne
Production moyenne : 25 000 bouteilles

Brut GC
    88

CHAMPAGNE
MARIE-NOELLE LEDRU
VITICULTRICE
MILLESIME 1997
GRAND CRU

à AMBONNAY (MARNE)
BRUT
750 ml   Élaboré par Marie-Noëlle Ledru, 51150 Ambonnay, France - RM-25209-01   12% vol.

MARIE-NOËLLE LEDRU ********

5 place de La Croix
51150 Ambonnay
Tél.: 03 26 57 09 26 - Fax : 03 26 58 87 51
E. Mail : info@champagne-mnledru.com

Femme de caractère, Marie-Noëlle Ledru élabore des champagnes pleins et corsés avec une forte proportion de pinot noir, ce qui est normal quand on est basé à Ambonnay, grand cru solaire dans la montagne de Reims. Malgré cette forte proportion, elle réussit à préserver beaucoup de fraîcheur dans des champagnes vineux qui gagnent à rester quelques années en cave.

Responsable : Marie-Noëlle Ledru
Vente à la propriété : oui
Visite : sur rendez-vous
Dégustation : sur rendez-vous
Langues : Anglais, Allemand
Surface du vignoble : 6 ha
Cépages :
    Pinot noir
    Chardonnay
Appellation principale : Champagne
Production moyenne : 20 000 bouteilles

♀ **Brut GC**
    1997 : 89 . . . . .13,70 €
        89

♀ **Cuvée du Goulté**
        90 . . . . .17,70 €

♀ **Demi-sec**
        89 . . . . .13,70 €

♀ **Extra-brut**
        89 . . . . .13,70 €

PALMER & CO ****

67 rue Jacquart
51100 Reims
Tél. : 03 26 07 35 07 - Fax : 03 26 07 45 24

Etablie à Reims depuis 1959, cette petite coopérative de qualité exploite 370 hectares à travers 260 sociétaires de la Montagne de Reims, ce qui lui permet de disposer d'exceptionnels pinots noirs. Le chardonnay, très typé, vient de Villers-Marmery et de Trépail et il se retrouve dans le blanc de blancs toujours très typé. Elaboré avec une forte proportion de noirs, les autres cuvées sont toujours plutôt corsées. Ces cuvées vieillissent bien, ce qui permet à Palmer de sortir régulièrement des vieux millésimes de toute beauté.

Responsable : Jean-Claude Colson
Vente à la propriété : oui
Visite : sur rendez-vous
Surface du vignoble : 350 ha
Cépages :
   Pinot 50 %
   Chardonnay 50 %
Appellation principale : Champagne
Production moyenne : 3 000 000 bouteilles

Amazone
89 . . . . .27 €

Blanc de blancs brut millésimé 1985
1995 : 88
1985 : 88 . . . . .33,50 €

Brut
87 . . . . .14,80 €

Brut millésimé 1992
1992 : 87 . . . . .21,20 €

PANNIER ****

23 rue Roger-Catillon, B. P. 300
02400 Chateau-Thierry
Tél.: 03 23 69 51 30 - Fax: 03 23 69 51 31
E. Mail:
champagnepannier@champagnepannier.com
Web: www.champagnepannier.com

Située à Château-Thierry et lucidement dirigée par François Alvoet, cette coopérative gère plus de quatre cents hectares dans la vallée de la Marne. L'astucieux chef de cave Philipe Dupuy donne toute sa noblesse au pinot meunier dont il réussit à éliminer toute forme de rusticité. Par échange, il dispose de beaux lots de pinots noirs et de Chardonnay, ce qui lui permet d'élaborer tout un ensemble de cuvées très cohérentes à des prix très corrects. Accueil très pédagogique dans la cave.

Responsable: F. Alvoet
Vente à la propriété: oui
Visite: sur rendez-vous
Dégustation: sur rendez-vous
Moyen d'accès: à 1h de Paris autoroute A4.
Langues: Allemand, Anglais
Surface du vignoble: 600 ha
Age des vignes: 18 ans
Cépages:
　Pinot 60 %
　Chardonnay 40 %
Appellation principale: Champagne
Production moyenne: 600 000 bouteilles

🍷 **Brut rosé**
　　　87 . . . . .18 €

🍷 **Brut sélection**
　　　87 . . . . .17 €

🍷 **Louis Eugène**
　　　89 . . . . .23 €

PIERRE GIMONNET ET FILS ****

1 rue de la République
51530 Cuis
Tél.: 03 26 59 78 70 - Fax: 03 26 59 79 84

A juste titre, la maison estime que le terroir et l'âge des vignes sont les deux facteurs les plus importants des grands champagnes. Avec des vignes sur le premier cru Cuis et les deux grands crus Cramant et Chouilly, la maison est bien servie. 70 % des vignes ont plus de 30 ans et 40 % des vignes ont plus de 40 ans. Mais la maison est plus que cela. Laissant s'exprimer librement la minéralité du terroir, la maison Gimonnet est porteuse d'un concept essentiel : la pureté. D'une belle nervosité, toute la gamme décline cette pureté à son plus haut niveau.

Responsable : famille Gimonnet
Vente à la propriété : oui
Visite : oui
Moyen d'accès : 6 km au sud d'Epernay
Surface du vignoble : 26 ha

Surface en blanc : 26 ha
Cépages :
    Chardonnay 100 %
Appellation principale : Champagne
Production moyenne : 200 000 bouteilles

♀ **Brut**
88

♀ **Club**
1997 : 88
1996 : 90

♀ **Gastronome**
1998 : 89

♀ **Fleuron**
1996 : 87

♀ **Œnophile maxi brut (non dosé)**
1995 : 88

CHAMPAGNE
1996   1996
PIERRE MONCUIT
BRUT
GRAND CRU   à LE MESNIL s/ OGER
BLANC DE BLANCS
12% vol.   Elaboré par S.A. Pierre MONCUIT, 51190 LE MESNIL SUR OGER - FRANCE   750 ml
RM-23629-01

PIERRE MONCUIT ****

11 rue Persault-Maheu
51190 Le Mesnil-sur-Oger
Tél. : 03 26 57 52 65 - Fax : 03 26 57 97 89

Depuis leur reprise du domaine en 1997,
le frère et la sœur Yves et Nicole Moncuit continuent de parfaire le style fondé
sur la fraîcheur et la race du grand cru
Mesnil-sur-Oger où le domaine possède
toutes ses vignes, à part les cinq hectares
du Sézannais qui vont dans la cuvée
Hugues de Coulmel. Nicole Moncuit
met à part dans une cuvée qui porte son
nom, les raisins d'une parcelle de 90 ares
ayant 85 ans d'âge sur un des meilleurs
coteaux du Mesnil pour produire un des
plus grands champagnes actuels. Toutes
les autres cuvées sont de grande classe.

Responsables : Nicole et Yves Moncuit
Vente à la propriété : oui
Visite : oui
Langues : Anglais, Italien
Moyen d'accès : Dans le Mesnil, prendre
direction centre ville, mairie.
Surface du vignoble : 19 ha
Surface en blanc : 19 ha
Cépages :
    Chardonnay 100 %
Appellation principale : Champagne
Production moyenne : 140 000 bouteilles

♀ **Brut cuvée Nicole Moncuit VV**
    1998 : 90
    1995 : 92

♀ **Brut Millésimé GC
    blanc de blancs**
    1996 : 88
    1995 : 87

♀ **Cuvée de réserve Nicole Moncuit**
    86

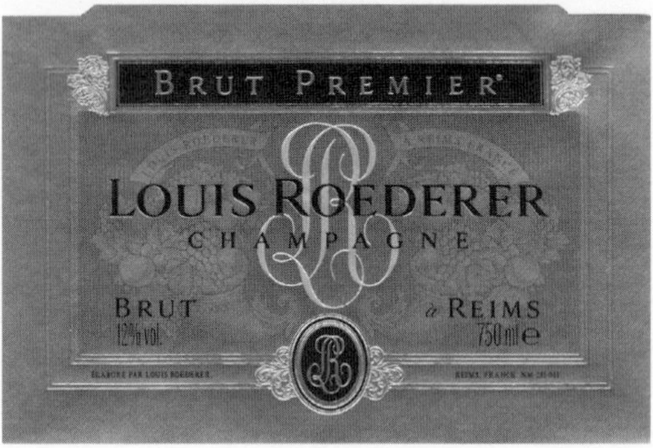

ROEDERER ****

21 boulevard Lundy
51100 Reims
Tél. : 03 26 40 42 11 - Fax : 03 26 47 66 51
E. Mail : com@champagne-roederer.com
Web : www.champagne-roederer.com

Sa grande régularité, Roederer la doit d'abord à un respectable vignoble maison de près de 200 hectares très bien situés et bien répartis entre les trois grands terroirs de la Champagne, ce qui donne la maîtrise des approvisionnements. Mûrissants dans des foudres de chêne du Limousin, les stocks de réserve sont d'une importance capitale pour le Brut Premier qui est d'une grande régularité. Le style s'appuie sur la franchise avec toute une gamme fondée sur la netteté aromatique et la fraîcheur en bouche, d'autant que les dosages sont faibles, ce qui donne des champagnes toujours très élégants.

Responsable : Jean-Claude Rouzaud
Visite : sur rendez-vous
Dégustation : sur rendez-vous
Langue : Anglais
Surface du vignoble : 200 ha
Cépages :
  Pinot noir
  Chardonnay
Appellation principale : Champagne
Production moyenne : 2 600 000 bouteilles

Brut millésimé
1995 : 88

Brut premier
87

Brut rosé millésimé
1996 : 88

TAITTINGER ★★★★

9 place Saint-Nicaise BP 2741
51100 Reims
Tél. : 03 26 85 45 35 - Fax : 03 26 85 17 46
Web : www.taittinger.com

Il faudrait faire une catégorie à part pour l'extraordinaire Comte de Champagne blanc de blancs 1995, archétype de la cuvée de prestige de grande race, composée uniquement de grands crus de la côte de blancs qui montre l'intérêt de l'assemblage de terroirs même s'ils sont de haut niveau. Si les autres vins de la gamme n'atteignent pas ce niveau, l'ensemble s'est redressé, même le brut réserve.

Responsable : Claude Taittinger
Vente à la propriété : oui
Visite : oui
Surface du vignoble : 270 ha
Cépages :
   Pinot meunier
   Pinot noir
   Chardonnay
Appellation principale : Champagne

♀ **Comtes de Champagne**
   1995 : 95 . . . . .99,09 €

♀ **Taittinger brut millésimé**
   1996 : 88 . . . . .30,18 €

♀ **Taittinger brut prestige**
      87 . . . . .27,29 €

♀ **Taittinger brut réserve**
      87 . . . . .24,85 €

ALAIN THIÉNOT ***(*)

4 rue Joseph-Cugnot
51500 Taissy
Tél. : 03 26 77 50 10 - Fax : 03 26 77 50 19
E. Mail : info-vat@alain-thienot.fr

Débutant comme courtier en Champagne en 1970, Alain Thiénot a eu l'occasion d'acquérir six hectares de vignoble à Ay et les caves de la maison Castille à Reims, ce qui lui a permis de créer une des rares maisons de Champagne depuis la seconde guerre mondiale. Avec quelques acquisitions ultérieures dans les premiers et grands crus, la maison assure un tiers de ses approvisionnements. Une fraction des vins, environ 20 %, est vinifiée en barriques neuves, ce qui donne une touche très personnelle à la grande cuvée.

Responsable : Alain Thiénot
Vente à la propriété : oui
Visite : sur rendez-vous
Dégustation : sur rendez-vous
Langues : Anglais
    Pinot noir
    Pinot meunier
    Chardonnay 100%
Appellation principale : Champagne

Brut
86 . . . . .18,75 €

Brut millésimé
1995 : 88 . . . . .21,90 €

Cuvée Stanislas
1995 : 89 . . . . .29,30 €

Millésimé Grande cuvée
1995 : 90 . . . . .21,90 €

Millésimé rosé
1996 : 87 . . . . .22,50 €

ALEXANDRE BONNET ***(*)

138 rue Général-de-Gaulle
10340 Les Riceys
Tél. : 03 25 29 30 93 - Fax : 03 25 29 38 65
E. Mail : info@alexandrebonnet.com
Web : www.alexandrebonnet.com

Seul village de Champagne à posséder trois appellations contrôlées, Les Riceys propose, outre les traditionnels Champagne et Coteaux Champenois, le célèbre rosé des Riceys. Souple et typé, la maison en propose un des meilleurs, que l'important vignoble maison d'une quarantaine d'hectares, tout en pinot noir, contribue à régulariser. Bien constitué, le blanc de noirs relève de la même logique. Les approvisionnements en raisins blancs permettent de proposer une belle cuvée de Réserve qui associe la naturelle vinosité à plus de finesse.

Responsable : Philippe Baijot
Vente à la propriété : oui
Visite : sur rendez-vous
Dégustation : sur rendez-vous
Langue : Anglais
Surface du vignoble : 40 ha
Surface en rouge : 40 ha
Cépages :
    Pinot noir 100 %
Appellation principale : Champagne
Production moyenne : 550 000 bouteilles

Brut blanc de noirs
        88

Grande réserve
        88

Rosé des riceys
1997 : 87

BRUNO PAILLARD ***(*)

Avenue de Champagne
51100 Reims
Tél.: 03 26 36 20 22 - Fax: 03 26 36 57 72
E. Mail: brunopaillard@aol.com
Web: www.champagnebrunopaillard.com

Après avoir été courtier champenois, Bruno Paillard a créé sa propre maison en 1981 en se consacrant essentiellement dans les cuvées spéciales et le haut de gamme et en ne produisant que des champagnes bruts. « J'aime les champagnes rares » dit-il. Avec son extraordinaire bouquet le N.P.U. 1990 *(le nec plus ultra)* est de ceux-là. La gamme s'est étoffée vers des champagnes plus accessibles et de bonne facture, avec en particulier un très joli millésime 1995.

Responsable : Bruno Paillard
Dégustation : non
Surface du vignoble : 3 ha
Cépages :
   Pinot noir
   Chardonnay
Appellation principale : Champagne
Production moyenne : 500 000 bouteilles

Brut première cuvée
86 . . . . .22 €

Champagne Bruno Paillard brut millésimé
1995 : 88 . . . . .30,60 €

Chardonnay réserve privée
87 . . . . .29,90 €

N.P.U 1990
1990 : 93 . . . . .95 €

Première cuvée
88 . . . . .25,90 €

CATTIER ***(*)

6 et 11, rue Dom-Pérignon
51500 Chigny-les-Roses
Tél. : 03 26 03 42 11 - Fax : 03 26 03 43 13
E. Mail : jeancatt@cattier.com
Web : www.cattier.com

Avec une vingtaine d'hectares de premiers crus dans la Montagne de Reims, la vénérable maison Cattier assure ses arrières, d'autant qu'elle dispose d'un joyau, le Clos du Moulin acquis en 1951, parcelle de 2,2 hectares plantée moitié chardonnay, moitié pinot noir. Assemblage de trois millésimes, le Clos est à forte personnalité. Mûri dans les admirables caves voûtées, le brut est d'une belle richesse avec une finale tout en finesse.

Responsable : famille Cattier
Vente à la propriété : oui
Visite : oui
Langues : Allemand, Anglais, Espagnol, Italien
Moyen d'accès : sortie A4 Reims/Cormontreuil, suivre la direction Louvois D9, puis Chigny les Roses (à 10 km de Reims)
Surface du vignoble : 20 ha
Surface en rouge : 15 ha
Cépages :
    Pinot noir 60 %
    Pinot meunier 40 %
Surface en blanc : 5 ha
Cépages :
    Chardonnay 100 %
Appellation principale : Champagne
Production moyenne : 500 000 bouteilles

Brut premier cru
       87 . . . . .13,60 €

Brut millésimé
   1996 : 88 . . . . .14,80 €

Clos du Moulin
       91 . . . . .29,90 €

CHAMPAGNE
ANDRÉ BEAUFORT ***(*)

1 rue de Vaudemange
51150 Ambonnay
Tél. : 03 26 57 01 50 - Fax : 03 26 52 83 50
E. Mail : champagne.beaufort@libertysurf.fr
Web : www.champagne.st/-beaufort.fr

Le champagne « André Beaufort » est élaboré par Jacques Beaufort qui cultive ses vignes sans engrais, sans désherbants, en les soignant par aromathérapie et homéopathie et ce, depuis 1971 à la suite d'allergie aux produits chimiques de synthèse. Le vignoble est réparti entre le grand cru Ambonnay et, pour l'essentiel, au château de Polisy dans l'Aube, à 140 kilomètres. Très bien concentrés, les champagnes expriment un grand naturel, allant de pair avec un peu de rusticité, elle-même gommée par le vieillissement.

Responsable : Jacques Beaufort
Vente à la propriété : oui
Visite : oui
Moyen d'accès : de Bouzy et Trépail, direction Vaudemange
Surface du vignoble : 6 ha
Cépages :
 Pinot 80 %
 Chardonnay 20 %
Appellation principale : Champagne
Production moyenne : 20 000 bouteilles

♀ **Brut GC**
 1994 : 87
 1989 : 89 . . . . .51 €

♀ **Brut millésimé**
 1991 : 88 . . . . .20 €
 1989 : 89

♀ **Demi-sec GC**
 1988 : 88 . . . . .29,50 €

DELBECK ***(*)

39 rue du Général-Sarrail
51100 Reims
Tél. : 03 26 77 58 00 - Fax : 03 26 77 58 01
E. Mail : info@delbeck.com
Web : www.delbeck.com

La marque était autrefois célèbre avant de tomber dans l'oubli. Relancée en 1993, elle a commencé à élaborer des champagnes vineux et pleins que l'on retrouve dans le brut Héritage, pour aller ensuite dans une astucieuse politique de grands crus, Aÿ, Cramant et Bouzy. Si les résultats étaient un peu hétérogènes au début, la maison a trouvé sa vitesse de croisière avec des crus bien typés.

Responsables :
Pierre Martin et Olivier de la Giraudière
Vente à la propriété : non
Visite : non
Surface du vignoble : 22 ha
Cépages :
 Pinot noir
 Chardonnay
Appellation principale : Champagne
Production moyenne : 200 000 bouteilles

Aÿ Brut GC
  89 . . . . .23,62 €

Bouzy Brut GC
  89 . . . . .16,74 €

Brut Héritage
  88 . . . . .22,72 €

Brut Héritage
  88 . . . . .18,84 €

Brut Origines millésimé
1995 : 88 . . . . .99,27 €

Brut vintage
1996 : 89 . . . . .24,52 €

**Cramant GC
blanc de blancs**
  89 . . . . .23,62 €

DOQUET-JEANMAIRE ***(*)

44 chemin du Moulin-de-la-Cense-Bizet
51130 Vertus
Tél. : 03 26 52 16 50 - Fax : 03 26 59 36 71
E. Mail : info@champagne-doquet-
jeanmaire.com
Web : www.champagne-doquet-jeanmaire.com

Situé à Vertus dans la côte des blancs, la maison ne possède quasi exclusivement que du chardonnay et ne procède à aucun achat externe. Avec une bonne densité de plantation et un retour progressif au travail des sols, Pascal Doquet élabore des champagnes vineux qui surprennent avec tant de chardonnay. Ils prennent complexité et velouté avec l'âge, ce qu'il est aisé de vérifier, car la maison a l'heureuse idée de commercialiser des vieux millésimes à point, ce qui est rare.

Responsable : Pascal Doquet
Vente à la propriété : oui
Visite : sur rendez-vous
Langues : Allemand, Anglais
Surface du vignoble : 15,15 ha
Cépages :
    Pinot noir 1 %
    Chardonnay 99 %
Appellation principale : Champagne
Production moyenne : 130 000 bouteilles

**Brut blanc de blancs
Cœur de Terroir**
1989 : 89 . . . . .19 €

Cuvée millésimée brut premier cru
1992 : 88 . . . . .15 €

Rosé brut
88 . . . . .13,50 €

**Tradition brut premier cru
blanc de blancs**
87 . . . . .12,50 €

GEORGES VESSELLE ***(*)

16 rue des Postes
51150 Bouzy
Tél. : 03 26 57 00 15 - Fax : 03 26 57 09 20
E. Mail : contact@champagne-vesselle.fr
Web : www.champagne-vesselle.fr

Maire honoraire de Bouzy depuis 1989 après avoir été maire pendant vingt-cinq ans, administrateur pendant vingt ans de Mumm Vignobles et Recherches, Georges Vesselle est un homme aux talents multiples. Efficacement secondé par ses fils Eric à la production et Bruno au commercial, Georges Vesselle dispose d'un vignoble de 17,5 hectares à 90 % en pinot noir sur le magnifique coteau de Bouzy. Ils en tirent des cuvées très homogènes avec une superbe cuvée Juline, d'une grande plénitude et très équilibrée, des millésimés de belle facture et quelques beaux Bouzy rouges.

Responsable : G. Vesselle
Vente à la propriété : oui
Visite : sur rendez-vous
Langue : Anglais
Moyen d'accès : par Reims, suivre la D9 direction Louvois. Par Epernay, suivre la D1 direction Mareuil s/Aÿ et Tours/Marne

Surface du vignoble : 17,5 ha
Cépages :
    Pinot noir 90 %
    Chardonnay 10 %
Appellation principale : Champagne
Production moyenne : 170 000 bouteilles

Brut GC
1997 : 88 . . . . .19,55 €

Brut Zéro GC
1997 : 88 . . . . .20,15 €

Champagne GC
87 . . . . .16,50 €

Cuvée Véronique-Sylvie
87 . . . . .19,70 €

Georges Vesselle Bouzy rouge
88 . . . . .15,70 €

GC cuvée Juline
89 . . . . .24,70 €

JACQUART ***(*)

6 rue de Mars
51100 Reims
Tél. : 03 26 07 88 40 - Fax : 03 26 07 12 07
E. Mail : jacquart@ebc.net
Web : www.jacquart-champagne.fr

Située à Reims avec des installations ultramodernes, cette cave coopérative regroupe 600 vignerons répartis sur 800 hectares. Avec plus de 160 pressoirs, elle cherche à rester le plus proche possible de ses producteurs pour produire des champagnes les plus purs possible. Le blanc de blancs est une grande réussite : sa fraîcheur et sa plénitude éclatent dans le verre. A noter aussi un rosé très équilibré et très frais.

Responsables : C. Lagrange et R. Dailly
Vente à la propriété : oui
Visite : sur rendez-vous
Dégustation : non
Surface du vignoble : 800 ha
Cépages :
    Pinot meunier
    Pinot noir
    Chardonnay
Appellation principale : Champagne
Production moyenne : 2 500 000 bouteilles

Brut de Nominée
    88 . . . . .34,70 €

Brut Mosaïque
    87 . . . . .19,56 €

Brut Mosaïque
    86 . . . . .22,97 €

Brut Mosaïque blanc de blancs millésimé
1996 : 88 . . . . .25,42 €

LECLERC BRIANT ***(*)

67 rue Chaude-Ruelle, B. P. 108
51204 Epernay Cédex
Tél.: 03 26 54 45 33 - Fax: 03 26 54 49 59
E. Mail: plb@leclercbriant.com
Web: www.leclercbriant.com

Le domaine Leclerc-Briant a pris comme axe, la mise en valeur de l'influence des sols sur la qualité des champagnes. Cette noble initiative nécessite une tenue du vignoble de tout premier ordre, ce qui est le cas puisque la lutte raisonnée est pratiquée depuis longtemps et la biodynamie est en test très avancé. Complexes et élégants, les champagnes reflètent bien ces bonnes dispositions. La cuvée de prestige, la Divine, mérite bien son nom.

Responsables: Pascal Leclerc
Vente à la propriété: oui
Visite: oui
Dégustation: oui
Surface du vignoble: 30 ha
Cépages:
  Pinot noir 50 %
  Pinot meunier 20 %
  Chardonnay 30 %
Appellation principale: Champagne
Production moyenne: 250 000 bouteilles

♀ **Brut cuvée Divine**
   1995: 91 . . . . .35,37 €

♀ **Collection les Authentiques les Chèvres Pierreuses**
   89 . . . . .23,93 €

♀ **Collection les Authentiques les Crayères**
   87 . . . . .23,93 €

LENOBLE ***(*)

35 rue Paul-Douce
51480 Damery
Tél. : 03 26 58 42 60 - Fax : 03 26 58 65 57
E. Mail : contact@champagne-lenoble.com
Web : www.champagne-lenoble.com

Courtier, A.R. Grasser fonde la maison « Lenoble » en 1941, car « le champagne est le plus noble des breuvages ». Exploitant ses propres vignes de 18 hectares qui fournissent la moitié de ses approvisionnements, elle a édicté une charte de qualité pour préciser les règles. A partir de 2001, 20 % du volume sera vinifié en fûts. Jouant la fraîcheur et la vivacité, le brut réserve est élaboré avec les trois cépages à parts égales. Très complet, le blanc de blancs 1995 séduit par ses beaux arômes briochés.

Responsable : famille Malassagne
Vente à la propriété : non
Visite : oui
Langue : Anglais

Surface du vignoble : 18 ha
Cépages :
   Pinot noir
   Pinot meunier
   Chardonnay
Appellation principale : Champagne
Production moyenne : 340 000 bouteilles

Extra-brut réserve
87

GC blanc de blancs
87

GC Cuvée Gentilhomme
87

GC millésimé 1995
1995 : 88

Premier cru blanc de noirs 1992
1992 : 88

Rosé
88

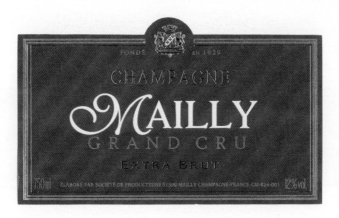

MAILLY GRAND CRU ***(*)

28 rue de la Libération
51500 Mailly-Champagne
Tél. : 03 26 49 41 10 - Fax : 03 26 49 42 27
E. Mail : contact@champagne-mailly.com
Web : www.champagne-mailly.com

Sur 324 communes de la Champagne, seules 17 d'entre elles portent le nom prestigieux de Grand cru. Mailly, au cœur de la Montagne de Reims, en fait partie. Fondée en 1929, ses 70 hectares sont tous situés sur le grand cru avec 75 % de pinot noir et 25 % de chardonnay. Moins puissants et moins typés qu'ailleurs, le pinot noir prend de l'élégance, toujours dans le registre de la puissance. Cette puissance se retrouve dans les diverses cuvées, avant tout destinées à être servies au cours d'un repas.

Responsable : Xavier Muller
Vente à la propriété : oui
Visite : oui
Moyen d'accès : A4 sortie Reims/Cormontreuil puis direction Louvois

Surface du vignoble : 70 ha
Cépages :
  Pinot noir 75 %
  Chardonnay 25 %
Appellation principale : Champagne
Production moyenne : 400 000 bouteilles

Blanc de noirs
87 . . . . .23,50 €

Brut
86

Brut millésimé
1995 : 88

Brut réserve
86

GC la Terre
1996 : 88

Echansons
1995 : 88

Extra-brut GC
86

Vin des coteaux champenois
85

MICHEL ARNOULD ET FILS ***(*)

28 rue de Mailly
51360 Verzenay
Tél. : 03 26 49 40 06 - Fax : 03 26 49 44 61
E. Mail : info@champagne-michel-arnould.com
Web : www.champagne-michel-arnould.com

Patrick Arnould, le fils de Michel, continue de développer l'authenticité de Verzenay, grand cru historique de la Montagne de Reims, certes exposé plein Nord, mais réputé pour la qualité de ses pinots noirs. Assemblage de 50 % de pinot noir et 50 % de chardonnay de vieilles vignes de Cramant, achat autorisé par la législation, la Carte d'Or 1996 est magnifiquement équilibrée et elle ira loin. Toujours impeccable, le brut grand cru exprime le terroir de Verzenay à son meilleur.

Responsables : Michel Arnould et Fils
Vente à la propriété : oui
Visite : oui
Moyen d'accès : Autoroute A4 - sortir à Reims/Cormontreuil, prendre RN44 direction Châlons en Champagne
Langue : Anglais
Surface du vignoble : 12 ha
Cépages :
   Pinot noir 85 %
   Chardonnay 15 %
Appellation principale : Champagne
Production moyenne : 95 000 bouteilles

Brut
   87 . . . . .12 €

Brut
   88 . . . . .12,80 €

Cuvée carte d'Or
   1996 : 90 . . . . .20,20 €

MOËT ET CHANDON ***(*)

20 avenue de Champagne
51220 Epernay
Tél. : 03 26 51 20 00 - Fax : 03 26 54 84 23

Moët et Chandon est devenue la maison
la plus importante de la Champagne avec
plus de 25 millions de bouteilles et des
marques célèbres comme Veuve Clicquot, Ruinart ou Krug. Ses deux fers de
lance sont le brut Impérial et le Brut
Impérial 1er cru. Pendant longtemps, les
deux cuvées étaient très proches. Ce n'est
plus la cas, le premier jouant la puissance
un peu brute, le premier cru se révélant
très fin et même élégant. Bel exercice de
style.

Responsable : Jean-Marie Laborde
Vente à la propriété : oui
Visite : oui
Surface du vignoble : 764 ha
Surface en rouge : 559 ha
Cépages :
    Pinot noir
    Pinot meunier
Surface en blanc : 205 ha
Cépages :
    Chardonnay
Appellation principale : Champagne

♀ **Brut Impérial**
    86

♀ **Brut Impérial premier cru**
    88

MUMM ***(*)

29 rue du Champs de Mars
51100 Reims
Tél. : 03 26 49 59 69 - Fax : 03 26 40 46 13
E. Mail : mumm@mumm.fr
Web : www.mumm.com

Idée géniale de marketing, le cordon rouge symbolise à lui tout seul la marque dont la qualité avait sévèrement chuté au début des années 90. Après un changement d'actionnaire, la nouvelle équipe fait de gros efforts pour remonter la pente et ses efforts sont payants. Si le Mumm de Cramant est toujours aussi superbe, il avait d'ailleurs résisté à toutes les vicissitudes, le Cordon Rouge devient une valeur sûre. En triant le meilleur dans les stocks, le millésime 1990 en magnum est d'une très grande plénitude.

Responsable : J.M. Barillère
Vente à la propriété : oui
Visite : oui
Dégustation : oui
Surface du vignoble : 218 ha
Cépages :
    Pinot meunier
    Pinot noir
    Chardonnay
Appellation principale : Champagne
Production moyenne : 8 000 000 bouteilles

♀ **Cordon rouge**
    1997 : 88
           86
    1990 : 89

♀ **Cordon rosé**
      87

♀ **Grand Cordon**
      88

♀ **Mumm de cramant**
      89

PHILIPPE JANISSON ***(*)

17 rue Gougelet
51500 Chigny-les-Roses
Tél. : 03 26 03 46 93 - Fax : 03 26 03 49 00
E. Mail : champagne@janisson.fr

Philippe Janisson n'utilise que les premières pressées de raisins provenant des
sept premiers et grands crus de la Montagne de Reims. Particulièrement bien
équilibré, le brut prestige est un assemblage de trois années avec une prédominance de raisins blancs. Quant à la cuvée
Grande Réserve, elle est composée
exclusivement des quatre grands crus,
avec autant de pinot noir que de chardonnay. Tous ces champagnes respirent
la franchise.

Responsable : P. Janisson
Vente à la propriété : oui
Visite : sur rendez-vous
Dégustation : sur rendez-vous
Moyen d'accès : sortie n° 26 - Autoroute A4 -
Langues : Anglais, Hollandais
Surface du vignoble : 4,1 ha
Cépages :
   Pinot noir 65 %
   Chardonnay 35 %
Appellation principale : Champagne
Production moyenne : 30 000 bouteilles

🍷 **Champagne brut prestige**
   88

🍷 **Champagne premier cru**
   cuvée Tradition
   86

🍷 **Grande réserve brut**
   88

PHILIPPONNAT ***(*)

13, rue du Pont
51160 Mareuil-sur-Ay
Tél. : 03 26 56 93 00 - Fax : 03 26 56 93 18
E. Mail : info@champagnephilipponnat.com
Web : www.champagnephilipponnat.com

La maison Philipponnat possède depuis 1935 le clos le plus vaste de la Champagne, le Clos des Goisses. Ce Clos produit un champagne de grand caractère, de vieillissement admirable, sublimement équilibré. Longtemps hétérogène, le reste de la gamme progresse avec régularité, le style restant vineux, avec en particulier une Sublime Réserve, actuellement sur le millésime 1991.

Responsable : Charles Philipponnat
Vente à la propriété : oui
Visite : sur rendez-vous
Langues : Allemand, Anglais, Espagnol
Surface du vignoble : 16,5 ha
Surface en rouge : 15 ha
Cépages :
    Pinot noir 100 %

Surface en blanc : 1,5 ha
Cépages :
    Chardonnay 100 %
Appellation principale : Champagne
Production moyenne : 500 000 bouteilles

♀ **Clos des Goisses**
    1990 : 94 . . . . .77,75 €

♀ **Cuvée 1522**
            85 . . . . .59,30 €

♀ **Grand blanc**
    1996 : 87 . . . . .34,30 €

♀ **Réserve millésimée**
    1993 : 87 . . . . .29,73 €

♀ **Réserve rosée**
            88 . . . . .24,24 €

♀ **Royale réserve brut**
            86 . . . . .21,19 €

♀ **Sublime réserve**
    1991 : 88 . . . . .29,73 €

POL ROGER ***(*)

1 rue Henri-Lelarge
51206 Epernay Cedex
Tél. : 03 26 59 58 00 - Fax : 03 26 55 25 70
E. Mail : polroger@polroger.fr

Maison favorite de Winston Churchill qui en connaissait un rayon, Pol Roger a produit des champagnes illustres qui vieillissent admirablement. A l'époque, les champagnes étaient basés sur le pinot noir ; d'ailleurs le grand homme n'appréciait guère le chardonnay. Avec l'acquisition d'un vignoble dans la côte des blancs au milieu des années cinquante, les champagnes actuels tirent parti de l'élégance du chardonnay. Après un léger flottement entre 1986 et 1995 où il s'était fait très léger, Pol Roger a retrouvé la grande forme avec la distinction qui est la sienne.

Responsable : Patrice Noyelle
Vente à la propriété : oui
Visite : sur rendez-vous
Dégustation : non
Surface du vignoble : 85 ha
Cépages :
    Pinot noir
    Pinot meunier
    Chardonnay
Appellation principale : Champagne
Production moyenne : 1 300 000 bouteilles

Brut
    86 . . . . .25 €

Brut chardonnay
1995 : 88 . . . . .44 €

Brut millésimé
1995 : 88 . . . . .44 €

Brut rosé
1995 : 86 . . . . .44 €

Cuvée Sir Winston Churchill
1993 : 88 . . . . .120 €

POMMERY ***(*)

5 place du Général-Gouraud
51100 Reims
Tél. : 03 26 61 61 97 - Fax : 03 26 61 61 60
E. Mail : thierry_gasco@pommery.fr
Web : www.pommery.fr

Cette marque prestigieuse vient de changer de main, mais tous les champagnes présentés sont encore issus du magnifique vignoble de 300 hectares situé dans les meilleurs crus de la Champagne. La référence absolue reste la cuvée Louise qui vient de passer au millésime 1995 après un 1989 de toute beauté et un 1990 très plein. Très élégante comme d'habitude, la Louise 1995 est encore très jeune et d'une grande pureté. A un prix deux fois moindre, le millésimé 1996 d'une grande élégance présente la même fraîcheur.

Responsable : P.F. Vranken
Vente à la propriété : oui
Visite : oui
Dégustation : oui
Moyen d'accès : A4, sortie Reims - Saint Rémi,
direction Charleville - Luxembourg

Surface du vignoble : 574 ha
Cépages :
    Pinot noir 54 %
    Pinot meunier 7 %
    Chardonnay 39 %
Appellation principale : Champagne
Production moyenne : 4 500 000 bouteilles

Brut rosé
    87 . . . . .28 €

Brut Royal
    86 . . . . .22,50 €

Cuvée Louise
1995 : 90 . . . . .77 €

**Cuvée Summertime
blanc de blancs**
    87 . . . . .28 €

GC millésimé
1996 : 88 . . . . .32 €

Wintertime blanc de noirs
    86 . . . . .28 €

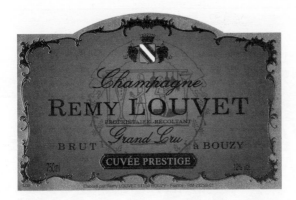

RÉMY LOUVET ***(*)

2 rue de Condé
51150 Bouzy
Tél.: 03 26 57 01 41 - Fax: 03 26 57 82 72
E. Mail: remy.louvet@wanadoo.fr
Web: perso.wanadoo.fr/champagne.remy.
louvet/

Ce tout petit domaine est bien situé dans
le grand cru de Bouzy, essentiellement
en pinot noir bien sûr, et il a le privilège
de posséder un joli patrimoine de vieilles
vignes. Revenu au travail des sols, il fait
vieillir consciencieusement ses champagnes en cave à l'image de la cuvée de
prestige qui est dotée d'une belle matière
et de ses millésimés qui jouissent d'une
étonnante finesse.

Responsable: Rémy Louvet
Vente à la propriété: oui
Visite: sur rendez-vous
Surface du vignoble: 3,3 ha
Surface en rouge: 2,8 ha
Cépages:
    Pinot noir
Surface en blanc: 0,5 ha
Cépages:
    Chardonnay
Appellation principale: Champagne
Production moyenne: 15 000 bouteilles

♀ **Champagne cuvée Prestige**
        88

♀ **Millésimé**
    1995 : 88

ALFRED GRATIEN ***

30 rue Maurice-Cerveaux, BP 3
51201 Epernay
Tél. : 03 26 54 38 20 - Fax : 03 26 54 53 44
E. Mail : contact@gratienmeyer.com
Web : www.gratienmeyer.com

Le temps a suspendu son vol chez Alfred Gratien, champagne qui est élaboré d'une manière très traditionnelle par une dynastie de chefs de cave, Les Jaeger. Pendant longtemps, ces champagnes se reconnaissaient aisément par le velouté procuré par la fermentation en cuves de bois et une grande profondeur. Une proportion inhabituelle de pinot meunier, que ce soit dans le brut réserve ou même dans la cuvée paradis, leur procure maintenant un fruité plus immédiat.

Responsable : Gratien et Meyer SA
Vente à la propriété : oui
Visite : oui
Dégustation : sur rendez-vous
Cépages :
　　Pinot meunier
　　Pinot noir
　　Chardonnay
Appellation principale : Champagne

♀ **Brut**
　　　87

♀ **Grand Paradis**
　　　88

BEAUMONT DES CRAYÈRES ✱✱✱

64 rue de la Liberté
51530 Mardeuil
Tél. : 03 26 55 29 40 - Fax : 03 26 54 26 30
E. Mail : contact@champagne-beaumont.com
Web : www.champagne-beaumont.com

Cette coopérative réunit deux cents vignerons exclusivement de la région d'Epernay. Les membres ne possédant en moyenne qu'un demi-hectare, toutes ces vignes sont choyées comme des jardins privés. Tête de file, la grande Réserve est élaborée avec 60 % de pinot meunier, ce qui lui donne un fruité éclatant de pommes mûres. Un peu plus évoluée et beaucoup plus ample, Nuit d'Or 1995 est une très belle réussite avec des arômes d'une belle complexité.

Responsable : Jean-Paul Bertus
Vente à la propriété : oui
Visite : oui
Dégustation : sur rendez-vous
Moyen d'accès : N3
Langue : Anglais

Surface du vignoble : 80 ha
Cépages :
    Pinot meunier 60 %
    Pinot noir 15 %
    Chardonnay 25 %
Appellation principale : Champagne
Production moyenne : 550 000 bouteilles

🍷 **Brut Fleur de Rosé**
    1997 : 85 . . . . 14,25 €

🍷 **Brut grande réserve**
        87 . . . . 12,25 €

🍷 **Brut Grand Prestige**
        86 . . . . 13,75 €

🍷 **Brut Nuit d'Or (spécial an 2000)**
    1995 : 88 . . . . 18,25 €

🍷 **Brut Nostalgie**
    1995 : 87 . . . . 16,50 €

🍷 **Fleur de Prestige**
    1996 : 85 . . . . 14,25 €

🍷 **Grand Rosé**
        85 . . . . 13,75 €

CHAMPAGNE BARON-FUENTÉ ***

21 avenue Fernand-Drouet
02310 Charly-sur-Marne
Tél.: 03 23 82 01 97 - Fax: 03 23 82 12 00
E. Mail: champagne. baron-fuente@wanadoo.fr

Né du mariage de Dolorès Fuenté avec Gabriel Baron en 1967, la maison de négoce a eu une croissance régulière avec un tiers des raisins en pleine propriété et deux tiers achetés en négoce. Les diverses cuvées contiennent une proportion plus ou moins importante de pinots meuniers, ce qui est normal puisque la maison est située à Charly-sur-Marne. Si les cuvées sont, toutes, marquées par le fruit un peu exubérant du meunier, elles sont élaborées avec beaucoup de soins.

Responsable: G. Baron
Vente à la propriété: oui
Visite: oui
Moyen d'accès: de Paris: A4, sortir Saint-Jean les Deux Jumeaux, direction La Ferté sous Jouarre, à 15 km Charly/Marne, à la sortie du village sur la droite. (1h de Paris)
Surface du vignoble: 20 ha
Surface en rouge: 14 ha
Cépages:
    Pinot meunier 90 %
    Pinot noir 10 %

Surface en blanc: 6 ha
Cépages:
    Chardonnay 100 %
Appellation principale: Champagne
Production moyenne: 600 000 bouteilles

 Brut Esprit
86

 Brut millésime
1995: 87

 Brut tradition
86

 Champagne cuvée Ampelos
88

 Champagne grande réserve
87

 Grand millésime
1996: 87 . . . . .14 €

 Rosé Dolorès
86

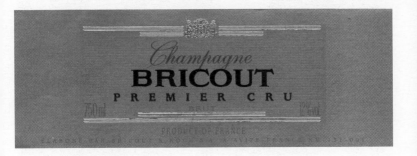

CHAMPAGNE BRICOUT ET KOCH ***

59 route de Cramant
51190 Avize
Tél. : 03 26 53 30 00 - Fax : 03 26 57 59 26

Le jeune allemand Charles Koch avait fondé sa maison de champagne à Avize en 1820, avant de s'associer à Arthur Bricout, vinificateur de Venoge. Le nom de la maison date de 1870, lors de la fusion des deux maisons familiales. Producteur allemand de vins, Racke achète Bricout en 1979, sans modifier le style et depuis 1998, il fait partie du groupe Delbeck. En hommage au fondateur, la cuvée Arthur Bricout est dominée par un joli chardonnay qui lui donne des arômes de beurre et de fruits confits.

Responsable : Pierre Martin
Vente à la propriété : oui
Visite : sur rendez-vous
Dégustation : sur rendez-vous
Langues : Allemand, Anglais, Italien
Surface du vignoble : 22 ha
Cépages :
  Pinot meunier
  Pinot noir
  Chardonnay
Appellation principale : Champagne
Production moyenne : 1 350 000 bouteilles

♀ **Brut millésimé**
  1992 : 87

♀ **Brut prestige**
  86

♀ **Brut réserve**
  86

♀ **Champagne GC Arthur Bricout**
  88

CHAMPAGNE JANISSON-BARADON ET FILS ***

2 rue de Vignerons
51200 Epernay
Tél. : 03 26 54 45 85 - Fax : 03 26 54 25 54
E. Mail : info@champagne-janisson.com
Web : www.champagne-janisson.com

Créée en 1922 par Gorges Baradon, remueur, et son gendre Maurice Janisson, tonnelier, la maison est toujours tenue par la famille Janisson avec Richard de la quatrième génération et son fils aîné Cyril. Elle exploite neuf hectares de vignes sur les coteaux ouest d'Epernay, à Chouilly et à Brimont. Assemblage de 70 % de chardonnay et 30 % de pinot noir, le millésimé 1995 est un superbe champagne complet et dense qui évoluera bien dans les prochaines années.

Responsable : Richard et Claude Janisson
Vente à la propriété : oui
Visite : sur rendez-vous
Dégustation : sur rendez-vous
Surface du vignoble : 9 ha
Cépages :
    Pinot noir 55 %
    Pinot meunier 5 %
    Chardonnay 40 %
Appellation principale : Champagne
Production moyenne : 65 000 bouteilles

Brut
            85 . . . . .11,65 €

Brut sélection
            87 . . . . .12,40 €

Millésimé
1995 : 89 . . . . .20 €

Brut rosé
            86 . . . . .12,75 €

CHAMPAGNE JEANMAIRE ***

12 rue Godart-Roger
51200 Epernay
Tél. : 03 26 59 50 10 - Fax : 03 26 54 78 52
E. Mail : champagne.jeanmaire@wanadoo.fr
Web : www.chateau-malakoff.com

Maison familiale à sa naissance en 1933, Jeanmaire a changé de braquet lors de son achat en 1982 par la famille Trouillard. Une politique d'achats de vignes lui permet de posséder en propre une part importante de ses approvisionnements. Tous les champagnes se présentent sous des abords francs avec de jolis arômes fleuris. Summum de la cave, la cuvée Elysée, toujours très joliment briochée, est un assemblage des grands crus blancs de la Côte des blancs.

Responsable : Jacques Trouillard
Vente à la propriété : non
Visite : non
Surface du vignoble : 121 ha
Surface en rouge : 74 ha
Cépages :
   Pinot 61 %
Surface en blanc : 47 ha
Cépages :
   Chardonnay 39 %
Appellation principale : Champagne
Production moyenne : 3 000 000 bouteilles

♀ **Blanc cuvée Elysée**
   1992 : 91

♀ **Chardonnay vintage 1995**
   1995 : 88

♀ **Cuvée blanc de blancs brut**
   87

♀ **Cuvée brut**
      86

♀ **Cuvée rosé brut**
      86

CHAMPAGNE JEAN MOUTARDIER ***

Route d'Orbais
51210 Le Breuil
Tél. : 03 26 59 21 09 - Fax : 03 26 59 21 25
E. Mail : moutardi@ebc.net
Web : www.champagne-jean-moutardier.fr

Depuis les premiers descendants en 1650, la maison est étroitement liée au petit village Le Breuil, dans la vallée du Surmelin. Les seize hectares se déroulent sur les coteaux aux pentes douces. La maison est animée par Lucette et Jean Moutardier arrivés en 1960, suivis de leur fille Elisabeth et de leur gendre Jonathan Saxby arrivés en 1992. La maison s'est fait une spécialité du pinot meunier que la Carte d'Or, avec 90 % de meunier, exprime le mieux.

Responsable : Jonathan Saxby
Vente à la propriété : oui
Visite : oui
Langue : Anglais
Moyen d'accès : En venant de Paris, sortir à St Jean les Deux Jumeaux et prendre la direction de la Ferté s/s Jouarre puis Montmirail, au nord Le Breuil.
Surface du vignoble : 16 ha
Cépages :
    Pinot noir
    Pinot meunier
    Chardonnay
Appellation principale : Champagne
Production moyenne : 300 000 bouteilles

Brut sélection
88

Carte d'Or
87

Brut rosé
86

La Centenaire
88

Brut millésimé
1995 : 87

CHAMPAGNE PERRIER-JOUËT ***

26 avenue de Champagne
51200 Epernay
Tél. : 03 26 53 38 00 - Fax : 03 26 54 54 55
Web : www.perrier-jouet.com

Maison familiale fondée à Epernay en 1811, la maison a changé plusieurs fois de main depuis. L'idée de génie a été de demander en 1902 à Emile Gallé, le célèbre maître-verrier de Nancy, de décorer un magnum qui avait ensuite été oublié. La cuvée a été lancée avec faste en 1969. Pour être à la hauteur du contenant, Perrier-Jouët dispose d'un vignoble bien situé de 64 hectares. Composées par une importante proportion de chardonnay, toutes les cuvées jouent l'élégance, ce qui sied à la Belle Epoque.

Responsable : Allied Domecq
Vente à la propriété : oui
Visite : oui
Langues : Allemand, Anglais
Surface du vignoble : 65 ha
Cépages :
    Pinot noir
    Pinot meunier
    Chardonnay
Appellation principale : Champagne
Production moyenne : 2 500 000 bouteilles

Champagne Belle Epoque 1996
1996 : 87

Champagne Belle Epoque 1996 Rosé
1996 : 87

Champagne grand brut
87

CHAMPAGNE RENÉ GEOFFROY ***

150 rue du Bois-Jots
51480 Cumières
Tél. : 03 26 55 32 31 - Fax : 03 26 54 66 50
E. Mail : champ-geoffroy@wanadoo.fr
Web : www.champagne-geoffroy.com

Etablis à Cumières, René Geoffroy et son fils Jean-Baptiste ont une prédilection pour les cépages rouges, qu'ils soient pinot noir ou pinot meunier, le chardonnay ne servant que d'appoint. Partisans de la lutte raisonnée depuis plus de quinze ans, ils élaborent des champagnes pleins et vineux grâce à un ensoleillement généreux, car toutes les vignes de Cumières sont en coteaux, ce qui est rare en Champagne. Autre caractéristique rare, les vinifications sont menées en foudres de chêne en évitant systématiquement la malolactique, ce qui permet de maintenir une bonne acidité.

Responsable : René Geoffroy
Vente à la propriété : oui
Visite : sur rendez-vous
Moyen d'accès : d'Epernay suivre la direction de Reims, prendre la D201, vers Cumières. De Paris prendre l'autoroute A4 sortir à Dormans, direction Epernay.
Langue : Anglais
Surface du vignoble : 13 ha
Cépages :
    Pinot noir 42 %
    Pinot meunier 39 %
    Chardonnay 19 %
Appellation principale : Champagne
Production moyenne : 130 000 bouteilles

♀ **Cuvée de réserve**
        85 . . . . .13 €

♀ **Cuvée prestige**
        88 . . . . .20 €

♀ **Cuvée sélectionnée**
        87 . . . . .15 €

CHARLES DE CAZANOVE ***

1 rue des Cotelles
51200 Epernay
Tél. : 03 26 59 65 80 - Fax : 03 26 54 16 38
E. Mail : info@decazanove.com

Racheté par la famille Lombard à Moët-Henessy en 1985, la marque bénéficie d'installations modernes. Privilégiant les contrats à long terme avec les producteurs de toute la champagne viticole sans exclusive, la maison élabore des champagnes très fins et bien structurés. A cet égard, le patronage de Stradivarius, célèbre luthier italien du XVIIIᵉ siècle, qui a donné son nom à la cuvée spéciale, est bien dans le ton du champagne.

Responsable : Thierry Lombard
Vente à la propriété : oui
Cépages :
  Pinot noir
  Pinot meunier
  Chardonnay
Appellation principale : Champagne
Production moyenne : 3 000 000 bouteilles

♀ **Brut Azur premier cru**
86 . . . . .18,70 €

♀ **Brut Azur premier cru millésimé**
1995 : 87 . . . . .22,50 €

♀ **Stradivarius brut millésimé**
1995 : 87 . . . . .37,50 €

JACKY CHARPENTIER ***

88 rue de Reuil
51700 Villers-sous-Chatillon
Tél. : 03 26 58 05 78 - Fax : 03 26 58 36 59
E. Mail : champagnejcharpentier@wanadoo.fr

Ame de la maison, le sympathique Jacky Charpentier exploite un domaine d'une douzaine d'hectares planté essentiellement en cépages rouges avec une part non négligeable de pinots meuniers qui sont traités avec déférence. Les champagnes développent un fruité précoce avec d'intenses arômes très purs et d'une grande accessibilité. Toujours à l'affût de la qualité, il s'est lancé dans une cuvée vieillie en fût sans fermentation malolactique qui doit voir le jour très prochainement.

Responsable : Jacky Charpentier
Vente à la propriété : oui
Visite : oui
Dégustation : oui
Langues : Allemand, Anglais
Moyen d'accès : A4 sortie Dormans, direction Chatillon/Marne, prendre la D1 direction Epernay.
Surface du vignoble : 12 ha
Cépages :
    Pinot meunier 66 %
    Pinot noir 21 %
    Chardonnay 13 %
Appellation principale : Champagne
Production moyenne : 100 000 bouteilles

🍷 **Brut prestige**
        88 . . . . .13,60 €

🍷 **Brut réserve**
        88 . . . . .12,10 €

🍷 **Rosé**
        87 . . . . .12,10 €

JEAN-LOUIS VERGNON ***

1 Grande-Rue
51190 Le Mesnil-sur-Oger
Tél. : 03 26 57 53 86 - Fax : 03 26 52 07 06
E. Mail : champagne.jl.vergnon@wanadoo.fr

Installée dans le célèbre village de Mesnil-sur-Oger dans la côte des blancs, la maison ne possède que du chardonnay sur le grand cru, tous les raisins étant pressurés et vinifiés à la propriété. Elle en tire un brut blanc de blancs impeccablement élaboré et son millésimé est toujours commercialisé au bout d'un âge respectable, à l'image du superbe 1991.

Responsable : Jean-Louis Vergnon
Vente à la propriété : oui
Visite : oui
Moyen d'accès : Prendre la D9 (axe Avize-Vertus).
Langue : Anglais
Surface du vignoble : 5,26 ha
Surface en blanc : 5,26 ha
Cépages :
    Chardonnay 100 %
Appellation principale : Champagne
Production moyenne : 50 000 bouteilles

🍷 **Brut blanc de blancs**
        87

🍷 **Brut blanc de blancs millésimé**
    1990 : 88

LAMIABLE ***

8 rue de Condé
51150 Tours-sur-Marne
Tél. : 03 26 58 92 69 - Fax : 03 26 58 76 67
E. Mail : champagne.lamiable@wanadoo.fr
Web :
http://perso.wanadoo.fr/champagne.lamiable/

Deux tiers pinot noir et un tiers chardonnay, les six hectares du vignoble sont, tous, situés dans le grand cru de Tours-sur-Marne. Très équilibré, l'extra brut est composé de 75 % de pinot noir et 25 % de chardonnay avec deux tiers de vins de l'année en cours et un tiers de l'année précédente. La cuvée Les Meslaines est en pur pinot noir et élaborée uniquement avec des vieilles vignes ce qui lui donne beaucoup d'ampleur.

Responsable : J.P. Lamiable
Vente à la propriété : oui
Visite : sur rendez-vous
Dégustation : sur rendez-vous
Moyen d'accès : Au cœur du vignoble à 20 km d'Epernay, Reims, Châlons en Champagne
Langue : Anglais
Surface du vignoble : 6 ha
Cépages :
    Pinot noir
    Chardonnay
Appellation principale : Champagne
Production moyenne : 50 000 bouteilles

♀ **Cuvée des Meslaines brut GC**
        89

♀ **Extra brut**
        88 . . . . .13,10 €

LANSON ***

12 boulevard Lundy
51100 Reims
Tél. : 03 26 78 50 50 - Fax : 03 26 78 53 99

Si la marque est toujours prestigieuse, le superbe vignoble a été cédé à Moët et Chandon lors de la revente de la maison. La touche maison est toujours présente par le savoir-faire identique des personnes restées en place et par les installations de vinification qui sont restées les mêmes. Marne et Champagne, son propriétaire, lui a aussi ouvert ses vastes approvisionnements, ce qui permet à Lanson de faire son marché encore mieux qu'auparavant. Nouvel arrivant sur le marché, le millésime 1996 est digne de ses prédécesseurs.

Responsable : M. Mora
Vente à la propriété : oui
Visite : sur rendez-vous
Dégustation : sur rendez-vous
Surface du vignoble : 800 ha
Cépages :
 Pinot noir
 Pinot meunier
 Chardonnay
Appellation principale : Champagne
Production moyenne : 7 000 000 bouteilles

♟ **Gold label brut**
 1996 : 88

MARGAINE ***

3 avenue de Champagne
51380 Villers-Marmery
Tél. : 03 26 97 92 13 - Fax : 03 26 97 97 45
E. Mail : champagne.margaine@terre-net.fr

Bien que situé en pleine Montagne de Reims, cœur des « grands noirs », Villers-Marmery est en majorité planté de raisins blancs, le chardonnay prend plus de rondeur et de souplesse et moins de minéralité que dans la côte des Blancs. Bernard Margaine et son fils Arnaud élaborent une cuvée traditionnelle dans un style ample et une Spécial Club, en blanc de blancs, qui permet de bien comprendre les chardonnay du village.

Responsables : Bernard et Arnaud Margaine
Vente à la propriété : oui
Visite : oui
Moyen d'accès : Autoroute A4 (sortie Reims/Cormontreuil ou Châlons en Champagne/La Veuve) N44
Langue : Anglais
Surface du vignoble : 6,5 ha
Cépages :
    Pinot noir
    Chardonnay
Appellation principale : Champagne
Production moyenne : 60 000 bouteilles

Brut millésimé spécial club
1997 : 88

Brut tradition
87 . . . . .11,60 €

NICOLAS FEUILLATTE ***

B. P. 210
51206 Chouilly-Epernay
Tél. : 03 26 59 55 50 - Fax : 03 26 59 55 82
E. Mail : r-lambinet@feuillatte.com
Web : www.feuillatte.com

Installée à Chouilly avec des équipements très performants, cette grande coopérative propose toujours une très belle sélection de vins à la clientèle particulière. Elle le doit à un astucieux chef de cave très compétent et à une équipe très motivée. La cuvée de prestige Palme d'Or communément appelée « la Grenade » en raison de la forme de sa bouteille, est toujours superbe. La nouvelle gamme qui met en avant les grands crus, mérite aussi le détour.

Responsable : Dominique Pierre
Vente à la propriété : oui
Visite : oui
Dégustation : oui
Langues : Allemand, Anglais
Surface du vignoble : 2124 ha
Cépages :
    Pinot noir
    Pinot meunier
    Chardonnay
Appellation principale : Champagne

Ⴒ **Brut cuvée spéciale**
        88 . . . . .22,97 €

Ⴒ **Brut GC millésimé Avize**
1995 : 89 . . . . .156,68 €

Ⴒ **Brut millésimé blanc de blancs**
1996 : 88 . . . . .19,86 €

Ⴒ **Brut millésimé GC Chouilly**
1995 : 88 . . . . .156,68 €

Ⴒ **Brut millésimé GC cramant**
1995 : 89 . . . . .156,68 €

Ⴒ **Brut millésimé GC
le Mesnil**
1995 : 89 . . . . .156,68 €

Ⴒ **Brut premier cru**
        87 . . . . .17,50 €

Ⴒ **Cuvée palmes d'Or**
1995 : 90 . . . . .48,58 €

PAUL DÉTHUNE ***

2 rue du Moulin
51150 Ambonnay
Tél. : 03 26 57 01 88 - Fax : 03 26 57 09 31
E. Mail : info@champagne-dethune.com
Web : www.champagne-dethune.com

Remarquablement situé dans le grand cru Ambonnay dans la montagne de Reims, la maison Paul Déthune maintenant représentée par Pierre Déthune élabore des champagnes de caractère avec un élevage des vins en foudre de chêne et vieillissement dans de belles caves de craie. Le vignoble est tenu avec soin. Les vins font la part belle au pinot noir, le chardonnay intervenant dans les grandes cuvées leur apporte de l'élégance.

Responsable : Pierre Déthune
Vente à la propriété : oui
Visite : sur rendez-vous
Dégustation : sur rendez-vous
Langue : Anglais
Surface du vignoble : 7 ha
Cépages :
    Pinot noir 70 %
    Chardonnay 30 %
Appellation principale : Champagne
Production moyenne : 40 000 bouteilles

Brut GC
        87 . . . . .13,50 €

Brut GC
        87 . . . . .14,50 €

Brut prestige GC
Princesse Déthune
        88 . . . . .20 €

PAUL GOBILLARD ***

Château de Pierry, B.P. 1
51530 Pierry
Tél. : 03 26 54 05 11 - Fax : 03 26 54 46 03
E. Mail : paulgobillard@wanadoo.fr
Web : (prochainement)

Petite maison familiale, Paul Gobillard s'approvisionne sur une quinzaine d'hectares provenant d'une quinzaine de crus différents, tous en premiers ou grands crus. Une bonne proportion de vins de réserve permet de régulariser l'honorable brut de la maison et le millésimé est encore remué à la main.

Responsable : Jean-Louis Malard
Vente à la propriété : oui
Visite : sur rendez-vous
Langue : Anglais
Surface du vignoble : 15 ha
Cépages :
    Pinot noir
    Pinot meunier
    Chardonnay
Appellation principale : Champagne
Production moyenne : 100 000 bouteilles

Brut millésimé
1995 : 88

Champagne premier cru
    87 . . . . .14 €

Prestige
    88 . . . . .23 €

PIERRE MIGNON ***

5 rue des Grappes d'Or
51210 Le Breuil
Tél. : 03 26 59 22 03 - Fax : 03 26 59 26 74
E. Mail : p.mignon@lemel.fr
Web : www.pierre-mignon. com

Située dans un petit village champenois de la vallée de la Marne, la maison a bénéficié d'une forte croissance puisqu'elle a décuplé son nombre de bouteilles en trente ans. Le pinot meunier représente la majorité de l'encépagement d'un vignoble réparti dans plusieurs secteurs de la Champagne. Il en résulte des champagnes fruités et d'accès facile. Petit joyau, le millésimé 1992 est, contrairement aux autres cuvées, élaboré avec 60 % de chardonnay.

Responsable : Pierre Mignon
Vente à la propriété : oui
Visite : oui
Surface du vignoble : 12 ha
Cépages :
    Pinot meunier
    Pinot noir
    Chardonnay
Appellation principale : Champagne
Production moyenne : 500 000 bouteilles

🍷 **Brut**
        87 . . . . .13,10 €

🍷 **Champagne brut prestige**
        88 . . . . .14,20 €

🍷 **Cuvée de Madame**
        1992 : 89 . . . . .17 €

VEUVE A. DEVAUX ***

Union Auboise, Domaine de Villeneuve, B. P. 17
10110 Bar-sur-Seine
Tél. : 03 25 38 30 65 - Fax : 03 25 29 73 21
E. Mail : info@champagne-devaux.fr

Fondée en 1846 par les frères Jules et Auguste Devaux, ce fut la veuve Augusta Devaux qui dirigeait la maison. Maintenant, elle est la marque de l'Union Auboise, grosse cave coopérative de 1400 hectares dans le côte de Bar. Le chef de cave, Michel Parisot, produit avec une belle régularité des cuvées bien équilibrées avec de fortes proportions de pinot noir qui leur donne une belle charpente.

Responsable : Laurent Gillet
Vente à la propriété : oui
Visite : sur rendez-vous
Langues : Allemand, Anglais
Surface du vignoble : 1475 ha
Cépages :
  Pinot noir 85 %
  Pinot meunier 10 %
  Chardonnay 5 %
Production moyenne : 6 000 000 bouteilles
Appellation principale : Champagne

Blanc de noirs
        86 . . . . .16,31 €

Cuvée « D » de Devaux
        88 . . . . .30,18 €

Cuvée rosée
        87 . . . . .17,06 €

Grande réserve
        86 . . . . .16,31 €

VRANKEN ***

17 avenue de Champagne
51200 Epernay
Tél. : 03 26 59 50 50 - Fax : 03 26 52 19 65
Web : www.vranken.net

Fondée en 1976 par un entrepreneur belge très dynamique Paul-François Vranken, Vranken a rapidement grimpé les échelons pour venir dans le peloton de tête des champagnes en multipliant les achats et les marques. La Demoiselle et Charles Lafitte sont ces meilleures références qualitatives. Toujours bien faite, la cuvée Les Demoiselles, logée dans une bouteille Art Nouveau, est d'une grande qualité, que ce soit en Grande Cuvée, 1er cru tête de cuvée ou dans l'admirable cuvée 21.

Responsable : Monsieur P-F Vranken
Vente à la propriété : oui
Visite : oui
Dégustation : oui
Moyen d'accès : A4 sortie Epernay.
Surface du vignoble : 60 ha
Surface en rouge : 24 ha
Cépages :
Pinot noir 50 %
Pinot meunier 50 %
Surface en blanc : 36 ha
Cépages :
Chardonnay 100 %
Appellation principale : Champagne

Blue Top premier cru Heidsieck Monopole
85

Blue Top 75 cl Heidsieck Monopole
84

Brut Blue Top 25 cl Heidsieck Monopole
83

Brut millésime
1997 : 86

Brut rosé
86

Champagne Tête de Cuvée Tradition grande réserve
86

Charles Lafitte
86

Demi-sec Charles Lafitte
86

Demoiselle
1996 : 87

Demoiselle
87

Diamant Blanc Heidsieck Monopole
88

Diamant Bleu Heidsieck Monopole
1995 : 87

Extra Dry Heidsieck Monopole
86

Orgeuil de France Charles Lafitte
86

Tradition Charles Lafitte
86

WARIS LARMANDIER ***

608 rempart du Nord
51190 Avize
Tél. : 03 26 57 79 05 - Fax : 03 26 52 79 52
E. Mail : info@champagne-waris-
larmandier.com
Web : www.champagne-waris-larmandier.com

Marie-Hélène Waris a repris courageusement le flambeau, aidée en vinification par son frère. Si l'exploitation est relativement récente, elle a été constituée en 1984 avec lancement en 1991, les vignes sont situées dans le grand cru d'Avize et elles sont d'un âge élevé (40 ans en moyenne). Très rafraîchissants, les champagnes sont bien structurés, très jeunes et très vifs.

Responsables :
Marie-Hélène Waris
Vente à la propriété : oui
Visite : oui
Langue : Anglais
Surface du vignoble : 5,5 ha
Cépages :
    Pinot noir
    Chardonnay
Appellation principale : Champagne
Production moyenne : 20 000 bouteilles

♀ **Brut GC blanc de blancs**
        86 . . . . .12,25 €

♀ **Cuvée Empreinte**
        87 . . . . .19 €

CHAMPAGNE ABEL LEPITRE **(*)

BP N° 2
51160 Mareuil-Aÿ
Tél. : 03 26 56 93 00 - Fax : 03 26 56 93 18

Fondée en 1924, la maison Abel Lepitre fait maintenant partie du groupe familial Boizel Chanoine. Malgré ces péripéties, le fleuron de la maison reste la cuvée 134 créée en 1961 en l'honneur du Prince André de Bourbon Parme. Constituée des chardonnays provenant des meilleurs crus, en particulier ceux de la Côte des Blancs, elle n'est pas millésimée pour présenter une qualité homogène, ce qui est effectivement le cas.

Responsable : Champagne Philipponnat SA
Vente à la propriété : oui
Visite : oui
Cépages :
    Pinot noir
    Pinot meunier
    Chardonnay
Appellation principale : Champagne

Brut Idéale cuvée
    86

Brut millésimé
    1997 : 87

Brut rosé
    84

Cuvée n° 134
    88

Notes

_____

_____

_____

_____

_____

_____

_____

_____

_____

_____

_____

_____

_____

_____

_____

_____

_____

_____

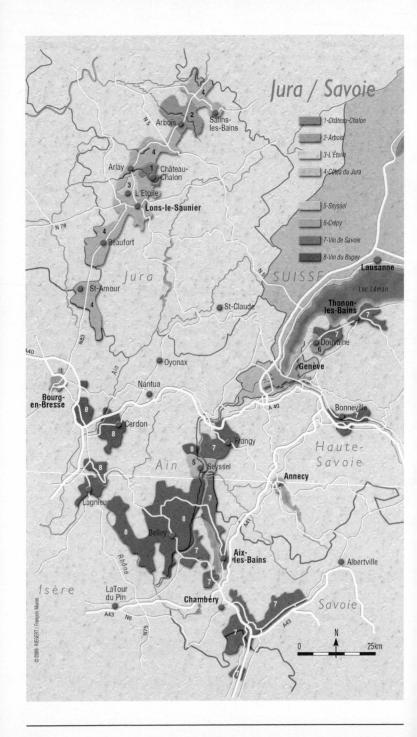

Jura / Savoie

1-Château-Chalon
2-Arbois
3-L'Étoile
4-Côtes du Jura

5-Seyssel
6-Crépy
7-Vin de Savoie
8-Vin du Bugey

Arbois
Salins-les-Bains
Arlay
Château-Chalon
L'Étoile
Lons-le-Saunier
Beaufort
Jura
St-Amour
St-Claude
Oyonax
Nantua
Bourg-en-Bresse
Cerdon
Ain
Lagnieu
Belley
Isère
LaTour du Pin
Chambéry
Aix-les-Bains
Albertville
Annecy
Seyssel
Frangy
Haute-Savoie
Bonneville
Genève
Douvaine
Thonon-les-Bains
Lac Léman
Lausanne
SUISSE
Savoie
Rhône
Ain

N 0 25km

© 2000 RIEGERT / François Mauss

Vive le terroir !

Le terroir. Tout le monde a ce mot à la bouche et on l'évoque plus volontiers pour la Bourgogne ou l'Alsace, que pour le Jura et la Savoie. Pourtant, on a tort. Prenez le Jura, jolie région méconnue. Le Jura dispose à la fois de cépages très classiques tels que le chardonnay et de véritables originalités comme le savagnin.

Largement diffusé de par le monde, le type du chardonnay est connu jusqu'à son caractère stéréotypé, avec ses arômes de beurre, d'amande et de noisette, pouvant atteindre des sommets de classe comme en Bourgogne ou être d'une vulgarité sans mesure. Dans le Jura, le chardonnay prend le caractère des vins du Jura, il « terroîte », sans aucune analogie avec le chardonnay ailleurs. L'autre grand cépage de vin blanc, l'original savagnin, amplifie encore ces effets de terroir, jusqu'à la violence parfois. La comparaison est de même nature avec les vins rouges, entre le largement propagé pinot noir d'une part, et les régionaux poulsard et trousseau d'autre part.

L'effet terroir est tout aussi important en Savoie et permet de distinguer les insipides breuvages consommés aux sports d'hiver des vrais vins de Savoie. La même distinction entre le cépage venu d'ailleurs et le cépage purement local existe en Savoie, comme au Jura. Grand cépage du Rhône, la Roussane s'appelle ici Bergeron et donne un grand vin blanc, alors que l'altesse venue de Chypre s'est implantée exclusivement en Savoie. Dans le Jura comme en Savoie, une seule technique s'impose pour trouver les vins originaux, il faut jouer le terroir et plus précisément les vins de terroir.

ROUSSETTE DU BUGEY
MONTAGNIEU

Altesse

75 cl
12,6% vol.

Appellation d'origine
Vin délimité de Qualité Supérieure
Mis en bouteille à la propriété

VS 401
L 115

Franck PEILLOT Propriétaire-Récoltant
01470 MONTAGNIEU France - Tél. 04 74 36 71 56
PRODUIT DE FRANCE

FRANCK PEILLOT ***

Au Village
01470 Montagnieu
Tél. : 04 74 36 71 56 - Fax : 04 74 36 14 12
E. Mail : franckpeillot@aol.com

Issu d'une famille de vignerons depuis
six générations, Franck Peillot cultive
ses vignes sur des pentes impressionnantes. Attaché à faire connaître Montagnieu, village typique du Bugey aux
coteaux orientés Sud-Ouest, il cultive
l'altesse, un cépage qui ne prend son
caractère qu'avec de petits rendements
et un vieillissement de quelques années
en bouteille. La mondeuse, autre cépage
de caractère, a, lui aussi, besoin de petits
rendements. Ces principes sont bien
appliqués au domaine et ils donnent des
vins très naturels, un peu rustiques dans
leur jeunesse, mais qui s'affinent avec
quelques années de bouteille.

Responsable : Franck Peillot
Vente à la propriété : oui
Visite : sur rendez-vous
Dégustation : sur rendez-vous
Moyen d'accès : autoroute A42 Lyon - Megève,
sortie n°7 (Pont de Lagnieu - St Sorlin - Sault
Brénar - Serrières de Brioro - Montagnieu
Village).
Langues : Anglais, Allemand
Surface du vignoble : 5 ha
Surface en rouge : 1,5 ha
Cépages :
    Mondeuse 50 %
    Pinot 50 %
Surface en blanc : 3,5 ha
Cépages :
    Altesse 70 %
    Chardonnay 30 %
Appellation principale : Bugey
Production moyenne : 45 000 bouteilles

♀ **Altesse**
    2000 : 85

♀ **Montagnieu mondeuse**
    2000 : 86

♀ **Réserve de Jean**
        86

BUGEY

LE CAVEAU BUGISTE **(*)

01350 Vongnes
Tél.: 04 79 87 92 32 - Fax : 04 79 87 91 11

Six enfants du pays se sont regroupés pour faire vivre le caveau bugiste qui produit maintenant la bagatelle de 300 000 bouteilles et voit 300 000 personnes passer chaque année dans le caveau de dégustation. Le chardonay réussit bien dans cette contrée et la cuvée tradition montre toute la finesse du cépage pour un excellent rapport qualité-prix. Les vieilles vignes n°1 sont à réserver aux amateurs de vins boisés. Nouveau venu au caveau, le Manicle élaboré en pur pinot noir est bien réussi.

Responsable : co-gérant Jean Chaudet
Vente à la propriété : oui
Visite : oui
Moyen d'accès : autoroute Lyon - Chambéry, sortie Chimilin les Abrets direction Belley, à Belley direction Culez, Ceyzerière.
Langues : Anglais
Surface du vignoble : 46 ha

Surface en rouge : 16 ha
Cépages :
    Pinot noir
Surface en blanc : 30 ha
Cépages :
    Chardonnay
Appellation principale : Bugey
Production moyenne : 300 000 bouteilles

  Bugey brut
       85 . . . . .5,35 €

  Bugey chardonnay tradition
  2000 : 87

  Bugey chardonnay n°1 VV
  2000 : 86

  Bugey Manicle
  2000 : 86

  Bugey pinot
  2000 : 85

DOMAINE BERTHET-BONDET ★★★★

Rue des Chèvres
39210 Château-Chalon
Tél. : 03 84 44 60 48 - Fax : 03 84 44 61 13
E. Mail : domaine.berthet.bondet@wanadoo.fr
Web : www.berthet-bondet.net

Ingénieur agronome, Jean Berthet-Bondet a vite compris l'intérêt des marnes grises et rouges, facteurs de puissance, sur éboulis calcaires qui donne la finesse. Les vins du domaine jouent de cette dualité avec un somptueux château-chalon 1995, très équilibré, long et élégant. Le côtes de Jura Tradition relève de la tradition revisitée avec sa belle matière et ses superbes arômes d'écale de noix alors que le même en chardonnay, toujours aussi équilibré, est plus classique.

Responsable : Jean Berthet-Bondet
Vente à la propriété : oui
Visite : sur rendez-vous
Dégustation : sur rendez-vous
Moyen d'accès : RN83 - A39 - RD5.
Langues : Anglais
Surface du vignoble : 9 ha
Age des vignes : 20 ans

Surface en rouge : 1 ha
Cépages :
   Poulsard 50 %
   Trousseau 50 %
Surface en blanc : 8 ha
Cépages :
   Savagnin 70 %
   Chardonnay 30 %
Appellation principale : Château-chalon
Production moyenne : 40 000 bouteilles

Château-chalon
1995 : 92 . . . . .26,40 €

Côtes du jura chardonnay
1999 : 88 . . . . .6,40 €

Côtes du jura tradition chardonnay-savagnin
1998 : 89 . . . . .7,90 €

JURA

1994   1994

Château-Chalon

Appellation "CHATEAU-CHALON" Contrôlée

13 % vol.   Mis en bouteille à la Propriété   62 cl.

J & B DURAND - PERRON
Propriétaires - Viticulteurs à VOITEUR - JURA - FRANCE

DOMAINE DURAND-PERRON ★★★★

9 rue des Roches
39210 Voiteur
Tél. : 03 84 44 66 80 - Fax : 03 84 44 62 75

Vieille figure de l'appellation, Marius Perron avait produit en son temps des vins de référence. Depuis de nombreuses années, son gendre et sa fille suivent la voie tracée. Qu'il soit de 1993 ou de 1994, le Château-Chalon est d'une droiture exemplaire, ce qui lui donne une grande élégance. Les côtes de Jura, qu'ils soient de savagnin ou de chardonnay, sont dans le même esprit. Le vin de paille enfin est d'un équilibre magnifique.

Responsables :
Jacques et Barbara Durand-Perron
Vente à la propriété : oui
Visite : sur rendez-vous
Dégustation : sur rendez-vous
Moyen d'accès : A9 sortie Bersaillin Poligny.
Surface du vignoble : 4,5 ha
Age des vignes : 40 ans

Surface en rouge : 0,2 ha
Cépages :
    Poulsard 100 %
Surface en blanc : 4,3 ha
Cépages :
    Savagnin 60 %
    Chardonnay 40 %
Appellation principale : Château-chalon
Production moyenne : 15 000 bouteilles

♀ Château-chalon
    1994 : 90 . . . . .24,40 €
    1993 : 90 . . . . .25,50 €

♀ Côtes du jura chardonnay
    1998 : 88 . . . . .5,70 €

♀ Côtes du jura savagnin
    1997 : 88 . . . . .10 €

♀ Vin de paille
    1997 : 88 . . . . .16 €

Château Chalon

Appellation contrôlée

Vin de Garde

Jean MACLE

Vigneron à CHATEAU-CHALON - Jura - France

13% vol   **Mis en bouteille à la propriété**   62 cl.

DOMAINE JEAN MACLE ★★★★

Rue de la Roche
39210 Château-Chalon
Tél. : 03 84 85 21 85 - Fax : 03 84 85 27 38

A la fois animateur de l'appellation Château-Chalon et gardien du temple de la qualité, Jean Macle a toujours montré la voie à suivre. Maintenant associé à son fils Laurent, Jean Macle produit un Château-Chalon d'anthologie d'une réelle complexité et d'une race incontestable. Le côtes du Jura est dans la même lignée avec un effet terroir saisissant pour du chardonnay. Même le Macvin, cet original qui est trop souvent un assommoir, prend ici une complexité et un équilibre que l'on ne lui soupçonnait pas. Tout est vraiment superbe !

Responsables : Jean et Laurent Macle
Vente à la propriété : oui
Visite : oui
Dégustation : oui
Surface du vignoble : 12 ha
Surface en blanc : 12 ha
Cépages :
    Savagnin 40 %
    Chardonnay 60 %
Appellation principale : Château-chalon
Production moyenne : 40 000 bouteilles

♀ **Château-chalon**
    1995 : 93 . . . . .27 €

♀ **Côtes du jura**
    1999 : 88 . . . . .7 €

♀ **Macvin du jura (liqueur)**
        90 . . . . .16 €

JURA

DOMAINE VOORHUIS-HENQUET ★★★★

35-37 rue Neuve
39570 Conliège
Tél. : 03 84 24 34 41 - Fax : 03 84 24 36 11

Avec quatre hectares, ce nouveau venu
est tout petit et, en plus, il vinifie en
pièces de chêne ! Les matières sont d'une
extraordinaire concentration, les maturités sont parfaites et l'élevage digne des
plus grands bourgognes. Résultat, les
vins sont magnifiques d'élégance et de
classe et montrent que le Jura n'est pas
abonné aux vins rustiques, qui « terroi-
tent » comme on dit pudiquement, et que
la région est capable de produire très
grand. A condition de s'en donner les
moyens comme Jean Voorhuis.

Responsable : Jean Voorhuis
Vente à la propriété : oui
Visite : sur rendez-vous
Dégustation : sur rendez-vous
Moyen d'accès : près de l'Hôtel de la Poste
Surface du vignoble : 4 ha
Cépages en rouges :
    Pinot noir
    Trousseau
    Poulsard
Cépages en blancs :
    Chardonnay
    Savagnin
Appellation principale : Côtes du jura

🍷 **Côtes du jura Rougemont**
1999 : 89

🍷 **Côtes du jura la Poirière**
1999 : 89

🍷 **Côtes du jura les Murgers**
1999 : 90

🍷 **Côtes du jura Rougemont**
1999 : 88

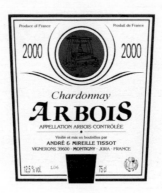

DOMAINE
ANDRÉ ET MIREILLE TISSOT ***(*)

39600 Montigny-les-Arsures
Tél.: 03 84 66 08 27 - Fax: 03 84 66 25 08

Avec dix hectares en côtes du Jura et vingt en Arbois, le domaine ne manque pas de ressources d'autant que la moitié se situe sur des coteaux réputés et que les vignes sont relativement âgées. L'ensemble du domaine est en reconversion biologique pour respecter ces beaux terroirs. Si André et Mireille Tissot sont toujours très présents, Stéphane impose peu à peu sa marque en séparant les terroirs qui apparaissent maintenant sur les étiquettes ou en testant, avec plus ou moins de bonheur pour le moment, la vinification en bois neuf. Grands classiques indémodables, l'Arbois blanc vieilles vignes est fin et distingué et le vin jaune toujours superbe, mais le passerillé sur paille de Stéphane est aussi de toute beauté.

Responsable : Stéphane Tissot
Vente à la propriété : oui
Visite : sur rendez-vous
Langues : Anglais, Espagnol
Surface du vignoble : 31 ha

Surface en rouge : 14 ha
Cépages :
    Poulsard
    Trousseau
    Pinot
Surface en blanc : 17 ha
Cépages :
    Chardonnay 50 %
    Savagnin 50 %
Appellation principale : Arbois
Production moyenne : 130 000 bouteilles

♀ **Arbois chardonnay la Mailloche**
2000 : 86

♀ **Arbois les Bruyères**
2000 : 87

♀ **Arbois vin jaune**
1994 : 89 . . . . .27 €

♀ **Arbois VV**
1997 : 88 . . . . .8 €

♟ **Côtes du jura Louison pinot noir**
1999 : 86 . . . . .6,30 €

♀ **Spirale Passerillé sur paille**
1998 : 89 . . . . .24 €

JURA

DOMAINE LABET PÈRE ET FILS ***(*)

Place du Village
39190 Rotalier
Tél.: 03 84 25 11 13 - Fax: 03 84 25 06 75

Situé dans le sud du Jura, le domaine produit des vins moins marqués par l'omniprésent savagnin et le chardonnay se rapproche de celui de la Bourgogne, ce qui désarçonne un peu. Alain Labet travaille maintenant avec ses deux fils, Julien et Romain. Issu d'une vigne de 70 ans sur terroir calcaire, Fleur de chardonnay est élevé en pièces sur ses lies et il est bâtonné chaque semaine. Il ressemble étrangement à un grand bourgogne. Un peu plus marqué par le boisé, les Varrons proviennent d'un terroir plus profond, ce qui leur donne plus de puissance.

Responsable : Alain Labet
Vente à la propriété : oui
Visite : sur rendez-vous
Dégustation : sur rendez-vous
Moyen d'accès : A39.
Langues : Anglais
Surface du vignoble : 9,25 ha
Age des vignes : 40 ans

Surface en rouge : 1,52 ha
Cépages :
    Pinot noir 35 %
    Poulsard 47 %
    Trousseau 18 %
Surface en blanc : 7,73 ha
Cépages :
    Chardonnay 77 %
    Savagnin 23 %
Appellation principale : Côtes du jura
Production moyenne : 50 000 bouteilles

Côtes du jura Chardonnay-Savagnin
1998 : 87

Côtes du jura Fleur de Chardonnay
2000 : 88

Côtes du jura Fleur de Marne la Bardette
1998 : 88 . . . . .10,70 €

Côtes du Jura Fleur de Marne le Montceau
1998 : 89 . . . . .10,70 €

Côtes du jura les Varrons
2000 : 88

Côtes du jura vin de paille
1998 : 90 . . . . .16 €

DOMAINE
XAVIER REVERCHON ***(*)

2 rue du Clos
39800 Poligny
Tél. : 03 84 37 02 58 - Fax : 03 84 37 00 58
E. Mail : reverchon.vinsjura@libertysurf.fr

Premier à avoir vinifié séparément ses parcelles pour bien identifier les terroirs, Xavier Reverchon a présenté une très belle gamme de vins, avec un vin jaune 1995 ample et généreux, un côtes du Jura 1999 puissant et équilibré, ainsi que des vieilles vignes 1998 superbes de concentration. Tous les trois vins sont remarquables.

Responsable : Xavier Reverchon
Vente à la propriété : oui
Visite : sur rendez-vous
Langues : Allemand, Anglais
Surface du vignoble : 6,3 ha
Surface en rouge : 2,3 ha
Cépages :
   Poulsard 60 %
   Pinot 25 %
   Trousseau 15 %
Surface en blanc : 4 ha
Cépages :
   Chardonnay 60 %
   Savagnin 40 %
Appellation principale : Côtes du jura
Production moyenne : 30 000 bouteilles

Côtes du jura les Boutasses VV
1998 : 88

Côtes du jura les Trouillots
1999 : 88

Côtes du jura vin jaune
1995 : 90

JURA

ROBERT AVIET ***(*)

13 rue de Changin
39600 Arbois
Tél. : 03 84 66 01 10 - Fax : 03 84 66 07 58

Président-fondateur de la confrérie du Royal Vin Jaune, Robert Aviet est, bien entendu, un spécialiste du vin jaune. Grâce à un long élevage sous voile qui explique son décalage dans les ventes, son 1992 est doté d'une belle complexité grâce à une étonnante minéralité, ce qui lui donne grâce et légèreté, caractéristiques rares dans les jaunes. Toujours très frais, son Arbois savagnin 1998, élevé sans ouillage, est dense et équilibré.

Responsable : Robert Aviet
Vente à la propriété : oui
Visite : sur rendez-vous
Surface du vignoble : 9 ha
Surface en rouge : 3 ha
Cépages :
    Trousseau
Surface en blanc : 6 ha
Cépages :
    Savagnin
Appellation principale : Arbois
Production moyenne : 12 000 bouteilles

Y **Arbois Art Millésime « Le Grand Curoubet »**
    1992 : 90 . . . . .27,50 €

Y **Arbois Savagnin**
    1998 : 88 . . . . .13,50 €

Y **Arbois Trousseau**
    2000 : 87

CHÂTEAU DE L'ÉTOILE ***

994 rue Bouillod
39570 L'Etoile
Tél. : 03 84 47 33 07 - Fax : 03 84 24 93 52
E. Mail : info@chateau.etoile.com
Web : www.chateau.etoile.com

Acquis par Auguste Vandelle en 1883, le domaine est maintenant aux mains de Georges Vandelle et ses deux fils. L'histoire du château de l'Etoile remonte très loin et ses vignes sont réputées depuis tout aussi longtemps ; elles sont essentiellement plantées en blanc et plus particulièrement en chardonnay. Tous les vins produits par le domaine se caractérisent par leur élégance, y compris le vin jaune 1992.

Responsable : Georges Vandelle
Vente à la propriété : oui
Visite : oui
Surface du vignoble : 15,34 ha
Surface en rouge : 1,64 ha
Cépages :
  Poulsard 34 %
  Trousseau 33 %
  Pinot 33 %
Surface en blanc : 13,7 ha
Cépages :
  Chardonnay 80 %
  Savagnin 20 %
Appellation principale : L'étoile
Production moyenne : 70 000 bouteilles

♀ **Crémant du jura**
    87 . . . . .5,80 €

♀ **L'Etoile contrôlée Ceps d'Or**
    1998 : 87 . . . . .7,10 €

♀ **L'Etoile vin jaune**
    1992 : 88 . . . . .22,20 €

DOMAINE GENELETTI ET FILS ***

373 rue de l'Eglise
39570 L'Etoile
Tél. : 03 84 47 46 25 - Fax : 03 84 47 38 18
E. Mail : domaine.geneletti@free.fr

Exploitation familiale depuis plusieurs générations, le domaine a été repris par Michel Geneletti en 1976. Son fils David l'a rejoint en 1997 et le domaine pratique depuis cette date la lutte raisonnée dans ses vignes et les parcelles sont enherbées un rang sur deux. Tous les vins sont caractérisés par une grande finesse, avec beaucoup de vivacité. L'expérience montre qu'ils vieillissent bien en bouteille.

Responsables : Michel et David Geneletti
Vente à la propriété : oui
Visite : oui
Dégustation : oui
Langues : Allemand
Surface du vignoble : 11 ha
Age des vignes : 30 ans
Surface en rouge : 0,5 ha
Cépages :
    Trousseau
    Poulsard
    Pinot noir
Surface en blanc : 10,5 ha
Cépages :
    Chardonnay 70 %
    Savagnin 30 %
Appellation principale : L'étoile
Production moyenne : 35 000 bouteilles

♀ **Brut prestige**
        87

♀ **L'Etoile**
    1999 : 87
    1998 : 87

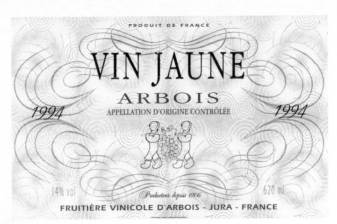

FRUITIÈRE VINICOLE D'ARBOIS - CHÂTEAU BÉTHANIE ***

2 rue des Fossés
39600 Arbois
Tél. : 03 84 66 11 67 - Fax : 03 84 37 48 80
E. Mail : contact@chateau-bethanie.com
Web : www.chateau-bethanie.com

Fondée en 1906 par 26 vignerons, la fruitière compte aujourd'hui 115 sociétaires qui exploitent un quart de l'appellation Arbois. Ces dernières années, elle s'est équipée en pressoirs pneumatiques, développe des levures indigènes et sélectionne par micro cuvées. Avec ses arômes de noisette fraîche, le vin jaune 1994 reste la cuvée de référence de la cave. Elle est talonnée par un bel Arbois blanc Bethanie 1997, 60 % de chardonnay, 40 % de savagnin, élevé en pièces de chêne sous voile de levures pendant 36 mois pour le savagnin. C'est un beau vin d'initiation au vin jaune. Filiale de la fruitière, château Béthanie commercialise les cuvées de la fruitière.

Responsable : Fruitière vinicole d'Arbois
Vente à la propriété : oui
Visite : oui
Dégustation : oui
Langues : Allemand, Anglais, Italien, Hollandais
Surface du vignoble : 210 ha
Age des vignes : 35 ans

Surface en rouge : 85 ha
Cépages :
    Poulsard
    Pinot
    Trousseau
Surface en blanc : 125 ha
Cépages :
    Chardonnay 72 %
    Savagnin 28 %
Appellation principale : Arbois
Production moyenne : 1 000 000 bouteilles

Arbois Béthanie
1997 : 87

Arbois chardonnay VV
2000 : 86

Arbois Paille
1997 : 85

Arbois Poulsard
2000 : 85

Arbois trousseau
1999 : 85

Arbois vin jaune
1994 : 88

JURA

FRUITIÈRE VINICOLE DE VOITEUR ***

60 rue de Nevy
39210 Voiteur
Tél. : 03 84 85 21 29 - Fax : 03 84 85 27 67
E. Mail : voiteur@fruitiere-vinicole-voiteur.fr
Web : www.fruitiere-vinicole-voiteur.fr

Créée à la fin des années cinquante, la fruitière rassemble une cinquantaine d'adhérents pour une surface de 70 ha, ce qui en fait une cave à taille humaine. D'excellente facture, le vin jaune tout comme le Château-chalon sont très typés et ils vieillissent à la perfection. Il faut aussi noter un joli crémant du Jura qui laisse la bouche fraîche.

Responsable : Louis Berthet
Vente à la propriété : oui
Visite : oui
Moyen d'accès : proximité autoroute A39,
10 km au nord de Lons le Saunier
Langues : Anglais
Surface du vignoble : 75 ha
Surface en rouge : 10 ha
Cépages :
  Pinot
  Poulsard

Surface en blanc : 65 ha
Cépages :
  Chardonnay
  Savagnin
Appellation principale : Côtes du jura
Production moyenne : 320 000 bouteilles

Y **Château-chalon**
  1990 : 88 . . . . .24,09 €

Y **Côtes du jura**
  1999 : 85 . . . . .5,34 €

Y **Côtes du jura chardonnay cuvée réservée**
  1999 : 86 . . . . .4,57 €

Y **Crémant du jura blanc de blancs**
  88 . . . . .5,64 €

Y **Vin jaune**
  1990 : 88 . . . . .20,12 €

DOMAINE LUCIEN AVIET - CAVEAU DE BACCHUS **(*)

Montigny-les-Arsures
39600 Arbois
Tél. : 03 84 66 11 02

Rejoint maintenant par Vincent, Lucien Aviet cultive ses six hectares de vignes, avec un peu plus de rouge que de blanc. Cuvée phare du domaine, la cuvée des géologues, élaborée avec du trousseau est joliment épicée, que ce soit en 2000 plus concentrée ou en 1999 qui est plus sur le fruit. Ces deux vins sont de bonne garde.

Responsable : Lucien Aviet
Vente à la propriété : oui
Visite : sur rendez-vous
Dégustation : sur rendez-vous
Surface du vignoble : 6,5 ha
Surface en rouge : 3,25 ha
Cépages :
    Poulsard 20 %
    Trousseau 80 %
Surface en blanc : 3,25 ha
Cépages :
    Chardonnay 20 %
    Savagnin 80 %
Appellation principale : Arbois
Production moyenne : 25 000 bouteilles

🍷 **Arbois Trousseau les Bruyères, Géologues**
    2000 : 87
    1999 : 87

SAVOIE

ANDRÉ ET MICHEL QUÉNARD ***(*)

Torméry
73800 Chignin
Tél.: 04 79 28 12 75 - Fax: 04 79 28 19 36

Constitué d'éboulis pierreux en pente très raide, le coteau de Torméry est le principal site où se situent les vignobles d'André et Michel Quénard. Le chignin bergeron blanc est la grande réussite du domaine avec un beau nez d'amandes et une bouche ample. Plus sec et plus minéral, l'Abymes est tout aussi superbe dans son style plus rigoureux. En rouge, la Mondeuse est une valeur sûre, quel que soit le millésime.

Responsable : André et Michel Quénard
Vente à la propriété : oui
Visite : sur rendez-vous
Dégustation : sur rendez-vous
Moyen d'accès : A41 sortie n° 21.
Surface du vignoble : 20 ha
Surface en rouge : 5 ha
Cépages :
    Mondeuse 40 %
    Gamay 40 %
    Pinot 20 %

Surface en blanc : 15 ha
Cépages :
    Jacquère 55 %
    Bergeron 45 %
Appellation principale : Vin de savoie
Production moyenne : 150 000 bouteilles

Pétillant de savoie
2001 : 88

Rosé de savoie
2001 : 87

Vin de savoie Abymes
2001 : 89

Vin de savoie chignin
2001 : 88

Vin de savoie chignin-bergeron
2001 : 89

Vin de savoie chignin-gamay
2001 : 86

Vin de savoie chignin-mondeuse
2001 : 89

Vin de savoie chignin-pinot
2001 : 86

Vin de savoie roussette de savoie
2001 : 88

SAVOIE

DOMAINE DUPASQUIER ***(*)

Aimavigne
73170 Jongieux
Tél. : 04 79 44 02 23 - Fax : 04 79 44 03 56

Noël Dupasquier est le roi du Marestel. Ce cru donne à la roussette une élégance et une classe qui ne s'obtiennent qu'en vendangeant très mûr. Ce vin étonnant vieillit avec grâce, cinq ans, dix ans et même plus. Avec plus de richesse, la roussette de Savoie est aussi un beau vin tout comme le chardonnay qui joue la générosité. Les rouges sont plus hétérogènes, comme toujours, mais la mondeuse 1999 révèle de grandes qualités, à condition d'être patient car les tannins sont bien présents.

Responsable : Noël Dupasquier
Vente à la propriété : oui
Visite : sur rendez-vous
Dégustation : sur rendez-vous
Surface du vignoble : 12,5 ha
Surface en rouge : 7 ha
Cépages :
Gamay 40 %
Pinot 40 %
Mondeuse 20 %

Surface en blanc : 5,5 ha
Cépages :
Altesse 55 %
Jacquère 30 %
Chardonnay 15 %
Appellation principale : Vin de savoie
Production moyenne : 100 000 bouteilles

Roussette de marestel
2000 : 89

Rousette de savoie
2000 : 88

Vin de savoie chardonnay
1999 : 87

Vin de savoie gamay
2000 : 87

Vin de savoie mondeuse
1999 : 88

Vin de savoie pinot
1999 : 85

SAVOIE

DOMAINE RAYMOND QUENARD ***

Le Villard
73800 Chignin
Tél. : 04 79 28 01 46 - Fax : 04 79 28 16 78

Le domaine peut se targuer de disposer d'un joli patrimoine de vieilles vignes, certes un peu diminué ces dernières années, car Raymond Quenard a transmis trois hectares à son fils Pascal qui exploite une propriété voisine. Le chignin bergeron reste le grand vin de la propriété, mais il a perdu de sa puissance dans le partage, tout comme la mondeuse. Les 2001 comme les 2000 sont en retrait par rapport aux magnifiques 1999.

Responsable : Raymond Quenard
Vente à la propriété : oui
Visite : sur rendez-vous
Dégustation : sur rendez-vous
Langues : Anglais, Italien
Surface du vignoble : 5,5 ha
Surface en rouge : 4,67 ha
Cépages :
    Mondeuse
    Gamay
Surface en blanc : 0,83 ha
Cépages :
    Bergeron
    Chignin
Appellation principale : Vin de savoie

🍷 **Vin de savoie chignin VV**
    2001 : 87 . . . . .5,50 €

🍷 **Vin de savoie chignin bergeron**
    2001 : 88 . . . . .8,30 €

🍷 **Vin de savoie chignin-mondeuse**
    2001 : 86 . . . . .6,95 €

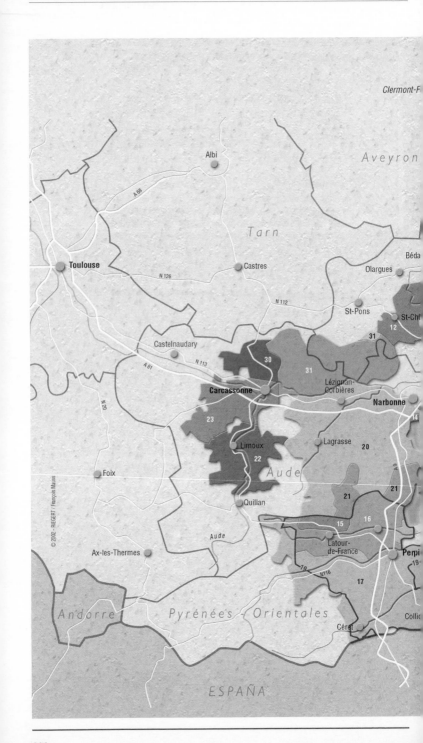

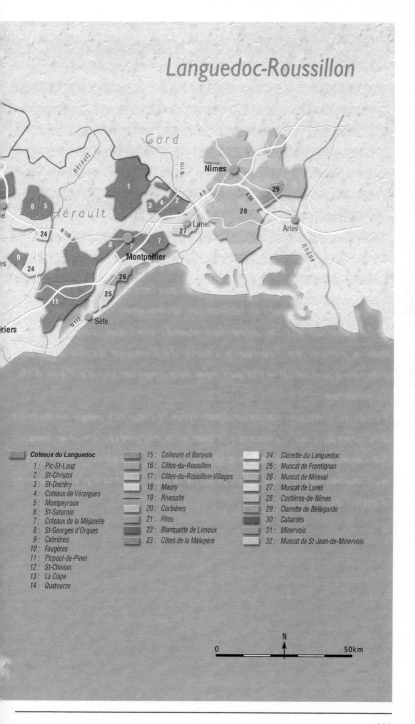

Languedoc-Roussillon

Gard

Nîmes

Lunel

Arles

Hérault

Montpellier

Sète

ziers

Coteaux du Languedoc

1 : Pic-St-Loup
2 : St-Christol
3 : St-Drézéry
4 : Coteaux de Vérargues
5 : Montpeyroux
6 : St-Saturnin
7 : Coteaux de la Méjanelle
8 : St-Georges d'Orques
9 : Cabrières
10 : Faugères
11 : Picpoul-de-Pinet
12 : St-Chinian
13 : La Clape
14 : Quatourze

15 : Collioure et Banyuls
16 : Côtes-du-Roussillon
17 : Côtes-du-Roussillon-Villages
18 : Maury
19 : Rivesalte
20 : Corbières
21 : Fitou
22 : Blanquette de Limoux
23 : Côtes de la Malepère

24 : Clairette du Languedoc
25 : Muscat de Frontignan
26 : Muscat de Mireval
27 : Muscat de Lunel
28 : Costières-de-Nîmes
29 : Clairette de Bellegarde
30 : Cabardès
31 : Minervois
32 : Muscat de St-Jean-de-Minervois

N

0   50km

Attention, grands vins !

Depuis un siècle, la région faisait régulièrement « la une » des journaux, rubrique faits divers. Si le phénomène existe toujours à l'occasion, les bons producteurs, de manière beaucoup plus discrète, sont tranquillement en train de s'implanter au firmament des grands vins. Il est de bon ton de parler des vins étrangers, de la Californie, de l'Australie ou du Chili. Il vaut mieux regarder « le Midi » à sa porte.

Attirée par l'art de vivre, le soleil et surtout le bas prix des terres, une nouvelle génération s'est installée dans le Languedoc et le Roussillon. Sans complexe, elle s'est emparée des grands terroirs, elle a défriché, déniché et préservé les vieilles vignes, acheté des fûts neufs et utilisé les techniques les plus récentes. Et le résultat est là, avec des grands vins qui, certes, ont du mal à percer en France à cause de l'image déplorable des bibines d'antan. Il n'est pas bon de s'appeler Vin de Pays d'Oc. Et pourtant...

Ces vins font un malheur dans tous les autres pays amoureux des grands vins. Finiront-ils par être prophètes en leur pays ? Ne soyez pas les derniers à les découvrir, lorsqu'ils seront devenus inabordables, ce qui est déjà le cas pour les plus célèbres d'entre eux.

LANGUEDOC

MAS DE DAUMAS-GASSAC ****(*)

SAS Moulin de Gassac
34150 Aniane
Tél. : 04 67 57 71 28 - Fax : 04 67 57 41 03
E. Mail : contact@daumas-gassac.com
Web : www.daumas-gassac.com

En vingt-cinq ans, Aimé Guibert a propulsé ce terroir du néant au firmament mondial. Certes le terroir est exceptionnel, la prophétie du professeur Enjalbert est entièrement vérifiée, et l'idée du cabernet-sauvignon est absolument géniale, merci Monsieur Peynaud. Mais il fallait un chef d'orchestre dévoué et visionnaire pour que ces deux idées prennent forme et se concrétisent. Aimé Guibert peut mettre sur la table tous les vins depuis 1978 et ils sont époustouflants. Quels sont les crus français ou mondiaux qui peuvent en faire autant ? L'expérience du Moulin de Gassac est toute aussi sidérante. Prendre un coin perdu du Languedoc et faire du vin avec une coopérative famélique, c'était de la folie. Et pourtant, les vins sont superbes. Cherchez l'erreur…

Responsable : famille Guibert
Vente à la propriété : oui
Visite : oui
Dégustation : oui
Surface du vignoble : 47 ha
Surface en rouge : 34 ha
Cépages :
    Cabernet sauvignon 80 %
    Autres 20 %
Surface en blanc : 13 ha
Cépages :
    Chardonnay 30 %
    Manseng 30 %
    Viognier 30 %
    Autres 10 %
Appellation principale : Vin de pays de l'hérault
Production moyenne : 200 000 bouteilles

♀ VDP de l'Hérault
    2001 : 88 . . . . .35 €
    2000 : 90

♥ VDP de l'Hérault
    2000 : 91
    1999 : 90
    1998 : 92
    1997 : 88
    1996 : 90
    1995 : 91

PRIEURÉ
DE SAINT-JEAN DE BÉBIAN ****(*)

Route de Nizas
34120 Pézenas
Tél. : 04 67 98 13 60 - Fax : 04 67 98 22 40
E. Mail : bebian@mnet.fr
Web : www.bebian.com

Après une carrière dans la presse du vin, Chantal Lecouty et Jean-Claude Le Brun ont racheté ce domaine à Alain Roux en 1994. Dès 1975, Alain Roux avait restructuré le domaine familial et l'avait replanté en cépages nobles pour produire des vins certes inégaux, mais dont certains sont des chefs-d'œuvre. Les nouveaux arrivants ont conservé cette voie, l'ont régularisée et affinée. En quelques années, le rouge est devenu un archétype du grand vin méditerranéen. Très concentré, il ne révèle son potentiel qu'au bout de cinq ans de garde au minimum et son apogée est à dix ans. Les vins blancs font œuvre de pionnier avec un style qui se définit peu à peu. Planté sur un terroir très calcaire, il a mis toutes les chances de son côté et le millésime 2000 montre que la voie choisie est la bonne.

Responsables :
Jean-Claude Le Brun et Chantal Lecouty
Vente à la propriété : oui
Visite : sur rendez-vous
Dégustation : sur rendez-vous
Langue : Anglais
Moyen d'accès : RN113, A75.
Surface du vignoble : 29 ha
Surface en rouge : 25 ha
Cépages :
　　Grenache
　　Syrah
　　Mourvèdre
　　Cinsault + Carignan + jeunes vignes
Surface en blanc : 4 ha
Cépages :
　　Roussanne
　　Clairette
　　Grenache blanc
　　Picpoul + Bourboulenc
Appellation principale : Coteaux du languedoc
Production moyenne : 90 000 bouteilles

♟ **Coteaux du languedoc**
　　2000 : 89
　　1999 : 88 . . . . .27,50 €

♟ **Coteaux du languedoc**
　　La Chapelle de Bébian
　　1999 : 87 . . . . .10 €

♟ **Coteaux du languedoc Prieuré**
　　2000 : 91
　　1999 : 89 . . . . .10 €
　　1998 : 91 . . . . .30 €

LANGUEDOC

DOMAINE DE L'HORTUS ★★★★

Jean Orliac SARL
Domaine de l'Hortus
34270 Valflaunes
Tél. : 04 67 55 31 20 - Fax : 04 67 55 38 03

Marie-Thérèse et Jean Orliac ont créé le domaine de l'Hortus il y a vingt-cinq ans. Avec leur fils François, ingénieur en agriculture, ils cultivent deux vignobles, le vignoble de l'Hortus sur des terres abandonnées, des pentes d'éboulis, et le Clos Prieur, plus petit, au pied du plateau du Larzac où tout est très traditionnel. En 2000, la grande cuvée rouge de l'Hortus a atteint l'exceptionnel avec un vin dense, finement boisé, de grande classe. Le Clos Prieur 2000 possède aussi une superbe densité, un rien plus rustique. Avec 70 % de chardonnay, la grande cuvée blanc 2001 est certes boisée, mais sa richesse lui permettra de dominer le bois.

Responsables : Jean et Marie-Thérèse Orliac
Vente à la propriété : oui
Visite : sur rendez-vous
Dégustation : sur rendez-vous
Moyen d'accès : Se situe à 25 km au nord de Montpellier.
Langues : Anglais
Surface du vignoble : 55,1 ha
Age des vignes : 18 ans

Surface en rouge : 42,6 ha
Cépages :
    Syrah
    Mourvèdre
    Grenache
Surface en blanc : 12,5 ha
Cépages :
    Chardonnay
    Sauvignon
    Viognier
    Roussanne
Appellation principale : Coteaux du languedoc-pic saint-loup
Production moyenne : 300 000 bouteilles

🍷 **Coteau du languedoc Clos du Prieur**
2000 : 89 . . . . 11,90 €

🍷 **Coteaux du languedoc-pic saint-loup Bergerie**
2001 : 88 . . . . 6,80 €

🍷 **Coteaux du languedoc-pic saint-loup grande cuvée**
2000 : 90 . . . . 13,60 €

🍷 **VDP du val de montferrand Bergerie de l'Hortus**
2001 : 88 . . . . 6,95 €

🍷 **VDP du val de montferrand grande cuvée**
2001 : 88 . . . . 13,90 €

LANGUEDOC

CHÂTEAU DE GOURGAZAUD ***(*)

34210 La Livinière
Tél. : 04 68 78 10 02 - Fax : 04 68 78 30 24
E. Mail : gourgazaudpiquet@aol.com

Au cœur du Minervois, dans le cru La Livinière, le château possède ses vignes sur les premiers contreforts de la montagne Noire, au Petit Causse constitué de terrasses anciennes décalcifiées. Typique de ce secteur, la cuvée Réserve est moelleuse et dense à la fois, avec de jolis arômes épicés. Elle atteindra son apogée dans quelques années, lorsque les arômes vanillés du chêne neuf seront fondus. La cuvée Mathilde 2000 joue un fruit plus immédiat. En blanc, le viognier possède de belles caractéristiques du cépage.

Responsable : Chantal Piquet
Vente à la propriété : oui
Visite : sur rendez-vous
Dégustation : sur rendez-vous
Langues : Allemand, Anglais, Espagnol, Hollandais
Surface du vignoble : 103 ha
Surface en rouge : 61 ha
Cépages :
   Syrah
   Mourvèdre
   Cabernet sauvignon
   Carignan
Surface en blanc : 42 ha
Cépages :
   Sauvignon
   Chardonnay
   Viognier
Appellation principale : Minervois
Production moyenne : 550 000 bouteilles

🍷 **Minervois Gourgazaud réserve**
   1999 : 89 . . . . .6,80 €

🍷 **Minervois la livinière cuvée Mathilde**
   2000 : 87

🍸 **VDP d'oc Viognier**
   2001 : 87 . . . . .6,80 €

LANGUEDOC

CHÂTEAU PUECH-HAUT ***(*)

2250 route de Teyran
34160 Saint-Drézéry
Tél. : 04 67 86 93 70 - Fax : 04 67 86 94 07 ou 04 99 62 27 29
E. Mail : domainesbru@wanadoo.fr

Très ambitieux, Gérard Bru a mis les gros moyens pour installer Puech-Haut au zénith des vins du Languedoc. Si la mise en bouteille à la propriété ne date que de 1994, cette vaste propriété a depuis mis les bouchées doubles. Avec le millésime 2000, la tête de cuvée atteint des sommets. Ses tannins sont d'une grande élégance, sa bouche concentrée et les arômes épicés de grande classe. Avec une petite pointe animale, le Clos du Pic 1999 est aussi d'une grande densité, tout comme d'ailleurs la cuvée prestige 2000.

Responsable : Gérard Bru
Vente à la propriété : oui
Visite : oui
Dégustation : oui
Langues : Anglais, Espagnol
Surface du vignoble : 120 ha

Surface en rouge : 90 ha
Cépages :
  Syrah 70 %
  Grenache 15 %
  Mourvèdre 10 %
  Carignan 5 %
Surface en blanc : 10 ha
Cépages :
  Roussanne 60 %
  Marsanne 35 %
  Grenache blanc 5 %
Appellation principale : Coteaux du languedoc
Production moyenne : 400 000 bouteilles

🍷 **Coteaux du languedoc**
  2001 : 88

🍷 **Coteaux du languedoc**
  2000 : 88

🍷 **Coteaux du languedoc clos du Pic**
  1999 : 88

🍷 **Coteaux du languedoc**
  Tête de Cuvée
  2000 : 89

LANGUEDOC

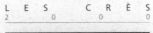

DOMAINE
BORIE LA VITARÈLE ***(*)

Lieu dit la Combe
34490 Causses et Veyran
Tél.: 04 67 89 50 43 - Fax: 04 67 89 70 79
E. Mail: jf.izarn@libertysurf.fr

Créées en 1990, les vignes de ce domaine tenu par deux vignerons exigeants, sont situées sur quatre terroirs différents, tous individualisés, et sont conduites sur un mode biologique. Syrah, grenache et mourvèdre se retrouvent dans le Saint-Chinian et le coteaux du Languedoc alors que le vin de pays est élaboré à partir de cabernet-sauvignon et de merlot. Les vins sont homogènes en qualité. Si les Crès donnent la cuvée la plus réputée du domaine, et la plus chère en raison de ses petits rendements, la cuvée la plus élégante est celle des Terres Blanches, du nom du cailouteux calcaire ; et en plus, c'est la moins chère. A peine plus chère, la cuvée les Schistes a de la classe.

Responsables:
Jean-François et Catherine Izarn Planès
Vente à la propriété: oui
Visite: sur rendez-vous
Dégustation: sur rendez-vous
Langue: Anglais
Moyen d'accès: Autoroute, sortie Béziers est.
Surface du vignoble: 13 ha
Surface en rouge: 13 ha
Cépages:
  Syrah 45 %
  Grenache 30 %
  Cabernet sauvignon 15 %
  Merlot 10 %
Appellation principale: Saint-chinian
Production moyenne: 33 000 bouteilles

🍷 **Saint-Chinian Bouisset**
2000: 87 . . . . .6,40 €

🍷 **Saint-Chinian La Combe**
2000: 86 . . . . .9,40 €

🍷 **Saint-Chinian Les Schistes**
2000: 88 . . . . .10,80 €

🍷 **Saint-Chinian Les Crès**
2000: 88 . . . . .16,40 €

🍷 **Saint-Chinian Terres Blanches**
2000: 89 . . . . .7,80 €

LANGUEDOC

DOMAINE CANET VALETTE ***(*)

Route de Causses et Veyran
34460 Cessenon
Tél.: 04 67 89 51 83 - Fax: 04 67 89 37 50
E. Mail: earl-canet-valette@wanadoo.fr

Sorti de la coopérative en 1992, Marc
Valette a décidé de valoriser ses magnifiques terroirs. Sa grande cuvée est le vin
Maghani, 40 % de grenache, 40 % de
syrah, 20 % de mourvèdre. Avec un rendement de 18 hl/ha et 70 jours de cuvaison, on se doute que le vin ne peut être
anodin. Profond, dense et puissant, c'est
un grand vin de garde. La cuvée Une et
mille Nuits, à peine moins concentrée
(rendement 30 hl/ha) est une belle initiation aux vins splendides du domaine.
Les prix sont très raisonnables pour une
telle qualité.

Responsables: Sophie et Marc Valette
Vente à la propriété: oui
Visite: sur rendez-vous
Dégustation: sur rendez-vous
Surface du vignoble: 18 ha
Age des vignes: 15 ans
Surface en rouge: 18 ha
Cépages:
    Mourvèdre
    Grenache
    Syrah
    Autres
Appellation principale: Saint-chinian
Production moyenne: 75 000 bouteilles

🍷 **Saint-Chinian le Vin Maghani**
    1999 : 89 . . . . .19,85 €
    1998 : 90

🍷 **Saint-chinian Une et mille nuits**
    1999 : 88 . . . . .8,85 €

MAS CAL DEMOURA ***(*)

Chemin du mas Jullien
34725 Jonquières
Tél. : 04 67 88 61 51 - Fax : 04 67 88 61 51

Si le mas a été créé en 1970 en plein exode rural, ce n'est qu'en 1993 qu'il quitte la coopérative sur les conseils du fils de la maison, Olivier Jullien, qui avait créé le célèbre Mas Jullien dès 1985. Après avoir supprimé une grosse partie des vignes pour se concentrer sur les meilleurs terroirs, Jean-Pierre Jullien se lance à 49 ans dans sa première vinification. Le mas ne produit qu'une seule cuvée de rouge et un peu de rosé. En tirant le bilan des trois derniers millésimes, celui-ci est largement positif avec des vins généreux, d'une belle densité et très aromatiques.

Responsable : Jean-Pierre Jullien
Visite : sur rendez-vous
Dégustation : sur rendez-vous
Moyen d'accès : Se situe à 37 km au nord de Montpellier sur l'axe Montpellier - Millau
Surface du vignoble : 8 ha
Surface en rouge : 8 ha
Cépages :
   Syrah 30 %
   Mourvèdre 20 %
   Grenache 25 %
   Cinsault + Carignan 25 %
Appellation principale : Coteaux du languedoc

Coteaux du languedoc
2001 : 85 . . . . 7,40 €

Coteaux du languedoc
2000 : 88
1999 : 87 . . . . 21,80 €
1998 : 89

LANGUEDOC

CHÂTEAU CASCADAIS ***

11 SCEA Philippe Courrian
11220 Saint-Laurent de la Cabrerisse
Tél. : 05 56 09 00 77 - Fax : 05 56 09 06 24

Après avoir fait des étincelles à la Tour
Haut-Caussan dans le Médoc, Philippe
Courrian s'est installé dans ce coin perdu
des Corbières, dans le terroir de Boute-
nac sur des terres argilo-calcaires de
cailloux roulés. A partir d'un tiers de
vieux carignans et de grenache, syrah,
cinsault, mourvèdre, il produit un vin
très élégant, aux tannins policés et très
bien constitués. Si chaque millésime
possède sa propre personnalité, la qualité est très régulière.

Responsable : Philippe Courrian
Vente à la propriété : oui
Visite : sur rendez-vous
Dégustation : sur rendez-vous
Surface du vignoble : 21 ha
Appellation principale : Corbières

Corbières
2000 : 88 . . . . .5,95 €
1999 : 88
1998 : 88

Vieilles Vignes

CHÂTEAU

CAZAL VIEL

SAINT-CHINIAN
APPELLATION SAINT-CHINIAN CONTRÔLÉE

750 ml.
VIN ROUGE
PRODUIT DE FRANCE

MIS EN BOUTEILLE AU CHÂTEAU
HENRI MIQUEL
VIGNERON RECOLTANT - F 34460 CESSENON

12,5 % alc./vol
RED WINE
PRODUCT OF FRANCE

CHÂTEAU CAZAL-VIEL ***

34460 Cessenon-sur-Orb
Tél. : 04 67 89 63 15 - Fax : 04 67 89 65 17
E. Mail : info@cazal-viel.com

Selon les vestiges de deux villas, ce serait les Romains qui auraient introduit les vignes à Cazal-Vieil dont la présence est, par ailleurs, attestée dès 1202. Au pied du Caroux qui protège les vignes des parasites, le climat est profondément méditerranéen, ce qui favorise les vins rouges. Les cuvées phares du domaine sont représentées par les Saint-Chinian l'Antenne, du nom du module métallique qui trône sur ce terroir élevé, et les vieilles vignes. Ces deux vins ont une densité et un équilibre superbes. Encore plus denses, les Larmes des Fées sont dans une dure phase tannique.

Responsable : Henri Miquel
Vente à la propriété : oui
Visite : sur rendez-vous
Dégustation : sur rendez-vous
Moyen d'accès : Se situe à 17 km au nord de Béziers, entre Cazouls et Cessenon, RD14.
Langues : Anglais
Surface du vignoble : 93 ha
Age des vignes : 25 ans

Surface en rouge : 70 ha
Cépages :
    Syrah 60 %
    Mourvèdre 20 %
    Grenache 10 %
    Cinsault 10 %
Surface en blanc : 23 ha
Cépages :
    Viognier 60 %
    Muscat à petits grains 5 %
    Chardonnay 10 %
    Sauvignon 25 %
Appellation principale : Saint-chinian
Production moyenne : 700 000 bouteilles

Saint-chinian l'Antenne
1999 : 89 . . . . .12,20 €

Saint-chinian cuvée des Fées
2000 : 86 . . . . .9,95 €

Saint-chinian cuvée VV
2000 : 87 . . . . .6,40 €

Saint-chinian Larmes des Fées
1999 : 88 . . . . .29 €

VDP d'oc cuvée Finesse
2001 : 85 . . . . .5,35 €

VDP d'oc viognier domaine Cazal-Viel
2001 : 86 . . . . .7,65 €

LANGUEDOC

Château
de
l'Engarran

Coteaux du Languedoc
Appellation Coteaux du Languedoc Contrôlée

St GEORGES D'ORQUES

14% vol.　　Produce of France　　750 ml

Mis en bouteilles à la Propriété

S. C. E A de l'Engarran -Château de l'Engarran
34880 Laverune - France

CHÂTEAU DE L'ENGARRAN ***

34880 Laverune
Tél. : 04 67 47 00 02 - Fax : 04 67 27 87 89
E. Mail : lengarran@wanadoo.fr
Web : www.chateau-engarran.com

Appartenant à la famille Grill depuis cinq générations, ce sont les deux filles de la maison qui s'occupent du château dont les vignes occupent les coteaux du terroir de Saint-Georges d'Orques. Elevé moitié barriques, moitié cuves, le rouge comprend une forte proportion de syrah dont la moitié a été vinifiée en macération carbonique. Souple et élégant, il est pratiquement prêt à boire. Le blanc Adelys est ample, généreux et finement boisé avec de délicats arômes de sauvignon.

Responsable : Diane Losfelt
Vente à la propriété : oui
Visite : oui
Dégustation : oui
Moyen d'accès : Sortie A9.
Langues : Anglais
Surface du vignoble : 60 ha
Surface en rouge : 57 ha
Cépages :
    Syrah + Grenache
    Carignan
    Cinsault
    Cabernet franc + Merlot
Surface en blanc : 3 ha
Cépages :
    Sauvignon
Appellation principale : Coteaux du languedoc
Production moyenne : 300 000 bouteilles

♀ **Coteaux du languedoc Saint-Georges d'Orques cuvée Quetton Saint-Georges**
2000 : 88 . . . . .14 €

♀ **VDP d'oc**
2001 : 84 . . . . .6,70 €

♀ **VDP d'oc Adelys**
2000 : 87 . . . . .14 €

Les Pierres d'Argent
CHÂTEAU DE LASCAUX
2001
COTEAUX DU LANGUEDOC
APPELLATION COTEAUX DU LANGUEDOC CONTRÔLÉE
MIS EN BOUTEILLE AU CHÂTEAU
J.-B. CAVALIER
75 cl ℮   VIGNERON-ÉLEVEUR - 34270 VACQUIÈRES - FRANCE   13,5% vol.
www.chateau-lascaux.com
PRODUIT DE FRANCE

CHÂTEAU DE LASCAUX ★★★

34270 Vacquières
Tél. : 04 67 59 00 08 - Fax : 04 67 59 06 06
E. Mail : jb.cavalier@wanadoo.fr
Web : www.chateau-lascaux.com

Après ses études d'ingénieur en agriculture, Jean-Benoît a repris en 1984 cette propriété située sur les premiers contreforts des Cévennes, à l'abri des vents froids, le mistral et la tramontane. L'encépagement est essentiellement composé de syrah (70 %) et de grenache (30 %). Les Nobles Pierres 2000 ont une proportion encore plus forte de syrah, ce qui lui donne un joli fruit épicé. Plus boisés, les Secrets sont aussi plus riches.

Responsable : Jean-Benoît Cavalier
Vente à la propriété : oui
Visite : sur rendez-vous
Dégustation : sur rendez-vous
Langues : Anglais
Surface du vignoble : 45 ha
Age des vignes : 30 ans

Surface en rouge : 35 ha
Cépages :
  Syrah
  Grenache
  Mourvèdre
Surface en blanc : 10 ha
Cépages :
  Rolle
  Roussanne
  Marsanne
  Viognier
Appellation principale : Coteaux du languedoc
Production moyenne : 200 000 bouteilles

**Coteaux du languedoc
les Pierres d'Argent**
2001 : 85 . . . . .10,50 €

Coteaux du languedoc les Secrets
2000 : 88

**Coteaux du languedoc
Nobles Pierres**
2000 : 87 . . . . .10,50 €

LANGUEDOC

Chateau maris

2000

minervois
APPELLATION MINERVOIS CONTROLEE
Mis en bouteille par
Domaine des Comtes Méditerranéens 34210 France
13% alc/vol   *Produce of France*   750 ml

CHÂTEAU MARIS ***

La Tuilerie
34210 La Livinière
Tél. : 04 68 91 42 63 - Fax : 04 68 91 62 15
E. Mail : francois@comtecathare.com
Web : www.comtecathare.com

Le domaine des comtes méditerranéens comprend plusieurs domaines, dont le château Maris est le fleuron. Ce château historique de l'appellation Minervois a donc changé de main. Avec ses 50 % de carignan en macération carbonique, 30 % de syrah et 20 % de grenache, la cuvée tradition 2000 est souple et suave, facile à boire. Le cru La Livinière 1999 est marqué par une belle syrah et un élevage en fût dont un tiers est neuf, ce qui lui donne un joli fond solide.

Responsable : Robert Eden
Vente à la propriété : oui
Visite : oui
Dégustation : oui
Moyen d'accès : RD52 entre Olonzac et Caunes-Minervois.
Langues : Anglais
Surface du vignoble : 55 ha
Age des vignes : 20 ans
Surface en rouge : 55 ha
Cépages :
  Syrah 60 %
  Grenache 20 %
  Carignan 20 %
Appellation principale : Minervois
Production moyenne : 200 000 bouteilles

🍷 **Coteaux du languedoc clos du Chêne**
  2000 : 86 . . . . .11,80 €

🍷 **Minervois**
  2000 : 87 . . . . .6 €

🍷 **Minervois la livinière**
  1999 : 88 . . . . .12,90 €

CHÂTEAU PECH-LATT ***

11220 Lagrasse
Tél. : 04 68 58 11 40 - Fax : 04 68 58 11 41

Au pied de la montagne d'Alaric, les vignes de Pech-Latt en agriculture biologique certifiée, sont établies sur des sols calcaires et de marnes rouges. La grande cuvée de la maison est dénommée Alix. Issue de vignes de plus de cinquante ans, elle est élevée en fûts de chêne pendant un an. Il en résulte un vin plein et dense, que ce soit en 1999 comme en 1998. Nettement moins chère, la cuvée vieilles vignes (plus de 40 ans) dans le millésime 2000 lui est très proche.

Responsable : Laurent Max
Vente à la propriété : oui
Visite : sur rendez-vous
Dégustation : sur rendez-vous
Moyen d'accès : Il est souhaitable d'accéder au domaine par le village de Ribaude.
Langues : Anglais, Espagnol
Surface du vignoble : 120 ha
Age des vignes : 30 ans

Surface en rouge : 110 ha
Cépages :
  Carignan 50 %
  Grenache Noir 30 %
  Syrah 15 %
  Mourvèdre 5 %
Surface en blanc : 10 ha
Cépages :
  Marsanne 90 %
  Muscat à petits grains 10 %
Appellation principale : Corbières
Production moyenne : 400 000 bouteilles

♟ **Corbières**
  2001 : 85 . . . . .5,60 €

♟ **Corbières**
  2001 : 87 . . . . .5,60 €
  2000 : 88 . . . . .7,40 €

♟ **Corbières Alix**
  1999 : 88 . . . . .18,30 €
  1998 : 88 . . . . .18,30 €

LANGUEDOC

2000

CHÂTEAU VILLERAMBERT JULIEN

MINERVOIS
APPELLATION CONTRÔLÉE

MIS EN BOUTEILLE AU CHÂTEAU

Produit de France

13,5% vol.   Marcel Julien, 11160 Caunes Minervois - France   750 ml

L. 0000025

CHÂTEAU VILLERAMBERT JULIEN ***

11160 Caunes-Minervois
Tél. : 04 68 78 00 01 - Fax : 04 68 78 05 34
E. Mail : mjulien@capmedia.fr

Créé en 1858 par la famille Julien, le vignoble se situe sur les coteaux exposés plein sud de l'appellation Minervois. Pionnier de la vinification en barrique, Michel Julien a réussi des magnifiques 2000. Avec 70 % se syrah et 30 % de grenache, élevé en fût avec rotation par quarts, le grand vin du château impressionne par sa forte couleur, sa bouche dense et compacte, ses tannins fins et sa finale époustouflante de classe. C'est du grand vin ! Rosé et rouge sont de bonne facture, sans toutefois atteindre ce niveau exceptionnel.

Responsable : Michel Julien
Vente à la propriété : oui
Visite : oui
Dégustation : oui
Langues : Allemand, Anglais, Espagnol
Surface du vignoble : 70 ha
Appellation principale : Minervois

Minervois
2000 : 87 . . . . .6,60 €

Minervois
2001 : 86 . . . . .6,10 €

Minervois
2000 : 89 . . . . .12,40 €

PRODUIT DE FRANCE

2001

DOMAINE DESHENRYS

Blanc

Vinifié, élevé

et mis en bouteille par

Henry Ferdinand et Nicolas Bouchard

Vin de Pays des Côtes de Thongue

13% vol.   34290 ALIGNAN DU VENT-FRANCE   750 ml

info@vignoblesbouchard.com

DOMAINE DESHENRYS ***

3 rue de Fraisse
34290 Alignan-du-Vent
Tél. : 04 67 24 91 67 - Fax : 04 67 24 94 21
E. Mail : info@vignoblesbouchard.com
Web : www.vignoblesbouchard.com

Cette propriété constituée au fil des générations étend ses vignes sur une soixantaine d'hectares d'un vaste amphithéâtre tourné vers le sud. Elaboré avec de la syrah et du grenache, le coteaux du Languedoc rouge est un vin dense et profond. Le vin de pays Côtes de Thongue, en cabernet-sauvignon, mourvèdre, syrah et petit-verdot, est tannique, dense et un peu plus animal. Tous ces vins sont de belle concentration.

Responsable : H.F. Bouchard
Vente à la propriété : oui
Visite : oui
Dégustation : oui
Langues : Anglais, Espagnol
Surface du vignoble : 58 ha
Surface en rouge : 45 ha
Cépages :
    Cabernet sauvignon 32 %
    Merlot 25 %
    Syrah 20 %
    Grenache + Mourvèdre + Carignan + Petit Verdot 23 %
Surface en blanc : 13 ha
Cépages :
    Chardonnay 35 %
    Sauvignon 35 %
    Roussanne 20 %
    Muscat à petits grains + Viognier 10 %
Appellation principale : Vins de pays des côtes de thongue
Production moyenne : 300 000 bouteilles

🍷 **Coteaux du languedoc**
    1998 : 88 . . . . .8,30 €

🍷 **VDP Côtes de Thongue**
    2000 : 87 . . . . .7,30 €

🍷 **VDP Côtes de Thongue**
    2001 : 87 . . . . .7,30 €

LANGUEDOC

DOMAINE HENRY ***

Avenue d'Occitanie
34680 Saint-Georges-d'Orques
Tél. : 04 67 45 57 74 - Fax : 04 67 45 57 74
E. Mail : domainehenry@wanadoo.fr

Vignerons de père en fils depuis une dizaine de générations, les Henry possèdent des vignes sur trois types de terroir de Saint-Georges, les vignes étant labourées pour la plupart. Ces terroirs sont assemblés selon l'âge des vignes. Le rouge Saint-Georges d'Orques provient des plus vieilles vignes. Le 2000 est ample et droit, d'une grande élégance et de grande garde. Un vin superbe ! Second vin du domaine, les Paradines 2000 sont plus souples et plus moelleux. Rosés et blancs sont de bonne facture.

Responsables : François et Laurence Henry
Vente à la propriété : oui
Visite : oui
Langues : Anglais, Espagnol
Surface du vignoble : 15 ha
Age des vignes : 25 ans

Surface en rouge : 13,5 ha
Cépages :
    Grenache 35 %
    Cinsault 20 %
    Syrah 15 %
    Autres 30 %
Surface en blanc : 1,5 ha
Cépages :
    Chardonnay 80 %
    Terret blanc 20 %
Appellation principale : Coteaux du languedoc
Production moyenne : 65 000 bouteilles

Coteaux du languedoc Paradines
2000 : 88 . . . . .7 €

Coteaux du languedoc saint-georges d'orques
2001 : 87 . . . . .7 €

Coteaux du languedoc saint-georges d'orques Vin de Georges
2000 : 89 . . . . .12 €

VDP des collines de la Moure
2000 : 87 . . . . .7 €

DOMAINE LA TOUR BOISÉE ***

BP 3
11800 Laure-Minervois
Tél.: 04 68 78 10 04 - Fax: 04 68 78 10 98
E. Mail: info@domainelatourboisee.com
Web: www.domainelatourboisee.com

Issus de familles de vieilles traditions vigneronnes, Jean-Louis et Marie-Claude Poudou mènent leur domaine en gardant le maximum de naturel. Les parcelles sont regroupées par îlots de six à dix hectares dans la garrigue et ils interviennent le moins possible dans le chai. La cuvée Marie-Claude est traditionnellement élaborée à partir de 50 % de syrah, 25 % de grenache et 25 % de carignan. En 2001 les pourcentages de grenache et de carignan ont varié, donnant un joli vin de fruit. La cuvée Marielle et Frédérique est composée de 40 % de grenache, 30 % de syrah et 30 % de carignan. Très charpentée, elle joue la générosité et l'ampleur.

Responsable: Jean-Louis Poudou
Vente à la propriété: oui
Visite: sur rendez-vous
Dégustation: sur rendez-vous
Langues: Anglais
Age des vignes: 70 ans
  Syrah
  Grenache
  Carignan
  Autres
  Marsanne
  Maccabeo
  Muscat à petits grains
  Autres
Appellation principale: Minervois
Production moyenne: 540 000 bouteilles

🍷 **Minervois cuvée Marie-Claude**
  2001: 87 . . . . .6 €

🍷 **Minervois cuvée
  Marielle - Frédéric**
  2000: 88 . . . . .9 €

LANGUEDOC

DOMAINE PICCININI ***

Route des Meulières
34210 La Livinière
Tél. : 04 68 91 44 32 - Fax : 04 68 91 58 65

Si le domaine n'existe en cave particulière que depuis 1991, il est établi depuis bien plus longtemps au Nord-Est du minervois, dans la zone du Petit Causse et ses vignes ont un âge moyen de plus de trente ans. Le Clos l'Angely est issu d'une sélection particulière sur le Petit Causse et a été élevé en fûts de chêne. Avec 70 % de syrah, le 2000 est profond avec un moelleux très gourmand. La cuvée Line et Laetitia comprend 40 % de mourvèdre, 40 % de syrah et 20 % de grenache. Moins pleine, elle est très élégante.

Responsable : Jean-Christophe Piccinini
Vente à la propriété : oui
Visite : sur rendez-vous
Dégustation : sur rendez-vous
Langues : Anglais, Espagnol
Surface du vignoble : 25 ha
Age des vignes : 30 ans

Surface en rouge : 20 ha
Cépages :
    Syrah 55 %
    Grenache 15 %
    Mourvèdre 15 %
    Carignan 15 %
Surface en blanc : 5 ha
Cépages :
    Grenache blanc 50 %
    Muscat 10 %
    Roussanne + Chardonnay 30 %
    Autres 10 %
Appellation principale : Minervois
Production moyenne : 120 000 bouteilles

Minervois
2001 : 87

Minervois clos l'Angély
2000 : 88

Minervois Line et Laetitia
2000 : 87

LANGUEDOC

LES VINS SKALLI ***

278 avenue du Maréchal-Juin
34204 Sète
Tél. : 04 67 46 00 00 - Fax : 04 67 46 71 99
E. Mail : anne.mathon@skalli.com
Web : www.vinskalli.com

Voilà plus de trente ans que Robert Skalli parcourt le Languedoc dans tous les sens. Pendant longtemps chantre des cépages, il a appris aux Français et aux autres les vertus du chardonnay ou de la syrah, à condition qu'ils viennent du pays d'Oc et soient de qualité. Avec un excellent rapport qualité-prix, ce visionnaire avait anticipé la donne du marché mondial. Depuis quelques années, il s'intéresse à des domaines tels que le Clos Poggiale en Corse ou celui du Silène des Peyrals en coteaux du Languedoc, avec la même énergie, le même enthousiasme et le même succès.

Responsable : Marc Badouin
Vente à la propriété : non
Visite : oui
Dégustation : oui
Surface du vignoble : 7000 ha
Cépages :
  Syrah
  Merlot
  Cabernet sauvignon
  Chardonnay
Appellation principale : Vins de pays d'oc

Vin de Corse Clos Poggisle
2000 : 86 . . . . .10 €

**Coteaux du Languedoc
Domaine Sylène des Peyrals**
2000 : 87 . . . . .15 €

VDP d'oc Cabernet sauvignon
1997 : 86 . . . . .14,90 €

VDP d'oc Chardonnay
1999 : 87 . . . . .14,90 €

VDP d'oc Merlot
2000 : 87 . . . . .5,90 €

VDP d'oc Syrah
1999 : 86 . . . . .5,90 €

LANGUEDOC

Mas des Chimères

1999

COTEAUX DU LANGUEDOC
APPELLATION COTEAUX DU LANGUEDOC CONTROLEE

14% vol   *750 ml*

Elevé et mis en bouteille au mas
Guilhem Dardé - paysan vigneron - 34800 Octon

Produit de France

MAS DES CHIMÈRES ***

34800 Octon
Tél.: 04 67 96 22 70 - Fax: 04 67 88 07 00
E. Mail: mas.des.chimeres@free.fr

Jeune arrivant, le domaine est situé au pied du plateau du Larzac, près du lac de Salagou qui donne son nom au vin de pays local. En vins de pays de Salagou, les deux cuvées Hérétique, que ce soit en 1999 ou 1998, donnent des vins tanniques, structurés et denses qu'il faudra laisser en cave pendant quelques années. Le coteaux du Languedoc 1999 est plus suave, mais tout aussi concentré.

Responsable: Guilhem Dardé
Vente à la propriété: oui
Visite: sur rendez-vous
Dégustation: sur rendez-vous
Moyen d'accès: A75 sortie n°55.
Surface du vignoble: 14 ha
    Carignan
    Cinsault
    Syrah
    Terret
    Viognier
Appellation principale: Coteaux du languedoc
Production moyenne: 50 000 bouteilles

🍷 **Coteaux du languedoc**
   1999 : 88 . . . . .9 €

🍷 **VDP des coteaux du salagou**
   2000 : 87

🍷 **VDP des coteaux du salagou
l'Hérétique**
   1999 : 87 . . . . .6,60 €
   1998 : 88

CHÂTEAU DE L'AMARINE **(*)

Château de Campuget
30129 Manduel
Tél. : 04 66 20 20 15 - Fax : 04 66 20 60 57
E. Mail : campuget@wanadoo.fr
Web : www.campuget.com

Le château de Campuget est la propriété de la famille Dalle depuis 1941, celui de l'Amarine depuis 1988. L'un et l'autre sont sur les cailloux roulés, accumulés par le Rhône et privilégient le grenache et la syrah. Vinifiés dans le même chai moderne, ils donnent des vins souples, bien construits, d'évolution rapide, qui brillent dans leur jeunesse par leur fruit.

Responsable : Famille Dalle
Vente à la propriété : oui
Visite : sur rendez-vous
Dégustation : sur rendez-vous
Surface du vignoble : 28 ha
Surface en rouge : 23 ha
Cépages :
    Syrah 50 %
    Grenache 50 %
Surface en blanc : 5 ha
Cépages :
    Grenache blanc 60 %
    Roussanne 40 %
Appellation principale : Costières de nîmes

**Costières de nîmes
cuvée des Bernis**
2001 : 87 . . . . .5,35 €

**Costières de nîmes
cuvée des Bernis**
2001 : 88 . . . . .4,90 €

**Costières de nîmes
cuvée des Bernis**
2000 : 87

ROUSSILLON

DOMAINE DU CLOS DES FÉES ****(*)

69 rue du Maréchal Joffre
66600 Vingrau
Tél.: 04 68 29 40 00 - Fax: 04 68 29 03 84
E. Mail: info@closdefees.com
Web: www.closdesfees.com

Ancien sommelier d'élite, ancien journaliste à la dent dure, Hervé Bizeul s'est reconverti en vigneron à Vingrau. Dès son premier millésime en 1998, il a élaboré des vins d'anthologie. Les 1999 étaient superbes et les 2000 se positionnent dans les grands vins rouges de France. Ce succès n'est dû ni au hasard, ni à la complaisance. Ce petit domaine possède des vignes d'un âge élevé et les terroirs sont de grande qualité. Il faut y associer une viticulture d'élite, digne des meilleurs vins de garage de Saint-Emilion, et un grand art de la vinification. Curieux de tout, ayant beaucoup voyagé, Hervé Bizeul a eu le loisir d'observer les qualités et les défauts des vignobles du monde entier. Et d'en tirer toutes les conséquences. Achetez les vins primeurs.

Responsable: Hervé Bizeul
Vente à la propriété: oui
Visite: sur rendez-vous
Dégustation: sur rendez-vous
Langues: Anglais, Espagnol
Surface du vignoble: 11 ha
Age des vignes: 60 ans
Surface en rouge: 11 ha
Cépages:
    Grenache Noir 40 %
    Carignan 25 %
    Syrah 25 %
    Mourvèdre 10 %
Appellation principale: Côtes du roussillon-villages
Production moyenne: 35 000 bouteilles

🍷 **Côtes du roussillon la Sibérie**
2001 : 93

🍷 **Côtes du roussillon le Clos des Fées**
2000 : 92 . . . . .49 €

🍷 **Côtes du roussillon les Sorcières**
2001 : 89 . . . . .10,50 €

🍷 **Côtes du roussillon VV**
2000 : 95 . . . . .24,50 €

DOMAINE DE LA RECTORIE ★★★★

54 avenue du Puig-Delmas
66650 Banyuls-sur-Mer
Tél. : 04 68 88 13 45 - Fax : 04 68 88 18 55
E. Mail : larectorie@wanadoo.fr
Web : www.la-rectorie.com

A force de travail, les Parcé, qui sont au nombre de trois, Marc, Pierre et Thierry, avec Vincent Legrand ont porté le domaine à un très haut niveau, que ce soit en Banyuls ou en Collioure. Le Collioure, en particulier Coume Pascale, atteint des sommets d'élégance, le Seris étant taillé pour la longue garde. Récoltés sur de vieilles vignes de plus de cinquante ans, les Banyuls sont aussi au top niveau. Une nouvelle aventure s'annonce avec la Préceptorie, petite cave coopérative de Centernach, un village de 82 habitants, qui était à vendre et que le domaine aide à revivre. Arrivés le 15 juillet 2001, ils ont commencé les vendanges le 25 août et les vins sont déjà intéressants. A suivre…

Responsables : Parcé Frères
Vente à la propriété : oui
Visite : sur rendez-vous
Dégustation : sur rendez-vous
Surface du vignoble : 25 ha
Surface en rouge : 18,75 ha
Cépage :
   Grenache Noir 100 %
Surface en blanc : 6,25 ha
Cépage :
   Grenache gris 100 %
Appellation principale : Banyuls
Production moyenne : 100 000 bouteilles

Ⓨ **L'Argile**
   2001 : 87 . . . . .15,25 €

Ⓨ **Banyuls l'Oublée**
   90 . . . . .36,60 €

Ⓨ **Collioure la Coume Pascale**
   2000 : 87 . . . . .17,50 €

Ⓨ **Collioure le Seris**
   2000 : 88 . . . . .15,50 €

Ⓨ **Vin de liqueur cuvée Parcé Frères (50 cl)**
   2001 : 89 . . . . .12,80 €

ROUSSILLON

DOMAINE DES CHÊNES ****

7 rue du Maréchal-Joffre
66600 Vingrau
Tél.: 04 68 29 40 21 - Fax: 04 68 29 10 91

Le domaine des Chênes est géré à la fois
à la vigne par les parents Gilbert et
Simone Razungles, et en cave par leur
fils Alain, talentueux professeur et cher-
cheur à l'Ensam de Montpellier. De ce
trio fécond, et parfois haut en couleur,
naissent des vins superbes de densité et
d'élégance. Partageant la même philosophie des petits rendements, les vins
sont à la fois d'une grande gourmandise
et, à y regarder de plus près, d'une
ampleur et d'une longueur étonnantes.
Sûrs et sans le moindre risque.

Responsables:
Gilbert, Simone et Alain Razungles
Vente à la propriété: oui
Visite: sur rendez-vous
Dégustation: sur rendez-vous
Moyen d'accès: Sortie A9, Perpignan, direction
Vingrau, se situe à 14 km par la RD12.
Langues: Anglais, Espagnol, Italien
Surface du vignoble: 40 ha
Age des vignes: 35 ans

Surface en rouge: 18 ha
Cépages:
 Carignan 35 %
 Grenache Noir 20 %
 Syrah 40 %
 Mourvèdre 5 %
Surface en blanc: 22 ha
Cépages:
 Grenache blanc 30 %
 Maccabeu 30 %
 Roussanne 10 %
 Muscat à petits grains + Alexandrie 30 %
Appellation principale: Côtes du roussillon-
villages
Production moyenne: 100 000 bouteilles

Côtes du roussillon les Alzines
1999 : 89 . . . . .8,54 €

**Côtes du roussillon
les Magdaléniens**
2000 : 89 . . . . .10,67 €

Côtes du roussillon Tautavel
1999 : 89 . . . . .10,37 €

**Côtes du roussillon-villages
Les Grands Mères**
2000 : 88 . . . . .6,40 €

VDP Val d'agly les Olivettes
2001 : 88 . . . . .5,34 €

VDP Val d'agly les Sorbiers
2000 : 88 . . . . .7,01 €

DOMAINE MAS AMIEL ★★★★

66460 Maury
Fax : 04 68 29 17 82

Le dynamique Olivier Decelle a racheté le Mas Amiel après la disparition de son fondateur, Charles Dupuy qui avait complètement porté l'appellation Maury. Assisté de son maître de chai Stéphane Gallet, Olivier Decelle reste dans la continuité avec des Maury qui ont beaucoup gagné en longueur et en élégance. A cet égard, la cuvée Charles Dupuy, superbe de distinction, atteint un sommet absolu : elle est le plus bel hommage que l'on puisse rendre au génial visionnaire. Multipliant les cuvées, il se diversifie vers les côtes de Roussillon villages et vers les vins de pays avec beaucoup de bonheur. Le Mas Amiel est bien reparti !

Responsable : Olivier Decelle
Vente à la propriété : oui
Visite : oui
Dégustation : oui
Surface du vignoble : 150 ha
Surface en rouge : 135 ha
Cépages :
    Grenache
    Syrah
    Carignan
Surface en blanc : 15 ha
Cépages :
    Muscat à petits grains et Alexandrie
    Grenache blanc et gris
    Maccabeu
Appellation principale : Maury
Production moyenne : 300 000 bouteilles

Côtes du roussillon-villages Carrerades
2000 : 87

Maury cuvée Charles Dupuy
2000 : 93

Maury Plénitude Macareu
2000 : 88

Maury 15 ans d'âge
91 . . . . .22,80 €

Maury réserve
1999 : 90 . . . . .15,20 €

Maury spéciale 10 ans
90 . . . . .13,50 €

Maury vintage
2000 : 89

Maury vintage blanc
2000 : 90

Maury vintage privilège
2000 : 89

Muscat de rivesaltes
2001 : 87 . . . . .12 €

VDP côtes Catalanes Le Plaisir
2001 : 87 . . . . .6,50 €

VDP des côtes catalanes Hautes Terres
2000 : 86

ROUSSILLON

DOMAINE SARDA-MALET ★★★★

12 chemin de Sainte-Barbe, Mas Saint-Michel
66000 Perpignan
Tél.: 04 68 56 72 38 - Fax: 04 68 56 47 60
E. Mail: sardamalet@wanadoo.fr
Web: www.sarda-malet.com

Propriété familiale depuis le XIXᵉ siècle, le domaine est géré par Suzy Mallet et son fils Jérôme. Après avoir entrepris un gros effort de réencépagement en mourvèdre et en syrah pendant quinze ans, le domaine touche maintenant les dividendes d'une viticulture de qualité, très respectueuse de ses terroirs en pente douce sur des terres argilo-calcaires. L'ensemble des vins est d'une qualité très homogène. Le sommet est atteint par un exceptionnel Côtes de Roussillon Terroir des Mailloles 2000, d'une classe époustouflante. Rivesaltes et muscat de Rivesaltes sont aussi très équilibrés.

Responsable: Jérôme Malet
Vente à la propriété: oui
Visite: oui
Dégustation: sur rendez-vous
Moyen d'accès: A9, sortie Perpignan sud.
Langues: Anglais, Espagnol
Surface du vignoble: 48 ha
Surface en rouge: 38 ha
Cépages:
    Grenache Noir 30 %
    Syrah 30 %
    Mourvèdre 30 %
    Carignan 10 %

Surface en blanc: 10 ha
Cépages:
    Grenache blanc 30 %
    Malvoisie 20 %
    Maccabeu 20 %
    Autres 30 %
Appellation principale: Côtes du roussillon
Production moyenne: 100 000 bouteilles

♀ **Côtes du roussillon**
    2001 : 86 . . . . .6 €

♥ **Côtes du roussillon**
    2000 : 88 . . . . .6 €

♀ **Côtes du roussillon réserve**
    2000 : 88 . . . . .10 €

♥ **La Carbasse**
    2001 : 88 . . . . .20 €

♀ **Muscat de rivesaltes**
    2001 : 88 . . . . .10 €

♥ **Terroir Mailloles**
    2000 : 90 . . . . .22 €

♀ **Terroir Mailloles**
    2000 : 87 . . . . .22 €

CELLIER DES TEMPLIERS ***(*)

Route du Balcar de Madeloc
66652 Banyuls-sur-Mer Cedex
Tél. : 04 68 98 36 70 - Fax : 04 68 88 36 91
Web : www.banyuls.com

Regroupant plusieurs coopératives et domaines, le Cellier des Templiers vinifie les trois quarts des Collioure et la moitié des Banyuls. C'est dans les Banyuls que le Cellier excelle, et en particulier dans les vieux. Il est le seul à proposer des 1991 et des 1986, parfaitement bien vieillis et qui sont au sommet de leur appellation. Bénédiction de l'amateur de vin, le Banyuls doux Président Henri Vidal 1986 est d'une belle densité, tout comme le sec Viviane Le Roy 1986. D'un beau calibre, le rimatge 2000 les rejoindra. Les diverses cuvées de Collioure sont toujours de bonne facture.

Responsable : Philippe Albert
Vente à la propriété : oui
Visite : oui
Dégustation : oui
Langues : Anglais
Surface du vignoble : 973 ha

Surface en rouge : 924 ha
Cépages :
    Grenache Noir 52,50 %
    Grenache Gris 46 %
    Carignan 1,50 %
Surface en blanc : 49 ha
Cépages :
    Grenache blanc 100 %
Appellation principale : Banyuls
Production moyenne : 1 118 000 bouteilles

Banyuls GC Président Henri Vidal
1991 : 90 . . . . .36,20 €

Banyuls Rimatge
2000 : 88 . . . . .17 €

Collioure Château des Abelles
2000 : 86 . . . . .12,80 €

Collioure Saint-Michel
2000 : 86 . . . . .9,20 €

Cuvée Vivianne Le Roy
1986 : 90 . . . . .34,40 €

Domaine Campi
2000 : 86 . . . . .12,80 €

ROUSSILLON

Côtes du Roussillon
Appellation Côtes du Roussillon Contrôlée
Red Roussillon Table Wine

CHATEAU LA CASENOVE

La Garrigue

2000

Mis en bouteille au Château
Etienne Montès Propriétaire Récoltant
66300 Trouillas
Product of France

ALC. 13.5% BY VOL.

750 ML.

CHÂTEAU LA CASENOVE ***(*)

Mas Sabole
66300 Trouillas
Tél. : 04 68 21 66 33 - Fax : 04 68 21 77 81

Ancien photographe de presse, Etienne Montès a rejoint le domaine familial à la fin des années 80. Très exigeant, il a décidé de mettre en valeur, avec l'aide de l'œnologue Jean-Luc Colombo, un des terroirs les plus rudes du Roussillon, les Aspres, avec ramassage à maturité optimale, cuvaison longue et élevages adaptés. Le pari est largement gagné et le côtes de Roussillon 1998 atteint des sommets de densité, de longueur et d'élégance. Le muscat de Rivesaltes est superbe tout comme le Rivesaltes.

Responsable : Etienne Montès
Vente à la propriété : oui
Visite : oui
Dégustation : oui
Surface du vignoble : 50 ha
Surface en rouge : 30 ha
Cépages :
    Carignan 50 %
    Grenache 25 %
    Syrah 15 %
    Mourvèdre 10 %

Surface en blanc : 20 ha
Cépages :
    Maccabeu 40 %
    Grenache blanc 30 %
    Muscat 20 %
    Tourbat 10 %
Appellation principale : Côtes du roussillon
Production moyenne : 100 000 bouteilles

Côtes du roussillon
1998 : 89 . . . . .27,45 €

Côtes du roussillon La Garrigue
2000 : 89

Muscat de rivesaltes
2001 : 88 . . . . .9,70 €

Rivesaltes
1995 : 88 . . . . .12,40 €

VDP catalan Dominis M
2001 : 85 . . . . .5,35 €

VDP catalan Macabeu-toubat
2000 : 86 . . . . .14,50 €
1997 : 87

CLOS DE PAULILLES ***(*)

Baie de Paulilles
66660 Port-Vendres
Tél. : 04 68 38 90 10 - Fax : 04 68 38 91 33
E. Mail : daure@wanadoo.fr

Repris en 1968 par la famille Dauré, le vignoble ceinture la magnifique baie des Paulilles et comprend une ferme auberge ouverte tous les soirs en saison. Les banyuls ont beaucoup progressé ces dernières années. Après d'excellents 1996 et 1998, le Cap Bean 1999 et surtout la mise tardive ainsi que le rimage 2000 ont une grande longueur et surtout un bel équilibre. Bien construits, les Collioures méritent quelques années en cave.

Responsable : famille Dauré
Vente à la propriété : oui
Visite : oui
Surface du vignoble : 90 ha

Surface en rouge : 86 ha
Cépages :
 Grenache Noir 60 %
 Mourvèdre 17 %
 Syrah 23 %
Surface en blanc : 4 ha
Cépages :
 Viognier 50 %
 Grenache blanc 50 %
Appellation principale : Collioure
Production moyenne : 200 000 bouteilles

Banyuls Cap Bear
1999 : 88 . . . . .14,10 €

Banyuls Rimage
2000 : 88

Banyuls Rimage Mise Tardive
2000 : 89

Collioure
2001 : 85 . . . . .6,80 €

Collioure
1999 : 87 . . . . .11,50 €

VDP de la côte vermeille
2001 : 85 . . . . .8,60 €

ROUSSILLON

DOMAINE DU MAS CRÉMAT ***(*)

66600 Espira-de-l'Agly
Tél.: 04 68 38 92 06 - Fax: 04 68 38 92 23
E. Mail: mascremat@mascremat.com
Web: www.mascremat.com

Catherine Jeannin-Mongeard, la fille du domaine Mongeard-Mugneret à Vosne-Romanée, avait acheté avec Jean-Marc ce coin de terre brûlée en 1990, Crémat signifiant brûlé en catalan. Sur des schistes totalement noires, ils ont produit ensemble des vins qui ont peu à peu trouvé leur style. Jean-Marc récemment disparu, Catherine continue dans cette voie de la qualité.

Responsable: Jeannin-Mongeard
Vente à la propriété: oui
Visite: oui
Dégustation: oui
Langues: Anglais
Surface du vignoble: 30 ha
Age des vignes: 25 ans

Surface en rouge: 17 ha
Cépages:
    Grenache 40 %
    Syrah 40 %
    Mourvèdre 20 %
Surface en blanc: 13 ha
Cépages:
    Grenache 40 %
    Vermentino 5 %
    Maccabeu Blanc 25 %
    Muscat 30 %
Appellation principale: Côtes du roussillon
Production moyenne: 100 000 bouteilles

Côtes du roussillon
2000: 87 . . . . .6,65 €

Côtes du roussillon fût de chêne
2000: 88 . . . . .10,70 €

Muscat de rivesaltes
2001: 87 . . . . .8 €

DOMAINE FONTANEL ***(*)

25 avenue Jean-Jaurès
66720 Tautavel
Tél.: 04 68 29 04 71 - Fax: 04 68 29 19 44
E. Mail: dom-fontaneil@hotmail.com

Pierre et Marie-Claude Fontaneil s'occupent du domaine depuis 1989 en bri-
dant les rendements à moins de 30 hl/ha.
Les grandes cuvées 2000 du domaine
portent le nom de Côtes de Roussillon
Tautavel. Elevée 6 mois en cuve et 12
mois en fûts de chêne dont un tiers est
neuf, les Cistes possèdent une densité et
une élégance impressionnantes. Elevé en
fûts neufs, le Prieuré est souple, rond et
suave. Le Côtes de Roussillon villages
2000 est aussi très dense avec une très
belle pureté. Il faut aussi mentionner un
beau Maury 1998, très équilibré.

Responsable: Pierre Fontaneil
Vente à la propriété: oui
Visite: oui
Dégustation: oui
Langues: Anglais, Espagnol
Moyen d'accès: Sortie autoroute Perpignan
nord, direction Fontanel.
Surface du vignoble: 35 ha
Surface en rouge: 28 ha
Cépages:
  Syrah 40 %
  Grenache 30 %
  Mourvèdre 10 %
  Carignan 20 %

Surface en blanc: 7 ha
Cépages:
  Grenache 30 %
  Muscat 50 %
  Malvoisie 10 %
  Chardonnay 10 %
Appellation principale: Côtes du roussillon-
villages
Production moyenne: 100 000 bouteilles

Côtes du roussillon
2001: 87 . . . . .6,85 €

Côtes du roussillon
2001: 87 . . . . .5,20 €

Côtes du roussillon-villages
2000: 88 . . . . .6,70 €

**Côtes du roussillon-villages
Tautavel Cistes**
2000: 89 . . . . .7,95 €

**Côtes du roussillon-villages
Tautavel Prieuré**
2000: 88 . . . . .11,90 €

Maury
1998: 88 . . . . .10,50 €

Muscat de rivesaltes
2001: 87 . . . . .7,95 €

Rivesaltes Ambre
1996: 88 . . . . .8,25 €

ROUSSILLON

DOMAINE PIQUEMAL ***(*)

1 rue Pierre-Lefranc
66600 Espira de l'Agly
Tél. : 04 68 64 09 14 - Fax : 04 68 38 52 94
E. Mail : contact@domaine-piquemal.com
Web : www.domaine-piquemal.com

Niché dans les vals d'Agly, le vignoble monte les coteaux argilo-calcaires, argilo-siliceux et de schistes feuilletés. Pierre Piquemal et son fils Franck ont à la fois préservé les vieilles vignes quand c'était possible et replanté le reste en mourvèdre et en syrah. Il en résulte une large gamme de vin, de bonne facture, où le côtes de Roussillon en fût de chêne 2000, très équilibré entre grenache, carignan, syrah et mourvèdre, atteint une grande plénitude. Le 1999 était déjà très beau. En blanc naturellement doux, la cuvée Tardi-Varius, en pur grenache gris, atteint un étonnant équilibre grâce à des raisins cueillis en surmaturation.

Responsables : Pierre et Franck Piquemal
Vente à la propriété : oui
Visite : sur rendez-vous
Dégustation : sur rendez-vous
Langues : Allemand, Anglais, Espagnol
Surface du vignoble : 55 ha
Age des vignes : 30 ans
Surface en rouge : 38,5 ha
Cépages :
    Carignan + Grenache noir
    Syrah + Mourvèdre
    Cabernet sauvignon + Merlot

Surface en blanc : 16,5 ha
Cépages :
    Grenache blanc et gris
    Maccabeu
    Muscat
Appellation principale : Côtes du roussillon
Production moyenne : 380 000 bouteilles

Côtes du roussillon cuvée non filtrée
2000 : 88 . . . . .6 €

Côtes du roussillon fût de chêne
2000 : 89 . . . . .6,90 €

Côtes du roussillon-villages fût de chêne
1999 : 88 . . . . .8,10 €

Côtes du roussillon-villages Terres Grillées
2000 : 89 . . . . .8,40 €

Muscat de rivesaltes
2001 : 88 . . . . .7,50 €

VDP des Côtes Catalanes
2001 : 87 . . . . .4,60 €

VDP des Côtes Catalanes Pierre Audounet
2000 : 87 . . . . .4,50 €

VDP d'oc Tardi-Varius
2000 : 89 . . . . .15 €

PRODUCT OF FRANCE

Domaine des Schistes

Tradition

CÔTES DU ROUSSILLON VILLAGES
APPELLATION CÔTES DU ROUSSILLON VILLAGES CONTRÔLÉE

2000

Mis en bouteille au Domaine

Alc. 13,5% by vol.   Jacques et Nadine SIRE   750 ml
66310 ESTAGEL

N° 100/0000838/96

DOMAINE DES SCHISTES ***

1 avenue Jean-Lurçat
66310 Estagel
Tél. : 04 68 29 11 25 - Fax : 04 68 29 47 17

Situées au pied des Corbières, les vignes du domaine sont plantées sur des marnes schisteuses, des noires, des roses, qui ont donné leur nom au domaine qui a sorti ses premières bouteilles en 1990. Dans un ensemble de vins très homogène, il faut relever le Côtes de Roussillon Les Terrasses, très concentré et bien équilibré, qui comprend près de 50 % de syrah élevé en barrique. D'une belle complexité, le Rivesaltes en Solera est marqué, comme il se doit, par son élevage oxydatif de huit ans en moyenne, ce qui lui donne une grande douceur. Cette même douceur se retrouve dans le muscat de Rivesaltes, d'un très joli fruit, mais avec beaucoup de rondeur.

Responsable : Jacques Sire
Vente à la propriété : oui
Visite : sur rendez-vous
Dégustation : sur rendez-vous
Langues : Anglais, Espagnol
Moyen d'accès : Sortie autoroute « Perpignan nord » direction Rivesaltes - Cases de Peire - Estagel.
Surface du vignoble : 48 ha

Surface en rouge : 28 ha
Cépages :
   Carignan
   Grenache
   Syrah
Surface en blanc : 20 ha
Cépages :
   Grenache blanc
   Muscat à petits grains
   Muscat d'Alexandrie
   Grenache gris
Appellation principale : Côtes du roussillon-villages
Production moyenne : 70 000 bouteilles

Côtes du roussillon-villages Les Terrasses
2000 : 88 . . . . 11 €

Côtes du roussillon-villages Tradition
2000 : 86 . . . . 7 €

Muscat de rivesaltes VDN
2001 : 87 . . . . 7,60 €

Rivesaltes Solera VDN
88 . . . . 11 €

DOMAINE DU MAS BLANC ***

9 avenue du Général-de-Gaulle
66650 Banyuls-sur-Mer
Tél. : 04 68 88 32 12 - Fax : 04 68 88 72 24
E. Mail : info@domaine-du-mas-blanc.com
Web : www.domaine-du-mas-blanc.com

S'il est difficile d'oublier la personnalité du génial docteur André Parcé qui continue d'influencer le domaine et l'appellation Banyuls cinq ans après son décès, son fils Jean-Michel continue son œuvre d'autant plus facilement qu'il gérait déjà le domaine depuis plusieurs années. Si les Banyuls sont toujours aussi équilibrés, il a le mérite de régulariser les Collioure qui étaient toujours très irréguliers à l'époque du docteur. Cosprons Levant et surtout La Llose sont des Collioure de longue garde. En Banyuls, la cuvée du docteur André Parcé résulte de l'assemblage de trois rimages mise tardive, ce qui lui donne une belle complexité.

Responsable : SCA Docteur Parcé et Fils
Vente à la propriété : oui
Visite : oui
Dégustation : oui
Langues : Anglais, Espagnol, Catalan
Surface du vignoble : 25 ha
Age des vignes : 30 ans
Surface en rouge : 24 ha
Cépages :
    Grenache Noir 70 %
    Syrah 20 %
    Mourvèdre 10 %
Surface en blanc : 1 ha
Cépages :
    Roussanne 50 %
    Marsanne 50 %
Appellation principale : Banyuls grand cru
Production moyenne : 50 000 bouteilles

🍷 **Banyuls GC Cuvée du Dr André Parcé**
    89 . . . . .13 €

🍷 **Banyuls Rimage**
    2001 : 87 . . . . .21 €

🍷 **Collioure Cosprons Levants**
    2000 : 87 . . . . .17 €

🍷 **Collioure La Close**
    2000 : 87 . . . . .10 €

ROUSSILLON

CHÂTEAU DE JAU **(*)

Vignobles Jean et Bernard Dauré
Château de Jau
66600 Cases-de-Pène
Tél. : 04 68 38 90 10 - Fax : 04 68 38 91 33
E. Mail : daure@wanadoo.fr

Avec 134 hectares de vignes au château de Jau et 6 au Mas Christine, il faut développer une grande imagination pour la commercialisation qui ne va pas de soi. Avec le « jaja de Jau », les propriétaires en manquent d'autant moins qu'ils hébergent une fondation d'art contemporain et gèrent un grill où leurs vins sont à l'honneur. Souples et avenants, sans aucune agressivité ni rusticité, les vins sont élaborés pour plaire au plus grand nombre. Très consensuels, ils y réussissent bien.

Responsable : famille Dauré
Vente à la propriété : oui
Visite : oui
Dégustation : oui
Moyen d'accès : RN117.
Langues : Anglais, Espagnol
Surface du vignoble : 134 ha
Age des vignes : 25 ans

Surface en rouge : 110 ha
Cépages :
　Syrah
　Mourvèdre
　Carignan
　Grenache Noir
Surface en blanc : 24 ha
Cépages :
　Muscat à petits grains
　Vermentino
　Grenache blanc
Appellation principale : Côtes du roussillon-villages
Production moyenne : 680 000 bouteilles

🍷 **Côtes du roussillon-villages Château de Jau**
　2000 : 86 . . . . .6,40 €

🍷 **Côtes du roussillon-villages Talon Rouge**
　2000 : 86 . . . . .18,30 €

🍷 **Muscat de rivesaltes**
　2001 : 86 . . . . .8,60 €

🍷 **Rivesaltes Mas Christine**
　1998 : 85 . . . . .11,60 €

🍷 **VDP d'oc Le jaja de Jau**
　2001 : 85 . . . . .4 €

VALLÉE DU RHÔNE

BORDELAIS

LANGUEDOC

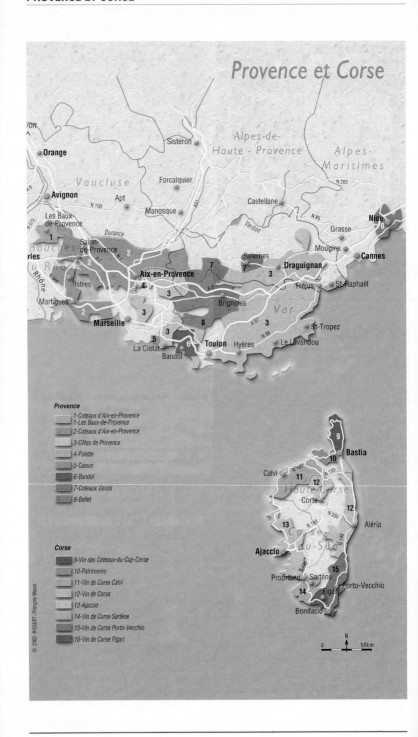

Provence et Corse

Provence
1-Coteaux d'Aix-en-Provence
1-Les Baux-de-Provence
2-Coteaux d'Aix-en-Provence
3-Côtes de Provence
4-Palette
5-Cassis
6-Bandol
7-Coteaux Varois
8-Bellet

Corse
9-Vin des Coteaux-du-Cap-Corse
10-Patrimonio
11-Vin de Corse Calvi
12-Vin de Corse
13-Ajaccio
14-Vin de Corse Sartène
15-Vin de Corse Porto-Vecchio
16-Vin de Corse Figari

© 2002, RIGERT : François Mauss

Voyez rouges !

Peu de gens s'imaginent qu'au-dessus de Toulon, sont produits des vins rouges parmi les plus grands de France. L'appellation Bandol pour ne pas la nommer, fait son bonheur avec le cépage mourvèdre, grand cépage espagnol qui trouve ici sa plus grande expression. Mais la Provence ne s'arrête pas à Bandol. Les Côtes de Provence n'ont pas la réputation de Bandol, en raison de la multitude des médiocres rosés qui rafraîchissent, tant que faire se peut, les grillades d'été.

Associé au grenache et à la syrah, le mourvèdre donne en Provence des vins rouges méconnus, plus souvent dans le registre de la puissance que de la finesse, des vins d'automne et d'hiver ce qui paraît un paradoxe, mais n'exclut pas la grande qualité.

Les vins blancs sont rares, mais ils peuvent se révéler extraordinaires comme à Palette, à Bellet ou à Cassis ou même en Corse. Encore plus méconnus que les vins de Provence, les originaux vins blancs, les très beaux rouges et les superbes vins mutés avec les muscats, sont produits par la Corse. C'est tout un programme, de vacances ou non…

PROVENCE

8
15ᴹᵒᵒ

CHÂTEAU DE PIBARNON ****(*)

410 chemin de la Croix des Signaux
83740 La Cadière-d'Azur
Tél. : 04 94 90 12 73 - Fax : 04 94 90 12 98
E. Mail : pibarnon@wanadoo.fr
Web : en cours

> Sous l'impulsion d'Henri de Saint-Victor et de son fils Eric, Pibarnon s'est tranquillement installé dans le peloton de tête des meilleurs vins rouges de France. Il le doit à un terroir exceptionnel, au sommet de l'appellation Bandol, sur des sous-sols d'argile bleue, celle de Petrus, d'Yquem et de Château-Chalon, avec une forte proportion de calcaire actif et un grand cépage, le mourvèdre qui a trouvé là son emplacement, idéal. Les Saint-Victor ont mis le cépage et le terroir en musique, pour produire des vins rouges d'anthologie, et le millésime 2000, tout en élégance, atteint des sommets. Les blancs, en très gros progrès, et les rosés suivent de près.

Responsables : Henri & Eric de Saint-Victor
Vente à la propriété : oui
Visite : sur rendez-vous
Dégustation : sur rendez-vous
Moyen d'accès : Autoroute A50, sortie 11, direction Village la Cadière, Village Port.
Surface du vignoble : 52 ha

Surface en rouge : 31 ha
Cépages :
   Mourvèdre 90 %
   Grenache 10 %
   Mourvèdre (rosé) 50 %
   Cinsault 50 %
Surface en blanc : 6 ha
Cépages :
   Clairette 50 %
   Bourboulenc 30 %
   Divers 20 %
Appellation principale : Bandol

Château Pibarnon
2001 : 88 . . . . .15,50 €
2000 : 88
1999 : 87 . . . . .15,50 €

Château Pibarnon
2001 : 87 . . . . .13 €
2000 : 87

Château Pibarnon
2000 : 92 . . . . .22 €
1999 : 90 . . . . .21 €
1998 : 93 . . . . .21 €
1997 : 89
1996 : 90

PROVENCE

CHÂTEAU
JEAN-PIERRE GAUSSEN ★★★★

1585 chemin de l'Argile - La Noblesse
83740 La Cadière-d'Azur
Tél. : 04 94 98 75 34 - Fax : 04 94 98 65 34

Voilà bien longtemps que Jean-Pierre Gaussen élabore de beaux bandols, connus de 1962 à 1998 sous le nom prestigieux de la Noblesse. Le domaine a été obligé de changer de nom, mais les vins demeurent. Le 1999 est, comme les millésimes précédents, dense, concentré et campé sur ses tannins. Il mérite un long vieillissement en cave pour qu'apparaissent les arômes épicés de grande classe. Patience donc !

Responsable : Jean-Pierre Gaussen
Vente à la propriété : oui
Visite : sur rendez-vous
Dégustation : sur rendez-vous
Surface du vignoble : 12 ha
Surface en rouge : 11 ha
Cépages :
    Mourvèdre
    Grenache
    Cinsault
Surface en blanc : 1 ha
Cépages :
    Clairette
    Ugni blanc
Appellation principale : Bandol

♟ **Bandol**
    1999 : 89 . . . . 15,50 €
    1998 : 89
    1997 : 88

CHÂTEAU PRADEAUX ★★★★

676 chemin des Pradeaux
83270 Saint-Cyr-sur-Mer
Tél. : 04 94 32 10 21 - Fax : 04 94 32 16 02

Le château est propriété des Portalis depuis 1952 et c'est Cyrille, son lointain descendant, qui gère, dans un style très traditionnel, ce vignoble particulièrement âgé aux petits rendements. Les cuvées les moins réussies passent dans le second vin. Les rouges sont lents à se faire et ils sont souvent un peu durs dans leur jeunesse. Il leur faut bien dix ans pour se faire. Ce n'est qu'ensuite qu'éclate la race du vin. Très pâle, le rosé est absolument délicieux, un des plus beaux de France.

Responsable : Cyrille Portalis
Vente à la propriété : oui
Visite : sur rendez-vous
Surface du vignoble : 20 ha
Surface en rouge : 20 ha
Cépages :
  Mourvèdre 95 %
  Cinsault 2,50 %
  Grenache 2,50 %
Appellation principale : Bandol
Production moyenne : 50 000 bouteilles

🍷 **Bandol**
  1999 : 90
  1998 : 91
  1997 : 88
  1996 : 89
  1995 : 91

🍷 **Bandol**
  1999 : 90

PROVENCE

CHÂTEAU SIMONE ★★★★

13590 Meyreuil
Tél. : 04 42 66 92 58 - Fax : 04 42 66 80 77
Web : www.chateau-simone.fr

Domaine très traditionnel qui n'arrache jamais aucun pied, ne mettant aucun engrais ni désherbant, château Simone vit hors du temps, le cap étant toujours tenu par la famille Rougier. Le magnifique vin blanc est élaboré avec 80 % de l'exigeante clairette. Il vieillit toujours magnifiquement et le 1999, avec sa belle densité, suivra le même chemin. Comptez cinq ans pour un apogée complète. Le rosé est aussi hors norme et il évolue toujours très bien en bouteille. Elaboré avec 50 % de grenache et 25 % de mourvèdre, le rouge est toujours un peu en retrait et il se boit assez rapidement. Cependant, son élevage long de trois ans lui permet, après huit ans de bouteille, de reprendre couleur et densité. On peut donc aussi le boire plus tardivement.

Responsable : Famille Rougier
Vente à la propriété : oui
Visite : non
Dégustation : non
Surface du vignoble : 21 ha
Surface en rouge : 12,5 ha
Cépages :
    Grenache 50 %
    Mourvèdre 25 %
    Cinsault 5 %
    Divers cépages 20 %
Surface en blanc : 8,5 ha
Cépages :
    Clairette 80 %
    Divers cépages 20 %
Appellation principale : Palette
Production moyenne : 100 000 bouteilles

🍷 **Château Simone**
1999 : 89

🍷 **Château Simone**
2000 : 89

🍷 **Château Simone**
1998 : 88

PROVENCE

DOMAINE DE LA TOUR DU BON ★★★★

714 chemin de l'Olivette
83330 Le Brûlat-du-Castellet
Tél.: 04 98 03 66 22 - Fax: 04 98 03 66 26
E. Mail: TourDuBon@aol.com

Sous la direction d'Agnès Hocquard-Henry et avec l'assistance d'Antoine Pouponneau, le domaine de la Tour du Bon a considérablement progressé ces dernières années, en particulier grâce à un gros travail dans les vignes. D'une étonnante concentration, les rouges ont atteint une grande plénitude. Si le millésime 1999 n'atteint pas le calibre de 1998, la cuvée normale est concentrée, veloutée et élégante. La cuvée Saint-Ferréol porte ces qualités à leur paroxysme. Longtemps le point fort du domaine, le blanc est de grande qualité.

Responsables: M. et Mme Hocquard
Vente à la propriété: oui
Visite: sur rendez-vous
Dégustation: oui
Surface du vignoble: 9 ha

Surface en rouge: 8 ha
Cépages:
    Mourvèdre 65 %
    Grenache 25 %
    Cinsault 8 %
    Carignan 2 %
Surface en blanc: 1 ha
Cépages:
    Clairette 75 %
    Ugni blanc 15 %
    Vermentino 10 %
Appellation principale: Bandol
Production moyenne: 45 000 bouteilles

Bandol
2000: 88 . . . . 10 €

Bandol
2001: 87 . . . . 9 €

Bandol
1999: 88 . . . . 12 €
1998: 89

Bandol cuvée Saint-Ferréol
1999: 90 . . . . 19 €
1998: 91

PROVENCE

CHÂTEAU LA ROUVIÈRE ***(*)

Moulin des Costes
83740 La Cadière-d'Azur
Tél.: 04 94 98 58 98 - Fax: 04 94 98 60 05
E. Mail: bunan@bunan.com
Web: www.bunan.com

Le château La Rouvière domine un coteau de restanques exposées plein Sud avec des vignes de mourvèdre assez âgées d'une surface de six hectares d'un seul tenant sur des calcaires, grés et marnes du crétacé. Les vins atteignent une belle concentration avec une grande régularité quel que soit la couleur et le millésime. Appartenant à la même famille, le Moulin des Costes est plus vaste, exposé Sud-Est, avec 30 % de grenache et un sol argilo-calcaire. De bonne facture, les vins sont suaves, mais ils sont loin d'atteindre la profondeur de ceux de la Rouvière, même si le rouge s'en approche.

Responsables: Paul, Pierre, Laurent Bunan
Vente à la propriété: oui
Visite: sur rendez-vous
Dégustation: oui
Surface du vignoble: 65 ha

Surface en rouge: 58 ha
Cépages:
Mourvèdre 75 %
Syrah 5 %
Grenache 10 %
Cinsault 10 %
Surface en blanc: 7 ha
Cépages:
Clairette 80 %
Bourboulenc 10 %
Sauvignon blanc 10 %
Appellation principale: Bandol
Production moyenne: 350 000 bouteilles

Bunan Moulin des Costes
2000: 86 . . . . .10 €

Bunan Moulin des Costes
2001: 84 . . . . .10 €

Bunan Moulin des Costes
1999: 87 . . . . .11,50 €

Château la Rouvière
2001: 88 . . . . .11,50 €

Château la Rouvière
2001: 88 . . . . .11,50 €

Château la Rouvière
1999: 88 . . . . .15,50 €

PROVENCE

CHÂTEAU RÉAL MARTIN ***(*)

Route de Barjols
83143 Le Val
Tél. : 04 94 86 40 90 - Fax : 04 94 86 32 23
E. Mail : chateau-real-martin@groupe.score.com
Web : www.groupe.score.com

Très bien situé sur les premiers contreforts du Haut-Var, le château possède ses parcelles disséminées dans la garrigue et le seul vrai prédateur des raisins est le sanglier. Le domaine vient de changer de main et son nouveau propriétaire, Jean-Marie Paul, a mis une nouvelle équipe en place. Les vins commercialisés sont ceux que Gilles Meimoun avaient élaborés et qu'il avait grandement fait progresser depuis 1995, date de son arrivée. Toujours aussi généreux, le rouge 1999 possède une belle finesse, ce qui le place dans les meilleurs vins de son appellation. Blancs et rosés sont techniquement irréprochables.

Responsables : Jacques Clotilde - Gilles et Sophie Meimoun
Vente à la propriété : oui
Visite : sur rendez-vous
Dégustation : oui
Surface du vignoble : 31 ha
Surface en rouge : 10,66 ha
Cépages :
    Syrah 50 %
    Grenache 50 %
Surface en blanc : 6,25 ha
Cépages :
    Ugni blanc 100 %
Appellation principale : Côtes de provence
Production moyenne : 120 000 bouteilles

Château Réal Martin
1999 : 88 . . . . .13,30 €

Château Réal Martin blancs de blancs
2001 : 86 . . . . .13,50 €

Château Réal Martin
2001 : 88 . . . . .13,30 €

PROVENCE

CHATEAU
REVELETTE

2001

Coteaux d'Aix en Provence
Appellation Coteaux d'Aix en Provence Contrôlée

MIS EN BOUTEILLE AU CHATEAU

P. Fischer, vigneron de gendre en gendre
Château Revelette - 13490 Jouques - France
Produit de France

13 % vol   75 cl

CHÂTEAU REVELETTE ***(*)

13490 Jouques
Tél. : 04 42 63 75 43 - Fax : 04 42 67 62 04
E. Mail : chatreve@aol.com

Vigneron allemand formé en Californie, Peter Fischer achète Revelette en 1985 et le cultive à l'ancienne, sans désherbants ni produits chimiques. Sa production se partage en deux avec la gamme château à boire jeune et la gamme grands vins de plus longue garde. Blancs et rosés sont élaborés dans un style international bien fait, y compris dans son boisé pour le grand blanc 2001. Les rouges ont une vraie personnalité avec des matières denses et un bel équilibre général. L'Or Série 2000 est bien mieux constitué que ne l'était le 1999, avec un très joli botrytis. Il s'apparente à un grand liquoreux.

Responsable : Peter Fischer
Vente à la propriété : oui
Visite : sur rendez-vous
Dégustation : oui
Surface du vignoble : 100 ha
Surface en rouge : 85 ha
Cépages :
Grenache
Syrah
Cabernet
Carignan + Cinsault

Surface en blanc : 15 ha
Cépages :
Chardonnay
Sauvignon
Ugni blanc
Rolle
Appellation principale : Coteaux d'aix-en-provence
Production moyenne : 100 000 bouteilles

Château Revelette
2001 : 85

Château Revelette
2001 : 84

Château Revelette
2001 : 88

Château Revelette le Grand Rouge de Revelette
2001 : 87

Or Série
2000 : 88

VDP des Bouches-du-Rhône Grand Blanc
2001 : 86

CLOS SAINTE-MAGDELEINE ***(*)

Avenue du Revestel, BP 4
13260 Cassis
Tél.: 04 42 01 70 28 - Fax: 04 42 01 15 51

Le vignoble de neuf hectares s'étend soit directement sur la mer, soit sur les flancs du Cap Canaille, la plus haute falaise de France, où il est en restanques. Il appartient à la famille Zafiropulo depuis 1920. Le délicieux vin blanc est élaboré avec une forte proportion de marsanne avec de la clairette et de l'ugni blanc. Floral et mentholé, le 2000 est superbement équilibré avec du caractère, tout comme l'était le 1999. Le rosé est issu de trois hectares en fermages de propriétés voisines à patir de cinsault noir, de mourvèdre et de grenache noir.

Responsable: Sack Zafiropulo
Vente à la propriété: oui
Visite: oui
Surface du vignoble: 12 ha
Surface en rouge: 1 ha
Cépages:
   Grenache
   Mourvèdre
Surface en blanc: 11 ha
Cépages:
   Marsanne 50 %
   Ugni blanc 23 %
   Clairette 23 %
   Sauvignon 4 %
Appellation principale: Cassis
Production moyenne: 45 000 bouteilles

 Cassis
   2000: 88
   1999: 88

 Cassis
   2001: 87

PROVENCE

DOMAINE DES BÉATES ***(*)

Route de Caireval - BP 52
13410 Lambesc
Tél. : 04 42 57 07 58 - Fax : 04 75 08 28 65

Avec sa fougue habituelle, Michel Chapoutier conduit le domaine tambour battant, baissant les rendements, imposant la culture biodynamique et en vendangeant très mûr. Sous ces coups de boutoir, les vins ont pris de la couleur, de la matière et des tannins. Il leur faudra quelques années pour s'assouplir et il faut le passer en carafe avant le service. Amateurs de vins légers, s'abstenir.

Responsable : M. Chapoutier
Vente à la propriété : oui
Visite : sur rendez-vous
Dégustation : sur rendez-vous
Surface du vignoble : 26 ha
Cépages :
    Grenache
    Syrah
Cépages :
    Cabernet sauvignon
    Grenache blanc
    Rolle
Appellation principale : Coteaux d'aix-en-provence

Domaine des Béates
2000 : 88

Domaine Saint-Estève
2000 : 86

Domaine Saint-Estève
2000 : 86

La Tour de Janet
2000 : 87

DOMAINE DU DEFFENDS ***(*)

83470 Saint-Maximin
Tél. : 04 94 78 03 91 - Fax : 04 94 59 42 69
E. Mail : domaine@deffends.com

Ancien professeur à la faculté de droit, Jacques de Lanversin s'est attaché à constituer son vignoble avec des terroirs calcaires, pauvres et filtrants. Syrah et cabernet donnent la charpente des vins rouges avec un peu de grenache et de cinsault pour les assouplir. En 2000, le Clos de la Truffière est impressionnant d'équilibre, de densité et de longueur. Elevé pendant un an en bois, il mérite quelques années de garde pour que s'expriment ses arômes d'épices et de truffe.

Responsables : Jacques et Suzel
de Lanversin
Vente à la propriété : oui
Visite : sur rendez-vous
Surface du vignoble : 14 ha
Surface en rouge : 12 ha
Cépages :
Grenache
Syrah
Cabernet sauvignon
Cinsault

Surface en blanc : 2 ha
Cépages :
Rolle
Viognier
Appellation principale : Coteaux varois
Production moyenne : 60 000 bouteilles

**Domaine du Deffends cuvée
Champ du Sesterce**
2001 : 84 . . . . .7 €

**Domaine du Deffends cuvée
Clos de la Truffière**
2000 : 88

**Domaine du Deffends cuvée
Rose d'une Nuit**
2001 : 87 . . . . .5,90 €

PROVENCE

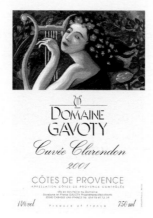

DOMAINE GAVOTY ***(*)

Le Grand Campdumy
83340 Cabasse
Tél.: 04 94 69 72 39 - Fax: 04 94 59 64 04
E. Mail: domaine.gavoty@wanadoo.fr

Le domaine a vraiment pris son essor avec Pierre et Bernard Gavoty, propriétaires de la sixième génération. Ingénieur agronome, Bernard Gavoty était aussi connu par ses critiques de musique dans le Figaro sous le pseudonyme de Clarendon, nom que portent les meilleures cuvées du domaine. Une autre étape a été franchie avec Roselyne Gavoty-Bonnet qui a régularisé les productions des trois couleurs. Les blancs atteignent des sommets avec quelques années de vieillissement. Le 1995 est maintenant superbe. Aimables dans leur jeunesse, les rouges peuvent agréablement surprendre, en bon millésime, dans leur vieillissement. En cuvée Clarendon blanc, huit millésimes sont disponibles à la vente, tous également réussis, dans un rapport qualité-prix assez remarquable. Ces blancs sont superbes. En rouge, beau pendant du remarquable 1988 toujours disponible, le beau millésime 1998 vient d'être mis sur le marché et il est parfait dans toutes les cuvées.

Responsables: Pierre et Roselyne Gavoty
Vente à la propriété: oui
Visite: sur rendez-vous
Dégustation: oui
Moyen d'accès: par autoroute A8/sortie Brignoles ou le Cannet des Maures prendre RN 7 sortie Cabasse par la RD13.
Surface du vignoble: 53 ha
Surface en rouge: 47 ha
Cépages:
　Syrah 10 %
　Cabernet 10 %
　Grenache 40 %
　Cinsault 40 %
Surface en blanc: 6 ha
Cépages:
　Rolle 80 %
　Ugni blanc 10 %
　Clairette 10 %
Appellation principale: Côtes de provence

Domaine Gavoty cuvée Clarendon
2001: 87 . . . . 7,60 €
2000: 88 . . . . 7,60 €
1995: 88 . . . . 9 €

Domaine Gavoty cuvée Clarendon
2001: 88 . . . . 7,15 €

Domaine Gavoty cuvée Clarendon
1998: 88 . . . . 8,25 €

DOMAINE HAUVETTE ***(*)

Chemin du Trou-des-Bœufs, La Haute Galine
13210 Saint-Rémy-de-Provence
Tél. : 04 90 92 03 90 - Fax : 04 90 92 08 91

Dominique Hauvette conduit toute seule, en culture biologique, son vignoble d'une dizaine d'hectares avec deux ouvriers. Les rendements sont bas, les raisins récoltés à bonne maturité et les vins atteignent une plénitude et un soyeux à la fois gourmand et d'une grande profondeur. En rouge, les 1998 et 1999 sont tout à fait remarquables. Avec marsanne, roussane et clairette à parts égales, le blanc est certes iconoclaste, mais il est très équilibré malgré une fort belle richesse.

Responsable : Dominique Hauvette
Vente à la propriété : oui
Visite : non
Dégustation : non
Surface du vignoble : 12 ha
Surface en rouge : 10,5 ha
Cépages :
    Grenache 50 %
    Syrah 20 %
    Cabernet sauvignon 20 %
    Cinsault + carignan 10 %
Surface en blanc : 1,5 ha
Cépages :
    Marsanne
    Roussanne
    Clairette
Appellation principale : Baux-de-provence
Production moyenne : 40 000 bouteilles

Domaine Hauvette
1999 : 89

Les Baux de Provence
1999 : 89
1998 : 89

PROVENCE

DOMAINE LA SUFFRÈNE ***(*)

1066, chemin de Cuges
83740 La Cadière d'Azur
Tél. : 04 94 90 09 23 - Fax : 04 94 90 02 21
E. Mail : suffrene@wanadoo.fr
Web : www.domaine-la-suffrene.com

Jusqu'en 1996, le vin était vinifié par la coopérative. Cédric Gravier a alors repris les vignes familiales et a créé le domaine de La Suffrène. Assez diversifié, le terroir est sablolimoneux calcaire et argileux et les vieilles vignes sont en proportion importante. Le point fort du domaine est le rouge avec un Bandol 1999 souple et suave, d'accès facile. Avec 90 % de mourvèdre, Les Lauves possèdent plus de corps et de caractère.

Responsables : Cédric et Simone Gravier
Vente à la propriété : oui
Visite : oui
Surface du vignoble : 45 ha
Surface en rouge : 40 ha
Cépages :
    Mourvèdre 60 %
    Grenache 20 %
    Cinsault 10 %
    Carignan 10 %

Surface en blanc : 5 ha
Cépages :
    Clairette
    Ugni blanc
    Sauvignon
Appellation principale : Bandol

Bandol
1999 : 88 . . . . .10 €

Bandol
2001 : 87 . . . . .7 €

Bandol
2001 : 87 . . . . .8 €

Bandol cuvée les Lauves
1999 : 88 . . . . .14 €

1999 CUVÉE I

CÔTES DE PROVENCE

CLOS D'IÈRE

APPELLATION
CÔTES DE PROVENCE
CONTRÔLÉE

MIS EN BOUTEILLE À LA PROPRIÉTÉ
V & S DOMAINE RABIEGA PROPRIÉTAIRE-RÉCOLTANT
CLOS D'IÈRE MÉRIDIONAL
83300 DRAGUIGNAN FRANCE

75 CL   12,5% VOL.
L. 1.01

DOMAINE RABIEGA ***(*)

Clos d'Ière Méridional, route de Lorgues
83300 Draguignan
Tél. : 04 94 68 44 22 - Fax : 04 94 47 17 72
E. Mail : vin@rabiega.com
Web : www.rabiega.com

Acheté en 1986 par la société suédoise de distribution des vins et alcools, Rabiega est en agriculture biologique avec un rendement inférieur à 20 hl/ha. Le clos d'Ière, ancien nom du domaine Rabiega, correspond à la grande cuvée du domaine. A base de syrah, la cuvée I est d'une grande richesse en 2000, un peu plus animale en 1999. Le clos d'Ière II est issu d'un assemblage de carignan, grenache et cabernet-sauvignon : le 2000 est très concentré tout comme le 1999. Ces deux vins sont de longue garde et ils ne se révèleront qu'au bout de cinq ans. Le vin blanc du clos d'Ière est un bel assemblage de sauvignon, chardonnay et viognier, pratiquement prêt à boire pour le 2001. Bien dessiné, le domaine Rabiéga rouge est le deuxième vin du domaine.

Responsable : Vin & Sprit AB (Suède)
Vente à la propriété : oui
Visite : oui
Dégustation : oui
Surface du vignoble : 10 ha

Surface en rouge : 8,5 ha
Cépages :
  Syrah 30 %
  Carignan 30 %
  Grenache 25 %
  Cabernet sauvignon 15 %
Surface en blanc : 1,5 ha
Cépages :
  Sauvignon blanc 60 %
  Chardonnay 30 %
  Viognier 10 %
Appellation principale : Côtes de provence
Production moyenne : 20 000 bouteilles

Clos d'Ière
  2001 : 86 . . . . .15,90 €

Domaine Rabiega clos d'Ière
  2001 : 86 . . . . .5,60 €

Domaine Rabiega clos d'Ière cuvée I
  2000 : 89 . . . . .34,99 €
  1999 : 88 . . . . .34,99 €

Domaine Rabiega cuvée II
  2000 : 88 . . . . .14,99 €
  1999 : 87 . . . . .14,99 €

PROVENCE

DOMAINE RICHEAUME ***(*)

Chemin RD 57
13114 Puyloubier
Tél. : 04 42 66 31 27 - Fax : 04 42 66 30 59

Hennind Hoesch achète un peu par hasard en 1972 cette grande propriété à l'abandon située au pied de la falaise de Sainte Victoire et il plante le vignoble. Après le grand feu de l'été 1989, il recommence à nouveau avec une optique toute biologique. Les rouges sont de haut niveau avec une cuvée tradition (45 % grenache, 35 % cabernet et syrah), joliment épicée, qui est d'une densité exemplaire. La cuvée Columelle, en hommage au grand agronome romain, est composée de 50 % de cabernet-sauvignon, 40 % syrah et 10 % grenache, tous élevés en bois neuf. Elle est superbe !

Responsable : Hennind Hoesch
Vente à la propriété : oui
Visite : sur rendez-vous
Dégustation : sur rendez-vous
Moyen d'accès : Notre domaine se trouve à l'Est d'Aix-en-Provence, suivre la RN7, direction Nice, direction Puyloubier.
Surface du vignoble : 25 ha

Surface en rouge : 23 ha
Cépages :
    Cabernet sauvignon 25 %
    Syrah 25 %
    Grenache 30 %
    Carignan 20 %
Surface en blanc : 2 ha
Cépages :
    Rolle 30 %
    Clairette 50 %
    Sauvignon blanc 20 %
Appellation principale : Côtes de provence
Production moyenne : 80 000 bouteilles

🍷 **Domaine Richeaume cuvée Columelle**
2000 : 88

🍷 **Domaine Richeaume cuvée Tradition**
2000 : 88

MAS DE LA DAME ***(*)

Mas de la Dame RD5
13520 Les Baux-de-Provence
Tél. : 04 90 54 32 24 - Fax : 04 90 54 40 67
E. Mail : masdeladame@masdeladame.com
Web : www.masdeladame.com

Au pied des Baux de Provence et immortalisé par Van Gogh, le Mas de la Dame est une grande exploitation immanquable de 54 hectares de vignes et de 27 hectares d'oliviers. Si les blancs et les rosés n'ont guère de personnalité si ce n'est un fort boisé pour le Coin Caché blanc, les vins rouges ont une belle allure avec une cuvée de la Stèle 2000 de toute beauté et un Coin Caché qui mérite de paraître au grand jour tant il est plein. Les deux sont de belle garde. La réserve du Mas 2000 est un joli vin suave et souple, prêt à boire.

**Responsables : Anne Poniatowski
Caroline Missoffe**
Vente à la propriété : oui
Visite : non
Dégustation : oui
Surface du vignoble : 57 ha

Surface en rouge : 52 ha
Cépages :
    Grenache 45 %
    Cabernet sauvignon 15 %
    Syrah 25 %
    Carignan + cinsault 15 %
Surface en blanc : 5 ha
Cépages :
    Clairette 30 %
    Rolle 40 %
    Semillon 30 %
Appellation principale : Les Baux de provence
Production moyenne : 200 000 bouteilles

Mas de la Dame
2001 : 84

Mas de la Dame Coin Caché
2000 : 87

Mas de la Dame cuvée Coin Caché
2000 : 84

Mas de la Dame cuvée de la Stèle
2000 : 88

Mas de la Dame La Stèle
2001 : 85

Mas de la Dame Réserve du Mas
2000 : 86

PROVENCE

CHÂTEAU BAS ***

Cozan
13116 Vernègues
Tél. : 04 90 59 13 16 - Fax : 04 90 59 44 35
E. Mail : chateaubas@wanadoo.fr
Web : www.chateaubas.fr

Propriété de M et Mme de Blanquet, château Bas a pris une nouvelle dimension avec l'arrivée de Philippe Pouchin en 1995. Implantées sur des coteaux argilo-calcaires et sablolimoneux, les vignes donnent deux types de cuvées. Les Pierres du Sud, plus axées sur le fruit, et la cuvée du Temple, plus dense. Si blancs et rosés sont de bonne facture, ce sont les rouges qui donnent les vins les plus intéressants et ils méritent une garde raisonnable pour s'exprimer.

Responsables : M. et Mme de Blanquet
Vente à la propriété : oui
Visite : oui
Dégustation : oui
Surface du vignoble : 72 ha
Surface en rouge : 64 ha
Cépages :
  Syrah
  Cabernet sauvignon
  Grenache
  Cinsault

Surface en blanc : 8 ha
Cépages :
  Rolle
  Sauvignon
  Ugni blanc
  Grenache blanc
Appellation principale : Coteaux d'aix-en-provence

Château Bas cuvée du Temple
2001 : 86

Château Bas cuvée du Temple
2001 : 87

Château Bas Pierres du Sud
2001 : 85

Château Bas Pierres du Sud
2001 : 86

Château Bas Pierres du Sud
1999 : 87

CHÂTEAU CALISSANNE ***

RD 10
13680 Lançon-de-Provence
Tél. : 04 90 42 63 03 - Fax : 04 90 42 40 00
E. Mail : calissan@club-internet.fr

Vaste domaine face à l'étang de Berre, Calissanne comprend deux types de sols distincts, des sols bruns sur colluvions calcaires et un sol d'alluvions récentes. Les vendanges mécaniques sont peu à peu abandonnées et les cuvées Clos Victoire et prestige rouge sont élevées en barriques avec un quart de neuves. Ce sont d'ailleurs ces deux cuvées phares qui donnent les vins les plus expressifs avec un Clos Victoire rouge 2000 qui affiche une belle personnalité. Château Calissanne vient d'être acheté par un groupe privé qui entreprend la modernisation de ses installations.

Directeur : Groupe CIPM
Vente à la propriété : oui
Visite : oui
Surface du vignoble : 100 ha
Surface en rouge : 87,3 ha
Cépages :
  Syrah
  Cabernet sauvignon
  Grenache

Surface en blanc : 12,7 ha
Cépages :
  Semillon
  Clairette
Appellation principale : Coteaux d'aix-en-provence

Château Calissanne clos Victoire
2001 : 87 . . . . 13 €

Château Calissanne cuvée Clos Victoire
2000 : 88

Château Calissanne cuvée du Château
2000 : 85

Château Calissanne cuvée du Château
2001 : 85 . . . . 5,20 €

Château Calissanne cuvée Prestige
2000 : 86

Château Calissanne cuvée Prestige
2001 : 87 . . . . 7,20 €

Château Calissanne cuvée Prestige
2001 : 86 . . . . 7,20 €

PROVENCE

CHÂTEAU DE BELLET ***

440 chemin de Saquier
06200 Nice
Tél. : 04 93 37 81 57 - Fax : 04 93 37 93 83
E. Mail : chateaudebellet@aol.com
Web : www.chateaudebellet.com

Sur les hauteurs de Nice, le château de Bellet est une propriété familiale depuis quatre siècles et il résiste à la pression immobilière. Ghislain de Charnacé produit un joli vin blanc à partir du Rolle qui vieillit avec harmonie. Le millésime est un peu en retrait du millésime 2000, mais il affiche une réelle distinction. Très original, le rosé ne manque pas de caractère.

Responsable : Ghislain de Charnacé
Vente à la propriété : oui
Visite : non
Dégustation : non
Langues : Anglais
Surface du vignoble : 8 ha
Age des vignes : 35 ans
Surface en rouge : 4 ha
Cépages :
    Braquet 50 %
    Folle noire 30 %
    Grenache 20 %
Surface en blanc : 4 ha
Cépages :
    Rolle 95 %
    Chardonnay 5 %
Appellation principale : Bellet
Production moyenne : 30 000 bouteilles

🍷 **Bellet**
   2001 : 87

🍷 **Bellet**
   2001 : 87

PROVENCE

CHÂTEAU DES CHABERTS ***

Chemin Chaberts
83136 Garéoult
Tél. : 04 94 04 92 05 - Fax : 04 94 04 00 97
E. Mail : chaberts@wanadoo.fr
Web : www.chaberts.com

Vieille propriété, le vignoble du château des Chaberts se situe sur des coteaux arides et caillouteux, exposés plein sud. Il en résulte des jolis vins inhabituellement concentrés dans les trois cépages. Très équilibré, le blanc 2001 est délicatement mentholé et le rosé du même millésime est bien concentré. Le rouge 1999 est dense et plein avec une bonne charpente tannique. Il se bonifiera encore dans les deux prochaines années.

Responsable : SCI Château des Chaberts
Vente à la propriété : oui
Visite : non
Dégustation : oui
Surface du vignoble : 30 ha
Cépages :
    Cabernet 20 %
    Syrah 30 %
    Mourvèdre 25 %
    Grenache + Cinsault 25 %
Cépages :
    Rolle 40 %
    Semillon 40 %
    Clairette 20 %
Appellation principale : Coteaux varois

Coteaux du Varois
2001 : 87 . . . . .7 €

Coteaux du Varois
2001 : 87 . . . . .6,50 €

Coteaux du Varois
1999 : 87 . . . . .7,50 €

PROVENCE

CHÂTEAU ROMANIN ✱✱✱

13210 Saint-Rémy-de-Provence
Tél. : 04 90 92 45 87 - Fax : 04 90 92 24 36
E. Mail : contact@romanin.com
Web : www.romanin.com

Situé à quelques kilomètres de Saint Rémy de Provence, Château Romanin est sur le versant Nord des Alpilles. Il a été acheté en 1988 par Jean-Pierre Peyraud qui s'était associé avec Jean-André Charial du célèbre restaurant l'Oustau de Baumanière aux Baux de Provence. Jean-Pierre Peyraud est maintenant à nouveau seul maître à bord. Le vignoble est conduit en biodynamie et produit blancs, rosés et rouges, mais c'est avant tout dans les rouges qu'il excelle avec trois gammes bien étagées d'où émergent le château Romanin qu'il soit de 98 ou de 99, et un riche Cœur Secundus 1999.

Responsable : Jean-Pierre Peyraud
Vente à la propriété : oui
Visite : oui
Dégustation : oui
Moyen d'accès : RD99, direction Romanin - Chemin de Terre - Cave.
Surface du vignoble : 57 ha

Surface en rouge : 52 ha
Cépages :
    Syrah
    Grenache
    Mourvèdre
    Cabernet
Surface en blanc : 5 ha
Cépages :
    Rolle 70 %
    Ugni blanc 20 %
    Bourboulenc 10 %
Appellation principale : Les-Baux-de-provence
Production moyenne : 200 000 bouteilles

Château Romanin
1999 : 87
1998 : 88

Château Romanin
2001 : 87

Château Romanin blanc millésimé
2001 : 86

Château Romanin cuvée Cœur Secondus II
1999 : 89

Cuvée Jean le Troubadour
2001 : 85

La Chapelle de Romanin
1999 : 86

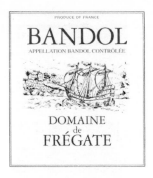

DOMAINE DE FRÉGATE ★★★

Route de Bandol
83270 Saint-Cyr-sur-Mer
Tél. : 04 94 32 57 57 - Fax : 04 94 32 24 22
E. Mail : domainedefregate@wanadoo.fr
Web : www.domainedefregate.tm.fr

Vignoble de bord de mer surplombant le golf de Frégate, le vignoble encadre la calanque du port d'Alon, ce qui lui donne un avantage climatique pour une production régulière. L'encépagement avec trois quarts de mourvèdre et un quart de grenache accentue la suavité des vins. Les rouges sont très séduisants et harmonieux, ce qui permet une consommation rapide, contrairement à bien des bandols, mais ils vieillissent bien. Avec 70 % de clairette, les blancs font montre d'une belle finesse. Les prix sont très raisonnables.

Responsable : M. Thiollier
Vente à la propriété : oui
Visite : non
Dégustation : oui
Moyen d'accès : RD559.
Surface du vignoble : 32 ha
Surface en rouge : 10 ha
Cépages :
    Mourvèdre 80 %
    Grenache 20 %
Surface en blanc : 3 ha
Cépages :
    Clairette 70 %
    Bourboulenc 25 %
    Sauvignon 5 %
Appellation principale : Bandol
Production moyenne : 150 000 bouteilles

  Domaine de Frégate
    2001 : 87 . . . . .7,10 €

  Domaine de Frégate
    2001 : 86 . . . . .7,10 €

  Domaine de Frégate
    2000 : 88
    1999 : 87 . . . . .8,40 €

PROVENCE

DOMAINE DE LA LAIDIÈRE ***

426 chemin de Font-Vive
83330 Sainte-Anne-d'Evenos
Tél. : 04 94 90 35 29 - Fax : 04 94 90 38 05
E. Mail : info@laidiere.com
Web : www.laidiere.com

Reconstitué en 1941 par Edouard Estienne et son fils Jules, le domaine avait installé ses vignes sur les restanques. Elles le sont toujours, avec un sol de nature marno-sableuse. Avec 60 % de mourvèdre, 20 % de grenache et 20 % de cinsault, la cuvée spéciale 1998 est suave et ronde. Déjà très abordable, elle conservera ses qualités une bonne dizaine d'années. Le blanc est aussi très réussi, les 60 % de clairette lui donnant une grande finesse.

Responsable : Freddy Estienne
Vente à la propriété : oui
Visite : sur rendez-vous
Dégustation : oui
Surface du vignoble : 24 ha

Surface en rouge : 10 ha
Cépages :
  Mourvèdre 60 %
  Grenache 20 %
  Cinsault 20 %
Surface en blanc : 3 ha
Cépages :
  Clairette 60 %
  Ugni blanc 40 %
Appellation principale : Bandol
Production moyenne : 120 000 bouteilles

Domaine de la Laidière
2001 : 88 . . . . .10,50 €

Domaine de la Laidière
2001 : 87 . . . . .10,20 €

Domaine de la Laidière cuvée Spéciale 1998
1998 : 88 . . . . .13,60 €

DOMAINE LECCIA ★★★★

20232 Poggio D'oletta
Tél.: 04 95 37 11 35 - Fax: 04 95 37 17 03
E. Mail: leccia.y.@mic.fr

Créé au début du siècle, le vignoble
est installé sur un sol argilo-calcaire
et schisteux et les vignes ont toujours
été labourées. La gamme des vins est
remarquable de finesse et de densité.
Comme tous les ans, le muscat 2001
du cap Corse est une merveille
d'équilibre, de gras et de complexité.
Les blancs sont superbes de précision
avec un E Croci d'anthologie. Les
rouges ne sont pas en reste avec un
Petra Bianca 1999 concentré et long.
Domaine au sommet de son art !

Responsables:
Yves Leccia & Anette De Larossat
Vente à la propriété: oui
Visite: oui
Dégustation: oui
Moyen d'accès: Depuis Saint-Florent prendre la
Direction route de la Cathédrale.
Surface du vignoble: 21 ha

Surface en rouge: 17 ha
Cépages:
  Nielluccio 90 %
  Grenache 10 %
Surface en blanc: 3 ha
Cépages:
  Vermentino
  Muscat à petits grains
Appellation principale: Patrimonio
Production moyenne: 100 000 bouteilles

🍷 **Patrimonio**
  2001 : 88 . . . . .9 €

🍷 **Patrimonio**
  2001 : 88 . . . . .8 €

🍷 **Patrimonio classique**
  1999 : 88 . . . . .9 €

🍷 **Patrimonio E. Croce**
  2001 : 89 . . . . .12 €

🍷 **Patrimonio Petra Bianca**
  1999 : 89 . . . . .12 €

🍷 **VDN classique**
  Muscat du cap Corse
  2001 : 88 . . . . .12,20 €

CORSE

CLOS CULOMBU ***(*)

Chemin Saint-Pierre
20260 Lumio
Tél. : 04 95 60 70 68 - Fax : 04 95 60 63 46
E. Mail : culombu.suzzoni@wanadoo.fr

Reprises en 1986 par Etienne Suzzoni, les vignes sont plantées entre le golfe de Calvi et la chaîne du Montegrossu. Exposées plein sud, sa quinzaine de parcelles se situent soit sur les coteaux granitiques, soit sur les terrasses argileuses. Le blanc 2001 est superbe avec des arômes floraux et de fruits confits associés à une bouche pleine et très harmonieuse. Tout aussi plein, le rosé est tout aussi superbe.

Responsable : Etienne Suzzoni
Vente à la propriété : oui
Visite : oui
Dégustation : oui
Langues : Anglais, Italien
Surface du vignoble : 41 ha
Surface en rouge : 33,5 ha
Cépages :
    Nielluccio 44 %
    Sciacarello 20 %
    Grenache 20 %
    Autres 16 %
Surface en blanc : 7,5 ha
Cépages :
    Vermentino 100 %
Appellation principale : Vin de corse Calvi

Vin de corse Calvi Tradition
2001 : 88 . . . . .6 €

Vin de corse Calvi Tradition
2001 : 88 . . . . .6,50 €

DOMAINE COMTE PERALDI ***(*)

Chemin du Stiletto
20167 Mezzavia

Si les premières vignes ont été plantées au XVIᵉ siècle, c'est le comte de Poix-Peraldi qui a restructuré le vignoble en 1965 et le vignoble a toujours été très suivi. Le rouge du Clos du Cardinal est la grande vedette du domaine. Finement boisé, ample et généreux, il possède en 2000 un étonnant volume pour un cépage sciacarello qui donne toujours des vins très fins. Le rouge classique 2001 est aussi très réussi, tout comme le blanc 2001, souple et persistant.

Responsable : comte Guy Tyrel de Poix
Vente à la propriété : oui
Visite : sur rendez-vous
Dégustation : oui
Surface du vignoble : 50 ha

Surface en rouge : 44 ha
Cépages :
 Sciacarello 70 %
 Nielluccio 30 %
Surface en blanc : 6 ha
Cépages :
 Vermentino 100 %
Appellation principale : Ajaccio
Production moyenne : 200 000 bouteilles

Ajaccio
 2001 : 87 . . . . .7,95 €

Ajaccio
 2001 : 86 . . . . .7,25 €

Ajaccio
 2001 : 87 . . . . .7,95 €

Ajaccio clos du Cardinal
 2000 : 88 . . . . .11,85 €

CORSE

DOMAINE TORRACCIA ***(*)

Lecci
20137 Porto-Vecchio
Tél. : 04 95 71 43 50 - Fax : 04 95 71 50 03

Le domaine a été créé en 1965 par Claude Imbert lui-même après 15 ans passés au Tchad. Il a privilégié les cépages corses de qualité. Situées entre montagne et mer Tyrrhénienne sur les coteaux à forte pente d'une arène granitique, les vignes sont conduites en agriculture biologique et palissées. La qualité de l'ensemble des vins est très homogène. Toujours très équilibrés, ils sont de bonne densité. Phare du domaine, la cuvée Oriu est charnue et elle vieillit remarquablement.

Responsable : Christian Imbert
Vente à la propriété : oui
Visite : oui
Dégustation : oui
Surface du vignoble : 43 ha
Surface en rouge : 34 ha
Cépages :
    Nielluccio
    Sciacarello
    Syrah
    Grenache + Cinsault

Surface en blanc : 9 ha
Cépages :
    Malvoisie 95 %
    Ugni blanc 5 %
Appellation principale : Vin de corse
Production moyenne : 200 000 bouteilles

Vin de corse
2001 : 87

Vin de corse Oriu (réserve)
1999 : 88

Vin de corse Porto-Vecchio
1999 : 87

Vin de corse Porto-Vecchio
2001 : 87

DOMAINE GENTILE ***

Olzo
20217 Saint-Florent
Tél. : 04 95 37 01 54 - Fax : 04 95 37 16 69
E. Mail : domaine-gentile@wanadoo.fr

Créé en 1970, le domaine a une politique des cépages les plus simples. Les Patrimonio sont élaborés avec du Niellucciu pour les rouges et pour les rosés, et de malvoisie pour les blancs. Avec le Niellucciu, le rouge 1999 est dense et tannique avec une surprenante richesse. Autre point fort, le muscat 2001 du Cap Corse est délicieux et très équilibré. Le blanc de Patrimonio préserve sa fraîcheur par sa verdeur.

Responsables : Viviane, Dominique et Jean-Paul Gentile
Vente à la propriété : oui
Visite : sur rendez-vous
Dégustation : sur rendez-vous
Surface du vignoble : 30 ha
Surface en rouge : 18 ha
Cépages :
  Nielluccio 100 %
Surface en blanc : 12 ha
Cépages :
  Malvoisie 60 %
  Muscat à petits grains 40 %
Appellation principale : Patrimonio
Production moyenne : 160 000 bouteilles

🍷 **Muscat du Cap Corse**
  2001 : 88 . . . . .11,30 €

🍷 **Patrimonio**
  2000 : 86

🍷 **Patrimonio**
  1999 : 88 . . . . .15,60 €

CORSE

DOMAINE MAESTRACCI ★★★

Route de Santa-Reparata Village
20225 Feliceto
Tél. : 04 95 61 72 11 - Fax : 04 95 61 80 16
E. Mail : clos.reginu@wanadoo.fr
Web : www.clos-reginu-eprove.com

Roger Maestracci, le docteur, avait remembré l'exploitation familiale en 1945 et transmis le virus à son gendre, Michel Raoust, qui l'exploite actuellement. Le domaine est aussi connu sous le nom de Clos Reginu E Prove, du nom de ses deux cuvées les plus importantes. Situé à l'intérieur des terres sur une ancienne moraine glacière du Monte Grossu, sa climatologie est un peu plus continentale, ce qui donne beaucoup d'élégance au vin. Très ambitieuse, la cuvée de rouge E Prove est encore dominée par son boisé.

Responsables : Mr & Mme Raoust
Vente à la propriété : oui
Visite : oui
Dégustation : oui
Surface du vignoble : 28 ha

Surface en rouge : 25 ha
Cépages :
   Nielluccio 35 %
   Grenache 35 %
   Sciacarello 15 %
   Syrah 15 %
Surface en blanc : 3 ha
Cépages :
   Vermentino 80 %
   Ugni blanc 20 %
Appellation principale : Vin de corse
Production moyenne : 120 000 bouteilles

Vin de corse clos Reginu
2001 : 87 . . . . .4,20 €

Vin de corse clos Reginu
2001 : 87 . . . . .4,20 €

Vin de corse clos Reginu
2001 : 88 . . . . .4,20 €

Vin de corse E Prove
1999 : 87 . . . . .6,85 €

Vin de corse E Prove
2001 : 87 . . . . .5,85 €

Vin de corse E Prove Calvi
2001 : 87 . . . . .5,85 €

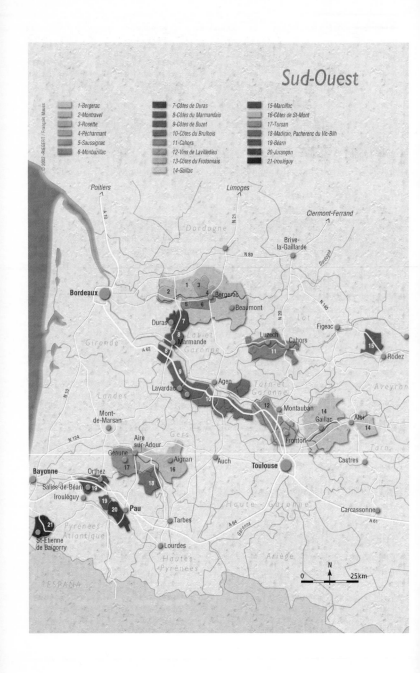

Sud-Ouest

1-Bergerac
2-Montravel
3-Rosette
4-Pécharmant
5-Saussignac
6-Monbazillac

7-Côtes de Duras
8-Côtes du Marmandais
9-Côtes de Buzet
10-Côtes du Brulhois
11-Cahors
12-Vins de Lavilledieu
13-Côtes du Frotonnais
14-Gaillac

15-Marcillac
16-Côtes de St-Mont
17-Tursan
18-Madiran, Pacherenc du Vic-Bilh
19-Béarn
20-Jurançon
21-Irouléguy

© 2002, IREGERT / François Maus

Le pays des bonnes affaires

Avec dix-sept appellations qui s'étalent sur près de quatre cents kilomètres, le Sud-Ouest peut difficilement parler d'une seule « voie ». Ces appellations n'ont rien de commun, ni les cépages, ni les terroirs, ni les pratiques, si ce n'est celle de la bonne chère avec une gastronomie qui se fonde dans le même creuset, ce qui est déjà beaucoup.

Face à l'hégémonie de Bordeaux, région bien particulière par son volume et ses traditions propres, la marge qui reste au Sud-Ouest est réduite. Longtemps assoupi, le Sud-Ouest végétait. Il a fallu l'apparition d'hommes forts, Alain Brumont à Madiran, Robert Plageoles à Gaillac, Alain-Dominique Perrin à Cahors et quelques autres, pour que le Sud-Ouest se réveille et se secoue.

Un véritable mouvement est maintenant lancé à Madiran, à Jurançon, à Cahors et à Bergerac pour s'adapter au standard mondial. Les prix ne suivent pas, ce qui est une mauvaise nouvelle pour les producteurs et une bonne nouvelle pour les consommateurs. De très haut niveau, les vins rouges et les vins moelleux, accompagnés de quelques rares vins blancs, sont restés très abordables. A bon entendeur…

BÉARN

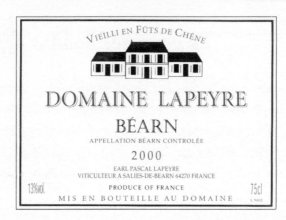

DOMAINE
LAPEYRE ET GUILHEMAS **(*)

52 avenue des Pyrénées
64270 Salies-de-Béarn
Tél.: 05 59 38 10 02 - Fax: 05 59 38 03 98

Seul producteur indépendant dans l'appellation, Pascal Lapeyre exploite un domaine en amphithéâtre plein sud face aux Pyrénées. Issu de 75 % de tannat et le reste en cabernets, le Lapeyre rouge 2000 est un vin d'une belle densité qui peut envisager une belle garde d'autant qu'il est élevé en fûts de chêne dont un tiers est neuf. Elaboré uniquement avec du raffiat de Moncade, le Guilhemas blanc 2001 est étonnant de densité et d'équilibre.

Responsable : EARL Pascal Lapeyre
Vente à la propriété : oui
Visite : sur rendez-vous
Dégustation : sur rendez-vous
Surface du vignoble : 13 ha
Age des vignes : 35 ans
Surface en rouge : 12 ha
Cépages :
    Tannat
    Cabernet franc
    Cabernet sauvignon
Surface en blanc : 1 ha
Cépages :
    Raffiat
    Gros Manseng
    Petit Manseng
Appellation principale : Béarn

Béarn Domaine Guilhemas
  2001 : 88 . . . . .4,65 €

Béarn Domaine Lapeyre
  2001 : 86 . . . . .5,26 €
  2000 : 88 . . . . .7,24 €

BERGERAC

CHÂTEAU TOUR DES GENDRES ****

Scea de Conti, Les Gendres
24240 Ribagnac
Tél. : 05 53 57 12 43 - Fax : 05 53 58 89 49

Aisément reconnaissables par leur style très plein, les vins de la Tour des Gendres dominent l'appellation Bergerac avec des vins rouges comme blancs toujours très concentrés. Le nombre de cuvées produites s'explique par la présence de trois terroirs différents, l'un calcaire, le second argilo-calcaire et le troisième très limoneux. Ces trois terroirs sont cultivés en biodynamie avec des rendements très maîtrisés et une recherche permanente de la qualité. Les vins rouges sont magnifiques et les blancs viennent de les rejoindre dans la haute qualité.

Responsable : famille de Conti
Vente à la propriété : oui
Visite : oui
Dégustation : oui
Surface du vignoble : 43 ha
Surface en rouge : 26 ha
Cépages :
    Cabernet sauvignon 35 %
    Cabernet franc 10 %
    Merlot 50 %
    Malbec 5 %

Surface en blanc : 17 ha
Cépages :
    Semillon 60 %
    Sauvignon 30 %
    Muscadelle 10 %
Appellation principale : Bergerac
Production moyenne : 300 000 bouteilles

Bergerac
2001 : 86

Bergerac
2000 : 87

Bergerac cuvée des Conti
2000 : 88

Bergerac Moulin des Dames
2000 : 88
1999 : 88

Bergerac Moulin des Dames
2000 : 88
1999 : 87

Bergerac Moulin des Dames Anthologine
2000 : 89

Côtes de Bergerac La Gloire de mon Père
2000 : 89
1999 : 87

BERGERAC

CHÂTEAU LE RAZ ***(*)

Le Raz
24610 Saint-Méard-de-Gurçon
Tél. : 05 53 82 48 41 - Fax : 05 53 80 07 47
E. Mail : vignobles-barde@le-raz.com
Web : www.le-raz.com

Vieille demeure située à l'Ouest de Bergerac, le château Le Raz commande un vaste vignoble d'une centaine d'hectares aux appellations diversifiées. Ce sont les vins rouges qui tiennent le haut du pavé avec un Côtes de Bergerac presque exclusivement composé de merlot de vignes de plus de trente ans. Denses, séveux et tanniques, ils sont taillés pour la garde. Très équilibré, le Haut-Montravel avec ses 80 % de sémillon est un très joli moelleux qui fait honneur à son appellation.

Responsable : famille Barde
Vente à la propriété : oui
Visite : sur rendez-vous
Dégustation : sur rendez-vous
Surface du vignoble : 70 ha
Surface en rouge : 35 ha
Cépages :
   Merlot 60 %
   Cabernet franc 20 %
   Cabernet sauvignon 15 %
   Malbec 5 %

Surface en blanc : 35 ha
Cépages :
   Sauvignon 65 %
   Semillon 25 %
   Muscadelle 10 %
Appellation principale : Bergerac
Production moyenne : 500 000 bouteilles

Bergerac Rosé
2001 : 87 . . . . .4 €

Côtes de Bergerac cuvée Grand Chêne
2000 : 88
1999 : 88

Haut montravel
1997 : 88 . . . . .9,70 €

Montravel
2001 : 86 . . . . .4,50 €

Montravel Cuvée Grand Chêne
2001 : 87 . . . . .5,70 €

BERGERAC

CHÂTEAU MOULIN CARESSE ***(*)

Couin
24230 Saint-Antoine-de-Breuilh
Tél. : 05 53 27 55 58 - Fax : 05 53 27 07 39
E. Mail : moulin.caresse@wanadoo.fr

Dirigée par Jean-François et Sylvie Deffarge, cette propriété d'une quarantaine d'hectares a considérablement progressé en qualité ces dernières années. Privilégiant le merlot qui leur assure une belle rondeur, les rouges sont toujours denses, plus gourmands pour les Bergerac, plus tanniques pour les côtes de Bergerac. Ils sont taillés pour la garde. Elevé en fût de chêne mais sans excès, le Montravel est un superbe blanc très équilibré.

Responsables :
Sylvie et Jean-François Deffarge
Vente à la propriété : oui
Visite : oui
Dégustation : sur rendez-vous
Surface du vignoble : 24 ha
Surface en rouge : 16 ha
Cépages :
  Merlot 50 %
  Cabernet franc 20 %
  Cabernet sauvignon 18 %
  Cot 12 %

Surface en blanc : 8 ha
Cépages :
  Semillon 50 %
  Sauvignon 30 %
  Muscadelle 20 %
Appellation principale : Montravel
Production moyenne : 140 000 bouteilles

Bergerac
2000 : 88
1999 : 87 . . . . .6,40 €

Côtes de bergerac cuvée Prestige
2000 : 88
1999 : 87 . . . . .10,20 €

Haut montravel élevé en fûts de chêne
2001 : 86 . . . . .4 €
2000 : 85

Montravel
2001 : 86 . . . . .4 €

Montravel élevé en fûts de chêne
2001 : 88 . . . . .6,40 €
2000 : 88

DOMAINE DE L'ANCIENNE CURE ***(*)

L'Ancienne-Cure
24560 Colombier
Tél. : 05 53 58 27 90 - Fax : 05 53 24 83 95
E. Mail : ancienne-cure@wanadoo.fr

Vinificateur doué, Christian Roche produit une gamme de vins de haut niveau, en particulier dans les cuvées de l'Abbaye. Finement boisé, le Bergerac blanc 2000 est un vin de référence pour l'appellation et un des mieux réussis. La série des vins rouges est d'une grande homogénéité qualitative grâce à une densité sans faille et à des raisins d'une bonne maturité. Amples et généreux, les monbazillacs sont dans la même lignée. En somme, tout est bon, même le rosé !

Responsable : Christian Roche
Vente à la propriété : oui
Visite : sur rendez-vous
Dégustation : oui
Surface du vignoble : 40 ha
Surface en rouge : 15 ha
Cépages :
  Merlot 50 %
  Cabernet franc 30 %
  Cabernet sauvignon 20 %
  Malbec 10 %

Surface en blanc : 25 ha
Cépages :
  Semillon 70 %
  Sauvignon 20 %
  Muscadelle 10 %
Appellation principale : Monbazillac

Bergerac cuvée Abbaye
2000 : 89
1999 : 88 . . . . .7,65 €

Bergerac cuvée Abbaye
2001 : 86 . . . . .4,90 €

Bergerac cuvée Abbaye
1999 : 87 . . . . .8,40 €

Bergerac L'Extase
2000 : 88
1999 : 88 . . . . .15,25 €

Côtes de bergerac
2000 : 86

Monbazillac cuvée Abbaye
1999 : 88 . . . . .22,90 €
1998 : 89

Pécharmant
2000 : 88

BERGERAC

CHÂTEAU BELINGARD **(*)

24240 Pomport
Tél. : 05 53 58 28 03 - Fax : 05 53 58 38 39
E. Mail : laurent.debosredon@wanadoo.fr
Web : www.chateaubelingard.com

Géré par Laurent Bosredon depuis une vingtaine d'années, le château Belingard est un porte-drapeau de l'appellation tant par sa situation que par l'étendue du domaine. Avec sa forte proportion de sémillon, le Monbazillac est un modèle, car il garde toujours une belle fraîcheur tout comme la cuvée Blanche de Bosredon. Les vins rouges et les blancs secs sont d'une qualité plus hétérogène.

Responsable : SCEA comte de Bosredon
Vente à la propriété : oui
Visite : sur rendez-vous
Dégustation : sur rendez-vous
Surface du vignoble : 85 ha
    Merlot
    Cabernet sauvignon
    Cabernet franc
    Malbec
    Semillon
    Muscadelle
    Sauvignon
Appellation principale : Monbazillac
Production moyenne : 450 000 bouteilles

Bergerac
2001 : 85 . . . . .3,96 €

Bergerac Blanche de Bosredon sec
2000 : 85

Côtes de bergerac
2000 : 87

**Côtes de bergerac
Blanche de Bosredon**
1999 : 86 . . . . .7 €

Monbazillac Blanche de Bosredon
1997 : 89 . . . . .13,19 €

Monbazillac Château Belingard
2000 : 86

BUZET

LES VIGNERONS DE BUZET **(*)

Saubouere BP 17
47160 Buzet-Sur-Baïse
Tél.: 05 53 84 74 30 - Fax: 05 53 84 74 24
E. Mail: buzet@vignerons-buzet.fr
Web: www.vignerons-buzet.fr

La coopérative qui contrôle l'essentiel de l'appellation Buzet, s'était forgée une solide réputation dans les années 90. Avec quelques millésimes plus difficiles, la qualité avait fléchi avant de revenir à nouveau à bon niveau. Les cuvées sont nombreuses et inégales, ce qui est normal avec un tel volume. Le Baron d'Ardeuil reste un grand classique, le château de Guèze aussi tout comme le château de Padère.

Responsables:
Jean-Michel Renaud - René Champenot
Vente à la propriété: oui
Visite: sur rendez-vous
Dégustation: sur rendez-vous
Moyen d'accès: A62, sortie 6 Aiguillon.
Surface du vignoble: 1896 ha
Surface en rouge: 1819 ha
Cépages:
   Merlot 50 %
   Cabernet franc 26 %
   Cabernet sauvignon 24 %
Surface en blanc: 77 ha
Cépages:
   Semillon 75 %
   Sauvignon 25 %
Appellation principale: Buzet
Production moyenne: 1 200 000 bouteilles

Baron d'Albert
1998 : 87 . . . . .6,10 €

Baron d'Ardeuil
1998 : 87 . . . . .6 €

Château de Bougigues
1998 : 84 . . . . .4,60 €

Château de Gueyze
2000 : 86

Château de Gueyze
1996 : 87 . . . . .8,50 €

Château de Padère
1998 : 86 . . . . .6 €

Château de Tauzat
1998 : 87 . . . . .4,75 €

Château Larche
1998 : 86 . . . . .5,10 €

Cuvée Jean-Marie Hebrard
1996 : 87 . . . . .12,90 €

Domaine de la Croix VV
1998 : 87 . . . . .4,60 €

Grande Réserve
1995 : 88 . . . . .22,88 €

L'Excellence
2000 : 85

Marquis du Grez
1997 : 86 . . . . .7,25 €
1994 : 86

CAHORS

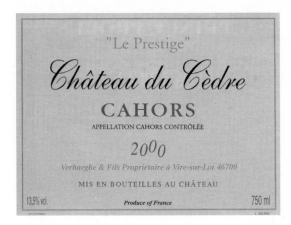

"Le Prestige"

Château du Cèdre

CAHORS

APPELLATION CAHORS CONTRÔLÉE

2000

Verhaeghe & Fils Propriétaire à Vire-sur-Lot 46700

MIS EN BOUTEILLES AU CHÂTEAU

13,5% vol.   *Produce of France*   750 ml

CHÂTEAU DU CÈDRE ★★★★

Bru
46700 Vire-sur-Lot
Tél. : 05 65 36 53 87 - Fax : 05 65 24 64 36
E. Mail : chateauducedre@wanadoo.fr

Les deux frères Pascal et Jean-Marc Verhaeghe mènent la propriété avec un train d'enfer en privilégiant les bas rendements et les vendanges à haute maturité. Il en résulte une cuvée normale pleine de fruit et de soyeux qui évolue dans le temps vers la finesse. Les deux cuvées spéciales, Le Cèdre et Prestige, portent encore plus haut ces grandes qualités. Bref, les vins sont au sommet. Depuis peu, ils vinifient aussi une autre propriété, le château Haut-Monplaisir.

Responsables :
Pascal et Jean-Marc Verhaeghe
Vente à la propriété : oui
Visite : oui
Dégustation : oui
Surface du vignoble : 25 ha
Surface en rouge : 24 ha
Cépages :
    Malbec 85 %
    Tannat 5 %
    Merlot 10 %
Surface en blanc : 1 ha
Cépages :
    Viognier 100 %
Appellation principale : Cahors
Production moyenne : 100 000 bouteilles

🍷 **Cahors**
    2000 : 88

🍷 **Cahors Le Cèdre**
    2000 : 90

🍷 **Cahors Le Prestige**
    2000 : 89

CLOS TRIGUÉDINA ★★★★

46700 Puy-l'Evêque
Tél. : 05 65 21 30 81 - Fax : 05 65 21 39 28
E. Mail : triguedina@crdi.fr

Clos Triguédina est idéalement situé sur les deuxième et troisième terrasses du Lot près de Puy-Lévêque. A force d'investissements et de suivi très attentif du vignoble, l'entreprenant Jean-Luc Baldès a hissé son vin à très haut niveau. La cuvée classique prend de plus en plus de densité et la cuvée spéciale, le Prince Probus, qui existe depuis vingt ans, a beaucoup gagné en élégance. Les deux cuvées sont restées très classiques avec juste ce qu'il faut de rondeur pour amadouer les tannins. Les deux sont d'un achat très sûr. Même la tentative du blanc commence à prendre une belle tournure.

Responsable : Jean-Luc Baldès
Vente à la propriété : oui
Visite : sur rendez-vous
Dégustation : sur rendez-vous
Moyen d'accès : Dans la Vallée du Lot, à Cahors, prendre la direction de Puy l'Evêque, puis la direction Vire/Lot.
Surface du vignoble : 60 ha

Surface en rouge : 57 ha
Cépages :
    Auxerrois
    Merlot
    Tannat
Surface en blanc : 3 ha
Cépages :
    Viognier
    Chardonnay
    Chenin
Appellation principale : Cahors
Production moyenne : 300 000 bouteilles

🍷 **Cahors**
2000 : 88

🍷 **Cahors Prince Probus**
2000 : 90

🍷 **The New Black Wine
(tirage limité)**
1998 : 88 . . . . .22,40 €

🍷 **VDP du Comté Tolosan,
vin de Lune, sec**
2000 : 87

CAHORS

CHÂTEAU HAUT MONPLAISIR ***(*)

46700 Lacapelle-Cabanal
Tél. : 05 65 24 64 78 - Fax : 05 65 24 68 90

Cette propriété familiale est située à l'Ouest de Cahors, à huit kilomètres de Puy-l'Evêque sur les troisièmes terrasses argilo-siliceuses du Lot. Toute la grande expérience du château du Cèdre est utilisée pour produire un Cahors qui progresse d'année en année. Les 2000 sont superbes avec des purs malbecs partiellement élevés en fûts neufs qui impressionnent par leur richesse et leur charpente. Une propriété à suivre de près.

Responsable : Catherine Fournié
Vente à la propriété : oui
Visite : oui
Dégustation : oui
Surface du vignoble : 18 ha
Surface en rouge : 18 ha
Cépages :
   Malbec 80 %
   Merlot 20 %
Appellation principale : Cahors
Production moyenne : 100 000 bouteilles

Cahors tradition
2000 : 87

Cahors cuvée Prestige
2000 : 88
1999 : 87 . . . . .8,50 €

Cahors GC
2000 : 88

CHÂTEAU LAGREZETTE ***(*)

46140 Caillac
Tél. : 05 65 20 07 42 - Fax : 05 65 20 06 95
E. Mail : lagrezette-adpsa@club-internet.fr
Web : www.chateau-lagrezette.tm.fr

Alain-Dominique Perrin ne lésine guère sur les investissements. Le chai enterré est un modèle du genre et le vignoble tenu avec grand soin. Sous la houlette de Michel Rolland qui conseille la propriété, les cuvées sont très segmentées, les jeunes vignes partant en cuvée de printemps. Il reste un château Lagrezette concentré et dense ainsi que deux formidables cuvées spéciales, les Dames d'Honneur et le Pigeonnier, qui sont de très haute volée. Tous les trois sont de grande garde. Plus souple mais toujours bien fait, le deuxième vin, Chevalier de Lagrezette, est prévu pour une consommation plus rapide.

Responsable : **Alain-Dominique Perrin**
Vente à la propriété : oui
Visite : oui
Dégustation : oui
Moyen d'accès : RD911.
Surface du vignoble : 62 ha
Surface en rouge : 61,5 ha
Cépages :
    Auxerrois 77 %
    Merlot 21 %
    Tannat 2 %
Surface en blanc : 0,5 ha
Cépages :
    Chardonnay 100 %
Appellation principale : Cahors
Production moyenne : 320 000 bouteilles

Cahors Cardinal Lagrezette
1999 : 85 . . . . .7,40 €

Cahors Château Lagrezette
1999 : 88 . . . . .14,50 €

Cahors Chevaliers Lagrezette
1999 : 86 . . . . .9 €

Cahors Dame d'Honneur
1999 : 90 . . . . .29 €

Cahors le Pigeonnier
1999 : 89 . . . . .70 €

CAHORS

CHÂTEAU LAMARTINE ***(*)

46700 Soturac
Tél. : 05 65 36 54 14 - Fax : 05 65 24 65 31
E. Mail : chateau-lamartine@wanadoo.fr

Très bien situé sur les terrasses du Lot, le château Lamartine a longtemps produit un Cahors très traditionnel avant qu'Alain Gayraud ne fasse sa propre révolution. La propriété propose maintenant trois vins bien distincts avec un vignoble assez âgé composé pour l'essentiel d'auxerrois. Le Cahors est un joli vin de fruit et de moyenne garde, alors que la cuvée particulière, qui correspond à la moitié de la production, est nettement plus concentrée et plus boisée. Plus rare, la cuvée Expression recherche la concentration.

Responsables : Alain et Brigitte Gayraud
Vente à la propriété : oui
Visite : oui
Dégustation : oui
Moyen d'accès : RD 911.
Surface du vignoble : 30 ha
Surface en rouge : 30 ha
Cépages :
  Cot 90 %
  Merlot 7 %
  Tannat 3 %
Appellation principale : Cahors
Production moyenne : 52 000 bouteilles

🍷 **Cahors**
2000 : 88

🍷 **Cahors Expressions**
2000 : 89

🍷 **Cahors cuvée particulière**
2000 : 89

CLOS LA COUTALE ***(*)

46700 Vire-sur-Lot
Tél. : 05 65 36 51 47 - Fax : 05 65 24 63 73

Constitué de graves et de silice argilo-calcaire, les 53 hectares du Clos La Coutale, dont la famille Bernède est propriétaire depuis la veille de la révolution, est situé sur les contreforts du Lot. Avec une forte proportion de malbec, des vendanges vertes s'il le faut, la cuvaison dure près de quatre semaines. Il en résulte un vin particulièrement dense, joliment épicé, qui évolue bien en bouteille.

Responsable : Phillipe Bernède
Vente à la propriété : oui
Visite : oui
Surface du vignoble : 53 ha
Surface en rouge : 53 ha
Cépages :
    Malbec 70 %
    Merlot 15 %
    Tannat 15 %
Appellation principale : Cahors
Production moyenne : 150 000 bouteilles

Cahors clos la Coutale
2000 : 88
1999 : 87
1998 : 88
1997 : 87
1996 : 87
1995 : 88
1994 : 88

CAHORS

1998   1998

CHATEAU GAUTOUL

CAHORS

APPELLATION CAHORS CONTRÔLÉE

MIS EN BOUTEILLE AU CHATEAU

12,5% vol.   SCEA CHATEAU GAUTOUL 46700 PUY L'EVÊQUE FRANCE   750 ml

PRODUCT OF FRANCE

L 98 2

CHÂTEAU GAUTOUL ***

46700 Puy-l'Evêque
E. Mail : gautoul@gautoul.com
Web : www.gautoul.com

Prenant la suite du médiatique Alain Senderens, Eric Swenden a acheté le château en 1998. Après une période de turbulence où se sont succédés plusieurs vinificateurs, les uns héritant des fantaisies des autres, la propriété est revenue à une marche plus normale. Située sur les moyennes et hautes terrasses du Lot, la propriété possède quelques beaux atouts. Héritières de la période troublées, les cuvées actuellement en vente n'ont pas trop souffert et elles sont de bonne facture.

Responsables : Eric Sweden, vicomte Aymry de Padirac
Vente à la propriété : oui
Visite : sur rendez-vous
Dégustation : sur rendez-vous
Surface du vignoble : 30 ha
Surface en rouge : 30 ha
Cépages :
　Cot 80 %
　Merlot 15 %
　Tannat 5 %
Appellation principale : Cahors
Production moyenne : 200 000 bouteilles

Cahors
　1999 : 87 . . . . .6,50 €

Cahors cuvée Boisée
　1999 : 88 . . . . .10,70 €
　1998 : 86

CHÂTEAU LE ROC ***

61 route de Toulouse
31620 Fronton
Tél. : 05 61 82 93 90 - Fax : 05 61 82 72 38

Le dynamique Frédéric Ribes a, en moins de dix ans, propulsé cette propriété au sommet de l'appellation grâce à des vins très typés comme la cuvée tradition et des cuvées ambitieuses comme Don Quichotte, les deux étant également réussies. Sous ses mains, même le rosé prend des allures de grand vin.

Responsable : famille Ribes
Vente à la propriété : oui
Visite : sur rendez-vous
Dégustation : sur rendez-vous
Surface du vignoble : 26 ha
Surface en rouge : 26 ha
Cépages :
    Négrette 50 %
    Cabernet sauvignon 25 %
    Syrah 25 %
Appellation principale : Côtes du frontonnais
Production moyenne : 120 000 bouteilles

Côtes du frontonnais
2001 : 87 . . . . .5,83 €

Côtes du frontonnais réservée
2000 : 88

GAILLAC

DOMAINE DE GINESTE ***(*)

81600 Tecou
Tél.: 05 63 33 03 18 - Fax: 05 63 81 52 65
E. Mail: domainedegineste@free.fr

Après le départ de Vincent Lallier qui avait acheté le domaine en 1991 et qui l'avait fait connaître, une nouvelle ère débute au domaine. La cuvée phare est la Coulée d'Or à la bouteille très particulière. Elaboré avec du mauzac et de l'interdit chardonnay qui lui empêche de porter l'appellation Gaillac, ce vin liquoreux sans appellation est, millésime après millésime, un vin très équilibré malgré sa grande richesse. Les rouges et les blancs sont d'honnête facture.

Responsables:
Sigolène et Emmanuel Maugeais
Armelle et Frédéric Delmotte
Vente à la propriété: oui
Visite: sur rendez-vous
Dégustation: sur rendez-vous
Surface du vignoble: 23 ha
Cépages en rouge:
    Duras
    Fer-Servadou
    Syrah
    Merlot
    Cabernet-Sauvignon
    Gamay

Cépages en blanc:
    Mauzac
    Loin de l'œil
    Sauvignon
    Chardonnay
Appellation principale: Gaillac

Gaillac Cuvée Amour
    2000: 85

Gaillac doux cuvée Blonde
    2000: 88

Gaillac Grande Cuvée
    2000: 88

Gaillac Pourpre
    2000: 88

La Coulée d'Or
    2000: 88

GAILLAC

CUVÉE SPÉCIALE
ÉLEVÉE EN FÛT DE CHÊNE

CHÂTEAU LASTOURS ***

81310 Lisle-sur-Tarn
Tél. : 05 63 57 07 09 - Fax : 05 63 41 01 95

Vaste et vieux domaine, château Lastours est dirigé par les deux fils de Jean de Faramond qui avait replanté en 1970 le vignoble avec des cépages de qualité. Si les blancs sont soit technologiques, soit un peu trop boisés, les rouges méritent une mention particulière. Que ce soit en 1999 comme en 1998, la cuvée spéciale, typée par la syrah et le merlot, est un beau vin bien défini avec une jolie matière souple. La cuvée traditionnelle 2000 est, elle aussi, bien typée.

Responsables :
Hubert et Pierre de Faramond
Vente à la propriété : oui
Visite : oui
Dégustation : oui
Moyen d'accès : Par la RD2088, entre Gaillac et l'Isle sur Tarn.
Surface du vignoble : 40 ha
Surface en rouge : 30 ha
Cépages :
　Fer Servadou 20 %
　Syrah 20 %
　Duras 20 %
　Merlot + Cabernet sauvignon 40 %

Surface en blanc : 10 ha
Cépages :
　Loin de l'œil 15 %
　Muscadelle 15 %
　Sauvignon 25 %
　Semillon 45 %
Appellation principale : Gaillac
Production moyenne : 250 000 bouteilles

Gaillac cuvée spéciale
1999 : 88 . . . . .6,70 €
1998 : 88

Gaillac
2000 : 87

Gaillac cuvée spéciale fût de chêne
1999 : 85 . . . . .6,50 €

Gaillac Les Graviers
2001 : 86 . . . . .4,10 €

Gaillac Les Graviers
2001 : 86 . . . . .4,30 €

GAILLAC

DOMAINE DES CAUSSES MARINES ***

81140 Vieux
Tél.: 05 63 33 98 30 - Fax: 05 63 33 96 23
E. Mail: causse-marine@infonie.fr

En moins de cinq ans, le domaine s'est fait connaître par une belle série de vins moelleux ou liquoreux qui portent les doux noms de Folie Pure ou Délires d'Automne. Ces vins se présentent sans aucune lourdeur grâce à un terroir très calcaire parfaitement adapté pour ce type de vins et aussi un réel savoir-faire. A noter aussi, un original vin élevé sous voile qui est nommé Mystère.

Responsable: Patrice Lescarret
Vente à la propriété: oui
Visite: sur rendez-vous
Dégustation: sur rendez-vous
Langues: Anglais
Surface du vignoble: 13 ha
Age des vignes: 40 ans

Cépages:
    Duras
    Braucol
    Syrah
    Autres
Cépages:
    Mauzac
    Loin de l'œil
    Muscadelle
    Ondenc
Appellation principale: Gaillac
Production moyenne: 70 000 bouteilles

♀ **Gaillac Grain de Folie**
2000: 89 . . . . .9,50 €

♀ **Gaillac Les Treilles**
2000: 86 . . . . .7,50 €

♀ **Gaillac Mystère**
1994: 87 . . . . .22 €

♀ **Gaillac Rasdu**
2000: 87 . . . . .9,50 €

♀ **Gaillac Zacmau**
2000: 86 . . . . .9,50 €

♀ **Moût de raisin partiellement fermenté Délires d'Automne**
2000: 88 . . . . .32 €

IROULÉGUY
APPELLATION IROULÉGUY CONTRÔLÉE

Domaine Arretxea

2001

Thérèse et Michel RIOUSPEYROUS
Propriétaires-Vignerons
EARL Domaine Arretxea 64220 Irouléguy · France
Mis en bouteille au Domaine
Produit de France

13,5% vol.   75cl

DOMAINE ARRETXEA ***(*)

64220 Irouléguy
Tél.: 05 59 37 33 67 - Fax: 05 59 37 33 67
E. Mail: domaine.arretxea@free.fr

Créé en 1989, le vignoble est implanté en coteaux et en terrasses sur la montagne Jarra. Bien que récent producteur, Michel Riouspeyrous vinifie comme un vieux briscard en évitant les chausse-trappes des millésimes et ses vignes sont conduites d'une manière très naturelle. Encore relativement tannique, le rouge 2000 est doté d'une solide matière et surtout d'une belle élégance. La même élégance se retrouve dans le blanc 2001 qui est agrémenté de jolis arômes dus à la maturité des raisins.

Responsables:
Thérèse et Michel Riouspeyrous
Vente à la propriété: oui
Visite: non
Dégustation: sur rendez-vous
Surface du vignoble: 8 ha
Surface en rouge: 6,4 ha
Cépages:
  Tannat 55 %
  Cabernet franc 20 %
  Cabernet sauvignon 25 %
Surface en blanc: 1,6 ha
Cépages:
  Gros Manseng 65 %
  Petit Manseng 25 %
  Courbu 10 %
Appellation principale: Irouléguy
Production moyenne: 30 000 bouteilles

♀ **Irouléguy**
  2001: 88 . . . . .9,91 €

♀ **Irouléguy**
  2001: 84 . . . . .6,10 €

♀ **Irouléguy**
  2000: 88

IROULÉGUY

APPELLATION IROULÉGUY CONTRÔLÉE

Rosé

IROULEGUY
DOMAINE
ILARRIA
2001

G.A.E.C. Domaine Ilarria
Viticulteur à 64220 Irouléguy - France
MIS EN BOUTEILLE AU DOMAINE
PRODUIT DE FRANCE

75 cl   13%vol.

DOMAINE ILARRIA ***

64220 Irouléguy
Tél. : 05 59 37 23 38 - Fax : 05 59 37 23 38

Peio Espile a créé le premier domaine privé dans les années 80 après la création de la cave d'Irouléguy. Privilégiant le tannat et une forte densité de plantation, il a longtemps produit des vins puissants et austères. Depuis quelques années, les vins ont plus de fruit sans avoir pour autant le tannat, qui est le cépage unique de Bixinto, présent à 80 % dans la cuvée classique. Toujours vineux, le rosé est aussi très intéressant.

Responsable : Peio Espil
Vente à la propriété : oui
Visite : sur rendez-vous
Dégustation : sur rendez-vous
Surface du vignoble : 10 ha
Surface en rouge : 8 ha
Cépages :
　Tannat 49 %
　Cabernet franc 36 %
　Cabernet sauvignon 15 %

Surface en blanc : 2 ha
Cépages :
　Manseng 59 %
　Courbu 41 %
Appellation principale : Irouléguy
Production moyenne : 25 000 bouteilles

Irouléguy
　2001 : 85 . . . . .6,50 €

Irouléguy
　2000 : 87

Irouléguy Bixintxo
　1999 : 87 . . . . .11 €

JURANÇON

CLOS UROULAT ****

Quartier Trouilh
64360 Monein
Tél. : 05 59 21 46 19 - Fax : 05 59 21 46 90

Deux cuvées seulement sont produites au domaine, un vin moelleux et un vin blanc sec, la cuvée Marie, mais quelles cuvées ! En jurançon sec, la cuvée Marie est d'une grande régularité avec une densité peu commune et un « cœur gros comme ça », à l'image de son géniteur, Charles Hours, un des producteurs les plus attachants du pays. Equilibré et d'une grande pureté, le Clos Uroulat est un Jurançon modèle, avec une liqueur qui se fait oublier par son élégance. Les prix sont sages.

Responsable : Charles Hours
Vente à la propriété : oui
Visite : sur rendez-vous
Dégustation : sur rendez-vous
Langues : Anglais, Espagnol
Surface du vignoble : 7 ha
Surface en blanc : 4 ha
Cépages :
    Petit Manseng 60 %
    Gros Manseng 30 %
    Courbu 10 %
Appellation principale : Jurançon
Production moyenne : 20 000 bouteilles

Jurançon sec Marie
2000 : 90 . . . . 9 €
1999 : 89
1998 : 90

Jurançon Uroulat
2000 : 89
1999 : 88
1998 : 90

JURANÇON

DOMAINE CAUHAPÉ ★★★★

Quartier Castet
64360 Monein
Tél. : 05 59 21 33 02 - Fax : 05 59 21 41 82
E. Mail : domainecauhape@wanadoo.fr

Tonitruant à la fin des années 80 avec des cuvées élevées en fûts neufs qui lui ont valu un grand succès, Henri Ramonteu s'est assagi et maîtrise mieux l'élevage pour produire des vins d'une grande pureté et d'une grande race. Ses cuvées Noblesse du temps et surtout Quintessence du petit manseng sont des petits chefs d'œuvre que tous les amateurs de liquoreux doivent avoir goûté pour bien assimiler le concept fondamental de pureté dans ce type de vins.

Responsable : Henri Ramonteu
Vente à la propriété : oui
Visite : oui
Dégustation : oui
Surface du vignoble : 40 ha
Surface en blanc : 40 ha
Cépages :
    Petit Manseng 50 %
    Gros Manseng 50 %
Appellation principale : Jurançon
Production moyenne : 200 000 bouteilles

♀ **Jurançon Noblesse du Temps**
   1999 : 90 . . . . .25 €

♀ **Jurançon Quintessence du Petit Manseng**
   1999 : 92 . . . . .153 €

♀ **Jurançon sec Sève d'automne**
   2000 : 88

CHÂTEAU JOLYS ***(*)

Société des Domaines Latrille
Route Chapelle-de-Rousse
64290 Gan
Tél. : 05 59 21 72 79 - Fax : 05 59 21 55 61
E. Mail : chateau.jolys@wanadoo.fr

Acheté en friche il y a quarante ans par Pierre-Yves Latrille, ingénieur agronome, le domaine a été constitué de toutes pièces, d'un seul tenant, avec un chai très bien équipé. Pierre-Yves Latrille et sa fille Marion continuent de le gérer et produisent une belle série de vins. La cuvée Epiphanie 1999 en est le joyau avec un vin suprêmement équilibré. Avec un joli fond, la cuvée Jean du même millésime mérite aussi les éloges.

Responsables : Pierre-Yves Latrille et Marion Latrille-Henry
Vente à la propriété : oui
Visite : sur rendez-vous
Dégustation : sur rendez-vous
Surface du vignoble : 36 ha
   Gros Manseng 61 %
   Petit Manseng 39 %
Appellation principale : Jurançon

Château Jolys
2001 : 87

Château Jolys
2000 : 86

Château Jolys cuvée Jean
1999 : 88

Château Jolys cuvée Epiphanie
1999 : 89

Château Jolys VT
1998 : 88

JURANÇON

DOMAINE BORDENAVE ***(*)

Quartier Ucha
64360 Monein
Tél. : 05 59 21 34 83 - Fax : 05 59 21 37 32
E. Mail : en cours
Web : en cours

Si la propriété familiale existe depuis 1676, ce n'est qu'en 1992 qu'a eu lieu la première mise en bouteille par Pierre Bordenave et sa fille Gisèle qui est œnologue. Il ne leur a pas fallu beaucoup de temps pour produire de grands vins. Riches et pleins, les jurançons moelleux sont très équilibrés, que ce soit en 2000, 1999 ou 1996. La cuvée des Dames 2000 est carrément fabuleuse, à un prix somme toute très modique. Il ne faut pas la rater. Ne négligez pas le sec, très bien équilibré lui aussi.

Responsable : Gisèle Bordenave
Vente à la propriété : oui
Visite : oui
Dégustation : oui
Moyen d'accès : A64 sortie Artix n°9, suivre Moureux puis Moneim.
Surface du vignoble : 10 ha
Surface en blanc : 10 ha
Cépages :
    Petit Manseng 40 %
    Gros Manseng 60 %
Appellation principale : Jurançon

Cercle des Amis
1996 : 89 . . . . .35 €

Cuvée Savin
1999 : 88 . . . . .15 €

Jurançon cuvée des Dames
2000 : 90

Harmonie
2000 : 89

Souvenir d'Enfance
2001 : 87 . . . . .7,50 €

DOMAINE BRU-BACHÉ ***(*)

39 rue Baradat
64360 Monein
Tél. : 05 59 21 36 34 - Fax : 05 59 21 32 67
E. Mail : domaine. bru-bache@wanadoo.fr

Georges Bru-Baché avait produit des jurançons de référence à la fin des années 90. Son neveu Claude Loustalot continue dans la même voie, certes avec une exubérance un peu moins baroque que son oncle, mais avec plus d'élégance et de pureté, bien représentée par la cuvée les Casterrasses d'une grande régularité. Il faut noter la réussite de Quintessence, très honnêtement tarifée, et la sublime Eminence qui renouent avec la grandeur passée.

Responsable : Claude Loustalot
Vente à la propriété : oui
Visite : sur rendez-vous
Dégustation : sur rendez-vous
Langues : Anglais, Espagnol
Surface du vignoble : 9 ha
Age des vignes : 28 ans
Surface en blanc : 9 ha
Cépages :
    Petit Manseng 75 %
    Gros Manseng 25 %
Appellation principale : Jurançon
Production moyenne : 30 000 bouteilles

Jurançon Casterrasses
2000 : 89 . . . . .9,50 €

Jurançon La Quintessence
1999 : 88 . . . . .15 €

Jurançon L'Eminence
1999 : 90 . . . . .39 €

MADIRAN

CHÂTEAU D'AYDIE ****

64330 Aydie
Tél. : 05 59 04 08 00 - Fax : 05 59 04 08 08

Le château d'Aydie est un des plus anciens domaines de l'appellation dont Frédéric Laplace a été un des pionniers. Quelques générations plus tard, château d'Aydie continue de produire un des plus beaux vins de l'appellation. Autrefois austère, le vin a gagné en densité, en charnu et en longueur tout en gardant les tannins qui sont devenus plus policés. La cuvée Odé a aussi bien progressé. C'est un achat sûr.

Responsable : famille Laplace
Vente à la propriété : oui
Visite : oui
Dégustation : oui
Surface du vignoble : 55,9 ha
Surface en rouge : 48,26 ha
Cépages :
    Tannat 62 %
    Cabernet franc 25 %
    Cabernet sauvignon 13 %
Surface en blanc : 7,63 ha
Cépages :
    Petit Manseng 100 %
Appellation principale : Madiran
Production moyenne : 700 000 bouteilles

Madiran Château d'Aydie
2000 : 91

Madiran cuvée Mansus Irani
2000 : 90

Madiran Odé D'Aydie
2000 : 88

Pacherenc du vic-bilh
2000 : 90

Pacherenc du vic-bilh Fleury-Laplace moelleux
2000 : 88

Cuvée Tradition

Domaine Berthoumieu

Madiran
Appellation Madiran Contrôlée

MIS EN BOUTEILLE AU DOMAINE

13,5% alc./vol.   EARL Didier BARRÉ - vigneron à 32400 Viella - France   750 ml

Produce of France

DOMAINE BERTHOUMIEU ****

Dutour, route de Maumusson
32400 Viella
Tél.: 05 62 69 74 05 - Fax: 05 62 69 80 64
E. Mail: barre.didier@wanadoo.fr

Héritier d'une longue lignée, le sympathique Didier Barré dispose d'un étonnant capital de vieilles vignes qu'il mène
dans les règles de l'art. En progrès régulier depuis plusieurs années, les rouges
ont gagné en soyeux et en concentration.
S'ils passent par une phase austère au
bout de quelques années, ils évoluent
ensuite sans aucune inquiétude. Les
blancs ont aussi bien progressé.

Responsable : Didier Barré
Vente à la propriété : oui
Visite : oui
Dégustation : oui
Surface du vignoble : 26 ha
Surface en rouge : 23 ha
Cépages :
  Tannat 60 %
  Fer Servadou 10 %
  Cabernet franc 15 %
  Cabernet sauvignon 15 %
Surface en blanc : 3 ha
Cépages :
  Gros Manseng 30 %
  Petit Manseng 60 %
  Courbu 10 %
Appellation principale : Madiran
Production moyenne : 180 000 bouteilles

 Madiran Charles de Batz
  2000 : 90

 Madiran tradition
  2000 : 88

 Pacherenc
  2001 : 88 . . . . .7,20 €
  2000 : 88

MADIRAN

CHÂTEAU DE VIELLA ***(*)

Route de Maumusson
32400 Viella
Tél. : 05 62 69 75 81 - Fax : 05 62 69 79 18

Sur sa vingtaine d'hectares et sur un des beaux coteaux de l'appellation, le château produit pour les trois quarts du Madiran et pour le reste du Pacherenc. La splendide cuvée prestige est en pur tannat élevé en barriques neuves, ce qui donne un vin dense et compact, certes encore boisé, mais qui ira loin. La cuvée tradition, élevée pour un tiers en barrique, est très honorable. Il ne faut pas négliger le pacherenc, un joli moelleux composé à 80 % de petit manseng.

Responsables : Alain et Christine Bortolussi
Vente à la propriété : oui
Visite : oui
Dégustation : oui
Surface du vignoble : 24 ha
Surface en rouge : 20 ha
Cépages :
    Tannat 60 %
    Cabernet 40 %
Surface en blanc : 4 ha
Cépages :
    Petit Manseng 45 %
    Gros Manseng 40 %
    Arrufiac 15 %
Appellation principale : Madiran

Madiran prestige
2000 : 90

Madiran tradition
2000 : 87

Pacherenc de vic-bilh
2000 : 88

PRODUIT DE FRANCE

MADIRAN
APPELLATION MADIRAN CONTRÔLÉE

Domaine Sergent

1999

Cuvée Vieilles Vignes
Elevé en fûts de chêne

EARL DOUSSEAU
PROPRIÉTAIRE VITICULTEUR
32400 MAUMUSSON

12,5% Vol.   MIS EN BOUTEILLE AU DOMAINE   750 ml

DOMAINE SERGENT ***(*)

Domaine Sergent
32400 Maumusson
Tél. : 05 62 69 74 93 - Fax : 05 62 69 75 85

La famille Sergent est propriétaire du domaine depuis 1905. Le vignoble est établi sur un sol de boulbène avec un sous-sol de graves noires, ce qui donne des vins colorés, profonds et tanniques. Elevée en fûts de chêne, la cuvée vieilles vignes développe des arômes un peu animaux sur une matière d'une grande densité, ce qui laisse prédire une belle évolution en bouteille. Traité avec grand luxe, le Pacherenc 2000 est fermenté et élevé en barriques neuves, ce qu'il supporte aisément avec sa belle matière concentrée.

Responsable : EARL Dousseau
Vente à la propriété : oui
Visite : oui
Dégustation : oui
Surface du vignoble : 18 ha
Surface en rouge : 15 ha
Cépages :
　　Tannat 70 %
　　Cabernet franc 20 %
　　Cabernet sauvignon 10 %
Surface en blanc : 3 ha
Cépages :
　　Petit Manseng 75 %
　　Gros Manseng 25 %
Appellation principale : Madiran
Production moyenne : 120 000 bouteilles

🍷 **Madiran VV**
　　1999 : 88 . . . . .6,50 €

🍷 **Pacherenc du vic-bilh**
　　2000 : 88

MADIRAN

CHÂTEAU BARRÉJAT ***

32400 Maumusson
Tél. : 05 62 69 74 92 - Fax : 05 62 69 77 54

La force du domaine Barréjat est de disposer d'un énorme capital de vieilles vignes. Denis Capmartin en tire trois cuvées parfaitement étagées en qualité. A tout petit prix, la cuvée tradition est un madiran facile à boire, sans prétention, mais très bien fait. Toujours très raisonnable en prix, la cuvée sélection est d'une très belle matière dense et concentrée. A ce prix, c'est une affaire ! La cuvée des vieux ceps n'est pas encore disponible, mais elle est magnifique de concentration.

Responsable : Denis Capmartin
Vente à la propriété : oui
Visite : oui
Dégustation : oui
Surface du vignoble : 22 ha
Surface en rouge : 17,7 ha
Cépages :
   Tannat 70 %
   Cabernet 30 %
Surface en blanc : 4 ha
Appellation principale : Madiran
Production moyenne : 160 000 bouteilles

🍷 **Madiran cuvée des Vieux Ceps**
2000 : 89

🍷 **Madiran sélection**
2000 : 88

🍷 **Madiran tradition**
2000 : 87

MADIRAN

CHÂTEAU DE CROUSEILLES ***

64350 Crouseilles
Tél. : 05 59 68 10 93 - Fax : 05 59 68 14 33

Principale productrice de Madiran, la cave est superbement équipée avec des installations très performantes. Le madiran Folie du Roi est un vin facile à boire, sans aspérité, alors que l'expression d'un terroir est plus ample et plus puissant. Les Pacherencs secs et moelleux sont aussi de bonne facture.

Responsable : Denis Degache
Vente à la propriété : oui
Visite : sur rendez-vous
Dégustation : sur rendez-vous
Surface du vignoble : 576 ha
Surface en rouge : 486 ha
Cépages :
    Tannat 40 %
    Cabernet franc 25 %
    Cabernet sauvignon 25 %
    Bouchy 10 %
Surface en blanc : 90 ha
Cépages :
    Petit Manseng 50 %
    Gros Manseng 30 %
    Courbu 10 %
    Arrufiac 10 %
Appellation principale : Madiran

Château d'Arricau Bordes
2000 : 87

Château d'Arricau Bordes
1998 : 87 . . . . 10,50 €

Folies du Roi
1999 : 88 . . . . 5,20 €

Folies du Roi
2000 : 86

Madiran
1998 : 88 . . . . 12,70 €

Prélude à l'Hivernal
1999 : 86 . . . . 12,15 €

MADIRAN

CHÂTEAU LAFFITTE-TESTON ***

32400 Maumusson-Laguian
Tél.: 05 62 69 74 58 - Fax: 05 62 69 76 87

Jean-Marc Laffitte s'est successivement occupé d'améliorer le vignoble, puis de construire un grand chai souterrain. Si la cuvée tradition est un joli vin droit, la cuvée vieilles vignes de tannat est un vin dense et concentré qui ira loin. Les deux vins sont élaborés dans un style sérieux, moins opulents que ceux de Brumont ou de Ducournau, mais plus classiques. En blanc, les Pacherencs qu'ils soient secs ou moelleux ont la même franchise d'expression.

Responsable: **Jean-Marc Laffitte**
Vente à la propriété: oui
Visite: sur rendez-vous
Dégustation: sur rendez-vous
Surface du vignoble: 36 ha
Surface en rouge: 30 ha
Cépages:
    Tannat
    Cabernet franc
    Cabernet sauvignon
Surface en blanc: 6 ha
Cépages:
    Gros Manseng
    Petit Manseng
Appellation principale: Madiran
Production moyenne: 220 000 bouteilles

🍷 **Madiran Ericka**
    2000 : 86

🍷 **Madiran VV**
    2000 : 87

🍷 **Pacherenc du vic-bilh**
    2000 : 87

DOMAINE LABRANCHE LAFFONT ***

32400 Maumusson-Laguian
Tél. : 05 62 69 74 90 - Fax : 05 62 69 76 03

Si Christine Dupuy est une jeune productrice, elle dispose d'un joli patrimoine de vieilles vignes dont certaines sont préphylloxériques. Ces vieilles vignes ont donné, en 2000, un vin superbe de concentration. Vinifiée sans concession, la cuvée traditionnelle est dans une phase sévère, mais elle évoluera bien après quelques années de bouteille. Moitié petit manseng, moitié gros manseng avec une pointe d'arrufiac, le Pacherenc est lui aussi d'une très belle densité.

Responsable : Christine Dupuy
Vente à la propriété : oui
Visite : sur rendez-vous
Dégustation : oui
Moyen d'accès : RD164 entre Madiran et Riscle.
Surface du vignoble : 19 ha
Surface en rouge : 17 ha
Cépages :
  Tannat 70 %
  Cabernet franc 15 %
  Cabernet sauvignon 15 %
Surface en blanc : 2 ha
Cépages :
  Petit Manseng 50 %
  Gros Manseng 45 %
  Arrufiac 5 %
Appellation principale : Madiran
Production moyenne : 100 000 bouteilles

🍷 **Madiran**
  2000 : 87

🍷 **Madiran VV**
  2000 : 89

🍷 **Pacherenc du vic-bilh**
  2001 : 88 . . . . .7,70 €

MADIRAN

PLAIMONT PRODUCTEURS ★★★

32400 Saint-Mont
Tél. : 05 62 69 62 87 - Fax : 05 62 69 61 68
E. Mail : f.latopy@plaimont.fr
Web : www.plaimont.com

La cave de Plaimont est une des plus grosses caves coopératives de France, ce qui explique sa présence dans de nombreux circuits de distribution. Très bien équipée, elle produit de nombreuses cuvées différentes dans l'appellation Côtes de Saint-Mont qu'elle a littéralement créée. Très colorées et d'une bonne densité, les cuvées Saint-Gô et château de Sabazan sont les plus intéressantes avec les Vignes retrouvées qui sont d'une étonnante concentration.

Responsable : André Dubosc
Vente à la propriété : oui
Visite : sur rendez-vous
Dégustation : sur rendez-vous
Moyen d'accès : RN124.
Surface du vignoble : 3500 ha
Surface en rouge : 2100 ha
Cépages :
    Tannat
    Cabernet
    Merlot
Surface en blanc : 1400 ha
Cépages :
    Arrufiac
    Courbu
    Manseng
    Colombard
Appellation principale : Madiran
Production moyenne : 22 000 000 bouteilles

Caprice de Colombelle
2001 : 85 . . . . .5,95 €

Château Saint-Gô
1999 : 87 . . . . .5,65 €

Corolle
2001 : 84 . . . . .3,15 €

**Côtes de Saint-Mont
Collection Plaimont VFC**
1999 : 85 . . . . .12,05 €

**Côtes de Saint-Mont
les Hauts de Bergerelle**
2000 : 85

Esprit de Vignes
1999 : 87 . . . . .8,35 €

La Mothe Peyran
1999 : 87 . . . . .5,95 €

Laperre Combes
1999 : 88 . . . . .7,30 €

Le Faite de Saint-Mont
2001 : 87 . . . . .8,15 €

Le Faite de Saint-Mont
1999 : 87 . . . . .14,30 €

Les Vignes Retrouvées
2001 : 88 . . . . .3,05 €

Madiran collection Plaimont
1998 : 88 . . . . .7,30 €

Monastère de Saint-Mont
1998 : 86 . . . . .12,05 €

Plénitude
1999 : 88 . . . . .13,50 €

Saint-Albert
2000 : 88

MADIRAN

Cuvée du Couvent

CHÂTEAU PEYROS

1998

MADIRAN
APPELLATION MADIRAN CONTROLÉE

12,5%vol.   MIS EN BOUTEILLE AU CHATEAU   750 ml
PAR CHATEAU PEYROS S.A. A CORBERE-ARBERES 64350 - FRANCE
PRODUCE OF FRANCE

CHÂTEAU PEYROS **(*)

Château Branda - 1 rue Château
33240 Cadillac en Fronsadais
Tél. : 05 57 94 09 37 - Fax : 05 57 94 09 30
E. Mail : contact@leda-sa.com
Web : www.chateau-branda.com

Racheté en 1999 par Jean-Jacques Lescourgues, château Peyros est une vieille
propriété du XVIIᵉ siècle qui produit
deux cuvées de Madiran. Elevée en barrique pendant douze mois dont 30 % de
neuves, la cuvée traditionnelle 1999 est
un bon madiran bien concentré. Avec un
peu plus de tannat, la cuvée du Couvent
1998 est un peu plus dense. Toutes les
deux sont de moyenne garde.

Responsable : Jean-Jacques Lescourgues
Vente à la propriété : non
Visite : sur rendez-vous
Dégustation : sur rendez-vous
Surface du vignoble : 24 ha
Surface en rouge : 24 ha
Cépages :
   Tannat 60 %
   Cabernet franc 40 %
Appellation principale : Madiran
Production moyenne : 150 000 bouteilles

Château Peyros
   1999 : 87

Cuvée du Couvent
   1998 : 88

MARMANDAIS

CAVE DE COCUMONT ***(*)

47250 Cocumont
Tél. : 05 53 94 50 21 - Fax : 05 53 94 52 84
E. Mail : accueil@cave-cocumont.fr
Web : www.cave-cocumont.fr

Avec une bonne centaine d'adhérents et un bon millier d'hectares sous sa coupe, la cave de Cocumont s'est équipée d'installations modernes et mène, tambour battant, une politique de qualité. Produisant essentiellement des vins rouges, elle produit une qualité exemplaire sur toute la ligne. Les cuvées à petits prix jouent le fruit et sont un des meilleurs rapports qualité-prix de France. Les cuvées plus ambitieuses sont élevées dans d'excellents fûts au boisé bien maîtrisé et elles ont du caractère. Tout cela fait plaisir à boire.

Responsable : Christian Laulan
Vente à la propriété : oui
Visite : sur rendez-vous
Dégustation : sur rendez-vous
Surface du vignoble : 1200 ha
Surface en rouge : 1164 ha
Cépages :
   Merlot 32 %
   Cabernet franc 28 %
   Cabernet sauvignon 17 %
   Abouriou + Malbec 23 %

Surface en blanc : 36 ha
Cépages :
   Sauvignon 100 %
Appellation principale : Côtes du marmandais
Production moyenne : 9 000 000 bouteilles

Côtes du Marmandais Baron Copestaing
2000 : 88 . . . . .5,33 €

Côtes du Marmandais Béroy
2000 : 88 . . . . .7,15 €

Côtes du Marmandais Tap de Perbos
2000 : 88 . . . . .5,60 €

Côtes du Marmandais tradition
2000 : 83 . . . . .3 €

Côtes du Marmandais Dignité - Prieur
2000 : 87

Côtes du Marmandais Marescot
2000 : 87

DOMAINE DE BACHEN ***

40800 Duhort-Bachen
Tél. : 05 58 71 76 76 - Fax : 05 58 71 77 77

Installé à Eugénie-les-Bains dans la zone d'appellation Tursan, le célèbre cuisinier Michel Guérard s'est acheté un vignoble qui entoure un très beau château. Il s'est construit une vraie cave pour la vinification et l'élevage dignes d'un des meilleurs crus du Bordelais. Bien conseillé par quelques sommités du vin, il élabore un vin certes luxueusement présenté, mais dont le contenu est à la hauteur du contenant, avec du fruit et de la concentration.

Responsable : Michel Guérard
Vente à la propriété : oui
Visite : sur rendez-vous
Dégustation : sur rendez-vous
Surface du vignoble : 20 ha
Surface en rouge : 10 ha
Cépages :
   Merlot 80 %
   Tannat 20 %
Surface en blanc : 10 ha
Cépages :
   Sauvignon
   Petit Manseng
   Gros Manseng
   Baroque
Appellation principale : Tursan
Production moyenne : 80 000 bouteilles

🍷 **Rouge de Bachen**
   2000 : 85

🍷 **Tursan Baron de Bachen**
   1999 : 87 . . . . .12 €

🍷 **Tursan Château de Tursan**
   2000 : 86

Notes

_____

_____

_____

_____

_____

_____

_____

_____

_____

_____

_____

_____

_____

_____

_____

_____

_____

_____

_____

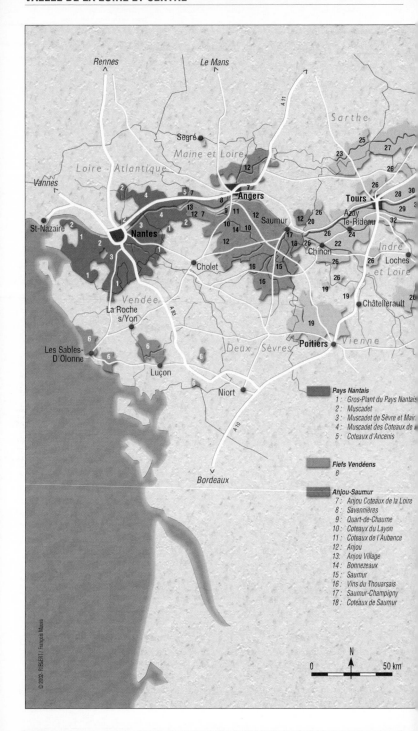

Rennes

Le Mans

A 11

Sarthe

Segré

Maine et Loire

25

27

23

26

26

28 30

Loire - Atlantique

12

7

26

Tours

Azay
le-Rideau

29

32

Vannes

5 7

8

Angers

9 11

12

Saumur

12

26

20

24

22

Indre

St-Nazaire

13

12 7

2

10

11

12

14

10

17

18 26

26

Chinon

et Loire

Loches

Nantes

2

2

3

3

1

12

26

Cholet

16

15

22

26

Châtellerault

1

1

Vendée

16

19

26

26

La Roche
s/Yon

A 83

19

19

Les Sables-
D'Olonne

6

6

Deux - Sèvres

Poitiers

Vienne

6

19

Luçon

6

A 10

Niort

Pays Nantais
1 : Gros-Plant du Pays Nantais
2 : Muscadet
3 : Muscadet de Sèvre et Main
4 : Muscadet des Coteaux de ■
5 : Coteaux d'Ancenis

Fiefs Vendéens
6

Anjou-Saumur
7 : Anjou Coteaux de la Loire
8 : Savennières
9 : Quart-de-Chaume
10 : Coteaux du Layon
11 : Coteaux de l'Aubance
12 : Anjou
13 : Anjou Village
14 : Bonnezeaux
15 : Saumur
16 : Vins du Thouarsais
17 : Saumur-Champigny
18 : Coteaux de Saumur

Bordeaux

N

0   50 km

© 2002 - R.REGENT / François Mauss

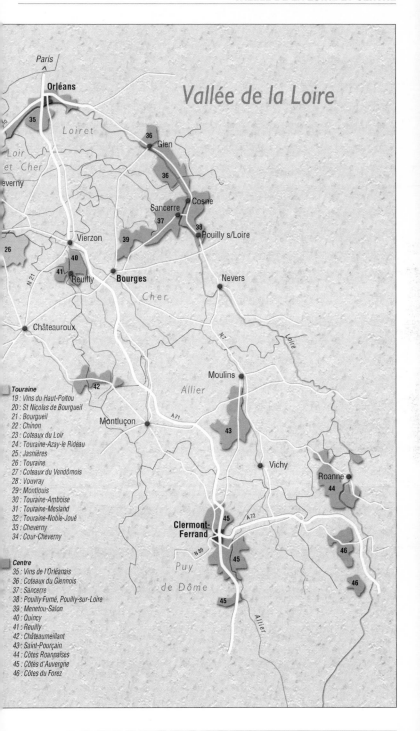

Vallée de la Loire

Touraine
19 : Vins du Haut-Poitou
20 : St Nicolas de Bourgueil
21 : Bourgueil
22 : Chinon
23 : Coteaux du Loir
24 : Touraine-Azay-le Rideau
25 : Jasnières
26 : Touraine
27 : Coteaux du Vendômois
28 : Vouvray
29 : Montlouis
30 : Touraine-Amboise
31 : Touraine-Mesland
32 : Touraine-Noble-Joué
33 : Cheverny
34 : Cour-Cheverny

Centre
35 : Vins de l'Orléanais
36 : Coteaux du Giennois
37 : Sancerre
38 : Pouilly Fumé, Pouilly-sur-Loire
39 : Menetou-Salon
40 : Quincy
41 : Reuilly
42 : Châteaumeillant
43 : Saint-Pourçain
44 : Côtes Roannaises
45 : Côtes d'Auvergne
46 : Côtes du Forez

Une riche diversité

Avec son bon millier de kilomètres de long, la Loire est le plus grand fleuve français, mention qui figure dans tous les bons manuels de géographie. Cette grande voie, plus ou moins navigable, a égrené tout du long une série de vignobles, avec une grande variété de climats, passant du climat océanique à son embouchure, au plus profond climat continental en Auvergne.

Pour s'adapter à eux, une réelle diversité de cépages est nécessaire. Pour les vins blancs uniquement, il faut énumérer le melon de Bourgogne en Muscadet, le chenin en Anjou et en Touraine ainsi que le sauvignon dans le Centre, sans compter quelques cépages secondaires. Avec tant de différences climatiques, de cépages et de terroirs, quelle est l'unicité de la Loire ?

Les travaux de l'historien Fernand Braudel ont démontré l'important rôle de rassembleur des fleuves et la Loire en est l'illustration la plus parfaite. Par sa masse, elle joue un rôle efficace de régulateur thermique dont bénéficient à la fois les vignobles et ceux qui peuvent profiter de sa douceur de vivre. Apaisés, les vins s'en ressentent et jouent la diversité dans la sagesse. Sagesse des vinifications, ce qui donne des vins sans mauvaises surprises et toujours réguliers, sagesse des prix, ce qui permet de boire bon et pas cher. De quoi se laisser aller, sans souci, à la douceur de vivre.

ANJOU-SAUMUR

CLOS
DE LA
Coulée de Serrant

APPELLATION SAVENNIÈRES-COULÉE DE SERRANT CONTRÔLÉE

1999

Vin issu de l'agriculture biologique et biodynamique : (Contrôle Écocert - F 32600)

Nicolas JOLY, Propriétaire-Viticulteur
au **CLOS DE LA COULÉE DE SERRANT** - 49170 SAVENNIÈRES
Mise en bouteilles au Château

PRODUCT OF FRANCE   WHITE WINE   NET CONTENTS : 750 ML.   ALC. : 14 %/VOL.   L.Y

COULÉE DE SERRANT *****

Château de la Roche aux Moines
49170 Savennières
Tél. : 02 41 72 22 32 - Fax : 02 41 72 28 68
E. Mail : coulee-de-serrant@wanadoo.fr
Web : www.coulee-de-serrant.com

Curnonsky, prince des gastronomes, l'avait classé parmi les cinq plus grands vins blancs de France avec Yquem, Montrachet, château Grillet et château Chalon. Rien de moins ! En faisant la verticale sur les trente dernières années, la position est largement justifiée. Seul Yquem est capable d'une telle régularité. Chantre de la biodynamie, Nicolas Joly, par ses pratiques viticoles, l'a encore fait progresser. Les derniers millésimes sont superbes. Emportés par le même élan enthousiaste de son propriétaire, le Savennières et le Clos de la Bergerie sont aussi très grands. Une propriété au sommet !

Responsable : Nicolas Joly
Vente à la propriété : oui
Visite : oui
Dégustation : oui
Surface du vignoble : 15 ha
Surface en blanc : 15 ha
Cépages :
  Chenin 100 %
Appellation principale : Savennières

Savennières Coulée de Serrant
  1999 : 91
  1998 : 92
  1997 : 89
  1996 : 93
  1995 : 95

Savennière Nicolas Joly
  2000 : 89

Savennières roche-aux-moines Clos de la bergerie
  1999 : 89

DOMAINE DE LA SANSONNIÈRE ****(*)

49380 Thouarcé
Tél. : 02 41 54 08 08 - Fax : 02 41 54 08 08

En reconversion de la maçonnerie en 1989, Mark Angeli est allé suivre les cours de l'école de la Tour Blanche dans le Sauternais, avant de s'installer un an plus tard à la Sansonnière. D'entrée, il s'attaque au labour, à la hauteur des vignes et à la biodynamie, ce qui lui vaut quelques heures difficiles. Mais la qualité des vins lui permet de percer. Dix ans plus tard, Mark Angeli est reconnu et ses vins sont très recherchés. A juste titre, car ils ont une longueur et une minéralité étonnantes, même en rosé d'Anjou. Si vous avez l'occasion de rencontrer un Bonnezeaux ou un de ses effervescents chez un caviste, n'hésitez surtout pas !

Responsable : Mark Angeli
Vente à la propriété : non
Visite : sur rendez-vous
Dégustation : sur rendez-vous
Surface du vignoble : 8 ha
Surface en rouge : 2,5 ha
Cépages :
    Cabernet franc
    Grolleau (rosé)
Surface en blanc : 5,5 ha
Cépages :
    Chenin 100 %
Appellation principale : Bonnezeaux
Production moyenne : 20 000 bouteilles

Anjou la Lune
    2000 : 88

Rosé d'anjou
    2001 : 88 . . . . .10 €

CHÂTEAU BELLERIVE ★★★★

Chaume
49190 Rochefort-sur-Loire
Tél. : 02 41 78 33 66 - Fax : 02 41 78 68 47
E. Mail : chateau.bellerive@wanadoo.fr

Serge Malinge a acheté cette propriété mythique en 1994 à Jacques Lalanne, ancien des Beaux-Arts, qui lui-même avait repris en 1975 la succession paternelle. Le vignoble est très bien situé plein Sud à flanc et pied de coteau sur schistes et grès. Le vin est d'évolution lente et, malgré sa concentration, il ne paraît jamais riche. Pourtant, quand il vieillit, il prend une classe admirable qui le place nettement au-dessus de la mêlée. Tout le contraire des vins impressionnants qui jouent la puissance et la sucrosité en vins jeunes, et qui vieillissent si mal…

Responsables : Serge & Michel Malinge
Vente à la propriété : oui
Visite sur rendez-vous
Dégustation : sur rendez-vous
Surface du vignoble : 12 ha
Surface en blanc : 12 ha
Cépages :
    Chenin 100 %
Appellation principale : Quarts de chaume
Production moyenne : 20 000 bouteilles

♀ **Quarts de chaume Château Bellerive**
1999 : 88 . . . . .22 €

♀ **Quarts de chaume Quintessence**
1999 : 89 . . . . .22 €

Alc. 13,5 % by vol.   750 ml

SAVENNIÈRES ROCHE AUX MOINES
APPELLATION SAVENNIÈRES ROCHE AUX MOINES CONTRÔLÉE

2000   CHÂTEAU DE CHAMBOUREAU   **2000**

*Pour cette cuvée
nous avons sélectionné*   *Cuvée d'Avant*   *Grand Cru
cette année   de
27000 bouteilles*   Savennière*

E.A.R.L. Pierre SOULEZ, Viticulteur à SAVENNIÈRES 49170 FRANCE Tél. 02.41.77.20.04
MISE EN BOUTEILLES AU CHÂTEAU   L. 31

CHÂTEAU DE CHAMBOUREAU ****

Château de Fesles
49380 Thourcé
Tél. : 02 41 68 94 00 - Fax : 02 41 68 94 01
E. Mail : loire@vgas.com
Web : www.vgas.com

Propriété de la famille Soulez depuis
1949, le château de Chamboureau est
géré par Pierre Soulez avec son frère
Hervé à la culture de la vigne et son
neveu Hugues Daubercies au chai. Le
vignoble est un clos de dix hectares
autour du château et il est bordé à l'Ouest
par la coulée de Serrant. La culture est
très écologique et le château est revenu
à l'élevage en barriques comme autrefois. Le millésime 2000 est bien réussi
dans son ensemble, avec une petite préférence comme d'habitude pour la
Roche aux Moines, l'ensemble des vins
étant dans un style souple avec des raisins très mûrs.

Responsables :
Vignobles Germain et Associés
Vente à la propriété : oui
Visite : oui
Dégustation : sur rendez-vous
Surface du vignoble : 1 ha

Surface en blanc : 1 ha
Cépages :
    Chenin 100 %
Appellation principale : Savennières roche-aux-
moines
Production moyenne : 4 500 bouteilles

Anjou château de Chamboureau
2000 : 87

**Savennières
château de Chamboureau**
2000 : 88

Savennières clos du Papillon
2000 : 88

**Savennières roche-aux-moines
château de Chamboureau**
1999 : 88 . . . . .14,03 €

**Savennières roche-aux-moines
Chevalier Buhard**
2000 : 89

**Savennières roche-aux-moines
cuvée d'Avant**
2000 : 89

ANJOU-SAUMUR

CHÂTEAU DE FESLES ★★★★

Château de Fesles
49380 Thouarcé
Tél.: 02 41 68 94 00 - Fax: 02 41 68 94 01
E. Mail: loire@vgas.com
Web: www.vgas.com

Vaisseau amiral des vignobles Germain en Val de Loire, le château de Fesles a été racheté à Lenôtre qui lui-même l'avait acheté en 1991 à l'emblématique Jacques Boivin. Pour faire bonne mesure, l'entreprenant Bernard Germain a aussi acheté les châteaux de La Guimonière, Varennes, de la Roulerie et Chamboureau. Avec enthousiasme, il les a tous rénovés et remis sur les rails avec une qualité de vins régulière et suivie, en prenant comme standards les plus hauts modèles de la profession. Force est de reconnaître que, chacun dans son style est une réussite, ce qui est une véritable performance !

Responsables:
Vignobles Germain et Associés
Vente à la propriété: oui
Visite: oui
Dégustation: sur rendez-vous
Surface du vignoble: 35 ha

Surface en rouge: 16,5 ha
Cépages:
  Cabernet franc 95 %
  Cabernet sauvignon 5 %
Surface en blanc: 18,5 ha
Cépages:
  Chenin 100 %
Appellation principale: Bonnezeaux
Production moyenne: 200 000 bouteilles

Anjou villages Château de Fesles
2000 : 88

Anjou villages Château de Fesles VV
2001 : 86 . . . . .5,80 €

Bonnezeaux Château de Fesles
1999 : 89 . . . . .25,31 €

Coteau du layon Château de Varennes
2000 : 88 . . . . .11,44 €

Rosé d'anjou
2000 : 86

ANJOU-SAUMUR

Château de Villeneuve

SAUMUR CHAMPIGNY

APPELLATION SAUMUR CHAMPIGNY CONTROLEE

2001

12.5% vol.   Mis en bouteille à la propriété   750 ML

SCA CHEVALLIER, PROPRIETAIRE-RECOLTANT, 49400 SOUZAY-CHAMPIGNY FRANCE
Produit de France

CHÂTEAU DE VILLENEUVE ★★★★

3 rue Jean-Brevet
49400 Souzay-Champigny
Tél. : 02 41 51 14 04 - Fax : 02 41 50 58 24
Web : www.chateau-de-villeneuve.com

La famille Chevallier devient propriétaire du château de Villeneuve, belle
demeure du XVIIIe siècle en 1969. Œnologue de formation, Jean-Pierre Chevallier arrive à la direction au début des
années 80, reprenant en main la culture
de la vigne et testant tous les apports
nouveaux en vinification. Produit dans
les seules années où le degré naturel
atteint 13°, le Saumur blanc Les Cor-
miers est élevé en barriques neuves
renouvelées par moitié. Autrefois très
boisé, le 2000 est bien équilibré. Des
deux cuvées de rouge toujours bien réussies, le château de Villeneuve joue un joli
fruit plein. La cuvée vieilles vignes est
plus dense et de plus longue garde.

Responsable : Jean-Pierre Chevallier
Vente à la propriété : oui
Visite : non
Dégustation : oui
Surface du vignoble : 25 ha
Surface en rouge : 20 ha
Cépages :
    Cabernet franc 100 %
Surface en blanc : 5 ha
Cépages :
    Chenin 100 %
Appellation principale : Saumur-champigny
Production moyenne : 120 000 bouteilles

🍷 **Saumur-champigny Château
de Villeneuve**
2001 : 88 . . . . .6 €

🍷 **Saumur-champigny Château
de Villeneuve VV**
2000 : 89

🍷 **Saumur Château de Villeneuve**
2000 : 88

ANJOU-SAUMUR

CHÂTEAU PIERRE BISE ★★★★

49750 Beaulieu-sur-Layon
Tél.: 02 41 78 31 44 - Fax: 02 41 78 41 24

Le vaste château Pierre Bise possède une incroyable collection de terroirs que Claude Papin connaît par cœur. Sensible, cultivé, passionné, le maître des lieux est un des meilleurs connaisseurs du Layon et de ses nombreux terroirs. Lui-même en vinifie une belle série entre l'Anclaie, très régulier sur schistes feldspathiques, les corsées Rouannières sur spilite volcanique, sans compter les Rayelles ou le célèbre et élégant Quarts de Chaume. Voici une leçon de terroirs, une vraie !

Responsable : Claude Papin
Vente à la propriété : oui
Visite : sur rendez-vous
Dégustation : sur rendez-vous
Surface du vignoble : 54 ha
Surface en rouge : 16 ha
Cépages :
    Cabernet 90 %
    Gamay 5 %

Surface en blanc : 38 ha
Cépages :
    Chenin 100 %
Appellation principale : Coteaux du layon
Production moyenne : 180 000 bouteilles

♀ **Anjou le Haut de la Gorde**
2000 : 88

♀ **Anjou-villages Château Pierre Bise**
2000 : 88

♀ **Coteau du layon
Beaulieu Les Rouannières**
1999 : 88

♀ **Coteau du layon
Rochefort les Ravelles**
2000 : 89

♀ **Quarts de chaume**
2000 : 90

♀ **Savennières clos de Coulaine**
2000 : 89

DOMAINE DES PETITS QUARTS ★★★★

49380 Faye-d'Anjou
Tél. : 02 41 54 03 00 - Fax : 02 41 54 25 36

En 1887, la famille Godineau a quitté le cœur du village de Bonnezeaux pour s'installer huit cents mètres plus à l'Ouest, sur la commune de Faye d'Anjou. Plus d'un siècle plus tard, Bonnezeaux et Faye restent les deux appellations de ce domaine discret, géré par Jean-Pascal Godineau dans le strict respect de la tradition. Présent sur les meilleures parties de Bonnezeaux, le domaine commercialise un Bonnezeaux Le Malabé 1997 d'anthologie, un des plus grands qui aient jamais été produits. Le coteaux du Layon 2000 est aussi très beau.

Responsable : Jean-Pascal Godineau
Vente à la propriété : oui
Visite : sur rendez-vous
Dégustation : sur rendez-vous
Surface du vignoble : 12,5 ha
Surface en blanc : 12,5 ha
Cépages :
   Chenin 100 %
Appellation principale : Bonnezeaux
Production moyenne : 15 000 bouteilles

🍷 **Bonnezeaux le Malabé**
   1997 : 94 . . . . .27,50 €

🍷 **Coteaux du layon Faye**
   2000 : 89

ANJOU-SAUMUR

DOMAINE DES ROCHES NEUVES ★★★★

56 boulevard Saint-Vincent
49400 Varrains
Tél.: 02 41 52 94 02 - Fax: 02 41 52 49 30
E. Mail: thierry-germain@wanadoo.fr
Web: www.rochesneuves. com

Quittant le bordelais où il avait un avenir tout tracé dans les vignobles familiaux, Thierry Germain a préféré s'installer en 1993 à Varrains en rachetant le domaine des Roches Neuves. Dans ce millésime 2001 qui n'était pas gagné d'avance, il en a encore réussi un très beau. En blanc, l'Insolite est de mieux en mieux équilibré, avec un boisé bien intégré. Les rouges sont au sommet depuis longtemps et ils le restent.

Responsable: Thierry Germain
Vente à la propriété: oui
Visite: sur rendez-vous
Dégustation: sur rendez-vous
Surface du vignoble: 22 ha
Surface en rouge: 20 ha
Cépages:
    Cabernet franc 100 %
Surface en blanc: 2 ha
Cépages:
    Chenin 100 %
Appellation principale: Saumur-champigny
Production moyenne: 130 000 bouteilles

♗ **Domaine des Roches Neuves**
    2001 : 87 . . . . .6,86 €

♗ **Marginale**
    2000 : 89

♗ **Saumur-champigny
    Terres Chaudes**
    2001 : 88 . . . . .11,43 €

♗ **Saumur Insolite**
    2001 : 88 . . . . .11,43 €

DOMAINE DES SABLONNETTES ★★★★

L'Espérance
49750 Rablay-sur-Layon
Tél. : 02 41 78 40 49 - Fax : 02 41 78 61 15
E. Mail : domainedessablonnettes@wanadoo.fr

Passionnés parmi les passionnés, Joël et Christine Ménard sont des producteurs intégristes dans le meilleur sens du terme. Analysant leurs vins avec une lucidité rare, ils élaborent des vins de cœur, toujours très équilibrés et tirant le meilleur parti de la récolte. Evidemment, la culture est biologique, évidemment elle est biodynamique et les raisins sont triés plutôt cinq fois qu'une. Leur vignoble est un jardin et les vins sont d'une grande digestibilité, même en millésime difficile comme en 2000 ou en 2001. Accueil passionné garanti sur place.

Responsables : Christine et Joël Ménard
Vente à la propriété : oui
Visite : sur rendez-vous
Dégustation : sur rendez-vous
Surface du vignoble : 13,5 ha

Surface en rouge : 4 ha
Cépages :
    Cabernet franc 50 %
    Gamay 50 %
Surface en blanc : 9,5 ha
Cépages :
    Chenin 100 %
Appellation principale : Coteaux du layon
Production moyenne : 30 000 bouteilles

Anjou
2001 : 87 . . . . .4 €

Anjou gamay
2001 : 86 . . . . .4 €

Anjou les Genêts
2000 : 87

Cabernet d'anjou
2001 : 87 . . . . .4 €

Coteaux du layon la Bohème (50 cl)
1999 : 89 . . . . .19,80 €

Coteaux du layon VV
2000 : 88

ANJOU-SAUMUR

DOMAINE JO PITHON ★★★★

Les Bergères
49750 Saint-Lambert-du-Lattay
Tél. : 02 41 78 40 91 - Fax : 02 41 78 46 37
E. Mail : jopithon@jopithon.com
Web : www.domaine-jopithon.com

Homme au caractère trempé, Jo Pithon ne cultive qu'un seul cépage et ne fait qu'un seul type de vin, du vin blanc. Il dispose en revanche d'une belle palette de terroirs et de divers degrés de concentration. Les vins ne sont ni levurés, ni chaptalisés, et les vignes sont en culture biologique. Après des séries de vins très riches et des essais plus ou moins concluants, la vinification est arrivée à un stade de maturité. Les 2000 sont parfaitement équilibrés avec un très beau vin sec, les Bergères sur sol de schiste, et deux excellents liquoreux, un joli Beaulieu et des Bonnes Blanches d'une grande longueur et un boisé bien intégré.

Responsables : Isabelle et Jo Pithon
Vente à la propriété : oui
Visite : sur rendez-vous
Dégustation : sur rendez-vous
Moyen d'accès : A St Lambert du Lattay prendre la direction Rablay/Layon.
Surface du vignoble : 10 ha
Surface en blanc : 10 ha
Cépages :
    Chenin 100 %
Appellation principale : Coteaux du layon
Production moyenne : 30 000 bouteilles

🍷 **Anjou bergères**
2000 : 88

🍷 **Coteaux du layon
Beaulieu-sur-layon**
2000 : 89

🍷 **Côteaux du layon
Saint-Lambert Ambroisie**
2000 : 90

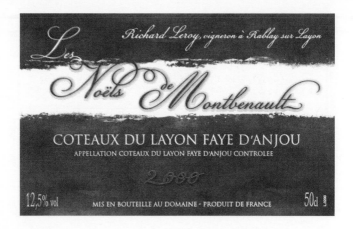

DOMAINE LEROY ****

52 Grande-Rue
49750 Rablay-sur-Layon
Tél. : 02 41 78 51 84

Richard Leroy est un passionné de vin, mordu des grands bourgognes, qui se morfondait dans la finance à Paris en rêvant aux grands flacons. N'y tenant plus, il finit par acheter avec sa femme œnologue reconvertie dans l'immobilier, (la vie a de ces hasards), deux hectares de vignes dans le Layon qu'il bichonne chaque fin de semaine, la logistique étant assurée par Joël Ménard du domaine des Sablonnettes. Maintenant vigneron à plein temps, son vignoble est tenu à quatre épingles avec de tous petits rendements. Malgré la dureté des millésimes récents, les vins sont superbes.

Responsable : Richard Leroy
Vente à la propriété : oui
Visite : sur rendez-vous
Dégustation : sur rendez-vous
Surface du vignoble : 3 ha
Cépages en blanc :
   Chenin 100 %
Appellation principale : Coteaux du layon

♀ **Anjou**
2000 : 88

♀ **Coteaux du layon Faye d'Anjou «grains nobles» cuvée les Nöels de Montbenault**
2000 : 88

ANJOU-SAUMUR

DOMAINE OGEREAU ★★★★

44 rue Belle Angevine
49750 Saint-Lambert-du-Lattay
Tél. : 02 41 78 30 53 - Fax : 02 41 78 43 55

Quatrième génération de vignerons, Vincent Ogereau suit la trace de son père qui, très tôt, s'était mis à la vente en direct. Avec l'aide de l'œnologue Didier Coutanceau, très tôt il s'est lancé dans les expérimentations comme les barriques neuves, les blancs secs à très haute maturité et bien d'autres. Depuis de nombreuses années, les coteaux du Layon sont de très haut niveau avec un magnifique Clos des Bonnes Blanches 1999 et une belle cuvée prestige 2000. En rouge, l'Anjou Villages figure parmi les meilleurs depuis longtemps et le 2000 relève encore de ce cas de figure.

Responsable : Vincent Ogereau
Vente à la propriété : oui
Visite : sur rendez-vous
Dégustation : sur rendez-vous
Moyen d'accès : RN Angers - Cholet. Autoroute Angers - Cholet, sortie Beaulieu-Thouarcé.
Surface du vignoble : 23 ha

Surface en rouge : 13 ha
Cépages :
    Cabernet 80 %
    Groslot 10 %
    Gamay 10 %
Surface en blanc : 10 ha
Cépages :
    Chenin 90 %
    Sauvignon blanc 7 %
    Chardonnay 3 %
Appellation principale : Coteaux du layon
Production moyenne : 70 000 bouteilles

Anjou sec prestige
2000 : 87

Anjou-villages tradition
2000 : 88

Cabernet d'anjou
2000 : 86

Coteaux du layon Saint-Lambert
2000 : 88

Coteaux du layon Saint-Lambert clos des Bonnes Blanches
1999 : 90 . . . . 19,06 €

Coteaux du layon Saint-Lambert prestige
2000 : 89

Michel

Robineau

COTEAUX DU LAYON
SAINT LAMBERT DU LATTAY

appellation coteaux du layon st lambert du lattay contrôlée

SÉLECTION DE GRAINS NOBLES

12.5 % vol.   Mis en bouteille à la propriété   75 cl

Michel ROBINEAU, Viticulteur, 3, chemin du Moulin "Les Grandes Tailles" 49750 St Lambert du Lattay - FRANCE

PRODUCE OF FRANCE   Tél. 02.41.78.34.67

MICHEL ROBINEAU ★★★★

3 chemin du Moulin-les-Grandes-Tailles
49750 Saint-Lambert-du-Lattay
Tél. : 02 41 78 34 67

Après avoir travaillé cinq ans chez Jo Pithon, le discret Michel Robineau s'est installé en 1993. Avec sa femme, il se lance dans des tries incroyables, ce qui lui permet de sortir des vins superbes, même dans les petites années. A cet égard, les 2000 sont magnifiques de concentration et de longueur, tout comme les 1999. Précipitez-vous, car les prix sont très raisonnables. Le rouge 2000 est aussi très équilibré.

Responsable : Michel Robineau
Vente à la propriété : oui
Visite : sur rendez-vous
Dégustation : sur rendez-vous
Surface du vignoble : 9 ha
Surface en rouge : 3 ha
Cépages :
    Cabernet 100 %
Surface en blanc : 6 ha
Cépages :
    Chenin 100 %
Appellation principale : Coteaux du layon

♟ **Anjou-villages**
    2000 : 87

♟ **Coteaux du layon**
   Saint-Lambert SGN
    2000 : 89
    1999 : 89 . . . . .14,03 €

ANJOU-SAUMUR

2000   2000

GRAND CRU D'ANJOU
MIS EN BOUTEILLE AU CHÂTEAU

CHÂTEAU D'EPIRÉ
SAVENNIÈRES
Appellation Savennières contrôlée

PRODUCE OF FRANCE

L. 00-02   SCEA BIZARD · LITZOW, Prop., Savennières (Maine-et-Loire)

13 % vol.

750 ml

CHÂTEAU D'EPIRÉ ***(*)

Chais du Château d'Epiré
49170 Savennières
Tél. : 02 41 77 15 01 - Fax : 02 41 77 16 23
E. Mail : luc.bizard@wanadoo.fr
Web : www.chateau-epire.com

Descendante de Las Cases, la famille Bizard occupe le château du XIXᵉ siècle, l'ancienne église paroissiale servant de chai. Après avoir servi comme officier de la Royale, Luc Bizard a pris la direction du domaine en 1990. Le vignoble d'une dizaine d'hectares possède plusieurs parcelles magnifiquement situées et la vinification est très classique. Même si le millésime 2000 n'est pas des plus remarquables, les deux cuvées d'Epiré sont très bien réussies avec un peu plus de volume que d'habitude, sûrement grâce à un élevage sur lies, systématisé justement à partir de ce millésime.

Responsable : Luc Bizard
Vente à la propriété : oui
Visite : sur rendez-vous
Dégustation : sur rendez-vous
Surface du vignoble : 10 ha
Surface en rouge : 1 ha
Cépages :
   Cabernet franc 100 %
Surface en blanc : 9 ha
Cépages :
   Chenin 100 %
Appellation principale : Savennières
Production moyenne : 50 000 bouteilles

Anjou rouge clos de la Cerisaie
2001 : 86 . . . . .5,20 €

Savennières Château d'Epiré
2000 : 88
1999 : 87 . . . . .7,80 €

Savennières cuvée spéciale
2000 : 89
1999 : 88 . . . . .9,40 €

Savennière le Huboyau
2000 : 87

CHÂTEAU DU BREUIL ***(*)

Route de Rochefort
49750 Beaulieu-sur-Layon
Tél. : 02 41 78 32 54 - Fax : 02 41 78 30 03
E. Mail : ch.breuil@wanadoo.fr

Le château du Breuil est cultivé depuis 1822 et la famille Morgat-Robin, qui l'a acheté en 1960, est issue d'une lignée de vignerons du XVIIe siècle. Dans le passé, le château du Breuil a eu une grande réputation comme en témoignent les splendides catalogues de la maison Nicolas. Avec son patrimoine de vieilles vignes, les vins actuels continuent de soutenir la comparaison avec ceux du passé, comme en témoignent, à dix ans d'intervalle, les beaux 1989 et 1999.

Responsable : Marc Morgat
Vente à la propriété : oui
Visite : oui
Dégustation : sur rendez-vous
Moyen d'accès : A87, sortie Thouarcé-Beaulieu - N160 - D54, vers Rochefort.
Surface du vignoble : 30 ha
Surface en rouge : 10 ha
Cépages :
    Cabernet franc 100 %
Surface en blanc : 20 ha
Cépages :
    Chenin 100 %
Appellation principale : Coteaux du layon

♟ **Anjou-villages**
    1999 : 86 . . . . .6,15 €

♟ **Coteaux du layon Beaulieu VV**
    1999 : 88 . . . . .12,70 €
    1989 : 89

ANJOU-SAUMUR

DOMAINE AUX MOINES ***(*)

La Roche aux Moines
49170 Savennières
Tél. : 02 41 72 21 33 - Fax : 02 41 72 86 55

Propriété des moines de 1130 jusqu'à 1791, le domaine appartient actuellement à Mme Laroche. Il est magnifiquement situé au sommet du coteau de la Roche aux Moines bordant la Loire sur un sol schisteux, dans un microclimat très particulier, permettant le développement du botrytis. Le domaine dispose encore d'une belle série remontant jusqu'à 1988. Très régulier, le vin évolue relativement rapidement en bouteille durant les premières années, pour ensuite se stabiliser au bout de cinq ans dans un style rond et suave, assez corsé. Il garde ses caractéristiques très longtemps.

Responsable : madame Laroche
Vente à la propriété : oui
Visite : oui
Dégustation : oui
Surface du vignoble : 8,8 ha
Surface en rouge : 0,8 ha
Cépages :
    Cabernet 100 %
Surface en blanc : 8 ha
Cépages :
    Chenin 100 %
Appellation principale : Savennières roche-aux-moines

Savennières roche-aux-moines
2000 : 88
1997 : 88 . . . . .10,67 €
1995 : 88 . . . . .11,45 €

HARMONIE

1997

COTEAUX DU LAYON ST-AUBIN

Appellation Coteaux du Layon St-Aubin Contrôlée

MIS EN BOUTEILLE AU DOMAINE

DOMAINE CADY - PROPRIÉTAIRE-VITICULTEUR
A VALETTE - 49190 SAINT-AUBIN-DE-LUIGNÉ-FRANCE

13 % Vol.   50 cl

PRODUCE OF FRANCE

DOMAINE CADY ***(*)

Valette
49190 Saint-Aubin-de-Luigne
Tél. : 02 41 78 33 69 - Fax : 02 41 78 67 79
E. Mail : cadyph@wanadoo.fr

Troisième génération de vignerons, Philippe Cady dispose de quelques beaux terroirs sur les coteaux du Layon Chaume et Saint Aubin. Toujours disponibles sur la carte, les 1997 restent les plus beaux millésimes de ces cinq dernières années et les cuvées Volupté et Harmonie n'ont pas de rivales. Dans le millésime 2000 nettement moins favorable, le coteaux du Layon Chaume tout comme les Varennes à Saint Aubin, s'en sortent grâce à leurs exceptionnels terroirs.

Responsables : Philippe et Sylvie Cady
Vente à la propriété : oui
Visite : sur rendez-vous
Dégustation : sur rendez-vous
Surface du vignoble : 19 ha
Surface en rouge : 5 ha
Cépages :
  Gamay
  Cabernet
  Groslot

Surface en blanc : 14 ha
Cépages :
  Chenin
  Chardonnay
Appellation principale : Coteaux du layon
Production moyenne : 100 000 bouteilles

Anjou
2001 : 87 . . . . .4,10 €

**Coteaux du layon
Saint-Aubin Chaume**
2000 : 87

**Coteaux du layon
Saint-Aubin Harmonie**
1997 : 89 . . . . .15,50 €

**Coteaux du layon
Saint-Aubin Les Varennes**
2000 : 87

**Coteaux du layon
Saint-Aubin Volupté**
1999 : 88 . . . . .14,50 €
1997 : 90 . . . . .21,50 €

ANJOU-SAUMUR

CRU D'ANJOU

SAVENNIERES

Appellation Savennières contrôlée

DOMAINE DE LA MONNAIE

2000

13.2%vol 750ml

Eric MORGAT - PROPRIETAIRE - VIGNERON - SAVENNIERES 49170

PRODUIT DE FRANCE

DOMAINE DE LA MONNAIE ***(*)

49170 Savennières
Tél. : 02 41 72 22 51 - Fax : 02 41 78 30 03
E. Mail : eric.morgat@wanadoo.fr

Voilà six ans qu'Eric Morgat, vigneron idéaliste, a repris ce domaine dont le petit vignoble est implanté sur un sous-sol rocheux de schistes verts ou gréseux, recouverts d'un peu de sable éolien. Une partie du vignoble en très mauvais état vient d'être renouvelée. Si les vignes sont encore jeunes, la volonté d'Eric Morgat les compense largement. Le 2000 a été ramassé en cinq tries manuelles et élevé moitié en cuve, moitié en fûts. Il est d'une remarquable richesse et très bien équilibré. Il ira loin. Les prix sont angéliques.

Responsable : Eric Morgat
Vente à la propriété : oui
Visite : sur rendez-vous
Dégustation : sur rendez-vous
Surface du vignoble : 5 ha
Surface en blanc : 5 ha
Cépages :
    Chenin 100 %
Appellation principale : Savennières
Production moyenne : 10 000 bouteilles

♀ Savennières
2001 : 88
2000 : 89 . . . . .9,14 €

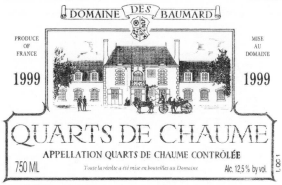

DOMAINE DES BAUMARD ***(*)

8 rue de l'Abbaye
49190 Rochefort-sur-Loire
Tél. : 02 41 78 70 03 - Fax : 02 41 78 83 82
E. Mail : contact@baumard.fr
Web : www.baumard.fr

La famille Baumard s'est établie au logis de la Giraudière en 1959. Florent Baumard a rejoint son père en 1987 et il dirige maintenant le domaine qui possède de belles parcelles sur Savennières et Quart de Chaume. En Savennières, le Clos Saint Yves est situé entre le Clos du Papillon et le coteau de la Roche aux Moines. En 1999, il a été ramassé en trois passages, ce qui donne un vin parfumé et élégant. Le Quarts de Chaume 1999 est droit, long, encore sur sa réserve, mais de grande classe. Nouveau venu, Vert de l'Or est issu d'un cépage du XIXe siècle totalement disparu et donc qui n'a plus d'existence légale, si ce n'est en vin de table. Riche et plein, très souple, il existe bel et bien dans le verre et dans la bouche.

Responsable : **Florent Baumard**
Vente à la propriété : oui
Visite : sur rendez-vous
Dégustation : sur rendez-vous
Surface du vignoble : 35 ha
Surface en rouge : 5 ha
Cépages :
    Cabernet franc 90 %
    Cabernet sauvignon 10 %
Surface en blanc : 30 ha
Cépages :
    Chenin 90 %
    Chardonnay 10 %
Appellation principale : Quarts de chaume

♀ **Cuvée Vert de l'Or**
      84 . . . . .6 €

♀ **Quarts de Chaume**
1999 : 89 . . . . .24,45 €

♀ **Savennières cuvée Clos Saint Yves**
1998 : 87 . . . . .9,05 €

ANJOU-SAUMUR

Clos du Papillon

VAL DE LOIRE

SAVENNIÈRES
APPELLATION SAVENNIÈRES CONTRÔLÉE

DOMAINE du CLOSEL
1999
13,8% Vol   MIS EN BOUTEILLE AU DOMAINE   750 ml
Mmes de JESSEY e.a.r.l. - Prop.-Récolt. - 49170 SAVENNIÈRES - FRANCE
PRODUCE OF FRANCE
http://www.savennieres-closel.com

DOMAINE DU CLOSEL ***(*)

Château des Vaults
1 place Mail
49170 Savennières
Tél. : 02 41 72 81 00 - Fax : 02 41 72 86 00
E. Mail : closel@savennieres-closel.com
Web : www.savennieres-closel.com

Le château des Vaults, siège du domaine, est mentionné dès le XVe siècle et a eu comme propriétaire, entre autres, le marquis de Las Cases. Madame de Jessey, à qui personne de la famille n'avait songé, s'est prise de passion pour le domaine et l'a redressé avec beaucoup de compétence et de volonté. La propriété est composée de belles parcelles dont le Clos du Papillon est le fleuron. Très régulier, il est superbe en 1999 comme en 2000. Les Caillardières sur schiste et rhyolite donnent un Savennières ample avec de jolis arômes de fleurs blanches.

Responsable : EARL Mesdames de Jessey
Vente à la propriété : oui
Visite : oui
Dégustation : oui
Moyen d'accès : Angers, direction Nantes, Saint Jean de Tinières, Savennières.
Surface du vignoble : 16 ha

Surface en rouge : 3 ha
Cépages :
    Cabernet franc 65 %
    Cabernet sauvignon 35 %
Surface en blanc : 13 ha
Cépages :
    Chenin 100 %
Appellation principale : Savennières
Production moyenne : 90 000 bouteilles

Savennières Clos du papillon
2000 : 89
1999 : 89 . . . . .12,50 €

Savennières cuvée Isa
1997 : 87 . . . . .22 €

Savennières la Jalousie
2000 : 87
1999 : 86 . . . . .9,50 €
1995 : 87 . . . . .11,50 €

Savennières les Caillardières
2000 : 88
1999 : 87 . . . . .10,50 €

Savennières VV
1993 : 88 . . . . .14 €

CHÂTEAU DE MONTGUÉRET ***

Château de Montguéret - Le Bourg
49560 Nueil-sur-Layon
Tél. : 02 41 59 59 19 - Fax : 02 41 59 59 02
E. Mail : contact@chateau-de-montgueret
Web : www.chateau-de-montgueret.fr

André et Dominique Lacheteau ont acheté ce grand domaine en 1987 où ils produisent des coteaux du Layon, mais aussi des Saumurs. Si les premiers millésimes ont été difficiles par manque d'équipements, ils disposent maintenant d'un grand chai fonctionnel et de tous les équipements nécessaires. Les vins sont francs, de bonne facture, largement disponibles et pas très chers.

Responsables :
André et Dominique Lacheteau
Vente à la propriété : oui
Visite : sur rendez-vous
Dégustation : sur rendez-vous
Surface du vignoble : 80 ha
Surface en rouge : 30 ha
Cépages :
    Cabernet franc 80 %
    Cabernet sauvignon 20 %

Surface en blanc : 50 ha
Cépages :
    Chenin 90 %
    Chardonnay 10 %
Appellation principale : Saumur
Production moyenne : 600 000 bouteilles

Anjou château Montguéret cuvée du Petit Saint-Louis
2000 : 86

Le Petit Saint Louis
1998 : 87 . . . . .8,99 €

Rosé de Loire Château de Montgueret
2001 : 85 . . . . .4,42 €

Saumur brut Château de Montguéret
87 . . . . .7,62 €

Saumur Château de Montguéret cuvée Saint-Louis
2001 : 86 . . . . .4,88 €

Saumur cuvée du Petit Saint-Louis
2001 : 86 . . . . .4,42 €

ANJOU-SAUMUR

CHÂTEAU DE PLAISANCE ***

Chaume
49190 Rochefort-sur-Loire
Tél. : 02 41 78 33 01 - Fax : 02 41 78 67 52
E. Mail : rochais.guy@free.fr

La tradition de vigneron des Rochais remonte à 1824 et le château de Plaisance est très bien situé au cœur du terroir de Chaume avec un vignoble en coteau, sur un terroir argilo-calcaire parsemé de spilite, le sous-sol étant carbonifère. Il dispose aussi de deux hectares à Savennières et de trois hectares de cabernet. En 2000, le Layon Chaume domine comme toujours la situation avec beaucoup de fruit.

Responsable : Guy Rochais
Vente à la propriété : oui
Visite : sur rendez-vous
Dégustation : sur rendez-vous
Surface du vignoble : 25 ha
Surface en rouge : 8 ha
Cépages :
    Cabernet sauvignon 80 %
    Cabernet franc 20 %
Surface en blanc : 17 ha
Cépages :
    Chenin 100 %
Appellation principale :
Coteaux du layon Chaume
Production moyenne : 50 000 bouteilles

Y **Anjou-villages château de Plaisance cuvée Clos de l'Etang**
2000 : 87

Y **Coteaux du layon Chaume**
2000 : 88

Y **Savennières château Plaisance cuvée le Clos de l'Etang**
2000 : 88

CHÂTEAU DES ROCHETTES ***

Château des Rochettes
49700 Concourson-sur-Layon
Tél. : 02 41 59 11 51 - Fax : 02 41 59 37 73

Sixième génération, Jean Douet est arrivé sur le vignoble en 1974, avant d'y succéder en 1981. Vingt ans plus tard, après avoir vécu toutes les mutations du Layon et ses crises, il s'est porté à l'avant-garde de la qualité avec ses grains nobles. La cuvée Folie 1997 reste inégalée dans la grande qualité, mais le 2000, en sélection de vieilles vignes, possède une belle liqueur tout en portant quelques stigmates de ce millésime difficile. Les vins rouges sont moins convaincants.

Responsable : Jean Douet
Vente à la propriété : oui
Visite : sur rendez-vous
Dégustation : sur rendez-vous
Moyen d'accès : Axe Saumur - Cholet.
Surface du vignoble : 25 ha
Surface en rouge : 13 ha
Cépages :
    Cabernet franc 80 %
    Cabernet sauvignon 20 %
Surface en blanc : 12 ha
Cépages :
    Chenin 100 %
Appellation principale : Coteaux du layon
Production moyenne : 100 000 bouteilles

🍷 **Anjou**
    2001 : 84 . . . . .4,70 €
    2000 : 85

🍷 **Coteaux du layon cuvée Folie**
    1997 : 90 . . . . .27 €

🍷 **Coteaux du layon VV**
    2001 : 87 . . . . .9 €

ANJOU-SAUMUR

DOMAINE BANCHEREAU ***

62 rue du Canal-de-Monsieur
49190 Saint-Aubin-de-Luigné
Tél.: 02 41 78 33 24 - Fax : 02 41 78 66 58
E. Mail : scea-domaine-
banchereau@wanadoo.fr

Créé en 1950, le domaine a connu une croissance fulgurante en un demi-siècle. Il est maintenant géré par Philippe Socheleau et la philosophie a quelque peu changé ces dernières années. Les feuillages ont été augmentés et la grappe est maintenant effeuillée, ce qui permet d'atteindre des degrés naturels élevés. Les 2001 sont dans cette logique avec beaucoup de fond pour les vieilles vignes et un joli velouté pour la cuvée privilège.

Responsables : Philippe et René Socheleau
Vente à la propriété : oui
Visite : sur rendez-vous
Dégustation : sur rendez-vous
Moyen d'accès : A87, sortie n°24.
Surface du vignoble : 38,5 ha
Surface en rouge : 13,5 ha
Cépages :
    Cabernet franc 60 %
    Cabernet sauvignon 25 %
    Gamay 15 %

Surface en blanc : 25 ha
Cépages :
    Chenin 90 %
    Chardonnay 6 %
    Sauvignon 4 %
Appellation principale : Coteaux du layon
Production moyenne : 200 000 bouteilles

Anjou le Clos de la Casse
2001 : 87 . . . . .6,10 €

Anjou le Firchaud
2001 : 87 . . . . .6,10 €

Coteaux du layon Chaume
2001 : 88 . . . . .15,50 €

**Coteaux du layon
Saint-Aubin VV**
2001 : 87 . . . . .10,65 €

DOMAINE DE LA PALEINE ***

9 rue de la Paleine
49260 Le Puy Notre-Dame
Tél.: 02 41 52 21 24 - Fax: 02 41 52 21 66

Joël Levi est un ancien publicitaire spécialisé dans l'affichage public qui a eu
le coup de foudre pour la Paleine qu'il a
achetée en 1991. Sans attache régionale,
ni relations viticoles, il a beaucoup
investi et il s'est fait conseiller, sans
aucun préjugé. Dix ans plus tard, il propose des cuvées nettes et franches, toujours très bien vinifiées, que ce soit en
effervescent ou en Saumur blanc et
rouge. A des prix angéliques…

Responsable: Joël Levi
Vente à la propriété: oui
Visite: oui
Dégustation: sur rendez-vous
Surface du vignoble: 32 ha
Surface en rouge: 18 ha
Cépages:
  Cabernet 100 %
Surface en blanc: 14 ha
Cépages:
  Chardonnay 10 %
  Chenin 90 %
Appellation principale: Saumur
Production moyenne: 200 000 bouteilles

♀ **Saumur**
  1999: 87 . . . . .5 €

♀ **Saumur domaine de la Paleine**
  2000: 87

♀ **Saumur domaine de la Paleine**
  87 . . . . .6 €

ANJOU-SAUMUR

DOMAINE DE NERLEUX ***

4 rue de la Paleine
49260 Saint-Cyr-en-Bourg
Tél.: 02 41 51 61 04 - Fax: 02 41 51 61 34
E. Mail: contact@domaine-de-nerleux.fr
Web: www.domaine-de-nerleux.fr

Depuis huit générations, les propriétaires sont installés dans un château du XVIIe siècle aux terroirs sablonneux et argileux sur fond de calcaire. Le Saumur-Champigny les Châtains 2000 est issu d'une sélection de raisins surmûris, ce qui donne un vin très ample. Le saumur blanc La Singulière relève du même cas de figure, avec des arômes de miel et de vanille. Les autres cuvées jouent la souplesse et un fruité plus immédiat.

Responsable: Régis Néau
Vente à la propriété: oui
Visite: oui
Dégustation: oui
Moyen d'accès: RD93.
Surface du vignoble: 45 ha
Surface en rouge: 35 ha
Cépages:
    Cabernet franc 100 %

Surface en blanc: 10 ha
Cépages:
    Chenin 90 %
    Chardonnay 10 %
Appellation principale: Saumur
Production moyenne: 170 000 bouteilles

Clos des Chatains
2000: 88

Coteaux de Saumur
2000: 87

Crémant de loire
86 . . . . .6 €

Saumur
2000: 86

Saumur champigny
2000: 87

Saumur cuvée La Singulière
2000: 88

2000

DOMAINE DES CHARBOTIÈRES

ANJOU VILLAGES BRISSAC

APPELLATION ANJOU VILLAGES BRISSAC CONTRÔLÉE

MIS EN BOUTEILLE
AU DOMAINE
Product of France
12% vol.

750 ML

Paul-Hervé Vintrou
Propriétaire-viticulteur
à St-Jean des Mauvrets
49320 Brissac

AVB 001

DOMAINE DES CHARBOTIÈRES ***

Clareau
49320 Saint-Laurent-des-Mauvrets
Tél. : 02 41 91 22 87 - Fax : 02 41 66 23 09
E. Mail : contact@domainedescharbotieres.com
Web : www.domainedescharbotieres.com

Simple amateur, Paul-Hervé Vintrou remporte en 1980 le concours du meilleur sommelier du Sud-Ouest et devient finaliste du concours du meilleur sommelier de France. Par passion, il s'installe avec sa femme Françoise en Anjou. Des cinq hectares de cabernet, il sort un tannique et dense Anjou Villages Brissac en 1999, avec un tiers de cabernet-sauvignon, auquel trois ans seront nécessaires avant que n'émergent ses beaux arômes épicés. Des autres cinq hectares de chenin sur des schistes argileux, l'Anjou blanc sec est très dense et le coteaux de l'Aubance, tout aussi concentré, est très équilibré. Les vins respirent la franchise.

Responsable : Paul-Hervé Vintrou
Vente à la propriété : oui
Visite : sur rendez-vous
Dégustation : sur rendez-vous
Surface du vignoble : 11 ha
Surface en rouge : 5,5 ha
Cépages :
    Cabernet franc 60 %
    Cabernet sauvignon 40 %
Surface en blanc : 5,5 ha
Cépages :
    Chenin 100 %
Appellation principale : Anjou-villages
Production moyenne : 30 000 bouteilles

Anjou
2000 : 87

Anjou-villages
2000 : 88

Coteaux de l'aubance
1999 : 87 . . . . .23 €

ANJOU-SAUMUR

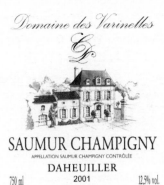

DOMAINE DES VARINELLES ★★★

28 rue du Ruau
49400 Varrains
Tél. : 02 41 52 90 94 - Fax : 02 41 52 94 63

Propriété familiale depuis cinq générations, les Varinelles évoquent le chemin des lavandières pour aller laver leur linge. Géré par Claude Daheuiller avec son fils Laurent, le domaine est très morcelé avec des lieux-dits réputés comme les Poyeux à Chacé et les Petits Clos à Varrains. Les installations de vinification sont impressionnantes. Les magnifiques vieilles vignes 2000 viennent de vignes de 70 ans et sont élevées en fûts de deux ou trois ans : elles sont d'un grand calibre. La cuvée classique 2001 est aussi de bonne facture, tout comme d'ailleurs l'excellent crémant de Loire.

Responsable : Laurent Daheuiller SCA
Vente à la propriété : oui
Visite : sur rendez-vous
Dégustation : sur rendez-vous
Surface du vignoble : 42 ha
Surface en rouge : 30 ha
Cépages :
   Cabernet franc 100 %
Surface en blanc : 12 ha
Cépages :
   Chenin 100 %
Appellation principale : Saumur-champigny
Production moyenne : 150 000 bouteilles

Crémant de loire
   87 . . . . .6,40 €

Saumur-champigny
   2001 : 87 . . . . .5,50 €

Saumur-champigny VV
   2000 : 88
   1999 : 87 . . . . .7,50 €

DOMAINE LANGLOIS-CHÂTEAU ***

3, rue Léopold-Palustre B.P. 57
49400 Saint-Hilaire-Saint-Florent
Tél. : 02 41 40 21 40 - Fax : 02 41 40 21 49
E. Mail : contact@langlois-chateau.fr
Web : www.langlois-chateau.fr

Administré par Michel Villedey, Langlois-Château a ses vignes réparties entre Saint Florent aux terroirs silico-calcaires et Bron aux terroirs argilo-calcaires. Les vins élégants de l'un s'harmonisent bien aux vins puissants de l'autre pour donner naissance à toute une série de cuvées. Les vins sont toujours élégants, techniquement irréprochables, du simple crémant aux cuvées vieilles vignes.

Responsable : Michel Villedey
Vente à la propriété : oui
Visite : oui
Dégustation : oui
Surface du vignoble : 70 ha
Surface en rouge : 32 ha
Cépages :
  Cabernet franc 97 %
  Pinot noir 3 %

Surface en blanc : 38 ha
Cépages :
  Chenin 80 %
  Sauvignon blanc 20 %
Appellation principale : Saumur
Production moyenne : 1 000 000 bouteilles

Crémant de loire
1997 : 86
        85

Crémant de loire
85 . . . . .8,55 €

Crémant de loire Quadrille
1995 : 87 . . . . .14,50 €

Saumur
2000 : 84

Saumur champigny Château de Varrains
1999 : 87 . . . . .11,90 €

Saumur domaine Langlois-Château
2001 : 84 . . . . .6 €

Saumur VV
2000 : 85

Saumur VV
1999 : 86 . . . . .11,90 €

ANJOU-SAUMUR

René Renou
2000
BONNEZEAUX
APPELLATION BONNEZEAUX CONTRÔLÉE
Cuvée Zénith
MIS EN BOUTEILLE A LA PROPRIÉTÉ
RENÉ RENOU, PROPRIÉTAIRE-RÉCOLTANT Tél. 02 41 54 11 33
PLACE DU CHAMP DE FOIRE - 49380 THOUARCÉ - FRANCE
PRODUIT DE FRANCE
13% ALC. BY. VOL.
50 cl.

DOMAINE RENÉ RENOU ***

Place du Champ-de-Foire
49380 Thouarcé
Tél. : 02 41 54 11 33 - Fax : 02 41 54 11 34
E. Mail : domaine.rene.renou@wanadoo.fr

Président de l'Institut national des appellations d'origine, René Renou gère la maison France du vin. Se séparant d'une association de producteurs et d'amis du domaine de Terrebrune, le domaine a été créé en 1995. Sous les projecteurs des nombreux opposants, il se doit d'être un vignoble modèle. La cuvée Zénith est une cuvée confidentielle de 3000 bouteilles de 29° potentiels avec un équilibre de 13° d'alcool et de 170 grammes de sucres résiduels. Dans le grand millésime 1997, la cuvée Zénith a atteint des sommets. Les années 1999 comme 2000 ont été plus difficiles, mais elle s'en sort bien grâce aux travaux préparatoires dans le vignoble.

Responsable : René Renou
Vente à la propriété : oui
Visite : sur rendez-vous
Dégustation : sur rendez-vous
Surface du vignoble : 8 ha
Surface en blanc : 8 ha
Cépages :
    Chenin 100 %
Appellation principale : Bonnezeaux
Production moyenne : 24 000 bouteilles

Bonnezeaux cuvée Zénith
    2000 : 86
    1999 : 86
    1997 : 89

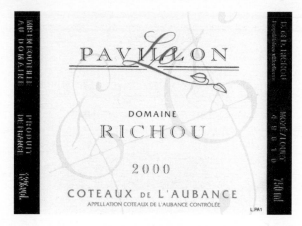

DOMAINE RICHOU ***

Chauvigné
49610 Moze-sur-Louet
Tél. : 02 41 78 72 13 - Fax : 02 41 78 76 05

En 1550, ses ancêtres étaient déjà vignerons et fournisseurs du roi. Prenant la
suite de son père Henri, Didier Richou
s'est installé sur le domaine familial en
1979, avant d'être rejoint par son frère
Damien. Du vaste domaine, ils sortent
un solide crémant de Loire 1999. Grand
classique du domaine, l'Anjou blanc Les
Rogeries 2000 est plein et déborde de
fruits très mûrs, tout comme le coteaux
de l'Aubance 2000, très équilibré, avec
un sucre résiduel bien intégré. Les
rouges sont aussi de bonne facture avec
un Anjou Villages Brissac très bien typé.

Responsables : Didier et Damien Richou
Vente à la propriété : oui
Visite : sur rendez-vous
Dégustation : sur rendez-vous
Moyen d'accès : Axe Angers - Cholet, direction
RN160, D123.
Surface du vignoble : 36 ha
Surface en rouge : 17 ha
Cépages :
    Cabernet 100 %

Surface en blanc : 19 ha
Cépages :
    Chenin 100 %
Appellation principale : Coteaux de l'aubance

Anjou-Gamay les Chateliers
2001 : 86 . . . . 5,20 €

Anjou les 4 Chemins
2000 : 87

Anjou sec les Rogeries
2000 : 88

Anjou-villages VV
2000 : 88

Coteaux de l'aubance le Pavillon
2000 : 88

Le Domaine Richou
1999 : 87 . . . . 7,50 €

PAYS NANTAIS

MISE DU — CHATEAU

Château du Coing de St Fiacre

MUSCADET SÈVRE ET MAINE SUR LIE

APPELLATION MUSCADET SÈVRE ET MAINE CONTRÔLÉE

Mis en bouteille par Véronique CHÉREAU-GÜNTHER, viticulteur à St Fiacre
pour V.G.C. - Le Coing - 44690 St-FIACRE-SUR-MAINE - FRANCE

12% vol.   RÉCOLTE 1998 — PRODUCE OF FRANCE   75 cl

Elevé en Fûts de Chêne Neufs

(GALARD)

CHÂTEAU
DU COING SAINT-FIACRE ★★★★

Le Château du Coing
44690 Saint-Fiacre
Tél. : 02 40 54 85 24 - Fax : 02 51 71 60 96
E. Mail : contact@chateau-du-coing.com
Web : www.chateau-du-coing.com

Situé aux confluents de la Sèvre nantaise
et de la Maine, le château, dirigé par
Véronique Günther-Chéreau, possède
une situation exceptionnelle qui l'a
rendu emblématique. Le sol est composé
de schiste, mais aussi de roches volca-
niques et de roches sédimentaires. Le
muscadet est toujours très typé. Issue
des vieilles vignes du château et vinifiée
avec une macération pelliculaire, la
cuvée Comte de Saint Hubert est magnifique en 1999. L'essai en fûts neufs est
plus concluant dans un millésime
classique comme celui de 99 que dans le
millésime de 97.

Responsable : Véronique Günther - Chéreau
Vente à la propriété : oui
Visite : sur rendez-vous
Dégustation : sur rendez-vous
Surface du vignoble : 60 ha

Surface en blanc : 60 ha
Cépages :
   Melon 80 %
   Folle blanche 10 %
   Chardonnay 10 %
Appellation principale : Muscadet de sèvre-et-
maine
Production moyenne : 400 000 bouteilles

Chardonnay
2000 : 86

Château du Coing Saint Fiacre
2001 : 88 . . . . .8,38 €
2000 : 88

**Château du Coing Saint Fiacre
cuvée du Millénaire**
1999 : 88 . . . . .8,08 €

**Château du Coing Saint Fiacre
cuvée Saint Hubert**
1999 : 89 . . . . .8,38 €
1997 : 87

**Château du Coing Saint Fiacre
« élevé en fut de chêne »**
1998 : 87 . . . . .11,04 €

Domaine des Hegrenières
2000 : 86

Domaine des Volais
2000 : 87

DOMAINE DE L'ECU ****

La Bretonnière
44430 Le Landreau
Tél. : 02 40 06 40 91 - Fax : 02 40 06 46 79

Héritier de cinq générations de vignerons traditionnels, le domaine de l'Ecu
est conduit en culture biologique depuis
1975, ce qui fait qu'il n'a jamais été en
« transition ». La biodynamie est testée
dès 1992 et étendue à l'ensemble du
vignoble en 1996. Les vins ont une
expression limpide du terroir et la comparaison entre les diverses cuvées du
domaine est un cas d'école. Toutes les
cuvées se partagent une vraie minéralité
qui rend ses vins si agréables à déguster.

Responsable : Guy Bossard
Vente à la propriété : oui
Visite : sur rendez-vous
Dégustation : sur rendez-vous
Surface du vignoble : 21 ha
Surface en rouge : 1,5 ha
Cépages :
    Cabernet 100 %
Surface en blanc : 19,5 ha
Cépages :
    Melon 85 %
    Folle blanche 10 %
    Chardonnay 5 %
Appellation principale : Muscadet de sèvre-et-
maine
Production moyenne : 120 000 bouteilles

♀ **Gros Plant du pays nantais sur lie
Guy Bossard**
2001 : 87 . . . . .4,30 €

♀ **Expression de gneiss**
2001 : 88 . . . . .6 €

♀ **Expression d'orthogneiss**
2001 : 88 . . . . .6 €

PAYS NANTAIS

DOMAINE DE LA LOUVETRIE
& CHÂTEAU DE LA CARIZIÈRE ★★★★

Les Brandières
44690 La Haye-Fouassières
Tél. : 02 40 54 83 27 - Fax : 02 40 54 89 82

Les domaines Landron gèrent à la fois le domaine de la Louvetrie, autrefois résidence du lieutenant de Louvetrie, et le clos du château de la Carizière. Ce dernier regroupe les vignes autour de la cave, située dans le clos entouré de vieux murs. Le 2000, plein et dense, est superbe avec sa pointe minérale. La cuvée Hermine d'Or, superbe elle aussi, est une sélection particulière avec récolte manuelle.

Responsable : Joseph Landron
Vente à la propriété : oui
Visite : sur rendez-vous
Dégustation : sur rendez-vous
Surface du vignoble : 44 ha
Surface en blanc : 44 ha
Cépages :
   Melon 97 %
   Folle blanche 3 %
Appellation principale : Muscadet de sèvre-et-maine

Y **Muscadet de sèvre-et-maine clos du château de la Carizière**
2000 : 89

Y **Muscadet de sèvre-et-maine Domaine de la Louvetrie « Fief du Breil »**
1999 : 88 . . . . .6,40 €

Y **Muscadet de sèvre-et-maine Sélection Hermine d'Or**
2000 : 89

CHÂTEAU DE CHASSELOIR ***(*)

Saint-Fiacre-sur-Maine
44690 Saint-Fiacre-sur-Maine
Tél. : 02 40 54 81 15 - Fax : 02 40 03 19 32
E. Mail : bernard.chereau@wanadoo.fr

Dans la célèbre maison de négoce, Bernard Chéreau gère un certain nombre d'entités propres. Situé sur un dôme dominant la Loire et composé d'orthogneiss, le château de l'Oiselinière donne un muscadet très classique qui est toujours d'une belle minéralité. Le château de Chasseloir possède des vignes plus vieilles, et même des ceps centenaires qui donnent une cuvée magnifique d'élégance, une des plus grandes du Muscadet. On y procède aussi à des essais en bois neuf avec des résultats mitigés.

Responsable : Bernard Chéreau
Vente à la propriété : oui
Visite : oui
Dégustation : oui
Moyen d'accès : D59, après Vertou, direction Saint Fiacre.
Surface du vignoble : 22 ha
Surface en blanc : 22 ha
Cépages :
    Melon 100 %
Appellation principale : Muscadet de sèvre-et-maine
Production moyenne : 140 000 bouteilles

⚲ **Château de Chasseloir**
    2001 : 87 . . . . .5,84 €
    2000 : 88

⚲ **Muscadet sur lie**
   Comte Leloup ceps centenaires
    1999 : 89 . . . . .7,20 €

PAYS NANTAIS

CHÂTEAU DE L'OISELINIÈRE ***(*)

2 impasse Port-de-la-Ramée
44120 Vertou
Tél. : 02 40 54 81 15 - Fax : 02 40 03 19 32
E. Mail : bernard.chereau@wanadoo.fr

Dans la célèbre maison de négoce, Bernard Chéreau gère un certain nombre d'entités propres. Situé sur un dôme dominant la Loire et composé d'orthogneiss, le château de l'Oiselinière donne un muscadet très classique qui est toujours d'une belle minéralité. Le château de Chasseloir possède des vignes plus vieilles, et même des ceps centenaires qui donnent une cuvée magnifique d'élégance, une des plus grandes du Muscadet. On y procède aussi à des essais en bois neuf avec des résultats mitigés.

Responsable : Bernard Chereau
Vente à la propriété : oui
Visite : oui
Dégustation : oui
Moyen d'accès : D59.
Surface du vignoble : 10 ha
Surface en blanc : 10 ha
Cépages :
    Melon 100 %
Appellation principale : Muscadet de sèvre-et-maine
Production moyenne : 70 000 bouteilles

Ⓨ **Château de l'Oiselinière
de la ramée**
  2001 : 88
  2000 : 88
  1999 : 88 . . . . .6,33 €

MIS EN BOUTEILLES AU DOMAINE

Domaine Bruno Cormerais

BC

1999   1999

MUSCADET SÈVRE ET MAINE

APPELLATION MUSCADET SÈVRE ET MAINE CONTRÔLÉE

SUR LIE

CUVÉE VIEILLES VIGNES

12%vol.
750 ml

PRODUIT
DE FRANCE

Bruno Cormerais

MIS EN BOUTEILLES PAR
EARL Bruno et Marie-Françoise CORMERAIS, vignerons, La Chambaudière.
44190 St-LUMINE-DE-CLISSON - FRANCE

DOMAINE
BRUNO CORMERAIS ***(*)

La Chambaudière
44190 Saint-Lumine-de-Clisson
Tél.: 02 40 03 85 84 - Fax: 02 40 06 68 74

Bruno Cormerais n'arrête pas de faire des essais de vinification d'autant que sa propriété possède plusieurs types de sols, souvent pauvres, avec des sous-sols granitiques. La dénomination Bruno Cormerais est, en principe, réservée aux vieilles vignes. Souples dans les premières années, ces muscadets gagnent à être gardés quelques années.

Responsable: Bruno Cormerais
Vente à la propriété: oui
Visite: sur rendez-vous
Dégustation: sur rendez-vous
Moyen d'accès: D17.
Surface du vignoble: 21 ha
Surface en rouge: 4 ha
Cépages:
    Cabernet 40 %
    Gamay 60 %
Surface en blanc: 17 ha
Cépages:
    Melon 90 %
    Folle blanche 10 %
Appellation principale: Muscadet de sèvre-et-maine
Production moyenne: 50 000 bouteilles

♀ **Muscadet sèvre-et-maine sur lie cuvée Chambaudière**
    2000 : 88
    1999 : 88 . . . . .4,50 €

PAYS NANTAIS

CHÂTEAU DE LA BOTINIÈRE ***

La Botinière
44330 Vallet
Tél. : 02 40 06 73 83 - Fax : 02 40 06 76 49
E. Mail : jeanbeauquin@jeanbeauquin-tm.fr

Tout le muscadet bruit d'élevage en barrique, de grande maturité de raisin, de terroirs alambiqués, de vieilles vignes et de concentration extrême. Pour beaucoup, la vertu du muscadet est, avant tout d'être un vin léger, sans prétention mais d'une digestibilité parfaite et rafraîchissant, le tout bien entendu à petit prix. C'est exactement la définition de la Botinière qui est d'une régularité exemplaire dans ce style franc et rafraîchissant, sans jamais de défaut, à un prix léger. Un bon Muscadet, quoi !

Responsable : GFA du Château la Botinière
Vente à la propriété : oui
Visite : sur rendez-vous
Dégustation : sur rendez-vous
Surface du vignoble : 50 ha
Surface en blanc : 50 ha
Cépages :
    Melon 100 %
Appellation principale : Muscadet de sèvre-et-maine
Production moyenne : 300 000 bouteilles

♀ **Les jardins de la Botinière**
    2001 : 86 . . . . .3,50 €

♀ **Muscadet de sèvre-et-maine sur lie A.C. Château de la Botinière**
    2001 : 87 . . . . .3,50 €

CHÂTEAU DE LA RAGOTIÈRE ***

La Grande Ragotière
44330 Vallet-la-Regrippière
Tél. : 02 40 33 60 56 - Fax : 02 40 33 61 89
E. Mail : freres.couillaud@wanadoo.fr
Web : www.freres-couillaud.com

La Ragotière fut achetée par les trois frères Couillaud en 1979 qui ont acquis, par la suite, en 1986, le château de la Morinière. La Ragotière donne toujours un muscadet d'une grande richesse, qui vieillit bien en bouteille. La Morinière est plus classique, plus structurée aussi, à l'exception du Clos du Petit château qui ne manque pas d'ampleur.

Responsable : frères Couillaud
Vente à la propriété : oui
Visite : oui
Dégustation : sur rendez-vous
Surface du vignoble : 68 ha
Surface en blanc : 68 ha
Cépages :
  Melon 54 %
  Chardonnay 40 %
  Divers cépages 6 %
Appellation principale : Muscadet de sèvre-et-maine
Production moyenne : 500 000 bouteilles

♀ **Muscadet de sèvre-et-maine Château Ragotière VV**
1998 : 88

♀ **Muscadet de sèvre-et-maine la Morinière**
2001 : 87 . . . . .4 €

♀ **Muscadet de sèvre-et-maine sur lie clos Petit château**
2001 : 88 . . . . .4 €

♀ **VDP Chardet**
2001 : 86 . . . . .4,50 €

PAYS NANTAIS

CHÂTEAU DE L'HYVERNIÈRE ***

44330 La-Chapelle-Heulin
Tél. : 02 40 06 73 83 - Fax : 02 40 06 76 49
E. Mail : marcelsautejeau@marcelsautejeau.fr

Construit par Besnière, l'entrepreneur de la fameuse ligne 1 du métro parisien, le chai ressemble à un couloir du métro. Jean Beauquin gère le château ainsi que le Clos des Orfeuilles qui y est rattaché. Si les deux vins sont au même prix, le Clos des Orfeuilles est un vin plus complet et plus long.

Responsable : CFA de L'Hyvernière
Vente à la propriété : oui
Visite : sur rendez-vous
Surface du vignoble : 50 ha
Surface en blanc : 50 ha
Cépages :
  Melon 100 %
Appellation principale : Muscadet de sèvre-et-maine
Production moyenne : 300 000 bouteilles

Château de L'Hyvernière
  2001 : 87 . . . . .3,50 €

Clos des Orfeuilles
  2001 : 88 . . . . .3,50 €
  2000 : 88

DOMAINE DES HERBAUGES ***

Domaine des Herbauges
44830 Bouaye
Tél. : 02 40 65 44 92 - Fax : 02 40 65 58 02
E. Mail : choblet@domaine-des-herbauges.com
Web : http://www.domaine-des-herbauges.com

Situé au sud de Nantes et non à l'ouest comme nombre de Muscadets, les Herbauges est un grand domaine mené avec les moyens les plus modernes par Luc Choblet et son fils Jérôme. On y distingue le Fief Guérin, un vin souple issu de 17 hectares de vignes de 25 à 75 ans et le Clos de la Fine issu d'un terroir de roches vertes. Les deux cuvées les plus intéressantes sont le Clos de la Sénaigerie, autrefois de vieilles vignes et toujours sur sol de micaschiste, et le Légendaire, issu de vignes de plus de 45 ans. Les prix sont modiques.

Responsables : Luc et Jérôme Choblet
Vente à la propriété : oui
Visite : oui
Dégustation : oui
Moyen d'accès : Sortie périphérique Nantes, prendre direction Noirmoutier, Bouye la Forêt.
Surface du vignoble : 70 ha

Surface en rouge : 8,2 ha
Cépages :
　Gamay
　Grolleau
Surface en blanc : 61,8 ha
Cépages :
　Melon
　Folle blanche
　Grolleau Noir
　Chardonnay
Appellation principale : Muscadet côtes de grand lieu
Production moyenne : 400 000 bouteilles

Clos de la Fine
2001 : 87 . . . . .3,85 €

Clos de la Sénaigerie Muscadet sur lie
2001 : 88 . . . . .3,85 €

Fief Guérin
2001 : 87 . . . . .4 €

Le légendaire
2001 : 86 . . . . .5,05 €

PAYS NANTAIS

DOMAINE GADAIS PÈRE ET FILS ***

Les Perrières
44690 Saint-Fiacre
Tél. : 02 40 54 81 23 - Fax : 02 40 36 70 25
E. Mail : muscadais@wanadoo.fr

Le domaine a été fondé en 1952, il y a cinquante ans. Aujourd'hui, il compte 35 hectares répartis sur 80 parcelles et c'est le jeune Christophe, arrivé en 1994 après huit ans dans le Sancerrois, qui le dirige. Joliment structurée, la Grande réserve du Moulin est un joli muscadet bien dessiné. Les vieilles vignes ont plus de quarante ans, avec des parcelles à 73 ans. Pour le moment, le 2000 n'est guère différent de la cuvée précédente, mais il prend de l'ampleur en vieillissant.

Responsable : Christophe Gadais
Vente à la propriété : oui
Visite : sur rendez-vous
Dégustation : sur rendez-vous
Surface du vignoble : 35 ha
Surface en blanc : 35 ha
Cépages :
  Melon 98 %
  Folle blanche 2 %
Appellation principale : Muscadet de sèvre-et-maine
Production moyenne : 230 000 bouteilles

♀ **Muscadet de sèvre-et-maine Grande réserve du Moulin**
2001 : 88
2000 : 87

♀ **Muscadet de sèvre-et-maine VV**
2001 : 88
2000 : 88
1999 : 88 . . . . .5,30 €

CHÂTEAU DE TRACY

depuis
1396

POUILLY FUMÉ
Appellation Pouilly Fumé Contrôlée

13% Vol.   Mis en bouteille au château - Product of France   750 ml
Comtesse A. d'Estutt d'Assay S.A.R.L. - 58150 Tracy-sur-Loire - France

---

CHÂTEAU DE TRACY ★★★★

58150 Tracy-sur-Loire
Tél. : 03 86 26 15 12 - Fax : 03 86 26 10 73
E. Mail : tracy@wanadoo.fr

C'est fièrement indiqué sur l'étiquette : « depuis 1396 ». Cette importante propriété de Pouilly-sur-Loire possède un château en bonne et due forme, ainsi que 27 hectares de vignes sur les coteaux de Tracy et Vilmoy. Henry d'Assay s'est beaucoup dépensé pour améliorer le vignoble, maintenant en conduite raisonnée, effeuillant les raisins quand il faut, augmentant les tailles des palissages et utilisant des composts naturels. En quelques années, le vin a considérablement progressé pour atteindre en 2000 et 2001, une très belle qualité.

Responsable : Jacqueline d'Estutt d'Assay
Vente à la propriété : oui
Visite : sur rendez-vous
Dégustation : sur rendez-vous
Surface du vignoble : 27 ha
Surface en blanc : 27 ha
Cépages :
    Sauvignon 100 %
Appellation principale : Pouilly-fumé
Production moyenne : 150 000 bouteilles

♀ **Pouilly-fumé**
    2001 : 88 . . . . 12,60 €
    2000 : 89

SANCERRE - POUILLY

DOMAINE CLAUDE LAFOND *** (*)

Le-Bois-Saint-Denis, route de Graçay
36260 Reuilly
Tél.: 02 54 49 22 17 - Fax: 02 54 49 26 64
E. Mail: Claude.Lafond@wanadoo.fr
Web: www.claude-lafond.com

Le domaine a été créé par André Lafond dans les années soixante. Claude Lafond l'a repris en 1977 et l'a agrandi. Les vignes se situent sur les côtes de l'Arnon sur sols argilo-calcaires. Les vinifications sont effectuées par lieux-dits. En blanc, La Raie, sur sol très caillouteux avec sous-sol calcaire kimméridgien supérieur, est d'une belle qualité constante et 2001 le confirme. Le rosé 2001 La Grande Pierre (sol très caillouteux sablo-limoneux) est d'une grande originalité, car il est élaboré à partir du pinot gris.

Responsable : Claude Lafond
Vente à la propriété : oui
Visite : sur rendez-vous
Dégustation : oui
Surface du vignoble : 13,80 ha
Surface en rouge : 3,50 ha
Cépages :
    Pinot noir 100 %
    Pinot gris (rosé) 100 %
Surface en blanc : 7,30 ha
Cépages :
    Sauvignon 100 %
Appellation principale : Reuilly
Production moyenne : 120 000 bouteilles

Reuilly domaine Claude Lafond cuvée La grande pierre
2001 : 88 . . . . .6,40 €

Reuilly domaine Claude Lafond cuvée La Raie
2001 : 88 . . . . .6 €

Reuilly domaine Claude Lafond cuvée Les grandes vignes
2001 : 87 . . . . .6,10 €

DOMAINE GITTON PÈRE ET FILS ***(*)

Chemin de Lavaud
18300 Ménétréol-sous-Sancerre
Tél. : 02 48 54 38 84 - Fax : 02 48 54 09 59
E. Mail : gitton@wanadoo.fr
Web : www.gitton.fr

Marcel Gitton avait largement développé le domaine et son fils s'est passionné pour la vinification par terroirs en adaptant très tôt sa cuverie. Grand voyageur curieux, après une visite des grands châteaux médocains, il installe une cuverie en inox dès 1974, sans pour autant abandonner son parc à barriques. Issues de deux terroirs différents, les vignes de Larrey et les Herses donnent les vins les plus complets en 2000, suivis des Romains 2001.

Responsable : Pascal Gitton
Vente à la propriété : oui
Visite : oui
Dégustation : oui
Surface du vignoble : 36,5 ha
Surface en rouge : 4,5 ha
Cépages :
   Pinot noir 100 %

Surface en blanc : 32 ha
Cépages :
   Sauvignon 100 %
Appellation principale : Sancerre
Production moyenne : 300 000 bouteilles

Pouilly-fumé Clos Joanne d'Orion
2001 : 88 . . . . .11,10 €

Sancerre l'Amiral
2001 : 87 . . . . .11,40 €

Sancerre la Vigne du Larrey
2000 : 89

Sancerre les Herses d'Or
2000 : 89

Sancerre les Romains
2001 : 88 . . . . .11,10 €

Sancerre Montachins
2001 : 86 . . . . .10,40 €

SANCERRE - POUILLY

DOMAINE HENRI BOURGEOIS ***(*)

Chavignol
18300 Sancerre
Tél. : 02 48 78 53 20 - Fax : 02 48 54 14 24
E. Mail : domaine@bourgeois-sancerre.com
Web : www.bourgeois-sancerre.com

Dix générations se sont succédées dans cette maison de négoce de qualité qui est passée, en cinquante ans, de deux hectares à plus de soixante hectares de vignes, moitié à Chavignol, moitié sur le reste de l'appellation et sur la rive d'en face, à Pouilly-Fumé. Dans les années récentes, les cuvées M.D. (initiales des Monts Damnés, un des meilleurs climats de Chavignol) et La Bourgeoise, issue de vieilles vignes, continuent de mener le bal avec des vins superbes en 2000 et 2001. La demoiselle de Bourgeois est la cuvée correspondante à Pouilly-Fumé, récoltée à Saint Laurent de l'Abbaye.

Responsable : famille Bourgeois
Vente à la propriété : oui
Visite : sur rendez-vous
Dégustation : sur rendez-vous
Surface du vignoble : 65 ha
Surface en rouge : 10 ha
Cépages rouges :
   Pinot noir 100 %
Surface en blanc : 55 ha
Cépages blancs :
   Sauvignon 100 %
Appellation principale : Sancerre
Production moyenne : 520 000 bouteilles

⚲ **La demoiselle de Bourgeois**
2000 : 87

⚲ **Sancerre la Bourgeoise**
2000 : 88

⚲ **Sancerre le M. D. de Bourgeois**
2001 : 88 . . . . .11,96 €

DOMAINE HENRY NATTER ***(*)

Place de l'Eglise
18250 Montigny
Tél.: 02 48 69 58 85 - Fax: 02 48 69 51 34
E. Mail: info@henrynatter.com
Web: www.henrynatter.fr

Alors qu'on ne parlait que de Bué, Chavignol et Sancerre, Henry et Cécile Natter défrichent en 1974 un vieux coteau
de Montigny et ils s'installent en 1975.
Henry s'occupe des vignes et Cécile
vinifie deux sortes de cuvée, le Domaine,
classique de l'appellation Sancerre en
blanc, rosé et rouge ainsi que la Cuvée.
Elaborée uniquement en blanc avec des
vignes de plus de soixante ans, la Cuvée
est un vin magnifique en 1998 comme
en 1996. Mais le domaine ne manque pas
d'intérêt non plus.

Responsables: Henry et Cécile Natter
Vente à la propriété: oui
Visite: sur rendez-vous
Dégustation: sur rendez-vous
Moyen d'accès: 15 km au sud-ouest de Sancerre
par la D955, en direction de Bourges.
Surface du vignoble: 20 ha
Surface en rouge: 3 ha
Cépages:
    Pinot 100 %

Surface en blanc: 17 ha
Cépages:
    Sauvignon 100 %
Appellation principale: Sancerre

⚲ **Sancerre domaine Henry Natter**
2000: 88
1999: 88 . . . . .9,50 €

⚲ **Sancerre domaine Henry Natter**
2000: 86

⚲ **Sancerre domaine Henry Natter**
1999: 87 . . . . .7,90 €

⚲ **Sancerre François la Grange
de Montigny**
1998: 89 . . . . .10 €
1996: 89

SANCERRE - POUILLY

DOMAINE HENRY PELLÉ ***(*)

18220 Morogues
Tél. : 02 48 64 42 48 - Fax : 02 48 64 36 88
E. Mail : info@henry-pelle.com
Web : www.henry-pelle.com

Autrefois pépiniériste, Henry Pelé a peu
à peu grossi pour atteindre plus d'une
cinquantaine d'hectares. Le domaine est
maintenant dirigé par Julien Zernott qui
aime les raisins bien mûrs. En 2001, les
deux clos, le Clos du Ratier, même en
jeunes vignes, et le Clos des Blanchaies
sur coquillages fossilisés, donnent les
meilleurs vins du millésime, ce qui n'est
pas un hasard.

Responsable : Anne Pellé
Vente à la propriété : oui
Visite : oui
Dégustation : oui
Surface du vignoble : 40 ha
Surface en rouge : 11 ha
Cépages :
    Pinot noir 100 %

Surface en blanc : 29 ha
Cépages :
    Sauvignon 100 %
Appellation principale : Menetou-salon
Production moyenne : 350 000 bouteilles

♀ **Menetou-salon**
    2001 : 87

♟ **Menetou-salon**
    2001 : 86

♀ **Menetou-salon**
    clos des blanchais
    2001 : 88

♀ **Menetou-salon Morogues**
    clos de Ratier
    2001 : 88

♟ **Menetou-salon Morogues les cris**
    2001 : 87

♀ **Sancerre**
    2001 : 87

DOMAINE LUCIEN CROCHET ***(*)

Place de l'Eglise
18300 Bué
Tél.: 02 48 54 08 10 - Fax: 02 48 54 27 66
E. Mail: lcrochet@terre-net.fr

La maison est maintenant dirigée par Gilles Crochet qui s'est formé à Dijon. Le vignoble est situé à Bué, bien sûr, mais aussi à Sancerre, Crézancy et Vinon. La meilleure cuvée du domaine est la cuvée prestige 2000, d'une impressionnante concentration. Elle est issue de l'assemblage, dans les meilleures années, des plus vieilles vignes. En rouge, la Croix du Roi développe une forte personnalité, son terroir de Caillottes lui assurant une belle tenue tannique et une réelle noblesse. D'un excellent rapport qualité-prix, le Sancerre blanc Le Chêne est issu d'un terroir unique, toujours les fameuses caillottes. Pour éviter toute confusion, il faut toujours prendre les vins du domaine.

Responsable: Lucien Crochet
Vente à la propriété: oui
Visite: non
Dégustation: sur rendez-vous
Surface du vignoble: 35 ha
Surface en rouge: 9 ha
Cépages:
   Pinot noir 100 %
Surface en blanc: 26 ha
Cépages:
   Sauvignon 100 %
Appellation principale: Sancerre
Production moyenne: 300 000 bouteilles

Sancerre cuvée le Chêne
2001: 88 . . . . .9,15 €

Sancerre la Croix du Roy
2000: 88

Sancerre Prestige
2000: 89

SANCERRE - POUILLY

POUILLY-FUMÉ

APPELLATION POUILLY-FUMÉ CONTRÔLÉE

LES ANGELOTS

2001

DOMAINE MASSON-BLONDELET

Propriétaire-Récoltant à Pouilly-sur-Loire 58150 France

PRODUCE
OF FRANCE

Mis en bouteille au Domaine

750 ml
12,5% vol.

DOMAINE MASSON-BLONDELET ***(*)

1 rue de Paris
58150 Pouilly-sur-Loire
Tél. : 03 86 39 00 34 - Fax : 03 86 39 04 61
E. Mail : masson.blondelet@wanadoo.fr

Sixième génération de vignerons, Jean-Michel Masson, juriste de formation, et Michèle Masson née Blondelet ont pris la direction du domaine en 1975 et la septième génération commence à poindre avec Pierre-François et Mélanie. Les vins sont d'une grande régularité avec une séparation des cuvées, les Angelots sur des calcaires kimméridgiens inférieurs, La Villa Paulus sur des marnes kimméridgiennes (terres blanches) et, en Sancerre, Thauvenay sur Portlandien, toujours un peu inférieur aux deux autres, ce qui est normal en terme de terroirs.

Responsable : Jean-Michel Masson
Vente à la propriété : oui
Visite : oui
Dégustation : oui
Moyen d'accès : Depuis Paris A77, sortie Pouilly-sur-Loire.
Surface du vignoble : 19 ha
Cépages :
    Pinot noir 100 %
Cépages :
    Sauvignon 95 %
    Chasselas 5 %
Appellation principale : Pouilly-fumé
Production moyenne : 100 000 bouteilles

Pouilly-fumé les Angelots
2001 : 88 . . . . .9,25 €

Pouilly-fumé Villa paulus
2001 : 88 . . . . .9,25 €

Sancerre thanvenay
2001 : 87 . . . . .9,25 €

DOMAINE VACHERON ***(*)

1 rue du Puits-Poulton
18300 Sancerre
Tél. : 02 48 54 09 93 - Fax : 02 48 54 01 74
E. Mail : vacheron.sa@wanadoo.fr

Le domaine est géré par les « quatre Vacheron », Jean-Louis, Denis, Jean-Dominique et Jean-Laurent. Ce quatuor propose une belle série de vins dominée par le blanc Les Romains 2001, sélection provenant d'un terroir de silex, mâtinée d'une jolie touche boisée, d'une grande maturité. Les rouges sont un des points forts du domaine, la belle dame 1999 portant bien son nom tant elle est élégante. La qualité des vins est très homogène, ce qui s'explique par des rendements très maîtrisés.

Responsable : famille Vacheron
Vente à la propriété : oui
Visite : oui
Dégustation : oui
Surface du vignoble : 38 ha
Surface en rouge : 11 ha
Cépages :
    Pinot noir 100 %
Surface en blanc : 27 ha
Cépages :
    Sauvignon 100 %
Appellation principale : Sancerre
Production moyenne : 240 000 bouteilles

♀ **Sancerre**
    2001 : 88 . . . . .9,45 €

♀ **Sancerre**
    2000 : 87

♀ **Sancerre Belle dame**
    1999 : 88 . . . . .20 €

♀ **Sancerre les Romains**
    2001 : 89 . . . . .20 €

SANCERRE - POUILLY

VIN NON FILTRÉ

Sancerre

Appellation d'Origine Contrôlée

2000

Pascal & Nicolas
Reverdy

MIS EN BOUTEILLES À LA PROPRIÉTÉ

PRODUIT DE FRANCE

Alc. 12,5% vol.

VIGNERONS À MAIMBRAY - 18300

750 ml

PASCAL ET NICOLAS REVERDY ***(*)

Maimbray
18300 Sury-en-Vaux
Tél. : 02 48 79 37 31 - Fax : 02 48 79 41 48

Le domaine familial est encore en pleine mutation et la surface a doublé en dix ans. Le vignoble est aussi en pleine reprise en main, tout cela pour la bonne cause. Les vins s'améliorent millésime après millésime. La cuvée de référence est le Sancerre blanc vieille vigne 2000, élaboré avec des vignes de soixante ans, 13°5 naturels et élevé en fûts : cuvée magnifique. Issu des meilleures terres blanches, le rouge Evolution 2000 possède aussi un très beau caractère. Un domaine à suivre.

Responsables : Pascal et Nicolas Reverdy
Vente à la propriété : oui
Visite : oui
Dégustation : oui
Surface du vignoble : 13 ha
Surface en rouge : 3 ha
Cépages :
    Pinot 100 %

Surface en blanc : 10 ha
Cépages :
    Chenin 100 %
Appellation principale : Sancerre
Production moyenne : 90 000 bouteilles

Sancerre
2001 : 87 . . . . .6,80 €

Sancerre
2000 : 87

Sancerre cuvée Evolution
2000 : 88

Sancerre rosé
2001 : 86 . . . . .6,50 €

Sancerre VV
2000 : 89

SERGE DAGUENEAU ET FILLES ***(*)

Les Berthiers
58150 Pouilly-sur-Loire
Tél. : 03 86 39 11 18 - Fax : 03 86 39 19 28

Le vignoble du domaine se situe sur des terres blanches, argilo-calcaires, avec un sous-sol de marnes kimméridgiennes. Si Serge Daguenau s'occupe de la vigne, ce sont ses deux filles Florence et Valérie qui règnent en cave. La maison produit toujours, à partir de chasselas, un joli Pouilly-sur-Loire. En Pouilly Fumé, le Clos des Chaudoux domine par sa matière, mais la cuvée normale est aussi très bien typée et d'un bon rapport qualité-prix.

Responsables : Serge Dagueneau et filles
Vente à la propriété : oui
Visite : oui
Dégustation : oui
Surface du vignoble : 18 ha
Surface en rouge : 1 ha
Cépages :
    Pinot noir 100 %

Surface en blanc : 17 ha
Cépages :
    Sauvignon 80 %
    Chasselas 20 %
Appellation principale : Pouilly-fumé
Production moyenne : 120 000 bouteilles

Pouilly-fumé
    2001 : 88 . . . . 8,50 €

Pouilly-fumé Clos des chaudoux
    2000 : 88

Pouilly-sur-loire
    2001 : 87 . . . . 6,50 €

SANCERRE - POUILLY

Domaine de la Perrière

SANCERRE

APPELLATION SANCERRE CONTRÔLÉE

2001

MIS EN BOUTEILLE AU DOMAINE
PIERRE ARCHAMBAULT 18300 VERDIGNY - FRANCE

A.C. 1235-B1/0.   PRODUCT OF FRANCE   750 ML

DOMAINE DE LA PERRIÈRE ***

Cave de la Perrière
18300 Verdigny
Tél. : 02 48 54 16 93 - Fax : 02 48 54 11 54

Le domaine de la Perrière appartient aux Archambault depuis 1910. En 1996, Pierre Archambault prend sa retraite et laisse la place à une nouvelle équipe présidée par Jean-Louis Saget. La cuvée Mégalithe est issue des vieilles vignes des Royeux, un terroir silex, fermentée et élevée en fûts de chêne. Elle est superbe en 1999. Assemblage de raisins provenant de deux vignobles, l'un sur silex (2/3), l'autre sur calcaire, le comte de Perrière est aussi bien constitué.

Responsable : Jean-Louis Saget
Vente à la propriété : oui
Visite : oui
Dégustation : sur rendez-vous
Surface du vignoble : 40 ha
Surface en rouge : 4 ha
Cépages :
   Pinot 100 %
Surface en blanc : 36 ha
Cépages :
   Sauvignon 100 %
Appellation principale : Sancerre
Production moyenne : 350 000 bouteilles

Sancerre comte de la Perrière
  2001 : 87 . . . . .9,20 €

Sancerre domaine de la Perrière
  2001 : 87 . . . . .8,50 €

Sancerre Mégalithe
  1999 : 88 . . . . .13,75 €

GUY SAGET ***

La Castille
58150 Pouilly-sur-Loire
Tél. : 03 86 39 57 75 - Fax : 03 86 39 08 30
E. Mail : guy-saget@wanadoo.fr
Web : www.guy-saget.com

Si la famille a ses racines à Pouilly-sur-Loire depuis huit générations, la maison Guy Saget a réussi une percée beaucoup plus large en proposant une gamme des vins de la Loire. Les deux frères Saget se partagent les responsabilités avec Jean-Louis, le P.D.G., et Christian, chargé de l'exploitation des vignobles. Familière de la région, la maison réussit toujours très bien les diverses cuvées de Pouilly-Fumé. Les habillages sont, de surcroît, bien soignés, ce qui en fait de belle cuvées de restauration. Toutes les autres cuvées jouent la franchise.

Responsable : Jean-Louis Saget
Vente à la propriété : oui
Visite : oui
Dégustation : sur rendez-vous
Moyen d'accès : RN7.
Surface du vignoble : 50 ha
Surface en blanc : 50 ha
Cépages :
    Sauvignon 98 %
    Chasselas 2 %
Appellation principale : Pouilly-sur-loire ou
Blanc fumé de Pouilly

Côteaux du giennois
2001 : 87 . . . . .5,20 €

Pouilly fumé Le Domaine
2001 : 86 . . . . .5,33 €

Pouilly-sur-loire
2001 : 85 . . . . .8,40 €

Sancerre cuvée Chêne Marchand
2000 : 88 . . . . .10,40 €

Sancerre cuvée Le Vallon
2001 : 88 . . . . .8,10 €

**Touraine amboise
Domaine d'Arbois**
2001 : 87 . . . . .4,42 €

Touraine les Battelières
2001 : 83 . . . . .4,57 €

Touraine mesland cuvée Elite
1999 : 87 . . . . .4,57 €

**Touraine Pineau d'Aunis
Les Petis Fuisons**
2001 : 86 . . . . .4,57 €

SANCERRE - POUILLY

JOSEPH MELLOT ***

Route de Ménétréol, B.P. 13
18300 Sancerre
Tél.: 02 48 78 54 54 - Fax: 02 48 78 54 55
E. Mail: josephmellot@josephmellot.com
Web: www.josephmellot.com

La dynastie Mellot a débuté à Sancerre avec Pierre-Etienne Mellot en 1513. En 1969, les deux frères Joseph et Edmond se séparent pour fonder chacun une nouvelle dynastie. Celle de Joseph prend un nouvel élan avec Alexandre Mellot qui reprend le flambeau en 1984 et, rejoint par Catherine Corbeau en 1987, achète des vignes et construit une nouvelle cave à Quincy. Sous le nom de Joseph Mellot, les deux cuvées les plus réussies sont les cuvées de prestige. Joseph Mellot est aussi propriétaire de la maison Pierre Duret à Quincy et Jean-Michel Sorbe à Reuilly.

Responsable: Alexandre Mellot
Vente à la propriété: oui
Visite: oui
Dégustation: oui
Surface du vignoble: 30 ha
Cépages:
    Pinot 100 %
    Sauvignon 100 %
Appellation principale: Sancerre

Pouilly-fumé Grande cuvée des Edvins
1998 : 86 . . . . .10,85 €

Pouilly-fumé le Tronc sec
2000 : 88

Quincy (Pierre Duret)
2001 : 88 . . . . .5,95 €

Reuilly (J-Michel Sorbe)
2001 : 87 . . . . .5,40 €

Reuilly (J-Michel Sorbe)
2001 : 86 . . . . .6 €

Reuilly (J-Michel Sorbe)
2001 : 86 . . . . .5,50 €

Reuilly la Commanderie (J-Michel Sorbe)
2001 : 88 . . . . .6,50 €

Sancerre la Chatellenie
2001 : 85 . . . . .8,40 €

Sancerre la Grande Châtelaine
1998 : 88 . . . . .10,85 €

Sancerre le Connetable
2000 : 87

MICHEL REDDE & FILS ***

La Moynerie
58150 Pouilly-sur-Loire
Tél. : 03 86 39 14 72 - Fax : 03 86 39 04 36
E. Mail : thierry-redde@michel-redde.fr
Web : www.michel-redde.fr

La base arrière de Michel Redde est la Moynerie, domaine viticole visible de loin au cœur de Pouilly-sur-Loire, dont l'essentiel du vignoble se trouve sur coteaux. L'exploitation est maintenant dirigée par Thierry Redde, fils de Michel et huitième du nom. Les plus vieilles vignes donnent la magnifique cuvée Majorum, toujours très réussie comme en 1999. Autre réussite, la cuvée Gustave Daudin en Pouilly-sur-Loire est composée de raisins cueillis à pleine maturité (supérieure à 12°), ce qui ne se fait pas tous les ans. Les autres cuvées sont toujours bien définies, dans un style net et franc.

Responsable : Thierry Redde
Vente à la propriété : oui
Visite : sur rendez-vous
Dégustation : oui
Moyen d'accès : A77 sortie Les Bethiers.
Langues : Anglais
Surface du vignoble : 35 ha
Age des vignes : 30 ans
Surface en blanc : 35 ha
Cépages :
    Chasselas 15 %
    Sauvignon 85 %
Appellation principale : Pouilly-fumé

♀ **Pouilly fumé cuvée Majorum**
1999 : 88 . . . . .20 €

♀ **Pouilly fumé la Moynerie**
2000 : 86

♀ **Pouilly fumé Taille Pierre**
2000 : 86

♀ **Pouilly-sur-loire Gustave Daudin**
2000 : 87

♀ **Pouilly-sur-loire la Mayenerie**
2000 : 85

♀ **Sancerre les Tuilières**
2001 : 86 . . . . .9,50 €

TOURAINE

1999 — 1999

Vouvray Pétillant

APPELLATION CONTRÔLÉE

12 % Vol. SEC 750 ml

ELABORE PAR S.A. HUET VITICULTEUR "LE HAUT LIEU" A VOUVRAY (I&L) France

DOMAINE
HUET-L'ECHANSONNE ****(*)

11-13 rue de la Croix-Buisée
37210 Vouvray
Tél. : 02 47 52 78 87 - Fax : 02 47 52 66 74
E. Mail : huet.echansonne@wanadoo.fr
Web : www.huet-echansonne.com

Créée en 1928, la maison Huet dispose de vignes essentiellement réparties sur quatre propriétés, le Haut-Lieu, le Mont, Le Clos du Bourg et Le Vodanis. Noël Pinguet a introduit, très pragmatiquement et avec grand succès, la biodynamie en 1990 et le vignoble, assez âgé, est tenu selon les canons des propriétés les plus à la pointe. Depuis de nombreux millésimes les vins sont superbes, de l'élégant pétillant au puissant Clos du Bourg 2001 et, bien sûr, le génial Haut-Lieu 1990, parce que la propriété fait aussi l'effort de garder quelques vieux millésimes.

Responsable : SA Huet
Vente à la propriété : oui
Visite : sur rendez-vous
Dégustation : oui
Moyen d'accès : A Vouvray suivre la direction Vernou ou Château Renaut.
Surface du vignoble : 40 ha
Surface en blanc : 40 ha
Cépages :
    Chenin 100 %
Appellation principale : Vouvray
Production moyenne : 150 000 bouteilles

♀ **Vouvray**
   1999 : 88

♀ **Vouvray clos du Bourg demi-sec**
   2001 : 89 . . . . 10,80 €

♀ **Vouvray domaine de Vodanis**
   2001 : 87 . . . . 9,10 €

♀ **Vouvray Haut-Lieu**
   moelleux 1re trie
   1990 : 93 . . . . 60 €

♀ **Vouvray le Haut-Lieu sec**
   2001 : 89 . . . . 8,50 €

♀ **Vouvray méthode traditionnelle**
   1998 : 88 . . . . 10 €

CHÂTEAU DE LA GRILLE ****

Route de Huismes-Rigny-Usse BP 205
37500 Chinon
Tél. : 02 47 93 01 95 - Fax : 02 47 93 45 91
Web : www.chateaudelagrille.com (en cours)

Les origines du château remontent au XVe siècle et c'est en 1951 que le château a été acheté par les Gosset, famille de vignerons depuis 1584. Le vignoble est situé sur le tuffeau, un argilo-calcaire qui donne finesse et puissance au vin. Creusé, ce même tuffeau donne des caves remarquables et la cuverie tout comme le chai à barriques sont des modèles. Très régulier depuis de nombreux millésimes, le château La Grille a besoin d'un peu de temps pour s'exprimer. Le 99 et le 96 sont superbes et ils vieilliront remarquablement. Il faut aussi noter un très joli rosé, véritablement le plus joli du Val de Loire.

Responsables : Sylvie & Laurent Gosset
Vente à la propriété : oui
Visite : sur rendez-vous
Dégustation : sur rendez-vous
Moyen d'accès : RD16.
Surface du vignoble : 27 ha
Surface en rouge : 27 ha
Cépages :
   Cabernet franc 98 %
   Cabernet sauvignon 2 %
Appellation principale : Chinon
Production moyenne : 170 000 bouteilles

Chinon
   2001 : 88 . . . . .8,50 €

Chinon
   1998 : 89 . . . . .14,50 €
   1996 : 89 . . . . .15,50 €

TOURAINE

DOMAINE COULY-DUTHEIL ★★★★

12 rue Diderot
37500 Chinon
Tél.: 02 47 97 20 20 - Fax: 02 47 97 20 25
E. Mail: webmaster@coulydutheil-chinon.com
Web: www.coulydutheil-chinon.com

Vignerons à Chinon depuis 1921, les Couly-Dutheil disposent de deux bijoux, le Clos de l'Echo et le Clos de l'Olive. Déjà au plus haut niveau avec les deux frères Pierre et Jacques, les vins ont encore progressé avec l'arrivée de Bertrand aux commandes. L'âge des vignes ayant progressé, le Clos de l'Olive devient de plus en plus le Lafite de Chinon par sa distinction, et 1999 comme 1995 sont remarquables. Le clos de l'Echo qui a produit des vins d'anthologie dans le passé, avec des 89, 64, 59 et 29 de légende, est au meilleur de sa forme avec le 99, sans compter la cuvée d'élite, le magnifique Crescendo 1997.

Responsable: M. Couly-Dutheil
Vente à la propriété: oui
Visite: sur rendez-vous
Dégustation: sur rendez-vous
Surface du vignoble: 85 ha
Surface en rouge: 80 ha
Cépages:
    Cabernet franc 100 %
Surface en blanc: 5 ha
Cépages:
    Chenin 100 %
Appellation principale: Chinon
Production moyenne: 530 000 bouteilles

Chinon clos de l'Olive
1999: 88 ....13 €
1995: 89 ....12,70 €

Chinon domaine René Couly
1997: 88 ....7,30 €

Chinon les Chanteaux
2001: 87 ....7,10 €

Chinon les Gravières
2001: 86 ....5,80 €

Clos de l'Echo
1999: 89 ....11,90 €
1997: 89 ....30 €

Domaine de Bellivière

"VIEILLES VIGNES EPARSES"

Coteaux du Loir
Appellation Coteaux du Loir Contrôlée

2000

Eric NICOLAS
vigneron

Élevé et mis en bouteille au Domaine
Bellivière 72340 Lhomme France

750 ml   Product of France   12% vol.

DOMAINE DE BELLIVIÈRE ****

Bellivière
72340 Lhomme
Tél. : 02 43 44 59 97 - Fax : 02 43 79 18 33
E. Mail : info@belliviere.com
Web : www.belliviere.com

Passionné de vin, l'idéaliste Eric Nicolas prend tous les risques depuis qu'il s'est installé en 1995. Toutes les vignes sont cultivées, y compris les vignes les plus âgées et les traitements sont minimes. Toujours en recherche de la maturité maximale, les vins ont une incroyable concentration. Denses, concentrés, compacts, les 2000 sont très réussis, mais il faudra les attendre quelques années.

Responsable : Eric Nicolas
Vente à la propriété : oui
Visite : sur rendez-vous
Dégustation : sur rendez-vous
Surface du vignoble : 10 ha
Surface en rouge : 4,5 ha
Cépages :
    Pineau d'Aunis 100 %
Surface en blanc : 5,5 ha
Cépages :
    Chenin 100 %
Appellation principale : Coteaux du loir
Production moyenne : 14 000 bouteilles

🍷 **Coteaux du loir Rouge-Gorge**
2000 : 88

🍷 **Coteaux du loir VV Eparses**
2000 : 89

🍷 **Jasnières les Rosiers**
2000 : 89

TOURAINE

DOMAINE
DE LA
TAILLE AUX LOUPS

2 0 0 1

MONTLOUIS

APPELLATION MONTLOUIS CONTRÔLÉE

Mis en bouteille à la propriété

JACKY BLOT

Viticulteur à Montlouis-sur-Loire
France
PRODUCE OF FRANCE

750 ml
12,5 % vol.

Cuvée des loups

DOMAINE
DE LA TAILLE AUX LOUPS ★★★★

8 rue des Aitres
37270 Montlouis-sur-Loire
Tél. : 02 47 45 11 11 - Fax : 02 47 45 11 14
E. Mail : la-taille-aux-loups@wanadoo.fr

Lorsque Jacky Blot s'est installé en 1989, il passait pour un original attardé avec son labour et ses méthodes naturelles. Aujourd'hui il est un des rares à s'intéresser aux vieilles vignes. Son pétillant dosé est toujours une petite merveille de fruit et d'élégance et les 2001, gommant toutes les aspérités du millésime, sont marqués par une belle maturité du raisin. Le travail de fond est payant, ce qui est, somme toute, très moral.

Responsable : Jacky Blot
Vente à la propriété : oui
Visite : oui
Dégustation : oui
Surface du vignoble : 16 ha

Surface en blanc : 16 ha
Cépages :
   Chenin 100 %
Appellation principale : Montlouis
Production moyenne : 75 000 bouteilles

Montlouis demi-sec
2000 : 89

**Montlouis liquoreux
cuvée des loups**
2001 : 90 - 91 ......25 €

Montlouis moelleux
2000 : 90

Montlouis pétillant
88 ....8 €

Montlouis sec les Dix Arpens
2001 : 87 ....7 €
2000 : 89

Montlouis sec Remus
2001 : 88 - 89 ......10 €

Vouvray sec Clos de Venise
2001 : 88 - 89 ......7 €
2000 : 89

DOMAINE DES HUARDS ****

Les Huards
41700 Cour-Cheverny
Tél.: 02 54 79 97 90 - Fax: 02 54 79 26 82
E. Mail: gendrier.huards@club-internet.fr

La famille Gendrier est installée depuis 1846 et Jocelyne et Michel Gendrier valorisent maintenant le domaine familial en le conduisant en biodynamie et en produisant des cuvées d'une très grande régularité. Vendus à juste titre avec un peu de décalage, les Cour-Cheverny sont toujours superbes, que ce soit en cuvée classique 1999 ou dans la somptueuse cuvée François 1er issue d'une vigne de plus de soixante ans. Qu'ils soient blancs ou rouges, les Cherverny sont tout aussi remarquables. C'est une valeur sûre.

Responsables: Jocelyne et Michel Gendrier
Vente à la propriété: oui
Visite: oui
Dégustation: oui
Surface du vignoble: 32 ha
Surface en rouge: 16 ha
Cépages:
    Gamay 37 %
    Pinot noir 50 %
    Cabernet 13 %

Surface en blanc: 8 ha
Cépages:
    Sauvignon
    Chardonnay
    Romorantin (Cour-cheverny)
Appellation principale: Cheverny
Production moyenne: 170 000 bouteilles

Cheverny domaine du Vivier
1999: 87 . . . . .7,45 €

Cheverny la Haute Pinglerie
1999: 88 . . . . .7,45 €

Cheverny le Pressoir
2000: 87

Cour-cheverny Cuvée François Ier
1999: 89 . . . . .7 €

Cour-cheverny domaine des Huards
1999: 88 . . . . .5,80 €

Domaine des Huards
2001: 88 . . . . .5,80 €

TOURAINE

LES CHOISILLES

Montlouis
APPELLATION MONTLOUIS CONTRÔLÉE

2 0 0 0

FRANÇOIS CHIDAINE

FRANÇOIS CHIDAINE ****

5 Grande-Rue
37270 Montlouis-sur-Loire
Tél. : 02 47 45 19 14 - Fax : 02 47 45 19 08
E. Mail : francois.chidaine@wanadoo.fr

Installé en 1989 après des études de viti-culture-œnologie et cinq ans dans le domaine de ses parents, François Chidaine a pu se débarrasser du carcan des traditions en pratiquant des tailles courtes et en se lançant dans la biodynamie. Son vignoble est âgé puisque 70 % des vignes ont plus de trente-cinq ans. En 2000, les vins sont superbes avec un immense Clos Habert très dense et des Tuffeaux très bien concentrés. Vigneron idéaliste qui a démarré son domaine avec une trentaine d'ares, François Chidaine ne fait aucune concession dans la culture de la vigne qui est, bien entendu, labourée, et les vins élaborés avec beaucoup de naturel. Ce domaine de tradition a encore progressé dans les derniers millésimes et propose au public un excellent brut méthode traditionnelle et une belle gamme de liquoreux dont une cuvée des Lys 1989 d'une merveilleuse richesse aromatique. Les cuvées de vins secs et demi-secs du millésime 1998 sont fort joliment réussies.

Responsables :
Manuela et François Chidaine
Vente à la propriété : oui
Visite : oui
Dégustation : oui
Surface du vignoble : 16 ha
Surface en blanc : 16 ha
Cépages :
    Chenin 95 %
    Sauvignon 5 %
Appellation principale : Montlouis
Production moyenne : 70 000 bouteilles

Montlouis clos Habert
2000 : 90

Montlouis les Choisilles
2000 : 88

Montlouis les Truffeaux
2000 : 89

TOURAINE

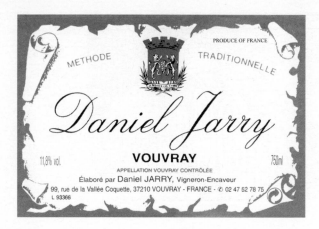

DANIEL JARRY ***(*)

99 rue de la Vallée-Coquette
37210 Vouvray
Tél. : 02 47 52 78 75 - Fax : 02 47 52 67 36
E. Mail : daniel.jarry@terre-net.fr

Ce domaine modèle d'une grande dis-
crétion affiche seulement, à la manière
suisse, « vigneron-encaveur ». Encavés
dans le roc, les vins plaident pour lui.
Equilibrés, fins, ils s'imposent par leur
franchise et leur persistance. Ils sont,
avant tout, destinés à la gastronomie et
même à la haute gastronomie. Les vins
sont toujours vendus à leur apogée. Les
millésimes les plus récents à la carte
sont 1997 et 1996, mais il est possible
d'acquérir des 1989 ou des 1990. Tous
les vins proposés sont de qualité, y
compris l'étonnant effervescent 1993 à
tout petit prix.

Responsable : Daniel Jarry
Vente à la propriété : oui
Visite : oui
Dégustation : oui
Moyen d'accès : Autoroute A10 - N10 - N152.
Surface du vignoble : 10 ha
Surface en blanc : 10 ha
Cépages :
    Chenin 100 %
Appellation principale : Vouvray

♀ **Vouvray méthode traditionnelle**
2000 : 88
1993 : 88 . . . . .5,30 €

♀ **Vouvray tranquille demi-sec**
1996 : 88 . . . . .5,80 €

♀ **Vouvray tranquille moelleux
réserve**
1996 : 88 . . . . .8,90 €
1990 : 88 . . . . .13,60 €

♀ **Vouvray tranquille sec**
1997 : 87 . . . . .5,70 €

TOURAINE

DOMAINE DE LA CHEVALERIE ***(*)

7 rue du Feu-Muleau
37140 Restigné
Tél. : 02 47 97 37 18 - Fax : 02 47 97 45 87

La famille Caslot est présente depuis 1640 et le domaine fait à présent trente hectares autour de la propriété, avec des caves taillées dans le roc très impressionnantes. Le domaine dispose de quelques cuvées de vieilles vignes comme les Busardières (50 ans), les Galichets (60 ans) et la Chevalerie (75 ans). Ces cuvées sont disponibles au domaine de 1993 à 2000, dans un excellent rapport qualité-prix. La cuvée présentée, la cuvée Réserve 1997, est une aimable introduction aux vins de Bourgueil.

Responsable : Pierre Caslot
Vente à la propriété : oui
Visite : oui
Dégustation : sur rendez-vous
Surface du vignoble : 33 ha
Surface en rouge : 33 ha
Cépages :
    Cabernet franc 100 %
Appellation principale : Bourgueil
Production moyenne : 70 000 bouteilles

Bourgueil
    1997 : 88 . . . . .7 €

DOMAINE DES AUBUISIÈRES ***(*)

32, rue Gambetta
37210 Vouvray
Tél.: 02 47 52 67 82/06 08 53 54 86 - Fax: 02 47
52 67 81
E. Mail: info@vouvrayfouquet.com
Web: www.vouvrayfouquet.com

Discret et entreprenant, Bernard Fouquet a développé son exploitation à partir du domaine familial qui possède des vignes sur les meilleurs terroirs de Vouvray. Conduites en culture raisonnée, les vignes sont travaillées et les vendanges forcément manuelles opérées par tries. Le style des vins est fondé sur la pureté et l'élégance avec beaucoup de franchise comme dans les 2001. Autrefois très fine, la cuvée Marigny 2000 est marquée par le boisé, ce qui ravira le marché international, mais pourra choquer les amateurs traditionalistes.

Responsable: Bernard Fouquet
Vente à la propriété: oui
Visite: sur rendez-vous
Dégustation: sur rendez-vous
Surface du vignoble: 22 ha
Surface en blanc: 22 ha
Cépages:
   Chenin 100 %
Appellation principale: Vouvray
Production moyenne: 110 000 bouteilles

♀ **Vouvray brut tradition**
  1997 : 86 . . . . .9,91 €

♀ **Vouvray cuvée les Girardières**
  2001 : 87
  2000 : 88
  1999 : 86 . . . . .6 €

♀ **Vouvray moelleux le Marigny**
  2000 : 88

♀ **Vouvray sec cuvée Silex**
  2001 : 87 . . . . .6,89 €

TOURAINE

DOMAINE DU RAIFAULT ***(*)

23-25 route de Candes
37420 Savigny-en-Véron
Tél.: 02 47 58 44 01 - Fax: 02 47 58 92 02
E. Mail: domaineduraifault@wanadoo.fr

Si Raifault est un domaine déclaré dès 1774, c'est par un curieux hasard que les Raifault achetèrent cette propriété en 1843. Raymond Raifault l'a gérée jusqu'en 1973 et son fils Julien prend sa succession. Si la cuvée du domaine est toujours bien constituée dans la franchise comme en 2000, le domaine dispose de deux cuvées de prestige. De moyenne garde, les Allets proviennent de terrasses sableuses des bords de Loire et les vignes sont âgées d'une quarantaine d'années. Les tannins soyeux lui donnent beaucoup d'allure. Elevé en barrique, Villy est un clos argilo-calcaire avec des vignes âgées de 20 à 100 ans qui donnent des vins denses à l'impeccable vieillissement.

Responsable: Julien Raifault
Vente à la propriété: oui
Visite: sur rendez-vous
Dégustation: sur rendez-vous
Surface du vignoble: 26,5 ha
Surface en rouge: 25,08 ha
Cépages:
  Cabernet franc 100 %

Surface en blanc: 1,42 ha
Cépages:
  Chenin 100 %
Appellation principale: Chinon
Production moyenne: 150 000 bouteilles

Chinon
2001: 86 . . . . .4,30 €

Chinon
2001: 86 . . . . .5,05 €

Chinon
2001: 86 . . . . .5,35 €

Chinon les Allets
2001: 87
1999: 88
1998: 88
1996: 88

Chinon le Villy
1998: 88 . . . . .6,90 €
1997: 88 . . . . .6,70 €
1996: 88 . . . . .7,80 €
1993: 87 . . . . .12,20 €
1989: 89 . . . . .18,30 €

DOMAINE DU RONCÉE ***(*)

La Morandière
37220 Panzoult
Tél. : 02 47 58 53 01 - Fax : 02 47 58 64 06
E. Mail : info@roncee.com
Web : www.roncee.com

Sur la rive droite de la Vienne, le domaine du Roncée possède surtout des vignes sur les terroirs de graviers, en alluvions récentes, et en graves, alluvions de terrasses anciennes. La cuvée classique du domaine est un chinon souple, facile à boire, aux jolies notes épicées. Cueilli à la main, le coteau des Chenonceaux provient d'un coteau argilo-calcaire exposé plein sud et le 2000 est bâti pour la garde. Le Clos des Marronniers vient de vendanges manuelles sur des graves sablo-argileuses qui donnent en 2000 un vin soyeux très complet, de moyenne garde.

Responsable : SARL du Roncée
Vente à la propriété : oui
Visite : oui
Dégustation : oui
Surface du vignoble : 34 ha
Surface en rouge : 33 ha
Cépages :
    Cabernet franc 94 %
    Cabernet sauvignon 6 %
Surface en blanc : 1 ha
Cépages :
    Chenin 100 %
Appellation principale : Chinon
Production moyenne : 250 000 bouteilles

Chinon Clos des Marronniers
2000 : 89

Chinon Côteaux des Chenonceaux
2000 : 88

Chinon Domaine du Roncée
2001 : 87 . . . . .5 €

TOURAINE

DOMAINE CHARLES JOGUET ***

La Dioterie
37220 Sazilly
Tél. : 02 47 58 55 53 - Fax : 02 47 58 52 22
E. Mail : joguet@charlesjoguet.com
Web : www.charlesjoguet.com

Si le génial Charles Joguet est retourné à ses sculptures et à sa peinture, Jacques Genet, qui avait travaillé avec lui longtemps, a repris le flambeau pour continuer de mettre en valeur les Clos de la propriété. Le plus vaste, les Varennes du Grand Clos est sur le plateau argilo-calcaire et produit des vins très élégants, comme en 2000 et 1999. Le clos du Chêne Vert se situe sur un coteau très pentu et enfin le superbe clos de la Dioterie, sur deux hectares de vieilles vignes, est d'une très haute réputation justifiée. A l'instar du 2000, superbe !

Responsable : Charles Joguet
Vente à la propriété : oui
Visite : oui
Dégustation : sur rendez-vous
Moyen d'accès : A10 sortie 25 Ste Maure de Touraine.
Surface du vignoble : 40 ha
Surface en rouge : 37 ha
Cépages :
    Cabernet franc 100 %

Surface en blanc : 3 ha
Cépages :
    Chenin 100 %
Appellation principale : Chinon
Production moyenne : 200 000 bouteilles

Chinon
2001 : 84 . . . . .5,80 €

Chinon clos de la Cure
2000 : 86

Chinon Clos de la Dioterie
2000 : 89

Chinon Clos du Chêne Vert
2000 : 88

Chinon les Petites Roches
2001 : 85 . . . . .6,70 €

Chinon les Varennes du grand Clos
2000 : 88
1999 : 87 . . . . .11 €

Chinon Terroir
2001 : 84 . . . . .6,20 €

Touraine Clos de la Plante Martin
2000 : 87

DOMAINE DE LA CHANTELEUSERIE ***

La Chanteleuserie
37140 Benais
Tél. : 02 47 97 30 20 - Fax : 02 47 97 46 73
E. Mail : tboucard@terre-net.fr

Fondé en 1822, le domaine est géré par Thierry Boucard qui représente la 7e génération et les vins sont aussi connus sous son nom. Thierry Boucard sépare les vins récoltés sur sables argileux, à boire au bout de deux ans, des cuvées récoltées sur tufs, de plus longue garde. Dans ces dernières, la cuvée Beauvais vient du célèbre coteau du même nom et la cuvée vieilles vignes provient d'un vignoble d'âge moyen de 65 ans. Les deux sont splendides en 1996. Le 1999 est en retrait pour le moment, mais c'est normal : les vins de tufs de Thierry Boucard ont besoin de temps. Aujourd'hui gracieux, les 1996 étaient encore décevants il y a trois ans.

Responsable : Thierry Boucard
Vente à la propriété : oui
Visite : oui
Dégustation : sur rendez-vous
Surface du vignoble : 21 ha
Surface en rouge : 21 ha
Cépages :
    Cabernet franc 100 %
Appellation principale : Bourgueil
Production moyenne : 50 000 bouteilles

🍷 **Bourgueil cuvée Beauvais**
    1996 : 88 . . . . .7 €

🍷 **Bourgueil domaine de la Chanteleuserie VV**
    1999 : 85 . . . . .5,35 €
    1996 : 88 . . . . .7 €

TOURAINE

DOMAINE DES CHESNAIES ★★★

Domaine des Chesnaies
37140 Ingrandes-de-Touraine
Tél. : 02 47 96 98 54 - Fax : 02 47 96 92 31
E. Mail : lame.delisle.boucard@wanadoo.fr

Intitulé Lamé-Delille-Boucard, avec trois propriétaires exploitant une trentaine d'hectares sur des terroirs variés qu'ils assemblent pour faire une seule cuvée. Tanniques jeunes et dans un style classique, les vins vieillissent superbement. L'impressionnante verticale sur six ans, tous les vins étant disponibles au domaine, démontre la grande régularité dans l'élaboration et l'impératif des trois ou quatre ans pour que les vins atteignent leur apogée.

Responsables :
Philippe Boucard & Stéphanie Degaugue
Vente à la propriété : oui
Visite : non
Dégustation : oui
Surface du vignoble : 35 ha
Surface en rouge : 35 ha
Cépages :
    Cabernet franc 90 %
    Cabernet sauvignon 10 %
Appellation principale : Bourgueil
Production moyenne : 250 000 bouteilles

**Domaine des Chesnaies
cuvée Prestige**
    2001 : 87
    2000 : 88
    1999 : 87
    1998 : 87
    1997 : 87
    1996 : 88

Saint - Nicolas de Bourgueil

Appellation St Nicolas de Bourgueil Contrôlée

Lydie et Max Cognard-Taluau

CUVÉE LES

Malgagnes

2000

12,5% Vol. 750 ml.

Mis en bouteille à la propriété

Chevrette - 37140 Saint-Nicolas-de-Bourgueil - FRANCE

PRODUIT DE FRANCE

DOMAINE MAX COGNARD ***

Chevrette
37140 Saint-Nicolas-de-Bourgueil
Tél. : 02 47 97 76 88 - Fax : 02 47 97 97 83

Lydie et Max Cognard possèdent l'essentiel de leurs vignes sur Saint-Nicolas de Bourgueil, avec un peu de Bourgueil. En Saint Nicolas, la cuvée Estelle (parfois nommée La Vinée) provient de sols sablonneux et donne des vins légers d'un abord facile. Les Malgagnes plantés sur sol argilo-siliceux donnent un vin plus dense et il faut les garder un peu. Sur les terroirs argilo-calcaires de Bourgueil, les Tuffes donnent aussi un vin dense.

Responsables : Max et Lydie Cognard
Vente à la propriété : oui
Visite : sur rendez-vous
Dégustation : sur rendez-vous
Surface du vignoble : 10 ha
Surface en rouge : 10 ha
Cépages :
  Cabernet franc 100 %
Appellation principale : Saint-nicolas-de-bourgueil
Production moyenne : 60 000 bouteilles

Bourgueil cuvée les Tuffes
2000 : 87

Saint-nicolas-de-bourgueil Cuvée Estelle
2001 : 86 . . . . .5,10 €

Saint-nicolas-de-bourgueil cuvée les Malgagnes
2000 : 87

TOURAINE

DOMAINE OLIVIER DELETANG ★★★

Les Batisses
37270 Montlouis-sur-Loire
Tél. : 02 47 50 29 77
E. Mail : deletang.olivier@wanadoo.fr
Web : www.domainedeletang.com

Deletang exploite depuis quatre générations un domaine d'une vingtaine d'hectares. Olivier Deletang est aux commandes de ce vignoble en deux parties, l'une du côté de Saint-Martin avec des vignes âgées, l'autre du côté de Montlouis avec des vignes encore jeunes au lieu dit Bâtisses. Elaborés dans un style moderne, les vins sont vendus avec un peu de décalage, ce qui permet d'obtenir encore un peu du superbe moelleux 1996, tout en miel et bien structuré.

Responsable : Olivier Delétang
Vente à la propriété : oui
Visite : oui
Dégustation : oui
Moyen d'accès : D140.
Surface du vignoble : 19 ha
Surface en rouge : 5 ha
Cépages :
    Cabernet 80 %
    Gamay 15 %
    Cot 5 %
Surface en blanc : 14 ha
Cépages :
    Chenin 100 %
Appellation principale : Montlouis
Production moyenne : 75 000 bouteilles

♀ **Montlouis les Bâtisses**
    2001 : 86 . . . . .6,56 €

♀ **Montlouis méthode traditionnelle cuvée Maud**
    86 . . . . .8,38 €

♀ **Montlouis moelleux**
    1995 : 88 . . . . .9,95 €

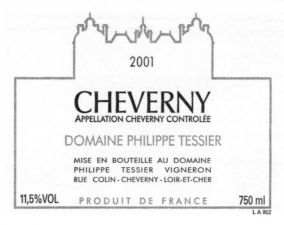

2001

CHEVERNY
APPELLATION CHEVERNY CONTROLÉE

DOMAINE PHILIPPE TESSIER

MISE EN BOUTEILLE AU DOMAINE
PHILIPPE TESSIER VIGNERON
RUE COLIN - CHEVERNY - LOIR-ET-CHER

11,5 % VOL   PRODUIT DE FRANCE   750 ml

L A 902

DOMAINE PHILIPPE TESSIER ***

3 voie de la Rue-Colin
41700 Cheverny
Tél. : 02 54 44 23 82 - Fax : 02 54 44 21 71
E. Mail : domaine.ph.tessier@wanadoo.fr

En conversion biologique, le vignoble de Philippe Tessier est labouré et cultivé, sans apport d'engrais chimiques, et les vendanges sont manuelles. Dans un ensemble très homogène malgré les difficultés des millésimes 2000 et 2001, la cuvée La Charbonnerie 2000, composée de 75 % de sauvignon et de 25 % de chardonnay, étonne par sa plénitude avec du gras et de la minéralité. Le style des autres cuvées est plus droit et plus élancé, avec une belle minéralité.

Responsable : Philippe Tessier
Vente à la propriété : oui
Visite : sur rendez-vous
Dégustation : sur rendez-vous
Moyen d'accès : Sortie autoroute Blois, direction Vierzon.
Surface du vignoble : 20 ha
Surface en rouge : 12 ha
Cépages :
    Pinot noir 40 %
    Gamay 42 %
    Cabernet 10 %
    Côt 8 %

Surface en blanc : 8 ha
Cépages :
    Sauvignon 40 %
    Chardonnay 10 %
    Romorantin 40 %
    Arbois 10 %
Appellation principale : Cheverny
Production moyenne : 90 000 bouteilles

Cheverny
2001 : 87 . . . . .4,40 €

Cheverny
2001 : 86 . . . . .4,30 €

Cheverny
2001 : 87 . . . . .4,50 €

Cheverny la Charbonnerie
2000 : 88

Cour-cheverny
Domaine Philippe Tessier
2000 : 86

Cuvée la Porte d'Or
2000 : 86

TOURAINE

BOURGUEIL

Appellation Bourgueil Contrôlée

Mis en bouteille à la propriété par sarl
CATHERINE ET PIERRE BRETON

LES GALICHETS 37140 RESTIGNÉ - FRANCE   750ml

Produce of France - Val de Loire   *RED LOIRE WINE* L 1

DOMAINE PIERRE BRETON ***

8 rue du Peu-Muleau - Les Galichets
37140 Restigné
Tél. : 02 47 97 30 41 - Fax : 02 47 97 46 49
E. Mail : catherineetpierre.breton@libertysurf.fr
Web : www.vins-de-bourgueil.com

Catherine et Pierre Breton se sont installés en 1982, ils possèdent des vignes relativement âgées, de quarante ans de moyenne, et les sols sont entièrement travaillés en culture biologique. Les cuvées sont d'une grande régularité, que ce soit en Bourgueil ou en Chinon. En 2000, le Bourgueil les Galichets, encore très tannique, est d'une grande densité. Il faudra, bien sûr, le garder en cave quelques années.

Responsables : Catherine et Pierre Breton
Vente à la propriété : oui
Visite : oui
Dégustation : sur rendez-vous
Moyen d'accès : A10, sortie Tours. RD35.
Surface du vignoble : 15 ha
Surface en rouge : 15 ha
Cépages :
    Cabernet franc 100 %
Appellation principale : Bourgueil
Production moyenne : 60 000 bouteilles

🍷 **Bourgueil le Clos Sénéchal**
    2000 : 88

🍷 **Bourgueil les Galichets**
    2000 : 89

🍷 **Chinon Beaumont**
    2000 : 87

DOMAINE TALUAU ET FOLTZENLOGEL ***

Chevrette
37140 Saint-Nicolas-de-Bourgueil
Tél. : 02 47 97 78 79 - Fax : 02 47 97 95 60
E. Mail : joel.taluau@wanadoo.fr

Joël Taluau s'est associé à son gendre Thierry Foltzenlogel, mais il tient toujours la barre. L'élevage se fait entièrement en cuve inox depuis que Joël Taluau a arrêté le bois en 1977. En 2000, la différence s'estompe entre la cuvée du domaine et les vielles vignes, mais ce n'est pas toujours le cas. Toutes les deux sont superbes. La cuvée l'Insoumise est, contre toute attente, élevée en partie en barrique neuve pendant un an. Ce passage a beaucoup marqué le 1999 qui s'en remet lentement.

Responsable : Joël Taluau
Vente à la propriété : oui
Visite : non
Dégustation : oui
Surface du vignoble : 22 ha
Surface en rouge : 22 ha
Cépages :
    Cabernet franc 100 %
Appellation principale : Saint-nicolas-de-bourgueil
Production moyenne : 150 000 bouteilles

🍷 **L'Insoumise**
    1999 : 87 . . . . .9,90 €

🍷 **Saint-nicolas-de-bourgueil Cuvée du Domaine**
    2000 : 88

🍷 **Saint-nicolas-de-bourgueil VV**
    2000 : 88

TOURAINE

2 0 0 0

FREDERIC
MABILEAU
ÉCLIPSE

ST NICOLAS DE BOURGUEIL

APPELLATION ST NICOLAS DE BOURGUEIL CONTRÔLÉE

MIS EN BOUTEILLE A LA PROPRIÉTÉ
37140 ST-NICOLAS-DE-BOURGUEIL, FRANCE
PRODUCE OF FRANCE

12% VOL.   750 ML

FRÉDÉRIC MABILEAU ***

17 rue de la Treille
37140 Saint-Nicolas-de-Bourgueil
Tél. : 02 47 97 79 58 - Fax : 02 47 97 45 19

Le domaine est entièrement établi sur
Saint-Nicolas de Bourgueil et son terroir
est essentiellement composé de graviers,
comme souvent à Saint Nicolas. Frédéric distingue trois cuvées. La cuvée les
Rouillères exprime, comme en 2001, la
corbeille de fruits rouges et sa meilleure
consommation se situe dans les deux ans
pour préserver le fruit. Les Coutures
recherchent la finesse et l'équilibre, ce
qui est vrai en 2001 et encore plus en
1998. Les plus vieilles produisent
l'Eclipse, cuvée plus dense et de longue
garde, toujours très régulière.

Responsable : Frédéric Mabileau
Vente à la propriété : oui
Visite : sur rendez-vous
Dégustation : sur rendez-vous
Surface du vignoble : 10 ha
Surface en rouge : 10 ha
Cépages :
    Cabernet franc 95 %
    Cabernet sauvignon 5 %
Appellation principale : Saint-nicolas-
de-bourgueil
Production moyenne : 60 000 bouteilles

Anjou
2001 : 84 . . . . .4,50 €

**Saint-nicolas-de-bourgueil
Eclipse**
2000 : 88
1999 : 87 . . . . .12 €

**Saint-nicolas-de-bourgueil
les Coutures**
2001 : 87
1998 : 88 . . . . .9 €

**Saint-nicolas-de-bourgueil
les Rouillères**
2001 : 86 . . . . .5,50 €

JEAN-PIERRE LAISEMENT ***

15 et 22 Vallée-Coquette
37210 Vouvray
Tél. : 02 47 52 74 47 - Fax : 02 47 52 65 03
Web : www.tours-online.com/laisement

Troisième génération sur le domaine, le jovial Jean-Pierre Laisement élabore ses vins d'une manière très traditionnelle, dans sa belle cave de tuffeau installée à flanc de coteau. L'effervescent, en méthode traditionnelle justement, est toujours de très bonne facture. Le style des vins, tranquilles, joue la sincérité et la franchise, dans une gamme de prix toujours très raisonnable.

Responsable : Jean-Pierre Laisement
Vente à la propriété : oui
Visite : oui
Dégustation : oui
Surface du vignoble : 13 ha
Surface en rouge : 1 ha
Cépages :
  Gamay 80 %
  Grolleau 15 %
  Pineau d'Aunis 5 %
Surface en blanc : 12 ha
Cépages :
  Chenin 100 %
Appellation principale : Touraine
Production moyenne : 60 000 bouteilles

♀ **Vouvray clos des Patys**
  1999 : 87 . . . . .6,30 €

♀ **Vouvray demi-sec**
  1998 : 87 . . . . .5,60 €

♀ **Vouvray méthode traditionnelle**
  87 . . . . .5,60 €

TOURAINE

LE PETIT CHAMBORD ***

Le Petit Chambord
41700 Cheverny
Tél. : 02 54 79 93 75 - Fax : 02 54 79 27 89

Exploitation familiale transmise de père en fils depuis quatre générations, le Petit Chambord est géré par François et Claudie Cazin. Les cuvées les plus originales sont dans l'appellation Cour-cheverny avec un petit Chambord 1999 très plantureux et une cuvée Renaissance, vinifiée en demi-sec, très bien équilibrée. En Cheverny, les Bissollières, sélection des parcelles les mieux exposées, se signalent, en 2000, par un très beau vin complet.

Responsable : François Cazin
Vente à la propriété : oui
Visite : sur rendez-vous
Dégustation : sur rendez-vous
Surface du vignoble : 18 ha
Surface en rouge : 8 ha
Cépages :
    Pinot noir 40 %
    Gamay 55 %
    Côt 5 %

Surface en blanc : 10 ha
Cépages :
    Romorantin 40 %
    Sauvignon 40 %
    Chardonnay 20 %
Appellation principale : Cour-cheverny
Production moyenne : 80 000 bouteilles

Cour-cheverny cuvée Renaissance
1999 : 88 . . . . .5,80 €

Cour-cheverny les Bisollières
2000 : 87

Cour-cheverny le petit Chambord
2000 : 86

Cour-cheverny le petit Chambord
1999 : 88 . . . . .4,70 €

Crémant-de-loire François Cazin
1998 : 86 . . . . .6,10 €

LOGIS DE LA BOUCHARDIÈRE ***

La Bouchardière
37500 Cravant-les-Coteaux
Tél. : 02 47 93 04 27 - Fax : 02 47 93 38 52

Serge Sourdais et son fils Bruno gèrent cette propriété cravantaise dont l'origine remonte à 1850. Entrée de gamme, le Chinon Logis de la Bouchardière est un vin élégant et tendre à boire dans les deux prochaines années. Les vignes d'une quarantaine d'années du Clos donnent un vin plus complet. Issues de vignes de plus de 60 ans, les Cornuelles sont nettement plus tanniques et de longue garde. Dernier venu, le chêne vert est un vin superbe dans le millésime 2000.

Responsables : Serge et Bruno Sourdais
Vente à la propriété : oui
Visite : sur rendez-vous
Dégustation : sur rendez-vous
Surface du vignoble : 47 ha
Surface en rouge : 47 ha
Cépages :
    Cabernet franc 100 %
Appellation principale : Chinon
Production moyenne : 300 000 bouteilles

Chinon le Chêne Vert
2000 : 89

Chinon les Clos
2000 : 87

Chinon les Cornuelles VV
2000 : 87

Chinon logis de la Bouchardière
2000 : 86

TOURAINE

PAUL BUISSE ***

69 route de Vierzon
41402 Montrichard
Tél.: 02 54 32 00 01 - Fax: 02 54 32 09 78
E. Mail: contact@paul-buisse.com
Web: www.paul-buisse.com

Négociant entreprenant, Paul Buisse est spécialisé dans les vins de Touraine avec une démarche de qualité plutôt que de petits prix. Producteur avec un domaine d'une vingtaine d'hectares et négociant-éleveur, il dirige depuis trente ans une société créée par ses aïeux en 1904. Touraine, Chinon et Bourgueil sont les trois spécialités de cette maison aux vins francs qui deviennent très complets dans la gamme Exceptionnel toujours issue de vieilles vignes.

Responsable: Paul Buisse
Vente à la propriété: oui
Visite: oui
Dégustation: oui
Moyen d'accès: A10, sortie Blois, direction Chateauroux.
Surface du vignoble: 20 ha
    Cabernet franc 100 %
    Sauvignon 100 %
Appellation principale: Touraine
Production moyenne: 1 200 000 bouteilles

Bourgueil
L'exceptionnel de Paul Buisse
2000 : 88

Chinon
L'exceptionnel de Paul Buisse
1999 : 87 . . . . 10,65 €

Saumur-champigny
L'exceptionnel de Paul Buisse
2000 : 86

Touraine Cristal Buisse
2000 : 88

Touraine domaine Paul Buisse
2000 : 87

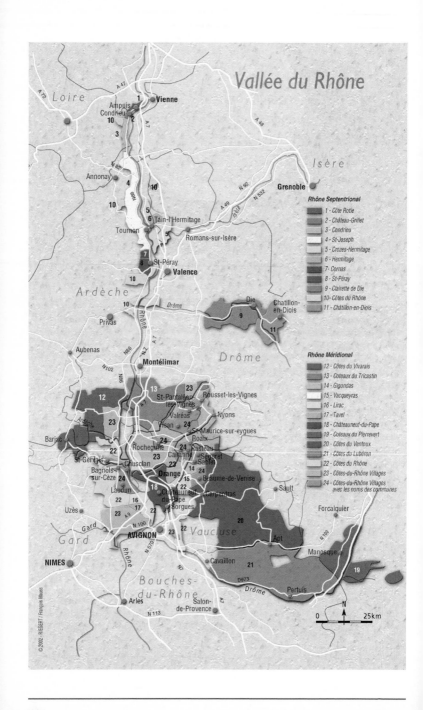

Dans le rôle de super star

Qui aurait pu s'imaginer, il y a vingt ans encore, que les amoureux des vins, du monde entier, s'arracheraient les vins de la vallée du Rhône. A une époque pas si lointaine, on parlait plus volontiers du « p'tit côte » de comptoir, avec beaucoup de condescendance, que des grands vins de la vallée du Rhône.

Le phénomène a démarré dans le Nord, dans la partie septentrionale comme on dit, où le cépage syrah a fait des malheurs sur la Côte-Rôtie ou l'Hermitage dès le début des années 1980. Malgré une réputation historique de l'Hermitage au XIXe siècle, où il figurait parmi les ténors des grands vins de France, ce phénomène est resté largement inconnu des Français qui ne l'ont découvert que trop tard, lorsque les prix ont atteint des cotes insensées. Les Anglais avaient tiré les premiers.

Le même phénomène est en train de se reproduire avec Châteauneuf-du-Pape où les prix montent inexorablement. Comme l'appellation est vaste, il est encore possible de faire des bonnes affaires, mais pendant encore combien de temps ? Gigondas, Vacqueyras et bien d'autres, suivent le même chemin. Bientôt, il sera trop tard.

DOMAINE
DU VIEUX TÉLÉGRAPHE ****(*)

3 route de Châteauneuf-du-Pape
84370 Bedarrides
Tél. : 04 90 33 00 31 - Fax : 04 90 33 18 47
E. Mail : vignobles@brunier.fr
Web : www.vignoblesbrunier.fr

Le domaine est entièrement situé sur le célèbre plateau caillouteux de la Crau. Il porte ce nom en raison de l'installation, en 1792, d'un sémaphore de Chappe. Sur ce terroir magnifique, un des plus beaux de l'appellation, la famille Brunier qui en est propriétaire depuis un siècle, produit un des plus beaux châteauneuf-du-pape actuels. Le 2000 est absolument superbe. Sur la Roquette, un peu moins bien située mais avec un bon âge des vignes, le 2000 est aussi impressionnant, tout comme dans les Pallières à Gigondas.

Responsables : Frédéric et Daniel Brunier
Vente à la propriété : oui
Visite : sur rendez-vous
Dégustation : sur rendez-vous
Langues : Anglais
Surface du vignoble : 70 ha
Age des vignes : 50 ans

Surface en rouge : 65 ha
Cépages :
    Grenache 65 %
    Mourvèdre 15 %
    Syrah 15 %
    Cinsault 5 %
Surface en blanc : 5 ha
Cépages :
    Clairette 40 %
    Grenache blanc 30 %
    Bourboulenc 15 %
    Roussanne 15 %
Appellation principale : Châteauneuf-du-pape
Production moyenne : 225 000 bouteilles

Châteauneuf-du-pape
2001 : 89 . . . . .24 €

Châteauneuf-du-pape
2000 : 92 . . . . .28 €

Châteauneuf-du-pape la Roquette
2001 : 88 . . . . .16 €

Châteauneuf-du-pape la Roquette
2000 : 90 . . . . .14 €

Gigondas les Pallières
2000 : 88 . . . . .14 €

VDP du Vaucluse
2001 : 86 . . . . .5 €

RHÔNE MÉRIDIONAL

TARDIEU-LAURENT **** (*)

Chemin de la Marquette
84360 Lauris
Tél. : 04 90 68 80 25 - Fax : 04 90 68 22 65

Passionné de vins, Michel Tardieu s'est associé à Dominique Laurent, le génial négociant de Bourgogne, pour démarrer une petite affaire de négoce. Michel Tardieu n'a pas son pareil pour dénicher des cuvées de vieilles vignes dans toutes les appellations rhodaniennes. Ajoutez-y le savoir-faire de Dominique Laurent en élevage et ses fûts magiques et vous obtiendrez un duo de choc qui élabore les cuvées les plus extraordinaires du Rhône. Tous les vins sont superbes. Achetez-les en primeurs.

Responsable : Michel Tardieu
Vente à la propriété : oui
Visite : sur rendez-vous
Dégustation : sur rendez-vous
Appellation principale : Cornas

Châteauneuf-du-pape VV
2000 : 95

Cornas coteaux VV
2000 : 90

Cornas VV
2000 : 93

Côte rôtie
2000 : 90

Gigondas
2000 : 93

Hermitage
2000 : 92

Rasteau VV
2000 : 89

Saint-joseph VV
2000 : 89

Vacqueyras VV
2000 : 91

CHÂTEAU LA GARDINE ★★★★

Route de Roquemaure
84230 Châteauneuf-du-Pape
Tél. : 04 90 83 73 20 - Fax : 04 90 83 77 24

Omniprésent, Patrick Brunel tient de main de maître le château, innovant et testant sans cesse de nouvelles techniques, essayant des variantes de vinification ou essayant de percer le secret des vieux millésimes qui sont si magnifiques à la Gardine, que ce soit en rouge (récemment un 52 était somptueux) ou en blanc. La propriété est d'un seul tenant et tenue à la manière d'un grand cru bordelais avec deux cuvées, la cuvée des générations et la cuvée tradition. Comme 1999 et 1998, les 2000 sont splendides, en rouge comme en blanc.

Responsables : Brunel Frères et Fils.
Vente à la propriété : oui
Visite : oui
Dégustation : oui
Langues : Anglais
Surface du vignoble : 106 ha
Age des vignes : 60 ans

Surface en rouge : 100 ha
Cépages :
    Grenache 100 %
Surface en blanc : 6 ha
Cépages :
    Grenache blanc 50 %
    Bourboulenc 50 %
Appellation principale : Châteauneuf-du-pape
Production moyenne : 250 000 bouteilles

Châteauneuf-du-pape
2000 : 89 . . . . .21,60 €

Châteauneuf-du-pape
2000 : 90 . . . . .22 €

Châteauneuf-du-pape
les générations Gaston Philippe
1999 : 91 . . . . .53,40 €

Côtes du Rhône-villages Rasteau
1999 : 88 . . . . .8,30 €

RHÔNE MÉRIDIONAL

CLOS DES PAPES ★★★★

13 avenue Pierre-de-Luxembourg - BP 8
84231 Châteauneuf-du-Pape
Tél.: 04 90 83 70 13 - Fax: 04 90 83 50 87

Les Avril ont toujours été intimement liés à la vie publique de Châteauneuf-du-Pape et le Clos des Papes est commercialisé sous ce nom depuis 1896. La propriété est très morcelée avec dix-huit parcelles bien situées. Pendant longtemps, les vins étaient un peu revêches dans leur jeunesse, mais ils vieillissaient bien. Depuis quelques années, leur générosité et leur maturité leur permettent d'être un peu plus expressifs jeunes et ils vieillissent toujours aussi bien. Dans la lignée des immenses 90, 95 et 98, le rouge 2000 est un vin merveilleusement velouté et d'une richesse de texture exceptionnelle. Le blanc 2001 est aussi superbe.

Responsable : Paul Vincent Avril
Vente à la propriété : oui
Visite : sur rendez-vous
Dégustation : sur rendez-vous
Langues : Anglais, Italien
Surface du vignoble : 30 ha
Age des vignes : 30 ans
Surface en rouge : 27 ha
Cépages :
    Grenache 65 %
    Syrah 10 %
    Mourvèdre 20 %
    Counoise 5 %
Surface en blanc : 3 ha
Cépages :
    Grenache blanc 16,60 %
    Clairette 16,60 %
    Roussanne 16,60 %
    Autres 50 %
Appellation principale : Châteauneuf-du-pape
Production moyenne : 108 000 bouteilles

♀ Châteauneuf-du-pape
    2001 : 89 . . . . .25 €

♀ Châteauneuf-du-pape
    2000 : 91 . . . . .25 €
    1999 : 89
    1998 : 92

CLOS DU MONT OLIVET ★★★★

15 avenue Saint-Joseph
84230 Châteauneuf du Pape
Fax : 04 90 83 51 75
E. Mail : closmontolivet@wanadoo.fr

Le clos lui-même du Mont Olivet est constitué de très vieilles vignes du plateau qui ne sont d'ailleurs pas en clos, mais peu importe. Il est géré par les trois fils du célèbre Roger Sabon. En 2000, la sélection Reflets, tout comme la cuvée du Papet, en hommage au grand-père, sont denses avec une véritable élégance. Bien équilibré, le blanc est aussi de très haute volée. Quant au côtes du rhône 2000, il est à un prix imbattable pour sa qualité.

Responsables :
Jean-Claude, Pierre, Bernard Sabon
Vente à la propriété : oui
Visite : sur rendez-vous
Dégustation : sur rendez-vous
Surface du vignoble : 40 ha

Surface en rouge : 37 ha
Cépages :
 Grenache 80 %
 Syrah 10 %
 Mourvèdre 6 %
 Cinsault 4 %
Surface en blanc : 3 ha
Cépages :
 Clairette 30 %
 Roussanne 25 %
 Bourboulenc 30 %
 Grenache blanc 15 %
Appellation principale : Châteauneuf-du-pape
Production moyenne : 200 000 bouteilles

🍷 **Châteauneuf-du-pape la cuvée du Papet**
 2000 : 91

🍷 **Châteauneuf-du-pape sélection Reflets**
 2001 : 88 . . . . .9,20 €

🍷 **Châteauneuf-du-pape sélection Reflets**
 2000 : 89

🍷 **Côtes-du-rhône**
 2000 : 87

DOMAINE BRESSY-MASSON ★★★★

Route d'Orange
84110 Rasteau
Tél. : 04 90 46 10 45 - Fax : 04 90 46 17 78
E. Mail : marie.francemasson@terre-net.fr

> Marius Bressy a créé le vignoble au XVIIIᵉ siècle et ce sont ses lointains descendants, Marie-France et Thierry Masson qui exploitent le vignoble avec des vignes en coteaux sur galets roulés en surface exposés Sud-Sud-Est. Le superbe vin doux naturel provient de vieilles vignes de grenache dont le vin est vieilli en demi-muid sans ouillage. Le Côtes du Rhône Rasteau 1999, cuvée Paul-Emile, est aussi un vin d'une grande concentration.

Responsable : Marie-France Masson
Vente à la propriété : oui
Visite : oui
Dégustation : oui
Moyen d'accès : RD975.
Langues : Anglais
Surface du vignoble : 33 ha
Age des vignes : 30 ans

Surface en rouge : 32 ha
Cépages :
   Grenache 62 %
   Syrah 15 %
   Mourvèdre 15 %
   Carignan 8 %
Surface en blanc : 1 ha
Cépages :
   Viognier 60 %
   Grenache blanc 20 %
   Clairette 20 %
Appellation principale : Rasteau
Production moyenne : 60 000 bouteilles

🍷 **Côtes du rhône-villages Rasteau**
   2000 : 88 . . . . .7,20 €

🍷 **Côtes du rhône-villages Rasteau Paul-Emile**
   1999 : 89 . . . . .10 €

🍷 **Rasteau rancio VDN**
   89 . . . . .8,80 €

Domaine de la Charbonnière
Cuvée Mourre des Perdrix
2000
Châteauneuf du Pape

APPELLATION CHÂTEAUNEUF-DU-PAPE CONTRÔLÉE

CONTENTS
750 ML

Mis en bouteille au Domaine par
MARET MICHEL, PROPRIÉTAIRE-RÉCOLTANT
À CHÂTEAUNEUF-DU-PAPE 84230 (VAUCLUSE) FRANCE

ALCOHOL
15.5% BY VOL

PRODUCT OF FRANCE

NON FILTRÉ

DOMAINE DE LA CHARBONNIÈRE ★★★★

Route de Courthézon
84230 Châteauneuf-du-Pape
Tél.: 04 90 83 74 59 - Fax: 04 90 83 53 46
E. Mail: maret-charbonniere@club-internet.fr

Le domaine date de 1912, date de l'achat par Eugène Maret. Agrandi par son fils Fernand, il est maintenant géré par son petit-fils Michel. Une partie des vignes est située sur le plateau de la Crau et des Brusquières, célèbres pour leurs galets roulés, et le domaine s'est agrandi au quartier Baratin, plus sablonneux. Le Vacqueyras est sur les hautes garrigues de Sarrians. Déjà de bonne facture depuis longtemps, ils ont enclenché le turbo. Denses et équilibrés, les 2000 sont superbes et méritent d'être recherchés.

Responsable: Michel Maret
Vente à la propriété: oui
Visite: oui
Dégustation: sur rendez-vous
Moyen d'accès: Route de Couthezon, RD 92.
Surface du vignoble: 23 ha

Surface en rouge: 22 ha
Cépages:
    Grenache
    Syrah
    Mourvèdre
    Cinsault
Surface en blanc: 1 ha
Cépages:
    Grenache blanc
    Roussanne
    Clairette
Appellation principale: Châteauneuf-du-pape

Y **Châteauneuf-du-pape**
    2001: 88 . . . . .19,50 €

Y **Châteauneuf-du-pape**
    2000: 89 . . . . .18 €

Y **Châteauneuf-du-pape Haut Brusquières**
    2000: 91 . . . . .24 €

Y **Châteauneuf-du-pape Mourre des Perdrix**
    2000: 92 . . . . .22 €

Y **Châteauneuf-du-pape VV**
    2000: 92 . . . . .24 €

Y **Vacqueyras**
    2000: 88 . . . . .11 €

RHÔNE MÉRIDIONAL

DOMAINE DE LA JANASSE ★★★★

27 chemin du Moulin
84350 Courthézon
Tél. : 04 90 70 86 29 - Fax : 04 90 70 75 93

Vignerons de père en fils depuis de nombreuses générations, Aimé le père est au vignoble, Christophe le fils est dans la cave. Vendu au négoce avant 1973, la mise en bouteille a permis de démontrer l'excellence des cuvées du domaine et singulièrement des vieilles vignes, ces deux cuvées provenant de vignes de plus de quatre-vingts ans. En 2000, toutes les cuvées sont somptueuses de matière, de densité, de longueur et de race. Le côtes du Rhône du domaine est aussi de grande qualité.

Propriétaire : **Aimé Sabon**
Vente à la propriété : oui
Visite : oui
Dégustation : oui
Surface du vignoble : 50 ha
Surface en rouge : 46,5 ha
Cépages :
    Grenache 70 %
    Carignan 10 %
    Mourvèdre 10 %
    Autres 10 %

Surface en blanc : 3,5 ha
Cépages :
    Grenache blanc 60 %
    Clairette 20 %
    Roussanne 20 %
Appellation principale : Châteauneuf-du-pape
Production moyenne : 150 000 bouteilles

Châteauneuf-du-pape
2000 : 88

Châteauneuf-du-pape
2000 : 90

Châteauneuf-du-pape Chaupin
2000 : 92

Châteauneuf-du-pape VV
2000 : 92

Côtes du rhône
2001 : 87

Côtes du rhône-villages
2000 : 88

DOMAINE DE LA MORDORÉE ★★★★

Chemin des Oliviers
30126 Tavel
Tél. : 04 66 50 00 75 - Fax : 04 66 50 47 39

Sous l'impulsion de Christophe Delorme, La Mordorée est transfigurée. Ce vaste domaine de 55 hectares éparpillé sur huit communes et 38 parcelles est enherbé, taillé court, vendangé en vert et à la main. La vendange est éraflée totalement et élevée en petits fûts. Dès 1989, son premier millésime, les vins étaient intéressants. Dix ans plus tard, ils sont magnifiques avec des vins denses, pleins, quelle que soit l'appellation. Un domaine à suivre.

Responsable : Christophe Delorme
Vente à la propriété : oui
Visite : oui
Dégustation : oui
Langues : Anglais
Surface du vignoble : 60 ha
Appellation principale : Lirac
Production moyenne : 250 000 bouteilles

Châteauneuf-du-pape
2000 : 91 . . . . .25,90 €

Côtes-du-rhône
2001 : 87 . . . . .5,50 €

Lirac
2001 : 87 . . . . .10,30 €

Lirac
2000 : 88 . . . . .7,60 €

Lirac Reine des Bois
2000 : 89 . . . . .11,70 €

Tavel
2001 : 86 . . . . .8,20 €

RHÔNE MÉRIDIONAL

DOMAINE DE SAINT SIFFREIN ★★★★

84100 Orange
Tél. : 04 90 34 49 85 - Fax : 04 90 51 05 20

Créé en 1880 par Claude Chastan, le domaine est aujourd'hui géré par un de ses descendants qui s'appelle aussi Claude Chastan. Les vignes sont plantées sur des sols de galets roulés et des coteaux argileux, avec un âge moyen des vignes de cinquante ans, ce qui est important. Les vins sont élaborés d'une manière très traditionnelle avec élevage en foudre de vingt-quatre mois. Jamais impressionnants jeunes, les vins qui sont taillés pour la garde, se révèlent avec l'âge. Très réussis, les vins des millésimes 1998, 1999 et 2000 sont dans cette logique.

Responsable : Claude Chastan
Vente à la propriété : oui
Visite : sur rendez-vous
Dégustation : sur rendez-vous
Appellation principale : Châteauneuf-du-pape

Châteauneuf-du-pape
1999 : 88
1998 : 89

Côtes-du-rhône
2000 : 86

DOMAINE DES BERNARDINS ****

84190 Beaumes-de-Venise
Tél. : 04 90 62 94 13 - Fax : 04 90 65 01 42

Résolument traditionaliste, le domaine des Bernardins continue de produire un muscat de Beaumes-de-Venise de la manière la plus naturelle, sans centrifugeuse. Petit bijou délicat, le résultat est superbe d'équilibre, de franchise et de complexité. Les autres vins du domaine sont élaborés de la même manière traditionnelle avec des rouges peu colorés et assez légers.

Responsables : M. et Mme Castaud-Maurin
Vente à la propriété : oui
Visite : sur rendez-vous
Dégustation : sur rendez-vous
Surface du vignoble : 21,9 ha
Cépages en rouge :
    Syrah
    Grenache
    Cinsault
Cépages en blanc :
    Muscat à petits grains
Appellation principale : Muscat de beaumes-de-venise

Côtes du rhône les Balmes
2000 : 85

Côtes du rhône rosé les Balmes
2000 : 86

Côtes du rhône-villages beaumes-de-venise
2000 : 86

Muscat de beaumes-de-venise
2000 : 89

RHÔNE MÉRIDIONAL

DOMAINE GOURT DE MAUTENS ★★★★

Domaine Gourt de Mautens
84110 Rasteau
Tél. : 04 90 46 19 45 - Fax : 04 90 46 18 92

Le dynamique Jérôme Bressy n'a pas perdu de temps puisqu'il a créé son domaine en 1996 à 23 ans. Cinq ans plus tard, les vins ont acquis une élégance et une longueur impressionnantes avec une densité qui ne l'est pas moins. Il y arrive par des rendements limités, de beaux terroirs bien exposés, des vignes âgées et un élevage astucieux.

Responsable : Jérôme Bressy
Vente à la propriété : oui
Visite : sur rendez-vous
Dégustation : sur rendez-vous
Moyen d'accès : Routes de Cairanne.
Surface du vignoble : 14 ha
Age des vignes : 40 ans
Surface en rouge : 13 ha
Cépages :
    Grenache 70 %
    Carignan 15 %
    Mourvèdre, Syrah, divers 15 %
Surface en blanc : 1 ha
Cépages :
    Grenache 50 %
    Bourboulenc 50 %
Appellation principale : Rasteau
Production moyenne : 28 000 bouteilles

Ⓨ **Côtes-du-rhône villages**
    2000 : 88 . . . . .21 €

Ⓨ **Côtes-du-rhône villages**
    2000 : 89 . . . . .21 €

MIS EN BOUTEILLE AU DOMAINE
CÔTES DU RHÔNE VILLAGES
APPELLATION CÔTES DU RHÔNE VILLAGES CONTRÔLÉE
OUAHI ET REMY KLEIN. VIGNERONS A CADIGNAC
30200 SABRAN
PRODUCT OF FRANCE

DOMAINE LA RÉMÉJEANNE ★★★★

Cadignac
30200 Sabran
Tél. : 04 66 89 44 51 - Fax : 04 66 89 64 22
E. Mail : remejeanne@wanadoo.fr

Ouahi et Remy Klein se sont installés sur l'exploitation familiale créée en 1960 par François Klein, Alsacien passé par le Maroc. Le vignoble se situe en terrasses sur des sols de lœss, de gré calcaire et d'argile calcaire, à une altitude entre 200 et 280 mètres avec des expositions Est et Sud-Est, ce qui donne de l'élégance aux vins. Grâce à ce terroir et surtout à la ténacité d'Ouahi et de Remy Klein, les vins rouges mais aussi blancs ont une élégance et une harmonie qu'on imagine mal dans cette appellation. Ils sont remarquables.

Responsables : Ouahi et Remy Klein
Vente à la propriété : oui
Visite : sur rendez-vous
Dégustation : sur rendez-vous
Moyen d'accès : à Bagnols/Cèze prendre la direction d'Alès.
Surface du vignoble : 35 ha

Surface en rouge : 32 ha
Cépages :
  Grenache 60 %
  Syrah 40 %
Surface en blanc : 3 ha
Cépages :
  Viognier 40 %
  Roussanne 40 %
  Clairette 20 %
Appellation principale : Côtes du rhône-villages
Production moyenne : 150 000 bouteilles

Côtes du rhône les Arbousiers
2001 : 87 . . . . .6 €

Côtes du rhône les Arbousiers
2001 : 86 . . . . .6 €

Côtes du rhône les Arbousiers
2001 : 88 . . . . .6 €

Côtes du rhône les Chèvrefeuilles
2001 : 88 . . . . .4,50 €

Côtes du rhône syrah les Eglantiers
2001 : 88 . . . . .14,50 €

Côtes du rhône-villages les Genèvriers
2001 : 88 . . . . .9 €

RHÔNE MÉRIDIONAL

DOMAINE LES GOUBERT ★★★★

Domaine Goubert
84190 Gigondas
Tél. : 04 90 65 86 38 - Fax : 04 90 65 81 52

Jean-Pierre Cartier et sa femme Mireille ont mené au sommet ce domaine à force de travail, d'abnégation et de quelques solides principes qui paraissent simples comme des rendements modérés ou des raisins mûrs, sans aucun a priori. Les premiers, ils installent des fûts à Gigondas, dans l'incompréhension la plus totale. La verticale de la cuvée phare de la maison depuis sa création en 1985, la cuvée Florence, montre la justesse de vue et aussi, une régularité impressionnante dans les grands mais aussi dans les moins grands millésimes. Au sommet de leur art, les 2000 sont une réussite exceptionnelle.

Responsables : Jean-Pierre et Mireille Cartier
Vente à la propriété : oui
Visite : sur rendez-vous
Dégustation : sur rendez-vous
Langues : Anglais

Surface du vignoble : 23 ha
Cépages :
  Grenache
  Syrah
  Mourvèdre
  Cinsault
  Clairette
  Roussanne
  Bourboulenc
  Viognier
Appellation principale : Gigondas
Production moyenne : 90 000 bouteilles

Côtes du rhône-villages beaumes-de-venise
2000 : 88 . . . . .6,50 €

Côtes du rhône viognier cuvée de V
2000 : 89 . . . . .10,50 €

Gigondas
2000 : 89 . . . . .10 €

Gigondas cuvée Florence
1999 : 90 . . . . .20 €
1998 : 91

Sablet
2000 : 86 . . . . .5,80 €

Sablet
2000 : 88 . . . . .5,50 €

DOMAINE RASPAIL AY ★★★★

Le Colombier
84190 Gigondas
Tél. : 04 90 65 83 01 - Fax : 04 90 65 89 55

Grand vinificateur, Dominique Ay réussit toujours un des meilleurs Gigondas qui soient. Dans la belle lignée depuis 1995, le 2000 brille particulièrement avec un vin généreux et riche, d'une grande puissance, mais qui a su rester très élégant. Grande garde assurée.

Responsable : Dominique Ay
Vente à la propriété : oui
Visite : sur rendez-vous
Dégustation : sur rendez-vous
Surface du vignoble : 18 ha
Surface en rouge : 18 ha
Cépages :
    Grenache 80 %
    Syrah 15 %
    Mourvèdre 5 %
Appellation principale : Gigondas
Production moyenne : 60 000 bouteilles

🍷 **Gigondas**
    2000 : 89

RHÔNE MÉRIDIONAL

DOMAINE SAINT-BENOÎT ★★★★

Route de Sorgues - BP 72
84232 Châteauneuf-du-Pape
Tél. : 04 90 83 51 36 - Fax : 04 90 83 51 37
E. Mail : saint.benoit@wanadoo.fr

Le domaine Saint-Benoît est né en 1989 de la réunion originale de plusieurs exploitations des familles Cellier, Courtil et Jacumin, avec comme premier millésime 1990. Dix ans plus tard, après quelques vicissitudes, le domaine a atteint sa vitesse de croisière et présente des Chateauneufs-du-pape de grand niveau avec un superbe blanc 1999 de vieille vigne de roussane et trois magnifiques cuvées de rouges, La Truffière 1998 étant splendide.

Responsable : Marc Cellier
Vente à la propriété : oui
Visite : sur rendez-vous
Dégustation : sur rendez-vous
Langues : Anglais
Surface du vignoble : 26 ha
Age des vignes : 40 ans

Cépages :
  Grenache
  Syrah
  Mourvèdre
  Cinsault
  Grenache blanc
  Roussanne
  Picpoul
Appellation principale : Châteauneuf-du-pape
Production moyenne : 86 000 bouteilles

Châteauneuf-du-pape
1999 : 89 . . . . .24,70 €

Châteauneuf-du-pape grande Garde
1996 : 88 . . . . .21,40 €

Châteauneuf-du-pape Soleil et Festins
2000 : 88 . . . . .15,90 €

Châteauneuf-du-pape Truffière
1998 : 91 . . . . .28,80 €

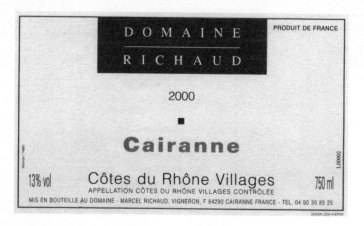

PRODUIT DE FRANCE

DOMAINE
RICHAUD

2000

Cairanne

Côtes du Rhône Villages
APPELLATION CÔTES DU RHÔNE VILLAGES CONTRÔLÉE

13% vol   750 ml

MIS EN BOUTEILLE AU DOMAINE - MARCEL RICHAUD, VIGNERON, F 84290 CAIRANNE FRANCE - TEL. 04 90 30 85 25

DESIGN LEEN AVERINK

MARCEL RICHAUD ****

Route de Rasteau
84290 Cairanne
Tél. : 04 90 30 85 25 - Fax : 04 90 30 71 12
E. Mail : richaud@aol.com

Labours, tailles courtes, traitements raisonnés au printemps : Marcel Richaud n'a jamais dérogé à ces principes qui lui donnent, bon an, mal an, une récolte de trente-cinq hectolitres à l'hectare. La qualité de la cueillette lui permet de préserver la gourmandise que l'on trouve dans l'ensemble de ses vins, les qualités de fond leur assurant la fraîcheur. Le style de Marcel Richaud tient dans cette dualité et on comprend que les consommateurs en raffolent. Les derniers millésimes ont encore parfait cette méthode exigeante mais gagnante.

Responsable : Marcel Richaud
Vente à la propriété : oui
Visite : oui
Dégustation : oui
Moyen d'accès : Route touristique de Vaison la Romaine.
Langues : Anglais
Surface du vignoble : 30 ha
Age des vignes : 50 ans

Surface en rouge : 28 ha
Cépages :
    Grenache 30 %
    Syrah 30 %
    Mourvèdre 30 %
    Autres 10 %
Surface en blanc : 2 ha
Cépages :
    Roussanne
    Marsanne
    Viognier
    Clairette
Appellation principale : Cairanne
Production moyenne : 120 000 bouteilles

Cairanne
2000 : 88 . . . . .11 €

Côtes du rhône-villages Cairanne
2000 : 89 . . . . .7,50 €

Côtes du rhône-villages Cairanne l'Ebrescade
1999 : 89 . . . . .13,50 €

Côtes du rhône-villages Terre d'Aigues
2001 : 88 . . . . .4,30 €

VDP de Vaucluse grenache jeunes vignes
2001 : 87 . . . . .3,30 €

RHÔNE MÉRIDIONAL

CAVE COOPÉRATIVE DE RASTEAU ***(*)

Route des Princes d'Orange
84110 Rasteau
Tél.: 04 90 10 90 10 - Fax: 04 9046 16 65
E. Mail: rasteau@rasteau.com
Web: www.rasteau.com

Gérant 700 hectares et comprenant 180 adhérents dont 80 viticulteurs, la cave de Rasteau est une grosse structure qui vinifie 65 % de l'appellation Rasteau. Pourtant, la qualité des vins n'en souffre pas grâce à une importante politique d'investissements. Entre 2001 et 2002, tout l'outil de production a été rénové et agrandi avec des moyens de vinification encore plus pointus. En dehors de la cuvée des Hauts du village issue de vieilles vignes de grenache qui est superbe, la cave réussit la gageure d'élaborer d'importantes cuvées de Côtes du Rhône avec des qualités suivies, ce qui est une vraie performance.

Responsable: Jean-Jacques Dost
Vente à la propriété: oui
Visite: sur rendez-vous
Dégustation: sur rendez-vous
Moyen d'accès: Se situe sur la route de Vaison la Romaine.
Langues: Anglais, Espagnol, Italien
Surface du vignoble: 700 ha
Age des vignes: 35 ans

Surface en rouge: 680 ha
Cépages:
    Grenache Noir 62 %
    Syrah 12 %
    Mourvèdre 8 %
    Autres 18 %
Surface en blanc: 20 ha
Cépages:
    Grenache blanc 60 %
    Clairette 30 %
    Bourboulenc 10 %
Appellation principale: Rasteau
Production moyenne: 3 500 000 bouteilles

Côtes du rhône
2000: 86 . . . . .3,90 €

Côtes du rhône Aura
1999: 88 . . . . .4,70 €

Côtes du rhône les Viguiers
2001: 85 . . . . .3,90 €

Côtes du rhône-villages les Hauts-du Villages
1998: 88 . . . . .10,25 €

Côtes du rhône-villages Rasteau
2001: 88 . . . . .5,20 €
1999: 87 . . . . .6,90 €

Rasteau
1998: 87 . . . . .6,40 €

Rasteau Signature
1998: 88 . . . . .9,90 €

MIS EN BOUTEILLE AU CHÂTEAU

CHÂTEAU DE SÉGRIÈS
LIRAC

APPELLATION LIRAC CONTRÔLÉE

ALC. 13.5% BY VOL.   750 ML

S.C.E.A. HENRI de LANZAC, PROPRIÉTAIRE À 30126 LIRAC - FRANCE
PRODUCT OF FRANCE

L.01.05

CHÂTEAU DE SÉGRIÈS ***(*)

Chemin de la Grange
30126 Lirac
Tél.: 04 66 50 22 97 - Fax: 04 66 50 17 02

Ancienne propriété du Comte de Régis, un des hommes qui a compté à Lirac, la propriété a été achetée en 1994 par Henri de Lanzac. La cave est installée dans un lieu où on élevait, il y a un siècle, les vers à soie. Elaboré avec 50 % de grenache, le château de Ségriès rouge est un vin dense et de bonne facture, comme l'ensemble des vins de la propriété.

Responsable : SCEA Henri de Lanzac
Vente à la propriété : oui
Visite : sur rendez-vous
Dégustation : sur rendez-vous
Langues : Anglais
Surface du vignoble : 45 ha
Age des vignes : 40 ans

Surface en rouge : 36,5 ha
Cépages :
   Grenache 50 %
   Syrah 30 %
   Cinsault 10 %
   Mourvèdre + Carignan 10 %
Surface en blanc : 8,5 ha
Cépages :
   Ugni blanc 30 %
   Clairette 60 %
   Bourboulenc 5 %
   Picpoul 5 %
Appellation principale : Lirac
Production moyenne : 250 000 bouteilles

♀ **Lirac**
   2000 : 88 . . . . .6,40 €

♂ **Lirac**
   2000 : 88 . . . . .6,80 €

♂ **Tavel**
   2001 : 88 . . . . .6,80 €

RHÔNE MÉRIDIONAL

CHÂTEAU RASPAIL ***(*)

84190 Gigondas
Tél. : 04 90 65 88 93 - Fax : 04 90 65 88 96
E. Mail : chateau.raspail@wanadoo.fr

Haut lieu de l'histoire viticole de Gigondas, le château Raspail doit son nom à l'illustre homme politique, Eugène Raspail. Il a été acheté en 1979 par la famille Meffre qui a fait sa fortune dans le Gigondas au lendemain de la seconde guerre mondiale. Le vignoble est situé sur la marne jurassique pour un petit quart et sur des coteaux argilo-calcaires pour le reste. Les raisins sont entièrement égrappés, ce qui donne des vins denses et joliment épicés comme en 1999, qui évoluent bien en bouteille.

Responsable : Christian Meffre
Vente à la propriété : oui
Visite : sur rendez-vous
Dégustation : sur rendez-vous
Langues : Anglais
Surface du vignoble : 42 ha
Age des vignes : 25 ans
Surface en rouge : 42 ha
Cépages :
  Grenache 60 %
  Syrah 30 %
  Mourvèdre 10 %
Appellation principale : Gigondas
Production moyenne : 23 000 bouteilles

🍷 **Château de Ruth**
  2000 : 87 . . . . .4,60 €

🍷 **Château de Ruth cuvée Françoise de Soissard**
  2000 : 88 . . . . .6,40 €

🍷 **Gigondas**
  1999 : 89 . . . . .8,90 €

DOMAINE BRUSSET ***(*)

Le Village
84290 Cairanne
Tél. : 04 90 30 82 16 - Fax : 04 90 30 73 31
Web : www.domainebrusset.fr

Le domaine Brusset rassemble trois vignobles, les coteaux de Tavers à Cairanne, les Hauts de Montmirail à Gigondas et les coteaux des Bruyères et le Bréjas à Mondragon. Elevé en fûts de chêne neufs, les hauts de Montmirail 2000 est un vin splendide doté de tannins fins. Tous les autres vins rouges séduisent par le fruit et leur richesse de constitution que Laurent Brusset sait leur insuffler comme personne.

Responsable : Laurent Brusset
Vente à la propriété : oui
Visite : oui
Dégustation : oui
Langues : Anglais
Surface du vignoble : 88 ha
Age des vignes : 50 ans
Surface en rouge : 84 ha
Cépages :
  Grenache 55 %
  Syrah 25 %
  Mourvèdre 10 %
  Cinsault + Carignan 10 %

Surface en blanc : 4 ha
Cépages :
  Viognier 20 %
  Marsanne 20 %
  Roussanne 20 %
  Clairette 40 %
Appellation principale : Côtes du rhône
Production moyenne : 350 000 bouteilles

Côtes du rhône Cairanne Chabrille
2000 : 88 . . . . .11,20 €

Côtes du rhône-villages Cairanne cuvée des Côteaux de Travers
2001 : 86 . . . . .6,80 €

Côtes du rhône-villages Cairanne cuvée les Côteaux de Travers
2001 : 87 . . . . .6,80 €

Côtes du ventoux
2001 : 86 . . . . .3,70 €

Gigondas le Grand Montmirail
2000 : 89

Gigondas les Hauts de Montmirail
2001 : 88 . . . . .19,80 €

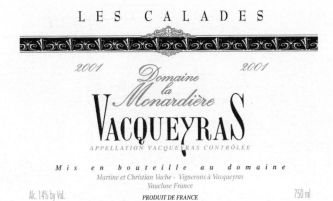

LES CALADES

2001   2001

Domaine la Monardière

VACQUEYRAS

APPELLATION VACQUEYRAS CONTRÔLÉE

Mis en bouteille au domaine

Martine et Christian Vache - Vignerons à Vacqueyras
Vaucluse France

Alc. 14% by Vol.   PRODUIT DE FRANCE   750 ml

DOMAINE DE LA MONARDIÈRE ***(*)

84190 Vacqueyras
Tél. : 04 90 65 87 20 - Fax : 04 90 65 82 01
E. Mail : monardiere@wanadoo.fr

Les sols du domaine sont de nature très divers, galets roulés, grés, argile jaune, argile grise, argile sableuse. Avec cette variété des sols, l'encépagement l'est aussi avec grenache, syrah, mourvèdre, cinsault. Les parcelles sont vinifiées séparément et élevées en barriques. Il en résulte des vins élégants et complexes, sans lourdeur. La réserve des Monardes 2000 atteint une réelle distinction.

Responsable : Christian Vache
Vente à la propriété : oui
Visite : sur rendez-vous
Dégustation : sur rendez-vous
Langues : Anglais
Surface du vignoble : 20 ha
Age des vignes : 45 ans

Surface en rouge : 19,5 ha
Cépages :
    Grenache 70 %
    Syrah 25 %
    Mourvèdre 5 %
Surface en blanc : 0,5 ha
Cépages :
    Grenache blanc
    Roussanne
    Viognier
Appellation principale : Vacqueyras
Production moyenne : 80 000 bouteilles

Vacqueyras les Calades
2001 : 88 . . . . .7,50 €

Vacqueyras réserve des Deux Monardes
2000 : 88 . . . . .9 €

Vacqueyras VV
2000 : 89 . . . . .13 €

DOMAINE DE
L'ORATOIRE St MARTIN

Réserve des Seigneurs
— 2000 —
CAIRANNE
CÔTES·DU·RHÔNE·VILLAGES
FRÉDÉRIC & FRANÇOIS ALARY

APPELLATION CÔTES DU RHÔNE VILLAGES CONTRÔLÉE
750ML PRODUIT DE FRANCE 13,5% ALC BY VOL.

EARL SAINT-MARTIN · VIGNERONS A CAIRANNE
MIS EN BOUTEILLE AU DOMAINE

DOMAINE DE L'ORATOIRE SAINT-MARTIN ***(*)

Route de Saint-Roman
84290 Cairanne
Tél. : 04 90 30 82 07 - Fax : 04 90 30 74 27
E. Mail : falary@wanadoo.fr

Avec André Alary en 1692, les Alary sont vignerons depuis trois cents ans. André et François Alary ont pris leur tour en 1984. Le vignoble qui possède beaucoup de vieilles vignes est situé sur le quartier des douyes, plus froid, qui donne de l'élégance, et le quartier de Saint-Martin, très solaire qui donne la richesse. Avec cet équilibre entre finesse et puissance, les 2000 sont superbes, tout comme la cuvée Haut Coustias rouge 1999 élevée 24 mois en fûts de chêne. Très denses, les vins ont une qualité très homogène.

Responsables : Frédéric et François Alary
Vente à la propriété : oui
Visite : sur rendez-vous
Dégustation : sur rendez-vous
Surface du vignoble : 25 ha
Age des vignes : 50 ans

Surface en rouge : 20 ha
Cépages :
    Grenache 60 %
    Mourvèdre 25 %
    Syrah 10 %
    Cinsault 5 %
Surface en blanc : 5 ha
Cépages :
    Marsanne 40 %
    Roussanne 40 %
    Viognier 5 %
    Clairette 15 %
Appellation principale : Côtes du rhône-villages
Production moyenne : 100 000 bouteilles

Cairanne Haut Coustias
2000 : 88 . . . . 11,13 €

Cairanne Haut Coustias
1999 : 89 . . . . 11,13 €

Cairanne prestige
2000 : 88 . . . . 11,13 €

Cairanne réserve des Seigneurs
2000 : 88 . . . . 7,17 €

RHÔNE MÉRIDIONAL

DOMAINE
DENIS ET DANIEL ALARY ***(*)

La Font d'Estevenas, route de Rasteau
84290 Cairanne
Tél.: 04 90 30 82 32 - Fax: 04 90 30 74 71

Installé sur des plateaux de garrigues et sur les coteaux d'Estévenas, le vignoble de Denis et Daniel Alary est tenu de manière traditionnelle et les vendanges son manuelles. Il en résulte des rouges très denses et très pleins qui restent très équilibrés.

Responsables: Denis et Daniel Alary
Vente à la propriété: oui
Visite: sur rendez-vous
Dégustation: sur rendez-vous
Langues: Anglais
Surface du vignoble: 24 ha
Age des vignes: 40 ans
Surface en rouge: 21 ha
Cépages:
Grenache
Syrah
Mourvèdre
Counoise

Surface en blanc: 3 ha
Cépages:
Roussanne 35 %
Clairette 30 %
Viognier 20 %
Bourboulenc 15 %
Appellation principale: Côtes du rhône-villages
Production moyenne: 120 000 bouteilles

Côtes du rhône-villages
2000: 84 . . . . .6,80 €

Côtes du rhône-villages Cairanne
2000: 87 . . . . .6,30 €

Côtes du rhône-villages Cairanne Jean de Velde
2000: 89
1999: 88 . . . . .11 €

Côtes du rhône-villages Cairanne la Font d'Estévenas
2000: 88 . . . . .8,40 €

VDP de la principauté d'Orange
2000: 86 . . . . .3,20 €

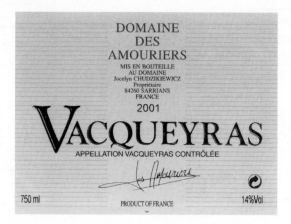

DOMAINE DES AMOURIERS ***(*)

Les Garrigues
84260 Sarrians
Tél. : 04 90 65 83 22 - Fax : 04 90 65 84 13

Le nom du domaine vient des mûriers
(Amouriers en provençal) qui servaient
à l'élevage des vers à soie et le vignoble
est implanté sur le grand plateau caillouteux de Sarrians qui a reçu l'appellation
Vacqueyras en 1990. Le domaine doit
beaucoup à Jocelyn Chudzikiewicz, dis-
parue tragiquement dans un accident de
la route, qui avait développé la vente en
bouteille de sa production. Ses proches
continuent dans le même esprit et les
2001 restent bien dans la ligne avec un
beau Vacqueyras dense et solide et un
côtes du Rhône très équilibré.

Responsable : IND. Chudzikiewicz
Vente à la propriété : oui
Visite : sur rendez-vous
Dégustation : sur rendez-vous
Surface du vignoble : 23 ha
Age des vignes : 40 ans
Surface en rouge : 23 ha
Cépages :
    Grenache 60 %
    Syrah 15 %
    Cinsault 10 %
    Carignan 15 %
Appellation principale : Vacqueyras
Production moyenne : 120 000 bouteilles

🍷 **Côtes du rhône**
    2001 : 88 . . . . .5,34 €

🍷 **Vacqueyras**
    2001 : 88 . . . . .7,93 €

🍷 **VDP du Vaucluse**
    2001 : 86 . . . . .3,66 €

RHÔNE MÉRIDIONAL

DOMAINE DU CAYRON ***(*)

Domaine du Cayron
84190 Gigondas
Tél. : 04 90 65 87 46 - Fax : 04 90 65 88 81

Existant depuis 1840, le domaine voit ses seize hectares de vignes dispersées sur tout le territoire de l'appellation, des dentelles de Montmirail aux Garrigues. Les vignes sont âgées, plus de 40 ans en moyenne et jusqu'à 70 ans pour certaines. Le millésime 2000 est particulièrement réussi avec un vin puissant comme d'habitude, mais avec une réelle élégance. Elevé en vieux foudres, il n'atteindra son apogée que dans dix ans.

Responsable : EARL Michel Faraud
Vente à la propriété : oui
Visite : non
Dégustation : oui
Langues : Anglais, Espagnol
Surface du vignoble : 16 ha
Age des vignes : 40 ans
Surface en rouge : 16 ha
Cépages :
    Grenache 69 %
    Cinsault 15 %
    Syrah 15 %
    Mourvèdre 1 %
Appellation principale : Gigondas
Production moyenne : 60 000 bouteilles

🍷 **Gigondas**
    2000 : 90

DOMAINE FONT DE MICHELLE ***(*)

14 impasse des Vignerons
84370 Bedarrides
Tél. : 04 90 33 00 22 - Fax : 04 90 33 20 27
E. Mail : egonnet@terre-net.fr

Le domaine est tenu par Jean et Michel
Gonnet qui ont fait leurs classes avec
leur oncle, Henri Brunier du Vieux-Télé-
graphe. Les vignes sont situées sur le
coteau Sud-Est de l'appellation, près du
Vieux Télégraphe, en partie sur les
fameux galets roulés. Depuis quelques
années, les vins ont encore progressé et
les 2000 sont très réussis avec deux
cuvées de rouge époustouflantes de plénitude. Toujours délicieux, le blanc est
très élégant en 2001.

Responsables : Jean et Michel Gonnet
Vente à la propriété : oui
Visite : sur rendez-vous
Dégustation : sur rendez-vous
Moyen d'accès : Sortie A7 Avignon nord ou
Orange sud.
Langues : Allemand, Anglais
Surface du vignoble : 30 ha
Age des vignes : 45 ans

Surface en rouge : 27 ha
Cépages :
  Grenache 70 %
  Syrah 10 %
  Mourvèdre 10 %
  Cinsault 10 %
Surface en blanc : 3 ha
Cépages :
  Grenache blanc 50 %
  Clairette 25 %
  Roussanne 10 %
  Bourboulenc 15 %
Appellation principale : Châteauneuf-du-pape
Production moyenne : 100 000 bouteilles

🍷 **Châteauneuf-du-pape**
  2001 : 88 . . . . .8,50 €

🍷 **Châteauneuf-du-pape**
  2001 : 88 . . . . .16 €
  2000 : 90 . . . . .15 €

🍷 **Châteauneuf-du-pape**
  Etienne Gonnet
  2000 : 92 . . . . .32 €

🍷 **Côtes du rhône Font de Michelle**
  2001 : 86 . . . . .8,50 €

DOMAINE GRAMENON ***(*)

26770 Montbrison-sur-Lez
Tél.: 04 75 53 57 08 - Fax: 04 75 53 68 92

Avant 1979, les raisins partaient à la coopérative. Philippe et Michèle Laurent ont alors décidé de se lancer dans la mise en bouteille en vinifiant de bric et de broc la première année. Très vite, le résultat dépassa les espérances. Avec ses vins gourmands et sa cuvée de ceps centenaires, la Mémé, les vins du domaine devinrent la coqueluche des bars. Hélas, Philippe Laurent disparut accidentellement. Courageusement, son épouse Michèle a pris la suite et les 1999 comme les 2000 montrent que les vins n'ont pas changé.

Responsables: Philippe et Michèle Laurent
Vente à la propriété: oui
Visite: sur rendez-vous
Dégustation: sur rendez-vous
Surface du vignoble: 19 ha
Surface en rouge: 18 ha
Cépages:
    Grenache 75 %
    Syrah 15 %
    Carignan 5 %
    Cinsault 5 %
Surface en blanc: 1 ha
Cépages:
    Clairette 100 %
Appellation principale: Côtes du rhône
Production moyenne: 80 000 bouteilles

🍷 **Côtes du rhône
Ceps Centenaires**
2000: 88

🍷 **Côtes du rhône
Poignée de Raisin**
2001: 86

🍷 **Côtes du rhône-villages
Les Hauts de Gramenon**
2000: 87

DOMAINE LE COUROULU ***(*)

La Pousterle
84190 Vacqueyras
Tél. : 04 90 65 84 83 - Fax : 04 90 65 81 25

Créé en 1928, Guy Ricard fait partie de la troisième génération de vignerons. Sur les terrasses caillouteuses de l'Ouvèze, l'encépagement privilégie le grenache et la syrah. Guy Ricard aime les vins puissants, solides et tanniques comme le sont les 1999 et il faut de la garde pour les assouplir. Élaborée avec des vignes de plus de soixante ans, la cuvée vieilles vignes porte ces caractéristiques à leur plus haut.

Responsable : Guy Ricard
Vente à la propriété : oui
Visite : oui
Dégustation : oui
Langues : Anglais
Surface du vignoble : 20 ha
Age des vignes : 30 ans

Surface en rouge : 19,5 ha
Cépages :
    Grenache 60 %
    Syrah 25 %
    Mourvèdre 15 %
Surface en blanc : 0,5 ha
Cépages :
    Grenache 25 %
    Clairette 25 %
    Viognier 25 %
    Roussanne 25 %
Appellation principale : Vacqueyras
Production moyenne : 10 000 bouteilles

Côtes du rhône
1999 : 86 . . . . .5,30 €

Vacqueyras cuvée classique
1999 : 87 . . . . .7,30 €

Vacqueyras cuvée Laura
2001 : 87 . . . . .7,50 €

Vacqueyras VV
1999 : 88 . . . . .9,30 €

RHÔNE MÉRIDIONAL

DOMAINE MATHIEU ***(*)

Route de Courthézon BP 32
84230 Châteauneuf-du-Pape
Tél. : 04 90 83 72 09 - Fax : 04 80 83 50 55
E. Mail : dnemathieu@aol.com
Web : caves-particulieres.
com/membres/domaine-mathieu

Voilà quatre siècles que la propriété se transmet de père en fils. Très morcelé, le vignoble est constitué d'une bonne quarantaine de parcelles émiettées dans l'ensemble de l'appellation, ce qui en fait une sorte de Châteauneuf-du-Pape type, d'autant que les treize cépages sont présents. Avec une forte proportion de clairette, le blanc 2001 est d'une belle densité avec l'élégance naturelle du cépage. Pleins et denses, les rouges 2000 sont d'un excellent niveau et, à vrai dire, on ne les y avait encore jamais vus.

Responsables :
Charles, André, Jacqueline Mathieu
Vente à la propriété : oui
Visite : sur rendez-vous
Dégustation : sur rendez-vous
Surface du vignoble : 22 ha
Age des vignes : 50 ans

Surface en rouge : 21 ha
Cépages :
  Grenache 85 %
  Mourvèdre 6 %
  Autres 9 %
Surface en blanc : 1 ha
Cépages :
  Clairette 50 %
  Grenache blanc 38 %
  Picpoul 6 %
  Bourboulenc 6 %
Appellation principale : Châteauneuf-du-pape
Production moyenne : 50 000 bouteilles

Châteauneuf-du-pape
2001 : 88 . . . . .15 €

Châteauneuf-du-pape
2000 : 90 . . . . .14,50 €

Châteauneuf-du-pape
Marquis Anselme Mathieu
1999 : 91 . . . . .20 €

DOMAINE PÉLAQUIÉ ***(*)

7 rue du Vernet
30290 Saint-Victor-La-Coste
Tél.: 04 66 50 06 04 - Fax: 04 66 50 33 32
E. Mail: contact@domaine-pelaquie.com
Web: www.domaine-pelaquie.com

Ce très vaste domaine possède des vignes sur plusieurs appellations avec des cépages assez variés. Malgré ce gigantisme, le vignoble est tenu dans les règles de l'art, les vendanges sont manuelles et la vinification tradition-nelle. Que ce soit en rouges comme en blancs, les vins sont très élégants, sans lourdeur et faciles à boire.

Responsable: GFA du Grand Vernet
Vente à la propriété: oui
Visite: oui
Dégustation: oui
Surface du vignoble: 80 ha
Age des vignes: 30 ans
Surface en rouge: 62 ha
Cépages:
   Grenache
   Syrah
   Mourvèdre
Surface en blanc: 18 ha
Cépages:
   Clairette
   Grenache blanc
   Roussanne
   Viognier
Appellation principale: Côtes du rhône-villages
Production moyenne: 150 000 bouteilles

Côtes du rhône
2001: 87 . . . . .4,90 €

Côtes du rhône
2001: 85 . . . . .4,60 €

Côtes du rhône
2000: 88

Côtes du rhône-villages Laudun
2001: 88 . . . . .6,30 €

Côtes du rhône-villages Laudun
2000: 88

Côtes du rhône-villages Laudun prestige
2000: 86

Côtes du rhône viognier
2000: 88

Lirac
2000: 88

Lirac
2001: 87 . . . . .5,70 €

Lirac
2000: 89

Lirac prestige
1999: 88 . . . . .8,60 €

Tavel
2001: 88 . . . . .7,20 €

RHÔNE MÉRIDIONAL

CAVE DES VIGNERONS D'ESTEZARGUES ***

30390 Estezargues
Tél. non communiqué - Fax : 04 66 57 04 83

Cette petite cave coopérative travaille comme un bon propriétaire indépendant. Les cuves ne sont pas levurées, les vins ne sont ni collés, ni filtrés. On en fait comme dans les grandes unités de vinification, bien que cette cave n'en soit pas. Au final, les vins sont frais, sans aucune lourdeur et les cuvées sont très homogènes en qualité. A recommander.

Responsables : Edouard Laffitte/
Denis Deschamps
Vente à la propriété : oui
Visite : oui
Dégustation : oui
Moyen d'accès : Sortie A9, Remoulin, direction Avignon.
Langues : Espagnol
Surface du vignoble : 320 ha
Age des vignes : 25 ans
Surface en rouge : 313 ha
Cépages :
  Grenache 40 %
  Syrah 25 %
  Carignan 10 %
  Autres 25 %

Surface en blanc : 7 ha
Cépages :
  Grenache 75 %
  Viognier 15 %
  Bourboulenc 10 %
Appellation principale : Côtes du rhône
Production moyenne : 700 000 bouteilles

Côtes du-rhône domaine d'Andezon
2000 : 88 . . . . .4,73 €

Côtes du rhône-villages domaine de Perillière
2000 : 88 . . . . .4,73 €

Côtes du rhône domaine des Bachantes
2001 : 87 . . . . .4,73 €

Côtes du rhône Grès Saint-Vincent
2001 : 86 . . . . .4,73 €

Côtes du rhône-villages la Granacha
2001 : 88 . . . . .5,79 €

CHÂTEAU CABRIÈRES ***

BP 14
84231 Châteauneuf-du-Pape
Tél. : 04 90 83 73 58 - Fax : 04 90 83 75 55

Le vignoble est situé entre Avignon et Orange, sur le plateau de Châteauneuf, dans un endroit réputé pour la qualité des vieillissements. Jeunes, les vins paraissent toujours un peu légers, comme ceux du millésime 1999 actuellement. Avec l'âge, leurs qualités de fond se révèlent : le 1996 est très élégant. Ce millésime comme celui de 1984, qui ne jouit pas d'une réputation flatteuse bien que les châteauneufs soient bien meilleurs qu'ailleurs, n'est certes pas très long mais il est admirablement truffé. Une expérience à revivre aisément, car ces trois millésimes sont encore en vente.

Responsables : Guy Arnaud & Alain Jacumin
Vente à la propriété : oui
Visite : oui
Dégustation : oui
Moyen d'accès : Route d'Orange, RD68.
Langues : Allemand, Anglais
Surface du vignoble : 36 ha
Age des vignes : 45 ans
Surface en rouge : 36 ha
Cépages :
    Grenache 50 %
    Syrah 15 %
    Mourvèdre 12 %
    Cinsault + Autres cépages 23 %
Appellation principale : Châteauneuf-du-pape
Production moyenne : 150 000 bouteilles

🍷 **Châteauneuf-du-pape**
    1999 : 87 . . . . .11,50 €
    1984 : 88 . . . . .14 €

🍷 **Châteauneuf-du-pape prestige**
    1996 : 87 . . . . .23 €

RHÔNE MÉRIDIONAL

CHÂTEAU DU TRIGNON ***

84190 Gigondas
Tél. : 04 90 46 90 27 - Fax : 04 90 46 98 63

Achetée en 1891 par Etienne Roux et son fils Joseph, la propriété est dirigée, depuis 1991, par Pascal Roux. Une grosse partie du vignoble de Gigondas se trouve sur les pentes du massif des Dentelles de Montmirail, l'autre partie se situant sur des alluvions anciennes. La vinification est traditionnelle avec un éraflage partiel. Il en résulte un Gigondas 2000 élégant et de moyenne garde. Les autres vins de la propriété sont plus légers.

Responsable : Pascal Roux
Vente à la propriété : oui
Visite : oui
Dégustation : oui
Langues : Allemand, Anglais, Espagnol
Surface du vignoble : 62 ha
Age des vignes : 45 ans
Surface en rouge : 55 ha
Cépages :
    Grenache 58 %
    Syrah 25 %
    Mourvèdre 15 %
    Cinsault 2 %

Surface en blanc : 7 ha
Cépages :
    Viognier 30 %
    Roussanne 15 %
    Marsanne 15 %
    Autres 40 %
Appellation principale : Gigondas
Production moyenne : 300 000 bouteilles

Côtes du rhône
2001 : 86 . . . . 5,50 €

Côtes du rhône blanc de blancs
2001 : 85 . . . . 5,50 €

Côtes du rhône Bois des Dames
2001 : 86 . . . . 6 €

Côtes du rhône-villages Rasteau
2000 : 87 . . . . 8,20 €

Côtes du rhône-villages Sablet
2000 : 86 . . . . 7,50 €

Gigondas
2000 : 88 . . . . 11,50 €

CHÂTEAU LA CANORGUE
2001

Alc. 13% /vol.
Product of France

CÔTES DU LUBERON
Appellation Côtes du Luberon Contrôlée
Mis en bouteille au Château

Produit de France
750 ml
L. 01.03

EARL MARGAN J.P. ET M. - PROPRIÉTAIRE-RÉCOLTANT - F 84480 BONNIEUX FRANCE

CHÂTEAU LA CANORGUE ***

84480 Bonnieux
Tél.: 04 90 75 81 01 - Fax: 04 90 75 82 98
E. Mail: chateau.canorgue@wanadoo.fr

En culture biologique et biodynamique ce cru est le meilleur représentant des vins de sa région qui, pourtant, ne manque pas de vedettes. Les vendanges sont manuelles, ce qui est plutôt rare. Issus de petits rendements (30hl/ha), les rouges sont francs et de belle facture avec un fond solide.

Responsable: Jean-Pierre Margan
Vente à la propriété: oui
Visite: sur rendez-vous
Dégustation: sur rendez-vous
Langues: Anglais
Surface du vignoble: 40 ha
Age des vignes: 25 ans
Surface en rouge: 30 ha
Cépages:
   Syrah 68 %
   Grenache 20 %
   Mourvèdre 6 %
   Cinsault 6 %

Surface en blanc: 10 ha
Cépages:
   Clairette 25 %
   Grenache blanc 25 %
   Marsanne 25 %
   Roussanne 25 %
Appellation principale: Côtes du lubéron
Production moyenne: 145 000 bouteilles

Côtes du lubéron
2001 : 85 . . . . .7,80 €

Côtes du lubéron
2001 : 86 . . . . .7,40 €

Côtes du lubéron
2001 : 87 . . . . .8,20 €
2000 : 88

Côte du lubéron cuvée Nathalie
2001 : 87 . . . . .8,20 €

VDP viognier
2001 : 86 . . . . .9,80 €

MIS EN BOUTEILLE AU CHATEAU

CHATEAU MONT-REDON
Châteauneuf-du-Pape
APPELLATION CHÂTEAUNEUF-DU-PAPE CONTRÔLÉE

Vigneron Récoltant

S.A. D'EXPLOIT. DU CHÂTEAU MONT-REDON A CHÂTEAUNEUF-DU-PAPE (VAUCLUSE) FRANCE

14% vol.   *PRODUCE OF FRANCE*   750 ml

CHÂTEAU MONT-REDON ***

BP 10
84231 Châteauneuf-du-Pape Cedex 01
Tél.: 04 90 83 72 75 - Fax: 04 90 83 77 20
E. Mail: chateau montredon@wanadoo.fr
Web: www.chateaumontredon.fr

Si les historiens font remonter le domaine à 1334, l'histoire récente commence avec l'achat du château en 1921 par Henri Plantin et ce sont ses petits-fils qui le gèrent maintenant. Après avoir produit des bouteilles de référence entre 1945 et 1970, le domaine avait ensuite un peu sombré. Les 1985 et les 1990 montrent encore de belles dispositions et les millésimes récents sont de bonne facture, que ce soit le 2000 ou le 1999. Ils sont de moyenne garde.

Responsable: famille Abeille-Fabre
Vente à la propriété: oui
Visite: sur rendez-vous
Dégustation: sur rendez-vous
Moyen d'accès: RD68, direction Orange, à 4 km au nord de Châteauneuf.
Surface du vignoble: 145 ha
Ages des vignes: 50 ans
Surface en rouge: 120 ha
Cépages:
    Grenache
    Syrah
    Cinsault
    Mourvèdre

Surface en blanc: 25 ha
Cépages:
    Grenache blanc
    Bourboulenc
    Clairette
    Roussanne
Appellation principale: Châteauneuf-du-pape
Production moyenne: 600 000 bouteilles

Châteauneuf-du-pape
2001: 88 . . . . .14,70 €

Châteauneuf-du-pape
1999: 86 . . . . .16 €

Côtes du rhône
2001: 87 . . . . .10,40 €

Côtes du rhône
2000: 86

Côtes du rhône le Viognier
2001: 86 . . . . .6,10 €

Lirac
2001: 87 . . . . .7,90 €

Lirac
1999: 85 . . . . .7,90 €

CHÂTEAU PESQUIÉ ***

Route de Flassan - BP 6
84570 Mormoiron
Tél. : 04 90 61 94 08 - Fax : 04 90 61 94 13
E. Mail : chateaupesquie@yahoo.fr

Vignoble familial depuis trois générations, le vignoble est composé de sept propriétés qui s'étendent sur trois communes dans un rayon de cinq kilomètres autour du château avec un terroir commun de graves argilo-calcaires du crétacé moyen. La viticulture est très respectueuse de l'environnement et le chai de vieillissement, impressionnant, contient plus de cinq cents barriques. Avec tous ces moyens et en multipliant les cuvées, les vins jouent la finesse et l'élégance, les meilleurs étant les vins rouges, en particulier la cuvée quintessence qui porte bien son nom.

Responsables : familles Chaudière et Bastide
Vente à la propriété : oui
Visite : sur rendez-vous
Dégustation : sur rendez-vous
Moyen d'accès : D'Avignon prendre la rocade, direction Carpentras - Mazan - Mormoiron.
Langues : Allemand, Anglais, Espagnol
Surface du vignoble : 72 ha
Age des vignes : 37 ans

Surface en rouge : 63,5 ha
Cépages :
  Grenache
  Syrah
  Cinsault
Surface en blanc : 8,5 ha
Cépages :
  Viognier
  Chardonnay
  Clairette
  Roussanne
Appellation principale : Côtes du ventoux
Production moyenne : 450 000 bouteilles

Côtes du ventoux château Pesquié prestige
2000 : 87 . . . . .7,85 €
1997 : 87 . . . . .9 €

Côtes du ventoux les Terrasses
2000 : 87

Côtes du ventoux Quintessence
2000 : 88
1999 : 88 . . . . .10 €

VDP Chardonnay du Pesquié
2001 : 86 . . . . .6,10 €

VDP le Viognier du Pesquié
1999 : 85 . . . . .4,50 €

RHÔNE MÉRIDIONAL

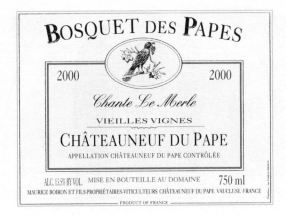

DOMAINE BOSQUET DES PAPES ***

18 route d'Orange - BP 50
84230 Châteauneuf-du-Pape
Tél. : 04 90 83 72 33 - Fax : 04 90 83 50 52

Affaire de famille, Maurice et Josette Boiron s'occupent du domaine avec Nicolas qui intervient de plus en plus dans les vinifications. Existant depuis 1966 avec les débuts de Maurice, la cuvée tradition comprend une forte proportion de grenache : elle est à son optimum à cinq ans, mais il n'est pas rare de trouver de vieux millésimes qui sont superbes. Créée en 1990, la cuvée Chante Le Merle (autrefois Chantemerle) est issue de vignes âgées de 80 ans au moins. Elle est toujours superbe comme en 2000 par exemple. La cuvée grenache a été créée pour le millésime 1998 et le 1999 est dans la lignée des beaux 1998. Toutes ces cuvées ont besoin de vieillir un peu pour être au mieux de leur forme.

Responsables : Maurice et Nicolas Boiron
Vente à la propriété : oui
Visite : sur rendez-vous
Dégustation : sur rendez-vous
Langues : Anglais
Surface du vignoble : 27 ha

Surface en rouge : 25 ha
Cépages :
    Grenache 75 %
    Mourvèdre 11 %
    Syrah 9 %
    Autres 5 %
Surface en blanc : 2 ha
Cépages :
    Clairette 40 %
    Grenache blanc 40 %
    Bourboulenc 20 %
Appellation principale : Châteauneuf-du-pape

Châteauneuf-du-pape
2001 : 86

**Châteauneuf-du-pape
Chante le merle**
2000 : 89
1999 : 87

**Châteauneuf-du-pape
cuvée Grenache**
2000 : 88
1999 : 87

**Châteauneuf-du-pape
Traditionnelle**
2000 : 87

DOMAINE DE BEAURENARD ***

Avenue Pierre-de-Luxembourg
84231 Châteauneuf-du-Pape
Tél. : 04 90 83 71 79 - Fax : 04 90 83 78 06
E. Mail : paul.coulon@wanadoo.fr
Web : www.beaurenard.fr

La famille Coulon cultive la vigne depuis sept générations. Paul Coulon et son fils Daniel travaillent les propriétés de Châteauneuf-du-Pape et en Côtes-du-Rhône. Le Châteauneuf-du-Pape est récolté sur quatre entités différentes avec vingt-cinq parcelles, toutes sur argilo-calcaires. La cuvée normale est souple et charnue, d'un abord facile. Nettement plus dense, la cuvée spéciale Boisrenard trône nettement au-dessus. Les 2000 sont très réussis.

Responsables : Paul, Daniel et Frédéric Coulon
Vente à la propriété : oui
Visite : oui
Dégustation : oui
Surface du vignoble : 54,9 ha
Surface en rouge : 51,4 ha
Cépages :
　Grenache 70 %
　Mourvèdre 10 %
　Syrah 10 %
　Autres 10 %

Surface en blanc : 3,5 ha
Cépages :
　Clairette 30 %
　Bourboulenc 25 %
　Roussanne 22 %
　Autres 23 %
Appellation principale : Châteauneuf-du-pape
Production moyenne : 268 000 bouteilles

Châteauneuf-du-pape
2001 : 86

Châteauneuf-du-pape
2000 : 87

Châteauneuf-du-pape Boisrenard
2000 : 89

Côtes du rhône
2001 : 86

Côtes du rhône-villages Rasteau
2000 : 85

Rasteau
1999 : 84

RHÔNE MÉRIDIONAL

DOMAINE DES SÉNÉCHAUX ★★★

3 rue de la Nouvelle Poste
84231 Chateauneuf du Pape
Tél. : 04 90 83 73 52 - Fax : 04 90 83 52 88

Le domaine a été acheté en 1993 par les Roux du domaine du Trignon. Autrefois rustiques et à l'ancienne, les vins se sont radicalement modifiés pour devenir élégants. De moyenne garde, le blanc 2001 et le rouge 2000 sont des vins fruités, fins, de consommation assez rapide.

Responsable : Pascal Roux
Vente à la propriété : oui
Visite : sur rendez-vous
Dégustation : sur rendez-vous
Langues : Anglais
Surface du vignoble : 26 ha
Age des vignes : 50 ans

Surface en rouge : 23 ha
Cépages :
    Grenache 68 %
    Syrah 18 %
    Mourvèdre 14 %
Surface en blanc : 3 ha
Cépages :
    Roussanne 35 %
    Clairette 30 %
    Grenache blanc 30 %
    Bourboulenc 5 %
Appellation principale : Châteauneuf-du-pape
Production moyenne : 80 000 bouteilles

Châteauneuf-du-pape
2001 : 88 . . . . 11,75 €

Châteauneuf-du-pape
2000 : 88

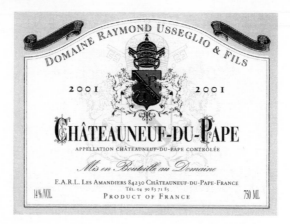

DOMAINE RAYMOND USSEGLIO ***

16 route de Courthézon
84230 Châteauneuf-du-Pape
Tél. : 04 90 83 71 85 - Fax : 04 90 83 50 42

Pour l'essentiel, le vignoble se situe dans le quartier des Terres Blanches, sur un sol de galets roulés qui est réputé pour la qualité des vins. Raymond Usseglio et son fils Stéphane font une macération assez longue avec des raisins partiellement éraflés. Il en résulte une cuvée tradition qui, comme en 1999, est longue et persistante. Issue d'une vigne de 1902, la cuvée Impériale atteint des sommets en 2000.

Responsable : Raymond Usseglio
Vente à la propriété : oui
Visite : sur rendez-vous
Dégustation : oui
Langues : Italien
Surface du vignoble : 17 ha
Age des vignes : 50 ans

Surface en rouge : 15,5 ha
Cépages :
    Grenache 70 %
    Syrah 10 %
    Mourvèdre 10 %
    Cinsault + Counoise 10 %
Surface en blanc : 1,5 ha
Cépages :
    Grenache blanc 40 %
    Clairette 20 %
    Roussanne 20 %
    Bourboulenc 20 %
Appellation principale : Châteauneuf-du-pape

Châteauneuf-du-pape
2001 : 86 . . . . .13 €

Châteauneuf du-pape
1999 : 87 . . . . .16 €

**Châteauneuf-du-pape
cuvée Impériale**
2000 : 88 . . . . .25 €

RHÔNE SEPTENTRIONAL

DOMAINE GEORGES VERNAY ****(*)

1 route Nationale
69420 Condrieu
Tél. : 04 74 56 81 81 - Fax : 04 74 56 60 98
E. Mail : pa@georges-vernay.fr
Web : www.georges-vernay.fr

Georges Vernay a été le « grand bonhomme » de Condrieu qu'il a soutenu de bout en bout, payant largement de sa personne pour faire connaître l'appellation et en faire progresser la qualité. Sa fille Christine a repris le flambeau en cave, avec un réel succès, et son mari est à l'accueil. Les vins ont encore progressé, les Condrieu atteignent des sommets, tout comme la Côte Rôtie qui avait toujours été négligée par le grand Georges. Le millésime 2000 est sublime en Condrieu, en Côte Rôtie et en Saint Joseph. Même s'il n'y a guère à vendre, l'accueil au domaine continue d'être de toute première qualité.

Responsable : Christine Vernay
Vente à la propriété : oui
Visite : sur rendez-vous
Dégustation : sur rendez-vous
Langues : Anglais
Surface du vignoble : 16 ha
Age des vignes : 75 ans

Surface en rouge : 7 ha
Cépages :
    Syrah 100 %
Surface en blanc : 9 ha
Cépages :
    Viognier 100 %
Appellation principale : Condrieu
Production moyenne : 100 000 bouteilles

Condrieu côteau de Vernon
2000 : 90 . . . . .39 €

Condrieu les Chaillées de l'Enfer
2000 : 92 . . . . .37 €

Condrieu les Terrasses de l'Empire
2000 : 92 . . . . .25 €

Côte rôtie Blonde du Seigneur
2000 : 92 . . . . .27 €

Côte rôtie Maison Rouge
1999 : 94 . . . . .35 €

Saint-joseph
2000 : 90 . . . . .13 €

MIS EN BOUTEILLE PAR
M. CHAPOUTIER 26600 TAIN FRANCE

12,5 % alc./vol. 750 ml PRODUIT DE FRANCE · PRODUCT OF FRANCE VIN BLANC / WHITE WINE

M. CHAPOUTIER ****(*)

18 avenue Docteur-Paul-Durand
26600 Tain-l'Hermitage
Tél.: 04 75 08 28 65 - Fax: 04 75 08 81 70
E. Mail: chapoutier@chapoutier.com
Web: www.chapoutier.com

Sous l'impulsion du remuant Michel Chapoutier, la maison s'est d'abord tirée de l'ornière où elle s'était engoncée au milieu des années 80 pour se propulser au plus haut niveau grâce à une culture en biodynamie de la vigne et, plus généralement, à un suivi très attentif. Dans la vaste gamme des 1999 et des 2000 qui est très homogène, la dense Côte Rôtie Les Bécasses est remarquable tout comme l'élégant hermitage rouge La Sizeranne 2000 et le riche blanc Chante-Alouette 2000. Ces dernières années, les blancs sont toujours d'une grande richesse et les rouges ont gagné en élégance.

Responsables: Michel et Marc Chapoutier
Vente à la propriété: oui
Visite: sur rendez-vous
Dégustation: sur rendez-vous
Moyen d'accès: A7 sortie Tain-l'Hermitage.
Langues: Allemand, Anglais
Surface du vignoble: 100 ha
Cépages:
 Syrah
 Grenache
 Carignan
 Marsanne
 Muscat
 Muscat à petits grains
Appellation principale: Saint-joseph

Châteneuf-du-pape la Bernardine
2000 : 90 . . . . .17 €

Cornas
1999 : 88 . . . . .21,50 €

Côteaux du Tricastin Château des Estubiens
1999 : 87 . . . . .8 €

Côte rôtie les Bécasses
1999 : 91 . . . . .32 €

Crozes-hermitage les Meysonniers
2000 : 89 . . . . .10 €

Crozes-hermitage les Meysonniers
2001 : 88 . . . . .10 €

Hermitage Chante Alouette
2000 : 90 . . . . .32,50 €

Hermitage Sizeranne
2000 : 91 . . . . .39 €

Saint-joseph Deschants
2000 : 88 . . . . .12 €

Saint-joseph Deschants
1999 : 89 . . . . .12 €

Saint-péray
2000 : 87 . . . . .8,50 €

VDP côte de l'Ardèche
2001 : 86

RHÔNE SEPTENTRIONAL

DOMAINE CLUSEL-ROCH ★★★★

15 route du Lacat, Verenay
69420 Ampuis
Tél. : 04 74 56 15 95 ou 06 80 63 07 43 - Fax : 04 74 56 19 74
E. Mail : cluseroc@terre-net.fr

En 1980, à ses débuts, Gilbert Roch a démarré avec 25 ares de fermages, auxquels se sont joints en 1987, les parcelles de son père à son départ à la retraite, avec en particulier les vieilles vignes de la Grande Place. Le domaine devient Clusel-Roch à son mariage avec Brigitte Roch. Depuis 1992, les chais sont installés à Verenay, près de l'ancien domaine paternel. Depuis toujours, les vignes ont été travaillées très naturellement. Les vins sont de grande classe avec une Côte Rôtie 2000 suave, ronde, presque opulente, de grande classe.

Responsables :
Gilbert Clusel et Brigitte Roch
Vente à la propriété : oui
Visite : sur rendez-vous
Dégustation : sur rendez-vous
Moyen d'accès : RN 86.
Langues : Allemand, Anglais
Surface du vignoble : 4,14 ha
Age des vignes : 40 ans
Surface en rouge : 3,64 ha
Cépages :
   Syrah 100 %
Surface en blanc : 0,5 ha
Cépages :
   Viognier 100 %
Appellation principale : Côte rôtie
Production moyenne : 18 000 bouteilles

🍷 **Côte rôtie**
   2000 : 89 . . . . .22 €
   1999 : 91
   1998 : 90
   1997 : 88

DOMAINE COMBIER ****

R. N. 7
26600 Pont de l'Isère
Tél. : 04 75 84 61 56 - Fax : 04 75 84 53 43

L'exploitation a réellement démarré en 1963 avec Maurice et Paulette Combier. Elle a pris un nouvel essor avec l'arrivée de Laurent Combier en 1990. La maison ne produit que des Crozes-Hermitage, mais de tout premier ordre. Elle est encore la seule dans son secteur, avec Alain Graillot, à vendanger à la main et les vignes sont tenues en agriculture biologique. Les vins sont de haute volée, concentrés, denses et élégants. Ils méritent d'être recherchés en priorité.

Responsables : Maurice et Laurent Combier
Vente à la propriété : oui
Visite : sur rendez-vous
Dégustation : sur rendez-vous
Moyen d'accès : RN 7.
Langues : Anglais, Espagnol
Surface du vignoble : 14 ha
Age des vignes : 50 ans
Surface en rouge : 13 ha
Cépages :
Syrah 100 %
Surface en blanc : 1 ha
Cépages :
Marsanne
Roussanne
Appellation principale : Crozes-hermitage ou Crozes-ermitage
Production moyenne : 90 000 bouteilles

Crozes-hermitage
2000 : 88 . . . . .11 €
1999 : 88
1998 : 89

Crozes-hermitage Clos des Grives
2000 : 89 . . . . .16 €
1999 : 89
1998 : 90
1995 : 90

RHÔNE SEPTENTRIONAL

DOMAINE FRANÇOIS VILLARD ****

Montjoux
42410 Saint-Michel-sur-Rhône
Tél. : 04 74 56 83 60 - Fax : 04 74 53 38 32

Cuisinier à ses débuts, François a tout abandonné par passion du vin. En quelques années, ses vins se sont imposés par leur très grande qualité : son Saint-Joseph 1995, en vignes toutes jeunes, a battu toutes les vedettes de la région, à l'aveugle, dans une dégustation du Grand jury européen. Cinq ans plus tard, la réussite est totale sur toute la ligne avec des vins denses et longs. Son Saint-Joseph 2000 est renversant, tout comme ses blancs.

Responsable : François Villard
Vente à la propriété : oui
Visite : sur rendez-vous
Dégustation : sur rendez-vous
Surface du vignoble : 6 ha
Surface en rouge : 2,3 ha
Cépages :
   Syrah 100 %

Surface en blanc : 3,7 ha
Cépages :
   Viognier 80 %
   Marsanne 15 %
   Roussanne 5 %
Appellation principale : Condrieu
Production moyenne : 27 000 bouteilles

♟ **Condrieu le Grand Vallon**
   2001 : 89

♟ **Saint-joseph Reflet**
   2000 : 90

♟ **Vin de pays**
   2001 : 88

DOMAINE JAMET ****

Le Vallin
69420 Ampuis
Tél. : 04 74 56 12 57 - Fax : 04 74 56 02 15

Joseph Jamet avait passé la main à ses deux fils, Jean-Luc et Jean-Paul, en 1985 (millésime d'ailleurs superbe au domaine). En contrôlant très sévèrement les rendements, les deux frères ont alors réussi une série exceptionnelle de vins, malgré la jeunesse de beaucoup de vignes. Les vignes ont pris de l'âge et les deux frères de l'expérience. Les derniers millésimes sont au sommet avec une Côte-Rôtie 2000 superbement concentrée comme toujours, mais avec une réelle élégance.

Responsables : Jean-Paul et Jean-Luc Jamet
Vente à la propriété : oui
Visite : sur rendez-vous
Dégustation : sur rendez-vous
Surface du vignoble : 7 ha
Age des vignes : 20 ans
Surface en rouge : 7 ha
Cépages :
   Syrah 100 %
Appellation principale : Côte rôtie
Production moyenne : 25 000 bouteilles

♟ Côte rôtie
2000 : 90 . . . . .26 €
1999 : 92
1998 : 90

RHÔNE SEPTENTRIONAL

DOMAINE JEAN-MICHEL GÉRIN ★★★★

19 rue de Montmain, Verenay
69420 Ampuis
Tél. : 04 74 56 16 56 - Fax : 04 74 56 11 37

Jean-Michel Gérin a démarré son exploitation en 1990, en prenant la suite de son père Alfred. Très enthousiaste, s'attachant les services de l'œnologue Jean-Luc Colombo, il a produit d'emblée des vins concentrés et boisés comme les 1991, aujourd'hui superbes. Avec le temps, les vins ont pris de l'élégance et de la complexité et les derniers millésimes atteignent des sommets. Sa Côte-Rôtie « Champin le Seigneur » comprend souvent 10 % de viognier et elle est élevée en barriques neuves par moitié. En 2000, elle est dense et ample ; le plus bel avenir lui est réservé.

Responsable : Jean-Michel Gérin
Vente à la propriété : oui
Visite : sur rendez-vous
Dégustation : sur rendez-vous
Moyen d'accès : Sortie autoroute A7 Ampuis Condrieu.
Surface du vignoble : 7 ha
Age des vignes : 25 ans
Surface en rouge : 5 ha
Cépages :
    Syrah 100 %
Surface en blanc : 2 ha
Cépages :
    Viognier 100 %
Appellation principale : Côte rôtie

♆ Côte rôtie Champin le Seigneur
    2000 : 89 . . . . .26 €
    1999 : 90
    1998 : 90
    1997 : 88

DOMAINE YVES CUILLERON ★★★★

Verlieu
42410 Chavanay
Tél.: 04 74 87 02 37 - Fax: 04 74 87 05 62
E. Mail: ycuiller@terre.net.fr
Web: www.cuilleron.com

A la retraite de son oncle André en 1986, le dynamique et enthousiaste Yves Cuilleron a pris la tête de la propriété et n'a eu de cesse de l'étendre. Prenant tous les risques, il vendange tard, vinifie des condrieu en fûts, lance des sélections parcellaires, ce qui lui permet d'explorer des voies nouvelles et anciennes et de proposer une large palette de ses vins que le consommateur a parfois un peu de mal à appréhender. Peu importe, puisque les vins sont superbes ! Après cette phase multiactiviste qui a duré plus de dix ans et qui perdure, les condrieu ont atteint leur vitesse de croisière, tout comme les Saint-Joseph, ce qui fait que non seulement on n'est jamais déçu, mais que toutes ces bouteilles sont des bouteilles de plaisir dont on se régale.

Responsable: Yves Cuilleron
Vente à la propriété: oui
Visite: oui
Surface du vignoble: 26 ha
Surface en rouge: 12,5 ha
Cépages:
   Syrah 100 %
Surface en blanc: 13,5 ha
Cépages:
   Viognier 75 %
   Marsanne 15 %
   Roussanne 10 %
Appellation principale: Condrieu
Production moyenne: 120 000 bouteilles

♟ **Condrieu Ayquets**
2000: 91

♟ **Condrieu les Chaillets**
2000: 90

♟ **Côte rôtie Terres Sabres**
1999: 93

♟ **Saint-joseph**
2000: 89

♟ **Saint-joseph les Serines**
1999: 91

RHÔNE SEPTENTRIONAL

DOMAINE de VALLOUIT

PRODUCE OF FRANCE

1 9 9 5

CUVÉE SPÉCIALE

LES GREFFIÈRES

HERMITAGE

13%VOL.   APPELLATION HERMITAGE CONTRÔLÉE   750 ML

MISE EN BOUTEILLE PAR L. DE VALLOUIT A SAINT-VALLIER · 26240 · FRANCE

LOUIS DE VALLOUIT ★★★★

24 avenue Désiré-Valette
26240 Saint Vallier
Tél. : 04 75 23 10 11 - Fax : 04 75 23 05 58
E. Mail : vallouit.sa@wanadoo.fr
Web : www.vallouit.com

Négociant depuis 1922, De Vallouit est une maison bien établie dans la région avec un impressionnant patrimoine de vignes en côte-rôtie, en hermitage et ailleurs. Pionnière de la vinification parcellaire, la maison propose une large gamme de crus avec de vieux millésimes. L'hermitage les Greffières 1995 est ainsi une très belle bouteille élevée 36 mois en fûts de chêne dont un tiers est neuf, qui exhale des beaux arômes de truffes et d'épices sur un corps solide. Le saint-joseph les Anges 1998 est aussi très réussi.

Responsable : Gilles Boyer
Langues : Anglais
Surface du vignoble : 8,5 ha
Age des vignes : 50 ans

Cépages :
   Syrah 100 %
   Viognier 100 %
Appellation principale :
Hermitage ou Ermitage
Production moyenne : 49 500 bouteilles

Condrieu
1999 : 85 . . . . .24 €

Côte rôtie la Vonière
1994 : 87 . . . . .25,50 €

Crozes-hermitage
1999 : 87 . . . . .9,75 €

Crozes-hermitage Comte de Larnage
1999 : 87 . . . . .14 €

Hermitage
1999 : 88 . . . . .24 €

Hermitage les Greffières
1995 : 89 . . . . .36,50 €

Saint-joseph les Anges
1998 : 88 . . . . .18 €

PIERRE COURSODON ★★★★

3 place du Marché
07300 Mauves
Tél. : 04 75 08 29 27 - Fax : 04 75 08 75 72

Dans le domaine familial depuis plus de quatre générations, Pierre Coursodon est maintenant rejoint par son fils, le talentueux Jérôme. Un nouveau cuvage a été installé en 2001 ce qui permettra des macérations plus longues. Les vendanges sont toujours manuelles, les traitements modérés et les rendements sages (avec des vendanges vertes pratiquement systématiques). Toujours très réussis depuis de nombreuses années, les Saint-Joseph rouges ont encore pris de la longueur avec un millésime 2000 très mûr en cuvée normale et très racé dans l'Oliveraie. Les vins sont d'une grande régularité.

Responsables : Pierre et Jérôme Coursodon
Vente à la propriété : oui
Visite : oui
Dégustation : oui
Langues : Anglais
Surface du vignoble : 14 ha
Age des vignes : 26 ans
Surface en rouge : 12 ha
Cépages :
    Syrah 100 %
Surface en blanc : 2 ha
Cépages :
    Marsanne 100 %
Appellation principale : Saint-joseph
Production moyenne : 60 000 bouteilles

♀ **Saint-joseph**
2000 : 88 . . . . .11 €

♟ **Saint-joseph**
1999 : 88
1998 : 88

♟ **Saint-joseph l'Oliveraie**
2000 : 89 . . . . .14,50 €
1999 : 89

RHÔNE SEPTENTRIONAL

PIERRE GAILLARD ★★★★

Lieu dit « Chez Favier »
42520 Malleval
Tél. : 04 74 87 13 10 - Fax : 04 74 87 17 66
E. Mail : vinsp.gaillard@wanadoo.fr

Passionné par la vigne, Pierre Gaillard achète ses premières terres dès 1981 en Saint-Joseph et fait revivre le Clos de Cuminaille, ancien domaine viticole de l'ère romaine. En 1987, il saute le pas et s'installe sur les hauteurs du village médiéval de Malleval. Depuis, il n'arrête pas de défricher, arracher et planter sur les terroirs à forte personnalité qu'il réussit à merveille. Ainsi les Saint-Joseph et les Côtes rôties de toute première catégorie, pas forcément toujours très aimables dans leur prime jeunesse, mais d'une saine robustesse s'épanouissent avec quelques années d'âge. Les 2000 n'ont jamais été aussi bons.

Responsable : Pierre Gaillard
Vente à la propriété : oui
Visite : sur rendez-vous
Dégustation : sur rendez-vous
Langues : Allemand, Anglais
Surface du vignoble : 20 ha
Age des vignes : 15 ans
Surface en rouge : 15 ha
Cépages :
    Syrah 100 %
Surface en blanc : 5 ha

Cépages :
    Viognier
    Roussanne
Appellation principale : Saint-joseph
Production moyenne : 90 000 bouteilles

Condrieu
2001 : 86 . . . . .22 €

Condrieu Fleurs d'Automne
2001 : 88 . . . . .29 €

Condrieu Grappillage
2001 : 87 . . . . .20 €

Côte rôtie
2000 : 88 . . . . .25 €

Côte rôtie Rose Pourpre
2000 : 90 . . . . .40 €

Saint-joseph
2000 : 88 . . . . .10 €

Saint-joseph clos de Cuminaille
2000 : 89 . . . . .14 €

Saint-joseph les Pierres
2000 : 90 . . . . .18,50 €

Syrah
2001 : 86 . . . . .4,50 €

CAVE DE TAIN-L'HERMITAGE ***(*)

22 route de Larnage - BP 3
26601 Tain-l'Hermitage Cedex
Tél. : 04 75 08 20 87 - Fax : 04 75 07 15 16
E. Mail : commercial.france@cave-tain-hermitage.com
Web : www.cave-tain-hermitage.com

La cave est née en 1933, avec une centaine d'adhérents, sous l'impulsion de Louis Gambert de Loche qui lui légua ses parcelles d'Hermitage. Avec ses 400 adhérents, elle élabore plus des 60 % des Crozes-Hermitage et un quart de l'hermitage. Les vins rouges sont majoritaires dans la production (85 %) et représentent son point fort. Le Saint-Joseph est toujours bien typé (superbe Nobles Rives 2000), tout comme l'Hermitage (dense 1999). Très minoritaires, les vins blancs sont plus hétérogènes.

Responsable : Julie Campmos
Vente à la propriété : oui
Visite : sur rendez-vous
Dégustation : sur rendez-vous
Langues : Anglais, Allemand
Surface du vignoble : 1200 ha
Age des vignes : 35 ans
Surface en rouge : 960 ha
Cépages :
    Syrah 100 %

Surface en blanc : 240 ha
Cépages :
    Marsanne 80 %
    Roussanne 20 %
Appellation principale : Crozes-hermitage ou Crozes-ermitage
Production moyenne : 4 500 000 bouteilles

Crozes-hermitage
2000 : 86

Crozes-hermitage les Nobles Rives
2000 : 86 . . . . 6,25 €

Hermitage les Nobles Rives
1999 : 88 . . . . 19,50 €

Hermitage Nobles Rives
1999 : 87 . . . . 19,50 €

Saint-joseph Nobles Rives
2000 : 85 . . . . 8,50 €

Saint-joseph Nobles Rives
2000 : 88

Saint-péray
1999 : 86

VDP collines Rhodanienne Marsanne
2001 : 85

VDP collines Rhodanienne Syrah
2000 : 86

RHÔNE SEPTENTRIONAL

DELAS FRÈRES ***(*)

ZA de l'Olivet
07300 Saint-Jean de Muzols
Tél. : 04 75 08 60 30 - Fax : 04 75 08 53 67

Fondée en 1836, Delas était une maison de négoce avant d'être rachetée par les champagnes Deutz. Delas s'est maintenant recentré sur sa propriété et sur les domaines où il achète en moûts. En moins de cinq ans, les vins se sont considérablement améliorés avec une qualité très homogène. En 1999, les rouges sont superbes avec une côte rôtie dopée par la réussite de cette appellation dans ce millésime ainsi qu'un hermitage Les Bessards dense et suave. Autre point fort, les condrieux toujours très réussis.

Responsable : Jacques Grange
Vente à la propriété : oui
Visite : oui
Dégustation : sur rendez-vous
Surface du vignoble : 12 ha
Cépages rouges :
    Syrah 100 %
Cépages blancs :
    Roussanne 10 %
    Marsanne 90 %
Appellation principale : Gigondas
Production moyenne : 1 300 000 bouteilles

Condrieu clos Boucher
2000 : 88

Condrieu Galopine
2000 : 88

Côte rôtie Saint-Esprit
2000 : 88

Côte rôtie Seigneur de Maugiron
1999 : 89

Crozes-hermitage Tour d'Alban
1999 : 88

Hermitage les Bessards
1999 : 89

Hermitage Marquise de la Tourette
1999 : 88

Saint-joseph Francons de Tournon
1999 : 88

Saint-joseph Sainte-Epine
1999 : 88

PRODUCT OF FRANCE

DOMAINE de BONSERINE
PROPRIÉTAIRE RÉCOLTANT

Côte Rôtie

APPELLATION CÔTE-RÔTIE CONTRÔLÉE

LA SARRASINE

1999

ALC. 13 % / VOL.

MIS EN BOUTEILLE
AU DOMAINE DE BONSERINE
À AMPUIS 69420 FRANCE

750 ML

L.0401

DOMAINE DE BONSERINE ***(*)

2 chemin de la Viallière, Verenay
69420 Ampuis
Tél. : 04 74 56 14 27 - Fax : 04 74 56 18 13
E. Mail : bonserine@aol.com

Le domaine de Bonserine a été créé en 1972 par une équipe de viticulteurs avant d'appartenir à un groupe d'actionnaires franco-américains. La grande cuvée du domaine est la Côte rôtie la Garde 1999 issue de vignes de plus de 80 ans, joliment épicée, qui possède une belle densité. Les Moutonnes 1999 sont aussi remarquables grâce à un terroir d'exception. Il faut enfin mentionner le Condrieu 2000 qui est une merveille d'équilibre.

Responsable : Richard Dommere
Vente à la propriété : oui
Visite : sur rendez-vous
Dégustation : sur rendez-vous
Moyen d'accès : A7 sortie Condrieu.
Langues : Anglais, Espagnol

Surface du vignoble : 10 ha
Age des vignes : 30 ans
Cépages :
   Syrah 100 %
Cépages :
   Viognier 100 %
Appellation principale : Côte rôtie
Production moyenne : 40 000 bouteilles

Condrieu
2000 : 89 . . . . .24,50 €

Côte rôtie la Garde
1999 : 90 . . . . .44 €

Côte rôtie la Sarrasine
2000 : 88
1999 : 88 . . . . .22 €

Côte rôtie les Moutones
1999 : 88 . . . . .44 €

Saint-joseph
2000 : 86 . . . . .13 €

RHÔNE SEPTENTRIONAL

DOMAINE DES REMIZIÈRES ***(*)

Route de Romans
26600 Mercurol
Tél : 04 75 07 44 28 - Fax : 04 75 07 45 87

Depuis trois générations, l'exploitation passe de père en fils. A l'origine, le domaine avait quatre hectares et livrait la moitié de ses raisins à la coopérative de Tain. Alphonse Desmeures s'est entièrement mis à son compte en 1973. Maintenant le domaine possède près de trente hectares. Philippe Desmeures gère le domaine et la qualité a bien progressé depuis le milieu des années 90. Pleins et denses, les vins du millésime 2000 passent encore un cap supplémentaire.

Responsable : Philippe Desmeure
Vente à la propriété : oui
Visite : sur rendez-vous
Dégustation : sur rendez-vous
Cépages en rouge :
  Syrah 100 %
Cépages en blanc :
  Marsanne 90 %
  Roussanne 10 %
Appellation principale : Crozes-hermitage

**Crozes-hermitage
cuvée Christophe**
2000 : 88

**Crozes-hermitage
cuvée particulière**
2000 : 89

Hermitage cuvée Emilie
2000 : 90

PRODUCT OF FRANCE

DOMAINE DU COLOMBIER

CROZES - HERMITAGE

APPELLATION CROZES-HERMITAGE CONTRÔLÉE

2001

750 ml   vinifié, élevé et mis en bouteille par   12,5% by vol.

SCEA VIALE DOMAINE DU COLOMBIER MERCUROL 26600 TAIN L'HERMITAGE FRANCE   lot N° 39

DOMAINE DU COLOMBIER ***(*)

26000 Mercurol
Tél.: 04 75 07 44 07 - Fax: 04 75 07 41 43

Métayers d'abord, propriétaires ensuite, la famille Viale a mis près d'un siècle pour constituer le domaine dans sa forme actuelle qui est entièrement sur les communes de Tain l'Hermitage et de Mercurol. En quelques années, les vins ont pris de la richesse et de l'ampleur, tout en gardant leur franchise de goût comme le démontrent de superbes 2000.

Responsable: M. Viale
Vente à la propriété: oui
Visite: sur rendez-vous
Dégustation: sur rendez-vous
Langues: Anglais
Surface du vignoble: 15 ha
Age des vignes: 40 ans

Surface en rouge: 13,6 ha
Cépages:
    Syrah 100 %
Surface en blanc: 1,4 ha
Cépages:
    Marsanne 100 %
Appellation principale: Crozes-hermitage
Production moyenne: 80 000 bouteilles

Crozes-hermitage
2001: 87 ....10 €

Crozes-hermitage
2000: 88 ....9 €

Crozes-hermitage Gaby
2000: 89 ....13,50 €

Hermitage
2000: 91 ....35 €

1999

ERMITAGE

APPELLATION ERMITAGE CONTRÔLÉE

Le Reverdy

WHITE WINE
VIN BLANC
PRODUCT OF FRANCE

MIS EN BOUTEILLE PAR EMB 26347D POUR
FERRATON Père & Fils
26600 TAIN - FRANCE

750 ml
13,5% alc./vol.
PRODUIT DE FRANCE

FERRATON PÈRE ET FILS ***(*)

13 rue de la Sizerrane
26600 Tain
Tél. : 04 75 08 59 51 - Fax : 04 75 08 81 59

Quatre générations de vignerons se sont succédées au domaine avec maintenant Samuel Ferraton qui a pris la suite de Michel en 1998, en partenariat avec la maison M. Chapoutier. Ainsi, le travail s'effectue en biodynamie dans le vignoble et les vins ont pris un fini qu'ils n'avaient pas forcément avant. En 1999, les matières sont toujours aussi concentrées qu'auparavant, mais les vins ont pris de l'élégance, pour monter encore d'un cran.

Responsable : Samuel Ferraton
Vente à la propriété : oui
Visite : oui
Dégustation : oui
Langues : Anglais
Cépages :
    Syrah 100 %
Cépages :
    Marsanne 100 %
Appellation principale : Hermitage ou Ermitage

🍷 **Hermitage**
    1999 : 89 . . . . .51 €

🍷 **Hermitage le Reverdy**
    1999 : 89 . . . . .44 €

PIERRE GONON ***(*)

34 avenue Ozier
07300 Mauves
Tél. : 04 75 08 27 45 - Fax : 04 75 08 65 21

Pierre et Jean Gonon travaillent la propriété de leurs parents qu'ils ont agrandie par des nouvelles plantations dans
les coteaux de Tournon et en louant des
vieilles vignes. Les vignes ont maintenant une trentaine d'années et elles sont
plantées assez serrées. La taille est
courte, en gobelet, et les vendanges
vertes sont pratiquées si nécessaire. Issu
de marsanne à 80 % et de rousanne à
20 %, le Saint-Joseph blanc 2000 est un
joli vin plein qui reflète bien le style des
vins de la propriété qui jouent la densité.
Le rouge 2000 est dans le même esprit
concentré. En corollaire, il faut les
attendre quelques années.

Responsable : famille Gonon
Vente à la propriété : oui
Visite : sur rendez-vous
Dégustation : sur rendez-vous
Langues : Anglais
Surface du vignoble : 7,5 ha
Age des vignes : 30 ans
Surface en rouge : 5,5 ha
Cépages :
    Syrah 100 %
Surface en blanc : 2 ha
Cépages :
    Marsanne 80 %
    Roussanne 20 %
Appellation principale : Saint-joseph
Production moyenne : 28 000 bouteilles

🍷 **Saint-joseph**
    2000 : 88

🍷 **Saint-joseph les Oliviers**
    2000 : 88

DOMAINE BERNARD CHAVE ***

La Burge
26600 Mercurol
Tél. : 04 75 07 42 11 - Fax : 04 75 07 47 34

Depuis 1996, Yann Chave est venu rejoindre son père et il est en charge de l'exploitation depuis 2001. Le domaine dispose d'une belle surface en Crozes-Hermitage où il élabore un blanc très fin et surtout un rouge généreux, la tête de cuvée provenant des vieilles vignes près du Pont de l'Isère sur un terroir de « châssis ». L'Hermitage provient de deux quartiers, Beaume et Péléat, et en 2000, il est de grand calibre avec une robe noire et une bouche très dense.

Responsable : Yann Chave
Vente à la propriété : non
Visite : sur rendez-vous
Dégustation : sur rendez-vous
Langues : Anglais
Surface du vignoble : 16 ha
Surface en rouge : 15 ha
Cépages :
  Syrah 100 %

Surface en blanc : 1 ha
Cépages :
  Marsanne 70 %
  Roussanne 30 %
Appellation principale : Crozes-hermitage
Production moyenne : 85 000 bouteilles

Crozes-hermitage
2001 : 85 . . . . .8,70 €

Crozes-hermitage
2000 : 87 . . . . .8,40 €

Crozes-hermitage Tête de Cuvée
2000 : 87 . . . . .12,20 €

Hermitage
2000 : 88 . . . . .98,11 €

Domaine des Entrefaux

2000

CROZES-HERMITAGE

Charles et François TARDY

VIGNERONS À CHANOS-CURSON

e 750 ml.

12,5% vol.

APPELLATION CROZES-HERMITAGE CONTRÔLÉE
PRODUIT DE FRANCE

MIS EN BOUTEILLE AU DOMAINE · G.A.E.C. DE LA SYRAH · DRÔME · FRANCE

DOMAINES DES ENTREFAUX ★★★

Quartier de la Beaume
26600 Chanos-Curson
Tél. : 04 75 07 33 38 - Fax : 04 75 07 35 27

Charles Tardy et Bernard Ange sont sortis de la coopérative en 1980. Plus récemment, François Tardy a rejoint son père. Les sols sont travaillés et les vendanges sont manuelles. Selon les millésimes, la maison propose quatre cuvées, deux en blanc, deux en rouge. En 2000, le blanc des Pends vinifié et élevé en fût, est encore marqué par son boisé, mais il est suffisamment solide pour l'intégrer. Les rouges sont d'un cran au-dessus avec une cuvée normale bien typée et les Machonnières, une sélection de terroir élevée sous bois, d'une très belle texture.

Responsables : Charles et François Tardy
Vente à la propriété : oui
Visite : sur rendez-vous
Dégustation : sur rendez-vous
Surface du vignoble : 26 ha
Age des vignes : 15 ans
Surface en rouge : 21 ha
Cépages :
　Syrah 100 %
Surface en blanc : 5 ha
Cépages :
　Marsanne 80 %
　Roussanne 20 %
Appellation principale : Crozes-hermitage
Production moyenne : 120 000 bouteilles

🍷 **Crozes-hermitage**
　2000 : 87 . . . . .7,70 €

🍷 **Crozes-hermitage des Entrefaux**
　2000 : 86 . . . . .10,70 €

🍷 **Crozes-hermitage
les Machonnières**
　2000 : 88 . . . . .11,50 €

RHÔNE SEPTENTRIONAL

DOMAINE FLORENTIN ***

32 avenue du Saint-Joseph
07300 Mauves
Tél. : 04 75 08 60 97 - Fax : 04 75 08 60 96

Ce véritable clos figurant déjà au cadastre de Mauves en 1535, a toujours été cultivé très traditionnellement, sans jamais de désherbant chimique. La vinification est toute aussi traditionnelle et la mise en bouteille n'a lieu qu'au bout de trois ans pour les rouges et de deux ans pour les blancs. Il en résulte des vins rouges puissants aux arômes animaux marqués, qui sont très tradition.

Responsable : famille Florentin
Vente à la propriété : oui
Visite : sur rendez-vous
Dégustation : sur rendez-vous
Langues : Anglais, Espagnol
Surface du vignoble : 5,47 ha
Age des vignes : 40 ans
Surface en rouge : 4,19 ha
Cépages :
    Syrah 100 %
Surface en blanc : 1,28 ha
Cépages :
    Roussanne 50 %
    Marsanne 50 %
Appellation principale : Saint-joseph
Production moyenne : 25 000 bouteilles

♀ Saint-joseph le Clos
2000 : 86

♀ Saint-joseph le Clos
1998 : 87 . . . . .10,10 €
1997 : 87 . . . . .9,50 €

Index des appellations

INDEX DES APPELLATIONS

Index des domaines et châteaux

Président : Justin Onclin
Directeur Général : Jérôme Pourtau
Auteur : Bernard Burtschy
Coordination : Florence Saint-Martin
Assistante Coordination : Estelle Le Juez
Responsables Commerciales : Clothilde Fauquet et Katia Witczak
Organisation des dégustations : Geoffroy Damville
Illustration : Alain Bouldouyre
Avec la participation de : Caroline Balloteaud, Lina Covarrubias et Nicole Gex.
Régies publicitaires : CPV - Gilles TEMIME assisté de Guy Lunal - 01 47 63 17 17
D2E - Philippe Barberot - 01 41 41 03 03
Lise Bessou - 05 57 88 88 40

Conception, programmation base de données : François Mauss et Anne Scieur
Composition : Edit Press, à Paris

Ce guide est édité par DAMEFA S.A.
Société anonyme au capital de 1 330 879 € - RCS Paris B 418 576 955,
2 square Pétrarque - 75116 Paris. Copyright DAMEFA S.A. 2002.

Dépôt légal : octobre 2002.
ISBN : 2-914913-00-1

Achevé d'imprimé : Ilte à Moncalieri (Italie)

A la lisière du village de Margaux, au beau milieu d'un domaine de 55 hectares, le long de la Gironde en pleine appellation viticole Margaux et à 1/2 heure de Bordeaux. Vivre dans une résidence privilégiée avec ses anciennes pierres dorées et ses vieux bois cirés tout en dégustant la fine gastronomie du chef "Dominique GREL" dans les anciens chais du "Château Margaux". L'édition 2002 du guide GaultMillau a récompensé le travail de notre équipe avec une 13

Informations et réservations : Relais de Margaux

Chemin de l'île Vincent, BP 9 - 33460 Margaux - France
Tél : +33/ (0)5 57 88 38 30 - Fax : +33 (0)5 57 88 31 73
Web : http://www.relais-margaux.fr - Mail : relais-margaux@relais-margaux.fr

Wine & Business Club

Club de dégustation, organisation d'évènements sur le thème du vin, formation, voyages dans les vignobles, cadeaux d'affaires, conseil en achat de vignobles et de demeures de charme dans les régions viticoles.

PARIS

Wine & Business Club Services
111, rue du faubourg Saint-Honoré - 75008 Paris

Tél. : 01 45 62 66 62 - Fax : 01 45 62 66 67 -
www.winebusinessclub.com - Contact : Sidonie Vriz